书山有路勤为径，学海无涯苦作舟。

五经勤向灯下读，阳光总在风雨后。

黑发勤学早努力，霜鬓无悔笑回眸。

中华会计网校
www.chinaacc.com
正保远程教育旗下品牌网站
美国纽交所上市公司（代码:DL）

梦想成真®
系列辅导丛书

2020年度 全国税务师职业资格考试

涉税服务相关法律

经典题解

■ 李素贞 主编 ■ 中华会计网校 编

感恩20年相伴 助你梦想成真

人民出版社

责任编辑：薛岸杨
特邀编辑：刘建哲

图书在版编目(CIP)数据

涉税服务相关法律经典题解 / 李素贞主编；中华会计网校编．—北京：人民出版社，2020.6
ISBN 978-7-01-021832-8

Ⅰ．①涉… Ⅱ．①李… ②中… Ⅲ．①税法-中国-资格考试-题解 Ⅳ．①D922.22-44

中国版本图书馆 CIP 数据核字（2020）第 020093 号

涉税服务相关法律经典题解
SHESHUI FUWU XIANGGUAN FALV JINGDIAN TIJIE

李素贞 主编 中华会计网校 编

人民出版社出版发行
（100706 北京市东城区隆福寺街 99 号）

河北东方欲晓印务有限公司印刷 新华书店经销

2020 年 6 月第 1 版 2020 年 6 月第 1 次印刷
开本：787×1092 1/16 印张：29
字数：761 千字

ISBN 978-7-01-021832-8 定价：72.00 元

邮购地址 100706 北京市东城区隆福寺街 99 号
人民东方图书销售中心 电话：010－84095956 65289539
中华会计网校财会书店 电话：010－82318888

前 言

正保远程教育 

发展：2000—2020年：感恩20年相伴，助你梦想成真

理念：学员利益至上，一切为学员服务

成果：18个不同类型的品牌网站，涵盖13个行业

奋斗目标：构建完善的“终身教育体系”和“完全教育体系”

中华会计网校 

发展：正保远程教育旗下的第一品牌网站

理念：精耕细作，锲而不舍

成果：每年为我国财经领域培养数百万名专业人才

奋斗目标：成为所有会计人的“网上家园”

“梦想成真”书系 

发展：正保远程教育主打的品牌系列辅导丛书

理念：你的梦想由我们来保驾护航

成果：图书品类涵盖会计职称、注册会计师、税务师、经济师、资产评估师、审计师、财税、实务等多个专业领域

奋斗目标：成为所有会计人实现梦想路上的启明灯

图书特色

1 命题趋势预测及应试技巧

解读考试整体情况

客观分析，精准预测

掌握解题突破口

规划学习时间，提供备考指导

一、考试基本情况介绍

（一）大纲基本结构

2020年全国税务师职业资格考试官方教材《涉税服务相关法律》共有三篇二十章。第一篇为行政法律制度，第二篇为民商法律制度，第三篇为刑事监察法律制度。具体如下表所示，标"※"为重点考核章节：

二、命题规律总结及趋势预测

1. 重点章节所占分值比例基本恒定

在行政法律制度、民商法律制度和刑事监察法律制度三篇内容中，第二篇民商法律制度部分内容最多，是历年考试的重头戏，分值占据全卷的半壁江山。这对考生来讲是个好消息，但

三、应试技巧

1. 单选题确保拿分

从命题规律分析可见，单选题的命题难度系数较低。2017年单选题的分值调整为每题1.5分，总分60分后，单选题能否拿分更是成为能否通过考试的关键。单选题要求考生选出一

四、本书特点及备考建议

（一）本书特点

本书设有命题趋势预测及应试技巧、核心考点精析及习题训练、跨章节综合题演练以及机考通关题库演练专栏。命题趋势预测及应试技巧可以帮助考生迅速把握考试特点及命题规律，

2 核心考点精析及习题训练

考情分析

权威解读考试情况，总结规律

▸▸ 历年考情分析

本章最近几年考查的分数在4分左右，2019年考查了3个单选题、1个多选题，共计6.5分。主要考查行政处罚的种类、行政处罚决定程序、税务行政处罚等内容。本章内容经常与行政复议、行政诉讼制度以综合分析题形式出现。因此，考生在复习时应注意和《行政复议法》《行政诉讼法》中的相关规定结合起来学习。

核心考点及真题详解

全方位透析考试，钻研考点

考点一　行政处罚的基本原则

经典例题

【例题·单选题】下列有关行政处罚基本原则的表述中，体现了行政处罚法定原则的是（　）。

【解析】本题考核行政执法机关移送涉嫌犯罪案件的程序。公安机关应当在接受案件3日内，对行政机关移送的案件进行审查。

重难点精析

考点精析

以题带点，深入解读真题

1. 移送程序的要求

（1）对应当向公安机关移送的涉嫌犯罪案件，行政执法机关应当立即指定2名或2名以上执法人员组成专案组专门负责，核实情

本章综合练习 限时20分钟

夯实基础，快速掌握答题技巧

一、单项选择题

1. 根据《行政强制法》及相关规定，下列行政行为中，性质上属于行政强制措施的是（　）。

A. 公安机关交通管理部门可以实行交通管制

B. 市场监督管理机关对违法经营的个体户

D. 行政强制执行只能由法律、行政法规设定

5. 若某行政机关针对某区采取交通管制的行政强制措施，下列关于行政机关的做法中错误的是（　）。

A. 若该行政机关临时有紧急任务，其可以委托给其他行政机关实施行政强制措施

4 机考通关模拟试题演练

强化解题能力，快速查漏补缺

3 跨章节主观题突破

找准致错关键，避开设题陷阱

（一）

【本题考核知识点】行政复议对抽象行政行为的审查、行政复议的申请、行政复议申请人、行政复议管辖、行政案件的审理、行政诉讼证据的质证

桥西乡人民政府于2017年5月5日发布了《关于对个体工商户实行强制整顿和管理的决定》（以下简称10号文件），文件规定凡与乡、村办集体企业争原料、争技术、争业务、争人才的个体工商户今后一律予以取缔。文件发布第二天乡政府个体经济管理办公室根据乡政府的文件，以乡政府

E. 申请人应当向乡政府申请行政复议

2. 复议机关受理本案后，根据相关法律的规定，下列说法正确的有（　）。

A. 行政复议不审查具体行政行为的适当性

B. 如果25户个体工商户中只有部分人申请行政复议，未提起行政复议的其他个体工商户是第三人

C. 申请人经复议机构同意撤回行政复议申请的，不得再以同一事实和理由提起行政复议申请。申请人能够证明撤回行政复议申请违背其真实意思表示的除外

一、单项选择题

1. 合理行政是依法行政的基本要求之一。下列做法体现了合理行政要求的是（　）。

A. 行政机关应当告知行政相对人提出法律救济的法定方式

B. 行政机关要平等对待行政管理相对人

C. 非因法定事由并经法定程序，行政机关不得撤回已生效的行政决定

D. 与行政相对人或者行政事项有利害关系的公务员应当回避

2. 甲公司向规划局交纳了一定费用后获得了该局发放的建设用地规划许可证。刘某的房屋紧邻该许可规划用地，刘某认为建筑工程完成后将遮挡其房屋采光，向法院起

实施规章中不可以将该罚款幅度规定为5万～8万元

D. 南京市政府规章中设定的罚款数额应当由本级人大常委会决定

4. 某省税务机关为了贯彻《税务行政处罚裁量权行使规则》，拟制定税务行政处罚裁量基准。下列关于拟制的程序和内容，正确的是（　）。

A. 应当明确处罚裁量的依据

B. 税务机关在实施行政处罚时，应当以法律、法规为依据

C. 该裁量基准内容包括处罚依据、裁量阶次以及具体标准三项内容

D. 根据上述规则，违反税收法律、行政

目　录

第一部分　命题趋势预测及应试技巧

2020 年命题趋势预测及应试技巧　003

一、考试基本情况介绍　//003

二、命题规律总结及趋势预测　//006

三、应试技巧　//008

四、本书特点及备考建议　//010

第二部分　核心考点精析及习题训练

第一篇　行政法律制度

第 1 章　行政法基本理论　016

考情分析　//016

核心考点及真题详解　//016

本章综合练习　//028

本章综合练习参考答案及详细解析　//031

第 2 章　行政许可法律制度　034

考情分析　//034

核心考点及真题详解　//034

本章综合练习　//041

本章综合练习参考答案及详细解析　//044

第 3 章　行政处罚法律制度　047

考情分析　//047

核心考点及真题详解　//047

本章综合练习　//056

本章综合练习参考答案及详细解析　//059

第 4 章　行政强制法律制度　062

考情分析　//062

核心考点及真题详解　//062

本章综合练习　//069

本章综合练习参考答案及详细解析　//071

第 5 章　行政复议法律制度　074

考情分析　//074

核心考点及真题详解　//074

本章综合练习　//089

本章综合练习参考答案及详细解析　//094

第 6 章　行政诉讼法律制度　099

考情分析　//099

核心考点及真题详解　//099

本章综合练习　//117

本章综合练习参考答案及详细解析　//122

第二篇　民商法律制度

第 7 章　民法基本理论与基本制度　128

考情分析　//128

核心考点及真题详解　//128

本章综合练习　//141

本章综合练习参考答案及详细解析　//144

第 8 章　物权法律制度　147

考情分析　//147

核心考点及真题详解　//147

本章综合练习　//164

本章综合练习参考答案及详细解析　//168

第 9 章　债权法律制度　172

考情分析　//172

核心考点及真题详解　//172

本章综合练习　//200

本章综合练习参考答案及详细解析　//205

第 10 章　婚姻家庭与继承法律制度　210

考情分析　//210

核心考点及真题详解　//210

本章综合练习　//222

本章综合练习参考答案及详细解析　//224

第 11 章　个人独资企业法律制度　227

考情分析　//227

核心考点及真题详解　//227

本章综合练习　//230

本章综合练习参考答案及详细解析　//231

第 12 章　合伙企业法律制度　232

考情分析　//232

核心考点及真题详解　//232

本章综合练习　//237

本章综合练习参考答案及详细解析　//240

第 13 章　公司法律制度　242

考情分析　//242

核心考点及真题详解　//242

本章综合练习　//263

本章综合练习参考答案及详细解析　//268

第 14 章　破产法律制度　273

考情分析　//273

核心考点及真题详解　//273

本章综合练习　//287

本章综合练习参考答案及详细解析　//292

第 15 章　电子商务法律制度　296

考情分析　//296

核心考点及真题详解　//296

本章综合练习　//302

本章综合练习参考答案及详细解析　//303

第 16 章　社会保险法律制度　305
考情分析　//305
核心考点及真题详解　//305
本章综合练习　//311
本章综合练习参考答案及详细解析　//312

第 17 章　民事诉讼法律制度　314
考情分析　//314
核心考点及真题详解　//314
本章综合练习　//325
本章综合练习参考答案及详细解析　//328

第三篇　刑事与监察法律制度

第 18 章　刑事法律制度　332
考情分析　//332
核心考点及真题详解　//332
本章综合练习　//350
本章综合练习参考答案及详细解析　//357

第 19 章　刑事诉讼法律制度　362
考情分析　//362
核心考点及真题详解　//362
本章综合练习　//381
本章综合练习参考答案及详细解析　//384

第 20 章　监察法律制度　387
考情分析　//387
核心考点及真题详解　//387
本章综合练习　//392
本章综合练习参考答案及详细解析　//392

第三部分　跨章节主观题突破

跨章节主观题　397

跨章节主观题参考答案及解析　406

第四部分　机考通关模拟试题演练

机考通关模拟试题　413

模拟试卷（一）　// 413

模拟试卷（二）　// 426

机考通关模拟试题参考答案及解析　438

模拟试卷（一）参考答案及详细解析　// 438

模拟试卷（二）参考答案及详细解析　// 446

正保文化官微

关注正保文化官方微信公众号，回复“勘误表”，获取本书勘误内容。

第一部分

命题趋势预测及应试技巧

JINGDIAN TIJIE

智慧启航

世界上最快乐的事，莫过于为理想而奋斗。

——苏格拉底

2020年命题趋势预测及应试技巧

JINGDIAN TIJIE

一、考试基本情况介绍

（一）大纲基本结构

2020 年全国税务师职业资格考试官方教材《涉税服务相关法律》共有三篇二十章。第一篇为行政法律制度，第二篇为民商法律制度，第三篇为刑事与监察法律制度。标“※”为重点考核章节，如表 1 所示：

表 1　2020 年大纲基本结构

篇	章
第一篇　行政法律制度	第 1 章　行政法基本理论
	第 2 章　行政许可法律制度
	第 3 章　行政处罚法律制度
	第 4 章　行政强制法律制度
	第 5 章　行政复议法律制度
	第 6 章　行政诉讼法律制度※
第二篇　民商法律制度	第 7 章　民法基本理论与基本制度※
	第 8 章　物权法律制度※
	第 9 章　债权法律制度※
	第 10 章　婚姻家庭与继承法律制度
	第 11 章　个人独资企业法律制度
	第 12 章　合伙企业法律制度
	第 13 章　公司法律制度※
	第 14 章　破产法律制度
	第 15 章　电子商务法律制度
	第 16 章　社会保险法律制度
	第 17 章　民事诉讼法律制度
第三篇　刑事与监察法律制度	第 18 章　刑事法律制度※
	第 19 章　刑事诉讼法律制度
	第 20 章　监察法律制度

(二)2019 年分值分布及各章难易度(见表 2)

表 2 2019 年分值分布及各章难易度

篇	分值及占比	所属章	各章分值及占比	题型	难易
第一篇	27(19.28%)	第 1 章 行政法基本理论	—	—	★★
		第 2 章 行政许可法律制度	3(2.14%)	单选题	★
		第 3 章 行政处罚法律制度	6.5(4.64%)	单选题、多选题	★★★
		第 4 章 行政强制法律制度	3(2.14%)	单选题	★★
		第 5 章 行政复议法律制度	5.5(3.93%)	单选题、多选题、综合题	★★★
		第 6 章 行政诉讼法律制度	9(6.43%)	单选题、多选题、综合题	★★★
第二篇	80.5(57.51%)	第 7 章 民法基本理论与基本制度	6.5(4.64%)	单选题、多选题	★★★
		第 8 章 物权法律制度	16.5(11.79%)	单选题、多选题、综合题	★★★
		第 9 章 债权法律制度	20(14.29%)	单选题、多选题、综合题	★★★
		第 10 章 婚姻家庭与继承法律制度	1.5(1.07%)	单选题	★
		第 11 章 个人独资企业法律制度	5.5(3.93%)	单选题、多选题、综合题	★★
		第 12 章 合伙企业法律制度	3.5(2.50%)	单选题、多选题	★★
		第 13 章 公司法律制度	11(7.86%)	单选题、多选题、综合题	★★★
		第 14 章 破产法律制度	5(3.57%)	单选题、多选题	★★★
		第 15 章 电子商务法律制度	2(1.43%)	多选题	★
		第 16 章 社会保险法律制度	1.5(1.07%)	单选题	★
		第 17 章 民事诉讼法律制度	7.5(5.36%)	单选题、多选题、综合题	★★
第三篇	29(20.71%)	第 18 章 刑法法律制度	19.5(13.93%)	单选题、多选题、综合题	★★★
		第 19 章 刑事诉讼法律制度	3(2.14%)	单选题	★★
		第 20 章 监察法律制度	6.5(4.64%)	单选题、多选题	★★

【提示】考题是考生回忆版，单选题和多选题各少 1 个题目，所以，上表统计数据总题量是 78 道，总分值是 136.5 分，各篇所占比重相加为 97.5%。特此说明。

(三)2020 年教材主要变化(见表 3)

表 3 2020 年教材主要变化

章节	变化大小	变化内容
第一章	变动较大	实质变动小。新增：公务员的条件、抽象行政行为的主体；调整：按照政府信息公开条例调整政府信息公开制度

续表

章节	变化大小	变化内容
第二章	变动不大	新增：行政许可法非歧视原则、行政许可实施中有关技术转让内容、简化税务行政许可事项办理程序
第三章	变动不大	新增：处罚决定作出前，要求有审核资格人员审核、行政机关移送涉嫌犯罪案件程序要求
第四章	变动不大	删除：申请司法赔偿权利
第五章	变动不大	主要表现为标题的增加
第六章	变动较大	涉及较多标题的增加。实质变动小
第七章	变动较大	整体内容都进了表述上的调整。新增：专属权中的居住权、民事权利保护的个人信息、职务代理等
第八章	变动较大	按照《民法典》内容进行调整。用益物权中新增居住权。将建筑物区分所有权、土地承包经营权、担保物权等知识点的部分内容按照《民法典》进行了调整
第九章	变动较大	按照《民法典》内容进行调整。(1)第一节中，调整保证、债的保全等。(2)第二节中增加了保理合同、合伙合同、物业服务合同内容等内容。(3)第三节增加了“自甘风险”“自助行为”的免责；危险活动及物件致损中增加了“好意同乘”减轻责任等内容
第十章	变化较大	根据《民法典》内容进行调整。 新增：婚前隐瞒重大疾病作为可撤销婚姻；协议离婚的冷静期；打印遗嘱；调整：收养的条件；代位继承制度；取消了公证遗嘱的优先效力；删除：亲等、亲系、特殊婚姻家庭关系等内容
第十一章	变动不大	无实质变动
第十二章	变动不大	新增：合伙事务执行、合伙人从事与本合伙企业相竞争的业务、合伙企业解散的事由的概念
第十三章	变动较大	调整：人格混同的认定、股东诉讼、公积金；新增：公司分类、过度支配与控制的认定
第十四章	变动较大	新增：债权确认、债权人委员会决议；调整：债权登记、债务人财产的认定与处分
第十五章	变动较大	新增：电子商务经营者的特征、平台内经营者要遵守的法规和规则、微商、电子商务经营者的准入和登记、电子商务经营一般规则、电子商务平台经营者的义务和责任、电子商务合同的效力等；删除：电子商务主体的认定、对电子商务征税的一般税收原则中的确认原则
第十六章	变动不大	新增：社会保险法的功能、社会保险费的缴纳措施、基本养老保险制度的组成部分中的“公务员和参公管理工作人员养老保险”
第十七章	变动不大	主要是对“第四节民事诉讼证据和证明”的内容进行整体调整
第十八章	变化较大	新增：减刑的起始、间隔时间具体内容、原国家工作人员贪污贿赂罪不予假释的规定、逃税罪具体情形及扣缴义务人不适用不予追究刑事责任、抗税罪、逃避追缴欠税罪与骗取出口退税罪的成罪与他罪区分的内容；删除：故意犯罪未执行死刑的，死缓期重新计算、逃税罪虚假纳税申报解释、行贿罪、介绍贿赂罪
第十九章	变动较大	(1)第二节增加“认罪认罚从宽制度”的内容，“刑事辩护制度”内容有较大调整；(2)第三节“强制措施”中的“取保候审、监视居住、拘留、逮捕”有较大调整；(3)第四节增加“审查逮捕”内容、“提起公诉”改为“审查起诉”且内容有很大调整；(4)第五节“速裁程序、缺席审判程序”的内容有较大调整
第二十章	变动较大	多是表述性调整

可见，今年的教材变化非常之大，高达70%以上。但其包含新增、删除及调整内容，甚至包括标题变化、表述变化等细枝末节的变化。实际真正涉及本质变化以及对考生影响巨大的是第7-10章按照《民法典》增加及调整的内容以及第18章刑法和第19章刑事诉讼法的内容。

二、命题规律总结及趋势预测

(一)考试题型题量

“涉税服务相关法律”科目的题型题量如表4所示：

表4 “涉税服务相关法律”题型题量

题型	题量	均值	总分(140分)
单选题	40	1.5分	60分
多选题	20	2分	40分
综合分析题	20(5*4)	2分	40分

自2017年后，题量上一直延续单选题40道，多选题20道，综合分析题20个小题，总题量80道。从分值而言，单选题是每题1.5分，多选题和综合分析题每题2分，总分140分。

(二)命题规律

从近年的考试情况看，“涉税服务相关法律”科目试卷的命题呈现出一些明显的规律，具体分析如下：

1. 重点章节所占分值比例基本恒定

在行政法律制度、民商法律制度和刑事与监察法律制度三篇内容中，第二篇民商法律制度部分内容最多，是历年考试的重头戏，分值占据全卷的半壁江山。这对考生来讲是个好消息，但凡学过中级或者注会的考生，都可以占得先机。其中最重要的是物权法律制度、债权法律制度、公司法律制度及破产法律制度。需要提醒考生的是本部分内容在考试时会偶有部分内容超纲的现象，且着重考查考生的综合理解能力与分析能力。第一篇行政法律制度考查分值所占比重一直在20%-25%之间，2019年有所下降，不足20%。第三篇刑事与监察法律制度部分历年所占比重较小，一直是10%左右，但2018年后，分值明显提升，2019年新增监察法律制度的内容，分值比重首次达到20%以上。但考试难度不大，掌握基本知识即可，不需要深究。

2. 考题与考试大纲要求匹配度基本恒定

2018、2019年考题与考纲要求匹配度如表5所示：

表5 2018、2019年考题与考纲要求匹配度

年份	考查分值及比例		
	掌握	熟悉	了解
2019年	105.5分(75.36%左右)	24分(17.14%)	7分(5%)
2018年	103分(73.57%)	23分(16.43%)	10.5分(7.5%)

大纲要求掌握的知识点在整体考题中所占比例最高，达到75%左右，题目数量、分值遥遥领先于熟悉、了解的知识点。有利于考生学习时抓重点。

【提示】考题是考生回忆版，题目不足80题，也有年份偶有题目超纲，所以掌握、熟悉和了解加起来不够100%，不够140分。特此说明。

3. 一贯注重对教材变动及法律规范修订内容的考查

2019 年涉及考试教材、法条变动的题目总计考核 31.5 分，考试教材新增的四章考查了 11.5 分；行政诉讼法增加的司法解释的内容，刑事法律制度中新增的受贿罪、诉讼时效与除斥期间等涉及教材变动的知识点也进行了直接考查。税务行政处罚裁量权行使规则是 2017 年考试教材新增知识点，该知识点分别在 2019 年、2017 年进行了考查。

2018 年涉及考试教材、法条变动的题目总计 28.5 分。可见考试教材中新增、调整的知识点，涉及法条变动的知识点，在考试中往往受到青睐，学习时要加以关注。

4. 各章命题方式、难度系数有基本规律可循

考试分为客观题和综合分析题两大类。客观题既可以通过文字性的表述方式考查，也可以通过小案例的形式考查。近几年通过小案例形式考查的多出现在第六章行政诉讼法律制度、第七章民法基本理论与基本制度、第八章物权法律制度、第九章债权法律制度。其他章节题目则大部分属于直接考查相关知识点，难度系数较小。

综合分析题主要集中在 5 个重点章节上，即第 6 章行政诉讼法律制度、第 8 章物权法律制度、第 9 章债权法律制度、第 13 章公司法律制度和第 18 章刑事法律制度。

客观题中单选题和多选题难度系数区别明显，2019 年客观题难易程度分析如表 6 所示：

表 6　2019 年客观题难易程度分析

题型	题量比例			
	★★★★	★★★	★★	★
单选题	1 题(2.5%)	9 题(23%)	11 题(28.2%)	18(46.2)
多选题	1 题(5.0%)	11 题(55%)	4 题(20%)	3(15%)

由此可以看出，单选题难度系数较小，难度系数小的题目占 70%以上，多选题难度系数较大，难度系数大的题目占 60%。

5. 命题出现新动向

(1)客观题中少见的出现跨章节综合题。

【例题·多选题】(2019 年)下列有关诉讼时效中断认定的说法中，正确的有(　)。

A. 若乙欠甲 8 万元，丙欠乙 10 万元，甲对丙提起代位权诉讼，则甲的行为导致乙对丙的债权诉讼时效中断

B. 若甲、乙因共同侵权而需连带赔偿受害人丙 10 万元，丙要求甲承担 8 万元，则丙的行为导致丙对甲和乙的债权诉讼时效均中断

C. 若甲欠乙 10 万元货款到期未还，乙要求甲先清偿 8 万元，则乙的行为仅导致乙对甲的 8 万元债权诉讼时效中断

D. 若乙欠甲 10 万元借款到期未还，后因资金紧张向甲请求延期 3 个月还款，则甲对乙的 10 万元债权诉讼时效因乙的延期请求而中断

E. 若乙欠甲 10 万元，甲将该债权转让给丙，则自甲、丙签订债权转让协议之日起，甲对乙的 10 万元债权诉讼时效中断

【答案】ABD

【解析】本题核心是考核第 7 章中的诉讼时效中断。但四个选项又分别涉及第 9 章债的保全、共同侵权之债、债的部分履行、债权转让等知识点。债权人提起代位权诉讼的，应当认定对债权人的债权和债务人的债权均发生诉讼时效中断的效力。所以选项 A 正确。对于连带债务

人中的一人发生诉讼时效中断效力的事由，应当认定对其他连带债务人也发生诉讼时效中断的效力。所以选项 B 正确。权利人对同一债权中的部分债权主张权利，诉讼时效中断的效力及于剩余债权，但权利人明确表示放弃剩余债权的情形除外。所以选项 C 错误。义务人请求延期履行，属于义务人同意履行义务，导致诉讼时效中断。所以选项 D 正确。债权转让的，应当认定诉讼时效从债权转让通知到达债务人之日起中断。所以选项 E 错误。

(2)综合分析题也加大了跨领域、跨部门法的大综合。

2019 年的一个综合分析题，以某公司为背景，考查了股东出资、股东参与决策权、知情权、民间借贷合同、保证、民事诉讼参加人等内容，开启了第二篇“民法+商法+民事诉讼”的综合模式。第一篇行政法 2018 年、2019 年的综合分析题均来源于实践中的判决书，2019 年的实际案例考查了个人独资企业的性质、财产归属和债务承担、个人独资企业终止，税务行政复议决定，行政诉讼一审、二审、再审的诉讼程序等内容，考查范围已经由行政法扩大到了民商法，更是开启“实务案例”+“民商+行政复议+行政诉讼”新模式。无疑更是增加了考题的难度。

6. 命题时偶有“黑马”杀出

历年考试中，考试教材上总有一些内容被考官“遗忘”，多年没有考过，但就是这些内容，有时也会作为“黑马”杀出。如，2019 年，传统非重点章个人独资企业法律制度竟然单选题、多选题、综合分析题三种题型均具，分值高达 5.5 分(考试教材仅 3.5 页内容)。

(三)对新一年考试的展望

2020 年的考试势必延续近几年的考试特点，新增加的内容和考试教材变化的部分依然会是考查的重点内容，因此考生在复习时一定要注意对新增内容和变化内容的理解和掌握。同时考生在平时做练习题时要有意识地培养自己的理解能力和分析能力，尤其是综合分析题中的案例，一定要理清其中的法律关系。另外，对于多年考试没有涉及的内容，也要注意把握。“涉税服务相关法律”这门科目，在考试中考查的内容越来越多，越来越深入细致，因此考生对各章内容都要进行全面的理解和掌握。

三、应试技巧

1. 单选题确保拿分

从命题规律分析可见，单选题的命题难度系数较低。2017 年单选题的分值调整为每题 1.5 分，总分 60 分后，单选题能否拿分更是成为能否通过考试的关键。单选题要求考生选出一个最符合题意的选项，在考试时有些选项的内容明显错误，此时考生极易判别。而对于一些稍有难度的试题，考生需要运用排除法，在排除错误选项之后，也可以直接选出正确答案。考生务必保证单选题的得分率。

【例题．单选题】(2017 年)根据《行政复议法》的规定，公民、法人或者其他组织申请行政复议时，可一并提出对具体行政行为所依据的有关规定的审查申请。在此，可以对其进行审查的“规定”包含(　)。

A. 国务院部门规定　　B. 国务院部门规章

C. 地方人民政府规章　　D. 行政法规

【答案】A

【解析】本题考核行政复议中的抽象行政行为审查。可以一并审查的“规定”包括：(1)国务院有关部门的规定；(2)县级以上地方各级人民政府及其工作部门的规定；(3)乡、镇人民政府的规定等。这些规定不含国务院部门、委员会规章和地方人民政府规章。

【提示】该题直接考查了行政复议中可以一并审查的"规定"，规章以下文件可以附带审查，不包括规章及规章以上法律规范，所以答案很容易就选出来了。如果记不清楚的话，还可以通过排除法得出答案，选项 D 为行政法规，不能附带审查，选项 B、C 都为规章，也不能选两个答案，所以经过排除，只有选项 A 可以作为答案。

2. 多选题宁缺毋滥

多选题是得分率相对较低的题型。很多考生在做多选题之前都会有畏惧心理，其实多选题并没有想象中的那么可怕，只要掌握一定的技巧是很容易将这个难关攻克的。

(1)清楚给分标准。多选题一共有 20 题，每题 2 分。每题的备选项中，有 2 个或 2 个以上符合题意，至少有 1 个错项。多选、错选，本题不得分；少选，所选的每个选项得 0.5 分。所以，多选题不能全选，少选是可以得分的。

(2)注意审清题目的要求。看清楚题干要求是选出正确的选项，还是选出错误的选项。每年都会有一部分考生因没有看清题目要求而失分，这是非常可惜的，因此考生一定要注意审清题目的要求。

(3)相互矛盾的选项中，一般情况下必有一个正确答案。考生在看到有相互矛盾的选项时，应当结合题干与所学知识认真分析，选择其一。

(4)相信第一感觉，准确慎重答题。很多考生在考场上喜欢修改答案，这是个不好的习惯，因为一般来说人的第一感觉是比较准确的。因此建议考生不要轻易修改答案，除非有十足的把握。

下面我们来看一道 2018 年的真题：

【例题·多选题】(2018 年)根据《公司法》规定，下列关于公司章程和股东责任的说法中，正确的有(　)。

A. 公司股东滥用股东有限责任，逃避债务，严重损害公司债权人利益的，应当对公司债务承担连带责任

B. 股份有限公司章程由发起人制定，采用募集方式设立的，须经创立大会制定

C. 设立公司必须依法制定公司章程

D. 公司章程具有普遍约束力

E. 有限责任公司修改公司章程的，须经代表 2/3 以上表决权的股东通过

【答案】ACE

【解析】本题考核公司章程和股东责任。公司章程作为公司的内部规章，效力仅及于公司和相关当事人，不具有普遍约束力。选项 D 错误。

【提示】选项 B 是争议选项，考题是"制定"，但是根据教材以及法条，是"制订"，有人认为是错别字……但从考试技巧看，对于该选项，我个人不建议选。因为"制定"和"制订"含义确实不同，讲课时也会和学员强调二者的不同，也许命题老师就是要考核二者的不同。即使命题确实是笔误，学员不选仅损失 1 分，但如果命题者确实要考核这个知识点，一旦选择，该题的分数则会损失殆尽。

3. 综合分析题

综合分析题共 5 道大题，大多以一些较为复杂的案例作为题干背景资料，每道大题又包含 4 道小题，这些小题均为不定项选择题，每题 2 分。每题的备选项中至少有 1 个错项。多选、错选，本题不得分；少选，所选的每个选项得 0.5 分。

因为需要根据题干资料作答数道选择题，所以有的考生习惯先研读题干资料，然后做题，

这时可能做完一两道题后再做下面的题时，题干中的有些信息已记不清，此时又要重复阅读整个题干，而题干又较为复杂而冗长，这样就浪费了宝贵的答题时间。其实，这些小题一般是分别根据案例中的某一部分信息而设置的。尤其是涉及多部门法的综合题目，更是如此。因此，考生在阅读案例资料之前应先浏览小题的问题，大体了解其要考查的知识点，然后分析题干信息，最好将题目中出现的主体之间的法律关系通过画图的方式理清，以便对题干内容了然于心，帮助做题。

比如，2019 年的一道涉及"公司股东出资+股东知情权+担保方式+民间借贷+民事诉讼"的综合题，题干分为两段内容，约 450 字左右，如果全部将题干读完，再看题目做答，题干内容将会遗忘。而四个具体中的问题(1)股东的出资责任和问题(2)股东的知情权则体现在题干中的第一自然段，问题(3)的保证方式、民间借贷以及问题(4)的共同诉讼、普通程序则体现在题干中的第二自然段。如果考试时先浏览一下问题，然后带着疑问读题干更有针对性。做该类题目与做多选题是一样的思路，此处不再赘述。

四、本书特点及备考建议

(一)本书特点

本书设有命题趋势预测及应试技巧、核心考点精析及习题训练、跨章节主观题突破以及机考通关模拟试题演练专栏。命题趋势预测及应试技巧可以帮助考生迅速把握考试特点及命题规律，掌握重点学习的内容，还可以帮助考生把握未来的命题方向，使考生的学习更有针对性；核心考点精析及习题训练主要是分析考情，列举近几年真题，提炼重点知识点，然后通过习题演练的方式帮助考生快速掌握重点内容；跨章节主观题突破以及机考通关模拟试题演练主要是帮助考生通过做题检验学习效果。

(二)备考建议

1. 面对教材巨大变化，调整心态，抓主要矛盾

今年的教材变化之大，每个人都很意外，但是千万不要焦虑，更不能产生前期学习白学了的心理。其实有些细枝末节的变化对考试没有影响，即使受《民法典》影响的第 7-10 章，法学原理也几乎没有变化，变的只是具体规定。如《民法典》第 686 条对保证方式的规定，"当事人在保证合同中对保证方式没有约定或者约定不明确的，按照一般保证(原连带责任保证)承担保证责任。"这样的变化只需记忆即可。需要重点把握的是《民法典》新增或调整的内容，如居住权、新增的三种合同，再如"自甘风险""自助行为""好意同乘""婚前隐瞒重大疾病作为可撤销婚姻""协议离婚的冷静期""代位继承"等与社会实践结合紧密而《民法典》又及时做出了呼应的内容。而对于只是表述有调整的内容，属于换汤不换药，无需额外关注。

2. 对照大纲，有所为有所不为

重点学习考试大纲中要求"掌握"和"熟悉"的内容，对于"了解"以及考试大纲无要求的内容，作为辅助理解内容进行学习，不需花费太多时间。

3. 采取科学且适合个人的复习方法

(1)以考试教材为主，结合学习法条内容。考生在复习时应当以掌握考试教材内容为主，紧扣考试教材进行学习。对于考试教材内容要在通读的基础上进行精读，对于重要的制度和规定一定要细致、全面地掌握。

(2)认真研究历年真题。历年真题在"涉税服务相关法律"科目的复习中占有重要地位，也是复习中重要的备考素材，有的真题与以往年份的真题十分相似甚至相同。考生在复习时要注

意研究历年真题的考查内容和出题角度，从而掌握出题规律和解题技巧。

(3)加强练习，巩固知识点。考生看书听课后，一定要加强练习，从而达到巩固所学知识点的目的。同时，考生须谨记做练习的目的是检测学习效果，而不是完成任务。考生一定要认真做题，以检验自己是否真正掌握了题目考查的知识点的内容。只有这样才能真正起到巩固强化的作用，否则无法达到预期效果。

4. 考场上的注意事项

合理分配答题时间。“涉税服务相关法律”科目的答题时间是150分钟，在150分钟之内考生要完成80道客观题，因此在考场上合理地分配答题时间非常重要。单选题相对简单，答题的时间可以相对短一些；多选题和综合分析题，可以适当多花一些时间。一般做每1分值的题目需花大约1分钟的时间，即单选题40道在40分钟内完成，多选题20道在40分钟内完成，综合分析题因需要分析案例，建议在60分钟内完成，最后剩余10分钟用来检查。做题时先易后难，没有思路或有疑问的题目先做个标记(机考系统有此功能)，等把所有会做的题目做完后，再回头去思考之前做过标记的题目，前期不要在那些没有把握的题目上浪费太多的时间。

预祝各位考生通过自己的辛勤努力能够早日**梦想成真**！

第二部分

核心考点精析及习题训练

JINGDIAN TIJIE

智慧启航

执着追求并从中得到最大快乐的人，才是成功者。

——梭罗

第一篇 行政法律制度

行政法律制度	行政法基本理论	理论性较强，需要理解记忆的知识点较多，且行政主体的理论会贯穿整个行政法律制度的始终，极易与行政复议法律制度中的被申请人和行政诉讼法律制度中的被告结合命题，要求考生必须把基础打牢固，注重知识的综合学习
	行政许可法律制度	三种制度中的原则、设定、实施、程序等规定比较相似，建议考生应采用对比理解的方式学习
	行政处罚法律制度	
	行政强制法律制度	
	行政复议法律制度	两种制度同属于行政救济法律制度，其受案范围、当事人、管辖、程序、证据、结案方式等有同有异，建议考生将两种制度进行对比学习
	行政诉讼法律制度	

第1章 行政法基本理论

JINGDIAN TIJIE

考情分析

历年考情分析

本章内容理论性较强，考点较为分散，考试中多以单选题、多选题的方式考查教材内容，考查难度不大。从历年考试情况来看，本章主要考查行政合理性原则、行政法的渊源、行政主体以及行政程序法的基本制度等内容，在本章的学习中要注意有所侧重。

本章2020年考试主要变化

本章根据2019年修订的《政府信息公开条例》，重新编写了政府信息公开制度。

核心考点及真题详解

考点一 行政法的基本原则★★★*

扫我解疑难

经典例题

【例题·多选题】(2016年**)根据《行政处罚法》和行政法理论，下列关于税务机关对纳税人作出行政处罚的要求中，属于行使行政处罚裁量权的合理性要求的有( )。

A. 处罚应保持适度适中，符合比例法则，符合情理且具有可行性

B. 处罚应全面考虑事实、性质、情节以及危害后果等相关因素

C. 处罚应有法定依据，不逾越法定权限，遵守法定程序

D. 处罚应平等地适用法律，相同情况相同处罚

E. 处罚应当符合法律设定该处罚的目的

【答案】ABDE

【解析】本题考核行政法的基本原则。行政行为应保持适度，符合比例原则要求。所以选项A正确。行政机关作出行政决定时，应当全面考虑行为所涉及或影响的因素，尤其是法律、法规所明示或默示要求行政机关考虑的因素，不能以无关的因素为根据，这样才能使行政行为有充分、合理的依据，而不忽视法律的要求。所以选项B正确。行政处罚依据法定是行政处罚法定原则的要求。所以选项C错误。在相同的情况下，行政机关作出行政行为无论是赋予权利，还是设定义务，都不得因人而异，对相同事实与情况应相同对待，公正地对待所有的当事人。所以选项D正确。

---

* 本书用“★”表示了解，“★★”表示熟悉，“★★★”表示掌握。

** 本书涉及的所有考题均为考生回忆，特此注明。

法律给予行政机关行政裁量权正是为了有效地实现立法的目的，凡不符合法律目的的行为都是不合理的行为。所以选项 E 正确。

考点精析

行政法的基本原则(见表 1-1)。

表 1-1 行政法的基本原则

分类	具体内容	示例
行政合法性原则(简称"合法性原则")	行政权的存在、行使有合法依据	如税务机关对违法的纳税义务人实施行政处罚，须有相应的法律依据，不但实体上合法，而且程序上也要合法(简易程序、一般程序、听证程序)
	行政权力必须依照法定程序行使	
行政合理性原则(简称"合理性原则")	符合立法目的	如对于超标排污企业，环境保护部门应当采取责令停产停业、责令整改等措施，不得仅仅处以罚款了事
	考虑相关因素	如执法人员处理相对人违法案件时，需要考量的是相对人的违法情节、实施违法行为后是否采取避免危害发生的措施等相关因素，而不能考虑该人与自己的私人感情、是否有领导和自己打招呼等不相关因素
	平等适用法律规范，符合公正法则	王子犯法，与庶民同责
	符合比例原则	杀鸡焉用宰牛刀
	符合自然规律、社会道德、人类理性和公平正义观念	私家车为了给消防车让路而压线行驶，行政机关执法时应考虑该因素
行政应急性原则(简称"应急性原则")	合法性原则的例外	行政机关为了防止"非典"疫情蔓延，对"非典"患者及疑似病人采取隔离措施

【帮你"李"解】

(1)在行政法的三项原则中，行政合理性原则是历年高频考点，应重点把握。

(2)把握合理性原则，还应把握"合理性原则=实质合法性原则"，其产生的主要原因是由于行政自由裁量权的存在。考试题干中无论是出现"实质合法性原则"，还是"自由裁量权"，考生均应判断出其考点是行政合理性原则。

考点二 行政法的渊源★★

经典例题

【例题 1·多选题】(2017 年)根据《立法法》规定，只能由法律规定的税收基本制度包括( )。

A. 税款用途　B. 税目调整

C. 税收征收管理　D. 税率的确定

E. 税种的设立

【答案】CDE

【解析】本题考核行政法的渊源。根据《立法法》第 8 条规定，税种的设立、税率的确定和税收征收管理等税收基本制度，只能由法律规定。

【例题 2·多选题】根据我国行政法理论和法律规定，有权制定部门规章的主体有( )。

A. 农业农村部

B. 国家发展和改革委员会

C. 重庆市人民政府

D. 国务院办公厅

E. 国家体育总局

【答案】ABE

【解析】本题考核行政法的渊源。行政规章分为部门规章和地方规章。部门规章是由国务院各部委、中国人民银行、审计署和具有行政管理职能的直属机构制定的。地方政府规章由省、自治区、直辖市的人民政府和设区的市、自治州的人民政府制定。选项A、B是国务院组成部门，选项E是国务院直属机构。

【有“李”有据】该题尤其注意选项C不能选择。因为题干问的是有权制定“部门规章”的主体，如果问的是有权制定“行政规章”的主体，则答案为ABCE。

考点精析

1. 行政法的渊源及效力(见表1-2)

表1-2 行政法的渊源及效力

类型		制定机关	效力层级	示例	关键“称谓”
宪法		全国人大	最高	—	
法律	基本法律	全国人大	仅次于宪法	《立法法》《行政诉讼法》《行政处罚法》	“法”
	一般法律	全国人大常委会		《税收征收管理法》《治安管理处罚法》《行政复议法》《行政强制法》《行政许可法》	
行政法规	依职权	国务院	低于宪法和法律，高于行政规章和地方法规	《行政复议法实施条例》《税收征收管理法实施细则》《行政执法机关移送涉嫌犯罪案件的规定》《海关行政处罚实施条例》《国有土地上房屋征收与补偿条例》	“条例”“细则”“规定”
	依授权			《增值税暂行条例》	
地方性法规		(1)省、自治区、直辖市人大及常委会；(2)设区的市的人大及其常委会	(1)低于宪法、法律、行政法规；(2)在本行政区域内有效	—	
行政规章	部门规章	国务院各部委、中国人民银行、审计署和有行政管理职能的直属机构	(1)低于宪法、法律和行政法规；(2)在本部门管辖范围内适用	《海关行政处罚听证办法》《税务行政复议规则》《纳税担保试行办法》	“办法”“规则”
	地方规章	(1)省、自治区、直辖市的人民政府；(2)设区的市、自治州的人民政府	(1)低于宪法、法律、行政法规、同级地方性法规；(2)在本地区管辖范围内适用	—	
民族自治条例、单行条例		自治区、自治州、自治县的人大	—	—	
其他渊源		—	—	国际条约、国际协定中涉及国内行政管理的部分，对行政活动具有约束力的法律解释，以及行政机关制定和发布的规范性文件。如，国家税务总局制定的《税务稽查工作规程》	

【帮你"李"解】

(1)有权的地方"人民政府"制定的是"地方性规章";"人大或人大常委会"制定的是"地方性法规"。各级地方人民政府的工作部门均无行政立法权。

(2)税种的设立、税率的确定和税收征收管理等税收基本制度,只能由法律规定。

(3)部门规章不得设定减损公民、法人和其他组织权利或者增加其义务的规范,不得增加本部门的权力或者减少本部门的法定职责。

(4)设区的市的人民代表大会及其常务委员会根据本市的具体情况和实际需要,在不同宪法、法律、行政法规和本省、自治区的地方性法规相抵触的前提下,可以对**城乡建设与管理、环境保护、历史文化保护等**方面的事项制定地方性法规。

(5)我国还存在授权立法方式。授权的期限不得超过5年,但授权决定另有规定的除外。被授权机关应在授权期满前6个月,向授权机关报告授权实施情况。

2. 行政法渊源中冲突的解决方式

(1)法律之间对同一事项的新的一般规定与旧的特别规定不一致,不能确定如何适用时,由全国人民代表大会常务委员会裁决。

(2)行政法规之间对同一事项的新的一般规定与旧的特别规定不一致,不能确定如何适用时,由国务院裁决。

(3)根据授权制定的法规与法律规定不一致,不能确定如何适用时,由**全国人民代表大会常务委员会裁决**。

(4)部门规章之间、部门规章与地方政府规章之间对同一事项的规定不一致时,由国务院裁决。

(5)地方性法规与部门规章之间对同一事项的规定不一致,不能确定如何适用时,由国务院提出意见,国务院认为应当适用地方性法规的,应当决定在该地方适用地方性法规的规定;认为应当适用部门规章的,应当提请全国人民代表大会常务委员会裁决。

【帮你"李"解】

(1)前项(1)(2)贯彻的立法思路即"谁制定谁裁决",但制定主体无论是"全国人大"还是"全国人大常委会",裁定主体均是"全国人大常委会"而非"全国人大"。

(2)前项(3)贯彻的立法思路即"授权别人等同于自己制定",仍是"谁制定谁裁决"。

(3)前项(4)(5)贯彻的立法思路即"家长"裁判制,只要扎实掌握各类规范性文件制定主体的管理体制,即能正确判断裁决主体。

阶段性测试

1.【多选题】合理性原则是行政法的基本原则之一,合理行政对行政机关的要求体现在(　)。

A. 行政机关作出吊销执照的处罚决定前,应当告知当事人有要求举行听证的权利

B. 行政机关作出的行政裁量行为应当遵循合法通行的先例,符合自然规律与社会理性

C. 行政机关行使行政裁量权作出的行政决定应充分考虑相关因素,排除不相关因素干扰

D. 行政机关作出不予行政许可决定,应当说明理由

E. 行政机关作出行政处罚决定应当有法律依据,且遵守法定程序

2.【多选题】下列各项中属于我国行政法渊源的有(　)。

A. 国务院的会议纪要

B. 教育部发布的关于高考改革的意见

C. 最高人民法院关于适用行政诉讼法若干问题的解释

D. 某县税务局作出的关于办理变更税务登记的决定

E. 某省政府制定的地方性规章

阶段性测试答案精析

1. BC 【解析】本题考核行政合理性原则的基本要求。选项A、D、E属于行政合法性

原则的要求。

2. CE 【解析】本题考核我国行政法的渊源。会议纪要、教育部发布的关于高考改革的意见、县税务局作出的办理税务登记的决定，都不属于我国行政法的渊源。最高人民法院的法律解释是其他渊源中对行政活动具有拘束力的法律解释，属于行政法的渊源。省政府制定的地方性规章是行政法的渊源。

第1章 行政法基本理论

考点三 行政主体★★★

经典例题

【例题1·多选题】(2014年改)有规章制定权且属于国务院组成部门的行政机关包括( )。

A. 财政部　　B. 国家铁路局

C. 中国人民银行　　D. 国家税务总局

E. 国务院研究室

【答案】AC

【解析】本题考核中央行政机关中的国务院组成部门。选项B属于国务院部委管理的国家局；选项D属于国务院直属机构；选项E属于国务院办事机构。

【有"李"有据】排除法：对于本题来讲，根本不用考虑每个选项中提到的行政机关是否有规章制定权，单从其是否属于"国务院组成部门"的角度入手，通过排除法即可得出正确答案。

【例题2·多选题】(2014年)中国证监会具有管理证券、期货行业的职能，下列关于中国证监会的性质和法律地位的说法中，正确的有( )。

A. 属于法律、法规授权的组织，有权在法定授权范围内以自己的名义实施冻结企业存款等行政强制措施

B. 属于行政机关委托的组织，不具有行政主体资格，不可以实施行政处罚、行政强制

C. 属于法律、法规授权的组织，但无权在法定授权范围内以自己的名义实施罚款、没收违法所得等行政处罚

D. 属于国务院直属事业单位，具有行政主体资格，有权依法实施行政处罚、行政强制及行政许可

E. 属于法律、法规授权的组织，有权在法定授权范围内以自己的名义实施行政许可

【答案】ADE

【解析】本题考核国务院直属事业单位的法律地位。中国证监会因得到了法律、法规的授权而具有行政主体资格，其在法定授权范围内可以自己的名义实施罚款、没收违法所得等行政处罚或者行政许可，以及以自己的名义实施冻结企业存款等行政强制措施。

考点精析

1. 行政主体的含义

行政主体是具有"权"(行政权力)、"名"(以自己的名义实施行政行为)、"责"(能够独立承担相应责任)的"组织"(排除了公务员个人)。

【帮你"李"解】行政主体≠行政机关

(1)行政机关并非在所有场合都是行政主体(只有在行使行政职权时)；

(2)并非所有的行政主体都是行政机关(行政主体除行政机关外，还包括法律、法规、规章授权的组织)；

(3)并非所有的行政机关都是行政主体(有些不承担对外行政职能的行政机关不具有行政主体资格，如国务院办事机构)。

2. 中央行政机关(见表1-3)

表1-3　中央行政机关

名称	组成或举例	是否是行政主体	制定文件	是否可诉
国务院	即中央人民政府，最高权力机构的执行机关，是最高国家行政机关	是	行政法规	否

续表

名称	组成或举例	是否是行政主体	制定文件	是否可诉
国务院组成部门	如自然资源部、农业农村部、退役军人事务部、应急管理部、人力资源和社会保障部、交通运输部、财政部、生态环境部、司法部、商务部、住房和城乡建设部、国家发展和改革委员会、国家卫生健康委员会、中国人民银行、审计署等	是	部门规章	否
国务院直属机构	如国家税务总局、国家市场监督管理总局、国家国际发展合作署、国家广播电视总局、海关总署、国家体育总局、国家统计局、国家医疗保障局等	是	部门规章	否
国务院部委管理的国家局	如公安部管理的国家移民管理局、交通运输部管理的国家铁路局、中国人民银行管理的国家外汇管理局、文化和旅游部管理的国家文物局、国家发展和改革委员会管理的国家能源局、自然资源部管理的林业和草原局、应急管理部管理的煤矿安全监察局以及国家市场监督管理总局管理的国家知识产权局等	是	规章以下的其他规范性文件	可与具体行政行为"一并"提起行政诉讼或申请行政复议
国务院办事机构	国务院港澳事务办公室、国务院研究室等	否		—
国务院直属事业单位	中国气象局、中国银行保险监督管理委员会、中国证券监督管理委员会、国家电力监管委员会、国务院发展研究中心、新华通讯社、中央广播电视总台、中国科学院、中国社会科学院、中国工程院等	一般不是，但部分直属事业单位因得到法律、法规授权具有行政主体资格。如证监会、银保监会等		
国务院直属特设机构	国务院国有资产监督管理委员会(简称"国资委")	是	部门规章	否

3. 地方行政机关

地方行政机关包括地方各级人民政府及其职能部门、**派出机关**。

【帮你"李"解】乡、民族乡、镇人民政府没有职能部门。

4. 法律、法规授权的组织(见表1-4)

表1-4　法律、法规授权的组织

组织类别		示例	是否是行政主体
行政机构	内部机构	各级交通部门内设的航政机构和高速公路管理机构；县级以上公安机关内设的交通警察大队、消防机构；税务机关**内设的稽查局**等	可以成为**授权行政主体**
	派出机构	审计署驻各地办事处、公安派出所、税务所、财政所	
事业单位		高等院校	
社会团体		工会、妇联、消费者协会、中国税务学会	
其他		村民委员会、居民委员会	

5. 行政机关委托的组织

受委托组织不具有行政主体资格。

【帮你"李"解】如何区别法律、法规授权的组织和受委托的组织？考试中，题目中一旦出现上述列举的组织而不作特殊说明时，即可认为是得到了法律、法规的授权，则具有行政主体资格，进一步可以成为行政复议中的被申请人，行政诉讼中的被告。题目中特别出现了“委托”字眼，则是受委托的组织。

考点四　行政行为的分类★★★

扫我解疑难

经典例题

【例题·多选题】(2013 年)根据行政法理论和《行政强制法》《行政诉讼法》等法律规定，对逾期不缴纳税款、滞纳金和罚款的纳税人，税务机关经催告依法作出行政强制决定并拍卖纳税人财物以强制抵缴税款、滞纳金及罚款的行为，性质上属于(　)。

A. 代履行行为　　B. 行政事实行为

C. 损益行政行为　　D. 行政法律行为

E. 行政优益行为

【答案】CD

【解析】本题考核行政强制执行的性质。题干描述的是行政强制执行，该行为的性质属于行政法律行为、外部行政行为、具体行政行为、羁束行政行为、依职权的行政行为、单方行政行为、要式行政行为、作为行政行为、损益行政行为、行政执法行为。

考点精析

行政行为的分类(见表 1-5)

表 1-5　行政行为的分类

分类标准	种类	具体内容
(1)以行政行为的适用与效力作用的对象范围为标准	内部行政行为	行政主体在内部行政组织管理过程中所作的只对行政组织内部产生的法律效力的行为，如行政处分等
	外部行政行为	行政主体对社会实施行政管理过程中，针对公民、法人或其他组织所作出的行政行为，如行政处罚、行政许可等
(2)以行政行为的对象是否特定为标准	抽象行政行为	能对未来发生约束力，可以**反复适用**，可以起到约束具体行政行为的作用的行为
	具体行政行为	行政主体在行政管理过程中，针对**特定的人或事**采取具体措施的行为，其行为的内容和结果将直接影响特定的人或组织的权利或义务，其最突出的特点就是行为对象的特定化或具体化。如行政许可行为、行政处罚行为
(3)以行政行为受法律规范约束的程度为标准	羁束行政行为	法律规范对行政行为的范围、条件、标准、方式、程序等作了较详细、具体、明确规定的行政行为。如税务机关征税等
	裁量行政行为	法律规范仅对行为目的、范围等作了原则性规定，而将行为的具体条件、标准、幅度、方式等留给行政机关自行选择、决定的行政行为
(4)以行政主体是否可以主动作出行政行为为标准	依职权的行政行为	行政主体依据法律设定或授予的职权，**无须相对方的申请**而主动实施的行政行为。如税务机关的征税行为等
	依申请的行政行为	行政主体必须根据相对方的申请才能实施的行政行为，未经相对方的请求，行政主体不能主动作出行政行为。如颁发营业执照、核发建设工程规划许可证等
(5)以行政行为成立时参与意思表示的当事人数目为标准	单方行政行为	行政主体通过自己单方意思表示，无须征得相对方同意即可成立的行政行为。如行政处罚、行政监督等
	双方行政行为	行政主体为实现公务目的，与相对方协商达成一致而成立的行政行为。如行政委托行为、行政合同行为等

分类标准	种类	具体内容
(6)以行政行为是否应当具备一定的法定形式为标准	要式行政行为	必须具备某种法定的形式或遵守法定程序才能成立生效的行政行为。如强制执法决定应当以书面形式作出
	非要式行政行为	无须一定方式和程序，无论采取何种形式都可以成立的行政行为。如公安机关对酗酒的人采取强制约束的行为
(7)以行政行为作为方式表现为标准	作为行政行为	以积极作为的方式表现出来的行政行为。如行政奖励、行政强制行为等
	不作为行政行为	以**消极不作为**的方式表现出来的行政行为。如《集会游行示威法》中规定，对于游行、集会申请，主管机关对申请"逾期不通知的，视为许可"就属于不作为行为
(8)以行政行为的内容对行政相对人是否有利为标准	授益行政行为	行政主体为行政相对人设定权益或免除义务的行为。如许可从事某种职业发放救助金、颁发学位证书或毕业证书等
	损益行政行为	行政主体对行政相对人实施的对相对人不利或者以某种方式侵夺、减损相对人某种权利或利益的行政行为，又称为**负担行政行为或不利行政行为、侵益行政行为**。如吊销营业执照、罚款等
(9)以行政权作用的方式和实施行政行为所形成的法律关系为标准	行政立法行为	有权行政机关依法定职权和程序制定行政法规、行政规章的行政行为
	行政执法行为	行政主体依法实施的直接影响相对方权利和义务的行为，或者对个人、组织的权利义务的行使与履行情况进行监督检查的行为。如行政许可、行政确认、行政奖励等
	行政司法行为	行政主体作为第三方，按照准司法程序审理特定的行政争议或民事争议案件所作出的裁决行为。如行政裁决、行政调解等

【帮你"李"解】根据行政法理论，还有诸如行政终局裁决行为、国家行为等，这些行为均不属于行政诉讼的受案范围。

(1)行政终局裁决行为，是指"法律"(狭义的法律)规定的由行政机关最终裁决的行政行为。

(2)国家行为是指诸如国防、外交等涉及国家重大利益，具有高度政治性的行为。其一般与国家主权有关。

考点五　行政行为的无效、撤销和废止★★

扫我解疑难

经典例题

【例题·单选题】(2014年)下列关于具体行政行为效力的说法中，正确的是(　)。

A. 相对人申请行政复议的法律效果是导致具体行政行为丧失拘束力

B. 具体行政行为可以被废止，这表明具体行政行为没有确定力

C. 具体行政行为作出后，不论合法与否都推定合法有效，这表明具体行政行为具有公定力

D. 无效具体行政行为与可撤销的具体行政行为只在被撤销后才失去法律效力

【答案】C

【解析】本题考核行政行为的效力。单纯地申请行政复议，不会直接导致行政行为丧失拘束力。但如果复议机关作出撤销该具体行政行为的决定，那么该行政行为将丧失拘束力。所以选项A错误。具体行政行为具有确定力，一经作出不得随意废止。不能因具体行政行为有可能被废止，就否认具体行政行为的确定力。所以选项B错误。无效行政行为自始无效，可撤销的行政行为只有在被撤销后才失去效力。所以选项D错误。

考点精析

行政行为的无效、撤销、废止(见表1-6)

表1-6 行政行为的无效、撤销、废止

项目	法定情形	法律后果	损失处理	溯及力
行政行为的无效	存在重大且明显违法	自始不发生效力	赔偿	追溯
行政行为的撤销	(1)合法要件有瑕疵;(2)行为明显不当	**撤销之日**起失效	(1)因行政主体过错被撤销:赔偿 (2)因相对人过错被撤销:不赔偿 (3)行政主体和相对人共同过错被撤销:根据过错程度各自担责	追溯
行政行为的废止	(1)行政行为所依据的法律、法规等规范性文件依法修改、废止或撤销(法律已变);(2)行政行为所依据的客观情况发生重大变化(事实已变);(3)行政行为已完成原定的目标、任务(结果实现)	**废止之日**起失效	补偿	不可追溯

阶段性测试

1.【单选题】关于行政行为的废止,下列说法中正确的是( )。

A. 行政行为自废止之日起失去法律效力

B. 在废止前发生的法律效果不受法律保护

C. 因行政行为的废止给相对方造成财产损失的,行政主体应当依法给予赔偿

D. 相对方依原行政行为已履行的义务,可以要求行政主体返还

2.【多选题】下列关于中央行政机关和地方行政机关的说法中,正确的有( )。

A. 国务院是最高国家行政机关

B. 国务院组成部门和国务院的直属机构都有规章的制定权

C. 法律、法规授权的组织和受委托的组织均具有行政主体资格

D. 地方人民政府的派出机关实际上履行着一级人民政府的职能

E. 自治州人民政府除了行使地方人民政府的职权外,还可以依法行使自治权

3.【多选题】下列选项中,本身不属于行政法上的行政主体,但是在得到法律、法规授权的情况下,可以成为行政主体的有( )。

A. 街道办事处

B. 财政部

C. 专利复审委员会

D. 财政所

E. 审计署驻各地办事处

阶段性测试答案精析

1. A 【解析】本题考核行政行为废止的法律后果。行政行为废止的原因并非存在违法情形,因此废止前发生的法律效果仍受法律保护。所以选项B错误。因行政行为的废止给相对方造成财产损失的,行政主体应当依法给予补偿,而非赔偿。所以选项C错误。行政主体在行为被废止之前通过相应行为已给予相对方的权益不再收

回，也不再给予；相对方依原行政行为已履行的义务不能要求行政机关返还利益，但可不再履行义务。所以选项 D 错误。

2. ABDE 【解析】本题考核中央行政机关和地方行政机关的职权及行政主体资格。法律、法规授权的组织具有行政主体资格，受委托的组织不具有行政主体资格。因此选项 C 错误。

3. CDE 【解析】本题考核行政主体。街道办事处属于派出机关，财政部属于国务院组成部门，本身就具有行政主体资格，属于职权行政主体。所以选项 A、B 错误。

考点六　行政程序法的基本原则与基本制度★★★

经典例题

【例题 1·单选题】(2018 年)甲税务局对某公司作出税收强制执行决定，此决定的执行对该公司可能产生重大不利影响，甲税务局依照《行政复议法实施条例》及《税务行政复议规则》的要求，依法告知其享有申请税务行政复议的权利、税务行政复议机关和申请期限，甲税务局的这一做法，体现了行政程序法中的(　)。

A. 行政执法全过程记录制度

B. 教示制度

C. 行政执法公示制度

D. 说明理由制度

【答案】B

【解析】本题考核行政程序法的基本制度。教示制度，是指行政机关对行政相对人正式作出某种不利决定时，应当将有关法律救济权利事项明确地告知，教引行政相对人如何获得法律救济的一种行政程序法律制度。

【例题 2·单选题】根据《政府信息公开条例》，下列关于政府信息公开限制的表述中，正确的是(　)。

A. 行政机关不得公开涉及个人隐私的政府信息，但是经权利人同意公开的，可以予以公开

B. 当事人申请公开依申请公开范围内的政府信息，行政机关应自收到当事人申请之日起 60 日内作出答复

C. 对于法定的主动公开范围内的政府信息，行政机关应自该政府信息形成或者自变更之日起 30 个工作日内予以公开

D. 行政机关不得公开涉及国家秘密的政府信息，但是经上级行政机关同意的除外

【答案】A

【解析】本题考核政府信息公开的范围和公开信息的期限。行政机关不得公开涉及国家秘密、商业秘密、个人隐私的政府信息。但是，经权利人同意公开或者行政机关认为不公开可能对公共利益造成重大影响的涉及商业秘密、个人隐私的政府信息，可以予以公开。所以选项 A 正确，选项 D 错误。行政机关收到政府信息公开申请，能够当场答复的，应当当场予以答复。行政机关不能当场答复的，应当自收到申请之日起 20 个工作日内予以答复；如需延长答复期限的，应当经政府信息公开工作机构负责人同意，并告知申请人，延长答复的期限最长不得超过 20 个工作日。所以选项 B 错误。属于主动公开范围的政府信息，应当自该政府信息形成或在变更之日起 20 个工作日内予以公开。所以选项 C 错误。

考点精析

1. 行政程序法的基本原则(见表 1-7)

表 1-7　行政程序法的基本原则

原则	具体内容
公开原则	主要体现在行政依据公开、行政程序公开、行政信息公开、行政决定公开等方面
公正原则	行政主体在作出行政行为时，要平等地对待当事人各方，排除各种可能造成不平等或偏见的因素

续表

原则	具体内容
参与原则	行政主体在实施行政行为的过程中，行政相对人有权参与行政过程，并有权对行政行为发表意见，而且有权要求行政主体对所发表的意见予以重视
效率原则	体现于时效制度、简易程序、紧急处置程序

2. 信息公开制度(见表1-8)

表1-8 信息公开制度

	主动公开	依申请公开
法定情形	对涉及公众利益调整、需要公众广泛知晓或者需要公众参与决策的政府信息，行政机关应当主动公开	(1)公民、法人或者其他组织有证据证明行政机关提供的与其自身相关的政府信息记录不准确的，有权要求该行政机关予以更正； (2)公民、法人或者其他组织可以主动向政府申请获取所需要的政府信息
时间	信息形成或变更之日起20个工作日以内	(1)能当场回复：应当场答复； (2)不能当场答复：收到申请之日起20个工作日以内答复；如需延长，经政府信息公开工作机构负责人同意，延长最长不得超过20个工作日(20+20)
公开方式	通过政府公报、政府网站、新闻发布会以及报刊、广播、电视等方式公开	按照申请人要求的形式提供政府信息，可能危及政府信息载体安全或者公开成本过高的，可以通过电子数据以及其他适当形式提供，或者安排申请人查阅、抄录相关政府信息
限制	不得公开涉及国家秘密、商业秘密、个人隐私的政府信息。 【例外】权利人同意公开或者行政机关认为不公开可能对公共利益造成重大影响的商业秘密、个人隐私可以公开	
收费	不收费	行政机关依申请提供政府信息，不收取费用。但是，申请人申请公开政府信息的数量、频次明显超过合理范围的，行政机关可以收取信息处理费

3. 回避制度

4. 行政调查制度

5. 告知制度

6. 催告制度

催告制度首次在《行政强制法》中确立，主要体现在行政机关自行强制执行的催告、代履行的催告、申请人民法院强制执行的催告三个方面。

7. 听证制度

听证制度在行政许可、行政处罚、行政复议中均有体现。

8. 行政案卷制度(案卷排他性制度)

如《行政许可法》规定，行政机关应当根据听证笔录，作出行政许可决定。

9. 说明理由制度(附加理由制度)

如《行政许可法》规定，行政机关依法作出不予行政许可的书面决定的，应当说明理由。

10. 教示制度

教示制度的基本内容有：行政机关应当告知行政相对人向何机关提出法律救济以及请求获得法律救济的法定时限；行政机关应

当告知行政相对人提出法律救济的法定方式；行政机关如不履行该教示程序，应当承担不利于己的法律后果。

11. 时效制度

时效制度是效率原则的具体体现。

考点七　行政事实行为★

经典例题

【例题·单选题】曹某在当地集镇市场临时贩卖鲜活鱼，市场管理办公室工作人员章某责令其交纳有关费用，曹某拒不交纳。双方由此发生争吵，章某将曹某未卖完的鲜活鱼全部扣押，且将曹某打伤。下列关于本案涉及的主体、行为和责任的表述中，正确的是(　)。

A. 章某是本案行政主体

B. 章某扣押曹某鲜活鱼的行为属于执行罚措施

C. 章某殴打曹某的行为属于事实行为

D. 章某个人应当就曹某的损失承担民事赔偿责任

【答案】C

【解析】本题考核行政主体、行政强制措施、行政事实行为和行政赔偿主体。行政主体是社会组织，行政机关的工作人员不是行政主体。所以选项 A 错误。扣押财产的行为属于行政强制措施，而不是间接强制执行措施中的执行罚。所以选项 B 错误。章某是行政机关的工作人员，其执行职务给相对人造成的损失，由其所属行政机关承担行政赔偿责任。所以选项 D 错误。

【有“李”有据】本题的综合性比较强，不仅考查了行政主体，而且考查了行政强制措施和行政行为。这就要求考生在学习的时候注意知识点之间的联系，以达到融会贯通的效果。

考点精析

1. 行政事实行为(见表 1-9)

表 1-9　行政事实行为的概念与种类

项目	具体规定	
概念	行政事实行为是指行政主体作出的以影响或改变事实状态为目的、非产生法律约束力而仅**产生事实上的效果**的行为	
种类	执行性行政事实行为	指将一个行政行为的内容付诸实现的行为。如市场监督管理部门根据行政处罚决定实施的没收行为；民政部门根据行政给付决定给相对人发放最低生活保障费的行为
	通知性行政事实行为	指行政机关作出的不具有法律拘束力的意见表示行为。如行政机关对相对人提出的意见、劝告、提供咨询服务(发布天气预报)
	协商性行政事实行为	指行政机关在作出正式的行政行为之前，与相对人就某些问题作出的不具有法律效果的协商行为。如签订行政合同前与相对人的协商沟通

2. 行政指导

行政指导是一种行政事实行为，不具有法律上的强制力。公民是否遵从行政指导，完全取决于自己的意愿。因此，司法解释将其排除在行政诉讼受案范围之外。

阶段性测试

1.【单选题】《行政许可法》第 48 条规定：“行政机关应当根据听证笔录，作出行政许可决定。”这一规定体现行政程序法基本制度是(　)。

A. 教示制度　　B. 说明理由制度

C. 行政案卷制度　　D. 告知制度

2.【单选题】根据《政府信息公开条例》，行政机关收到政府信息公开申请，不能当场答复的，应当自收到申请之日起(　)个工作日内予以答复。

A. 10　　B. 15

C. 20　　D. 30

3.【单选题】根据《行政处罚法》《行政许可法》《行政强制法》及《税收征收管理法》等法律及行政法理论，下列关于税务机关应当遵守的行政程序基本制度规定的说法中，正确的是(　)。

A. 说明理由制度要求，与纳税人有直接利害关系的税务人员在涉嫌偷税案件调查取证阶段应主动提出回避

B. 行政案卷制度要求，税务机关应将有关税务行政许可的事项、依据、条件、数量、程序、期限以及需要提交的全部材料的目录和申请书示范文本等在办公场所公示

C. 催告制度要求，税务机关在作出税务行政处罚前应充分听取纳税人的陈述申辩意见，并对纳税人提出的事实、理由及证据进行复核

D. 教示制度要求，税务机关作出冻结纳税人存款的决定时应告知其申请复议的权利、复议机关和申请复议的期限

阶段性测试答案精析

1. C 【解析】本题考核行政案卷制度。行政案卷制度是行政决定只能以行政案卷体现的事实作为根据的一种行政程序制度。

2. C 【解析】本题考核政府信息公开制度。行政机关收到政府信息公开申请，不能当场答复的，应当自收到申请之日起20个工作日内予以答复。

3. D 【解析】本题考核行政程序法的基本制度。选项A体现的是回避制度。选项B体现的是信息公开制度。选项C体现的不是催告制度，而是行政程序法的基本原则——公正原则。

【有“李”有据】行政程序法的基本制度中，告知制度、催告制度、行政案卷制度、说明理由制度及教示制度相对来讲比较难理解，且告知制度与说明理由制度容易混淆。因此，考生在复习时应对各类制度的要求进行准确掌握，并能正确地区分告知制度与说明理由制度，这样才能在做此类题目时选出正确选项。

本章综合练习 限时30分钟

一、单项选择题

1. 行政机关作出行政行为应当考虑相关因素，不能考虑不相关因素。该表述体现了(　)原则的要求。

A. 行政合法性　　B. 行政合理性

C. 行政应急性　　D. 案卷主义

2. 行政机关行使法律规定的行政裁量权必须符合合理性原则，作出的行政行为才具有实质合法性。行政机关行使行政裁量权的这种合理性要求之一是(　)。

A. 行政机关行使行政裁量权作出行政行为时，应当遵循法定程序步骤，不能违反有关法定时限的规定

B. 行政机关行使行政裁量权作出行政行为时，必须平等对待行政相对人，且所作出的行政行为在内容上应当符合比例原则

C. 行政机关行使行政裁量权作出行政行为不得超越法定幅度，且只能在紧急处置情形下行使行政裁量权

D. 行政机关行使行政裁量权作出的行政行为在内容上既要符合行政实体法规定，又要符合行政程序法规定

3. 根据《立法法》规定，关于部门规章、地方性法规的制定，下列说法错误的是(　)。

A. 税种的设立、税率的确定和税收征收管理等税收基本制度，只能由法律规定

B. 税种的设立、税率的确定和税收征收管理等税收基本制度，只能由法律、法规规定

C. 部门规章不得自行设定减损公民、法人和其他组织权利或者增加其义务的规范，不得增加本部门的权力或者减少本部门的法定职责

D. 设区的市级人大根据本市的具体情况和实际需要，在不同宪法、法律、行政法规和本省的地方性法规相抵触的前提下，可以对城乡建设与管理、环境保护、历史文化保护等方面的事项制定地方性法规

4. 根据行政法理论，下列关于行政主体的表述中，正确的是(　)。

A. 行政机关在从事任何活动时都是行政主体

B. 行政机关工作人员可以成为行政主体

C. 并非所有的行政机关都能成为行政主体

D. 行政主体都是国家行政机关

5. 下列选项中，一般不具有行政主体资格的是(　)。

A. 国家税务总局

B. 中央广播电视总台

C. 国家知识产权局

D. 司法部

6. 根据相关法律规定，街道办事处属于(　)。

A. 行政主体

B. 宪法、法律规定的一级人民政府

C. 不具有行政主体资格的行政机构

D. 法律、法规授权的组织

7. 下列选项中，在性质上属于行政协议的是(　)

A. 建筑工程承包合同

B. 政府特许经营协议

C. 技术咨询合同

D. 房屋买卖合同

8. 根据行政行为的分类标准，行政许可属于(　)。

A. 内部行政行为

B. 授益行政行为

C. 双方行政行为

D. 依职权的行政行为

9. 下列选项中关于抽象行政行为与具体行政行为的说法中，错误的是(　)。

A. 抽象行政行为可以反复适用，具体行政行为只能适用一次

B. 抽象行政行为是一种制定规则的行为，具体行政行为是处理具体行政事务的行为

C. 抽象行政行为的对象具有普遍性，具体行政行为的对象具有特定性

D. 抽象行政行为具有可诉性，具体行政行为具有不可诉性

10. 根据行政法理论，下列各行政行为中，(　)是行政裁决行为。

A. 城建部门认定某建筑为违章建筑，并作出拆除的决定

B. 市场监督管理部门认定某企业违法经营，决定吊销其营业执照

C. 著作权管理部门对某著作权侵权损害赔偿纠纷作出处理，决定侵权者赔偿受害者损失 5 000 元

D. 税务部门认定某企业逃税，决定处以罚款

11. 关于具体行政行为的合法性与效力，下列说法正确的是(　)。

A. 被许可人以欺骗手段取得许可的，应当予以撤销，行政机关对撤销许可证而给被许可人造成的损失进行赔偿

B. 因具体行政行为废止致使当事人的合法权益受到损失的，应给予赔偿

C. 据以执行的行政决定被撤销的，终结执行

D. 申请行政复议会导致具体行政行为丧失拘束力

12. 根据行政程序法理论，(　)属于行政程序法的基本原则之一。

A. 信赖保护原则

B. 行政合法性原则

C. 效率原则

D. 一事不二罚原则

13. 关于行政程序法制度，下列说法中不正确的是(　)。

A. 行政案卷制度是指行政决定只能以行政案卷体现的事实作为根据的一种行政程序制度

B. 告知制度是指行政主体作出某项行政行为之前就行政行为所依据的事实、理由、享有的权利以及其他有关事项，有义务告知相对人并加以指导

C. 教示制度是指行政机关对行政相对人正式作出某种不利决定时，应当将有关法律救济权利事项明确地告知，但若行政机关未履行这个程序，不承担法律后果

D. 说明理由制度是指行政主体应将作出行政决定所依据的事实上和法律上的理由对行政相对人说明

14. 根据行政法理论，行政主体不以实现某种特定的法律效果为目的，而以影响或者改变事实状态为目的的实施行为是(　)。

A. 授益行政行为

B. 行政裁量行为

C. 行政事实行为

D. 单方行政行为

二、多项选择题

1. 下列选项中，属于行政法渊源的有(　)。

A.《行政处罚法》

B.《行政复议法实施条例》

C.《海关行政处罚听证办法》

D.《最高人民法院关于适用〈行政诉讼法〉若干问题的解释》

E. 知名学者关于行政处罚的学说

2. 下列有关行政法渊源的各项表述中，符合行政法律制度规定的有(　)。

A. 国家知识产权局有权制定行政规章，且其效力高于省级政府制定的政府规章

B. 省级人大制定的地方性法规只在省范围内发生效力

C. 法律在行政法的渊源中具有最高法律效力

D. 国务院部门规章与地方性法规之间对同一事项的规定不一致，不能确定如何适用时，应提请全国人民代表大会常务委员会裁决

E. 行政法规之间对同一事项的新的一般规定与旧的特别规定不一致的，不能确定如何适用时，由国务院裁决

3. 下列各项中，享有行政主体资格的组织有(　)。

A. 接受乡政府委托从事卫生管理工作的村委会

B. 省以下税务局的稽查局

C. 市公安局内设的交警大队

D. 税务所

E. 对违法公民处以 500 元罚款的公安派出所

4. 根据行政法理论和我国法律，国家行政机关工作人员(　)。

A. 是能够以自己的名义独立行使行政权的授权行政主体

B. 是代表国家行政机关就行政侵权行为承担国家赔偿的责任主体

C. 在行政诉讼中不具有诉讼当事人的地位

D. 是与国家形成职务关系、占有行政职位并依法履行公职的人员

E. 是能够以自己的名义独立行使行政权的职权行政主体

5. 税务机关对违反税收征管规定的相对方处以罚款的行为属于(　)。

A. 具体行政行为

B. 外部行政行为

C. 要式行政行为

D. 行政司法行为

E. 依职权的行政行为

6. 关于行政奖励，下列说法中正确的有(　)。

A. 行政奖励是一种行政事实行为

B. 行政奖励具有强制执行力

C. 行政奖励的主体仅限于行政机关

D. 行政奖励既可以依申请，也可以依职权进行

E. 税务机关对符合纳税信用等级评定管理办法规定的甲企业授予A级纳税人的称号，此属于行政奖励

7. 下列选项中属于行政征收的有(　)。

A. 国有土地上房屋征收

B. 收取机场建设费

C. 收取自然资源使用费

D. 征兵

E. 征税

8. 下列行为中，属于具体行政行为的有(　)。

A. 指定企业印制发票的行为

B. 公安机关对酗酒人员采取强制约束的行为

C. 对于婚姻事实的登记行为

D. 对贫困人员发放最低生活保障费的行为

E. 某物价局对甲商店进行物价检查的行为

9. 下列关于行政行为效力的说法中，错误的有(　)。

A. 对于行政终局裁决行为，行政相对人不得向法院起诉

B. 行政委托行为属于双方行政行为

C. 行政行为被废止后，行政主体与相对方根据各自过错承担相应的责任

D. 当事人不履行行政行为确定的义务，行政机关予以执行是行政行为确定力的表现

E. 行政许可为依职权的行政行为

本章综合练习参考答案及详细解析

一、单项选择题

1. B 【解析】本题考核行政合理性原则。行政合理性原则的内容之一是行政行为应建立在考虑相关因素的基础上。行政行为作出时涉及多种因素，合理的行政行为应当考虑到相关因素，不应该考虑与行政行为无关的因素。

2. B 【解析】本题考核行政合理性原则。行政合理性原则，是指行政行为的内容要客观、适度、符合理性，体现为行政机关在法律规定的范围和幅度内的自由裁量。相对于传统理论中的形式合法性原则来说，这实际上是一种实质合法性原则。合理性原则包括以下内容：行政行为应符合立法目的；行政行为应建立在考虑相关因素的基础上；平等地适用法律规范，符合公正法则；行政行为应保持适度，符合比例原则要求；符合自然规律和社会道德，符合人类理性和公平正义观念。

3. B 【解析】本题考核行政法的渊源。税种的设立、税率的确定和税收征收管理等税收基本制度，只能由法律规定。所以选项B错误。

4. C 【解析】本题考核行政主体的特征。行政机关在行使内部管理权或从事民事活动时，不是行政主体。所以选项A错误。任何个人，包括国家机关工作人员，都不能成为行政主体。所以选项B错误。具有管理公共事务职能的社会组织，在法律、法规授权的情况下，可以成为行政主体。所以选项D错误。

5. B 【解析】本题考核中央国家机关行政主体资格的判断。选项A是国务院直属机构，选项C是国家市场监督管理总局管理的国家局，选项D是国务院组成部门，三者都具有行政主体资格。选项B是国务院直属事业单位，一般不具有行政主体资格，但部分国务院直属事业单位因得到法

律、法规授权具有行政主体资格，如证监会、银保监会。

6. A 【解析】本题考核派出机关的分类以及法律性质。我国的派出机关主要有三类：省、自治区人民政府经国务院批准设立的行政公署；县、自治县人民政府经省、自治区、直辖市人民政府批准设立的区公所；市辖区、不设区的市人民政府经上一级人民政府批准设立的街道办事处。所以选项 A 当选。

【有"李"有据】派出机关属于行政主体；派出机构(公安派出所、税务所等)属于法律、法规授权的组织。

7. B 【解析】本题考核行政协议。行政协议是指行政机关为实现公共利益或者行政管理目标，因行使行政职权或行使行政职权过程中，与公民、法人或其他组织协商订立的具有行政法上权利义务内容的协议。选项 A、C、D 都是普通民事合同。

8. B 【解析】本题考核行政行为的分类。行政许可是外部行政行为、授益性行政行为、单方法律行为和依申请的行政行为。所以选项 B 正确。

9. D 【解析】本题考核抽象行政行为与具体行政行为的区别。行政诉讼处理的是一定范围内的行政行为争议，规章以下的规范性文件规定是否合法也属于行政诉讼审查范围，即部分抽象行政行为可以成为行政诉讼中的一并审查对象。行政处罚等具体行政行为具有可诉性。

10. C 【解析】本题考核行政裁决。选项 A 属于行政强制，选项 B、D 属于行政处罚。

11. C 【解析】本题考核行政行为的无效、撤销和废止。被许可人以欺骗、贿赂等不正当手段取得行政许可被撤销的，被许可人基于行政许可取得的利益不受保护。所以选项 A 错误。因具体行政行为废止致使当事人的合法权益受到损失的，应给予必要的补偿，而不是赔偿。所以选项 B 错误。单纯地申请行政复议，不会直接导致行政行为丧失拘束力。但如果复议机关作出撤销该具体行政行为的决定，那么该行政行为将丧失拘束力。所以选项 D 错误。

12. C 【解析】本题考核行政程序法的基本原则。选项 A 是行政许可法的基本原则；选项 B 是行政法的基本原则；选项 D 是行政处罚法的基本原则。

13. C 【解析】本题考核行政程序法的基本制度。教示制度是指行政机关对行政相对人正式作出某种不利决定时，应当将有关法律救济权利事项明确地告知，但若行政机关未履行这个程序，应承担不利于己的法律后果。

14. C 【解析】本题考核行政事实行为的定义。所谓行政事实行为是行政行为不以实现某种特定的法律效果为目的，而以影响或者改变事实状态为目的的事实的行为。

二、多项选择题

1. ABCD 【解析】本题考核行政法的渊源。行政法的渊源包括宪法、法律、行政法规、行政规章、地方性法规、民族自治条例、单行条例以及国际条约和国际协定中涉及国内行政管理的部分。本题选项 A 是法律，选项 B 是行政法规，选项 C 是部门规章，选项 D 是最高法院的司法解释，属于其他渊源的范围，而选项 E 只是学理解释，不属于行政法的渊源。

2. BE 【解析】本题考核行政法的渊源。国家知识产权局制定的行政规章为部门规章，部门规章与地方政府规章的效力相同。所以选项 A 错误。宪法在行政法渊源中具有最高法律效力，而不是法律。所以选项 C 错误。国务院部门规章与地方性法规之间对同一事项的规定不一致，不能确定如何适用时，先由国务院提出意见，国务院认为应当适用地方性法规的，应当决定在该地方适用地方性法规，国务院认为应当适用部门规章的，才应提请全国人大常委会裁决。所以选项D错误。

3. BCDE 【解析】本题考核行政主体资格的判定。选项A不是行政主体。村委会是群众自治性组织，从事卫生管理工作是基于乡政府的委托，是乡政府委托的组织，所以不具有行政主体资格。

4. CD 【解析】本题考核行政机关中的工作人员。国家机关工作人员既不是授权行政主体，也不是职权行政主体，其不能以自己的名义独立行使行政权。所以选项A、E错误。国家机关工作人员在执行职务行为中所造成的损失，由国家行政机关承担赔偿责任。所以选项B错误。

5. ABCE 【解析】本题考核行政行为的分类。行政处罚属于行政执法行为。所以选项D错误。

6. CDE 【解析】本题考核行政奖励。行政奖励是一种授益的具体行政行为，而非行政事实行为。所以选项A错误。行政奖励是一种无强制执行力的具体行政行为。所以选项B错误。

7. ABCE 【解析】本题考核行政征收。行政征收，是指行政主体根据法律规定，以强制方式无偿取得相对方财产所有权的一种具体行政行为。

8. ABCD 【解析】本题考核具体行政行为。选项A属于税务行政许可，选项B属于行政强制，选项C属于行政登记，选项D属于行政给付，都属于具体行政行为。选项E属于行政事实行为。

9. CDE 【解析】本题考核行政行为的效力。(1)选项C：行政行为废止后给相对方利益造成财产损失的，行政主体应当依法给予补偿；(2)选项D：当事人不履行行政行为确定的义务，行政机关予以执行是行政行为"执行力"的表现；(3)选项E：行政许可是依申请的行政行为。

由"李"及外

为庆祝中华人民共和国成立70周年，表彰先进人物，2019年9月17日，国家主席习近平签署主席令，授予于敏、申纪兰(女)、孙家栋、李延年、张富清、袁隆平、黄旭华、屠呦呦(女)"共和国勋章"，授予叶培建、高铭暄、王蒙等28人国家荣誉称号，颁授仪式于9月29日上午10时在人民大会堂隆重举行。

以上颁奖行为就是行政行为，分类上属于行政奖励，性质上属于外部行政行为、具体行政行为、单方行政行为、要式行政行为、授益性行政行为。

第2章 行政许可法律制度

JINGDIAN TIJIE

考情分析

历年考情分析

本章最近几年考查的分数在2~5分。《行政许可法》中的规定相对比较笼统，本章一般不会出难题，考查的内容也多是对规定的直接考核，建议考生学习过程中注意对法条的准确把握。

本章2020年考试主要变化

本章无实质性变化。

核心考点及真题详解

考点一 《行政许可法》的基本原则★★★

经典例题

【例题·单选题】（2019年）行政许可所依据的法律废止，为了公共利益的需要，行政机关可以依法撤回已经生效的行政许可。由此给公民、法人或者其他组织造成财产损失的，行政机关应当依法给予补偿。该规定体现的原则是（ ）。

A. 法定原则

B. 信赖保护原则

C. 公开、公平、公正原则

D. 便民和效率原则

【答案】B

【解析】本题考核《行政许可法》的基本原则。《行政许可法》第8条规定，公民、法人或者其他组织依法取得的行政许可受法律保护，行政机关不得擅自改变已经生效的行政许可。行政许可所依据的法律、法规、规章修改或者废止，或者准予行政许可所依据的客观情况发生重大变化的，为了公共利益的需要，行政机关可以依法变更或者撤回已经生效的行政许可。由此给公民、法人或者其他组织造成财产损失的，行政机关应当依法给予补偿。这是我国行政法律首次确立信赖保护原则。

考点精析

《行政许可法》的基本原则（见表2-1）

表2-1 《行政许可法》的基本原则

基本原则	具体内容
法定原则	行政许可设定法定、主体及权限法定、实施程序法定

续表

基本原则	具体内容
公开、公平、公正、非歧视性原则	有关行政许可的规定应当公布；未经公布的，不得作为实施行政许可的依据。行政许可的实施和结果，除涉及国家秘密、商业秘密或者个人隐私的外，应当公开。符合法定条件、标准的，申请人有依法取得行政许可的平等权利，行政机关不得歧视任何人。 【“李”应注意】未经申请人同意，行政机关及其工作人员、参与专家评审等的人员不得披露申请人提交的商业秘密、未披露信息或者保密商务信息，法律另有规定或者涉及国家安全、重大社会公共利益的除外；行政机关依法公开申请人前述信息的，允许申请人在合理期限内提出异议
便民和效率原则	体现为公示制度、一次申请制度、当场更正制度、一次告知补正制度、相对集中行政许可权制度、期限时效制度等
救济原则	公民、法人或其他组织对行政机关实施行政许可，享有陈述权、申辩权，享有依法申请行政复议和提起行政诉讼的权利
信赖保护原则	行政相对人对行政机关作出的行政行为会产生一定的信赖利益，行政机关不得擅自改变已经生效的行政行为。行政许可所依据的法律、法规、规章修改或者废止，或者准予行政许可所依据的客观情况发生重大变化的，为了公共利益的需要，行政机关可以依法变更或者撤回已经生效的行政许可。由此给公民、法人或者其他组织造成财产损失的，行政机关应当依法给予补偿
不得转让原则	依法取得的行政许可，原则上是不得转让的，除非法律、法规另有规定
监督原则	既包括人民政府、上级行政机关对行政机关的监督，也包括行政机关对相对人的监督

【帮你“李”解】在以上基本原则中，信赖保护原则是历年高频考点，在该原则中重点掌握两个要点，一是“撤回”，而非“撤销”，二是“补偿”而非“赔偿”。该原则与第一章行政行为的效力中的行政行为的撤回原理一致，综合把握。

考点二　行政许可的设定★★

经典例题

【例题·多选题】（2016年）根据《行政许可法》和国家税务总局有关公告的规定，税务行政许可项目包括(　　)。

A. 对纳税人变更纳税定额的核准

B. 非居民企业选择由其主要机构场所汇总缴纳企业所得税的审批

C. 使用计算机开具发票审批

D. 对采取实际利润额预缴以外的其他企业所得税预缴方式的核定

E. 企业印制发票审批

【答案】ABDE

【解析】本题考核税务行政许可项目。

【有“李”有据】税务行政许可涉及的事项是常考点，而且也是历年变化较快的知识点，考生在做此类题目时很容易失分。其实该知识点并不难，也没有需要理解的内容，考生在学习时只要把教材中列举的税务行政许可事项进行准确记忆即可。

考点精析

1. 税务行政许可的设定(见表2-2)

表2-2　税务行政许可的设定

类别	具体事项
目前的项目	(1)企业印制发票审批； (2)对纳税人延期缴纳税款的核准； (3)对纳税人延期申报的核准；

续表

类别	具体事项
目前的项目	(4)对纳税人变更纳税定额的核准； (5)增值税专用发票最高开票限额审批； (6)对采取实际利润额预缴以外的其他企业所得税预缴方式的核定

2. 行政许可设定权划分(见表2-3)

表2-3 行政许可设定权划分

	经常性许可	非经常性许可
法律	√	×
行政法规	√	×
国务院的决定	×	必要时，国务院可以采用**发布决定的方式**设定行政许可
地方性法规	√	×
部门规章	×	×
省级地方规章	×	尚未制定法律、行政法规和地方性法规的，因行政管理的需要，确需立即实施行政许可的，**省、自治区、直辖市人民政府规章**可以设定临时性的行政许可
其余文件	×	×

【帮你“李”解】

在行政许可的设定权划分中，尤其注意两点：

(1)国务院的“决定”和“省级地方规章”只能设定临时性许可，且注意是“省级(包括省、自治区、直辖市)”而非“省”；

(2)部门规章不具有任何(经常性+非经常性)行政许可的设定权。

阶段性测试

1.【单选题】《行政许可法》规定了公示制度、当场更正制度、一次告知补正制度、期限时效制度等。这些制度的设定体现了行政许可法的(　)。

A. 法定原则　　B. 便民和效率原则

C. 救济原则　　D. 监督原则

2.【多选题】根据《行政许可法》，可以通过制定规章设定临时行政许可的有(　)。

A. 重庆市人民政府

B. 国务院办公厅

C. 全国人大常委会

D. 山东省人大常委会

E. 宁夏回族自治区人民政府

阶段性测试答案精析

1. B 【解析】本题考核行政许可法的基本原则。

2. AE 【解析】本题考核行政许可的设定。省、自治区、直辖市人民政府，省、自治区人民政府所在地的市和国务院批准的较大的市以及经济特区市的人民政府可以制定规章，其中只有省、自治区和直辖市人民政府制定的规章可以设定临时性行政许可。**【有“李”有据】**本题关键词是“临时性许可”，排除了CD选项。如果考核的是“行政许可设定权”，则CD两个选项也是正确选项。

考点三　行政许可实施主体★

经典例题

【例题·多选题】(2017年)根据法律及有关规定，可以实施行政许可的主体包括(　)。

A. 税务机关下属的事业单位

B. 法律、法规授权的具有管理公共事务职能的组织

C. 司法机关

D. 依法受委托的行政机关

E. 具有行政许可权的行政机关

【答案】BDE

【解析】本题考核行政许可实施主体。各级税务机关下属的事业单位一律不得实施行政许可。

考点精析

1. 行政许可实施主体

(1)行政机关；

(2)具有管理公共事务职能的组织；

(3)受委托的行政机关(不包括其他组织或个人)。

【帮你"李"解】受委托的行政机关不是行政主体，但是可以作为实施者。

2. 行政许可实施主体的其他有关规定

(1)相对集中行政许可权的原则规定——权力集中。

(2)一个窗口对外的规定。

(3)统一办理或联合办理、集中办理的规定。

3. 税务行政许可的实施主体

(1)由具有行政许可权的税务机关在法定权限内实施，各级税务机关下属的事业单位一律不得实施行政许可。

【帮你"李"解1】税务机关是指各级税务局、税务分局、税务所以及省以下税务局的稽查局。

【帮你"李"解2】稽查局(内部机构、授权行政主体)是省以下税务局设立的，负责偷税、逃避追缴欠税、骗税、抗税案件的查处。

(2)没有法律、法规、规章的规定，税务机关不得委托其他机关实施行政许可。

(3)税务机关应当按照"窗口受理、内部流转、限时办结、窗口出件"的要求，由办税服务厅或者在政府服务大厅设立的窗口集中受理行政许可申请、送达行政许可决定。

考点四 行政许可的实施程序★★★

经典例题

【例题1·多选题】(2018年)根据《行政许可法》及国家税务总局有关公告规定，下列关于税务行政许可申请、受理、审查及决定程序事项的说法中，正确的有( )。

A. 对能够当即办理的税务行政许可事项，税务行政许可实施机关仍应出具《税务行政许可受理通知书》，不得直接出具和送达《准予税务行政许可决定书》

B. 具备条件的地方，申请人可以通过电子数据交换、电子邮件和网上办理平台提出申请

C. 申请人可以委托代理人提出申请，税务机关不得拒绝，申请人投送的材料应包括代理人身份证件复印件

D. 税务行政许可实施机关审查许可申请，以书面审理为原则，对申请材料的实质内容进行实地检查的，由两名以上税务人员进行检查

E. 税务行政许可实施机关与申请人不在同一县(市、区、旗)的，申请人可在规定期限内选择由其主管税务机关代为转报申请材料，代办转报一般应当在15个工作日内完成

【答案】BD

【解析】本题考核税务行政许可的实施。对能够当即办理的税务行政许可事项直接出具和送达《准予税务行政许可决定书》，不再出具《税务行政许可受理通知书》。所以选项A错误。代办转报一般应当在5个工作日内完成。所以选项E错误。

【有"李"有据】对于选项C，公告说的是"有效身份证件"，是否包括复印件没有明确规定，由于多项选择题的评分规则是多选、错选不给分，少选则每选对一个给0.5分，因此对于有争议的问题，多选题中宁缺毋滥。

【例题2·多选题】(2014年)下列关于行政许可实施程序的说法中，正确的有( )。

A. 申请人要求行政机关对公示内容予以说明、解释的，行政机关可以根据具体情况决定是否作出说明、解释

B. 申请人申请行政许可应当对其申请材料实质内容的真实性负责，行政机关无须对此进行核查或者履行义务

C. 申请事项依法不属于本行政机关职权范围的，应制作并送达《不予行政许可决定书》

D. 申请材料不齐全或者不符合法定形式的，应当当场或者在5日内一次性告知申请人需要补正的全部内容

E. 行政机关提供行政许可申请书格式文本不得收费，申请人对此无须交纳费用

【答案】DE

【解析】本题考核行政许可的实施程序。申请人要求行政机关对公示内容予以说明、解释的，行政机关应当说明、解释，提供准确、可靠的信息。所以选项A错误。行政机关应当对申请人提交的申请材料进行审查。审查包括形式审查和实质审查。所以选项B错误。申请事项依法不属于本行政机关职权范围的，应当即时作出不予受理的决定，并告知申请人向有关行政机关申请。所以选项C错误。

【例题3·多选题】(2012年)关于行政许可实施程序听证规定的说法，正确的有(　)。

A. 行政机关一般可视具体情况自由裁量决定是否公开举行听证

B. 组织听证的行政机关应当根据听证笔录作出行政许可决定

C. 申请人、利害关系人可以依照规定提出听证主持人回避的申请

D. 行政机关必须在举行听证5日前将时间、地点通知申请人、利害关系人

E. 行政机关举行听证应当制作听证笔录，笔录应当交听证参与人确认无误后签字或者盖章

【答案】BCE

【解析】本题考核行政许可听证程序。听证应当公开举行。所以选项A错误。行政机关应当于举行听证的7日前将举行听证的时间、地点通知申请人、利害关系人，必要时予以公告。所以选项D错误。

考点精析

1. 行政许可(含税务行政许可)实施的申请与受理程序(见表2-4)

表2-4　行政许可(含税务行政许可)实施的申请与受理程序

项目	具体内容
申请	(1)可以委托他人代为申请，但是依法应当由申请人到行政机关办公场所提出申请的除外。 【“李”应注意】税务行政许可，也可以委托他人，代理人办理受托事项时，应当出具有效身份证件和委托证明。 (2)可以采取书面方式，也可以采用其他方式，具备条件的地方，申请人可以通过电子数据交换、电子邮件和网上办理平台提出申请。 【“李”应注意】税务行政许可，申请人直接向具有行政许可权的税务机关提交《税务行政许可申请表》和国家税务总局公告2016年底11号规定的申请材料。 (3)八项公示：事项、依据、条件、数量、程序、期限及需要提交的全部材料的目录和申请书示范文本(免费)； 【“李”应注意】税务行政许可的公示与此完全一致。 (4)行政机关及其工作人员不得以转让技术作为取得行政许可的条件；不得在实施行政许可的过程中，直接或间接地要求转让技术
受理	(1)不需要取得许可的→**即时告知**不受理； (2)不属于本机关职权范围的→即时作出不受理决定+告知申请人正确机关； (3)申请材料存在可以当场更正的错误→允许当场更正； (4)申请材料不齐全或不符合形式的→**当场或5日内一次性告知补正**内容(逾期的视为受理)； (5)各项均符合规定→书面决定受理。 【“李”应注意】 (1)税务行政许可的规定与此完全一致，仅仅强调《税务行政许可不予受理通知书》和《补正税务行政许可材料告知书》

续表

项目	具体内容
受理	(2)对能够当即办理的税务行政许可事项，实施机关可以直接出具和送达《准予税务行政许可决定书》，不再出具和送达《税务行政许可受理通知书》

【帮你"李"解】 行政机关无论是否受理行政许可申请，都应当出具加盖本行政机关专用印章和注明日期的书面凭证。

2. 行政许可实施的审查与决定程序(见表2-5)

表2-5　行政许可实施的审查与决定程序

项目		具体内容
审查程序	形式审查	—
	实质审查	如果需要对实质内容进行实地核实，应当指派两名以上工作人员进行实地核查
决定程序	准予许可的	应当公开，公众有权查阅
	不予许可的	应当书面说明理由

【帮你"李"解】 无论是准予许可还是不准予许可，决定应当采用书面形式。

3. 行政许可听证程序(见表2-6)

表2-6　行政许可的听证程序(含税务行政许可)

		行政许可的听证	税务行政许可听证
分类	依职权的听证	(1)法律、法规、规章规定实施行政许可应当听证的事项； (2)行政机关认为需要听证的其他涉及**公共利益**的重大许可事项	(1)法律、法规规定实施税务行政许可应当听证的事项； (2)税务机关认为需要听证的其他涉及公共利益的税务行政许可事项
	依申请的听证	直接涉及申请人与他人之间重大利益关系的	
程序	告知	在作出许可决定前，应告知申请人、利害关系人享有听证的权利	
	申请	被告知听证权利之日起**5日内**提出听证申请	
	举行	(1)应在收到听证申请后**20日内组织听证**； (2)行政机关应于举行听证的**7日前**公告或通知申请人或利害关系人有关听证时间、地点等； (3)听证应当公开举行； (4)审查许可申请的人员不得担任听证主持人； (5)行政机关应当根据听证笔录，作出行政许可决定(案卷主义)	

4. 行政许可的变更与延续(见表2-7)

表2-7　行政许可的变更与延续

项目	具体内容
行政许可的变更	被许可人可以随时向作出行政许可决定的机关提出变更的要求
行政许可的延续	除法律、法规、规章另有规定外，延续的申请应当在行政许可有效期届满前30日提出申请，行政机关逾期作出决定的，视为准予延续。 **【"李"应注意】** 这是一种默示的批准制度，此制度不适用初次申请许可和变更许可

考点五　行政许可撤销和注销制度★★★

经典例题

【例题1·单选题】(2018年)下列有关行政许可撤销制度的说法中，正确的是(　)。

A. 行政许可有效期届满未延续的，行政机关应当撤销该许可

B. 因不可抗力导致行政许可事项无法实施的，行政机关应当撤销该许可

C. 被撤销的行政许可自成立时起丧失效力

D. 被撤销的行政许可一般不存在瑕疵

【答案】C

【解析】本题考核行政许可撤销和注销制度。有下列情形之一的，行政机关应当依法办理有关行政许可的注销手续：(1)行政许可有效期届满未延续的；(2)赋予公民特定资格的行政许可，该公民死亡或者丧失行为能力的；(3)法人或者其他组织依法终止的；(4)行政许可依法被撤销、撤回，或者行政许可证件依法被吊销的；(5)因不可抗力导致行政许可事项无法实施的；(6)法律、法规规定的应当注销行政许可的其他情形。所以选项A、B错误。行政许可撤销是指行政机关依法取消已作出并已开始生效的行政许可行为的效力，使其从成立时起就丧失效力，从而恢复到许可作出之前的状态的行为。所以选项C正确。撤销与许可行为的合法有效相对应，该许可有瑕疵，撤销属于实体性行为。所以选项D错误。

【例题2·单选题】(2016年)某公司依法取得印制发票许可，税务机关无须办理许可注销手续的情形是(　)。

A. 该公司印制发票许可被依法撤回

B. 该公司印制发票许可被依法撤销

C. 该公司登记事项依法变更

D. 该公司发票准印证被依法吊销

【答案】C

【解析】本题考核注销行政许可的情形。有下列情形之一的，行政机关应当依法办理有关行政许可的注销手续：(1)行政许可有效期届满未延续的；(2)赋予公民特定资格的行政许可，该公民死亡或者丧失行为能力的；(3)法人或者其他组织依法终止的；(4)行政许可依法被撤销、撤回，或者行政许可证件依法被吊销的；(5)因不可抗力导致行政许可事项无法实施的；(6)法律、法规规定的应当注销行政许可的其他情形。

考点精析

行政许可的撤销和注销制度(见表2-8)

表2-8　行政许可的撤销和注销制度

分类		法定情形	备注
撤销行政许可	可以撤销	(1)行政机关工作人员**滥用职权、玩忽职守**作出准予行政许可决定的； (2)超越法定职权作出准予行政许可决定的； (3)**违反法定程序作出准予行政许可决定**的； (4)对不具备申请资格或不符合法定条件的申请人准予行政许可的； (5)依法可以撤销行政许可的其他情形	(1)自成立时起丧失效力； (2)行政机关赔偿相对人损失
	应当撤销	被许可人以**欺骗、贿赂等不正当**手段取得行政许可	被许可人基于行政许可取得的利益不受保护
	【"李"应注意】具有上述两种情形的行政许可，撤销可能对公共利益造成重大损失时，许可不得撤销		

续表

分类	法定情形	备注
注销行政许可	(1)行政许可有效期届满未延续的； (2)赋予公民特定资格的行政许可，该公民死亡或者丧失行为能力的； (3)法人或者其他组织依法被终止的； (4)行政许可依法被撤销、撤回，或许可证件依法被吊销的； (5)不可抗力导致行政许可事项无法实施的； (6)法律、法规规定的应当注销行政许可的其他情形	(1)基于被撤销而注销的，自成立时失效； (2)其他原因的，自事件发生时失效

【帮你"李"解】

(1)撤销是实体问题，通常指该许可有瑕疵。注销只是手续的办理问题，该许可也许有瑕疵，也许无瑕疵。

(2)对于行政许可的撤销，基于相对人过错的，是"应当"撤销；基于行政主体及其工作人员过错的，是"可以"撤销。

(3)本知识点与第一章行政行为的效力密切相关，注意与行政行为的撤回以及信赖保护原则一并理解并把握。

本章综合练习 限时20分钟

一、单项选择题

1. 长林市通达房产公司经过投标获得了珍珠广场的一块地皮，准备建造一现代化小区。后市政府根据城市发展的战略需要，欲将此块地皮收回，并将该部分建成为城市中心公共绿地。对于市政府的上述行为，下列说法正确的是(　)。
   A. 市政府有权收回此块地皮并不给予任何补偿，因为其行为是为了公共利益
   B. 市政府有权收回此块地皮，但对于给通达公司所造成的损失应给予补偿
   C. 市政府无权收回此块地皮
   D. 市政府如果收回此块地皮，则应当重新给通达公司一块地皮
2. 下列行为中不属于行政许可行为的是(　)。
   A. 林业部门核发采伐许可证
   B. 司法部颁发法律职业资格证书
   C. 公安机关颁发居民身份证
   D. 市场监督管理部门发放营业执照
3. 根据行政许可的不同性质和功能，行政许可可以分为普通许可、特许、认可、核准和登记。下列许可中，应当适用"特许"的是(　)。
   A. 商业银行设立许可
   B. 快递业务经营许可
   C. 律师资格许可
   D. 消防验收许可
4. 根据《行政许可法》，下列许可情形中，行政机关可以依法撤回许可的是(　)。
   A. 行政机关实施行政许可违反法定程序
   B. 行政机关工作人员滥用职权实施行政许可
   C. 行政许可所依据的法律废止
   D. 行政许可证件依法被吊销
5. 根据《行政许可法》的规定，下列事项属于可以不设定行政许可的是(　)。
   A. 机动车驾驶资格的取得
   B. 一般商品的价格确定
   C. 海域的使用权取得
   D. 公共资源配置
6. 下列关于行政许可设定权划分的说法，正确的是(　)。
   A. 地方性法规可以在法律、行政法规设

定的行政许可事项范围内，对实施该行政许可作出具体规定

B. 规章设立的临时许可实施满 1 年需要继续实施的，应当提请上级人民代表大会及其常委会制定地方性法规

C. 对于采矿许可，地方性法规可以设定行政许可

D. 法规、规章对实施上位法设定的行政许可作出的具体规定，可以增设行政许可

7. 刘某向卫生局申请在小区设立个体诊所，卫生局受理申请。小区居民陈某等人提出，诊所的医疗废物会造成环境污染，要求卫生局不予批准。对此，下列说法中符合《行政许可法》规定的是（　）。

A. 刘某既可以书面也可以口头申请设立个体诊所

B. 卫生局受理刘某申请后，应当向其出具加盖本机关专用印章和注明日期的书面凭证

C. 如陈某等人提出听证要求，卫生局同意并听证的，组织听证的费用应由陈某承担

D. 如卫生局拒绝刘某申请，原则上应作出书面决定，必要时口头告知即可

8. 根据《行政许可法》的规定，税务机关拟作出某项直接涉及许可申请人与他人之间重大利益关系的税务行政许可决定的，在作出决定前，税务机关应当（　）。

A. 告知有关人员享有申请复议或者提起行政诉讼的权利

B. 在受理许可申请之日起 5 日内告知有关人员享有要求听证的权利

C. 告知有关人员有权在被告知听证权利之日起 5 日内提出听证申请

D. 在收到听证申请后 10 日内组织听证

9. 甲公司欲在乙市建一家分公司，向乙市的规划局、土地管理局、市场监督管理局等职能部门申请有关证照。针对此事，下列选项中说法错误的是（　）。

A. 甲公司应当对其提供申请材料实质性内容的真实性负责

B. 上述职能部门均应在受理申请之日起 20 日内作出行政许可决定

C. 乙市的人民政府可以组织上述职能部门联合为甲公司办理手续

D. 乙市人民政府决定采取联合办理时，办理的时间最多不得超过 60 日

二、多项选择题

1. 下列关于行政许可的说法中正确的有（　）。

A. 火灾事故责任认定是行政许可

B. 行政许可不会因为申请无效而无效或者被撤销

C. 行政许可是依申请的行政行为

D. 行政许可的直接表现形式是宣告某项法律事实或法律关系是否存在

E. 行政机关作出准予行政许可决定的结果是赋予行政相对人以权利

2. 根据《行政许可法》，下列有关行政许可法的原则说法正确的有（　）。

A. 公民、法人或其他组织认为行政机关作出的行政许可决定侵犯其合法权益的，有权向人民法院提起行政诉讼，这主要体现的是行政许可法的便民原则

B. 特定情况下，未经公布的规定也可以作为实施行政许可的依据

C. 行政相对人享有陈述权、申辩权，其合法权益因行政机关违法实施行政许可受到损害的，有权依法要求赔偿

D. 准予行政许可所依据的客观情况发生重大变化，为了公共利益的需要，行政机关依法撤回已经生效的行政许可的，由此给相对人造成的损失应当予以赔偿

E. 行政许可申请人的申请材料不齐全或不符合法定形式的，行政机关应当当场或者在 5 日内一次告知补正

3. 关于行政许可设定权的划分，下列说法正确的有（　）。

A. 必要时，国务院可以采用发布决定的方式设定行政许可

B. 除临时性行政许可外，国务院发布决定

设定行政许可的，应及时提请全国人大及其常委会制定法律或自行制定行政法规

C. 省、自治区、直辖市人民政府规章设定的临时性的行政许可，实施满 2 年需要继续实施的，应当提请本级人大及其常委会制定地方性法规

D. 地方性法规不得设定应当由国家统一确定的公民资质的行政许可

E. 法规、规章对实施上位法设定的行政许可作出的具体规定，可以增设行政许可

4. 根据《行政许可法》，可以通过制定规章设定临时性行政许可的有(　)。

A. 浙江省人民政府

B. 国务院研究室

C. 南京市人大常委会

D. 河北省人大常委会

E. 重庆市人民政府

5. 根据《行政许可法》和其他有关规定，行政许可的实施主体有(　)。

A. 有行政许可权的行政机关

B. 法律、法规授权的具有管理公共事务职能的组织

C. 行政机关委托的具有管理公共事务职能的组织

D. 行政机关依法委托的其他组织

E. 行政机关依法委托的其他行政机关

6. 下列主体中，可以经设定税务许可的文件确定成为税务行政许可实施主体的有(　)。

A. 税务局

B. 税务所

C. 省以下税务局的稽查局

D. 国家税务总局的内设机构

E. 省以下税务局下属的事业单位

7. 劲松公司准备在六安市建一座污水处理厂，向市规划局、国土资源管理局、生态环境局、建设局等职能部门提出核发有关许可证照的申请。根据《行政许可法》的规定，下列关于办理该许可的说法中，正确的有(　)。

A. 如果劲松公司的申请材料不齐全，有关职能部门应当当场告知其需要补正的全部内容

B. 六安市人民政府对劲松公司提出的许可申请，应当组织上述职能部门联合办理

C. 如果存在行政许可办理人员滥用职权作出准予许可决定的情形，则该许可应当撤销

D. 准予行政许可决定作出之前，拟建污水处理厂附近的居民有权要求举行听证

E. 如果发现劲松公司通过贿赂手段获得该许可，则对劲松公司在 3 年内再次申请该许可均不应受理

8. 通达公司通过投标方式获取了某地块的建设用地使用权。在有证据证明存在以下(　)情形下，可以撤销该建设用地使用权。

A. 评标委员会违反评标程序进行的评标

B. 通达公司伪造虚假材料进行投标

C. 评标委员会超越法定职权直接确定通达公司中标

D. 通达公司贿赂评标委员会委员获取中标

E. 通达公司被注销

9. 根据《行政许可法》的规定，下列情形中，行政机关应当办理行政许可注销手续的有(　)。

A. 王某生产民用爆炸性产品发生重大安全事故，被吊销许可证

B. 郭某被许可担任注册会计师期间死亡

C. 胡某依法向国土资源管理部门申请延续采矿许可，国土资源管理部门在规定期限内未予答复

D. 周某通过行贿取得律师执业许可证后，被发现并被撤销执业许可

E. 赵某取得医师执业证书后，发生交通事故成为植物人

本章综合练习参考答案及详细解析

一、单项选择题

1. B 【解析】本题考核信赖保护原则。《行政许可法》规定，公民、法人或者其他组织依法取得的行政许可受法律保护，行政机关不得擅自改变已经生效的行政许可。行政许可所依据的法律、法规、规章修改或者废止，或者准予行政许可所依据的客观情况发生重大变化的，为了公共利益的需要，行政机关可以依法变更或者撤回已经生效的行政许可。由此给公民、法人或者其他组织造成财产损失的，行政机关应当依法给予补偿。本题中市政府建设公共绿地是为了公共利益，收回地皮是对行政许可的撤回，撤回应当给予通达公司补偿。

2. C 【解析】本题考核行政许可与相关概念的区别。选项C属于对身份的行政确认，不属于行政许可行为。

   【有"李"有据】注意行政许可与行政审批、行政确认等相关概念的区别，理解该知识点。行政审批，比如，企业财产损失税前扣除审批等。行政确认，比如，道路交通事故责任认定、火灾事故原因和责任认定等。

3. B 【解析】本题考核行政许可的分类。选项A应适用"普通许可"。选项B应适用"特许"。选项C应适用"认可"。选项D应适用"核准"。

4. C 【解析】本题考核行政许可的撤回。(1)行政许可所依据的法律、法规、规章修改或者废止，或者准予行政许可所依据的客观情况发生重大变化的，为了公共利益的需要，行政机关可以依法变更或者撤回已经生效的行政许可；所以选项C正确。(2)选项A、B属于可以撤销行政许可的情形；选项D属于应当办理有关行政许可的注销手续的情形。所以选项A、B、D错误。

5. B 【解析】本题考核可以不设定行政许可的事项。根据《行政许可法》第13条的规定，可以不设定行政许可的事项包括：(1)公民、法人或者其他组织能够自主决定的；(2)市场竞争机制能够有效调节的；(3)行业组织或中介机构能够自律管理的；(4)行政机关采取事后监督等其他行政管理方式能够解决的。选项B，行政机关采取事后监督等其他行政管理方式能够解决的事项可以不设定行政许可，其他三项是可设定行政许可事项。

6. A 【解析】本题考核行政许可设定权划分。规章设立的临时许可实施满1年需要继续实施的，应当提请本级人民代表大会及其常委会制定地方性法规。所以选项B错误。对于有关国家基本制度的事项，如采矿权许可、草原使用许可、伐木许可等只能由法律予以设定。所以选项C错误。法规、规章对实施上位法设定的行政许可作出的具体规定，不得增设行政许可，对行政许可条件作出的具体规定，不得增设违反上位法的其他条件。所以选项D错误。

7. B 【解析】本题考核行政许可申请。行政许可申请应以书面形式提出，不能以口头形式提出。所以选项A错误。申请人、利害关系人不承担行政机关组织听证的费用。所以选项C错误。行政机关不予行政许可，应当作出书面决定，不能口头告知。所以选项D错误。

8. C 【解析】本题考核行政许可听证程序。因为行政机关在作出行政许可决定之前，应当告知申请人、利害关系人享有要求举行听证的权利；在作出行政许可决定之后，行政机关应告知有关人员享有申请复议或者提起行政诉讼的权利。所以选项A

错误。对于行政机关告知申请人和利害关系人有听证权利的期限法律没有规定。所以选项 B 错误。申请人利害关系人提出听证的期限是在被告知听证权利之日起 5 日内，行政机关应当在收到听证申请后 20 日内组织听证。所以选项 D 错误。

9. B 【解析】本题考核行政许可的实施。乙市人民政府可以组织上述职能部门联合办理。办理时间不得超过 45 日；45 日内不能办结的，经本级人民政府负责人批准，可以延长 15 日。选项 B，各部门单独受理申请的，可以当场作出行政许可决定的，应当当场作出书面的行政许可决定。

二、多项选择题

1. CE 【解析】本题考核行政许可的概念和特征。选项 A 是行政确认，选项 B、D 是行政确认的特征。
2. CE 【解析】本题考核行政许可法的基本原则。选项 A 体现的是行政许可法的救济原则。所以选项 A 错误。未经公布的规定，不得作为实施行政许可的依据。所以选项 B 错误。行政机关因为特定理由撤回已经生效的行政行为，由此给相对人造成损失的应当予以“补偿”，而非“赔偿”。所以选项 D 错误。
3. ABD 【解析】本题考核行政许可权的划分。选项 C，省、自治区、直辖市人民政府规章设定的临时性的行政许可，实施满“1 年”需要继续实施的，应当提请本级人大及其常委会制定地方性法规。所以选项 C 错误。选项 E，法规、规章对实施上位法设定的行政许可作出的具体规定，“不得”增设行政许可。所以选项 E 错误。
4. AE 【解析】本题考核地方规章的制定主体和行政许可的设定。省、自治区、直辖市人民政府，设区的市、自治州的人民政府可以制定地方政府规章，其中只有省、自治区、直辖市人民政府制定的规章可以设定临时性行政许可。另外，部门规章不得设定行政许可。
5. ABE 【解析】本题考核行政许可的实施主体。只有行政机关委托的其他行政机关才能实施行政许可，其他的组织不能接受委托实施行政许可。所以选项 C 错误。行政许可不能委托其他组织或个人实施。所以选项 D 错误。
6. ABC 【解析】本题考核税务行政许可的实施主体。税务行政许可由具有行政许可权的税务机关(各级税务局、税务分局、税务所以及省以下税务局的稽查局)在法定权限内实施，各级税务机关下属的事业单位、税务机关的内设机构一律不得实施行政许可。
7. DE 【解析】本题考核行政许可的申请、受理、听证程序、撤销情形以及法律责任。申请材料不齐全的，应当场或在 5 日内一次告知申请人需要补正的全部内容。所以选项 A 错误。六安市人民政府对劲松公司提出的行政许可申请，可以组织上述职能部门联合办理、集中办理，但不是“必须”组织。所以选项 B 错误。被许可人以欺骗、贿赂等手段取得许可的，应当予以撤销。所以选项 C 错误，不属于应当撤销的情况，而属于可以撤销的情况。
8. AC 【解析】本题考核行政许可的撤销。选项 B、D 是“应当”撤销的情形。选项 E 是应当注销的情形。
9. ABDE 【解析】本题考核行政许可的注销。(1)有下列情形之一的，行政机关应当依法办理有关行政许可的注销手续：①行政许可有效期届满未延续的；②赋予公民特定资格的行政许可，该公民死亡或者丧失行为能力的，所以选项 B、E 正确；③法人或者其他组织依法被终止的；④行政许可依法被撤销、撤回，或者行政许可证件依法被吊销的，所以选项 A、D 正确；⑤因不可抗力导致行政许可事项无法实施的。(2)延续须在有效期届满 30 日前提出申请，法律、法规、规章另有规定的除外。行政机关在有效期届满前做出决定，逾期的视为准予延续；所以选项 C 错误。

由“李”及外

十八大以来，为破除对技能人才成长的制约，国家对于职业资格一直采取不断削减的态度。从2013年至2017年9月，国务院经过“七连清”共取消了434项职业资格许可认定事项，削减比例达原职业资格总量的70%以上。2017年公布的国家职业资格目录共计140项，其中，专业技术人员职业资格59项(准入类36项，水平评价类23项)，技能人员职业资格81项(准入类5项，水平评价类76项)。2019年1月，人力资源社会保障部再次公布《国家职业资格目录》，在2017年目录的基础上，再次减少了专业技术人员职业资格中一项准入类。2019年12月30日，国务院常务会议提出，按照党中央、国务院部署，深化“放管服”改革，将技能人员水平评价由政府认定改为实行社会化等级认定，接受市场和社会认可与检验。会议确定，从2020年1月起，除与公共安全、人身健康等密切相关的消防员、安检员等7个工种依法调整为准入类职业资格外，用一年时间分步有序将其他水平评价类技能人员职业资格全部退出国家职业资格目录，不再由政府或其授权的单位认定发证。

以上举措，即是《行政许可法》中所规定的由“可以设定许可”的项目向“可以不设定许可”的项目的转换。

第3章　行政处罚法律制度

JINGDIAN TIJIE

考情分析

历年考情分析

本章最近几年考查的分数在 4 分左右，2019 年考查了 3 个单选题、1 个多选题，共计 6.5 分。主要考查行政处罚的种类、行政处罚决定程序、税务行政处罚等内容。本章内容经常与行政复议、行政诉讼制度以综合分析题形式出现。因此，考生在复习时应注意和《行政复议法》《行政诉讼法》中的相关规定结合起来学习。

本章 2020 年考试主要变化

本章无实质性变动。

核心考点及真题详解

考点一　行政处罚的种类及设定★★★

经典例题

【例题 1 · 多选题】(2014 年)根据行政法理论和法律、行政法规规定，行政处罚的种类包括(　)。

A. 强制隔离戒毒

B. 停止出口退税权

C. 征收国有土地上房屋

D. 加处罚款或者滞纳金

E. 吊销律师执业证

【答案】BE

【解析】本题考核行政处罚的种类。选项 A、D 属于行政强制执行方式；选项 C 属于行政征收。

【例题 2 · 多选题】根据我国《行政处罚法》及相关法律的规定，下列选项中属于行政处罚的有(　)。

A. 罚金　　B. 吊销营业执照

C. 罚款　　D. 没收财产

E. 责令限期改正

【答案】BC

【解析】本题考核行政处罚的法定种类、税务行政处罚的种类。《行政处罚法》第 8 条规定，行政处罚的种类包括：(1)警告；(2)罚款；(3)没收违法所得、没收非法财物；(4)责令停产停业；(5)暂扣或者吊销许可证、暂扣或者吊销执照；(6)行政拘留；(7)法律、行政法规规定的其他行政处罚。罚金和没收财产都是刑罚中的附加刑；责令限期改正是一种行政命令，而不是税务行政处罚。所以选项 ADE 错误。

考点精析

行政处罚的理论分类及设定(见表 3-1)

表 3-1 行政处罚的理论分类及设定

学理分类	法定种类	设定	注意事项
人身自由罚	行政拘留	法律	行政拘留不属于限制人身自由的强制措施
行为罚	责令停产停业	法律、行政法规、地方性法规	暂停生产经营，要求整顿
	吊销许可证或执照	法律、行政法规、地方性法规(吊销企业营业执照只能由法律、行政法规设定)	不是行政强制措施
	暂扣许可证或执照	法律、行政法规、地方性法规	
财产罚	罚款	法律、行政法规、地方性法规、规章	区别于罚金，**罚金属于刑事责任**
	没收(违法所得和非法财物)	法律、行政法规、地方性法规	区别于没收财产，没收财产属于刑事责任
申诫罚	警告	法律、行政法规、地方性法规、规章	—

考点二 行政处罚的实施主体、管辖和适用★★★

经典例题

【例题1·单选题】(2019年)下列有关行政处罚追究时效的说法中，正确的是(　)。

A. 行政处罚的追究时效为2年，法律、行政法规另有规定的除外

B. 对违反税收法律、法规行为的行政处罚追究时效为2年

C. 违法行为有连续状态的，行政处罚的追究时效从行为终了之日起计算

D. 行政处罚的追究时效，从违法行为被发现之日起计算

【答案】C

【解析】本题考核行政处罚的追究时效。违法行为在2年内未被发现的，不再给予行政处罚。法律另有规定的除外。前述规定的期限，从违法行为发生之日起计算；违法行为有连续或者继续状态的，从行为终了之日起计算。所以选项A、D错误，选项C正确。违反税收法律、行政法规应当给予行政处罚的行为，在5年内未被发现的，不再给予行政处罚。所以选项B错误。

【例题2·单选题】(2018年)行政处罚的追究时效从违法行为发生之日起计算，违法行为有连续或者继续状态的，从行为终了之日起计算。下列关于连续状态的说法中，正确的是(　)。

A. 连续状态是指行为人基于不同的违法故意，连续实施数个独立的行政违法行为

B. 连续状态是指行为人基于同一个违法故意，连续实施数个独立的不同种类行政违法行为

C. 连续状态是指行为人基于同一个违法故意，连续实施数个独立的同一种类的行政违法行为

D. 连续状态是指行为人基于不同的违法故意，连续实施数个不同种类的行政违法行为

【答案】C

【解析】本题考核行政处罚的追究时效。连续状态，是指行为人基于同一个违法故意，连续实施数个独立的同一种类的行政违法行为。

考点精析

1. 行政处罚的实施主体(见表3-2)

表 3-2　行政处罚的实施主体

种类	具体规定
享有行政处罚权的行政机关	(1)必须是行政机关； (2)必须具有外部管理职能； (3)必须取得特定的行政处罚权； (4)必须在法定的范围内实施。 【“李”应注意】国务院或者国务院授权的省、自治区、直辖市人民政府可以决定一个行政机关(城管)行使有关的行政处罚权，但限制人身自由的行政处罚权只能由公安机关行使
法律法规授权的组织	如证监会，可以根据《证券法》的授权作出罚款、没收违法所得等行政处罚
受委托的组织	(1)受委托的组织必须在授权范围内，以委托行政机关名义实施行政处罚，不能再委托其他任何组织或个人实施行政处罚； (2)实施行政处罚行为的后果由委托机关承担法律责任

【帮你“李”解】行政处罚实施主体与行政许可实施主体的区别：行政处罚的实施主体是受委托的“组织”，而行政许可的实施主体是受委托的“行政机关”。

2. 行政处罚的管辖(见表 3-3)

表 3-3　行政处罚的管辖

类型	管辖
地域管辖	违法行为发生地
级别管辖	县级以上 【“李”应注意】县级以下的行政机关，必须有法律、行政法规的另行规定或具有行政处罚权的行政机关的依法委托，才能享有并行使行政处罚管辖权
职能管辖	具有行政处罚权的行政机关
指定管辖	两个以上机关如对同一行政违法案件都有管辖权，在案件管辖上发生争议→双方协商→协商不成的，报请共同上一级行政机关指定管辖

3. 行政处罚的适用(见表 3-4)

表 3-4　行政处罚的适用

不予处罚	①不满 14 周岁的人有违法行为时； ②精神病人在不能辨认或控制自己行为时有违法行为的； ③违法行为轻微并及时纠正，没有造成危害后果的； ④违法行为在 2 年内未发现的(法律另有规定的除外)
从轻或减轻处罚	①已满 14 周岁不满 18 周岁的人违法的； ②主动消除或减轻违法行为危害后果的； ③受他人胁迫有违法行为的； ④配合行政机关查处违法行为有立功表现的； ⑤其他依法应从轻或减轻行政处罚的情形

【帮你“李”解】“从轻处罚”是指在行政处罚的法定种类和法定幅度内，适用较轻的种类或依照处罚的下限或略高于处罚的下限给予处罚，但不能低于法定处罚幅度的最低限度。“减轻处罚”是指在法定处罚幅度的最低限以下给予处罚。

4. 行政处罚的追究时效(见表 3-5)

表 3-5 行政处罚的追究时效

行政处罚	追诉时效	起算
行政处罚法	2年	(1)从违法行为发生之日起计算； (2)违法行为有连续或继续状态的，从行为终了之日起计算
税收征收管理法	5年	
治安管理处罚法	6个月	

【帮你"李"解】连续状态是指行为人基于同一个违法故意，连续实施数个独立的同一种类的行政违法行为，如连续多次逃税；继续状态，是指一个违法行为在时间上的延续，如超标排污。

考点三 行政处罚决定程序★★★

经典例题

【例题1·综合分析题】(2018年)下列关于对第二税务所作出处罚时使用《税务行政处罚决定书(简易)》的各项说法符合法律和有关规定的有( )。

A. 使用《税务行政处罚决定书(简易)》，仅由税务执法人员签字，不要求税务行政负责人签字

B. 使用《税务行政处罚决定书(简易)》，应另行填写《陈述申辩笔录》

C. 将《税务行政处罚决定书(简易)》，交付该公司，必须使用《税务文书送达回证》

D. 使用《税务行政处罚决定书(简易)》，应有"陈述申辩情况"栏和"签收情况"栏，用于记录已告知纳税人陈述申辩权利，陈述申辩情况和被处罚人签收处罚决定书情况

E. 使用《税务行政处罚决定书(简易)》，应当明确加处罚款不超过罚款本数

【答案】ADE

【解析】本题考核税务行政处罚简易程序执法文书。《税务行政处罚决定书(简易)》只由税务执法人员签字，不再要求所在单位负责人签字。所以选项A正确。执法文书中增加"陈述申辩情况"栏，用于记录执法人员已告知当事人享有陈述申辩权利以及纳税人的陈述申辩情况。增加"签收情况"栏，用于记录被处罚人签收处罚决定书情况。所以选项B错误，选项D正确。税务机关当场作出行政处罚决定的，《税务行政处罚决定书(简易)》不再另行填写《陈述申辩笔录》和《税务文书送达回证》。所以选项C错误。明确加处罚款不超过罚款本数。所以选项E正确。

【例题2·单选题】(2017年)根据《行政处罚法》规定，下列关于听证程序的说法中，正确的是( )。

A. 行政机关在作出没收违法所得的行政决定之前，应先行告知当事人享有听证的权利

B. 听证程序适用于所有行政案件

C. 听证应由行政机关指定本案调查人员主持

D. 当事人可以申辩和质证，双方可以进行辩论

【答案】D

【解析】本题考核行政处罚听证制度。行政机关作出责令停产停业、吊销许可证或者执照、较大数额罚款等行政处罚决定之前，应当告知当事人有要求举行听证的权利。所以选项A、B错误。听证由行政机关指定的非本案调查人员主持。所以选项C错误。

考点精析

行政处罚的决定程序包括简易程序、一般程序。其中，听证程序是一般程序中的特殊环节。

1. 简易程序(当场处罚程序)

(1)简易程序的适用条件包括：违法事实清楚；有法定依据；数额较小的罚款(公民50元以下，法人或其他组织1 000元以下)或警告。

(2)简易程序的内容包括：①表明身份；②确认违法事实，说明处罚理由和依据；③制作行政处罚决定书；④当场交付行政处罚决定书；⑤备案。

【帮你“李”解】 对于适用简易程序的税务行政处罚执法文书，需注意以下问题：

(1)税务机关当场作出行政处罚决定的，使用修订后《税务行政处罚决定书(简易)》，不再另行填写《陈述申辩笔录》和《税务文书送达回证》；

(2)修订后的执法文书中增加“陈述申辩情况”栏，用于记录执法人员已经告知当事人享有陈述申辩权利以及纳税人的陈述申辩情况；

(3)增加“签收情况栏”，用于记录被处罚人签收处罚决定书情况。

(4)明确加处罚款不超过罚款本数；

(5)删除税务机关“负责人”签字部分，即只要求税务执法人员签字，不再要求所在单位负责人签字。

2. 一般程序

一般程序的内容如下：

(1)立案。

(2)调查。

(3)审查。

(4)告知和说明理由。

(5)听取当事人陈述和申辩意见。

(6)制作处罚决定书。

(7)送达行政处罚决定书。

3. 听证程序

(1)《行政处罚法》和《税务行政处罚听证程序实施办法》对听证程序作出了规定，二者比较见表3-6。

表3-6 《行政处罚法》和《税务行政处罚听证程序实施办法》听证程序比较

	行政处罚法	税务行政处罚听证程序实施办法
听证的范围	责令停产停业、吊销许可证和执照、较大数额的罚款	较大数额的罚款：①公民2 000元以上(含本数)；②法人或其他组织10 000元以上(含本数)；吊销税务行政许可证件
听证权告知	告知当事人具有听证的权利	向当事人送达《税务行政处罚事项告知书》
听证申请的提出	应在行政机关告知后3日内提出	—
行政机关组织听证	—	收到听证要求后15日内举行听证
听证通知	应当在举行听证的7日前将相关事项通知当事人	在举行听证的7日前将《税务行政处罚听证通知书》送达当事人
听证的主持与参与人	非本案调查人员主持；当事人可以亲自参加，也可委托1~2人代理参加听证	—
组织听证会	案件调查人员提出行政处罚建议，当事人可提出申辩并质证。双方可以辩论	—
制作听证笔录	制作笔录，当事人审核无误后签字或盖章(案卷制度)	—
听证的中止	—	听证主持人在听证过程中认为证据有疑问无法听证辩明，可能影响税务行政处罚的准确公布的
听证的终止	—	①当事人或者其代理人无正当理由不参加的；②听证过程中，当事人或者其代理人放弃申辩和质证权利，声明退出听证会，或者不经听证主持人许可擅自退出听证会的；③听证过程中，当事人或其代理人违反听证秩序，又不听主持人制止的，致使听证无法进行的

（2）《行政处罚法》与《行政许可法》的听证程序比较（见表 3-7）

表 3-7 《行政处罚法》与《行政许可法》听证程序比较

项目	行政处罚法	行政许可法
适用范围	**责令停产停业**、吊销许可证和执照、较大数额的罚款	法律、法规、规章规定的事项；涉及公共利益的重大行政许可事项；直接涉及申请人与他人之间重大利益关系的行政许可
听证权告知	作出处罚决定之前，告知当事人有听证的权利	行政机关主动举行听证的，应当向社会公告；相对人申请的，作出许可决定前，应告知当事人有听证的权利
听证申请的提出	当事人应当在行政机关告知后 3 日内提出听证要求	当事人应当在行政机关告知后 5 日内提出听证要求
听证通知	行政机关在举行听证 7 日前，将时间、地点等事项通知当事人	行政机关在举行听证 7 日前，公告或通知听证时间、地点等事项
听证的主持与参与	听证不得由本案调查人员主持。当事人有权申请主持人回避。当事人可以亲自参加，也可以委托 1~2 名代理人参加	审查许可申请的人员不得担任听证主持人
组织听证会	当事人对调查人员提出的处罚建议，可以提出申辩并质证。双方可以辩论	行政机关在收到听证申请后 20 日内组织听证
制作听证笔录	听证笔录是作出行政处罚决定的重要依据之一	听证笔录是作出行政许可决定的唯一依据

【“李”应注意】行政处罚的听证，只能依据当事人的申请启动，行政许可的听证，既可依据当事人的申请启动，行政许可实施机关也可以依职权启动。

阶段性测试

1. **【多选题】**下列有关行政处罚设定权的表述，错误的有（ ）。
   A. 全国人民代表大会有权设定各种行政处罚
   B. 国务院可以依法设定除限制人身自由以外的行政处罚
   C. 司法部可以设定除限制人身自由、吊销企业营业执照以外的行政处罚
   D. 重庆市人民代表大会可以设定除限制人身自由、吊销企业营业执照以外的行政处罚
   E. 自治州人民政府可以设定警告或一定数量罚款的行政处罚
2. **【多选题】**根据《行政处罚法》，下列情形中，行政处罚的相对人有权申请听证的情形有（ ）。
   A. 县市场监督管理部门吊销张某的个体工商户营业执照
   B. 某市交警支队吊销刘某的驾驶执照
   C. 某区卫生局对某餐馆因卫生不合要求罚款 50 万元
   D. 某市文化局责令李某的音像商店停业整顿
   E. 交警对行人张某违反交通规则的行为罚款 50 元

阶段性测试答案精析

1. CE **【解析】**本题考核行政处罚的设定权。国务院各部、委员会在法律、行政法规没有设定行政处罚时可以设定警告或一定数量罚款的行政处罚。省、自治区、直辖市人民政府和省、自治区人民政府所在地的市人民政府以及国务院批准的较大的市人民政府规章可以在法律、法规没有设定行

第3章 行政处罚法律制度

政处罚时，设定警告或一定数量罚款的行政处罚。自治州人民政府制定的规范性文件无权设定警告或罚款。

【有“李”有据】行政处罚设定权是行政处罚中的重点，且易和行政主体、行政许可、行政强制的设定权划分结合考查。建议以表格的形式进行对比学习。

2. ABD 【解析】本题考核行政处罚的听证制度。《行政处罚法》规定，行政机关作出责令停产停业、吊销许可证或者执照、较大数额罚款等行政处罚决定之前，应当告知当事人有要求举行听证的权利。

考点四 行政处罚执行程序★★★

经典例题

【例题·单选题】(2019年)根据法律规定，下列有关行政处罚执行程序的说法中，正确的是( )。

A. 行政机关及其执法人员当场收缴罚款的，必须向当事人出具地级市财政部门统一制发的罚款收据

B. 纳税人不履行税务行政处罚决定，在法定的申请复议和起诉期限内依法申请复议或起诉的，税务机关不得对处罚决定实施强制执行

C. 当事人对行政处罚决定不服，申请行政复议或提起行政诉讼的，原则上该行政处罚决定应当停止执行

D. 当事人到期不缴纳罚款的，行政机关应当每日按照罚款数额的2%加处罚款

【答案】B

【解析】本题考核行政处罚执行程序。行政机关及其执法人员当场收缴罚款的，必须向当事人出具省、自治区、直辖市财政部门统一制发的罚款收据；不出具财政部门统一制发的罚款收据的，当事人有权拒绝缴纳罚款。所以选项A错误。当事人对行政处罚决定不服，申请行政复议或者提起行政诉讼的，行政处罚不停止执行，法律另有规定的除外。所以选项C错误。当事人到期不缴纳罚款的，每日按罚款数额的3%加处罚款。所以选项D错误。

【有“李”有据】选项C：复议、诉讼不停止执行原则是第五章行政复议法及第六章行政诉讼法中的内容，该原则是第一章中行政行为的公定力的具体体现。选项D：涉及内容是第四章行政强制法中的执行罚，属于间接强制。

考点精析

1. 处罚机关与收缴罚款机构相分离

(1)当事人应当自收到行政处罚决定书之日起15日内，到指定银行缴纳罚款，银行应当收受罚款，并将罚款直接上缴国库。

(2)执法人员当场收缴罚款的情形(见表3-8)

表3-8 当场收缴罚款的情形

法律依据	法定情形
行政处罚法	①当场作出的20元以下罚款(依职权当场收缴)； ②不当场收缴事后难以执行的(依职权当场收缴)； ③在边远、水上、交通不便地区，当事人向指定的银行缴纳罚款确有困难的，经当事人提出，行政机关及其执法人员可以当场收缴罚款。(当事人申请当场缴纳)。 【“李”应注意】①②适用简易程序，③适用一般程序。只要决定适用听证程序，即使当事人主动申请要求当场缴纳，执法人员也不可以接受
治安管理处罚法	①50元以下罚款，被处罚人无异议； ②被处罚人在当地没有固定住所，不当场收缴事后难以执行的

【帮你“李”解】行政机关及其执法人员当场收缴罚款的，必须向当事人出具省级财政部门统一制发的罚款收据；不出具罚款收据的，当事人有权拒绝缴纳罚款。

2. 行政处罚的强制执行

行政处罚决定作出后，当事人逾期不履行行政处罚决定的，行政机关可以采取的措施有：

(1)每日按罚款数额的3%加收罚款；

(2)将查封、扣押的财物拍卖或将被冻结的存款划拨抵缴罚款；

(3)申请人民法院强制执行。

【帮你“李”解】限制人身自由的行政处罚权只能由公安机关行使。

考点五　行政执法机关移送涉嫌犯罪案件程序★★

扫我解疑难

经典例题

【例题·单选题】根据《行政执法机关移送涉嫌犯罪案件的规定》，下列做法不正确的是(　)。

A. 对涉嫌犯罪案件，报经本机关正职负责人或者主持工作的负责人审批

B. 行政执法机关决定批准移送案件的，应当在24小时内向同级公安机关移送

C. 公安机关应当在接受案件5日内，对行政机关移送的案件进行审查

D. 公安机关不予立案的，应当说明理由

【答案】C

【解析】本题考核行政执法机关移送涉嫌犯罪案件的程序。公安机关应当在接受案件3日内，对行政机关移送的案件进行审查。

考点精析

1. 移送程序的要求

(1)对应当向公安机关移送的涉嫌犯罪案件，行政执法机关应当立即指定2名或2名以上执法人员组成专案组专门负责，核实情况后，提出移送涉嫌犯罪案件的书面报告，报本机关正职负责人批准。

(2)批准的，应当在24小时内向同级公安机关移送；不批准的，应当将理由记录在案。

(3)公安机关对于行政机关移送的涉嫌犯罪案件，发现不属于本机关管辖的，应当在24小时内转送有管辖权的机关，并书面告知行政机关。

(4)公安机关应当在接受案件3日内，对行政机关移送的案件进行审查。认为有犯罪事实，需要追究刑事责任的，应当立案，并书面通知移送案件的行政执法机关；认为没有犯罪事实，或者犯罪事实显著轻微，不需要追究刑事责任的，不予立案，应当说明理由，并书面通知行政机关，退回案卷材料。

2. 异议解决

(1)行政执法机关接到公安机关不予立案的通知书后，有异议的，可以自接到通知书之日起3日内，向不予立案的公安机关申请复议，也可以建议人民检察院进行立案监督。

(2)作出不予立案决定的公安机关应当自收到复议之日起3日内作出立案或不立案的决定，并书面通知行政机关。

(3)行政执法机关对公安机关不予立案的复议决定仍有异议的，应当自收到复议决定通知书之日起3日内建议人民检察院进行立案监督。

(4)行政执法机关在移送涉嫌犯罪案件前，已经作出的警告、责令停产停业、暂扣或吊销许可证照的行政处罚决定，不停止执行。

考点六　税务行政处罚★★★

扫我解疑难

经典例题

【例题1·单选题】(2019年)下列有关税务行政处罚裁量权的说法中，正确的是(　)。

A. 税务行政处罚裁量基准应当以部门规章形式发布

B. 税务机关在实施行政处罚时，可以单独引用税务行政处罚裁量基准作为依据

C. 当事人同一个税收违法行为违反不同行政处罚规定且均应处以罚款的，应当选择适用处罚较重的条款

D. 对当事人同一税收违法行为不得给予两次以上行政处罚

【答案】C

【解析】本题考核税务行政处罚裁量权行使规则。税务行政处罚裁量基准应当以规范性文件形式发布，并结合税收行政执法实际及时修订。所以选项 A 错误。税务机关在实施行政处罚时，应当以法律、法规、规章为依据，并在裁量基准范围内作出相应的行政处罚决定，不得单独引用税务行政处罚裁量基准作为依据。所以选项 B 错误。当事人同一个税收违法行为违反不同行政处罚规定且均应处以罚款的，应当选择适用处罚较重的条款。所以选项 C 正确。对当事人的同一个税收违法行为不得给予两次以上罚款的行政处罚。所以选项 D 错误。

【例题 2·多选题】(2019 年改)下列有关税收违法行为及其处罚的说法中，正确的有(　)。

A. 对纳税人不进行纳税申报，不缴或者少缴应纳税款，应按偷税行为进行处罚

B. 纳税人未按照规定设置、保管账簿，税务机关应责令限期改正，可以处 2 000 元以下罚款；情节严重的，处 2 000 元以上 1 万元以下罚款

C. 纳税人编造虚假计税依据，税务机关应责令限期改正，并处 1 万元以上 5 万元以下罚款

D. 对骗取国家出口退税款，税务机关有权在规定期间内停止为其办理出口退税

E. 对逃避追缴欠税的纳税人，应当追究刑事责任

【答案】BD

【解析】本题考核税收违法行为及其处罚。偷税是指纳税人伪造、变造、隐匿、擅自销毁账簿、记账凭证，或者在账簿上多列支出或者不列、少列收入，或者经税务机关通知申报而拒不申报或者进行虚假的纳税申报，不缴或者少缴应纳税款。所以选项 A 错误。未按照规定设置、保管账簿或者保管记账凭证和有关资料的，由税务机关责令限期改正，可以处 2 000 元以下的罚款；情节严重的，处 2 000 元以上 1 万元以下的罚款。所以选项 B 正确。纳税人、扣缴义务人编造虚假计税依据，由税务机关责令限期改正，并处 5 万元以下的罚款。所以选项 C 错误。对骗取国家出口退税款的，税务机关可以在规定期间内停止为其办理出口退税。所以选项 D 正确。纳税人欠缴应纳税款，采取转移或者隐匿财产的手段，妨碍税务机关追缴欠缴的税款的，由税务机关追缴欠缴的税款、滞纳金，并处欠缴税款 50% 以上 5 倍以下的罚款；构成犯罪的，依法追究刑事责任。所以选项 E 错误。

考点精析

1. 税务行政处罚的种类

(1)罚款；

(2)没收违法所得；

(3)停止办理出口退税；

(4)吊销税务行政许可证件。

2. 税务行政处罚裁量权行使规则

(1)税务行政处罚裁量权行使规则主要包括：行使税务行政处罚裁量权的原则、税务行政处罚裁量基准制定、行政处罚裁量规则适用。

(2)税务行政处罚裁量基准，应包括违法行为、处罚依据、裁量阶次、适用条件和具体标准等内容。

(3)对当事人的同一个税收违法行为不得给予两次以上罚款的行政处罚。当事人同一个税收违法行为违反不同行政处罚规定且均应处以罚款的，应当选择适用处罚较重的条款。

(4)对情节复杂、争议较大、处罚较重、

影响较广或者拟减轻处罚等税务行政处罚案件，应当经过集体审议决定。

3. 税务行政处罚听证程序(见考点三)

4. 税收违法案件审理程序

在审理方式上，重大税务案件审理采取书面审理和会议审理相结合的方式。

(1)一般要求。

①参与重大税务案件审理的人员有法律法规规定的回避情形的，应当回避。

②重大税务案件一般应当自批准受理之日起30日内作出审理决定，不能在规定期限内做出审理决定的，经审委会主任或其授权的副主任批准，可以适当延长，但延长期限最多不超过15日。

③审理委员会审理重大税务案件，应当重点审查：案件事实是否清楚；证据是否充分、确凿；执法程序是否合法；适用法律是否正确；案件定性是否准确；拟处理意见是否合法适当。

(2)书面审理。

①审理委员会成员单位认为案件事实不清、证据不足，需要补充调查的，应当在书面审理意见中列明需要补充调查的问题并说明理由。

②审理委员会办公室应当召集提请补充调查的成员单位和稽查局进行协调，确需补充调查的，由审理委员会办公室报审理委员会主任或其授权的副主任批准，将案件材料退回稽查局补充调查。补充调查不应超过30日，有特殊情况的，经稽查局局长批准可以适当延长，但延长期限最多不超过30日。

(3)会议审理。

①会议审理适用于审理委员会成员单位书面审理意见存在较大分歧、经审理委员会办公室协调仍不能达成一致意见的情形。

②审理意见书应由审理委员会主任签发。

阶段性测试

1. 【单选题】税务机关作出的下列行为中，属于税务行政处罚行为的是(　)。

A. 收缴或者停售发票

B. 停止办理出口退税

C. 取消一般纳税人资格

D. 责令改正税收违法行为

2. 【多选题】行政执法人员当场作出行政处罚决定并收缴罚款的，依照法律规定(　)。

A. 必须向当事人出具省、自治区、直辖市财政部门统一制发的罚款收据

B. 应当当场将行政处罚决定书交付给当事人

C. 应当自收缴罚款之日起2日内，将罚款交至行政机关

D. 应当自收缴罚款之日起2日内，将罚款交至指定银行

E. 银行自收到罚款之日起2日内，将罚款缴付给行政机关

阶段性测试答案精析

1. B 【解析】本题考核税务行政处罚的种类。税务行政处罚包括罚款、没收违法所得、停止办理出口退税以及吊销税务行政许可证件四种。

2. ABC 【解析】本题考核处罚机关与收缴罚款机构相分离。执法人员当场收缴的罚款，应当自收缴之日起2日内，交至行政机关。所以选项D错误。行政机关应当在2日内将罚款缴付指定的银行。所以选项E错误。

本章综合练习 限时22分钟

一、单项选择题

1. 李某回国携带应申报的物品进境，未向海关如实申报，海关认定李某的行为构成走私，对其作出没收物品，并罚款1 000元

的处罚。按照《行政处罚法》的规定，海关的上述处罚(　)。

A. 是错误的，只能实施没收物品的处罚

B. 是错误的，只能实施罚款 1 000 元的处罚

C. 是错误的，只能在没收与罚款之间选择一种行政处罚实施

D. 是正确的，不违反一事不二罚的原则

2. 某省政府根据国务院的授权，决定由城建规划局统一行使数个政府职能部门的行政处罚权。根据《行政处罚法》的规定，城建规划局不能行使的职权是(　)。

A. 交通管理机关的罚款权

B. 生态环境局的罚款权

C. 公安机关的行政拘留权

D. 市场监督管理部门的吊销营业执照权

3. 根据法律和有关规定，税务机关可以依法实施(　)的行政处罚。

A. 责令改正税收违法行为

B. 责令停产停业

C. 责令限期进行纳税调整

D. 停止办理出口退税

4. 根据《行政处罚法》规定，部门规章可以设定警告或者一定数量罚款的行政处罚，但罚款的数额由(　)规定。

A. 全国人大常委会

B. 国务院

C. 省级人民政府

D. 市级人民政府

5. 2019 年 5 月 2 日，顾某到甲县郊区旅社住宿，与工作人员发生争执，并且砸毁了旅社的物品。工作人员报警之后，公安派出所的民警及时赶到，制止了顾某的行为，并且根据顾某的行为对其处以 50 元的罚款，根据《行政处罚法》，下列说法正确的是(　)。

A. 罚款属于行为罚

B. 顾某对该罚款决定不服，应当先申请复议才能提起行政诉讼

C. 执法人员应当当场交付行政处罚决定书

D. 执法人员可以当场收缴该罚款

6. 公安局认定朱某嫖娼，对其拘留 15 日并处罚款 5 000 元。关于此案，下列说法中不正确的是(　)。

A. 对朱某的处罚决定书应载明处罚的执行方式和期限

B. 如朱某要求听证，公安局应当及时依法举行听证

C. 朱某有权陈述和申辩，公安局必须充分听取朱某的意见

D. 如朱某对拘留和罚款处罚均不服起诉，该案可以由公安局所在地或者朱某所在地的法院管辖

7. 某省甲市 A 县公安局和乙市 B 县公安局对一起治安违法行为的行政处罚管辖权发生争议，则正确做法是(　)。

A. 由省公安厅指定管辖

B. 由省政府指定管辖

C. 由最先发现违法行为的公安局管辖

D. 由最先作出行政处罚决定的公安局管辖

8. 某市卫生局工作人员张某在对其辖区内的某酒楼进行例行检查时发现，该饭店厨房内有多处卫生死角，且厨师在操作时未戴卫生帽，冷菜未按规定放入冰柜。遂当场对该饭店处以 500 元罚款。下列表述符合《行政处罚法》规定的是(　)。

A. 张某必须向其所在的卫生局汇报后，由卫生局负责人作出处罚决定

B. 张某当场作出行政处罚决定时，未出示执法身份证件

C. 张某当场收缴罚款

D. 张某向该饭店出示处罚决定书

9. 某企业签订虚假的买卖合同假报出口，骗取国家出口退税 5 万元，被税务机关处以 3 万元的罚款，并且依法被扣押了一批产品。下列说法错误的是(　)。

A. 对于税务机关作出的扣押行为，该厂可以申请税务行政处罚听证

B. 对于罚款的行政处罚，该厂可以申请税务行政处罚听证

C. 税务机关在作出罚款3万元的行政处罚决定之前，应当向当事人送达《税务行政处罚事项告知书》

D. 税务机关向当事人送达的《税务行政处罚事项告知书》中应当告知当事人已经查明的违法事实、证据、行政处罚的法律依据和拟将给予的行政处罚

10. 根据《税务行政处罚裁量权行使规则》的规定，下列说法不正确的是（　）。

A. 合理原则是行使税务行政处罚裁量权应当遵循的原则之一

B. 税务行政处罚裁量基准，应当包括违法行为、处罚依据、裁量阶次、适用条件和具体标准等内容

C. 省税务局应当联合制定本地区统一适用的税务行政处罚裁量基准

D. 税务机关责令当事人限期改正的，除法律、法规、规章另有规定外，责令限期改正的期限一般不超过60日

二、多项选择题

1. 甲县居民刘某，在乙县经营私人旅店，违反安全规定，经通知仍不加改正。乙县公安机关对其作出拘留10日的处罚决定，刘某不服，欲提起行政诉讼。对此下列选项中说法正确的有（　）。

A. 甲县法院对该案件有管辖权

B. 乙县法院对该案件有管辖权

C. 刘某需先提起行政复议，对复议结果不服的，才可以提起行政诉讼

D. 刘某有权要求听证，行政机关依法应当组织听证

E. 对该拘留决定由公安机关依法执行

2. 根据《行政处罚法》规定，关于行政处罚的适用，下列说法正确的有（　）。

A. 不满16周岁的人有违法行为的，不予行政处罚

B. 精神病人在不能辨认或控制自己的行为时违法的，不予处罚

C. 违反治安管理行为在6个月内未被公安机关发现的，不再处罚

D. 主动消除或减轻违法行为危害后果的，依法应当从轻或减轻行政处罚

E. 配合行政机关查处违法行为有立功表现的，不予行政处罚

3. 根据《行政处罚法》《行政许可法》有关实施主体的规定，下列说法中错误的有（　）。

A. 必须是依法成立的管理公共事务的事业组织才能受委托实施行政处罚

B. 法律、法规授权的组织在《行政处罚法》中是指依法成立的管理公共事务的事业单位

C. 只有行政机关才能受托实施行政许可

D. 法律、法规授权的组织在《行政处罚法》中是指依法成立的行政机构

E. 行政处罚与行政许可的实施主体是相同的，都是包括行政机关、法律法规授权的组织以及受委托的组织

4. 某鞋厂因未参加年检被市场监督管理局吊销营业执照。根据行政法理论和有关法律法规规定，下列关于吊销营业执照的法律性质和程序要求的说法中，正确的有（　）。

A. 吊销营业执照属于财产罚

B. 依法被吊销营业执照的，公司应当解散

C. 行政机关应主动举行听证

D. 吊销营业执照属于行政强制措施

E. 该鞋厂对于吊销营业执照的处罚决定不服，可以直接提起行政诉讼

5. 某纳税人经申请取得某项发票使用许可后，税务机关发现该纳税人多次实施发票违法行为。在税务机关对其作出吊销该许可证的决定前，该纳税人要求举行听证。根据法律及有关规定，则（　）。

A. 纳税人的听证要求应当在税务机关告知听证权利后5日内提出

B. 纳税人可以委托一至二人代理参加听证

C. 税务机关应当指定非本案调查人员主持听证

D. 纳税人不承担组织听证的费用

E. 纳税人不服税务机关在听证程序中因特

定事由终止听证的决定，无权对此申请复议

6. 根据《行政执法机关移送涉嫌犯罪案件的规定》，下列说法正确的有(　)。

A. 行政执法机关移送涉嫌犯罪案件，应当接受检察院和监察机关依法实施的监督

B. 行政执法机关对应当向公安机关移送的涉嫌犯罪案件，不得以行政处罚代替移送

C. 行政执法机关向公安机关移送涉嫌犯罪案件前已经作出的警告、责令停产停业、暂扣或者吊销许可证、暂扣或者吊销执照的行政处罚决定，不停止执行

D. 行政执法机关对公安机关不予立案通知书不服的，应提请上一级公安机关复议

E. 行政执法机关对公安机关不予立案通知书不服的，可以建议检察机关依法进行立案监督

7. 根据《税务行政处罚裁量权行使规则》，税务行政处罚裁量基准应当包括(　)内容。

A. 违法行为　　B. 处罚依据

C. 裁量阶次　　D. 适用条件

E. 适用原则

8. 三江集团公司承建某项建筑工程后，将该工程让无特种作业操作资格证书的王某承包。王某承包后，施工期间发生重大事故。省建设厅决定暂扣该集团公司安全生产许可证 3 个月。随后，市安全监督管理局决定对该集团公司罚款 3 万元。根据《行政处罚法》，下列关于本案行政决定的性质与效力、适用程序、听证范围的说法中，正确的有(　)。

A. 暂扣安全生产许可证 3 个月属于行政强制措施

B. 罚款 3 万元的决定无效，因为违反一事不再罚原则

C. 罚款 3 万元的决定可以适用简易程序

D. 罚款 3 万元的决定属于法定听证范围

E. 暂扣安全生产许可证 3 个月不属于法定听证范围

本章综合练习参考答案及详细解析

一、单项选择题

1. D 【解析】本题考核一事不二罚原则。《行政处罚法》第 24 条规定：对当事人的同一个违法行为，不得给予两次以上罚款的行政处罚。本题中，海关的处罚并不是针对同一违法行为给予两次以上罚款的处罚，而是对同一违法行为给予不同种类的处罚，属于行政处罚的并处。因此，海关处罚的行为是正确的，并未违反一事不二罚的原则。

2. C 【解析】本题考核行政处罚的实施。国务院或者经国务院授权的省、自治区、直辖市人民政府可以决定一个行政机关行使有关行政机关的行政处罚权，但限制人身自由的行政处罚权只能由公安机关行使。

3. D 【解析】本题考核税务行政处罚的种类。税务行政处罚包括罚款、没收违法所得、停止办理出口退税以及吊销税务行政许可证件四种。

4. B 【解析】本题考核行政处罚的设定。国务院部委制定的规章对违反行政管理秩序的行为，可以设定警告或者一定数量罚款的行政处罚，罚款的限额由国务院规定。

5. C 【解析】本题考核行政处罚的种类、行政处罚程序、对行政处罚不服的救济程序。罚款属于财产罚。所以选项 A 错误。被处罚人对行政处罚决定不服的，可以依法申请行政复议或者提起行政诉讼。所以选项 B 错误。本题中，不能当场收缴罚款。所以选项 D 错误。

6. D 【解析】本题考核行政处罚程序。如朱某对拘留和罚款处罚均不服，依法可由被

告公安局所在地人民法院管辖。所以选项D说法错误。

7. A 【解析】本题考核行政处罚的管辖。对管辖发生争议的，报请共同的上一级行政机关指定管辖。甲市A县公安局与乙市B县公安局的共同上一级行政机关是省公安厅。

8. D 【解析】本题考核行政处罚简易程序。酒楼(属于法人或其他组织)的违法事实确凿，且张某对其作出的是罚款500元(属于1 000元以下的范围)的处罚，张某可以适用简易程序当场对其作出行政处罚决定。所以选项A错误。执法人员当场作出行政处罚决定的，应当向当事人出示执法身份证件。所以选项B错误。执法人员可以当场收缴罚款的情形有：(1)依法给予20元以下的罚款的；(2)不当场收缴事后难以执行的；(3)在边远、水上、交通不便地区，行政机关及其执法人员依照规定作出罚款决定后，当事人向指定的银行缴纳罚款确有困难，经当事人提出，行政机关及其执法人员可以当场收缴罚款。所以选项C错误。

9. A 【解析】本题考核税务行政处罚听证程序。税务行政处罚听证程序适用范围一般限于较大数额的罚款案件以及吊销税务行政许可的案件。而对于扣押财物的行为，是不适用税务行政处罚听证程序的。

【有“李”有据】税务行政处罚听证程序适用的范围不包括停止办理出口退税、没收违法所得等其他行为。同时注意与一般行政处罚听证范围的对比掌握。一般行政处罚的听证范围：责令停产停业；吊销许可证和执照；较大数额的罚款。

10. D 【解析】本题考核税务行政处罚裁量权行使规则。税务机关应当责令当事人改正或者限期改正违法行为的，除法律、法规、规章另有规定外，责令限期改正的期限一般不超过30日。

二、多项选择题

1. BE 【解析】本题考核行政处罚中的人身自由罚。行政拘留属行政处罚，而不是限制人身自由的强制措施，不适用关于“限制人身自由强制措施”的特殊地域管辖的规定。所以选项A错误。行政拘留处罚不属于“复议前置型”案件，刘某对此不服的，可以选择申请行政复议或直接提起行政诉讼。所以选项C错误。行政拘留不属于可以要求举行听证的行政处罚。所以选项D错误。

2. BCD 【解析】本题考核行政处罚的适用。不满14周岁的人有违法行为的，不予行政处罚。所以选项A错误。配合行政机关查处违法行为有立功表现的，依法应当从轻或减轻行政处罚。所以选项E错误。

【有“李”有据】关于该部分内容，为免混淆，我们记住不予行政处罚的几种情形，对于不符合不予处罚的，则根据情形确定是否属于从轻或减轻情形处理。根据规定，不满14周岁的人有违法行为的，不予行政处罚；精神病人在不能辨认或控制自己行为时有违法行为的，不予行政处罚；违法行为轻微并及时纠正，没有造成危害后果的，不予行政处罚；违法行为在2年内未被发现的，除法律另有规定外，不再给予行政处罚。

3. BDE 【解析】本题考核行政处罚和行政许可的实施主体。法律、法规授权的组织在《行政处罚法》中，既可以是事业组织，也可以是行政机构，还可以是其他组织。所以选项B、D说法错误。行政处罚与行政许可的实施主体存在差别，其中，行政许可中受委托的只能是行政机关。所以选项E说法错误。

4. BE 【解析】本题考核吊销执照的性质及程序。吊销营业执照属于行政处罚中的行为罚(能力罚)。所以选项A、D错误。行政处罚听证程序的启动，以当事人申请为前提。所以选项C错误。

5. BCD 【解析】本题考核行政处罚听证程序。行政机关作出责令停产停业、吊销许可证或者执照、较大数额罚款等行政处罚决定之前，应当告知当事人有要求举行听证的权利；当事人要求听证的，行政机关应当组织听证。当事人不承担行政机关组织听证的费用。听证依照以下程序组织：(1)当事人要求听证的，应当在行政机关告知后3日内提出；(2)行政机关应当在听证的7日前，通知当事人举行听证的时间、地点；(3)除涉及国家秘密、商业秘密或者个人隐私外，听证公开举行；(4)听证由行政机关指定的非本案调查人员主持；当事人认为主持人与本案有直接利害关系的，有权申请回避；(5)当事人可以亲自参加听证，也可以委托一至二人代理；(6)举行听证时，调查人员提出当事人违法的事实、证据和行政处罚建议；选项A错误，选项B、C、D正确。选项E法律没有规定。

6. ABCE 【解析】本题考核《行政执法机关移送涉嫌犯罪案件的规定》中的有关规定。行政执法机关接到公安机关不予立案的通知书后，认为依法应当由公安机关决定立案的，可以自接到不予立案通知书之日起3日内，提请作出不予立案决定的公安机关复议，也可以建议检察院依法进行立案监督。所以选项D错误。

7. ABCD 【解析】本题考核税务行政处罚裁量基准的内容。根据《税务行政处罚裁量权行使规则》，税务行政处罚裁量基准应当包括违法行为、处罚依据、裁量阶次、适用条件和具体标准等内容。

8. DE 【解析】本题考核行政处罚的种类、原则、程序。暂扣许可证属于行政处罚中的行为罚。选项A错误。一事不二罚是指针对一个违法行为不得给予两次以上的罚款处罚，本题中对集团公司处以暂扣安全生产许可证3个月、罚款3万元的处罚，不违反一事不二罚原则。选项B错误。简易程序的适用必须具备一定的条件：违法事实清楚；有法定依据；数额较小的罚款(指对公民处50元以下，对法人或其他组织处1 000元以下的罚款)或警告。选项C错误。在作出责令停产停业、吊销许可证和执照、较大数额的罚款的行政处罚决定之前，当事人有申请听证的权利。选项D、E正确。

第4章 行政强制法律制度

JINGDIAN TIJIE

考情分析

历年考情分析

本章内容较为细碎，偏向于记忆性的章节。在历年考试中，多以单选题、多选题的形式对知识点内容直接予以考查，并且本章容易与行政处罚、行政复议或行政诉讼相结合出综合分析题，考生复习时需多重视。

本章2020年考试主要变化

本章无实质性变动。

核心考点及真题详解

考点一 行政强制概述★★★

经典例题

【例题1·单选题】下列有关行政强制设定的说法中，正确的是(　)。

A. 尚未制定法律的，行政法规可以设定限制公民人身自由的行政强制措施

B. 尚未制定法律、行政法规的，地方性法规可以设定冻结存款、汇款的行政强制措施

C. 行政法规不得设定行政强制执行

D. 一定条件下，行政规章也可以设定行政强制措施

【答案】C

【解析】本题考核行政强制的设定。尚未制定法律，且属于国务院行政管理职权事项的，行政法规可以设定除限制公民人身自由、冻结存款、汇款和应当由法律规定的行政强制措施以外的其他行政强制措施。所以选项A错误。尚未制定法律、行政法规，且属于地方性事务的，地方性法规可以设定查封场所、设施或者财物、扣押财物的行政强制措施。所以选项B错误。行政强制执行由法律设定。所以选项C正确。法律、法规以外的其他规范性文件不得设定行政强制措施。所以选项D错误。

【例题2·多选题】(2017年)根据《行政强制法》规定，行政强制措施包括(　)。

A. 税务机关强制执行税款

B. 查封扣押

C. 代履行

D. 税务机关申请法院强制执行罚款

E. 冻结存款账户

【答案】BE

【解析】本题考核行政强制措施。行政强制措施的种类包括：(1)限制公民人身自由；(2)查封场所、设施或者财物；(3)扣押财物；(4)冻结存款、汇款；(5)其他行政强制

措施。所以选项B、E正确。代履行属于行政强制执行，所以选项C错误。强制执行税款和罚款属于行政强制执行，所以选项A、D错误。

考点精析

1. 行政强制措施的种类和设定(见表4-1)。

表4-1 行政强制措施的种类和设定

种类	法律	行政法规	地方性法规
限制公民人身自由	√	×	×
查封场所、设施或者财物	√	√	√
扣押财物	√	√	√
冻结存款、汇款	√	×	×
其他行政强制措施	√	√	×

【注】"√"表示有权设定，"×"表示无权设定。

2. 行政强制执行的种类和设定

(1)种类(见表4-2)。

表4-2 行政强制执行的种类

种类		具体规定
行政机关自己执行	直接强制	划拨存款、汇款(法律明确授权) 拍卖或者依法处理查封、扣押的场所、设施或者财物 排除妨碍、恢复原状
	间接强制	代履行 执行罚：加处罚款或者滞纳金
行政机关申请法院执行		—

【帮你"李"解】强制履行兵役义务、强制戒毒、强制收购、强制教育属于行政强制执行。

(2)设定。行政机关强制执行由法律设定。法律没有规定的，行政机关只能申请法院执行，见图4-1。

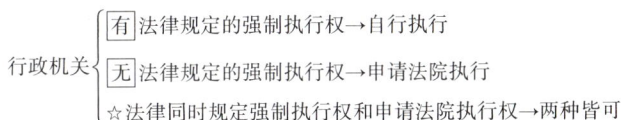

行政机关
- 有 法律规定的强制执行权→自行执行
- 无 法律规定的强制执行权→申请法院执行
- ☆法律同时规定强制执行权和申请法院执行权→两种皆可

图4-1 行政强制执行权

【帮你"李"解】注意同属于损益性行政行为的行政强制措施、行政强制执行与行政处罚、税务行政处罚的认定(见表4-3)

表4-3 行政强制措施、行政强制执行与行政处罚、税务行政处罚

行政处罚	税务行政处罚	行政强制措施	行政强制执行
(1)警告；(2)罚款；(3)没收违法所得、没收非法财物；(4)责令停产停业；(5)暂扣或者吊销许可证、暂扣或者吊销执照；(6)行政拘留；(7)其他	(1)罚款；(2)没收违法所得；(3)停止办理出口退税；(4)吊销税务行政许可证件	(1)限制公民人身自由；(2)查封场所、设施或者财物；(3)扣押财物；(4)冻结存款、汇款；(5)其他，如证据先行登记保存、交通管制、强制进入场所、通信管制等	(1)加处罚款或者滞纳金；(2)划拨存款、汇款；(3)拍卖或者依法处理查封、扣押的场所、设施或者财物；(4)排除妨碍、恢复原状；(5)代履行；(6)其他，如强制履行兵役、强制戒毒、强制收购、强制教育等

【“李”应注意】行政强制措施与行政强制执行的区别为：

(1)行政强制措施是在行政决定作出前行政机关采取的强制手段；行政强制执行是在行政决定作出后，为了执行该行政决定所采取的强制手段。

(2)行政强制措施都是暂时性的；行政强制执行是终局性的。

考点二　行政强制措施的实施★★★

扫我解疑难

经典例题

【例题1·单选题】(2019年)根据《行政强制法》规定，下列有关冻结的说法中，正确的是(　)。

A. 冻结存款、汇款应当由法律规定的行政机关实施，行政机关不得委托给其他行政机关或者组织

B. 已被其他国家机关依法冻结的存款、汇款，行政机关可以重复冻结

C. 行政法规可以对冻结期限作出特别规定

D. 依照法律规定冻结存款、汇款的，作出决定的行政机关应于当日向当事人交付冻结决定书

【答案】A

【解析】本题考核冻结。冻结存款、汇款应当由法律规定的行政机关实施，不得委托给其他行政机关或者组织；其他任何行政机关或者组织不得冻结存款、汇款。冻结存款、汇款的数额应当与违法行为涉及的金额相当；已被其他国家机关依法冻结的，不得重复冻结。所以选项A正确，选项B错误。自冻结存款、汇款之日起30日内，行政机关应当作出处理决定或者作出解除冻结决定；情况复杂的，经行政机关负责人批准，可以延长，但是延长期限不得超过30日。法律另有规定的除外。所以选项C错误。依照法律规定冻结存款、汇款的，作出决定的行政机关应当在3日内向当事人交付冻结决定书。所以选项D错误。

【例题2·单选题】(2014年)根据《行政强制法》《行政许可法》《行政处罚法》《行政诉讼法》，下列关于除外规定的说法中，正确的是(　)。

A. 行政机关举行许可听证不得向申请人收取费用，但是法律、行政法规另有规定的除外

B. 当事人直接向法院提起行政诉讼的一般期限是当事人知道或应当知道作出行政行为之日起6个月内，但是法律另有规定的除外

C. 冻结的期限不得超过30日，但是法律、行政法规另有规定的除外

D. 违法行为2年内未被发现的，不再进行行政处罚，但是法律、行政法规另有规定的除外

【答案】B

【解析】本题考核法律、法规的除外规定。申请人、利害关系人不承担行政机关组织许可听证的费用，没有除外情形。所以选项A错误。冻结的期限一般是30日，情况复杂的，经行政机关负责人批准，可以延长30日。“法律”另有规定的除外。所以选项C错误。违法行为2年内未被发现的，除法律另有规定外，不再给予行政处罚。所以选项D错误。

【例题3·多选题】(2018年)根据《行政强制法》规定，下列关于查封、扣押及冻结的说法中，正确的有(　)。

A. 行政机关实施查封、扣押应当遵守《行政强制法》一般期限和延长期限的规定，但法律、行政法规另有规定的除外

B. 当事人的场所、设施或者财物已被其他国家机关依法查封的，不得重复查封

C. 行政机关不得查封、扣押公民个人及其所扶养家属的生活必需品

D. 行政机关实施冻结应当遵守《行政强制法》一般期限和延长期限的规定，但法律、行政法规另有规定的除外

E. 冻结存款的数额应当与违法行为涉及的金额相当

【答案】 ABCE

【解析】 本题考核查封、扣押、冻结。自冻结存款、汇款之日起30日内，行政机关应当作出处理决定或者作出解除冻结决定；情况复杂的，经行政机关负责人批准，可以延长，但是延长期限不得超过30日。法律另有规定的除外。所以选项D错误。

考点精析

1. 行政强制措施实施的一般规定

(1)行政强制措施的实施主体。

①法律、法规规定的行政机关；

【帮你"李"解1】 行政强制措施由行政机关**具备资格**的行政执法人员实施，其他人员不得实施。如**行政机关的司机、临时工**等。

【帮你"李"解2】 行使相对集中行政处罚权的行政机关，可以实施法律、法规规定的与行政处罚权有关的行政强制措施。如**城管**。

②法律、行政法规授权的具有管理公共事务职能的组织。

【帮你"李"解】 行政强制措施**不得委托**。

(2)实施行政强制措施的程序(见表4-4)

表4-4 实施行政强制措施的程序

程序		具体规定
一般程序	内部程序	**实施前**须向行政机关负责人报告并经批准
	外部程序	(1)由2名以上行政执法人员实施； (2)出示执法身份证件； (3)通知当事人到场； (4)当场告知当事人采取措施的理由、依据以及当事人权利； (5)听取当事人的**陈述和申辩**； (6)制作现场笔录，由当事人和行政执法人员签名或者盖章
即时强制的程序		紧急情况下当场实施，执法人员在**24小时内**向负责人报告，并补办批准手续
限制人身自由的程序		(1)当场告知或者事后立即通知家属实施机关、地点和期限； (2)即时强制的，返回行政机关后，**立即**向负责人报告并补办批准手续
涉嫌犯罪案件移送的程序		行政机关应当将查封、扣押、冻结的财物一并移送，并书面告知当事人

2. 查封、扣押(见表4-5)

表4-5 查封、扣押

事项	具体内容
实施主体	**法律、法规**规定的**行政机关**。 **【"李"应注意】** 其他任何行政机关或者组织不得实施
对象	(1)**仅限于**涉案的场所、设施或者财物； (2)不得查封、扣押与违法行为无关的场所、设施或者财物； (3)不得查封、扣押公民个人及其所扶养家属的**生活必需品**； (4)不得重复查封
程序	**制作并当场交付查封、扣押决定书和清单**。 决定书应当载明下列事项：(1)当事人的姓名或者名称、地址；(2)查封、扣押的理由、依据和期限；(3)查封、扣押场所、设施或者财物的名称、数量等；(4)申请行政复议或者提起行政诉讼的途径和期限；(5)行政机关的名称、印章和日期
期限	(1)一般**不得超过30日**；情况复杂的，经**行政机关负责人批准**，可以延长，但是延长期限不得超过30日。(30+30)

续表

事项	具体内容
期限	(2)**法律、行政法规**另有规定的除外。如,《税收征收管理法实施细则》,期限一般不得超过6个月;重大案件需要延长的,应当报国家税务总局批准。 【"李"应注意】 (1)查封、扣押的期间不包括检测、检验、检疫或者技术鉴定的期间。 (2)检测、检验、检疫或者技术鉴定的**费用由行政机关承担**
对查封、扣押物品的保管	(1)行政机关应当**妥善保管,不得使用或者损毁**; (2)行政机关**可以委托第三人保管**,因第三人的原因造成的损失,行政机关先行赔付后,有权向第三人追偿。 【"李"应注意】因查封、扣押发生的保管费用由行政机关承担
解除查封、扣押的情形	(1)当事人没有违法行为; (2)查封、扣押的场所、设施或者财物与违法行为无关; (3)行政机关对违法行为已经作出处理决定,不再需要查封、扣押; (4)查封、扣押期限已经届满; (5)其他不再需要采取查封、扣押措施的情形

3. 冻结(见表4-6)

表4-6 冻结

事项	具体内容
实施机关	(1)由法律规定的行政机关实施(**不得委托**); (2)其他任何行政机关或者组织不得冻结存款、汇款
对象	存款、汇款 【"李"应注意】 (1)冻结存款、汇款的数额应当与违法行为涉及的金额相当; (2)已被其他国家机关依法冻结的,不得重复冻结
程序	(1)行政机关制作**冻结通知书**; (2)向金融机构交付冻结决定书→金融机构应当立即冻结,不得拖延,不得在冻结前向当事人泄露信息; (3)行政机关应在3日内向第三人交付冻结决定书。 【"李"应注意】冻结决定书应当载明下列事项:(1)当事人的姓名或者名称、地址;(2)冻结的理由、依据和期限;(3)冻结的账号和数额;(4)申请行政复议或者提起行政诉讼的途径和期限;(5)行政机关的名称、印章和日期
期限	自冻结存款、汇款之日起30内,行政机关应当作出处理决定或者作出解除冻结决定;情况复杂的,经行政机关负责人批准,可以延长,但是延长期限不得超过30日。**法律**另有规定的除外。(30+30) 【"李"应注意】冻结的期限与查封、扣押的期限相同
解除冻结	(1)当事人没有违法行为; (2)冻结的存款、汇款与违法行为无关; (3)行政机关对违法行为已经作出处理决定,不再需要冻结; (4)冻结期限已经届满; (5)其他不再需要采取冻结措施的情形。 【"李"应注意】与解除查封扣押的法定情形相同

考点三　行政强制执行的实施★★

经典例题

【例题1·单选题】（2013年）根据《行政强制法》规定，下列关于行政强制执行的说法中，正确的是（　）。

A. 行政机关不得对公民、法人或其他组织采取停止供水、供电、供热、供燃气等方式迫使其履行相关行政决定

B. 执行协议可以约定分阶段履行；当事人采取补救措施的，应当减免加处的罚款或滞纳金

C. 对违法的建筑物、构筑物、设施等需要强制拆除的，经行政机关予以公告，并限期当事人自行拆除后，当事人在法定期限内不申请行政复议或者提起行政诉讼，又不拆除的，行政机关可以依法强制拆除

D. 行政机关一律不得在夜间或者法定节假日实施行政强制执行

【答案】C

【解析】本题考核行政强制执行。行政机关不得对居民生活采取停止供水、供电、供热、供燃气等方式迫使其履行相关行政决定。这是人性化的规定，对象仅指居民生活。所以选项A错误。执行协议可以约定分阶段履行；当事人采取补救措施的，可以减免加处的罚款或滞纳金。所以选项B中的"应当"表述错误。行政机关不得在夜间或者法定节假日实施行政强制执行。但是，情况紧急的除外。即尊重当事人的休息权，防止搞"突然袭击"和扰民，但也不是绝对的，紧急情况除外。所以选项D错误。

【有"李"有据】本题除选项C外，其他选项表述都比较绝对，这也是一种做题技巧。

【例题2·多选题】（2016年）根据《行政强制法》规定，下列事项中，属于催告书应当载明的事项有（　）。

A. 当事人申请行政复议或者提起行政诉讼的途径和期限

B. 当事人依法享有的陈述权和申辩权

C. 当事人拖延履行或者拒绝履行所应承担的不利法律后果及行政机关依法可以采取的具体补救措施

D. 履行义务的方式和期限

E. 强制执行的方式和开始时间

【答案】BD

【解析】本题考核催告书应当载明的事项。催告应当以书面形式作出，并载明下列事项：（1）履行义务的期限（选项D）；（2）履行义务的方式（选项D）；（3）涉及金钱给付的，应当有明确的金额和给付方式；（4）当事人依法享有的陈述权和申辩权（选项B）。

考点精析

1. 行政强制执行实施的一般规定（见表4-7）

表4-7　行政强制执行实施的一般规定

分类	内容
实施主体	法律规定的具有行政强制执行权的机关和法律、行政法规授权的具有管理公共事务职能的组织在法定授权范围内实施
禁止性规定（文明执行）	（1）除情况紧急的以外，实施行政强制执行，不得在夜间或法定节假日进行。 （2）行政机关不得对居民生活采取停止供水、供电、供热、供燃气等方式迫使当事人履行行政决定。 【"李"应注意】禁止性规定仅对"居民""生活"，而非"公民、法人或其他组织"，也不针对"生产性"用水、用电、用热、用燃气的停止供应
执行的程序	（1）对违法的建筑物、构筑物、设施等需要拆除的，行政机关应当予以公告，限期当事人自行拆除。当事人在法定期限内不申请复议也不提起诉讼，又不拆除的，行政机关可以依法强制拆除

续表

分类	内容
执行的程序	(2)作出强制执行决定前，应当事先催告当事人履行义务。催告书以书面形式作出，并载明下列事项：期限；方式；涉及金钱给付义务的，有明确的金额和给付方式；当事人享有陈述权和申辩权。 (3)经过催告，当事人逾期不履行行政决定，且无正当理由的，行政机关可以作出强制执行决定。 **【"李"应注意】** 催告书、强制执行决定书应当直接送达当事人。当事人拒绝接收或无法直接送达当事人的，应当依照《民事诉讼法》的规定送达
执行协议	行政机关可以在不损害公共利益和他人合法权益的情况下，与当事人达成执行协议。执行协议应当履行，当事人不履行执行协议的，行政机关应当恢复强制执行。 **【"李"应注意】** 罚款本金、税款本金、行政性收费本金不适用执行和解的减免规定

2. 金钱给付义务的执行(见表 4-8)

表 4-8　金钱给付义务的执行

项目	内容
一般条件	金钱给付义务，当事人不履行，行政机关加处罚款或者滞纳金。**加处不得超出原数额**
直接强制	超过 30 日，经催告当事人仍不履行的，有执行权的行政机关可以执行；无权机关申请法院执行
划拨的存款、汇款	法律规定的行政机关决定，并书面通知金融机构

【"李"应注意】 划拨的存款、汇款以及拍卖和依法处理所得的款项应当上缴国库或划入财政专户。任何机关或个人不得截留、私分或变相私分。

3. 代履行(见表 4-9)

表 4-9　代履行

项目	内容
条件	行政机关要求当事人履行排除妨碍、恢复原状等义务，当事人经催告仍不履行，其后果已经或将危害交通安全、造成环境污染、破坏自然资源的，行政机关可以代履行，或者委托没有利害关系的第三人代履行
实施程序	(1)**代履行前**送达决定书； (2)代履行**3 日前**，催告当事人履行，当事人履行的，停止代履行； (3)代履行时，作出决定的行政机关应当派员到场监督； (4)代履行完毕，监督人员、代履行人和当事人或者见证人在执行文书上签名或者盖章
立即实施	需要立即清除道路、河道、航道或者公共场所的遗洒物、障碍物或者污染物，当事人不能清除的，行政机关可以决定立即实施代履行；当事人不在场的，行政机关事后立即通知当事人，并依法作出处理

【"李"应注意】 代履行的费用按照成本合理确定，由当事人承担。但是，法律另有规定的除外。

4. 申请人民法院强制执行(见表 4-10)

表 4-10　申请人民法院强制执行

项目	内容
条件	当事人在法定期限内不申请行政复议(60 日)或者提起行政诉讼(6 个月)，又不履行行政决定的，行政机关应当先催告当事人。催告书送达 10 日后当事人仍未履行义务的，没有行政强制执行权的行政机关可以自期限(救济期限)届满之日起 3 个月内，申请人民法院强制执行

续表

项目	内容
条件	**【"李"应注意】** 行政机关申请人民法院强制执行的3个月的起算日应当从当事人申请行政救济的期间届满之日的次日起算。例如，甲于2020年4月30日收到行政处罚决定书，他向法院提起行政诉讼的6个月的期限应为5月1日至10月31日。如果甲在该期间内没有提起行政诉讼，则行政机关申请人民法院强制执行的期间应为11月1日至次年1月31日
管辖	(1)一般：行政机关所在地法院管辖。 (2)执行标的是不动产的：不动产所在地法院管辖
申请	行政机关向有管辖权的法院提出申请，并提供相应材料
受理	(1)法院应当在5日内受理。 (2)法院不受理的→行政机关在15日内向上一级法院申请复议→上一级法院应当自收到申请之日起15日内作出是否受理的裁定
审查与执行	(1)对符合规定且行政决定具备执行效力的，应自受理之日起7日内作出执行裁定。 (2)因情况紧急，为保障公共安全，行政机关可申请法院立即执行。经院长批准，法院应当自作出执行裁定之日起5日内执行
费用承担	(1)**强制执行的费用由被执行人承担**。 (2)人民法院以划拨、拍卖方式强制执行的，可以在划拨、拍卖后将强制执行的费用扣除。 **【"李"应注意】** 行政强制措施的保管费、鉴定费由行政机关承担

本章综合练习 限时20分钟

一、单项选择题

1. 根据《行政强制法》及相关规定，下列行政行为中，性质上属于行政强制措施的是(　)。

A. 公安机关交通管理部门可以实行交通管制

B. 市场监督管理机关对违法经营的个体户吊销营业执照

C. 公安机关对涉嫌违法的逃犯发布通缉令

D. 建设工程所在地的县级以上地方人民政府可以责成有关部门采取强制拆除措施

2. 根据《行政强制法》的规定，下列关于查封、扣押权及其实施程序和人员的说法中，正确的是(　)。

A. 若当事人的违法行为情节轻微或者社会危害性小，则行政机关不得行使查封、扣押权

B. 事先向行政机关负责人报告并经批准是查封、扣押的法定必经程序

C. 行政机关可以委托其他行政机关或者社会组织行使查封、扣押权

D. 查封、扣押不得由行政机关以外的人员实施，但是行政机关工作人员均可实施

3. 根据《行政强制法》规定，下列关于行政强制设定的说法中，正确的是(　)。

A. 必要时，行政强制实施机关可以根据具体情况对已设定的行政强制进行补充设定

B. 限制公民人身自由、冻结存款的行政强制措施只能由法律、行政法规设定

C. 法律、法规以外的其他规范性文件包括规章在内，均不得设定行政强制措施

D. 行政强制执行只能由法律、行政法规设定

4. 若某行政机关针对某区采取交通管制的行政强制措施，下列关于行政机关的做法中错误的是(　)。

A. 若该行政机关临时有紧急任务，其可以委托给其他行政机关实施行政强制措施

B. 必须由两名以上执法人员实施上述行政强制措施

C. 行政机关的执法人员应当出示执法身份的证件

D. 该行政机关在实施前应当得到负责人的批准

5. 根据《行政强制法》的规定，行政机关应当及时作出解除查封、扣押决定的情形不包括(　)。

A. 查封、扣押的场所、设施或者财物与违法行为无关的

B. 当事人虽有违法行为但情节显著轻微的

C. 查封、扣押期限届满，行政机关逾期未作出案件处理决定的

D. 违法行为非由当事人作出

6. 根据《行政强制法》，关于代履行的说法，正确的是(　)。

A. 行政机关可以代履行，但是不得采用暴力、胁迫或者其他非法方式，且不可以委托第三人代履行

B. 代履行主要适用于行政机关依法作出要求当事人履行给付金钱或财物等义务的行政决定而当事人到期仍未履行的情形

C. 代履行的费用按照成本合理确定，由行政机关、代履行人以及当事人共同分担，但是法律另有规定的除外

D. 代履行 3 日前，行政机关应当催告当事人履行，且实施代履行前行政机关应送达代履行决定书

7. 根据《行政强制法》，行政机关强制执行涉及金钱给付的行政决定，应当以催告书形式事先催告当事人履行义务，催告书应当载明的事项包括(　)。

A. 当事人履行金钱给付义务的金额、期限和给付方式

B. 行政机关强制执行金钱给付的全部证据、理由和依据

C. 当事人不履行义务应承担行政或者刑事责任的具体后果

D. 当事人依法申请复议或者提起行政诉讼的权利、途径和期限

8. 根据《行政强制法》，关于行政机关申请人民法院强制执行的说法，正确的是(　)。

A. 强制执行的费用由行政机关缴纳和承担

B. 行政机关申请人民法院强制执行前应当书面催告当事人履行义务

C. 行政机关申请人民法院强制执行无须提供关于执行标的情况的材料

D. 人民法院以拍卖方式强制执行，不可以在拍卖后将强制执行的费用扣除

二、多项选择题

1. 《行政强制法》对行政强制的基本原则作出了相应的规定，集中体现在行政强制(　)。

A. 合法性原则

B. 适当原则

C. 教育与强制相结合原则

D. 保护弱势一方原则

E. 禁止谋取利益原则

2. 根据《行政强制法》，下列选项中，不得查封、扣押的有(　)。

A. 公民个人的生活必需品

B. 公民所扶养家属的生活必需品

C. 公民近亲属的生活必需品

D. 与违法行为无关的场所、设施或者财物

E. 当事人的经营场所

3. 根据《行政强制法》规定，代履行应当遵循的规则有(　)。

A. 代履行前应送达代履行决定书

B. 实施代履行应事先经过公证机关公证或者有关机构鉴证

C. 代履行的费用由行政机关承担

D. 行政机关必须自行代履行，不得委托第三人代履行

E. 代履行时作出决定的行政机关应派员到场监督

4. 县公安局警察张某、李某在巡逻时发现韩某使用小汽车运输淫秽的音像制品，拟扣押该小汽车和淫秽物品。根据《行政强制法》，下列说法不正确的有(　)。

A. 张某、李某可以当场实施扣押

B. 张某、李某实施扣押时，应当制作现场笔录

C. 若韩某不愿在现场笔录上签名或盖章，张某、李某可采取措施强迫其签字或盖章

D. 公安局可以将扣押的物品委托给第三人保管

E. 扣押产生的费用应当由行政机关承担

5. 某交通局在检查中发现张某所驾驶货车无道路运输证，遂扣留了张某驾驶证和车载货物，要求张某缴纳罚款 1 万元。张某拒绝缴纳，交通局将车载货物拍卖抵缴罚款。关于本案，下列说法正确的有（　）。

A. 扣留驾驶证的行为为行政强制措施

B. 扣留车载货物的行为为行政强制措施

C. 拍卖车载货物的行为为行政强制措施

D. 拍卖车载货物的行为为行政强制执行

E. 扣留车载货物的行为为行政强制执行

6. 根据《行政强制法》的规定，关于行政机关申请法院强制执行的说法，正确的有（　）。

A. 行政机关申请法院强制执行的 3 个月期限应从当事人申请行政救济的期间届满之日的次日起算

B. 催告书送达 10 日后当事人仍未履行义务的，行政机关可以向所在地有管辖权的法院申请强制执行

C. 行政机关申请法院强制执行，可以口头形式进行

D. 行政机关申请人民法院强制执行的，需要缴纳申请费

E. 人民法院应当自受理强制执行申请之日起 7 日内作出执行裁定

7. 根据《行政强制法》的规定，下列关于冻结的说法正确的有（　）。

A. 一个行政机关已经冻结的存款，另一行政机关可以再次冻结

B. 当事人有转移财产行为的，行政机关可以冻结其全部存款

C. 冻结存款之后需要向当事人交付冻结决定书

D. 冻结期限届满的，行政机关应当解除冻结

E. 冻结措施只能由法律规定的行政机关实施

本章综合练习参考答案及详细解析

一、单项选择题

1. A 【解析】本题考核行政强制措施与其他损益性行为的区别。选项 B 是行政处罚，选项 C 是刑事司法行为，选项 D 是行政强制执行。

【有"李"有据】从概念的区别入手，比死记种类更容易选出正确答案。行政强制措施与行政强制执行的区别为：(1)行政强制措施是在行政决定作出前行政机关采取的强制手段；行政强制执行是在行政决定作出后，为了执行该行政决定所采取的强制手段。(2)行政强制措施都是暂时性的；行政强制执行是终局性的。刑事司法行为是公安机关依据《刑事诉讼法》作出的。

2. B 【解析】本题考核查封、扣押和实施行政强制措施的一般程序。根据教育与强制相结合原则，如果当事人的违法行为情节显著轻微或者没有明显社会危害的，则行政机关可以不采取行政强制措施。所以选项 A 错误。查封、扣押应当由法律、法规规定的行政机关实施，其他任何行政机关或者组织不得实施。所以选项 C 错误。查封、扣押应当由两名以上具备资格的行政执法人员实施，并不是所有的行政机关工作人员均可实施。所以选项 D 错误。

3. C 【解析】本题考核行政强制的设定。(1)行政强制的实施机关可以对已设定的行政强制的实施情况及存在的必要性适时

进行评价，并将意见报告该行政强制的设定机关，但是行政强制实施机关无权对已设定的行政强制进行补充设定；所以选项 A 错误。(2) 限制公民人身自由、冻结存款汇款的行政强制措施只能由法律设定，不能由行政法规设定；所以选项 B 错误。(3) 法律、法规以外的其他规范性文件不得设定行政强制措施；所以选项 C 正确。(4) 行政强制执行只能由法律设定；所以选项 D 错误。

4. A 【解析】本题考核行政强制措施实施的一般规定。根据《行政强制法》的规定，行政强制措施不得委托。
5. B 【解析】本题考核解除查封、扣押的情形。
6. D 【解析】本题考核代履行。行政机关依法作出要求当事人履行排除妨碍、恢复原状等义务的行政决定，当事人逾期不履行，经催告仍不履行，其后果已经或者将危害交通安全、造成环境污染或者破坏自然资源的，行政机关可以代履行，或者委托没有利害关系的第三人代履行。所以选项 A、B 错误。代履行的费用按照成本合理确定，由当事人承担。但是，法律另有规定的除外。所以选项 C 错误。
7. A 【解析】本题考核催告书的内容。
8. B 【解析】本题考核申请人民法院强制执行。强制执行的费用由被执行人承担。所以选项 A 错误。行政机关申请人民法院强制执行前，应当催告当事人履行义务，送达催告书。所以选项 B 正确。行政机关向人民法院申请强制执行，应当提供下列材料：强制执行申请书；行政决定书及作出决定的事实、理由和依据；当事人的意见及行政机关催告情况；申请强制执行标的情况；法律、行政法规规定的其他材料。所以选项 C 错误。人民法院以划拨、拍卖方式强制执行的，可以在划拨、拍卖后将强制执行的费用扣除。所以选项 D 错误。

二、多项选择题

1. ABCE 【解析】本题考核行政强制的基本原则。
2. ABD 【解析】本题考核查封、扣押。查封、扣押限于涉案的场所、设施或者财物，不得查封、扣押与违法行为无关的场所、设施或者财物；不得查封、扣押公民个人及其所扶养家属的生活必需品。
3. AE 【解析】本题考核代履行。代履行应当遵守下列规定：(1) 代履行前送达决定书，代履行决定书应当载明当事人姓名或者名称、地址，代履行的理由和依据、方式和时间、标的、费用预算以及代履行人；(2) 代履行 3 日前，催告当事人履行，当事人履行的，停止代履行；(3) 代履行时，作出决定的行政机关应当派员到场监督；(4) 代履行完毕，行政机关到场监督的工作人员、代履行人和当事人或者见证人应当在执行文书上签名或者盖章。所以选项 A、E 正确。实施代履行无须经过公证机关或者有关机构鉴证。所以选项 B 错误。代履行的费用按照成本合理确定，由当事人承担。但是，法律另有规定的除外。所以选项 C 错误。行政机关依法作出要求当事人履行排除妨碍、恢复原状等义务的行政决定，当事人逾期不履行，经催告仍不履行，其后果已经或者将危害交通安全、造成环境污染或者破坏自然资源的，行政机关可以代履行，或者委托没有利害关系的第三人代履行。所以选项 D 错误。
4. CD 【解析】本题考核行政强制措施的实施程序。现场笔录由当事人和行政执法人员签名或者盖章，当事人拒绝的，在笔录中予以注明。所以选项 C 说法错误。对查封的场所、设施或财物，行政机关可以委托第三人保管。而本题是扣押了财物，不能委托给第三人保管。所以选项 D 说法错误。
5. ABD 【解析】本题考核行政强制措施及执行。行政强制措施的种类有：(1) 限制公民人身自由；(2) 查封场所、设施或者财物；(3) 扣押财物；(4) 冻结存款、汇款；(5)其他行政强制措施。行政强制执行的方式：(1)加处罚款或者滞纳金；(2)划拨存款、汇款；(3)拍卖或者依法处理查封、扣押的场所、设施或者财物；(4)排除妨碍、恢复原状；(5)代履行；(6)其他强制执行方式。行政强制措施的特征有预防性、制止性、临时性、中间性的特点。其目的在于预防、制止或控制危害社会行为的发生或扩大，常常是行政机关作出最终处理决定的前奏和准备。据此，"扣押驾驶证和车载货物"属于行政强制措施，"要求张某缴纳罚款1万元"属于行政处罚，"将车载货物拍卖"属于行政强制执行。

6. AB 【解析】本题考核申请法院强制执行。行政机关申请法院强制执行，应以书面形式提出。所以选项C错误。行政机关申请人民法院强制执行的，不缴纳申请费。所以选项D错误。除《行政强制法》第58条规定的情形外，人民法院应当自受理之日起7日内作出执行裁定。如有《行政强制法》第58条规定的情形，人民法院应当自受理之日起30日内作出是否执行的裁定。所以选项E错误。

7. CDE 【解析】本题考核冻结。已被其他国家机关依法冻结的，不得重复冻结。所以选项A错误。冻结存款、汇款的数额应当与违法行为涉及的金额相当。所以选项B错误。

【有"李"有据】本题是对教材内容的直接考查，考生在复习时要注意对教材内容的全面掌握。

第5章 行政复议法律制度

JINGDIAN TIJIE

考情分析

历年考情分析

从历年考试情况来看，本章属于重点考查章节。从题型上看，本章内容会出现在各种题型中。从内容上看，本章极易和其他章节内容相结合考查，尤其是和行政诉讼法的衔接很紧密。考生在复习时可以结合行政诉讼法的相关内容进行学习，把相同或相近的知识点进行归纳总结，这样更容易提高学习效率。另外，本章的综合难度比较大，考生配合法条学习会更利于掌握。在遇到难度较大的多选题、综合分析题时，对于没有把握的选项可以不选，至少可以保证得0.5分。

本章2020年考试主要变化

本章无实质变动。

核心考点及真题详解

考点一 行政复议的原则★★

扫我解疑难

经典例题

【例题·单选题】根据《行政复议法实施条例》和《税务行政复议规则》，“禁止不利变更原则”要求税务行政复议机关(　)。

A. 在申请人的行政复议请求范围内不得作出对申请人更加不利的行政复议决定

B. 在申请人的行政复议请求范围内不得作出责令被申请人重新作出税务具体行政行为的行政复议决定

C. 在申请人的行政复议请求范围内不得作出驳回行政复议请求的行政复议决定

D. 不论是否在申请人的行政复议请求范围内，均不得作出对申请人更加不利的行政复议决定

【答案】A

【解析】本题考核行政复议中的禁止不利变更原则。《税务行政复议规则》规定，行政复议机关在申请人的行政复议请求范围内，不得作出对申请人更为不利的行政复议决定。

考点精析

行政复议的基本原则(见表5-1)

表5-1 行政复议的基本原则

原则	具体内容
合法原则	(1)主体应当合法

续表

原则	具体内容
合法原则	(2)依据应当合法； (3)程序应当合法
公正原则	(1)既审查合法性，也审查合理性。违法的，予以撤销或确认违法；明显不当的依法变更； (2)查明所有与案件有关的事实，并作出准确的定性； (3)行政复议机关应当正当、合理地行使复议裁量权
公开原则	(1)过程公开； (2)依据公开； (3)复议的结果和决定的理由公开
及时原则	(1)受理复议申请应当及时； (2)案件审理要严格遵守审理期限的规定； (3)作出行政复议决定应当及时； (4)对复议当事人不履行复议决定的情况，复议机关应当及时处理
便民原则	如允许口头方式提出复议申请
禁止不利变更原则	行政复议机关在申请人的行政复议请求范围内，不得作出对申请人更为不利的行政复议决定。即不得增加处罚种类或加重对申请人的处罚。 【"李"应注意】本原则是行政复议中最重要的原则。在掌握本原则含义的基础上，还需进一步掌握如果复议机关违反了该原则，属于复议决定违法，如后续进入行政诉讼程序，法院应当撤销该复议决定

考点二　行政复议受案范围★★★

扫我解疑难

经典例题

【例题1·单选题】(2018年)根据《行政复议法》《行政复议法实施条例》规定，申请人可依法一并提出对行政行为所依据的有关规定的审查申请。下列文件中，属于可以审查的规定是(　)。

A. 县级人民政府的规定

B. 设区的市人民政府规章

C. 县人大常委会的规定

D. 省级人民政府规章

【答案】A

【解析】本题考核行政复议中的抽象行政行为审查。可以审查的"规定"是指国务院部门的规定、县级以上地方各级人民政府及其工作部门的规定以及乡、镇人民政府的规定等。但这些规定不含部门规章和地方政府规章。

【例题2·多选题】(2019年)根据法律、法规以及规章规定，属于税务行政复议受案范围的案件包括(　)。

A. 对税务机关作出的非正常户认定行为不服申请复议的案件

B. 对税务机关不予退还多缴税款行为不服申请复议的案件

C. 对甲税务机关向乙税务机关发出已证实虚开通知单行为不服申请复议的案件

D. 对税务机关核定应纳税额行为不服申请复议的案件

E. 对税务机关通知出入境管理机关阻止出境行为不服申请复议的案件

【答案】ABDE

【解析】本题考核税务行政复议受案范围。行政机关作出的不产生外部法律效力的行为不属于行政复议受案范围，所以选项C错误。

考点精析

行政复议受案范围(见表5-2)

表5-2　行政复议的受案范围

种类		情形
具体行政行为	作为行为	行政处罚、行政强制
		行政许可：如，变更、中止、撤销许可
		行政确认：如，确认不动产所有权或使用权
		侵犯企业合法经营自主权、变更或废止农业承包合同
		违法要求履行义务的：如，违法集资、违法征收财物、乱摊派、乱收费
	不作为行为	不依法办理行政许可、审批、登记等事项
		不履行保护人身权、财产权、受教育权的法定职责
		不依法发放抚恤金、社会保险金或最低生活保障费
抽象行政行为	范围	(1)国务院部门的规定(部门规章除外)； (2)县级以上地方政府及其工作部门的规定(地方政府规章除外)； (3)乡镇政府的规定。 【帮你"李"解1】可以提起行政复议的抽象行政行为只能是规章以下(不含规章)的规范性文件。 【帮你"李"解2】公民、法人或其他组织在申请复议时，可以"一并"提出对抽象行政行为的审查。"一并"意味着抽象行政行为必须是原具体行政行为的依据
	处理	(1)复议机关有权处理的，应当在30日内依法处理； (2)无权处理的，应当在7日内转送有权处理的机关依法处理，有权处理的机关应当在60日内依法处理。 【帮你"李"解】有权机关处理期间，中止对具体行政行为的审查

考点三　行政复议参加人★★★

经典例题

【例题·多选题】亚利厨具公司系朱某投资的一人有限责任公司。在市税务局稽查局对该公司进行日常税务检查期间，朱某指使财务人员提供虚假资料，不如实反映情况。市税务局稽查局依法向该公司送达《税务行政处罚决定书》，决定对其罚款8 000元。朱某认为，市税务局稽查局虽然在作出处罚决定前向公司送达了《税务行政处罚事项告知书》，但是未送达《责令改正税收违法行为通知书》，因此作出的行政处罚决定违反法定程序。朱某遂以该公司的名义向市税务局申请复议，请求撤销该处罚。下列关于该案件程序事项和处理的说法中，正确的有(　)。

A. 市税务局应将朱某与亚利厨具公司列为共同申请人

B. 市税务局稽查局未送达《责令改正税收违法行为通知书》的做法违反法律规定

C. 针对本案，市税务局稽查局应依法组织听证

D. 市税务局作出复议决定不得加重处罚

E. 市税务局应决定撤销该处罚，因为该处罚违反《税收征收管理法》和《行政处罚法》的程序要求

【答案】BD

【解析】本题考核税收违法行为、税务行政处罚的程序和行政复议申请人。朱某是一人有限责任公司的股东，其只能以公司的名义申请复议，所以朱某不是申请人。市税务局不

能将朱某与亚利厨具公司列为共同申请人。所以选项 A 错误。对法人作出 10 000 元以上罚款的行政处罚才适用税务行政处罚听证程序。所以选项 C 错误。

考点精析

1. 行政复议申请人

申请人=具体行政行为的相对人+相关人

(1)行政复议申请人资格转移。

①有权申请行政复议的公民死亡的，近亲属可以申请行政复议；

②有权申请行政复议的法人或其他组织终止的，承受其权利的法人或其他组织可以申请行政复议。

(2)《行政复议法实施条例》中对行政复议申请人的规定(见表 5-3)

表 5-3　行政复议的申请人

组织名称		申请人(即以谁的名义)	具体实施人
合伙	合伙企业	核准登记的企业(字号)	执行合伙事务的合伙人
	其他合伙组织	合伙人	合伙人共同申请
合伙以外不具备法人资格的其他组织		该组织	该组织的主要负责人→共同推选的其他成员(没有主要负责人的)
股份制企业		以企业的名义	股东大会、股东代表会、董事会
【"李"应注意】同一案件的申请人超过 5 人的，推选 1-5 名代表参加行政复议			

2. 行政复议被申请人(见表 5-4)

表 5-4　行政复议被申请人

实施主体		是否为行政主体	被申请人
行政机关		是	作出该行为的行政机关
两个以上行政机关		是	共同作出机关
法律法规授权的组织		是	该组织
行政机关与被授权组织		是	共同作出机关
行政机关与其他组织		否(其他组织)	行政机关 【"李"应注意】其他组织是第三人
受委托的组织		否	委托的行政机关
被撤销的行政机关		是	继续行使其职权的行政机关
经批准的行为			批准机关
派出机关		是	该派出机关
派出机构，内设机构等	法律法规授权且以自己的名义实施	是	该派出机构
	未经授权	否	设立派出机构的行政机关

【帮你"李"解】行政复议被申请人确定的核心是该组织必须具有行政主体的地位。

3. 行政复议第三人(见表 5-5)

表 5-5　行政复议第三人

项目	第三人
法律地位	第三人在行政复议中具有独立的法律地位，不是申请人也不是被申请人

续表

项目	第三人
参加复议的方式	(1)复议机构"可以"通知其参加("可以"意味着是否通知第三人参加行政复议，复议机关享有自由裁量权)； (2)第三人申请参加
权利	享有与申请人基本相同的权利，如可以委托1~2名代理人参加行政复议，可以查阅被申请人提出的书面答复、作出具体行政行为的证据、依据及其他有关材料
备注	第三人不参加行政复议，不影响行政复议案件的审理

考点四　行政复议管辖★★★

经典例题

【例题1·单选题】(2019年)根据法律、法规关于复议管辖的规定，应当向上一级主管部门申请行政复议的情形是(　)。

A. 对国家安全机关作出的具体行政行为不服申请复议的

B. 对自然资源部门作出的具体行政行为不服申请复议的

C. 对公安机关作出的具体行政行为不服申请复议的

D. 对生态环境部门作出的具体行政行为不服申请复议的

【答案】A

【解析】本题考核行政复议管辖。对海关、金融、外汇管理等实行垂直领导的行政机关和国家安全机关的具体行政行为不服的，向上一级主管部门申请行政复议。所以选项A正确。对县级以上地方各级人民政府工作部门的具体行政行为不服的，由申请人选择，可以向该部门的本级人民政府申请行政复议，也可以向上一级主管部门申请行政复议。所以选项B、C、D错误。

【例题2·多选题】(2018年)行政复议转送管辖必须具备的条件的有(　)。

A. 受转送机关必须是转送机关的上一级行政机关，且对该案件有管辖权

B. 转送机关必须是受转送机关的下一级行政机关，且对该案件没有管辖权

C. 转送机关是县级地方人民政府，且对该案件没有管辖权

D. 转送的案件必须属于特殊管辖的复议案件

E. 转送的案件必须属于选择管辖的复议案件

【答案】CD

【解析】本题考核行政复议转送管辖。适用转送管辖，必须具备三个条件：(1)必须属于特殊管辖的复议案件；(2)转送机关是县级人民政府，且对该案件没有管辖权；(3)受转送的复议机关对该案件有管辖权。

考点精析

行政复议管辖(见表5-6)

表5-6　行政复议管辖

类型		实施机关	复议机关
一般管辖	双重管辖	县级以上政府工作部门 【"李"应注意】乡、镇政府不设部门	同级政府或上一级主管部门
	上级管辖	省级以下政府	上一级人民政府 【"李"应注意】不包括省级政府
		垂直领导机关(海关、金融、外汇管理、国家安全机关)	上一级主管部门
	自己管辖	国务院部门或者省级人民政府	国务院部门或者省级人民政府

续表

<table>
<tr><th>类型</th><th colspan="2">实施机关</th><th colspan="2">复议机关</th></tr>
<tr><td rowspan="8">特殊管辖</td><td rowspan="3">政府派出机关</td><td>行政公署</td><td rowspan="3">设立该派出机关的</td><td>省政府</td></tr>
<tr><td>区公所</td><td>县政府</td></tr>
<tr><td>街道办事处</td><td>区政府或县级市政府</td></tr>
<tr><td rowspan="2">部门派出机构</td><td>有法律、法规授权</td><td colspan="2">(1)设立该机构的部门;
(2)设立该机构的部门所在的同级人民政府</td></tr>
<tr><td>无法律、法规授权</td><td colspan="2">(1)设立该机构的部门的上一级主管部门;
(2)设立该机构的部门所在的同级人民政府</td></tr>
<tr><td colspan="2">法律、法规授权的组织</td><td colspan="2">直接管理该组织的地方人民政府、地方人民政府工作部门或国务院部门</td></tr>
<tr><td colspan="2">两个以上行政机关(共同名义)</td><td colspan="2">其共同上一级机关
【"李"应注意】无共同上级机关的，分别复议</td></tr>
<tr><td colspan="2">被撤销的机关
【"李"应注意】继续行使职权的机关是被申请人，没有继续行使职权的机关，撤销机关就是被申请人</td><td colspan="2">被申请人的上一级机关或同级政府或承继机关本身
【"李"应注意】根据被申请人的不同按照一般管辖原则确定</td></tr>
<tr><td>转送管辖</td><td colspan="4">行政复议机关对已经受理的行政复议案件，经审查发现自己对该案件无管辖权时，将该案件转送有管辖权的复议机关管辖。
适用转送管辖，必须具备三个条件：
(1)必须属于特殊管辖的复议案件;
(2)转送机关是县级人民政府，且对该案件没有管辖权；具体操作：收到复议申请之日起 7 日内转送有关复议机关，并告知申请人。
(3)受转送的复议机关对该案件有管辖权。
【"李"应注意】受转送的复议机关不能拒绝接受转送，也不能再自行转送其他复议机关。如果接受转送的机关认为对该案件确无管辖权，应当告知申请人向有关行政复议机关提出</td></tr>
<tr><td>协商管辖和指定管辖</td><td colspan="4">申请人就同一事项向两个或者两个以上有权受理的行政机关申请行政复议的：
(1)由最先收到行政复议申请的行政机关受理;
(2)同时收到申请的，由收到行政复议申请的行政机关在 10 日内协商确定;
(3)协商不成的，由其共同上一级行政机关在 10 日内指定受理机关</td></tr>
</table>

阶段性测试

1. 【单选题】甲和乙围殴丙，将丙打成轻微伤。某县公安局对甲乙二人作出拘留 15 天的行政处罚决定，甲认为丙同样对自己实施了暴力行为却没有受到任何处罚，十分不甘。所以甲决定申请行政复议，根据《行政复议法》及其相关规定，下列说法正确的是(　)。
   A. 甲应当向县政府申请行政复议
   B. 乙可以作为行政复议的第三人参加复议
   C. 丙是行政复议的共同被申请人
   D. 乙应当作为行政复议的共同申请人参加复议

2. 【多选题】根据《行政复议法》的规定，公民、法人或者其他组织对行政机关(　)的行为不服的，可以申请行政复议。
   A. 强制企业合并
   B. 作出干部免职人事处理决定
   C. 变更、中止许可证
   D. 变更土地承包合同
   E. 制定规章设定许可

阶段性测试答案精析

1. B 【解析】本题考核行政复议机关和行政复议第三人。对县公安局作出的具体行政行为不服的，可以向县政府申请行政复议，也可以向上一级公安局申请行政复议。所以选项A错误。本题中，乙是共同被处罚人、丙是治安管理处罚中涉及的被害人，所以乙和丙都可以作为第三人参加行政复议。所以选项C、D错误。

2. ACD 【解析】本题考核行政复议案件的范围。行政机关的人事处理决定不属于行政复议的范围，所以选项B不当选。按照规定，行政复议对规章的设定没有审查权，所以选项E不当选。

考点五 行政复议申请与受理★★★

扫我解疑难

经典例题

【例题·单选题】（2014年）根据《行政复议法实施条例》，下列关于行政复议一般申请期限计算方法的说法中，错误的是（ ）。

A. 当场作出具体行政行为的，自具体行政行为作出之日起计算

B. 具体行政行为依法通过公告形式告知受送达人的，自公告规定的期限届满之日起计算

C. 载明具体行政行为的法律文书直接送达的，自受送达人签收之日起计算

D. 行政机关作出具体行政行为时未告知当事人，事后补充告知的，自行政机关发出补充公告的通知之日起计算

【答案】 D

【解析】 本题考核申请复议期限的起算。行政机关作出具体行政行为时未告知公民、法人或者其他组织，事后补充告知的，自该公民、法人或者其他组织收到行政机关补充告知的通知之日起计算。

考点精析

1. 行政复议的申请（见表5-7）

表5-7 行政复议的申请

种类		内容
申请复议的条件		(1)申请人合格(相对人或利害关系人)； (2)有符合规定的被申请人； (3)有具体的复议请求和理由； (4)属于复议范围和受理复议机关管辖； (5)在法定申请期限内申请复议； (6)法律、法规规定的其他条件
申请期限	行政作为案件的复议申请期限	自知道该具体行政行为之日起60日内提出行政复议申请；但是法律规定的申请期限超过60日的除外。具体起算如下： (1)当场作出的，自作出之日起计算。 (2)法律文书直接送达的，自受送达人签收之日起计算。 (3)法律文书邮寄送达的，自受送达人签收之日起计算；没有邮件签收单的，自受送达人在送达回执上签名之日起计算。 (4)通过公告形式告知受送达人的，自公告规定的期限届满之日起计算。 (5)行政机关作出具体行政行为时未告知公民、法人或者其他组织，事后补充告知的，自该公民、法人或者其他组织收到行政机关补充告知的通知之日起计算。 (6)被申请人能够证明公民、法人或者其他组织知道具体行政行为的，自证据材料证明其知道具体行政行为之日起计算。 **【"李"应注意1】** 不可抗力等正当事由"不计入申请期限"。 **【"李"应注意2】** 行政机关作出具体行政行为，依法应当向有关公民、法人或者其他组织送达法律文书而未送达的，视为该公民、法人或者其他组织不知道该具体行政行为
	行政不作为案件的申请期限	(1)有履行期限规定的，自履行期限届满之日起计算；(2)没有履行期限规定的，自行政机关收到申请满60日起计算

2. 行政复议的受理(见表 5-8)

表 5-8 行政复议的受理

种类	内容	
审查内容	(1)是否符合申请的一般条件; (2)是否超过法定的申请期限; (3)是否重复申请; (4)是否已起诉; (5)复议申请材料是否齐全、表述是否清楚	
审查期限	自收到复议申请后，5 日内审查并做出决定	
审查后的处理	符合法定条件的	决定受理
	不符合条件的	决定不予受理，并书面告知申请人
	符合条件，但不属于本机关受理的	应告知申请人向有关复议机关提出

【帮你"李"解】

对不予受理的如何救济?

(1)向复议机关的上一级行政机关反映。上级行政机关认为复议机关无正当理由拒绝受理的，应当责令受理，必要时可直接受理。

(2)向人民法院起诉。对复议机关决定不予受理或受理后超过复议期限不作答复的，公民、法人或其他组织可以在收到不予受理决定书之日起或行政复议期满之日起 15 日内向人民法院起诉。

考点六 行政复议的审理★★★

经典例题

【例题·多选题】(2018 年)根据《行政复议法》《行政复议法实施条例》《税务行政复议规则》规定，下列关于税务行政复议审查的说法中，正确的有( )。

A. 税务行政复议审查既涉及合法性审查，也涉及适当性审查

B. 税务行政复议审查既涉及事实审，也涉及法律审

C. 重大疑难税务行政案件的复议审查，可以由税务行政复议机关成立的行政复议委员会讨论、研究、并提出处理建议

D. 税务行政复议一律采取书面审查的方法，不采用听证的方式

E. 税务行政复议审查的依据包括税收法律、法规及规章，不包括其他税收规范性文件

【答案】 ABC

【解析】 本题考核税务行政复议审查。对重大、复杂的案件，申请人提出要求或者行政复议机构认为必要时，可以采取听证的方式审理。所以选项 D 错误。税收法律、税收法规、税收规章和合法有效的其他税收规范性文件可以作为复议审查的依据。所以选项 E 错误。

考点精析

行政复议的审理(见表 5-9)

表 5-9 行政复议的审理

项目	具体内容
审理期限	复议机关在受理申请之日起 60 日内作出复议决定，但法律规定"少于"60 日的除外。情况复杂，经本机关负责人批准，可以最多延长 30 日。(60+30) **【"李"应注意】** 补正申请材料所用时间、协商确定或者指定受理机关所用时间、复议期间专门事项鉴定所用时间以及现场勘验所用时间不计入审理期限

续表

项目	具体内容
审理依据	法律、法规、规章，有关行政机关依法制定和发布的具有普遍约束力的决定、命令
审理方式	(1)原则上，采取书面审查的办法。 (2)对重大、复杂的案件，申请人提出要求或者行政复议机构认为必要时，可以采取听证的方式审理
复议申请的撤回	(1)复议决定作出前，经复议机构同意，申请人可以撤回复议申请； (2)撤回复议申请，复议终止； (3)撤回行政复议申请的，申请人不得再以同一事实和理由提出行政复议申请。但是，申请人能够证明撤回申请违背其真实意思表示的除外。 【"李"应注意】行政诉讼中有撤诉制度，注意将二者统一把握
复议不停止执行原则	复议期间具体行政行为不停止执行。但有下列情形的，可以停止执行： (1)被申请人认为需要停止执行的； (2)行政复议机关认为需要停止执行的； (3)申请人申请停止执行，行政复议机关认为其要求合理，决定停止执行的； (4)法律规定停止执行的。 【"李"应注意】该原则是行政行为公定力的体现。行政诉讼中也有诉讼不停止执行原则

考点七　行政复议中止和终止★★

经典例题

【例题·多选题】根据《行政复议法实施条例》，在(　)的情形下，行政复议终止。

A. 作为申请人的法人或者其他组织终止

B. 申请人要求撤回行政复议申请，行政复议机构准予撤回

C. 申请人与被申请人按照规定经行政复议机构准许达成和解

D. 申请人因不可抗力不能参加行政复议，致行政复议中止满60日

E. 案件需要有权机关对涉及的法律适用问题作出解释，致行政复议中止满60日

【答案】BC

【解析】本题考核行政复议的终止。选项A缺少"其权利义务的承受人放弃行政复议权利"的条件。因作为申请人的自然人死亡，其近亲属尚未确定是否参加行政复议的；作为申请人的自然人丧失参加行政复议的能力，尚未确定法定代理人参加行政复议的；或者作为申请人的法人或者其他组织终止，尚未确定权利义务承受人的导致行政复议中止，满60日行政复议中止的原因仍未消除的，行政复议终止。所以选项D、E错误。

考点精析

行政复议中止与行政复议终止(见表5-10)

表5-10　行政复议中止与行政复议终止

行政复议中止	行政复议终止
(1)申请人(自然人)死亡，其近亲属尚未确定是否参加行政复议的； (2)作为申请人的自然人丧失参加行政复议的能力，尚未确定法定代理人参加行政复议的； (3)作为申请人的法人或者其他组织终止，尚未确定权利义务承受人的	(1)申请人要求撤回行政复议申请，行政复议机构准予撤回的； (2)作为申请人的自然人死亡，没有近亲属或者其近亲属放弃行政复议权利的； (3)作为申请人的法人或者其他组织终止，其权利义务的承受人放弃行政复议权利的

续表

行政复议中止	行政复议终止
(4)作为申请人的自然人下落不明或者被宣告失踪的； (5)申请人、被申请人因不可抗力，不能参加行政复议的； (6)案件涉及法律适用问题，需要有权机关作出解释或者确认的； (7)案件审理需要以其他案件的审理结果为依据，而其他案件尚未审结的； (8)其他需要中止行政复议的情形	(4)申请人与被申请人经行政复议机构准许达成和解的； (5)申请人对行政拘留或者限制人身自由的行政强制措施不服申请行政复议后，因申请人同一违法行为涉嫌犯罪，该行政拘留或者限制人身自由的行政强制措施变更为刑事拘留的

【"李"应注意1】 行政复议中止的前三种情形，在满60日行政复议中止的原因仍未消除的，行政复议终止。

【"李"应注意2】 复议中止是复议程序的暂时停止，复议终止是复议程序的彻底结束。对其原因应理解性记忆。做题时注意审题，注意题干问的是"中止"还是"终止"

考点八　行政复议的和解与调解★★★

经典例题

【例题·多选题】（2015年）根据《行政复议法实施条例》，行政复议机关可以按照自愿、合法原则进行调解的有（　）。

A. 对确定税率引起的行政复议案件

B. 因房屋拆迁引起的行政补偿申诉案件

C. 因确认不动产物权无效的争议案件

D. 因人身权受到侵害请求支付精神损害抚慰金引起的争议案件

E. 因违法扣押造成损失引起行政赔偿争议案件

【答案】 BDE

【解析】 本题考核行政复议调解。有下列情形之一的，行政复议机关可以按照自愿、合法的原则进行调解：(1)公民、法人或者其他组织对行政机关行使法律、法规规定的自由裁量权作出的具体行政行为不服申请行政复议的；(2)当事人之间的行政赔偿或者行政补偿纠纷。

考点精析

1. 行政复议和解制度（见表5-11）

表5-11　行政复议和解制度

项目	内容
适用的案件	行政机关行使自由裁量权作出的具体行政行为
形式	自愿达成和解的，应当向行政复议机构提交书面和解协议
程序	达成和解必须经行政复议机构准许
时间	和解只能在行政复议决定作出前
法律后果	行政复议终止，即行政复议机构不再继续审理

2. 行政复议调解制度（见表5-12）

表5-12　行政复议调解制度

项目	内容
适用案件	(1)行政机关行使自由裁量权作出的具体行政行为的纠纷； (2)当事人之间的行政赔偿或者行政补偿纠纷
具体规定	(1)复议机关应当制作行政复议调解书。调解书经双方当事人签字，即具有法律效力。 (2)调解书生效后一方反悔的，不影响行政复议调解书的效力存在。 (3)调解未达成协议或者调解书生效前一方反悔的，行政复议机关应当及时作出行政复议决定

考点九　行政复议决定及其执行★★★

经典例题

【例题·单选题】(2014 年)国务院某部以违法从事生产经营为由对某省上市公司作出罚款 100 万元的处罚。该公司不服，向该部申请行政复议。公司对该部作出的复议决定不服，向国务院申请裁决。根据《行政诉讼法》《行政复议法》及《行政复议法实施条例》的规定，下列关于本案中复议机关和法院处理的说法中，正确的是(　)。

A. 若该部经复议审理后发现，其作出的罚款处罚决定适用依据错误，可以决定变更

B. 若公司在复议期间撤回复议申请，之后又以同一事实和理由提出复议申请或者向法院起诉该部，则复议机关和法院均不应受理

C. 若公司委托代理人参加行政复议，则该部作为复议机关应允许代理人查阅该部提出的书面答复，但是查阅该部作出罚款决定的证据、依据和其他材料的请求可以拒绝

D. 若公司对国务院的裁决仍不服向法院起诉，法院应予以受理

【答案】A

【解析】本题考核行政复议的审理、决定。若公司能够证明其撤回复议申请违背其真实意思表示，复议机关应予受理。另外，行政处罚不属于复议前置型案件，公司向复议机关申请行政复议后，又经复议机关同意撤回复议申请，在法定起诉期限内对原行政行为提起诉讼的，人民法院应当依法受理。所以选项 B 错误。申请人、第三人可以查阅被申请人提出的书面答复，作出具体行政行为的证据、依据和其他有关材料，除涉及国家秘密、商业秘密或者个人隐私外，行政复议机关不得拒绝。所以选项 C 错误。国务院作出的裁决为“最终裁决”，当事人不得再向人民法院起诉。所以选项 D 错误。

【“李”应注意】本题综合性比较强，考查了多个知识点，提醒考生在备考时注意将相关知识点综合起来学习，提高应对综合题目的能力。

考点精析

1. 行政复议决定的种类(见表 5-13)

表 5-13　行政复议决定的种类

决定种类	适用情形
维持决定	事实清楚、证据确凿，适用依据正确，程序合法，内容适当。 【“李”应注意】在行政诉讼中，该种情形法院作出“驳回原告诉讼请求”的判决，须注意二者的不同
履行决定	认定被申请人没有履行法定职责(且继续履行职责确有必要的)
撤销、变更或确认(违法)决定	决定撤销或者确认具体行政行为违法的，可以责令被申请人在一定期限内重新作出具体行政行为：(1)主要事实不清，证据不足的；(2)适用依据错误的；(3)违反法定程序的；(4)超越或者滥用职权的；(5)具体行政行为明显不当的。《行政复议法实施条例》规定行政复议机关可以决定变更的情形有：(1)认定事实清楚，证据确凿，程序合法，但是明显不当或者适用依据错误的；(2)认定事实不清，证据不足，但是经行政复议机关审理查明事实清楚，证据确凿的。 【“李”应注意】被申请人不按规定提出书面答复，不按时提交证明具体行政行为合法的证据依据或其他有关材料的，视为该行为没有证据依据，复议机关应当决定撤销具体该行政行为
赔偿决定	(1)依申请赔偿决定。申请人在申请行政复议时一并提出赔偿请求的，复议机关认为应当赔偿时，在作出撤销、变更或确认违法决定时，应当同时作出赔偿决定。 (2)依职权赔偿决定。申请人申请行政复议时没有提出行政赔偿请求的，复议机关撤销或者变更罚款，撤销违法集资、没收财物、征收财物、摊派费用，以及对财产的查封、扣押、冻结等具体行政行为时，应当同时责令被申请人返还财产，解除对财产的查封、扣押、冻结措施或者赔偿相应的价款。 【“李”应注意】返还执行的罚款或罚金、追缴或者没收的金钱、解除冻结的存款或者汇款的，应当支付银行同期存款利息

续表

决定种类	适用情形
驳回决定	(1)申请人认为行政机关不履行法定职责申请行政复议，复议机关受理后发现该行政机关没有相应法定职责或者在受理前已经履行法定职责的； (2)受理行政复议申请后，发现该复议申请不符合受理条件的

2. 行政复议决定的执行

(1)行政复议决定书一经送达，即发生法律效力，被申请人不履行或无正当理由拖延履行行政复议决定的，行政复议机关或上级行政机关应当责令限期履行。

(2)申请人逾期不起诉又不履行行政复议决定的，或不履行最终裁决的行政复议决定的，行政机关有权请求强制执行或依法强制执行。

3. 强制执行的主体(见表5-14)

表5-14 强制执行的主体

类型	主体
作出维持决定的	由作出具体行政行为的行政机关强制执行，或**申请**人民法院强制执行
作出变更决定的	由**行政复议机关**依法强制执行，或申请人民法院强制执行

考点十 税务行政复议概述★★

经典例题

【例题·单选题】(2015年)纳税人对法定受案范围内的税务具体行政行为不服，可以依法申请复议，下列税务具体行政行为中，纳税人不服，依法不可以申请复议的是(　)。

A. 税务机关拒绝给予举报人一定金额的奖励

B. 税务机关作出不具有强制力的行政建议或者行政指导行为

C. 税务机关不公开依法应当公开的有关政府信息

D. 税务机关通知出入境管理机关阻止纳税人出境

【答案】B

【解析】本题考核税务行政复议的范围。不具有强制力的行政建议或者行政指导行为，对纳税人的权利义务不产生实际影响，不属于税务行政复议的受案范围。

考点精析

税务行政复议范围(见表5-15)

表5-15 税务行政复议范围

种类		内容	
税务具体行政行为	复议前置型	征税行为	(1)确认纳税主体、对象、范围、减免税、退税、抵扣税款、税率、计税依据、纳税环节、期限、地点和征收方式等具体行政行为； (2)征收税款、加收滞纳金； (3)代扣代缴、代收代缴、代征行为
	自由选择型(即申请人既可以申请行政复议、也可以直接向人民法院起诉)	(1)行政许可、行政审批行为； (2)发票管理行为：发售、收缴、代开发票等； (3)税收保全措施、强制执行措施； (4)行政处罚行为：罚款、没收非法财物和违法所得、停止出口退税权； (5)不依法履行下列职责：颁发税务登记证，开具、出具完税凭证、外出经营活动税收管理证明，行政赔偿，行政奖励等；	

续表

种类		内容
税务具体行政行为	自由选择型(即申请人既可以申请行政复议、也可以直接向人民法院起诉)	(6)资格认定行为; (7)不依法确认纳税担保行为; (8)政府信息公开工作中的具体行政行为; (9)纳税信用等级评定行为; (10)通知出入境管理机关阻止出境行为
税务抽象行政行为		(1)国家税务总局和国务院其他部门的规定; (2)其他各级税务机关的规定; (3)地方各级人民政府的规定; (4)地方人民政府工作部门的规定

【帮你"李"解】 该知识点包括税务行政复议的范围，又包括税务行政复议与行政诉讼的程序衔接，学习中应注意复议前置型案件与当事人自由选择型案件的区分。

考点十一　税务行政复议申请和受理★★★

经典例题

【例题·多选题】 税务行政复议机关收到纳税人提出的复议申请后，在决定是否受理税务行政复议申请时应当审查(　)。

A. 提出的复议申请是否符合法定复议条件

B. 被申请复议的税务行政行为是否证据充分

C. 是否属于复议机关已处理过案件的重复申请

D. 被申请复议的税务行政行为是否具备合法性和适当性

E. 被申请复议的税务行政行为在行政程序上是否超过法定时限

【答案】 AC

【解析】 本题考核税务行政复议受理。根据《税务行政复议规则》，行政复议申请符合下列规定的，行政复议机关应当受理：属于本规则规定的行政复议范围；在法定申请期限内提出；有明确的申请人和符合规定的被申请人；申请人与具体行政行为有利害关系；有具体的行政复议请求和理由；符合本规则第33条和第34条规定的条件；属于收到行政复议申请的行政复议机关的职责范围；其他行政复议机关尚未受理同一行政复议申请，人民法院尚未受理同一主体就同一事实提起的行政诉讼。

考点精析

1. 税务行政复议申请

(1)申请期限。申请人可以在知道具体行政行为之日起60日内提出行政复议申请。

【帮你"李"解】 该期限与一般的行政复议申请期限相同。

(2)税务行政复议申请的相关规定

①申请程序：申请人针对征税行为申请行政复议的，必须依照法律、法规确定的税额、期限，先行缴纳或解缴税款和滞纳金，或提供相应的担保，以在缴清税款和滞纳金后或提供的担保得到税务机关确认之日起60日内提出行政复议申请。

【帮你"李"解】 申请人提供担保的方式包括保证、抵押和质押。不包括留置和定金担保方式。

②申请人对税务机关作出逾期不缴纳罚款加处罚款的决定不服的，应当先缴纳罚款和加处罚款，再申请行政复议。

2. 税务行政复议受理

(1)复议机关收到复议申请后，应当在5日内进行审查，决定是否受理。对不符合规定的行政复议申请，决定不予受理，并书面告知申请人。

（2）上级税务机关认为行政复议机关不予受理行政复议申请的理由不成立的，可以督促其受理；经督促仍然不受理的，责令其限期受理。上级税务机关认为有必要的，可以直接受理或者提审由下级税务机关管辖的行政复议案件。

考点十二 税务行政复议审查和决定★★★

经典例题

【例题·综合分析题】（2018 年）某税务局以金泰公司未按照法律、法规规定的期限进行纳税申报和报送纳税材料为由，对其作出《税务行政处罚决定书（简易）》，罚款人民币 1 000 元。根据《行政复议法》《行政复议法实施条例》《税务行政复议规则》及有关规定，下列有关行政复议听证的说法中，正确的有（ ）。

A. 对重大、复杂的案件，申请人提出要求或者行政复议机构认为必要时，税务行政复议机关可以采取听证的方式审理

B. 对于税务行政复议听证审查方式，法律法规并无强制性规定，原则上采用书面形式审理

C. 金泰公司申请听证但 Q 税务局未组织听证，属于程序违法，故对该公司以违反法定程序为由请求撤销行政复议决定的诉讼请求，法院应予支持

D. 罚款 1 000 元的处罚案件不属于重大、复杂案件，Q 税务局未组织所证，并无不当

E. 听证审查方式对于税务行政复议案件都不适用

【答案】 AD

【解析】 本题考核行政复议的审理。对重大、复杂的案件，申请人提出要求或者行政复议机构认为必要时，可以采取听证的方式审理。听证应当公开举行，但是涉及国家秘密、商业秘密或者个人隐私的除外。所以选项 A 正确，选项 B、E 错误。税务机关对法人或者其他组织作出 1 万元以上罚款的行政处罚决定之前，应当告知当事人有要求举行听证的权利；当事人要求听证的，税务机关应当组织听证。第二税务所对金泰公司作出罚款 1 000 元的行政处罚决定，不属于行政处罚的听证范围。所以选项 C 错误，选项 D 正确。

考点精析

税务行政复议审查和决定（见表 5-16）

表 5-16 税务行政复议审查和决定

种类	情形
审查人员	2 名以上行政复议人员参加
审理方式	原则上采用书面审查的方式。但对于重大、复杂的案件，申请人提出要求或行政复议机构认为必要时，可以采取听证的方式审理
听证	（1）行政复议机关决定举行听证的，应当将听证的时间、地点和具体要求等事项通知申请人、被申请人和第三人； （2）第三人不参加听证的，不影响听证的举行； （3）除涉及国家秘密、商业秘密或个人隐私的以外，听证应当公开举行； （4）行政复议听证人员不得少于 2 人，听证主持人由行政复议机构指定； （5）行政复议听证笔录是行政复议机构审理案件的依据之一
撤回复议申请	行政复议决定作出之前申请人要求撤回申请的，经行政复议机构同意，可以撤回，但是不得以同一事实或理由重新申请复议。但是，申请人能够证明撤回行政复议申请违背其真实意思表示的除外

续表

种类	情形	
复议决定	时间	在受理申请之日起60日内作出税务行政复议决定。情况复杂的，经过税务行政复议机关负责人批准的，可以适当延长，但延长期限不得超过30日。 【“李”应注意】行政复议审理期限在和解、调解期间中止计算
	公章使用	税务行政复议机关在受理、审查、决定税务行政复议案件过程中，可使用行政复议专用章。行政复议专用章与行政机关印章在行政复议中具有同等效力

【帮你“李”解】有关税务行政复议的审查和决定的规定，基本和一般的行政复议审查决定的规定相同，只有关于公章的使用有特殊规定，予以注意。

考点十三 税务行政复议和解与调解★★★

扫我解疑难

经典例题

【例题·单选题】根据《行政复议法实施条例》和《税务行政复议规则》，在复议机关作出复议决定前，申请人与被申请人可以自愿达成和解，税务行政复议机关也可以调解。但这种和解与调解程序不适用于(　)的税务行政复议案件。

A. 确定适用税率

B. 核定税额

C. 确定应税所得率

D. 行政赔偿

【答案】A

【解析】本题考核税务行政复议调解的范围。适用税率的问题是法律直接规定的，不属于行使自由裁量权的行为。

考点精析

1. 适用税务行政复议和解与调解案件的范围

根据《税务行政复议规则》的规定，下列税务行政复议事项，可以和解，也可以调解：

(1)行使自由裁量权作出的税务具体行政行为，如行政处罚、核定税额、确定应税所得率等；

(2)行政赔偿；

(3)行政奖励；

(4)存在其他合理性问题的具体行政行为。

【帮你“李”解】一般行政复议适用和解(自由裁量的)与调解(自由裁量、行政赔偿、行政补偿)的案件范围是不同的，而税务行政复议中适用和解与调解的案件完全相同。

2. 和解的相关规定

(1)申请人与被申请人达成和解的，应当向复议机构提交书面和解协议；

(2)和解应当经复议机构准许，且不得损害社会公共利益和他人合法权益；

(3)经行政复议机构准许和解终止行政复议的，申请人不得以同一事实和理由再次申请行政复议。

3. 调解书效力

(1)行政复议调解书经双方当事人签字，即具有法律效力；

(2)调解未达成调解协议，或行政复议调解书不生效的，复议机关应当及时作出行政复议决定；

(3)申请人不履行调解书的，由被申请人依法强制执行，或者申请人民法院强制执行。

阶段性测试

1.【单选题】甲县税务局的稽查局对乙公司的偷税行为作出罚款的处罚决定，在法定的履行期内，乙公司未缴纳罚款，对稽查局作出的罚款行为不服，欲提起行政复议。则下列说法错误的是(　)。

A. 向甲县税务局提出复议申请

B. 向甲县稽查局提出复议申请

C. 甲县税务局的稽查局作为被申请人

D. 乙公司不须先缴纳罚款就可以申请复议

2.【单选题】2019年8月12日，某县税务局以违法开具发票为由，向该县纳税人金滨娱乐有限公司送达罚款5 000元的《税务行政处罚决定书》。该公司不服，于8月22日向市税务局申请行政复议。9月28日，经市税务局行政复议机构同意，该公司撤回复议申请。根据有关法律法规和司法解释，下列关于该公司撤回复议的表述中正确的是(　)。

A. 该公司撤回复议申请后，只要尚未超出法定复议申请期限，都可以同一事实和理由再次对该处罚决定提出复议申请

B. 如该公司能够证明撤回复议申请违背其真实意思表示，则可以同一事实和理由再次对该处罚决定提出复议申请

C. 该公司撤回复议申请，应在复议机关向县税务局发送复议申请书副本之日起10日内书面提出，否则撤回行为无效

D. 该公司撤回复议申请，必须经法院作出准予撤回的书面裁定，否则不导致复议终止

阶段性测试答案精析

1. B　【解析】本题考核行政复议的管辖。对各级税务局的稽查局作出的具体行政行为不服的，向其所属税务局申请行政复议。

2. B　【解析】本题考核税务行政复议申请的撤回。税务行政复议决定作出前，申请人要求撤回税务行政复议申请的，经行政复议机构同意，可以撤回。申请人撤回行政复议申请的，不得再以同一事实和理由提出行政复议申请。但是，申请人能够证明撤回行政复议申请违背其真实意思表示的除外。

【有“李”有据】本题的题干较长，但是考查的内容并不难，考生在答题时一定要注意选项表述的精确性，表述中的模棱两可往往是出题人设置的陷阱。

本章综合练习 限时40分钟

一、单项选择题

1. 甲和乙因为村集体土地的使用权权属问题发生纠纷，遂提请行政机关裁决，经裁决土地使用权为甲所有，那么对行政裁决不服可以申请行政复议的人(　)。

A. 只能是甲

B. 只能是乙

C. 可以是甲或乙

D. 只能是村集体

2. 根据《行政复议法实施条例》，行政复议期间，行政复议机构认为申请人以外的公民、法人或者其他组织与被审查的具体行为有利害关系的，可以通知其作为(　)参加行政复议。

A. 案外人

B. 共同被申请人

C. 共同申请人

D. 第三人

3. 根据《行政复议法实施条例》，下列时间中，应计入行政复议审理期限的是(　)。

A. 复议期间专门事项鉴定或者现场勘验所用时间

B. 复议机关审查具体行政行为是否明显不当所用时间

C. 补正申请材料所用时间

D. 协商确定或者指定受理机关所用时间

4. 根据《税务行政复议规则》，关于税务行政复议调解的程序，下列说法错误的是(　)。

A. 行政复议机关在进行调解前，要征得

申请人和被申请人的同意

B. 行政处罚、核定税额、确定应税所得率等既可以行政和解也可以行政调解

C. 税务行政复议机关制作行政复议调解书

D. 申请人和被申请人提出调解方案

5. 下列选项符合《行政复议法》规定的行政复议公开原则的是（　）。

A. 某公安局对申请人提出要求听证审理的行为采取听证方式审理

B. 某税务局对于申请人甲要求查阅被申请人的书面答复予以拒绝

C. 某市政府对申请人乙查阅有关材料进行收费

D. 某省政府在审理过程中拒绝听取申请人、被申请人和第三人的意见

6. 根据《行政复议法》的规定，下列选项中属于行政复议受案范围的是（　）。

A. 公安部门对某民事争议的行政调解

B. 对行政机关作出的人事处理决定不服的

C. 行政机关对矿山使用权的归属所作的行政裁决行为

D. 劳动部门对某企业与员工之间的劳动纠纷的裁定

7. 某区食品药品监管局以某公司生产经营超过保质期的食品违反《食品安全法》为由，作出处罚决定。公司不服，申请行政复议。关于此案，下列说法正确的是（　）。

A. 申请复议期限为 60 日

B. 公司不得以电子邮件形式提出复议申请

C. 行政复议机关不能进行调解

D. 公司如在复议决定作出前撤回申请，行政复议中止

8. 胡某不服税务局查封财物的决定向上级机关申请复议，要求撤销该决定，但没有提出赔偿请求。复议机关经审查认为该决定违法，复议机关应当（　）。

A. 决定解除该查封行为，同时告知申请人就赔偿问题另行申请复议

B. 决定撤销该查封行为，同时要求被申请人赔偿损失

C. 直接解除对财产的查封，若被扣押财产已经毁损的，责令被申请人赔偿相应的价款

D. 决定撤销该查封行为，若被扣押财产已经毁损的，责令被申请人赔偿相应的价款

9. 甲取得了县房产局颁发的扩大原地基和建筑面积的建房许可证，阻碍了邻居乙的正常通行，乙与甲协商未果，向市房产局申请行政复议。根据《行政复议法实施条例》，下列说法错误的是（　）。

A. 乙可以委托两名代理人参加行政复议

B. 市房产局应当通知甲作为第三人参加行政复议

C. 若复议过程中第三人甲不参加行政复议，不影响该行政复议案件的审理

D. 复议过程中，乙和县房产局达成和解协议，协议内容不违法并且甲也同意该协议，则市房产局应当准予

10. 某市某区政府设立了街道办事处，公民甲对该街道办事处的具体行政行为不服，欲申请行政复议，按照规定，甲可以向（　）提起行政复议。

A. 该街道办事处

B. 区政府

C. 市政府

D. 国务院

11. 吴某不服市税务局和县公安局以共同名义作出的具体行政行为，申请行政复议，县级人民政府受理了此申请，经审查发现自己对该案件无管辖权。对此，下列说法中错误的是（　）。

A. 县级人民政府应当在收到该复议申请之日起 5 日内转送有关复议机关，并告知申请人吴某

B. 如果受转送的复议机关认为对该转送案件确无管辖权，应当告知吴某向有关行政复议机关申请复议

C. 只能由县级人民政府转送管辖

D. 受转送的复议机关不能拒绝接受转

送，也不能再自行转送给其他复议机关

12. 宋某因对县税务局的行政处罚行为不服提出了行政复议申请，但错列了被申请人，那么(　)。

A. 复议机关应当主动变更被申请人

B. 如果宋某不变更被申请人，复议机关只能作出不予受理的决定

C. 如果宋某不变更被申请人，复议机关只能作出驳回复议申请的决定

D. 如果宋某不变更被申请人，复议机关可以作出不予受理或者驳回行政复议申请的决定

13. 甲市乙区生态环境局因某新建水电站未报批环境影响评价文件，且已投入生产使用，给予其罚款 10 万元的处罚。水电站不服，申请复议。下列说法正确的是(　)。

A. 水电站可以委托代理人代为参加行政复议

B. 复议机关应当为乙区人民政府

C. 在复议过程中乙区生态环境局可以自行向水电站收集证据

D. 若复议期间案件涉及法律适用问题，需要有权机关作出解释，行政复议终止

14. 关于行政复议中的抽象行政行为审查，下列说法错误的是(　)。

A. 申请人在提起行政复议时可以一并提出抽象行政行为审查的申请

B. 行政复议机关对申请人提出的抽象行政行为申请有权处理的，应当在 30 日内依法处理

C. 抽象行政行为可以审查的“规定”包括地方人民政府规章

D. 有权处理的机关审查有关规定时，要中止对具体行政行为的审查

15. 根据《税务行政复议规则》的规定，不必先履行相应的义务，就能申请税务行政复议的是(　)。

A. 对税务机关征收税款滞纳金的行为不服的

B. 对税务机关采取的税收保全措施不服的

C. 对税务机关作出的确认抵扣税款行为不服的

D. 对税务机关作出加处罚款决定不服的

16. 国务院某部以违法从事生产经营为由对某省某上市公司作出罚款 100 万元的处罚。该公司不服，向该部申请行政复议。公司对该部作出的复议决定不服，向国务院申请裁决。根据《行政诉讼法》《行政复议法》及《行政复议法实施条例》规定，下列关于本案中复议机关和法院处理的说法中，正确的是(　)。

A. 若该部经复议审理后发现，其作出的罚款处罚决定适用依据错误，可以决定变更

B. 若公司在复议期间撤回复议申请，之后又以同一事实和理由提出复议申请或者向法院起诉该部，则复议机关和法院均不应受理

C. 若公司委托代理人参加行政复议，则该部作为复议机关应允许代理人查阅该部提出的书面答复，但是对查阅该部作出罚款决定的证据、依据和其他材料的请求可以拒绝

D. 若公司对国务院的裁决仍不服向法院起诉，法院应予以受理

二、多项选择题

1. 根据《税务行政复议规则》，纳税人对税务机关(　)的行为不服，可以不经复议直接向法院提起行政诉讼。

A. 评定纳税信用等级

B. 采取税收强制执行措施

C. 不依法确认纳税担保是否有效

D. 确认税款征收方式

E. 加收滞纳金

2. 某纳税人依法提出税务行政复议申请，复议机关无正当理由不予受理，且该纳税人没有向法院提起行政诉讼。根据《税务行政复议规则》，在这种情况下，对案件的

正确处理办法有(　)。

A. 上级税务机关可以督促复议机关受理案件

B. 由上级税务机关将案件移送法院进行审理

C. 由上级税务机关将案件移送检察院进行立案监督

D. 必要时，由上级税务机关直接受理案件

E. 必要时，由上级税务机关提审案件

3. 根据《行政复议法》，下列各项属于行政复议范围的有(　)。

A. 对行政机关作出的行政处罚决定不服的

B. 对行政机关侵犯农村承包经营权的行为不服的

C. 对行政机关不依法发放社会保险金的行为不服的

D. 对行政机关不依法履行保护公民受教育权的行为不服的

E. 对行政机关对民事纠纷的调解行为不服的

4. 甲因为对县税务局作出的具体行政行为不服向市税务局提起行政复议，那么市税务局应该审查的范围包括(　)。

A. 是否符合申请的一般条件

B. 复议申请材料是否齐全、表述是否清楚

C. 是否重复申请

D. 是否已起诉

E. 是否已向行政机关提出申诉

5. 甲市乙区政府决定征收某村集体土地666 000平方米。该村50户村民不服，申请行政复议。根据《行政复议法》及《行政复议法实施条例》，下列说法错误的有(　)。

A. 申请复议的期限为知道该具体行政行为之日起60日

B. 复议申请可以口头形式提出

C. 村民应推选1至5名代表参加复议

D. 甲市政府为行政复议被申请人

E. 行政复议机关应当自受理申请之日起5日内，将申请书副本发送被申请人

6. 根据《行政复议法》及《行政复议法实施条例》的规定，下列关于行政复议申请期限计算方法的说法中，正确的有(　)。

A. 载明具体行政行为的法律文书直接送达的，自受送达人签收之日起计算

B. 载明具体行政行为的法律文书邮寄送达，但没有邮件签收单的，自受送达人在送达回执上签名之日起计算

C. 行政机关作出具体行政行为时未告知当事人，事后补充告知的，自行政机关发出补充公告的通知之日起计算

D. 被申请人能够证明公民、法人或者其他组织知道具体行政行为的，自证据材料证明其知道具体行政行为之日起计算

E. 行政不作为案件的复议申请期限，自履行期限届满之日起计算

7. 根据《税务行政复议规则》，纳税人有权申请税务行政复议的法定事项包括(　)。

A. 收缴和停售发票

B. 税务行政处罚

C. 确定计税依据、应纳税额

D. 税务机关不依法确认纳税担保有效

E. 税务机关欠税公告

8. 根据《行政复议法实施条例》的规定，下列选项中可以导致行政复议终止的有(　)。

A. 申请人要求撤回行政复议申请，行政复议机构准予撤回的

B. 申请人死亡，其近亲属尚未确定是否参加行政复议的

C. 申请人与被申请人依法经行政复议机构准许达成和解的

D. 案件涉及法律适用问题，需要有权机关作出解释或者确认的

E. 作为申请人的自然人下落不明的

9. 根据《税务行政复议规则》及相关规定，下列关于税务行政复议说法正确的有(　)。

A. 对于复议机关已经受理的案件，在法定复议期限内，申请人不得就同一案件再向人民法院提起行政诉讼

B. 税务行政复议适用“不告不理”的原则

C. 申请人认为作出税务具体行政行为的依据即有关税收规范性文件不合法的，可以单独申请税务行政复议

D. 税务行政复议要审查具体税务行政行为的合法性和适当性

E. 发票管理争议属于复议前置案件

10. 根据《税务行政复议规则》，下列证据材料中，可以作为定案证据的有（ ）。

A. 甲偷拍的侵害了乙合法权益的录像资料

B. 乙提供的鉴定意见

C. 丙使用暴力手段获取的证人证言

D. 丁因为怠于收取证据致使超出举证期间而提供的证据材料

E. 戊无正当理由拒不提供原件、原物，但对方对复制件、复制品予以认可的

11. 税务局稽查局对某纳税人作出罚款10万元的处罚决定，该纳税人对罚款决定不服，向稽查局的主管税务局申请复议。稽查局依法向复议机关提交了据以作出处罚决定的证据、依据和其他有关材料，并提出了书面答复。复议机关审理后决定，变更罚款为5万元。《税务行政复议决定书》送达后，该纳税人逾期未向法院起诉。根据《税务行政复议规则》的规定，下列说法中，正确的有（ ）。

A. 如果该纳税人不能按规定缴清10万元罚款，则应当提供相应的担保才能申请复议

B. 该纳税人可以查阅稽查局提交的证据、依据和其他有关材料，但不得查阅书面答复

C. 如果该纳税人在复议决定作出前要求撤回复议申请，可以撤回

D. 该纳税人应当在接到《税务行政处罚决定书》之日起3个月内提出复议申请

E. 如果该纳税人逾期不起诉又不履行罚款5万元的复议决定，由主管税务局依法强制执行或者申请法院强制执行

三、综合分析题

某县税务局在税务稽查过程中，发现了凯文公司有逃税行为，遂对其作出了补缴税款30万元，罚款60万元的处理和处罚决定，凯文公司经理古月欲向市税务局申请复议，可又不清楚有关复议的法律规定，现在你为他提供法律咨询，解答如下问题。

1. 公司作为申请人，其法律权利包括（ ）。

A. 委托代理人

B. 查阅被申请人书面答复权

C. 口头申请行政复议

D. 在法定复议期间提起诉讼

E. 要求撤回复议申请

2. 根据《税务行政复议规则》的规定，复议机关应当根据案件的具体情况，从（ ）方面审查证据的真实性。

A. 证据形成的原因

B. 发现证据时的环境

C. 证据是否为原件、原物

D. 复印件、复制品是否与原件原物相符

E. 证据是否符合法定形式

3. 对税务行政复议申请符合（ ）情形的，税务行政复议机关应当受理。

A. 有明确的申请人和符合规定的被申请人

B. 属于税务行政复议的受案范围

C. 自知道具体行政行为之日起90日内提出行政复议申请

D. 有具体的行政复议请求和理由

E. 申请人对税务机关的征税行为不服，没有缴清税款和滞纳金

4. 根据《税务行政复议规则》的规定，对于凯文公司向市税务局提起行政复议的行为，下列说法正确的有（ ）。

A. 被申请人不得委托本机关以外人员代为参加行政复议

B. 凯文公司申请复议时，应同时提交证明县税务局具体行政行为违法的证据

C. 行政复议工作人员向有关组织和人员调

查取证时不得少于 2 人

D. 凯文公司如不服复议决定，可以在收到复议决定书之日起 30 日内向人民法院提起诉讼

E. 如果市税务局认为县税务局对凯文公司作出的处理畸轻，可以在复议决定中直接加处对凯文公司的罚款数额

本章综合练习参考答案及详细解析

一、单项选择题

1. C 【解析】本题考核行政复议申请人的确定。本案中，甲和乙因为土地的使用权权属问题发生纠纷，如不服行政机关的裁决，都可以申请行政复议。村集体与行政裁决并无直接利害关系，不可以申请行政复议。

2. D 【解析】本题考核行政复议第三人。《行政复议法实施条例》第 9 条规定：行政复议期间，行政复议机构认为申请人以外的公民、法人或者其他组织与被审查的具体行政行为有利害关系的，可以通知其作为第三人参加行政复议。行政复议期间，申请人以外的公民、法人或者其他组织与被审查的具体行政行为有利害关系的，可以向行政复议机构申请作为第三人参加行政复议。

3. B 【解析】本题考核行政复议的审理期限。根据规定，补正申请材料所用时间、协商确定或者指定受理机关所用时间、行政复议期间专门事项鉴定所用时间以及现场勘验所用时间均不计入行政复议审理期限。

4. D 【解析】本题考核税务行政复议调解的程序。税务行政复议机关按照下列程序调解：征得申请人和被申请人同意；听取申请人和被申请人的意见；提出调解方案；达成调解协议；制作行政复议调解书。

   【有“李”有据】税务行政复议调解中，其范围与和解的范围是考查的频繁点。税务行政复议的和解与调解的范围一样：行政机关行使自由裁量权作出的税务具体行政行为以及存在其他合理性问题的具体行政行为。

5. A 【解析】本题考核行政复议的公开原则。《行政复议法》规定，申请人、第三人可以查阅被申请人提出的书面答复，作出具体行政行为的证据、依据和其他有关材料，除涉及国家秘密、商业秘密或者个人隐私外，行政复议机关不得拒绝。所以选项 B 错误。《行政复议法实施条例》规定，行政复议机关应当为申请人、第三人查阅有关材料提供必要条件。所以选项 C 错误。行政复议过程公开要求行政复议机关尽可能听取申请人、被申请人和第三人的意见，让他们更多地介入行政复议程序。所以选项 D 错误。

6. C 【解析】本题考核行政复议的受案范围。行政调解与劳动仲裁不属于行政复议的受案范围。所以选项 A、D 错误。行政机关作出的人事处理决定属于内部行政行为，不属于行政复议的受案范围。所以选项 B 错误。

7. A 【解析】本题考核行政复议的审理。(1)公民、法人或者其他组织认为具体行政行为侵犯其合法权益的，可以自知道该具体行政行为之日起60 日内提出行政复议申请；但是法律规定的申请期限超过60 日的除外。所以选项 A 正确。(2) 申请人书面申请行政复议的，可以采取当面递交、邮寄或者传真等方式提出行政复议申请。有条件的行政复议机构可以接受以电子邮件形式提出的行政复议申请。所以选项 B 错误。(3) 公民、法人或者其他组织对行

政机关行使法律、法规规定的自由裁量权作出的具体行政行为不服，申请行政复议的，行政复议机关可以按照自愿、合法的原则进行调解，据此可知，此处“不能进行调解”的说法不准确。所以选项C错误。(4)行政复议决定作出前，申请人要求撤回行政复议申请的，经说明理由，可以撤回；撤回行政复议申请的，行政复议终止。所以选项D错误。

8. D 【解析】本题考核税务行政复议决定。申请人在申请税务行政复议时没有提出税务行政赔偿请求的，税务行政复议机关在依法决定撤销或者变更原税务具体行政行为确定的税款、滞纳金、罚款以及对财产的扣押、查封等强制措施时，应当同时责令被申请人退还税款、滞纳金和罚款，解除对财产的扣押、查封等强制措施，或者赔偿相应的价款。

9. B 【解析】本题考核行政复议参加人、行政复议终止、行政复议和解。行政复议期间，行政复议机构认为申请人以外的公民、法人或者其他组织与被审查的具体行政行为有利害关系的，可以通知其作为第三人参加行政复议。本案中市房产局可以(而非“应当”)通知甲作为第三人参加行政复议。

10. B 【解析】本题考核对街道办事处的具体行政行为不服的复议管辖。街道办事处从理论上讲，属于地方人民政府的派出机关，虽然不是一级人民政府，却履行一级人民政府的职能，具有行政主体的资格。属于职权行政主体，可以成为行政复议的被申请人。对街道办事处的具体行政行为不服，可以向设立街道办事处的区人民政府申请行政复议。

11. A 【解析】本题考核行政复议的转送管辖。接受属特别管辖的行政复议案件的县级地方人民政府，对不属于自己受理范围的行政复议申请，应当在收到该复议申请之日起7日内转送有关复议机关，并告知申请人。

12. D 【解析】本题考核税务行政复议的申请和受理。申请人提出行政复议申请时错列被申请人的，行政复议机关应当告知申请人变更被申请人。申请人不变更被申请人的，行政复议机关不予受理，或者驳回行政复议申请。

13. A 【解析】本题考核行政复议参加人、行政复议证据的收集、行政复议中止与终止。复议机关为乙区人民政府或甲市生态环境局。所以选项B错误。在行政复议过程中，被申请人不得自行向申请人和其他有关组织或者个人收集证据。所以选项C错误。行政复议期间案件涉及法律适用问题，需要有权机关作出解释或者确认的，影响行政复议案件审理的，行政复议中止。所以选项D错误。

14. C 【解析】本题考核行政复议中对抽象行政行为的附带审查。抽象行政行为审查中，可以审查的“规定”是指国务院有关部门的规定、县级以上地方各级人民政府及其工作部门的规定以及乡、镇人民政府的规定等。但是这些规定不含国务院部、委员会规章和地方人民政府规章。

15. B 【解析】本题考核税务行政复议申请。当事人对税务机关的处罚决定、强制执行措施或者税收保全措施不服的，不需要先履行相应的义务，可以依法直接申请行政复议，或提起行政诉讼。

16. A 【解析】本题考核行政复议决定、行政复议受理、行政复议公开原则。申请人撤回行政复议申请的，不得再以同一事实和理由提出行政复议申请。但是，申请人能够证明撤回行政复议申请违背其真实意思表示的除外。法律、法规未规定行政复议为提起行政诉讼必经程序，公民、法人或者其他组织向复议机关申请行政复议后，又经复议机关同意撤回复议申请，在法定起诉期限内对原行政行为提起诉讼的，人民法院应当依法受理。可见，撤回复议申请之后，可以依法向法院提起行政诉讼。所以选项B错误。申请人、第三人可以查阅被申请人提出的书面答复，作出具体行政行为的证据、依据和其他有关材料，除涉及国家秘密、商业秘密或者个人隐私外，行政复议机关不得拒绝。所以选项C错误。对国务院部门的行政复议决定不服的，可以向人民法院提起行政诉讼；也可以向国务院申请裁决，国务院依照《行政复议法》的规定作出最终裁决。所以选项D错误。

二、多项选择题

1. ABC 【解析】本题考核税务行政复议前置。
2. ADE 【解析】本题考核行政复议的受理。上级税务机关认为行政复议机关不予受理行政复议申请的理由不成立的，可以督促其受理；经督促仍然不受理的，责令其限期受理。上级税务机关认为有必要的，可以直接受理或者提审由下级税务机关管辖的行政复议案件。
3. ABCD 【解析】本题考核行政复议的受案范围。对行政调解不能申请行政复议。
4. ABCD 【解析】本题考核行政复议的审查范围。受理以行政机关对申请的审查为前提，审查的范围包括：是否符合申请的一般条件；是否超过法定的申请期限；是否重复申请；是否已起诉；复议申请材料是否齐全、表述是否清楚。如果不齐全或者不清楚，可以在5日内书面通知申请人限期补正。逾期不补正的，视为放弃复议申请。
5. DE 【解析】本题考核行政复议申请与受理、行政复议参加人。甲市政府为复议机关，乙区政府为被申请人。所以选项D说法错误。行政复议机关应当自受理申请之日起7日内，将申请书副本发送被申请人。所以选项E说法错误。
6. ABD 【解析】本题考核行政复议期限的起算。行政机关作出具体行政行为时未告知公民、法人或者其他组织，事后补充告知的，自该公民、法人或者其他组织收到行政机关补充告知的通知之日起计算。所以选项C错误。行政不作为案件的复议申请期限的起算有两种：(1)有履行期限规定的，自履行期限届满之日起计算；(2)没有履行期限规定的，自行政机关收到申请满60日起计算。所以选项E错误。
7. ABCD 【解析】本题考核税务行政复议范围。
8. AC 【解析】本题考核行政复议终止。选项BDE属于行政复议中止的情形，故不符合题意。
9. ABD 【解析】本题考核税务行政复议的相关规定。税务行政复议审查税务具体行政行为的合法性和适当性。对有关税收规范文件进行附带审查，不得单独提起对税收规范性文件的审查申请。所以选项C错误。发票管理行为属于税务行政复议受案范围，但是发票管理纠纷不属于复议前置案件。所以选项E错误。
10. BE 【解析】本题考核税务行政复议的证据。根据《税务行政复议规则》的规定，不得作为定案依据的证据材料包括：(1)违反法定程序收集的；(2)以偷拍、偷录和窃听等手段获取，且侵害他人合法权益的；(3)以利诱、欺诈、胁迫和暴力等不正当手段获取的；(4)无正当事由超出举证期限提供的；(5)无正当理由拒不提供原件、原物，又无其他证据印证，且对方不予认可的证据的复制件、复制品；(6)无法辨明真伪的；(7)不能正确表达意志的证人提供的证言；(8)不具备合法性、真实性的其他证据材料。
11. CE 【解析】本题考核税务行政复议申请和受理、税务行政复议决定、行政复议决定的执行。本题中，税务局稽查局对纳税人作出的是罚款的行政处罚，属于选择型的案件，可以申请行政复议，也可以提起行政诉讼，而不是复议前置型的案件，所以申请行政复议没有要求解缴税款及滞纳金，或者是提供相应的担保。选项 A 错误。申请人和第三人可以查阅被申请人提出的书面答复、作出具体行政行为的证据、依据和其他有关材料，除涉及国家秘密、商业秘密或者个人隐私外，复议机关不得拒绝。选项 B 错误。税务行政复议决定作出前，申请人要求撤回税务行政复议申请的，可以撤回。选项 C 正确。申请人可以在知道税务机关作出具体行政行为之日起 60 日内提出行政复议申请。选项 D 错误。申请人逾期不起诉又不履行变更具体行政行为的行政复议决定，由复议机关依法强制执行，或者申请人民法院强制执行。选项 E 正确。

三、综合分析题

1. ABCE 【解析】本题考核行政复议申请人。(1)《行政复议法》第 10 条规定，申请人、第三人可以委托代理人代为参加行政复议，所以选项 A 正确。(2)《行政复议法》第 23 条第 2 款规定，申请人、第三人可以查阅被申请人提出的书面答复、作出具体行政行为的证据、依据和其他有关材料，除涉及国家秘密、商业秘密或者个人隐私外，行政复议机关不得拒绝，所以选项 B 正确。(3)《行政复议法》第 11 条规定，申请人申请行政复议，可以书面申请，也可以口头申请；口头申请的，行政复议机关应当当场记录申请人的基本情况、行政复议请求、申请行政复议的主要事实、理由和时间，所以选项 C 正确。(4)对应当先向复议机关申请行政复议，对行政复议决定不服再向人民法院提起行政诉讼的具体行政行为，复议机关决定不予受理或者受理后超过复议期限不作答复的，纳税人及其他当事人可以自收到不予受理决定书之日起或者行政复议期满之日起 15 日内，依法向人民法院提起行政诉讼。因此，申请人提起行政复议后，在法定复议期间不能提起诉讼。即使复议机关在法定复议期限内没有作出答复的，申请人也只能在复议期满后向人民法院起诉，所以选项 D 错误。(5)申请人在行政复议决定作出前自愿撤回行政复议申请的，经行政复议机构同意，可以撤回。申请人撤回行政复议申请的，不得再以同一事实和理由提出行政复议申请。但是，申请人能够证明撤回行政复议申请违背其真实意思表示的除外，所以选项 E 正确。
2. ABCD 【解析】本题考核行政复议机关对证据真实性的审查。税务复议机关从以下五个方面对证据真实性的审查：(1)证据形成的原因；(2)发现证据的环境；(3)证据是否为原件、原物，复制件、复制品与原件、原物是否相符；(4)提供证据的人或者证人与当事人是否有利害关系；(5)影响证据真实性的其他因素。选项 E 是对证据进行合法性审查的内容。
3. ABD 【解析】本题考核税务复议机关应当受理的情形。税务行政复议申请符合下列规定的，行政复议机关应当受理：(1)属于税务行政复议规则规定的行政复议范围。(2)在法定申请期限内提出。(3)有明确的申请人和符合规定的被申请人。(4)申请人与具体行政行为有利害关系。(5)有具体的行政复议请求和理由。(6)符合税务行政复议规则第 33 条和第 34 条规定的条件。(7)属于收到行政复议申请的行政复议机关的职责范围。(8)其他行政复议机关尚未受理同一行政复议申请，人民法院尚未受理同一主体就同一事实提起的行政诉讼。申请人对征税行为不服申请行政复议的，必须依照税务机关根据法律、法规确定的税额、期限，先行缴纳或者解缴税款和滞纳金，或者提供相应的担保，才可以在缴清税款和滞纳金以后或者所提供的担保得到作出具体行政行为的税务机关确认之日起60日内提出行政复议申请。所以选项C、E错误。

4. AC 【解析】本题考核税务行政复议。在行政复议中，由作为被申请人的行政机关承担证明行政行为合法的事实根据和法律依据。所以选项B错误。行政复议工作人员向有关组织和人员调查取证时，可以查阅、复制和调取有关文件和资料，向有关人员询问。调查取证时，行政复议工作人员不得少于2人。所以选项C正确。商场如不服复议决定，可以在收到复议决定书之日起15日内向人民法院提起诉讼。所以选项D错误。行政复议机关在申请人的行政复议请求范围内，不得作出对申请人更为不利的行政复议决定。所以选项E错误。

第6章 行政诉讼法律制度

JINGDIAN TIJIE

考情分析

历年考情分析

行政诉讼围绕解决行政争议展开，本章近几年考核的分值在13分左右，各种题型均有涉及，几乎每年都会出一道综合分析题，难度较大。本章与行政复议法律制度的重要程度不相上下，且很多知识点大同小异，考生要将二者结合起来进行复习，并重视历年真题所涉及的考点。

本章2020年考试主要变化

本章变动不大。

新增：(1)行政诉讼不实行反诉制度。(2)当事人对停止执行或者不停止执行的裁定不服的，可以申请复议一次。(3)立案部分，新增复议前置与复议选择的处理。

调整：行政诉讼受案范围的表述。

删除：(1)行政诉讼中的自认制度。(2)行政机关仅部分强制执行权，未授权部分，申请法院强制执行。

核心考点及真题详解

考点一 行政诉讼受案范围★★★

经典例题

【例题1·单选题】(2019年)根据《行政诉讼法》及司法解释规定，下列属于行政诉讼受案范围的是( )。

A. 税务机关为作出行政行为而实施的层报、咨询等过程性行政行为

B. 税务机关协助法院执行时采取违法方式作出的执行行为

C. 上级税务机关基于内部层级监督关系对下级税务机关作出的执法检查、督促履责行为

D. 税务机关作出的对纳税人权利义务不产生实际影响或者不产生外部法律效力的行为

【答案】B

【解析】本题考核行政诉讼不受理案件的范围。行政机关为作出行政行为而实施的准备、论证、研究、层报、咨询等过程性行为；上级行政机关基于内部层级监督关系对下级行政机关作出的听取报告、执法检查、督促履责等行为；行政机关作出的不产生外部法律效力的行为；对公民、法人或者其他组织权利义务不产生实际影响的行为不属于行政诉讼的受案范围。所以选项A、C、D错误。

【例题2·单选题】(2013年)根据法律、法规

及司法解释的规定，下列关于案件是否属于行政诉讼受案范围的说法中，正确的是(　)。

A. 对公司登记机关作出的不予名称预先核准、不予登记决定不服而提起行政诉讼的案件，属于法院受案范围

B. 国有土地上房屋被征收人对补偿决定不服而提起行政诉讼的案件，不属于法院受案范围

C. 当事人因行政许可法规定的查阅权受到侵害而提起行政诉讼的案件，不属于法院受案范围

D. 对市、县级人民政府作出的国有土地上房屋征收决定不服而提起行政诉讼的案件，不属于法院受案范围

【答案】A

【解析】本题考核行政诉讼受案范围。对征收、征用决定及其补偿决定不服的，属于行政诉讼的受案范围。所以选项B、D错误。被告无正当理由拒绝原告查阅行政许可决定及有关档案材料或监督检查记录的，人民法院可以判决被告在法定或合理期限内准予原告查阅。所以选项C错误。

考点精析

1. 行政诉讼受理的案件

具体行政行为+“规章以下”的抽象行政行为的附带审查

【帮你“李”解】行政诉讼的受理案件与行政复议的受理案件基本相同，将二者结合一并掌握。

2. 行政诉讼不予受理的案件

(1)国防、外交等国家行为。

【帮你“李”解】如与某个国家建交、断交、宣战，给某些国家经济援助等。

(2)行政法规、规章或者行政机关制定、发布的具有普遍约束力的决定、命令。

【帮你“李”解】例外：公民、法人或者其他组织认为行政行为所依据的国务院部门和地方人民政府及其部门制定的规范性文件不合法，在对行政行为提起诉讼时，可以一并请求对该规范性文件进行审查。**该规范性文件不含规章**。人民法院在审理行政案件中，经审查认为规范性文件不合法的，不作为认定行政行为合法的依据，并在裁判理由中予以阐明。作出生效裁判的人民法院应当向规范性文件的制定机关提出处理建议，并可以抄送制定机关的同级人民政府、上一级行政机关、监察机关以及规范性文件的备案机关。

(3)行政机关对行政机关工作人员的奖惩、任免等决定。

(4)法律规定由行政机关最终裁决的行政行为。

【帮你“李”解】行政机关最终裁决的行政行为只能是全国人大及其常委会制定的“法律”规定，其他规范性文件均无此权力。

(5)刑事司法行为。

【帮你“李”解】对刑事司法行为的判断从两个方面进行：①实施主体仅限于公安、国家安全等机关；②实施的行为是依照《刑事诉讼法》的明确授权。如刑事侦查、逮捕、发布通缉令等。

(6)行政调解、行政仲裁行为。

(7)行政指导行为。

【帮你“李”解】行政机关在实施行政指导时，通过利益引诱、反复说服教育甚至威胁等方式强迫行政相对人服从的，对这种行政指导当事人可依法提起行政诉讼。

(8)驳回当事人对行政行为提起申诉的重复处理行为。

【帮你“李”解】如乡政府把一块土地确权给了甲村，乙村不服，没有复议也没有起诉，过了期限以后，行政确权行为有了绝对的确定力。如果乙村去信访，有权机关(县政府)认为当年的确权行为没有错，乙村不能对后来的维持当年确权行为的重复处理行为提起诉讼。因为后来的行为对其权利、义务影响没有变化，此时法院不予受理。

(9)对公民、法人或其他组织权利义务不产生实际影响的行为。

(10)行政机关作出的不产生外部法律效

力的行为。

(11)行政机关为作出行政行为而实施的准备、论证、研究、层报、咨询等过程性行为。

(12)行政机关根据人民法院的生效裁判、协助执行通知书作出的执行行为。

【帮你“李”解】 但行政机关扩大执行范围或者采取违法方式实施的除外。

(13)上级行政机关基于内部层级监督关系对下级行政机关作出的听取报告、执法检查、督促履责等行为。

(14)行政机关针对信访事项作出的登记、受理、交办、转送、复查、复核意见等行为。

考点二　行政诉讼原告★★★

扫我解疑难

经典例题

【例题·单选题】（2013 年）某区房产管理局向郭某发放了一份房屋产权证书，郭某系房屋产权人。李某知道此事后非常气愤，声称自己几年前就从该区房产管理局领到了所涉房产的产权证书。因交涉没有结果，李某遂以房屋产权人的名义向区政府申请复议，请求撤销区房产管理局向郭某发放的房屋产权证书。经复议审理，区政府复议决定撤销向郭某发放的房屋产权证书。郭某接到决定书后没几天即遇交通事故死亡。郭某的妻子对该决定不服，以自己的名义直接向法院提起行政诉讼。根据《行政诉讼法》及司法解释的规定，下列关于本案当事人起诉的效力以及法院处理的说法中，正确的是(　)。

A. 本案起诉不成立，理由是本案不属于法定受案范围

B. 本案起诉不成立，理由是原告没有先申请复议处理

C. 本案起诉不成立，法院应当裁定不予受理，理由是郭某的妻子没有原告资格，应以郭某代理人身份起诉

D. 本案起诉成立，法院应当通知李某作为第三人参加诉讼

【答案】 D

【解析】 本题考核原告资格的转移和第三人参加诉讼。有权提起行政诉讼的公民死亡，其近亲属可以提起行政诉讼。

【有“李”有据】 本题可用排除法：在本题中，有权提起诉讼的郭某死后，其妻继承其原告资格，有权提起行政诉讼。因此，本案起诉成立。只要判断出此信息，做对本题就没有任何问题了，因为选项 A、B、C 中均写的是“本案起诉不成立”，只有选项 D 中写的是“本案起诉成立”。

考点精析

1. 原告资格=相对人+利害关系人

利害关系人的具体确认：

(1)相邻权人的原告资格。如规划部门许可某公司修建 30 层大楼，影响了与之相邻的其他房主的采光权、通风权，这些房主均具有对规划部门的行政许可行为提起行政诉讼的原告资格。

(2)公平竞争权人的原告资格。如若干企业竞投出租车营运权，政府以行政决定形式将出租车营运权批给某个企业，其他参加投标的企业均可以公平竞争权受到侵害为由提起行政诉讼。

(3)在行政复议等行政程序中被追加为第三人的。

(4)要求行政机关依法追究加害人法律责任的受害人。

【帮你“李”解】 加害人或者受害人中起诉的一方是原告，没有起诉的一方是第三人。如果加害人认为行政处罚过重而起诉，受害人认为处罚过轻同时起诉，在这种情况下，受害人和加害人都是原告，但他们不是共同原告。这是因为两个原告的主张冲突，不符合共同原告的要件。

(5)撤销或者变更行政行为涉及其合法权益的信赖利益人。当行政行为被变更、撤销

或者撤回时，与这些决定有法律上利害关系的信赖利益人，有权以原告身份对这些决定提起行政诉讼。

(6)为维护自身合法权益向行政机关投诉，具有处理投诉职责的行政机关作出或者未作出处理的。

(7)其他与行政行为有利害关系的情形。

2. 具体情形下原告资格的确定(见表6-1)

表6-1 具体情形下原告资格的确定

组织类型		原告(即以谁的名义)	
(1)合伙	合伙企业	核准登记的字号	
	个人合伙	未依法登记领取营业执照的，全体合伙人为共同原告(可以推选代表人)	
(2)个体工商户		一般	营业执照上登记的经营者为原告
		有字号的	营业执照上登记的字号为原告
(3)联营、合资、合作企业权益受损		联营、合资、合作各方可**以自己的名义**起诉	
(4)非国有企业被注销、撤销、合并、强令兼并、出售、分立、改变隶属关系等		该企业或其法定代表人起诉	
(5)股份制企业		股东大会、股东会、董事会以该企业的名义起诉	
(6)事业单位、社会团体、基金会、社会服务机构等非营利法人权益受损		其出资人、设立人可以自己的名义提起诉讼	
(7)(建筑物区分所有权的)业主共有利益受损		一般	业主委员会以自己的名义起诉
		业主委员会不起诉	专有部分占建筑物总面积过半数或者占总户数过半数的业主可以提起诉讼

3. 原告资格的转移

(1)有权提起诉讼的公民死亡，其近亲属可以提起诉讼。

【帮你“李”解】 近亲属包括配偶、父母、子女、兄弟姐妹、祖父母、外祖父母、孙子女、外孙子女和其他具有扶养、赡养关系的亲属。

(2)有权提起诉讼的法人或者其他组织终止，承受其权利的法人或者其他组织可以提起诉讼。

考点三 行政诉讼被告★★★

经典例题

【例题1·单选题】(2018年)根据《行政诉讼法》及司法解释规定，对复议机关决定维持原行政行为而当事人不服提起行政诉讼的案件，确定被告的规则是(　)。

A. 以复议机关为被告，以作出原行政行为的行政机关为第三人

B. 以作出原行政行为的行政机关和复议机关为共同被告

C. 以作出原行政行为的行政机关为被告，复议机关作为第三人

D. 由当事人选择作出原行政行为的行政机关和复议机关二者之一作为被告

【答案】 B

【解析】 本题考核行政诉讼被告。复议机关维持原行政行为的，原机关和复议机关为共同被告。

【例题2·多选题】(2016年)天河公司承建工程期间发生重大安全事故，某省建设厅现场调查后，当场作出暂扣天河公司安全生产许可证3个月的决定，市安全监督管理局作出对天河公司罚款3万元的决定。天河公司对市安全监督管理局作出的罚款处罚决定不服，向法院提起行政诉讼。下列关于暂扣许可证、

诉讼被告、出庭应诉事项的说法中，正确的有(　)。

A. 法院应当列某省建设厅为共同被告

B. 市安全监督管理局负责人应当出庭应诉

C. 某省建设厅暂扣许可证的行为属于行政强制措施

D. 若市安全监督管理局负责人拒不出庭应诉，则法院应当对其采取司法拘留措施

E. 某省建设厅作出暂扣许可证的决定，不适用《行政强制法》的程序规定

【答案】BE

【解析】本题考核行政行为的性质、行政诉讼被告、代表人、行政诉讼程序的有关规定。天河公司对罚款决定不服提起诉讼，被告是市安全监督管理局。所以选项A错误。暂扣许可证是行政处罚行为，适用《行政处罚法》的程序规定。所以选项C错误。人民法院对被告经传票传唤无正当理由拒不到庭，或者未经法庭许可中途退庭的，可以将被告拒不到庭或者中途退庭的情况予以公告，并可以向监察机关或者被告的上一级行政机关提出依法给予其主要负责人或者直接责任人员处分的司法建议。所以选项D错误。

考点精析

1. 被告的特殊性

(1)对原告的诉讼请求没有反诉权；

(2)承担被诉行政行为合法性的举证责任；

(3)有权执行或者改变被诉的行政行为。

2. 具体情形下被告资格的确定

(1)直接起诉时的被告(见表6-2)

表6-2　直接起诉时的被告

实施主体	被告	
行政机关	作出该行政行为的行政机关	
两个以上行政机关(含授权组织)	共同作出行政行为的行政机关	
行政机关与其他组织	行政机关(其他组织是第三人)	
法律、法规、规章授权的组织	该组织	
受委托的组织	委托的行政机关	
派出机关	该派出机关	
经批准的行为	对外署名的机关 【"李"应注意】行政复议中是批准的机关	
作出行政行为的机关被撤销或职权变更的	继续行使其职权的行政机关	
	没有继续行使其职权的行政机关的，以其所属的人民政府为被告；实行垂直领导的，以垂直领导的上一级行政机关为被告	
派出机构、内设机构、临时机构等	有法律、法规、规章的授权(哪怕机构超越所授职权)	实施行为的该机构
	①未经授权； ②行政机关自己"授权"(视为委托)	设立该机构的行政机关
村委会、居委会、高等院校、行业协会等	依据法律、法规、规章授权实施行为时，自己是被告	
	受行政机关委托时，委托的行政机关是被告	
市、县级政府确定的房屋征收部门	房屋征收部门为被告 【"李"应注意】即使房屋征收部门委托其他单位进行征收与补偿，也以房屋征收部门为被告	

续表

实施主体		被告
开发区管理机构		国务院、省级政府批准设立的，管理机构实施的，管理机构为被告，管理机构的职能部门实施的，职能部门为被告
		其他的，无论是管理机构实施的，还是管理机构的职能部门实施的，均以管理机构为被告
		管理机构本身不具有行政主体资格的，设立该机构的地方人民政府为被告
行政许可案件	一般行政许可	作出行政许可决定的行政机关
	许可经上级行政机关批准，对批准或不批准行为不服一并提起诉讼	下级行政机关+上级行政机关
	须经下级行政机关或管理公共事务的组织初步审查并上报，对不予初步审查或不予上报不服	下级行政机关或者管理公共事务的组织
	统一办理时	作出具有实质影响的不利行为的机关

（2）经过复议时的被告（见表6-3）

表6-3　经过复议时的被告

法定情形		被告
"维持"原行政行为 【"李"应注意】复议机关驳回复议申请或者复议请求或者既有"维持"，又有"改变"或"不予受理"也视为"维持"		作出原行政行为的行政机关+复议机关
"改变"原行政行为 【"李"应注意】"改变原行政行为"包括改变原行政行为处理结果、确认原行政行为无效、确认原行政行为违法（以违反法定程序为由确认违法的除外）		复议机关
复议机关不作为	对"不作为"不服	复议机关
	对原行政行为不服	原行政机关

3. 被告的变更与追加

（1）原告所起诉的被告不适格时，法院应当告知原告变更被告；原告不同意变更的，法院裁定驳回起诉。

（2）应当追加被告而原告不同意追加的，法院应当通知其以第三人的身份参加诉讼，但是行政复议机关作共同被告的除外。

考点四　行政诉讼第三人和行政诉讼代表人★

经典例题

【例题·单选题】（2018年）根据《行政诉讼法》及司法解释规定，由推选产生的2~5名当事人作为诉讼代表人参加诉讼的适用情形是（　）。

A. 同案原告至少5人以上

B. 同案原告至少10人以上

C. 同案原告至少15人以上

D. 同案原告至少30人以上

【答案】B

【解析】本题考核行政诉讼代表人。根据规定，如果同案原告为10人以上，可以由推选产生的2~5名当事人作为诉讼代表人参加诉讼。

考点精析

1. 第三人

(1)第三人是与被诉行政行为有利害关系但没有起诉，或者同案件处理结果有利害关系并依申请或法院通知参加到诉讼中来的公民、法人或其他组织。

【帮你"李"解】常见的不得做第三人的情形：

①复议机关改变原行政行为的，复议机关为被告，原机关不做第三人。

②复议机关维持原行政行为的，原机关和复议机关为共同被告，原告只起诉原机关或复议机关的，法院应当告知原告追加被告。原告不同意追加的，法院应依职权将另一机关**列为共同被告**，另一机关不做第三人。

③依法应当先经下级行政机关审查后报上级行政机关决定的行政许可，下级行政机关在法定期限内将初步审查意见和全部申请材料直接报送上级行政机关，上级行政机关作出准予或不予行政许可决定。当事人不服起诉的，上级行政机关为被告，下级行政机关不做第三人。

(2)第三人参加诉讼的程序。

①自己申请参加。

②人民法院通知参加。人民法院通知参加诉讼必须具有根据和理由，第三人有拒绝的权利。

(3)第三人的救济途径。

①与行政案件处理结果有利害关系的第三人，人民法院判决其承担义务或者减损其权益的，有权提起上诉、申请再审等。

②行政诉讼第三人，因不能归责于本人的事由未参加诉讼，但有证据证明发生法律效力的判决、裁定、调解书损害其合法权益的，可以依照行政诉讼法规定，自知道或者应当知道其合法权益受到损害之日起6个月内，向上一级人民法院申请再审。

公民、法人或者其他组织拒绝履行判决、裁定、调解书的，第三人可以向第一审人民法院申请强制执行。

【帮你"李"解】诉讼中，第三人经传票传唤无正当理由拒不到庭，或未经法庭许可中途退庭的，不发生阻止案件审理的效果。

2. 行政诉讼代表人

诉讼代表人的两类：

(1)不具备法人资格组织的诉讼代表人；

(2)当事人一方为10人以上，可以由推选产生2~5名当事人作为诉讼代表人。当事人推选不出的，可以由人民法院在起诉的当事人中指定代表人。代表人可以委托1~2人作为诉讼代理人。

【帮你"李"解】行政复议中的代表人是当事人5人以上，可以推选1~5名当事人作为复议代表人。

考点五　行政诉讼管辖★

经典例题

【例题·多选题】(2012年)江平县政府设立的临时机构基础设施建设指挥部认定，该县川口镇陈某等10户居民自建的附属房及围墙系违法建筑，决定强制拆除，并委托该县川口镇政府具体负责强制拆除有关事宜。陈某等10户居民对该决定不服而起诉。关于复议机关、诉讼参加人及诉讼管辖的说法，正确的有(　)。

A. 本案被告为川口镇政府

B. 本案应由江平县人民法院管辖

C. 若仅陈某起诉，则没有起诉的其他9户居民为第三人

D. 若10户居民对该决定不服申请复议，复议机关为江平县政府

E. 若10户居民在指定期限内未选定诉讼代表人，法院可以依职权指定

【答案】CE

【解析】本题考核行政诉讼参加人、诉讼管辖。基础设施建设指挥部作为临时机构，不

具有行政主体资格，不能作被告。县川口镇政府只是执行人，并非该决定的作出者，也不能作被告。本案的被告为江平县政府。所以选项A错误。对国务院部门或者县级以上地方人民政府所作的行政行为提起诉讼的行政案件，第一审由中级人民法院管辖。所以选项B错误。若陈某等10户居民对决定不服申请行政复议，复议机关为江平县政府的上一级政府。所以选项D错误。

考点精析

1. 级别管辖(见表6-4)

表6-4 行政诉讼的级别管辖

管辖法院	案件类型
基层人民法院	除中级、高级以及最高人民法院管辖以外的案件
中级人民法院	(1)海关处理的案件(海关处理的纳税案件+海关行政处罚案件)； (2)国务院部门或县级以上政府作被告的案件； (3)社会影响重大的共同诉讼案件； (4)涉外或涉港、澳、台案件； (5)其他法律规定由中级人民法院管辖的案件
高级人民法院	本辖区内重大、复杂的一审案件
最高人民法院	全国范围内重大、复杂的一审案件

【帮你“李”解】本知识点重点掌握中级人民法院管辖的案件。考试中，看到题目时的思路就是先判断案件是否属于中级人民法院管辖，如不属于，即由基层人民法院管辖。高级人民法院和最高人民法院不用考虑。

2. 地域管辖(见表6-5)

表6-5 地域管辖

	案件类型	管辖法院
一般地域管辖	直接起诉的案件	作出行政行为的行政机关所在地人民法院管辖
	经复议的案件	原机关所在地法院或者复议机关所在地人民法院 **【“李”应注意】**复议机关维持的案件，复议机关和原行政机关作为共同被告时，以**作出原行政行为的行政机关**确定案件的级别管辖
特殊地域管辖	对限制人身自由的行政强制措施不服	被告所在地或者原告所在地人民法院
	因行政行为导致不动产**物权变动**而提起的诉讼	不动产所在地的人民法院管辖 **【“李”应注意】**不动产已登记的，以不动产登记簿记载的所在地为不动产所在地；未登记的，以不动产实际所在地为不动产所在地
共同地域管辖	经复议的案件	原行政机关所在地或者复议机关所在地人民法院
	限制人身自由的强制措施	被告所在地或者原告所在地人民法院
	限制人身自由的行政强制措施+(其他行政强制措施或行政处罚)	被告所在地或者原告所在地人民法院
	不动产	该不动产涉及两个以上的人民法院管辖，由该两个以上人民法院共同管辖
	【“李”应注意】共同管辖的规则 起诉人选择→起诉人都提起诉讼，由**最先立案**的法院管辖	

3. 裁定管辖(见表 6-6)

表 6-6　裁定管辖

分类	法律规定
移送管辖	(1)无管辖权的人民法院将案件移送至有管辖权的人民法院; (2)受移送人民法院不得再行移送; (3)如被告认为受诉人民法院无管辖权，收到起诉状副本之日起 15 日内提出管辖权异议。异议不成立，人民法院裁定驳回；若认为异议成立，则裁定移送至有管辖权的人民法院; (4)人民法院对管辖权异议审查后确定有管辖权的，不因当事人增加或者变更诉讼请求等改变管辖，但违反级别管辖、专属管辖规定的除外
指定管辖	(1)有管辖权的人民法院由于特殊原因，不能行使管辖权的，由上级人民法院指定管辖。如回避、不可抗力等; (2)当事人以案件重大复杂为由，认为有管辖权的基层人民法院不适宜审理为由，向中级人民法院起诉的; (3)基层人民法院认为需要由中级人民法院指定管辖的
管辖权转移	经上级法院决定或同意，将案件由下级法院移送给上级法院管辖

4. 跨区域管辖

经最高人民法院批准，高级人民法院可以根据审判工作的实际情况，确定若干人民法院跨行政区域管辖行政案件。

专门人民法院、人民法庭不审理行政案件，也不审查和执行行政机关申请执行其行政行为的案件。铁路运输法院等专门人民法院审理行政案件，执行行政诉讼法关于跨区域管辖的规定。

考点六　行政诉讼证据的种类、收集与审查★★

经典例题

【例题·单选题】(2015 年)根据《行政诉讼法》及有关规定，行政诉讼法定证据种类的形式不包括(　)。

A. 网上聊天记录、网络博客

B. 电子邮件、电子签名

C. 手机短信

D. 评论性证言

【答案】D

【解析】本题考核行政诉讼的法定证据种类。选项 A、B、C 属于电子数据；选项 D 中证人猜测性、评论性、推断性的证言，不能作为证据使用。

考点精析

1. 行政诉讼的证据种类(见表 6-7)

表 6-7　行政诉讼的证据种类

种类	内容
书证	以表达或反映的思想内容证明案件事实。如报表、图纸、会计账册、专业技术资料、科技文献等
物证	以物品的自然状态来证明案件事实，不带有任何主观内容
视听资料	利用录音、录像、计算机存储等手段反映出的声音、影像或其他信息
电子数据	通常是指电子邮件、电子数据交换、网上聊天记录、网络博客、手机短信、电子签名、域名等证据形式
证人证言	(1)凡是知道案件事实的人，都有出庭作证的义务，但不能正确表达意志的人不能作证。 (2)出庭作证的证人不得旁听案件的审理。 (3)原告或者第三人可以要求相关行政执法人员作为证人出庭作证： ①对现场笔录的合法性或者真实性有异议的; ②对扣押财产的品种或者数量有异议的; ③对检验的物品取样或者保管有异议的

续表

种类	内容
证人证言	④对行政执法人员身份的合法性有异议的； ⑤需要出庭说明的其他情形
当事人陈述	当事人在行政诉讼中就其所经历的案件事实，向人民法院所作的口头或书面说明
鉴定意见	由鉴定部门指派具有专门知识和专门技能的人对某些专门性问题进行分析、鉴别和判断，从而得出能够证明案件事实的书面意见
勘验笔录	对物品、现场进行查看、检验后所作的能够证明案件情况的记录
现场笔录 （**行政诉讼中特有的**）	（1）只有在证据难以保全、事后难以取证、不可能取得其他证据或者其他证据难以证明案件事实情况下才能适用。 （2）被告向人民法院提供的现场笔录，应由执法人员和当事人签名；当事人拒绝签名或者不能签名的，应当注明原因；有其他人在现场的，可由其他人签名

2. 行政诉讼证据的收集

（1）被告收集证据的规定（见表 6-8）

表 6-8　被告收集证据的规定

分类	内容
证据的收集时间	①向法院提交的证据原则上应当在作出行政行为之前收集。 ②一旦进入诉讼程序，作为被告的行政机关及其诉讼代理人就不得自行向原告和证人收集证据
经法院准许，被告可以补充相关证据的情况	原告或第三人提出了其在行政处理程序中没有提出的理由或者证据的
经法院准许，可以延期提供的情况	被告在作出行政行为时已经收集证据，但因不可抗力等正当理由不能提供的

（2）人民法院对证据的收集（见表 6-9）

表 6-9　人民法院对证据的收集

人民法院有权主动调取证据	可以申请人民法院调取证据
①涉及国家利益、公共利益或者他人合法权益的事实认定的； ②涉及依职权追加当事人、中止诉讼、终结诉讼、回避等程序性事项的	①由国家机关保存而需由人民法院调取的证据； ②涉及国家秘密、商业秘密、个人隐私的证据； ③因客观原因不能自行收集的其他证据

3. 行政诉讼证据的审查认定（见表 6-10）

表 6-10　行政诉讼中证据的审查认定

定案材料	审查认定
不能单独作为定案依据的材料	（1）未成年人所作的与其年龄和智力状况不相适应的证言； （2）与一方当事人有亲属关系或者其他密切关系的证人所作的对该当事人有利的证言，或者与一方当事人有不利关系的证人所作的对该当事人不利的证言； （3）应当出庭作证而无正当理由不出庭作证的证人证言； （4）难以识别是否经过修改的视听资料； （5）无法与原件、原物核对的复制件或者复制品； （6）经一方当事人或者他人改动，对方当事人不予认可的证据材料； （7）其他不能单独作为定案依据的证据材料

定案材料	审查认定
不能作为定案依据的材料（完全无效）	（1）严重违反法定程序收集的证据材料； （2）以偷拍、偷录、窃听等手段获取侵害他人合法权益的证据材料； （3）以利诱、欺诈、胁迫、暴力等手段获取的证据材料； （4）当事人无正当事由超出举证期限提供的证据材料； （5）在中国领域以外或者在中国香港特别行政区、澳门特别行政区和台湾地区形成的未办理法定证明手续的证据材料； （6）当事人无正当理由拒不提供原件、原物，又无其他证据印证，且对方当事人不予认可的证据的复制件或者复制品； （7）被当事人或者他人进行技术处理而无法辨明真伪的证据材料； （8）不能正确表达意志的证人提供的证言； （9）不具备合法性和真实性的其他证据材料

【帮你“李”解1】具有下列情形的鉴定意见人民法院不予采纳：

（1）鉴定人不具备鉴定资格；

（2）鉴定程序严重违法；

（3）鉴定意见错误、不明确或者内容不完整。

【帮你“李”解2】被告在行政程序中依照法定程序要求原告提供证据，原告依法应当提供而拒不提供，在诉讼程序中提供的证据，人民法院一般不予采纳。

【帮你“李”解3】以违反法律强制性规定且侵犯他人合法权益的方法取得的证据，不能作为认定案件事实的依据。

考点七　行政诉讼中的举证责任★★★

经典例题

【例题1·单选题】（2015年）根据《行政诉讼法》及有关规定，若原告确有证据证明被告持有的证据对原告有利，被告无正当理由拒不提供，则法院的正确做法是（　）。

A. 直接认定被告主张的事实存在

B. 责令被告退出法庭并缺席判决

C. 推定原告的主张成立

D. 直接判决撤销被诉行政行为

【答案】C

【解析】本题考核举证责任分配。原告确有证据证明被告持有的证据对原告有利，被告无正当事由拒不提供的，可以推定原告的主张成立。

【例题2·多选题】（2013年）袁某认为中川区房产管理局对他的房产信息记载有误，要求更正，该局拒绝。袁某向法院起诉该局不作为，请求法院判决该局在一定期限内更正。法院予以受理。该局认为，袁某的起诉超过法定期限。下列关于本案法院受理和举证责任的说法中，正确的有（　）。

A. 法院受理本案错误，理由是袁某的起诉不属于行政诉讼受案范围，袁某应向上一级房产管理局投诉

B. 法院受理本案正确，中川区房产管理局应当对拒绝更正的理由进行举证

C. 法院受理本案错误，理由是袁某错列被告，袁某应起诉中川区人民政府

D. 法院受理本案错误，理由是袁某没有提供充分的证明中川区房产管理局所记载房产信息有误且拒绝予以更正的证据

E. 法院受理本案正确，中川区房产管理局应当对原告的起诉超过法定期限进行举证

【答案】BE

【解析】本题考核行政诉讼的受理和举证责任。针对中川区房产管理局的不作为而提起的诉讼，法院应予受理，被告是中川区房产管理局。由此可知，凡是认为“法院受理本案错误”的选项，均不选。

考点精析

举证责任的分配(见表6-11)

表6-11　举证责任的分配

	被告	原告
举证事项	(1)被诉行政行为合法性； (2)原告起诉超过起诉期限	(1)起诉时符合法定起诉条件的相应的证据材料。 (2)不作为的案件：原告提供曾经提出申请的证据材料，但有下列情形的除外： ①依职权主动履行法定职责； ②被告受理申请的登记制度不完备等正当事由。 (3)行政赔偿、补偿诉讼中的损害的事实
	【“李”应注意】原告可以提供证明行政行为违法的证据。原告提供的证据不成立的，**不免除被告的举证责任**	
举证期限	被告应当在收到起诉状副本之日起15日内向人民法院提交作出行政行为的证据和所依据的规范性文件，并提出答辩状	原告应当在开庭审理前或人民法院指定的交换证据清单之日提供证据
举证不能的后果	视为无证据依据；但是，被诉行政行为涉及第三人合法权益，第三人提供证据的除外	逾期举证→法院责令说明理由→拒不说明或理由不成立→视为放弃举证权利

阶段性测试

1.【单选题】胡某夫妇在2019年生育三胎后，被甲县人民政府处罚2万元，并缴纳社会抚养费5万元。胡某夫妇不服，欲向人民法院提起行政诉讼，但是担心自己提供的证据不足以证明甲县人民政府所作决定的不合法，特向律师咨询。律师的解答正确的是(　)。

A. 根据谁主张谁举证，胡某夫妇应提供充分的证据

B. 甲县人民政府应当自己证明其所作决定的合法性

C. 如果胡某夫妇不能提供充分的证据，法院则会作出驳回其诉讼请求的判决

D. 胡某夫妇不用提供任何证据就可以向人民法院提起行政诉讼

2.【多选题】根据《行政诉讼法》的规定，公民、法人或者其他组织对行政机关(　)的行为不服的，可以提起行政诉讼。

A. 强制企业合并

B. 行政机关针对信访事项作出的转送行为

C. 上级行政机关对下级行政机关作出的执法检查行为

D. 变更土地承包合同

E. 制定规章设定许可

阶段性测试答案精析

1. B 【解析】本题考核举证责任。《行政诉讼法》第34条规定，被告对作出的行政行为负有举证责任，应当提供作出该行政行为的证据和所依据的规范性文件。

2. AD 【解析】本题考核行政诉讼的受案范围。选项B，行政机关针对信访事项作出的登记、受理、交办、转送、复查、复核意见等行为不属于行政诉讼的受案范围，选项C属于内部层级监督行为，选项E属于抽象行政行为。以上三项均不属于行政诉讼的受案范围。

考点八　行政诉讼的起诉与受理★★

经典例题

【例题·多选题】（2015年）根据《行政诉讼法》规定，下列关于起诉事项的说法中正确的有（　）。

A. 认为国务院部门、地方人民政府及其部门制定的规范性文件不合法，当事人可以单独就规范性文件提起诉讼

B. 起诉状内容欠缺或者有其他错误的，应当给予指导和释明，并一次性告知当事人需补正的内容

C. 受诉法院自收到起诉状之日起7日内既不立案，又不作出不予立案裁定的，当事人可以向上一级人民法院起诉

D. 不经行政复议而直接向人民法院提起行政诉讼的，当事人应当自知道或应当知道作出行政行为之日起6个月内起诉，法律另有规定除外

E. 被告应当在收到起诉状副本之日起10日内向人民法院提交作出行政行为的证据

【答案】BCD

【解析】本题考核行政诉讼案件起诉与受理。公民、法人或者其他组织认为行政行为所依据的国务院部门和地方人民政府及其部门制定的规范性文件不合法，在对行政行为提起诉讼时，可以一并请求对该规范性文件进行审查，但不能单独就该规范性文件提起行政诉讼。所以选项A错误。被告应当在收到起诉状副本之日起15日内向人民法院提交作出行政行为的证据和所依据的规范性文件，并提出答辩状。所以选项E错误。

考点精析

1. 起诉的一般条件与时间条件（见表6-12）

表6-12　起诉的一般条件与时间条件

条件	具体规定	
起诉的一般条件	（1）原告是行政行为的相对人以及其他与行政行为有利害关系的公民、法人或者其他组织。 （2）有明确的被告。 （3）有具体的诉讼请求和事实根据。 （4）属于人民法院受案范围和受诉人民法院管辖	
起诉的时间条件	直接起诉	知道或者应当知道作出行政行为之日起**6个月**
	先复议后起诉	**收到复议决定书之日**或复议机关逾期不作决定，**复议期满之日起**15日内，法律另有规定除外
	最长保护期限	（1）行政机关作出行政行为时，未告知公民、法人或其他组织起诉期限的，起诉期限从公民、法人或者其他组织知道或者应当知道起诉期限之日起计算，但从知道或者应当知道行政行为内容之日起最长不得超过1年。复议决定未告知公民、法人或者其他组织起诉期限的，也适用该规定。 （2）不知道行政机关作出的行政行为内容的，其起诉期限从知道或者应当知道该行政行为内容之日起计算。但是，因不动产提起诉讼的案件自行政行为作出之日起超过20年，其他案件自行政行为作出之日起超过5年提起诉讼的，人民法院不予受理

2. 起诉的程序条件

（1）复议前置的情况。对复议决定不服的，才可以向法院起诉，否则法院不予立案。如果复议机关不受理复议申请或者在法定期限内不做复议决定，对该不作为不服向法院起诉的，法院应当依法立案。

（2）自由选择复议或诉讼的情况。既提起诉讼又申请复议的，由先立案的机关管辖，

同时立案的，由当事人选择。

3. 立案

人民法院在接到原告的起诉状后对原告起诉的内容和形式进行审查，并根据审查的结果作出以下处理(见表6-13)。

表6-13 对起诉的处理

情形	处理
符合起诉条件的	应当登记立案
不符合起诉条件的	作出不予立案的裁定。裁定书应当载明不予立案的理由。原告对裁定不服的，可以提起上诉
起诉状内容欠缺或者有其他错误的	应当给予指导和释明，并一次性告知当事人需要补正的内容
当场不能判定是否符合起诉条件的	应当接收起诉状，并在**7日内决定**是否立案
7日内不能决定是否立案的	应当先予立案；立案后经审查不符合起诉条件的，裁定驳回起诉
7日内既不立案又不作出不予立案裁定的	当事人可以向上一级人民法院起诉。上一级人民法院认为符合起诉条件的，应当立案、审理，也可以指定其他下级人民法院立案、审理

对于不接收起诉状、接收起诉状后不出具书面凭证，以及不一次性告知当事人需要补正的起诉状内容的，当事人可以向上级人民法院投诉。

【帮你"李"解】 法律、法规规定应当先申请复议，公民、法人或者其他组织未申请复议直接提起诉讼的，人民法院裁定不予立案。依照《行政诉讼法》第45条的规定，复议机关不受理复议申请或者在法定期限内不作出复议决定，公民、法人或者其他组织不服法律、法规未规定行政复议为提起行政诉讼必经程序，公民、法人或者其他组织既提起诉讼又申请行政复议的，由先立案的机关管辖；同时立案的，由公民、法人或者其他组织选择。

考点九 行政诉讼第一审程序★★

经典例题

【例题1·单选题】(2019年)行政行为存在重大且明显违法情形，人民法院应判决确认该行政行为无效。根据《行政诉讼法》及司法解释规定，该情形不包括(　)。

A. 行政行为明显不当

B. 行政行为的内容客观上不可能实施

C. 减损权利或者增加义务的行政行为没有法律规范依据

D. 行政行为实施主体不具有行政主体资格

【答案】 A

【解析】 本题考核行政诉讼判决。行政行为有实施主体不具有行政主体资格或者没有依据等重大且明显违法情形，原告申请确认行政行为无效的，人民法院判决确认无效。有下列情形之一的，属于行政诉讼法规定的"重大且明显违法"：(1)行政行为实施主体不具有行政主体资格；(2)减损权利或者增加义务的行政行为没有法律规范依据；(3)行政行为的内容客观上不可能实施；(4)其他重大且明显违法的情形。

【例题2·多选题】(2019年)根据《行政诉讼法》规定，人民法院审理第一审行政案件，认定事实清楚、权利义务关系明确、争议不大的，可以适用简易程序。具备该前提条件，可以适用简易程序的案件包括(　)。

A. 行政机关不履行行政协议的案件

B. 被诉行政行为是依法当场作出的案件

C. 行政机关不履行法定职责的案件

D. 被诉行政行为涉及款额10 000元以下的所有行政案件

E. 政府信息公开案件

【答案】BE

【解析】本题考核行政诉讼简易程序。人民法院审理下列第一审行政案件，认为事实清楚、权利义务关系明确、争议不大的，可以适用简易程序：(1)被诉行政行为是依法当场作出的(选项 B 正确)；(2)案件涉及款额 2 000 元以下的；(3)属于政府信息公开案件的(选项 E 正确)。除前述规定以外的第一审行政案件，当事人各方同意适用简易程序的，可以适用简易程序。发回重审、按照审判监督程序再审的案件不适用简易程序。

考点精析

1. 审理形式

一审程序中应当实行开庭审理，不得进行书面审理。

2. 公开审理

开庭审理时，除涉及国家秘密、个人隐私和法律另有规定外，人民法院审理行政案件应当公开审理。涉及商业秘密的案件，当事人申请不公开审理的，可以不公开审理。

3. 审限

6 个月内作出一审判决。有特殊情况需要延长的，由高级人民法院批准；高级人民法院审理的一审案件需要延长的，由最高人民法院批准。

4. 宣告判决

(1)驳回诉讼请求判决。人民法院经审理认为被诉行政行为证据确凿、适用法律、法规正确、符合法定程序时，应当作出驳回原告诉讼请求的判决。

【帮你“李”解】该种情形，行政复议机关应作出“维持决定”。

(2)撤销判决。行政行为有下列情形之一的，人民法院判决撤销或者部分撤销，并可以判决被告重新作出行政行为：

①主要证据不足的；

②适用法律、法规错误的；

③违反法定程序的；

④超越职权的；

⑤滥用职权的；

⑥明显不当的。

【帮你“李”解】法院判决被告重新作出行政行为的，被告不得以同一事实和理由作出与原行政行为基本相同的行政行为。

(3)履行判决。人民法院经过审理，查明被告不履行法定职责的，判决被告在一定期限内履行。

【帮你“李”解】原告申请被告依法履行支付抚恤金、最低生活保障待遇或者社会保险待遇等给付义务的理由成立，被告依法负有给付义务而拒绝或者拖延履行义务且无正当理由的，人民法院可以判决被告在一定期限内履行相应的给付义务。

(4)变更判决。行政处罚明显不当，或者其他行政行为涉及对款额的确定、认定确有错误的，人民法院可以判决变更。

【帮你“李”解】人民法院作出变更判决，不得加重对原告的处罚，包括加重处罚幅度或增加处罚内容。但利害关系人同为原告且诉讼请求相反的除外。

(5)确认违法判决。

行政行为有下列情形之一的，人民法院判决确认违法，但不撤销行政行为：

①行政行为依法应当撤销，但撤销会给国家利益、社会公共利益造成重大损害的；

②行政行为程序轻微违法，但对原告权利不产生实际影响的。

行政行为有下列情形之一，不需要撤销或者判决履行的，人民法院判决确认违法：

①行政行为违法，但不具有可撤销内容的；

②被告改变原违法行政行为，原告仍要求确认原行政行为违法的；

③被告不履行或者拖延履行法定职责，判决履行没有意义的。

【帮你“李”解 1】注意与撤销判决相区分。确认违法判决不取消被诉行政行为的效力，而判决撤销则取消被诉行政行为的效力。

【帮你“李”解 2】原行政行为合法、复议决定违法的，人民法院可以判决撤销复议决定或者确认复议决定违法，同时判决驳回原告针对原行政行为的诉讼请求。

(6)无效判决。行政行为有实施主体不具有行政主体资格或者没有依据等重大且明显违法情形，原告申请确认行政行为无效的，人民法院判决确认无效。

5. 简易程序(见表6-14)

表6-14　简易程序

<table>
<tr><th>项目</th><th colspan="2">内容</th></tr>
<tr><td rowspan="2">可以适用简易程序的案件</td><td>事实清楚、权利义务关系明确、争议不大的</td><td>(1)被诉行政行为是依法当场作出的；
(2)案件涉及款额2 000元以下的；
(3)属于政府信息公开案件的</td></tr>
<tr><td colspan="2">当事人各方同意适用简易程序的(其他案件)</td></tr>
<tr><td>不适用简易程序的情形</td><td colspan="2">发回重审、按照审判监督程序再审的案件</td></tr>
<tr><td>审判组织</td><td colspan="2">由审判员1人独任审理</td></tr>
<tr><td>审期</td><td colspan="2">应当在立案之日起45日内审结</td></tr>
<tr><td>举证期限</td><td colspan="2">“法院确定”或“当事人协商一致+法院准许”；不得超过15日</td></tr>
</table>

【帮你“李”解1】人民法院在审理过程中，发现案件不宜适用简易程序的，裁定转为普通程序。

【帮你“李”解2】“事实清楚”，是指当事人对争议的事实陈述基本一致，并能提供相应的证据，无须人民法院调查收集证据即可查明事实；“权利义务关系明确”，是指行政法律关系中权利和义务能够明确区分；“争议不大”，是指当事人对行政行为的合法性、责任承担等没有实质分歧。

6. 案件审理中需要注意的几个问题

(1)撤诉(见表6-15)。

表6-15　撤诉

分类	内容
申请撤诉	在法院立案后，宣告判决或裁定前： ①原告申请撤诉； ②被告改变其作出的行政行为，原告同意并申请撤诉；是否准许，由人民法院裁定。 **【“李”应注意1】**被告改变被诉行政行为，原告申请撤诉，符合下列条件的，人民法院应当裁定准许： A. 申请撤诉是当事人真实意思表示； B. 被告改变被诉行政行为，不违反法律、法规的禁止性规定，不超越或者放弃职权，不损害公共利益和他人合法权益； C. 被告已经改变或者决定改变被诉行政行为，并书面告知人民法院； D. 第三人无异议。 **【“李”应注意2】**法院裁定准许原告撤诉后，原告以同一事实和理由重新起诉的，法院不予立案。已经立案的，应当裁定驳回起诉
视为申请撤诉	①原告经传票传唤，无正当理由拒不到庭或未经许可中途退庭的； ②原告在法定期限内未交纳诉讼费用且又未提出暂不交纳诉讼费用申请的

(2)诉讼中止与诉讼终结的情形(见表6-16)。

表 6-16　诉讼中止与诉讼终结的情形

诉讼中止	诉讼终结
(1)原告死亡，须等待其近亲属表明是否参加诉讼的； (2)原告丧失诉讼行为能力，尚未确定法定代理人的； (3)作为一方当事人的行政机关、法人或者其他组织终止，尚未确定权利义务承受人的； (4)一方当事人因不可抗力的事由不能参加诉讼的； (5)案件涉及法律适用问题，需要送请有权机关作出解释或者确认的； (6)案件的审判须以相关民事、刑事或者其他行政案件的审理结果为依据，而相关案件尚未审结的； (7)其他应当中止诉讼的情形	(1)原告死亡，没有近亲属或者近亲属放弃诉讼权利的； (2)作为原告的法人或者其他组织终止后，其权利义务的承受人放弃诉讼权利的； (3)因原告死亡，须等待其近亲属表明是否参加诉讼，或原告丧失诉讼行为能力，尚未确定法定代理人，或因作为一方当事人的行政机关、法人或者其他组织终止，尚未确定权利义务承受人而中止诉讼满 90 日仍无人继续诉讼的，裁定终结诉讼，但有特殊情况的除外

(3)审理依据

①以法律、法规为依据，参照规章。

②参考其他规范性文件。

③援引司法解释。

【帮你“李”解】 行政复议的审理依据是法律、法规、规章，具有普遍约束力的决定、命令。

考点十　行政赔偿诉讼★

经典例题

【例题·多选题】（2013 年）根据《行政诉讼法》《国家赔偿法》及司法解释的规定，下列关于税务行政赔偿诉讼的赔偿范围与标准、赔偿方式及诉讼举证的说法中，正确的有(　)。

A. 税务机关扣押的纳税人财产已被税务机关拍卖，但法院认定税务机关扣押行为违法，则税务机关应当给付拍卖所得的价款及相应的赔偿金

B. 税务人员在执行公务过程中实施侵害纳税人人身权的行为，造成纳税人精神损害且后果严重的，税务机关应向纳税人支付相应的精神损害抚慰金

C. 若法院认定税务机关作出的罚款决定没有法律依据，则税务机关应当退还罚款，无须向纳税人支付银行同期存款利息

D. 赔偿请求人应当提供证据证明损害事实的发生，赔偿义务机关对自己提出的主张亦应提供证据加以证明

E. 税务机关扣押的纳税人财产已被税务机关拍卖，但法院认定税务机关扣押行为违法，则税务机关应当给付拍卖所得的价款

【答案】 BDE

【解析】 本题考核行政赔偿诉讼。《国家赔偿法》第 36 条规定，侵犯公民、法人和其他组织的财产权造成损害的，按照下列规定处理：(1)处罚款、罚金、追缴、没收财产或者违法征收、征用财产的，返还财产。(2)查封、扣押、冻结财产的，解除对财产的查封、扣押、冻结，造成财产损坏或者灭失的，依照本条第 3 项、第 4 项的规定赔偿。(3)应当返还的财产损坏的，能够恢复原状的恢复原状，不能恢复原状的，按照损害程度给付相应的赔偿金。(4)应当返还的财产灭失的，给付相应的赔偿金。(5)财产已经拍卖或者变卖的，给付拍卖或者变卖所得的价款；变卖的价款明显低于财产价值的，应当支付相应的赔偿金(选项 A 错误)。(6)吊销许可证和执照、责令停产停业的，赔偿停产停业期间必要的经常性费用开支。(7)返还执行的罚款或者罚金、追缴或者没收的金钱，解除冻结的存款或者汇款的，应当支付银行同期存款利息(选项 C 错误)。(8)对财产权造成其他损害的，

按照直接损失给予赔偿。

考点精析

1. 归责原则不再强调"违法归责原则"

2. 财产损害赔偿的计算标准

(1)罚款、罚金、追缴、没收财产或者违法征收、征用财产的赔偿：返还财产；返还执行的罚款或者罚金、追缴或者没收的金钱，应当支付银行同期存款利息。

(2)查封、扣押、冻结财产造成的赔偿：解除对财产的查封、扣押、冻结；造成财产损坏或者灭失的，按照规定进行赔偿。应当返还的财产损坏的，能够恢复原状的恢复原状，不能恢复原状的，按照损害程度给付相应的赔偿金；应当返还的财产灭失的，给付相应的赔偿金；解除冻结的存款或者汇款的，应当支付银行同期存款利息。

(3)财产已经拍卖或者变卖的：给付拍卖或者变卖所得的价款；变卖的价款明显低于财产价值的，应当支付相应的赔偿金。

(4)吊销许可证和执照、责令停产停业的赔偿：赔偿停产停业期间必要的经常性费用开支。

(5)财产权其他损害赔偿：按照直接损失给予赔偿。

阶段性测试

1. **【单选题】** 中江县人民政府与鸿大开发公司签订《旧城改造项目协议书》，对某地区旧城改造范围、拆迁补偿费及支付方式和期限等事宜加以约定。致远科技公司持有经市政府批准取得的第 8 号地块国有土地使用权证，而第 8 号地块位于该地区旧城改造范围内。鸿大开发公司获得改造范围内新建房屋的预售许可证，并向社会公开预售。致远科技公司认为，中江县人民政府以协议形式规划、管理和利用项目改造的行为违法，遂向法院起诉。法院受理此案。根据《行政诉讼法》及司法解释的规定，下列关于本案处理方法的表述中，正确的是(   )。

   A. 若法院经审理查明，中江县人民政府以协议形式规划、管理和利用项目改造的行为证据确凿，适用法律、法规正确，符合法定程序，法院应当判决维持

   B. 若法院经审理查明，中江县人民政府以协议形式规划、管理和利用项目改造的行为违法，应当判决撤销，并责令其在一定期限内重新作出行政行为

   C. 若法院经审理查明，中江县人民政府以协议形式规划、管理和利用项目改造的行为违法，应当判决确认违法，但不撤销

   D. 法院应当裁定驳回起诉，因为致远科技公司不是《旧城改造项目协议书》的当事人

2. **【多选题】** 某省甲市乙县丙公司以过期原料生产保健食品出售。乙县食品卫生监督管理部门决定没收其保健食品，并处罚款 15 万元。丙公司不服，向县政府申请复议。县政府决定维持处罚决定。丙公司起诉到乙县法院。根据法律和有关规定，下列关于本案的审查对象、证人作证和审理依据的说法中，正确的有(   )。

   A. 县法院审理此案以法律、行政法规为依据、地方性法规

   B. 若丙公司在此案庭审过程中要求证人出庭作证，法院应不予准许

   C. 县法院应当对处罚决定的合法性和适当性一并审查，丙公司的生产经营行为是否合法也是本案的诉讼审查对象

   D. 县法院审理此案可以参照规章

   E. 县法院应当以《药品管理法》等法律为依据进行审理，同时可以参照行政法规、规章

阶段性测试答案精析

1. C **【解析】** 本题考核行政诉讼的判决。行政行为证据确凿，适用法律、法规正确，符合法定程序的，人民法院应判决驳回原告的诉讼请求。所以选项 A 错误。行政行

为依法应当撤销，但撤销会给国家利益、社会公共利益造成重大损害的，人民法院判决确认违法，但不撤销行政行为。人民法院判决确认违法或者无效的，可以同时判决责令被告采取补救措施。所以选项 B 错误。致远科技公司是《旧城改造项目协议书》的利害关系人，其有原告资格。所以选项 D 错误。

2. AD 【**解析**】本题考核行政诉讼的审查对象和审理依据。当事人在庭审过程中要求证人出庭作证的，法庭可以根据审理案件的具体情况，决定是否准许以及是否延期审理。所以选项 B 错误。对处罚决定中的“罚款”部分，县法院在审理时应对其合法性和适当性一并审查，但对处罚决定中的“没收保健食品”部分，县法院在审理时只审查合法性，不审查适当性。另外，县法院对丙公司的生产经营行为是否合法不予审查。所以选项 C 错误。保健食品首先属于食品，保健食品的生产经营活动应受《食品安全法》的调整，而不应受《药品管理法》的调整。另外，法院审理行政案件依据法律、行政法规，可以参照规章，而非参照行政法规。所以选项 E 错误。

本章综合练习 限时45分钟

一、单项选择题

1. 甲地 A 公司将 3 辆进口车卖给乙地 B 公司，B 公司将汽车运回期间受到乙地市场监督管理局查处。市场监督管理局以 A 公司无进口汽车证明，B 公司无准运证从事非法运输为由，决定没收 3 辆汽车。A 公司不服该决定提起诉讼。下列选项中属于受理法院审理对象的是(　)。

   A. 3 辆汽车的性质

   B. A 公司销售行为的合法性

   C. B 公司购买行为的合法性

   D. 市场监督管理局处罚决定的合法性

2. 起诉权的行使应当符合法律中关于行政诉讼与行政复议关系的规定，在当事人可以自由选择行政复议和行政诉讼的情况下，根据相关规定，下列说法中错误的是(　)。

   A. 当事人既提起诉讼又申请复议的，由先立案的机关管辖

   B. 公民、法人或其他组织已经申请行政复议，在法定复议期间又向人民法院起诉的，人民法院不予受理

   C. 行政复议决定作出前，申请人要求撤回行政复议申请，经复议机构同意，可以撤回

   D. 复议申请人撤回行政复议申请后，不能再提起行政诉讼

3. 2017 年 6 月，有人向某市林业局举报某地村民高某毁林采矿。3 日后，市林业局致函当地县政府，要求县政府调查，县政府接函后当日召开专题会议，形成会议纪要；由县林业局、县矿产资源管理局和县安监局三部门共同负责调查处理此事。三部门遂展开调查，并与高某沟通后形成处理意见：要求高某合法开采。2019 年 9 月，又有人举报高某，称高某又在非法采矿，不少林木被毁，当地生态遭到破坏。2019 年 10 月，三部门经调查，向高某共同发出通知：责令高某立即停止违法开采并限期采取相应补救措施对被破坏的生态进行整治。高某不服，认为自己采矿前履行了必要的许可程序，采矿手续合法、齐全，三部门的调查工作不充分，说其毁林缺乏事实依据，于是决定向法院提起行政诉讼。下列有关行为是否具有可诉性的说法中，正确的是(　)。

   A. 三部门的通知行为不具有可诉性

   B. 三部门作出相关处理意见的行为具有可

诉性

C. 市林业局致函县政府的行为不具有可诉性

D. 县政府专题会议形成的会议纪要具有可诉性

4. 某公司向规划局交纳了一定费用后获得了该局发放的建设用地规划许可证。刘某的房屋紧邻该许可规划用地，刘某认为建筑工程完成后将遮挡其房屋采光，向法院起诉请求撤销该许可决定。根据《行政许可法》《行政诉讼法》及司法解释的规定，下列说法正确的是(   )。

A. 规划局发放许可证不得向某公司收取任何费用。但是，法律、行政法规另有规定的，依照其规定

B. 因刘某不是该许可的利害关系人，规划局审查和决定发放许可证无需听取其意见

C. 因刘某不是该许可的相对人，不具有原告资格

D. 因建筑工程尚未建设，刘某权益受侵犯不具有现实性，不具有原告资格

5. 某区卫生局以董某擅自开展诊疗活动为由作出没收其违法诊疗工具并处 5 万元罚款的处罚。董某向区政府申请复议，区政府维持了原处罚决定。董某向法院起诉。下列说法正确的是(   )。

A. 如董某只起诉区卫生局，法院应追加区政府为第三人

B. 本案应以区政府确定案件的级别管辖

C. 本案可由区卫生局所在地的法院管辖

D. 法院应对原处罚决定和复议决定进行合法性审查，但不对复议决定作出判决

6. 个体工商户欧阳锋对市场监督管理部门吊销其营业执照的行为不服，准备向法院起诉，根据《行政诉讼法》，其起诉的时间应为(   )内。

A. 自知道该具体行政行为时起 6 个月

B. 自知道该具体行政行为时起 3 个月

C. 自知道该具体行政行为时起 60 日

D. 自知道该具体行政行为时起 15 日

7. 下列选项中，属于行政诉讼中特有证据的是(   )。

A. 当事人陈述　　B. 鉴定意见

C. 勘验笔录　　D. 现场笔录

8. 某派出所以非法持有枪支为由扣押了魏某的玩具枪支。魏某不服，以派出所为被告提起行政诉讼。诉讼中，法院认为被告应是县公安局，要求变更被告，魏某不同意。法院下列做法中，正确的是(   )。

A. 以派出所为被告继续审理本案

B. 以县公安局为被告审理本案

C. 裁定驳回起诉

D. 通知公安局以第三人身份参加诉讼

9. 关于行政诉讼的立案程序，下列说法正确的是(   )。

A. 对符合起诉条件的，应当登记立案

B. 对 7 日内不能决定是否立案的，应当先不予立案

C. 立案后经审查不符合起诉条件的，裁定驳回诉讼请求

D. 对 7 日内既不立案又不作出不予立案裁定的，当事人可以向上级人民法院申诉

10. 根据《行政诉讼法》及司法解释规定，下列行政行为中，属于行政诉讼受案范围的是(   )。

A. 税务行政处罚事项告知行为

B. 层报、咨询、论证过程性行为

C. 税务行政指导行为

D. 解除政府特许经营协议行为

11. 关于行政诉讼简易程序，下列说法正确的是(   )。

A. 对第一审行政案件，当事人各方同意适用简易程序的，可以适用

B. 案件涉及款额 2 000 元以下的发回重审案件和上诉案件，应适用简易程序审理

C. 适用简易程序审理的行政案件，由陪审员一人独任审理

D. 适用简易程序审理的行政案件，应当庭宣判

12. 某食品超市未按照规定的期限办理税务登记，县税务局责令其限期改正，对其处以5 000元的罚款。超市业主不服，向法院提起行政诉讼，法院审理认为县税务局的行政处罚决定事实清楚、证据充分、适用法律法规正确，程序也无不当之处，遂应作出的判决是(　)。

A. 维持判决

B. 撤销判决

C. 驳回原告诉讼请求的判决

D. 变更判决

13. 严某因不服县市场监督管理局的处罚决定，以其为被告向县法院提起行政诉讼。关于本案，下列说法正确的是(　)。

A. 人民法院应当在立案之日起5日内，将起诉状副本发送被告

B. 被告应当在收到起诉状副本之日起10日内向人民法院提交作出行政行为的证据和所依据的规范性文件，并提出答辩状

C. 人民法院应当在收到答辩状之日起10日内，将答辩状副本发送原告

D. 被告不提出答辩状的，人民法院应中止审理

14. 行政诉讼实行二审终审制，据此可知，行政案件(　)。

A. 必须经过二级法院审理才能作出生效判决

B. 一审法院作出判决后，该判决不发生法律效力

C. 行政案件不能由基层人民法院审理

D. 行政案件经过二审法院判决后不能再上诉

二、多项选择题

1. 根据《行政诉讼法》及司法解释，属于行政诉讼受案范围的情形包括(　)。

A. 某派出所因张某打架斗殴，对其作出拘留10日的处罚

B. 乡政府制定文件，要求本乡村民举办婚宴每桌不超过300元

C. 某县政府建议本县农民种植特定大白菜，农民王某不服而起诉

D. 赵某对某县税务局对其处以的500元罚款不服

E. 某行政机关以钟某违法取得行政许可为由撤销其行政许可，钟某不服

2. 根据《行政诉讼法》及司法解释，公民、法人或者其他组织可以依法提起行政诉讼从而成为原告的情形包括(　)。

A. 被诉的行政行为涉及其相邻权的

B. 要求主管行政机关依法追究加害人法律责任的

C. 发现某城市PM2.5严重超标，向主管机关投诉的人

D. 被诉的行政行为涉及其公平竞争权的

E. 在复议程序中被追加为第三人的

3. 华兴区城建局批复同意当地某商业银行住宅楼选址，并向其颁发许可证。拟建的银行住宅楼与贺某等90户居民居住的住宅楼间距为8.6米。贺某等30户居民认为，华兴区城建局的该批准行为违反了国家有关规定，遂向法院提起行政诉讼。根据《行政诉讼法》及有关司法解释的规定，下列关于本案诉讼主体资格的表述中，正确的有(　)。

A. 贺某等30户居民应当先申请行政复议，不服复议决定才能起诉

B. 因华兴区城建局的该批准行为涉及贺某等人的合法权益，故贺某等人有权提起行政诉讼

C. 贺某等30户居民可以推选2~5名诉讼代表人参加诉讼

D. 未起诉的60户居民可以申请参加诉讼

E. 贺某等人有权对当地某商业银行提起民事侵权诉讼，无权就华兴区城建局的批准行为提起行政诉讼

4. 某房地产开发公司未经有关部门批准在河道边建造起价值5 000万元的商品房。市防洪指挥部领导小组认为该片住宅违反了《防洪法》的有关规定，作出予以拆除的处

罚决定并于第二天强行爆破拆除，但没有下达任何书面决定。房地产开发公司认为该处罚决定主体和程序均不合法，遂向法院提起行政诉讼。法院经审理发现具体行政行为确实违法。据此，法院的下列处理中错误的有（　）。

A. 撤销该处罚决定，并判令被告赔偿原告损失

B. 确认处罚决定违法

C. 撤销该处罚决定，判令被告重新作出处罚决定

D. 驳回原告诉讼请求

E. 责令被告采取相应的补救措施

5. 陈某因举报单位领导的重大违纪问题，遭到殴打，于案发当日向山东省临沂市某区公安分局某派出所报案，但派出所久拖不决。陈某向某区公安分局申请复议，某区公安分局以未成立复议机构为由拒绝受理，并告知陈某向上级机关申请复议。下列说法正确的有（　）。

A. 陈某可以向某区人民政府申请复议

B. 陈某可以向某区公安分局申请复议

C. 陈某只能以某派出所为被告向法院提起行政诉讼

D. 陈某可以以某区公安分局为被告向法院提起行政诉讼

E. 陈某可以以某派出所、某区公安分局为共同被告向法院提起行政诉讼

6. 甲市居民陈某驾车送人前往乙市，在乙市丙区与丁区居民谷某的车相撞，陈某出手殴打谷某，将其打伤。乙市丙区公安分局作出决定，扣留陈某的汽车，并处罚款500元。陈某对丙区公安分局的处理决定不服，认为处理太重。谷某亦不服，认为应给予陈某拘留处罚。下列关于本案复议、诉讼问题的表述中，符合法律规定的做法或者说法有（　）。

A. 若陈某起诉，法院应当追加谷某为共同原告

B. 谷某作为受害人无权起诉丙区公安分局

C. 对扣留汽车行为，陈某可向丙区人民法院起诉

D. 谷某应向丁区人民法院起诉丙区公安分局

E. 陈某可以不经申请复议而直接提起行政诉讼

7. 根据《行政诉讼法》及相关司法解释，经济开发区管理机构所属职能部门可以作为行政诉讼被告的有（　）。

A. 国务院批准设立的经济开发区

B. 开封市政府批准设立的经济开发区

C. 北京市政府批准设立的经济开发区

D. 广东省政府批准设立的经济开发区

E. 宁夏回族治治区政府批准设立的经济开发区

8. 某县市场监督管理局认定王某经营的加油站系无照经营，予以取缔。王某不服，向市市场监督管理局申请复议，在该局作出维持决定后向法院提起诉讼，要求撤销取缔原决定。关于此案，下列说法中正确的有（　）。

A. 市市场监督管理局审理王某的复议案件，应由2名以上行政复议人员参加

B. 此案的被告应为某县市场监督管理局

C. 县市场监督管理局所在地的法院对此案有管辖权

D. 市市场监督管理局所在地的法院对此案有管辖权

E. 如法院认定取缔决定违法予以撤销，则市市场监督管理局的复议决定自然无效

9. 根据《行政诉讼法》和有关司法解释的规定，下列关于行政诉讼证据和举证的说法中，正确的有（　）。

A. 被告认为原告的起诉超过期限的，应由被告就此举证

B. 人民法院保全证据时，必须要求当事人或者其诉讼代理人到场

C. 提起行政赔偿诉讼请求的，原告应当对行政行为对其造成的损失提供证据

D. 被告经合法传唤无正当理由拒不到庭

而需要依法缺席判决的，其提供的证据可以作为定案的依据

E. 证人因履行出庭作证义务而支出的交通费，由其自行负担

10. 下列选项中，关于管辖权转移的说法中正确的有(　)。

A. 上级人民法院有权审判下级人民法院的第一审行政案件

B. 上级人民法院不可以将自己管辖的第一审行政案件移交给下级人民法院审判

C. 上级人民法院可以将自己管辖的第一审行政案件移交给下级人民法院审判

D. 下级人民法院对其管辖的第一审行政案件，认为需要由上级人民法院审理，可以报请上级人民法院决定

E. 管辖权转移是指某一人民法院受理行政案件后，发现自己对该案件无管辖权而将其转移给有管辖权的人民法院管辖

11. 关于行政诉讼案件审理过程中可能发生的问题，下列说法正确的有(　)。

A. 人民法院裁定准许原告撤诉后，原告以同一事实和理由重新起诉的，人民法院不予立案

B. 原告死亡，法院裁定终结诉讼

C. 作为被告的行政机关被撤销，尚未确定权利义务承受人的，法院裁定中止诉讼

D. 原告因发生地震而无法参加诉讼，法院裁定中止诉讼

E. 作为原告的法人终止后，其权利义务的承受人放弃诉讼权利，法院裁定终结诉讼

12. 根据《国家赔偿法》，查封、扣押、冻结财产的赔偿包括(　)。

A. 解除对财产的查封、扣押、冻结

B. 应当返还的财产损坏的，能够恢复原状的恢复原状，不能恢复原状的，按照损害程度给付相应的赔偿金

C. 应当返还的财产灭失的，给付相应的赔偿金

D. 解除冻结的存款或者汇款的，应当支付银行同期存款利息

E. 赔偿停产停业期间必要的经常性费用开支

13. 根据《行政诉讼法》，下列关于非诉行政案件执行的表述中，正确的有(　)。

A. 非诉行政案件执行的申请人只能是行政机关

B. 非诉行政案件的执行前提是公民、法人或其他组织在法定期限内，既不提起行政诉讼，又不履行行政行为所确定的义务

C. 行政机关申请人民法院强制执行其行政决定，应当自法定起诉期限届满之日起 3 个月内提出

D. 原则上，非诉行政案件执行由申请人即行政机关所在地的基层人民法院管辖

E. 对被申请执行的行政决定有明显缺乏事实根据、法律依据的，人民法院应当裁定不准予执行

三、综合分析题

甲省乙市来源公司(注册地位于乙市丙区)经乙市市场监督管理局核准取得《企业法人营业执照》，从事某类产品生产经营。后来，甲省商务局函告来源公司：按照甲省地方性法规最新规定，新建此类企业必须到省商务局办理某种生产经营许可证后，方可向当地市场监督管理局申请企业登记，否则予以处罚。来源公司置之不理。甲省商务局遂以来源公司违法生产经营为由，对其处以 40 万元罚款。来源公司对此不服，遂向法院起诉，请求撤销甲省商务局的处罚决定。理由是，甲省商务局的函告没有法律依据，且甲省地方性法规最新规定违反法律。

1. 根据《行政诉讼法》及司法解释规定，下列关于本案中的函告是否属于法院受案范围的说法中，正确的有(　)。

A. 本案中的函告属于行政诉讼受案范围，因为函告行为是行政强制行为的一种，具

有可诉性

B. 本案中的函告属于行政诉讼受案范围，因为函告行为是违法要求履行义务的行为，具有可诉性

C. 本案中的函告属于行政诉讼受案范围，因为函告行为是其他侵犯财产权的行为，具有可诉性

D. 本案中的函告不属于行政诉讼受案范围，因为函告行为作为一种告知、劝告行为，并未确认、改变或消灭当事人法律上的权利义务，不具有可诉性

E. 本案中的函告不属于行政诉讼受案范围，因为函告行为作为一种告知、劝告行为，对当事人法律上的权利义务不产生实际影响，不具有可诉性

2. 根据《行政诉讼法》及司法解释规定，对本案有管辖权的法院是(　)。

A. 甲省高级法院

B. 乙市中级人民法院

C. 乙市丙区法院

D. 甲省商务局所在地的法院

E. 甲省市场监督管理局所在地的法院

3. 根据《行政诉讼法》的基本原则，下列关于本案的审理对象、审理范围的说法中，正确的有(　)。

A. 审理对象是甲省制定地方性法规的行为

B. 审理对象是甲省商务局的函告行为

C. 审理对象是甲省商务局作出的处罚决定

D. 审理对象是乙市市场监督管理局的不作为行为

E. 审理范围包括事实问题和法律问题

4. 该案在诉讼中的下列做法，符合法律规定的有(　)。

A. 来源公司委托1名律师参加诉讼

B. 诉讼过程中，省商务局的代理律师向证人收集证据

C. 省商务局局长出庭应诉

D. 一审法院对该案件进行公开开庭审理

E. 一审法院直接将商务局的罚款数额变更为30万元

本章综合练习参考答案及详细解析

一、单项选择题

1. D 【解析】本题考核行政诉讼审理对象。根据《行政诉讼法》规定，人民法院审理行政案件，对行政行为是否合法进行审查。

2. D 【解析】本题考核行政复议与行政诉讼的关系。公民、法人或者其他组织向复议机关申请行政复议后，又经复议机关同意撤回复议申请，在法定起诉期限内对原行政行为提起诉讼的，人民法院应当依法受理。

3. C 【解析】本题考核行政诉讼的受案范围。三部门的通知行为具有可诉性。所以选项A错误。三部门的处理意见不具有可诉性。所以选项B错误。县政府专题会议形成的会议纪要不具有可诉性。所以选项D错误。

4. A 【解析】本题考核行政许可费用及审查程序、行政诉讼原告。行政机关发现行政许可事项直接关系他人重大利益的，应当告知该利害关系人，应当听取申请人、利害关系人的意见，而刘某正是该行政许可的利害关系人。所以选项B错误。被诉的行政行为涉及公民、法人或者其他组织相邻权或者公平竞争权的，公民、法人或者其他组织可以依法提起行政诉讼。所以选项C错误。虽然该建筑工程尚未建设，目前还未影响到刘某的利益，但是该行政许可实施后将会给刘某的利益造成影响。因此，刘某依然属于该行政许可的利益相关人，有权提起行政诉讼。所以选项D

错误。

5. C 【解析】本题考核行政诉讼案件审理。(1)复议机关决定维持原行政行为的，作出原行政行为的行政机关和复议机关是共同被告。原告只起诉作出原行政行为的行政机关或者复议机关的，人民法院应当告知原告追加被告。原告不同意追加的，人民法院应当将另一机关列为共同被告；所以选项A错误。(2)作出原行政行为的行政机关和复议机关为共同被告的，以作出原行政行为的行政机关确定案件的级别管辖；所以选项B错误。(3)行政案件由最初作出行政行为的行政机关所在地人民法院管辖。经复议的案件，也可以由复议机关所在地人民法院管辖；所以选项C正确。(4)人民法院对原行政行为作出判决的同时，应当对复议决定一并作出相应判决；所以选项D错误。

6. A 【解析】本题考核行政诉讼的起诉期限。《行政诉讼法》第46条规定，公民、法人或者其他组织直接向人民法院提起诉讼的，应当自知道或者应当知道作出行政行为之日起6个月内提出。法律另有规定的除外。所以选项A正确。

7. D 【解析】本题考核行政诉讼证据。现场笔录是行政诉讼特有的证据类型。

8. C 【解析】本题考核行政诉讼的参加人。在原告所起诉的被告不适格时，人民法院应当告知原告变更被告；原告不同意变更的，法院裁定驳回起诉。

9. A 【解析】本题考核行政诉讼的立案程序。对7日内不能决定是否立案的，应当先予立案。所以选项B错误。立案后经审查不符合起诉条件的，裁定驳回起诉，而非“驳回诉讼请求”。所以选项C错误。对7日内既不立案又不作出不予立案裁定的，当事人可以向上一级人民法院起诉。所以选项D错误。

10. D 【解析】本题考核行政诉讼受案范围。行政处罚告知行为不属于行政诉讼受案范围。所以选项A错误。行政机关为作出行政行为而实施的准备、论证、研究、层报、咨询等过程性行为不属于行政诉讼受案范围。所以选项B错误。行政指导行为不属于行政诉讼受案范围。所以选项C错误。

11. A 【解析】本题考核行政诉讼简易程序。发回重审、二审、按照审判监督程序再审的案件不适用简易程序。所以选项B错误。适用简易程序审理的行政案件，由审判员一人独任审理，而不能由陪审员独任审理。所以选项C错误。适用简易程序审理的案件，当庭宣判与择期宣判均可。所以选项D错误。

12. C 【解析】本题考核行政行为合法时的判决形式。行政行为证据确凿，适用法律、法规正确，符合法定程序的，或者原告申请被告履行法定职责或者给付义务理由不成立的，人民法院判决驳回原告的诉讼请求。所以选项C正确。

13. A 【解析】本题考核行政诉讼第一审程序。《行政诉讼法》规定，人民法院应当在立案之日起5日内，将起诉状副本发送被告。所以选项A正确。被告应当在收到起诉状副本之日起15日内向人民法院提交作出行政行为的证据和所依据的规范性文件，并提出答辩状。所以选项B错误。人民法院应当在收到答辩状之日起5日内，将答辩状副本发送原告。所以选项C错误。被告不提出答辩状的，不影响人民法院审理。所以选项D错误。

14. D 【解析】本题考核行政诉讼第二审程序。一审裁判作出后当事人在法定期限内不提起上诉的，一审裁判即发生法律效力。所以选项A、B错误。一般行政案件由基层人民法院管辖。所以选项C错误。

二、多项选择题

1. ADE 【解析】本题考核行政诉讼受案范围。对行政处罚不服的案件，属于行政诉讼受案范围。所以选项 A、D 正确。乡政府制定文件，要求举办婚宴每桌不超过 300 元，属于可以提起行政诉讼的抽象行政行为，但并未体现与行政行为“一并”提起诉讼。所以选项 B 错误。不具有强制力的行政指导行为不属于行政诉讼受案范围。所以选项 C 错误。公民、法人或者其他组织认为行政机关作出的行政许可决定以及相应的不作为，或者行政机关就行政许可的变更、延续、撤回、注销、撤销等事项作出的有关具体行政行为及其相应的不作为侵犯其合法权益，提起行政诉讼的，人民法院应当依法受理。所以选项 E 正确。

2. ABDE 【解析】本题考核行政诉讼原告。为维护自身合法权益向行政机关投诉，具有处理投诉职责的行政机关作出或者未作出处理的，公民、法人或其他组织也可以依法提起行政诉讼。选项 C 没有提到投诉人与空气污染是否有利害关系，因此，不能选。

3. BCD 【解析】本题考核行政诉讼与行政复议的关系、行政诉讼原告、第三人。本案不属于复议前置的情形，当事人可以直接提起行政诉讼。所以选项 A 错误。如果同案原告为 10 人以上，可以由推选产生的 2~5 名当事人作为诉讼代表人参加诉讼。所以选项 C 正确。行政相对人认为行政主体的行为侵犯自己的相邻权时，可以向法院提起行政诉讼。所以选项 E 错误。

4. ACD 【解析】本题考核行政诉讼宣告判决。虽然法院认为本案中被诉具体行政行为确实违法，但该行为已经实施完毕，因此不具有可撤销内容，不能适用撤销判决而应适用确认违法的判决。因被诉行为违法因而也不能适用驳回原告诉讼请求判决。所以选项 A、C、D 说法错误。

5. ABD 【解析】本题考核行政复议及行政诉讼的受案范围。对于某派出所的不作为，陈某既可以申请行政复议，也可以提起行政诉讼。所以选项 C 错误。本案中，某派出所与某区公安分局并非共同作出行政行为，不能作为共同被告。所以选项 E 错误。

6. CE 【解析】本题考核行政诉讼的管辖、当事人的确定、行政诉讼与行政复议的关系。本题中陈某是行政处罚的被处罚人，陈某对处罚不服提起行政诉讼，谷某可以作为第三人参加诉讼，但是法院不需要追加谷某为共同原告。所以选项 A 错误。谷某作为与行政处罚有利害关系的人，对行政处罚不服，有权提起行政诉讼，管辖法院是乙市丙区人民法院。所以选项 B、D 错误。

7. ACDE 【解析】本题考核行政诉讼被告的确定。《最高人民法院关于适用<中华人民共和国行政诉讼法>的解释》第 21 条规定：当事人对由国务院、省级人民政府批准设立的开发区管理机构作出的行政行为不服提起诉讼的，以该开发区管理机构为被告；对由国务院、省级人民政府批准设立的开发区管理机构所属职能部门作出的行政行为不服提起诉讼的，以其职能部门为被告；对其他开发区管理机构所属职能部门作出的行政行为不服提起诉讼的，以开发区管理机构为被告；开发区管理机构没有行政主体资格的，以设立该机构的地方人民政府为被告。

8. ACD 【解析】本题考核行政复议程序、行政诉讼被告和管辖的确定。本案中县市场监督管理局和市市场监督管理局为共同被告。所以选项 B 错误。复议机关与作出原行政行为的行政机关为共同被告的案件，人民法院应当对复议决定和原行政行为一并作出裁判。所以选项 E 错误。

9. AC 【解析】本题考核行政诉讼证据的收集、质证和审查认定。人民法院保全证据时，可以要求当事人或者其诉讼代理人到场。选项 B 错误。在行政赔偿、补偿案件中，原告应当对行政行为造成的损害提供

第6章 行政诉讼法律制度

证据。选项 C 正确。经合法传唤，因被告无正当理由拒不到庭而需要依法缺席判决的，被告提供的证据不能作为定案的依据。但当事人在庭前交换证据中没有争议的证据除外。选项 D 错误。证人因履行出庭作证义务而支出的交通、住宿、就餐等必要费用以及误工损失，由败诉一方当事人承担。选项 E 错误。

10. ABD 【解析】本题考核行政案件中的管辖权的转移。上级法院不能将自己管辖的第一审行政案件移交给下级人民法院审判。所以选项 C 错误。移送管辖是指某一人民法院受理行政案件后，发现自己对该案件无管辖权而将其移送给有管辖权的人民法院管辖。选项 E 表述的是移送管辖，不当选。

【有“李”有据】管辖权的转移中，“只能上，不能下”。

11. ACDE 【解析】本题考核行政诉讼中止和终结。原告死亡，没有近亲属或者近亲属放弃诉讼权利的，诉讼终结。所以选项 B 错误。

12. BCD 【解析】本题考核财产损害赔偿的计算标准。吊销许可证和执照、责令停产停业的，赔偿停产停业期间必要的经常性费用开支。

13. BCD 【解析】本题考核非诉行政案件的执行。在特定情况下，生效行政行为确定的权利人或其继承人、权利承受人在行政机关未申请强制执行的情况下，也可以成为非诉行政案件执行的申请人。所以选项 A 错误。若人民法院发现被申请执行的行政决定存在明显缺乏事实根据、法律、法规依据或其他明显违法并损害被执行人合法权益情形之一的，在作出裁定前可以听取被执行人和行政机关的意见。因此，法院并非“应当”裁定“不予执行”。所以选项 E 错误。

三、综合分析题

1. E 【解析】本题考核行政诉讼受案范围。本案中的函告作为一种告知、劝告行为，对当事人法律上的权利义务不产生实际影响，不具有可诉性。

2. D 【解析】本题考核行政诉讼的管辖。行政案件由最初作出行政行为的行政机关所在地人民法院管辖。所以对本案有管辖权的法院是甲省商务局所在地的法院。

3. CE 【解析】本题考核行政诉讼的审理对象和审理范围。来源公司对甲省商务局的处罚决定不服提起行政诉讼，审理对象就是甲省商务局作出的处罚决定，审理范围包括事实问题和法律问题。

4. ACDE 【解析】本题考核行政诉讼中的撤诉、举证责任、行政长官出庭应诉、审理形式、判决方式等问题。《行政诉讼法》第 31 条规定，当事人、法定代理人，可以委托一至二人作为诉讼代理人。下列人员可以被委托为诉讼代理人：(1) 律师、基层法律服务工作者；(2) 当事人的近亲属或者工作人员；(3) 当事人所在社区、单位以及有关社会团体推荐的公民。所以选项 A 正确。第 35 条规定，在诉讼过程中，被告及其诉讼代理人不得自行向原告、第三人和证人收集证据。所以选项 B 错误。第 3 条规定，被诉行政机关负责人应当出庭应诉。不能出庭的，应当委托行政机关相应的工作人员出庭。所以选项 C 正确。第 54 条规定，人民法院公开审理行政案件，但涉及国家秘密、个人隐私和法律另有规定的除外。所以选项 D 正确。第 77 条规定，行政处罚明显不当，或者其他行政行为涉及对款额的确定、认定确有错误的，人民法院可以判决变更。人民法院判决变更，不得加重原告的义务或者减损原告的权益。但利害关系人同为原告，且诉讼请求相反的除外。该案属于行政处罚，且法院的变更没有加重对原告的处罚。所以选项 E 正确。

由"李"及外

名人名家谈行政诉讼

我始终认为《行政诉讼法》是改革开放40年来在法律方面最有意义的一部法律。这个理由很简单，它是以"民告官"作为基本内容。

——中国政法大学原校长、终身教授　江平

《行政诉讼法》的诞生，很快就变成了一个促进国家依法行政，建设法治政府，甚至于依法治国的重要的法律制度。

——中国政法大学终身教授　应松年

尽管行政诉讼从制度层面来看，它只是一个末端而细小的制度环节，但它可以作为一个支点，撬动起整个法治国家、法治政府、法治社会的建设。

——最高人民法院党组副书记、副院长　江必新

我们所讲的依法治国，最重要的主体部分是依法行政，因为行政权无处不在，无时不有，跟公民的生活权利关系最深。如果我们的行政机关从上到下，大家都坚持依法行政，我们依法治国的任务就完成了大半，其实这也是《行政诉讼法》的基本精神。

——全国人大常委会法工委原副主任　张春生

注：来自《行政诉讼30年——亲历者的口述》推荐语

第二篇

民商法律制度

本篇主要介绍的是民商法的相关制度。本篇考查分值在整本教材中涉及的内容是各篇中最多的，几乎占到整张试卷的一半分值。其中，第 7、8、9、17 章涉及的是民事法律，四章联系较为紧密，建议结合学习。第 11、12、13、14 章为商事法律，有些内容较为抽象，所以本篇是该科目中比较难攻克的部分。第 10、15、16 章是 2019 年大纲新增章节，重在理解记忆，建议做好客观题准备。

预计在 2020 年的考试中，本篇仍是考查的重点，所以平时学习中要多注重对本篇题目的练习，加强对各知识点的认识和理解。

第7章 民法基本理论与基本制度*

JINGDIAN TIJIE

考情分析

历年考情分析

本章主要介绍民法基本理论内容，知识点比较琐碎。近几年考核分数在 8 分左右，多以单选题、多选题的方式进行考核，一般是直接考查教材原文，考点单一，难度不大。2017 年《民法总则》出台，2018 年本章考核了 5 个单选题、3 个多选题和 1 个综合分析题，分值高达 15.5 分。

本章 2020 年考试主要变化

本章变动较大。本章按照 2020 年 5 月 25 日通过的《中华人民共和国民法典》调整。

核心考点及真题详解

考点一 民法的基本原则★

经典例题

【例题·单选题】(2018 年)下列法律原则中，属于民法基本原则的是(　)。

A. 公信原则

B. 公序良俗原则

C. 公示原则

D. 等价有偿原则

【答案】B

【解析】本题考核民法的基本原则。民法的基本原则包括：民事权利神圣原则、主体平等原则、意思自治原则、公序良俗原则、诚信原则、禁止权利滥用原则。

考点精析

民法的基本原则(见表 7-1)

表 7-1 民法的基本原则

原则	具体规定
权利神圣原则	指民事主体的民事权利及合法利益受到法律的充分保护，任何组织或者个人均不得侵犯，且非依法律程序不得限制和剥夺
主体平等原则	即民事主体法律地位一律平等。 (1)民法平等地赋予民事主体以民事权利能力

* 2020 年大纲对民法典考核情况的说明为“鉴于原定 2020 年 3 月召开的全国人大十三届三次会议的推迟召开，会议将提请审议的《民法典(草案)》延期，民商事法律法规考试内容以颁布后法律为准”。鉴于此，本书按照 2020 年 5 月 25 日通过的《中华人民共和国民法典》进行调整、编写。

原则	具体规定
主体平等原则	(2)民事主体在民事法律关系中地位平等。 (3)民事主体平等地受到法律的保护
意思自治原则	(1)民事主体享有参与民事活动与否的自由，他人无权干涉。 (2)民事主体享有在合法范围内选择行为相对人、行为内容和行为方式的自由。 (3)民事主体享有选择纠纷解决方式的自由。 (4)民事主体对其自主从事的民事活动的后果负责
公序良俗原则	指民事活动及其效果必须符合我国社会公认的道德规范和公共利益的要求。公序良俗是指公共秩序和善良风俗
诚信原则	指在民事活动中应当维持双方当事人之间的利益平衡，以及当事人利益与社会利益平衡的原则，旨在保持社会稳定与和谐的发展。 (1)当事人之间，要“双赢”。 (2)当事人不得通过自己的民事活动损害第三人或社会的利益
禁止权利滥用原则	(1)由诚信原则演绎而来。 (2)指行使民事权利不得超越正当边界、不得损害他人权益；不得违反法律和社会公德、不得损害社会公共利益的原则

【帮你“李”解】 从两个层次掌握该知识点，第一个层次即从宏观上掌握民法基本原则的种类，和其他部门法的基本原则予以区分；第二层次即掌握各项基本原则的含义。

考点二　民事法律关系的构成要素★★★

经典例题

【例题1·单选题】（2019年）下列有关法人特征的说法中，正确的是（　）。

A. 法人的财产属于法人出资人共有

B. 法人民事权利能力受法人财产范围制约

C. 法人独立承担民事责任

D. 法人的人格与其创立人的人格不能分离

【答案】 C

【解析】 本题考核法人的特征。法人的财产属于法人所有。所以选项A错误。法人的民事权利能力范围，原则上由法人章程或设立目的决定，而不是受财产范围制约。所以选项B错误。法人的人格与其创立人和成员的人格是分离的，法人具有独立的人格。所以选项D错误。

【例题2·单选题】（2018年）下列民事主体中，属于特别法人的是（　）。

A. 村民委员会

B. 有限合伙企业

C. 特殊的普通合伙企业

D. 个人独资企业

【答案】 A

【解析】 本题考核特别法人。符合规定的机关法人、农村集体经济组织法人、城镇农村的合作经济组织法人、基层群众性自治组织法人，为特别法人。

【例题3·单选题】（2013年）根据民法理论，下列有关民事法律关系的说法中，正确的是（　）。

A. 民事法律关系均由当事人依其自由意志设定

B. 民事法律关系以人身权、财产权为权利内容，且主体可以自行转让各种民事权利

C. 民事法律关系的设立应经过有关行政管理部门的登记确认

D. 民事法律关系的范围决定于民法调整对象的范围

【答案】D

【解析】本题考核民事法律关系。民事法律关系主要是由当事人自主意志或法律规定设定。所以选项A错误。民事法律关系以人身权、财产权为权利内容，但人身权与其主体不可分离，故无从转让。所以选项B错误。民事法律关系主要是由当事人自主意志或法律规定设定，无须经过有关行政管理部门的登记确认。所以选项C错误。

考点精析

1. 民事法律关系的主体

(1)自然人

①民事权利能力（“有没有”）。自然人的民事权利能力始于出生，终于死亡。涉及遗产继承、接受赠与等胎儿利益保护的，胎儿视为具有民事权利能力（附条件的有限权利能力）。但是胎儿娩出时为死体的，其民事权利能力自始不存在。

②民事行为能力（“能不能”）（见表7-2）。

表7-2 自然人的民事行为能力

	标准	内容
完全民事行为能力人	(1)年龄：≥18 (2)16周岁以上不满18周岁，以自己的劳动收入为主要生活来源(16≤X<18)	能够独立实施民事法律行为
限制民事行为能力人	(1)年龄：8≤X<18 (2)不能完全辨认自己行为的“成年人”(智力、精神健康)	(1)未成年人仅能独立实施与其**年龄、智力**相适应的民事法律行为 (2)成年人仅可实施与其**智力、精神健康状况**相适应的民事法律行为 **【“李”应注意1】**限制行为能力人可以独立实施纯获利益的行为。 **【“李”应注意2】**其他行为由其法定代理人代理或者经其法定代理人同意、追认
无民事行为能力人	(1)年龄：<8 (2)不能辨认自己行为的“成年人”“未成年人”(智力、精神健康)	原则上不能独立实施任何民事法律行为

【帮你“李”解1】民事行为能力取决于年龄与心智。以意思能力（自然人可以判断自己行为的法律后果的能力）为基础。

【帮你“李”解2】对于限制民事行为能力人和无民事行为能力人这两类行为能力欠缺者，法律特别设立监护制度和法定代理制度为其提供积极保护。

③监护制度（见表7-3）。

表7-3 监护制度

类型	监护人顺序
未成年人	(1)父母(当然监护人) (2)父母死亡或没有监护能力的，顺位如下： 祖父母、外祖父母→兄、姐→其他愿意担任监护人的个人或者组织(须经未成年人住所地的居民委员会、村民委员会或者民政部门同意)
无(限制)民事行为能力的成年人	配偶→父母、子女→其他近亲属→其他愿意担任监护人的个人或者组织(须经被监护人住所地的居民委员会、村民委员会或者民政部门同意)
【“李”应注意1】没有依法具有监护资格的人的，监护人由民政部门担任，也可以由具备履行监护职责条件的被监护人住所地的居委会、村委会担任	

续表

类型	监护人顺序
【"李"应注意 2】监护人除为维护被监护人利益外，不得处分被监护人的财产。	
【"李"应注意 3】无民事行为能力人、限制民事行为能力人的监护人是其法定代理人	

④宣告失踪与宣告死亡。宣告失踪的法定期间：2 年，从失踪人音讯消失之日起算；战争期间失踪的，从战争结束之日或有关机关确定的下落不明之日起计算。

宣告死亡的法定期间：自然人下落不明满 4 年或者因意外事件，下落不明满 2 年(因意外事件下落不明，经有关机关证明该自然人不可能生存的，申请宣告死亡不受该 2 年时间的限制)的，利害关系人可以向人民法院申请宣告该自然人死亡。

对同一自然人，有的利害关系人申请宣告死亡，有的利害关系人申请宣告失踪，若符合宣告死亡条件，人民法院应当宣告死亡。

(2)法人(见表 7-4)

表 7-4 法人

项目	内容	
含义	法人是民法赋予权利能力和民事行为能力，能以自己的名义独立享有民事权利和承担民事义务的团体	
特征	①法人是团体；②是民法赋予民事权利能力的团体；③拥有独立的财产；④独立承担民事责任；⑤以自己的名义参加民事活动	
成立的条件	①依法成立；②有自己的财产或经费；③有自己的名称、组织机构和住所	
权利能力	法人的权利能力自其成立时开始，至法人终止时消灭	
行为能力	法人的民事行为能力与民事权利能力同时产生、同时消灭，两者的始期与终期完全一致。 【"李"应注意】此点与自然人不同	
分类	营利法人	公司法人、其他企业法人
	非营利法人	事业单位法人、社会团体法人、捐助法人 【"李"应注意】该类法人终止时，不得向出资人、设立人或会员分配剩余财产
	特别法人	机关法人、农村集体经济组织法人、城镇农村的合作经济组织法人、基层群众自治组织法人
法人的机关	意思机关、执行机关、代表机关、监督机关	
终止	导致终止的情形：①解散；②被宣告破产；③其他原因。 程序：成立时需办理登记的，注销法人登记时终止；成立时不需要办理登记的，清算结束时终止	

【"李"应注意】法人可以设立分支机构。分支机构以自己的名义从事民事活动，产生的民事责任由法人承担；也可以先以该分支机构管理的财产承担，不足的，由法人承担。

(3)非法人组织。包括个人独资企业、合伙企业、不具有法人资格的专业服务机构等。

2. 民事法律关系的内容

内容指民事主体所享有的权利和承担的义务。

3. 民事法律关系的客体

客体包括物、行为(作为、不作为)、智慧产品、人格和身份等。

考点三 民事权利制度★★★

经典例题

【例题 1·单选题】(2018 年)下列民事权利的原始取得方式中，基于法律行为取得的是(　)。

A. 甲基于合同取得合同债权

B. 丁基于无因管理取得必要费用的返还请求权

C. 乙基于先占取得无主动产所有权

D. 丙基于善意取得而取得动产质权

【答案】A

【解析】本题考核民事权利的原始取得。权利的原始取得，是不以他人既存的权利为前提的权利取得。其中基于合同属于基于法律行为而发生。基于先占、无因管理、善意取得属于基于事实行为或基于法律的直接规定而发生。

【例题2·单选题】(2017年)下列民事权利中，既属于财产权又属于请求权的是( )。

A. 债权　　B. 配偶权

C. 名誉权　　D. 亲属权

【答案】A

【解析】本题考核民事权利的分类。配偶权、名誉权、亲属权属于人身权，不属于财产权。

考点精析

1. 民事权利的分类(见表7-5)

表7-5　民事权利的分类

依据	分类	举例
以民事权利客体所体现的利益性质	人身权	(1)人格权：生命权、身体权、健康权、姓名权、肖像权等； (2)身份权：配偶权、亲权、亲属权
	财产权	物权、债权
	知识产权	著作权、专利权、商标权
	成员权	如股权。包括表决权，对业务的知悉权、执行权、监督权以及盈利分配权，团体终止时的剩余财产分配权等
以民事权利的作用	支配权	物权、人身权、知识产权
	请求权	债权、返还原物请求权、恢复原状请求权、损害赔偿请求权
	形成权	同意权、撤销权、继承权、抵销权
	抗辩权	诉讼时效届满抗辩权、同时履行抗辩权、顺序履行抗辩权、不安抗辩权
以权利实现方式	绝对权	如物权、人格权、知识产权
	相对权	如债权
以权利效力所及范围	对世权	如物权、人格权、知识产权
	对人权	如债权
以权利可否与主体分离	专属权	如人格权、身份权、居住权
	非专属权	如物权、债权等一般财产权

【帮你"李"解】

①债权属于财产权、请求权、相对权、对人权、非专属权；

②物权属于财产权、支配权、绝对权、对世权、非专属权；

③人身权属于支配权、绝对权、对世权、专属权；

④《民法典》增加了个人信息权，承认了数据、网络虚拟财产权。

2. 民事权利的取得(见表7-6)

表7-6　民事权利的取得

方式	分类	举例
原始取得	基于法律直接规定取得	如善意取得物权、无主物的法定归属等

续表

方式	分类	举例
原始取得	基于事实行为发生	如基于先占、添附、建造取得所有权；基于无因管理取得必要费用的返还请求权；基于侵权取得赔偿请求权等
	基于事件发生	如基于不当得利取得不当利益返还请求权
	基于法律行为发生	如基于合同取得合同债权
继受取得	基于法律行为发生	如基于交付、登记受让或设定动产或不动产物权；基于合同设定用益物权或担保物权
	基于法律行为之外的法律事实发生	如基于继承取得遗产所有权

【"李"应注意】 继受取得方式分为移转型继受取得(如受让赠与物所有权)和创设型继受取得(如以自己的房屋为他人设立居住权)。

考点四 民事义务与民事责任★★

经典例题

【例题1·单选题】(2019年)下列给付义务中，应由债务人亲自履行的是( )。

A. 汽车买卖合同的出卖人向买受人交付汽车

B. 建设工程承包人对建设工程主体结构的施工

C. 借款人将借款偿还贷款人

D. 出租人对出租房屋进行维修

【答案】 B

【解析】 本题考核民事义务。专属义务，是指不得与义务主体发生分离的义务，即须由义务主体亲自履行的义务。如基于人身信任关系而发生的承揽义务。建设工程主体结构的施工必须由承包人自行完成。所以选项B正确。

【例题2·多选题】(2014年)甲厂与乙厂为共谋发展，将二厂的汽车司机班组建成一个运输队，共同经营，该运输队未取得法人资格。对该运输队经营中所负债务，甲厂与乙厂应承担( )。

A. 有限责任

B. 无限责任

C. 连带责任

D. 按份责任

E. 补充责任

【答案】 BC

【解析】 本题考核民事责任的类型。本题中的运输队未取得法人资格，不具有独立承担民事责任的能力，故甲厂与乙厂对运输队所负债务应承担无限连带责任。

考点精析

1. 民事义务(见表7-7)

表7-7 民事义务的分类

依义务发生的根据	法定义务	直接根据法律的规定而产生的义务。如不得侵害他人财产和人身的义务
	约定义务	由当事人基于意思自治协商确定的义务。如合同义务
依义务与其主体的关系	专属义务	不得同义务主体发生分离，即须由义务主体亲自履行的义务。如基于人身信任发生的承揽义务
	非专属义务	可以同义务主体发生分离的义务，即可由义务主体之外的人履行的义务。如金钱给付义务

续表

依相关联的两个义务间的地位	主义务	指在两个相关联的义务中，能够独立存在的义务。如抵押借贷中，借款人偿还借款的义务是主义务
	从义务	在两个相关联的义务中，不能独立存在，须以其他义务的存在为存在前提的义务。如抵押借贷中，抵押人的偿还借款义务
依义务人行为的方式或者内容	积极义务	指以特定作为为内容的义务。如交付货物、交付工作成果、移转权利等
	消极义务	指以特定不作为为内容的义务。如保密义务、不妨害他人所有权的义务

2. 民事责任

(1)民事责任的类型(见表7-8)

表7-8　民事责任的类型

分类标准	类型	含义及特点
产生原因	侵权责任	因违反法定义务致他人损害应承担的民事责任
	违约责任	因违反合同约定的义务所应承担的民事责任
	缔约过失责任	违反先合同义务致他人信赖利益损失所应承担的民事责任
责任内容	财产责任	以财产给付为内容的民事责任，如支付违约金、赔偿损失
	非财产责任	不以财产给付为内容的民事责任，如赔礼道歉、恢复名誉、消除影响等
复数责任人之间的对外关系	按份责任	每人仅按其确定份额对外承担责任，对超出部分不承担责任
	连带责任	每人均有义务承担部分或全部责任
侵权责任的构成要件和举证方式	过错责任	以过错作为主观要件的侵权责任
	推定过错责任	加害人的过错无须受害人举证，而由法律推定。即加害人须自证无过错方能免责，加害人若不能自证无过错，法律即推定其有过错
	无过错责任	免除了受害人对加害人过错的举证责任，且加害人不得以自证无过错而免责 【“李”应注意】三种侵权责任形态中最为严格的一种
出资人承担责任的财产范围	有限责任	出资人仅以其出资为限承担的责任，如公司股东对公司债务、有限合伙人对合伙债务所承担的责任
	无限责任	出资人以其包括出资财产在内的全部财产承担的责任，如普通合伙人对合伙债务所承担的责任

(2)民事责任的承担方式

停止侵害；排除妨碍；消除危险；返还财产；恢复原状；修理、重作、更换；继续履行；赔偿损失；支付违约金；消除影响、恢复名誉；赔礼道歉。

上述承担民事责任的方式，既可以单独适用，也可以合并适用。法律规定惩罚性赔偿的，适用法律的相关规定。

(3)民事责任的免责事由(见表7-9)

表7-9　民事责任的免责事由

免责事由	责任承担
不可抗力	不能履行义务的人不承担民事责任
正当防卫	防卫人不承担民事责任

续表

免责事由	责任承担	
紧急避险	一般	引起险情发生的人承担民事责任
	危险由自然原因引起的	紧急避险人不承担民事责任，但可以给予适当补偿
紧急救助	自愿实施紧急救助的人不承担民事责任	

阶段性测试

1. **【单选题】** 下列民事权利中，不得让与或者继承的是(　)。
   A. 留置权
   B. 知识产权
   C. 荣誉权
   D. 国有土地使用权
2. **【多选题】** 根据《民法典》规定，法人成立必须具备的条件有(　)。
   A. 有自己的名称、组织机构、住所
   B. 有自己的财产或者经费
   C. 依法成立
   D. 能独立承担民事责任
   E. 有自己的分支机构

阶段性测试答案精析

1. C　**【解析】** 本题考核专属权和非专属权的区分。专属权是不得让与或继承的，包括人身权、收养权等。本题中荣誉权属于人身权，是专属权。
2. ABC　**【解析】** 本题考核法人成立的条件。法人应当依法成立。法人应当有自己的名称、组织机构、住所、财产或者经费。

考点五　民事法律事实与民事法律行为★★★

扫我解疑难

经典例题

【例题1·单选题】(2019年)下列法律事实中，属于法律行为的是(　)。
A. 张某高楼抛物
B. 李某拾得他人手机占为己有
C. 李某施救落水儿童
D. 王某立遗嘱

【答案】 D

【解析】 本题考核民事法律事实——行为。法律行为，是指以意思表示为核心要素，旨在按照意思表示的内容发生相应民法效果的表意行为。如订立合同、立遗嘱。所以选项D正确。选项A、B、C属于事实行为。

【例题2·多选题】(2019年)甲、乙约定：若乙考上音乐学院，甲即将其珍藏的一把小提琴以1.5万元的价格卖给对该琴心仪已久的乙。后甲因急需用钱将该小提琴以1万元的价格卖给了丙(丙不知甲、乙间的约定)，且钱货两清。乙考上音乐学院后，向甲求购小提琴未果。双方遂发生纠纷。下列有关小提琴买卖合同效力及乙的请求权的说法中，正确的有(　)。
A. 甲、乙间买卖合同先于甲、丙间买卖合同生效
B. 甲、丙间买卖合同有效
C. 甲、乙间买卖合同有效
D. 乙有权请求甲承担违约责任
E. 乙无权请求丙返还小提琴，因丙已经善意取得小提琴所有权

【答案】 BCD

【解析】 本题考核法律行为的付款、违约责任、所有权的取得和消灭。甲、乙之间是“附生效条件”的买卖合同，条件成就之前，合同已经成立但未生效。因此是甲、丙的买卖合同生效在先。所以选项A错误。一物多卖的买卖合同，原则上均有效。所以选项B、C正确。甲、乙的买卖合同在条件成就后生效，甲违约，乙可以追究甲的违约责任。所以选项D正确。甲、丙的买卖合同，甲是所有权

人，是有权处分行为，不适用善意取得制度。所以选项E错误。

【例题3·多选题】（2018年）甲、乙签订房屋买卖合同，双方约定，甲以300万元价格将其房屋卖给乙。为少交税款，双方约定在书面房屋买卖合同中，交易价款写250万元，合同签订一周后，双方即办理了房屋过户登记手续，后因房款支付数额，双方发生纠纷，下列关于本案房屋买卖合同属性、效力及甲、乙双方权利义务的说法中，正确的有（　）。

A. 约定房屋价款300万元的房屋买卖合同有效

B. 约定房屋价款250万元的房屋买卖合同有效

C. 甲、乙关于房屋价款250万元的约定属于虚假意思表示

D. 乙仅有义务向甲支付250万元房屋价款

E. 甲有权请求乙支付300万元房屋价款

【答案】ACE

【解析】本题考核民事法律行为。行为人与相对人以虚假的意思表示实施的民事法律行为无效。因此约定价款250万元的买卖合同无效，而约定价款300万元的买卖合同有效，甲有权请求乙支付300万元的价款。

【例题4·多选题】（2017年）根据民法相关规定，下列法律行为中，可因重大误解而请求撤销的有（　）。

A. 乙误将真画当成赝品而低价出售

B. 丙误将单价1 800元的商品以180元的价格售出

C. 甲不知女友已与他人结婚而到商场购买订婚钻戒

D. 丁误认某人为救命恩人而给其5 000元以表谢意

E. 戊误以为自己能分到公寓房而按公寓房面积到商场购买地毯

【答案】ABD

【解析】本题考核可撤销法律行为。行为人因为对行为的性质、对方当事人及标的物的品种、质量、规格和数量等的错误认识，使行为的后果与自己的意思相悖，并造成较大损失的，可以认定为重大误解。选项C、E属于对动机的错误认识，一般不构成重大误解，是有效行为。

考点精析

1. 民事法律事实

（1）含义。民事法律事实，是指符合民法规范，能引起民事法律关系发生、变更和消灭的客观现象。民事法律事实是引起民事法律关系变动的原因。

（2）民事法律事实的分类（见表7-10）

表7-10　民事法律事实的分类

分类	具体内容		
自然事实	指**与人的意志无关**，包括事件和状态。如人的出生、死亡，自然灾害的发生、时间的经过等		
行为	行为的内容和形式是否合法	合法行为	指符合法律规定、受法律确认和保护的行为
		不法行为	指不符合法律要求或者违反法律规定的行为。如违约行为、侵权行为等
	依行为是否以当事人的意思表示为要件	表意行为	以行为人的意思表示为要件的行为，包括法律行为和准法律行为。法律行为如订立合同、立遗嘱。准法律行为如债权人的催告、通知等
		非表意行为	即事实行为，是指法律效果由法律直接规定，无需表示内心意思即依法发生法律效果的行为。如作品创作行为、拾得遗失物、先占、无因管理、侵权行为等

2. 民事法律行为

（1）民事法律行为的分类（见表7-11）

表 7-11　民事法律行为的分类

标准	分类	概念及特点
据法律行为成立中意思表示的构成特点	单方法律行为	仅由行为人一方的意思表示构成，如立遗嘱、抛弃所有权
	双方法律行为	双方行为人相向的意思表示达成一致方可成立，如合同
	共同法律行为	多方行为人相同方向意思表示平行融合，达成一致方可成立，如合伙
法律行为的效果处于的领域	财产法律行为	发生财产关系变动效果的行为，如设立物权、订立合同
	身份法律行为	发生身份关系变动效果的行为，如结婚、离婚、收养
成立是否必须践行法律规定的特定形式	要式法律行为	必须采取法律规定的特定形式才能成立。常见的形式是书面形式
	不要式法律行为	法律无特定要求，当事人可以自由选择行为方式
法律行为的成立是否须交付实物	诺成法律行为	仅以意思表示为成立要件。如买卖合同、租赁合同
	践成法律行为	除意思表示之外，尚须交付实物才能成立，如借用合同、保管合同、定金合同
当事人之间有无对价性给付	有偿法律行为	当事人双方互为对待给付义务，如买卖合同、租赁合同
	无偿法律行为	当事人一方负给付义务，另一方无对待给付义务的法律行为，如赠与合同、借用合同

（2）法律行为的效力（见表 7-12）

表 7-12　法律行为的效力

效力	种类或条件	法律效果
有效法律行为	一般生效要件：①行为人具有相应的行为能力；②意思表示真实；③不违反法律、行政法规的强制性规定，不违背公序良俗	按照意思表示的内容发生行为人预期的法律效力
无效法律行为	①无民事行为能力人实施的；②行为人与相对人恶意串通，损害他人合法权益的；③行为人与相对人以虚假的意思表示实施的；④违反法律、行政法规的强制性规定的；⑤违背公序良俗的	已成立，但自始、确定和当然不发生法律效力
可撤销法律行为	重大误解	当事人 90 日内行使撤销权，自已知或应知道撤销事由日起算
	受欺诈（①一方欺诈另一方；②第三人欺诈+对方当事人知道）	1 年内行使撤销权，自已知或应知撤销事由日
	受胁迫（一方欺诈另一方；第三人欺诈）	1 年内行使撤销权，从胁迫行为终止之日起计算
	乘人之危，显失公平	1 年内行使撤销权，自已知或应知撤销事由日
	【“李”应注意】 当事人知道撤销事由后明确表示或以自己的行为表明放弃撤销权；或自民事法律行为发生之日起 5 年内没有行使撤销权的，撤销权消灭	
效力待定法律行为	①无权处分行为；②狭义无权代理；③债务承担；④限制行为能力人实施有待法定代理人追认的	既非有效，也非无效，最终取决于第三人的承认或拒绝

（3）法律行为附款（见表7-13）

表7-13 法律行为附款

分类	具体规定
附条件法律行为	停止条件成就，法律行为开始生效。解除条件成就，法律行为效力消灭。当事人为自己的利益不正当地阻止条件成就的，视为条件已成就；不正当地促成条件成就的，视为条件不成就
附期限法律行为	始期到来，法律行为开始生效。终期到来，法律行为效力消灭

【帮你"李"解】 期限与条件的区别在于：期限是必然能到来的；条件则是可能到来，也可能不到来的。

3. 法律行为的代理

（1）代理的概念

代理是指代理人在代理权限内，以被代理人的名义实施民事法律行为，由此产生的法律后果直接归属于被代理人的一种法律制度。

【帮你"李"解】 在代理关系中，任何民事主体都可以成为被代理人，但代理人须具有相应的民事行为能力。而在税务代理中，被代理人仅限于依法负有纳税义务的纳税人和扣缴义务人；而代理人除须具备民事行为能力外，尚须具备税收专业知识和相应的税务代理资质。

（2）代理的分类（见表7-14）

表7-14 代理的分类

标准	分类	含义
代理权来源	委托代理	基于被代理人的委托授权而产生。如税务师进行的代理
	法定代理	依法律直接规定而产生的代理
	职务代理	基于职权而实施的代理。如单位员工执行职务的行为。 **【"李"应注意】** 法人或非法人组织对执行其工作任务的人员职权范围的限制，不得对抗善意相对人
代理权限范围	一般代理	代理权范围及于代理事项的全部。一般情况下，在未指明为特别代理的情形下，则推定为一般代理
	特别代理	是指代理权被限定在一定范围或一定事项的某些方面的代理
代理人的人数	单独代理	是指代理权属于一人的代理
	共同代理	是指代理权属于两人以上的代理
代理人产生方式	本代理	代理人由被代理人选任或者依法律规定而产生
	再代理	①再代理人是代理人选任的；②再代理人不是原代理人的代理人，仍是被代理人的代理人；③再代理权不是由被代理人直接授予的，而是由原代理人转委托的

（3）无权代理（见表7-15）

表7-15 无权代理

	分类	表现形式或构成要件	法律后果
广义的无权代理	狭义的无权代理	①没有代理权的代理； ②越权的代理； ③代理权消灭后所进行的代理	被代理人追认的，被代理人承担民事责任
			未经追认的，行为人承担民事责任
	表见代理	①行为人无权代理但以本人名义实施； ②须客观上有使相对人信其有代理权的情况； ③相对人须为善意； ④具备民事法律行为一般有效要件	①发生有权代理的效果；②相对人有撤销权

考点六　时效制度★★★

经典例题

【例题1·单选题】（2019年）下列有关诉讼时效期间的说法中，正确的是（　）。

A. 商品"保质期"属于诉讼时效期间

B. 当事人不可以自行约定诉讼时效期间

C. 法律规定的少缴税款的追征期限属于诉讼时效期间

D. 法律规定的多缴税款的退还期限属于诉讼时效期间

【答案】B

【解析】本题考核诉讼时效。诉讼时效的适用对象为债权请求权，商品"保质期"不涉及请求权，不属于诉讼时效。所以选项A错误。诉讼时效的期间、计算方法以及中止、中断的事由均由法律明确规定，当事人约定无效。所以选项B正确。《税收征管法》中规定的多缴税款的退还期限和少缴税款的追征期限，性质上均属于除斥期间，期间届满，纳税人的退税权、税务机关的追征权即消灭。所以选项C、D错误。

【例题2·单选题】（2018年）甲公司、乙公司于5月1日签订1份买卖合同。6月1日，甲公司按约定交货。货物存在隐蔽瑕疵，乙公司当初并不知情。直至7月1日，乙公司才发现货物存在瑕疵，当即向甲公司去函，要求对该瑕疵予以补救并赔偿。甲公司于8月2日回函，拒绝了乙公司的要求。根据《民法典》规定，本案乙公司赔偿请求权的诉讼时效期间的起算时间为（　）。

A. 5月1日　　B. 6月1日

C. 7月1日　　D. 8月1日

【答案】C

【解析】本题考核诉讼时效的起算。诉讼时效期间自权利人知道或者应当知道权利受到损害以及义务人之日起计算。7月1日，乙公司发现货物存在瑕疵，此时是权利人知道权利受到侵害，也知道义务人，开始计算诉讼时效期间。

【例题3·多选题】（2019年）下列有关诉讼时效中断认定的说法中，正确的有（　）。

A. 若乙欠甲8万元，丙欠乙10万元，甲对丙提起代位权诉讼，则甲的行为导致乙对丙的债权诉讼时效中断

B. 若甲、乙因共同侵权而需连带赔偿受害人丙10万元，丙要求甲承担8万元，则丙的行为导致丙对甲和乙的债权诉讼时效均中断

C. 若甲欠乙10万元货款到期未还，乙要求甲先清偿8万元，则乙的行为仅导致乙对甲的8万元债权诉讼时效中断

D. 若乙欠甲10万元借款到期未还，后因资金紧张向甲请求延期3个月还款，则甲对乙的10万元债权诉讼时效因乙的延期请求而中断

E. 若乙欠甲10万元，甲将该债权转让给丙，则自甲、丙签订债权转让协议之日起，甲对乙的10万元债权诉讼时效中断

【答案】ABD

【解析】本题考核诉讼时效中断。债权人提起代位权诉讼的，应当认定对债权人的债权和债务人的债权均发生诉讼时效中断的效力。所以选项A正确。对于连带债务人中的一人发生诉讼时效中断效力的事由，应当认定对其他连带债务人也发生诉讼时效中断的效力。所以选项B正确。权利人对同一债权中的部分债权主张权利，诉讼时效中断的效力及于剩余债权，但权利人明确表示放弃剩余债权的情形除外。所以选项C错误。义务人请求延期履行，属于义务人同意履行义务，导致诉讼时效中断。所以选项D正确。债权转让的，应当认定诉讼时效从债权转让通知到达债务人之日起中断。所以选项E错误。

考点精析

1. 诉讼时效的概念

诉讼时效，是指债权人在法定期间内不

行使债权，即导致债务人永久抗辩权发生效果的时效。

(1)诉讼时效的期间、计算方法以及中止、中断事由均由法律明确规定，当事人约定或预先放弃无效。

(2)时效期间届满的，义务人可以提出不履行义务的抗辩。

(3)时效期间届满后，义务人同意履行的，不得以诉讼时效期间届满为由抗辩；义务人已自愿履行的，不得请求返还。

(4)法院不得主动适用诉讼时效的规定。

2. 不适用诉讼时效抗辩的案件

(1)请求停止侵害、排除妨碍、消除危险请求权；

(2)不动产物权和登记的动产物权的权利人请求返还财产请求权；

(3)请求支付抚养费、赡养费或者扶养费请求权；

(4)依法不适用诉讼时效的其他请求权。

3. 诉讼时效的类型及起算(见表 7-16)

表 7-16 诉讼时效的类型及起算

分类	期限	适用	起算
普通诉讼时效	**3 年**	一般情况下普遍适用的诉讼时效	自权利人知道或者应当知道权利受到损害以及**义务人**之日起计算
特殊诉讼时效	4 年	涉外合同	
	限制性期间	20 年	从权利被侵害之日起超过 20 年的，人民法院不予保护

【帮你“李”解】 诉讼时效期间起算的具体规定

(1)同一债务分期履行的，诉讼时效期间自**最后一期履行期限届满之日**起计算。

(2)无民事行为能力人或者限制民事行为能力人对其法定代理人的请求权的诉讼时效期间，自该**法定代理终止之日**起计算。

(3)未成年人遭受性侵害的损害赔偿请求权的诉讼时效期间，自受害人**年满 18 周岁**之日起计算。

4. 诉讼时效的中止和中断(见表 7-17)

表 7-17 诉讼时效的中止和中断

分类	含义	事由	法律后果
中止	在诉讼时效进行过程中，因法定事由的出现而使权利人无法行使请求权，**暂时停止计算**诉讼时效期间	(1)法定事由发生在诉讼时效期间的最后 6 个月内的，诉讼时效中止。(2)中止的法定事由：①不可抗力；②无民事行为能力人或者限制民事行为能力人没有法定代理人，或者法定代理人死亡、丧失民事行为能力、丧失代理权；③继承开始后未确定继承人或者遗产管理人；④权利人被义务人或者其他人控制；⑤其他导致权利人不能行使请求权的障碍	自中止时效的原因消除之日起**满 6 个月**，诉讼时效期间届满
中断	在诉讼时效进行过程中，因法定事由的发生致使已进行的诉讼时效期间归于无效，诉讼时效期间**重新计算**	(1)权利人向义务人提出履行请求；(2)义务人同意履行义务；(3)权利人提起诉讼或申请仲裁；(4)与提起诉讼或者申请仲裁具有同等效力的其他情形。如申请支付金、申请破产等	从中断之日起，诉讼时效期间重新计算

【帮你"李"解】 诉讼时效的中止，仅发生在诉讼时效进行中的最后六个月；诉讼时效的中断，则可以发生在"诉讼时效进行中"的任何时间，一旦诉讼时效期间届满，则发生任何事由也不能导致诉讼时效的中断了。

阶段性测试

1. **【单选题】** 下列民事代理行为中，属于表见代理的是(　)。

   A. 代理人超越被代理人的委托授权范围所作出的代理行为

   B. 某公司销售员被公司解除职务后，继续以该公司销售员身份与原客户订立销售公司产品的合同

   C. 被代理人死亡后，代理人继续实施的代理行为

   D. 代理人未获代理权，但以被代理人的名义实施的代理行为

2. **【多选题】** 下列法律事实中，能够引起诉讼时效中断的有(　)。

   A. 债权人的法定代理人丧失代理权

   B. 债务人请求延期履行

   C. 债权人申请支付令

   D. 债权人的法定代理人丧失行为能力

   E. 债权人提起代位权诉讼

阶段性测试答案精析

1. B **【解析】** 本题考核表见代理。表见代理是指虽无代理权但表面上有足以使人信其有代理权而须由本人负授权之责的代理。选项A属于越权的无权代理。选项C属于代理权消灭后的无权代理。选项D属于未获代理权的代理。选项A、C、D均属于狭义的无权代理。

2. BCE **【解析】** 本题考核诉讼时效的中断。诉讼时效因下列情形之一而中断：(1)权利人向义务人提出履行请求；(2)义务人同意履行义务；(3)权利人提起诉讼或者申请仲裁；(4)与提起诉讼或者申请仲裁具有同等效力的其他情形。选项A、D有可能引起诉讼时效的中止。

本章综合练习

限时30分钟

一、单项选择题

1. 根据《民法典》的规定，下列关于监护的说法，正确的是(　)。

   A. 甲、乙结婚后育有一子丙。因甲与婚外异性同居，双方书面协议离婚，约定丙由乙抚养，甲自愿放弃监护权。甲丧失监护人资格

   B. 20周岁的精神病人甲父母双亡，只有亲叔叔乙一个亲人。在此情形下，乙应担任甲的监护人

   C. 甲已满70周岁，患有老年痴呆症，父母、配偶均去世，其儿子乙应担任甲的监护人

   D. 某童星甲父母双亡，收入颇丰，由其舅舅乙担任监护人。此时，乙有权管理甲的财产，代理甲进行民事活动，实施的处分财产行为由甲承担法律后果

2. 下列民事权利中，不得让与或者继承的是(　)。

   A. 抵押权

   B. 商标权

   C. 生命权

   D. 建设用地使用权

3. 关于民事义务，下列说法错误的是(　)。

   A. 民事义务具有强制性

   B. 不妨害他人所有权的义务属于积极义务

   C. 合同义务属于约定义务

   D. 不侵害他人财产的义务属于法定义务

4. 根据民事法律制度的规定，下列关于意思表示的表述中，说法正确的是(　)。

A. 要约不属于意思表示

B. 非对话的意思表示属无相对人的意思表示

C. 继承开始后，继承人无意思表示的，视为放弃继承

D. 以公告方式进行意思表示的，自公告发布时生效

5. 下列民事法律事实中属于法律行为的是(　)。

A. 乙中途遇到晕倒的陌生人，为其垫付医药费

B. 丙因债务纠纷将戊打伤

C. 甲将购物卡八折卖给同事

D. 丁在海边游玩时捡拾贝壳

6. 我国《民法典》规定了承担民事责任的方式，其中不包括(　)。

A. 赔礼道歉

B. 消除危险

C. 吊销营业执照

D. 修理、重作、更换

7. 诉讼时效期间与除斥期间是民法上两项权利行使的限制期间，下列关于二者区别的说法中，正确的是(　)。

A. 诉讼时效期间届满则实体权利消灭，除斥期间届满则胜诉权消灭

B. 诉讼时效期间为不变期间，除斥期间为可变期间

C. 诉讼时效期间适用于请求权，除斥期间适用于形成权

D. 除斥期间适用中止、中断、延长，诉讼时效期间并不适用

8. 自然人被宣告死亡后又重新出现，经本人申请撤销死亡宣告，其与原配偶的婚姻关系可以自行恢复的是(　)。

A. 原配偶外出打工多年未回居住地

B. 原配偶再婚

C. 原配偶再婚后又离婚

D. 原配偶再婚后其配偶又被宣告死亡

9. 下列关于民事权利的保护，说法错误的是(　)。

A. 私力救济是权利救济最普遍的方式

B. 强制执行是公力救济的一种

C. 正当防卫是自卫行为

D. 权利受侵害后的回复是民事权利的保护内容之一

10. 根据民法理论，下列有关民事法律关系的说法中，不正确的是(　)。

A. 物是债权法律关系的客体，智慧产品是知识产权关系的客体

B. 人身权关系的主体一般不能转让自己的权利，而财产权关系的主体则通常可以转让自己的权利

C. 对世权关系的义务主体是权利主体之外的一切人，对人权关系的义务主体是特定的人

D. 民事法律关系的主体包括自然人、法人、非法人组织和特定情况下的国家

11. 民事权利能力是指民事主体依法享有民事权利承担民事义务的资格。下列关于民事权利能力的说法中，正确的是(　)。

A. 被监护人不具有民事权利能力

B. 植物人没有民事权利能力

C. 享有民事权利能力的人应有意思能力

D. 未成年人也享有民事权利能力

12. 2020 年 1 月，甲委托乙预订春节假期的三亚某宾馆海景房一间。乙接受委托后，因工作单位有急事需要出差而无法帮甲预订房间，遂经甲同意将此事再度委托给丙办理。关于甲、乙、丙之间法律关系的说法，正确的是(　)。

A. 甲、乙之间构成代理关系，乙、丙之间构成委托关系

B. 丙预订房间后，如果甲不能前往居住，预付的房间费应当由丙的委托人乙支付

C. 丙预订房间所支出的必要费用应当由乙承担

D. 丙是甲的代理人，而非乙的代理人

13. 民事法律行为依不同标准可划分为若干类型。关于民事法律行为类型的说法，正确的是(　)。

A. 遗赠扶养协议属于单方法律行为
B. 附义务的赠与属于有偿行为
C. 租赁属于诺成行为
D. 保证属于身份行为

14. 根据《民法典》规定，下列不属于民事责任免责事由的是(　)。
A. 不可抗力　　B. 正当防卫
C. 紧急救助　　D. 第三人过失

15. 某企业推出一种新型饮料，在其宣传广告中，捏造该饮料具有强力补钙功能，且售价比一般饮料贵很多。下列选项中属于受欺诈而为的民事法律行为的是(　)。
A. 消费者甲相信该企业的广告，购买了该新型饮料
B. 消费者乙相信该企业的广告，但由于误解购买了其他饮料
C. 消费者丙购买了该新型饮料后，看到了该企业的广告
D. 消费者丁根本不相信该企业的广告，为送礼购买了价格较贵的该新型饮料

16. 张某向李某借款 10 万元，2020 年 3 月 5 日借款到期，李某提出要求偿还借款，张某拒绝向李某支付。2021 年 4 月，李某出差遭遇车祸后，住院 20 天，此期间未要求张某支付借款。根据《民法典》的规定，李某请求人民法院保护其向张某返还借款的权利的诉讼时效期间为(　)。
A. 自 2020 年 3 月 5 日至 2021 年 3 月 5 日
B. 自 2020 年 3 月 5 日至 2021 年 3 月 25 日
C. 自 2020 年 3 月 5 日至 2023 年 3 月 5 日
D. 自 2020 年 3 月 5 日至 2023 年 3 月 25 日

二、多项选择题

1. 下列选项中属于民法调整的法律关系的有(　)。
A. 甲市国有资产管理部门将国有资产从一个企业调拨到另一企业
B. 乙税务局在办公用品店购买 50 元的文件夹 1 个
C. 吴某被薛某家墙上掉下的砖头砸伤，要求薛某赔偿
D. 张三与李四结婚后多年无子，后收养孩子张小三
E. 韩某订立遗嘱，死后将自己的房产留给大儿子韩大

2. 小张是年满 9 周岁的小学生。小张从事的以下行为中，他人不得主张无效的有(　)。
A. 签订买卖校服的合同
B. 接受学校的奖励
C. 接受赠与
D. 将自己的钢笔赠与他人
E. 用自己的压岁钱给网络直播的女直播打赏

3. 下列关于民事权利属性的说法中，正确的有(　)。
A. 追认权属于形成权
B. 人身权属于对人权
C. 物权属于相对权
D. 债权属于请求权
E. 著作权属于支配权

4. 根据民事法律制度的规定，下列选项中，属于单方民事法律行为的有(　)。
A. 赠与　　B. 追认
C. 撤销　　D. 借贷
E. 买卖

5. 甲、乙的父母拥有一栋房产。父母健在时，甲、乙二人签订了一份分割父母房产的协议，并约定该协议自父母二人均去世时生效。该协议是(　)。
A. 附条件的民事行为
B. 可撤销的民事行为
C. 效力待定的民事行为
D. 无效民事行为
E. 违法的民事行为

6. 下列民事法律行为中，属于附期限法律行为的有(　)。
A. 甲对乙表示，等到丙死后就把轮椅赠

与乙

B. 甲对乙承诺，下次下雨时送给乙一把折叠雨伞

C. 甲、乙约定，若甲的儿子明年大学毕业回到本市工作，则乙将承租的房屋退还给甲

D. 甲对乙承诺，如果明年乙获得博士学位，甲即赠给乙宝马车一辆

E. 甲、乙约定，如果明天下雪，则甲将其滑雪板租给乙

7. 根据民法相关理论，支付违约金属于(　)。

A. 侵权责任　　B. 违约责任

C. 财产责任　　D. 非财产责任

E. 无过错责任

8. 下列事由中，能够引起诉讼时效中断的有(　)。

A. 债权人申请对债务人的财产实施诉前财产保全

B. 权利被侵害的无民事行为能力人的法定代理人丧失行为能力

C. 权利人被义务人控制，无法主张权利

D. 债务人同意提供担保

E. 债务人同意履行债务

9. 根据法律规定，下列行为中，属于无效民事法律行为的有(　)。

A. 代理人超越代理权限订立的合同

B. 违反法律、行政法规强制性规定的民事法律行为

C. 违背公序良俗的民事法律行为

D. 因重大误解而订立的合同

E. 处分权欠缺的民事法律行为

本章综合练习参考答案及详细解析

一、单项选择题

1. C 【解析】本题考核监护。《民法典》规定，父母是未成年子女的监护人。该类监护是法定监护，甲自愿放弃监护权没有法律效力。所以选项A错误。无民事行为能力或者限制民事行为能力的成年人，由下列有监护能力的人按顺序担任监护：(1)配偶；(2)父母、子女；(3)其他近亲属；(4)其他愿意担任监护人的个人或者组织，但是须经被监护人住所地的居民委员会、村民委员会或者民政部门同意。叔叔不属于近亲属范围，如果愿意担任监护人，须经被监护人住所地的居民委员会、村民委员会或者民政部门同意，但并非"应当"担任其监护人。所以选项B错误、选项C正确。第35条规定，监护人应当按照最有利于被监护人的原则履行监护职责。监护人除为维护被监护人利益外，不得处分被监护人的财产。所以选项D错误。

2. C 【解析】本题考核民事权利。专属权是不得让与或继承的，包括人身权、收养权等。本题中生命权属于人身权，是专属权。

3. B 【解析】本题考核民事义务。消极义务是指以特定不作为为内容的义务，如保密义务、不妨害他人所有权的义务等。

4. D 【解析】本题考核意思表示。选项A：要约属于意思表示。选项B：有相对人的意思表示分为对话的意思表示和非对话的意思表示。选项C：继承开始后，继承人放弃继承的，应当在遗产处理前，作出放弃继承的表示；没有表示的，视为接受继承。

5. C 【解析】本题考核法律行为。事实行为，是指无须表示内心意思即依法发生法律效果的行为。如作品创作行为、拾得遗失物、先占、无因管理、侵权行为等。选项A为无因管理，选项B为侵权行为，选项D为先占，均属于事实行为。所以选

项A、B、D错误。法律行为，是指以意思表示为核心要素，旨在按照意思表示的内容发生相应民法效果的表意行为。如订立合同、立遗嘱。甲将购物卡卖给同事的行为就属于合同行为。所以选项C正确。

6. C 【解析】本题考核民事责任的承担方式。吊销营业执照属于承担行政责任的方式，属于行政处罚。

7. C 【解析】本题考核诉讼时效与除斥期间的区别。诉讼时效期间届满，债务人提出诉讼时效抗辩的，则债权人"胜诉权"消灭，除斥期间届满则"实体权利"消灭。所以选项A错误。诉讼时效期间为"可变期间"，除斥期间为"不变期间"。所以选项B错误。诉讼时效期间适用中止、中断、延长，除斥期间并不适用。所以选项D错误。

8. A 【解析】本题考核自然人申请撤销死亡宣告的婚姻关系。死亡宣告被撤销的，婚姻关系自撤销死亡宣告之日起自行恢复，但是其配偶再婚或者向婚姻登记机关书面声明不愿意恢复的除外。配偶再婚且后一婚姻正在持续的，不得自行恢复。配偶再婚但又离婚或再婚后配偶死亡的，也不得自行恢复。因此选项A当选。

9. A 【解析】本题考核民事权利的保护。公力救济是权利救济最普遍的方式。

10. A 【解析】本题考核民事法律关系的客体、分类。债权关系的客体是行为。

11. D 【解析】本题考核自然人的民事权利能力。在我国，自然人具有平等的民事权利能力。自然人的民事权利能力始于出生，终于死亡。所以，被监护人、植物人、未成年人都有民事权利能力。所以选项A、B错误。民事行为能力(而非权利能力)的有无与自然人的意思能力有关，意思能力是对自己行为所发生何种效果的预见能力。所以选项C错误。

12. D 【解析】本题考核再代理。再代理人是由代理人选任的，但再代理人不是原代理人的代理人，而仍然是被代理人的代理人，其法律后果直接归属被代理人。据此可知，本题中丙的行为属于再代理，丙是甲的代理人，其法律后果应由甲承担。选项D正确。

13. C 【解析】本题考核民事法律行为的分类。遗赠扶养协议属于双方法律行为；附义务的赠与属于无偿行为；保证属于财产行为。

14. D 【解析】本题考核民事责任的免责事由。根据《民法典》规定，民事责任的免责事由主要有不可抗力、正当防卫、紧急避险、紧急救助等。

15. A 【解析】本题考核受欺诈的民事法律行为。选项B中消费者没有因欺诈作出意思表示；选项C、D中消费者的行为与欺诈行为之间没有因果关系。

16. C 【解析】本题考核诉讼时效。本题中，诉讼时效期间为2020年3月5日至2023年3月5日。中止诉讼时效是在诉讼时效结束前6个月内，本题并不符合该条件，所以不构成诉讼时效中止。

二、多项选择题

1. BCDE 【解析】本题考核民法调整的范围。选项A体现的是基于行政权力的管理与被管理的关系，两者之间地位不平等，不受民法调整。选项B、C、E体现的是平等主体间的财产关系。选项D体现的是平等主体间的人身关系。

2. BCD 【解析】本题考核限制行为能力人的民事行为能力。八周岁以上的未成年人为限制民事行为能力人，实施民事法律行为由其法定代理人代理或者经其法定代理人同意、追认，但是可以独立实施纯获利益的民事法律行为或者与其年龄、智力相适应的民事法律行为。选项B、C是纯获利益的民事法律行为，选项D与其年龄、智力相适应的民事法律行为，他人均不得主张无效。

3. ADE 【解析】本题考核民事权利的分类。

对世权，是指能够请求不特定的一般人为一定行为的权利，如物权、人身权、知识产权等。对人权，是仅能请求特定的人为一定的行为的权利，如债权。所以选项 B 错误。以权利实现方式为标准，民事权利可划分为绝对权与相对权。绝对权，是指无须他人协助，即可行使、实现的权利，如物权。相对权，是指须借助他人的协助方可实现的权利，如债权。所以选项 C 错误。

4. BC 【解析】本题考核单方法律行为。单方民事法律行为是根据一方当事人的意思表示而成立的民事法律行为。追认与撤销都是一方当事人意思表示即可成立，是单方民事法律行为。赠与、借贷和买卖都是合同行为，双方当事人意思表示一致才能成立，是双方民事法律行为。

5. DE 【解析】本题考核民事行为的效力。房产属于父母所有，由父母来决定这个房产的归属，死后有遗嘱按遗嘱，没有遗嘱按法定继承处理。在被继承人生前，其他人无权处分其财产的，该协议无效且违法。

6. AB 【解析】本题考核附条件、附期限的民事法律行为。选项 C、D、E 中所述事实可能发生，也可能不发生，属于附条件的法律行为。

7. BCE 【解析】本题考核民事责任的类型。

8. ADE 【解析】本题考核诉讼时效中止、中断的事由。选项 B、C 属于诉讼时效中止的法定事由。

9. BC 【解析】本题考核无效民事法律行为。选项 A、E 属于效力待定的民事法律行为。选项 D 属于可撤销的民事法律行为。

由“李”及外

救人命压断肋骨反遭索赔，两年后的判决为好人提气

2017 年 9 月，72 岁的老太因感觉头晕，到一家药店买药，药店老板孙向波建议老太服用硝酸甘油片并给了其一片，随后老太突然出现心脏骤停，孙老板立即对其实施心肺复苏进行抢救，老太恢复意识后，120 救护车将其送往医院住院治疗，因为处置及时，老太太脱离了生命危险。

老太苏醒后，家属发现其 12 根肋骨被压断、右肺挫伤，反倒起诉孙老板，索要医疗费、交通费、住院伙食补助等，累计超过万元，并称伤残等级评级后还要追加赔偿数额。2019 年 12 月 31 日，法院终于给出了判决，药店老板给老人进行心肺复苏造成肋骨骨折及肺挫伤无法完全避免，救助行为没有过错，不违反诊疗规范，无需对老人造成的损害承担民事责任，判决驳回原告诉讼请求。

第8章 物权法律制度

JINGDIAN TIJIE

考情分析

历年考情分析

本章最近几年的考查分数在8分左右，内容相对简单，以客观题为主。但2018、2019连续两年对单选题、多选题和综合分析题做了考核，共考核了9个题目，共计16分。本章着重掌握物权变动、所有权、共有、担保物权、占有等规定。

本章2020年考试主要变化

本章变动较大。本章按照《民法典》重新编写。

核心考点及真题详解

考点一 物与物权★

扫我解疑难

经典例题

【例题·单选题】（2013年）不同种类的物有不同的法律特征。下列关于这些特征的说法中，正确的是（ ）。

A. 集合物上存在多个所有权

B. 合成物上存在多个所有权

C. 共有物之上集两个或者两个以上所有权于一体

D. 单一物独立成一体

【答案】D

【解析】本题考核物的分类。单一物、合成物、集合物，在作为权利标的时，在法律观念上都是一个完整的物，且一物之上只有一个所有权。所以选项A、B错误。共有物之上只有一个所有权。所以选项C错误。

【有"李"有据】做单选题注意"找不同"，除选项D以外，其他三个选项都是多个所有权的观点。再结合一物一权原则，即可得出答案。

考点精析

物的分类（见表8-1）

表8-1 物的分类

标准	分类	含义	划分的法律意义
物能否移动或移动是否损害其价值	动产	能够移动且移动后不至于损害其价值的物	不动产物权变动，原则上以登记为生效要件，发生纠纷时，由不动产所在地法院管辖；动产物权的变动，以交付为生效要件
	不动产	不能移动或虽可移动但移动后有损其价值的物	

续表

标准	分类	含义	划分的法律意义
是否具有独立特征或被特定化	特定物	具有独立特征或被权利人指定，不能以其他物替代。	(1)有些合同的标的物只能是特定物，如租赁合同；而有些合同的标的物只能是种类物，如借贷合同。(2)种类物的转让，交付时所有权转移。特定物的转让，既可以交付时，也可依法定或约定来。(3)标特定物交付前灭失，可免除实际交付原物义务。种类物灭失，并不免除
	种类物	具有共同特征和同样经济意义并可以用度量衡计算的可替代之物	
两物用途上的关系	主物	独立存在，在结合使用中起主要作用的物	在法律无相反规定或合同无相反约定时，主物所有权转移的，从物所有权也随之转移
	从物	独立存在，在结合使用中处于附属地位、起辅助和配合作用的物	
两物之间产出与被产出关系	原物	依其自然属性或法律规定产生新物的物	孳息归原物所有人，除法律另有规定或合同另有约定外。转让原物时，孳息收取权一并转移
	孳息物	原物产生的新物。包括天然孳息和法定孳息	
在一定期限内是否有所有人	有主物	指所有权人明确的物	解决无主物的权利归属，使物尽其用
	无主物	在一定期限内没有所有权人或者所有权人不明的物	
由一个或多个独立屋构成	单一物	独立成一体的物	单一物、合成物、集合物都可以成为一个交易关系的对象。只有集合物，其所有权仍然存在于构成集合物的每一个物之上
	合成物	数个单一物结合为一体的物。在法律是一个完整的物。**如房屋、汽车**	
	集合物	多个的单一物或合成物集合为一体作为权利标的，在交易上和法律上当**做一物对待**的物的总体。**如一群马**	

【帮你"李"解】 除了以上的分类，物还可以作以下分类：流通物、限制流通物、禁止流通物；可分物与不可分物；消耗物与不消耗物；定着物与附着物。

2. 物权

物权，是指权利人依法直接支配特定物，并享受其利益的排他性财产权。包括所有权、用益物权和担保物权。其特征：

(1)物权是对物的支配权；

(2)物权是排他性财产权；

(3)物权是对世权；

(4)物权是绝对权。

考点二 物权法的基本原则★★★

经典例题

【例题1·单选题】(2014年)一物一权原则是物权法的基本原则之一，其含义是(　)。

A. 一物之上只能成立一个物权

B. 禁止在同一物上同时设立两个以上的抵押权

C. 同一物上不得同时并存所有权和他物权

D. 不得在同一物上同时设立两个以上内容相冲突的物权

【答案】D

【解析】本题考核一物一权原则的内涵。一物一权原则，是指一个物上不允许有互不相容的两个以上的物权同时存在。

【例题2·多选题】(2015年)不可以在同一物上并存的物权有(　)。

A. 建设用地使用权

B. 所有权

C. 抵押权

D. 质权

E. 宅基地使用权

【答案】ABE

【解析】本题考核物权法的基本原则。一物一权，是指一个物上不允许有互不相容的两个以上的物权同时存在。一物一权是物权排他性的要求。如一物之上只能设立一个所有权或者用益物权。

考点精析

物权的基本原则(见表8-2)

表8-2　物权的基本原则

原则	含义
一物一权原则	一个物上只能有一个所有权，不允许同时存在两个以上互不相容的物权。如一物之上只能设立一个所有权或者用益物权
物权法定原则	物权的种类、内容均由法律规定，不得由当事人自由创设
公示、公信原则	物权的存在与变动均应当具备法定的公示方式的原则。 不动产：登记。动产：占有。即法律推定不动产的登记人或动产的占有人为财产的真正权利人

考点三　物权的分类及效力★★

经典例题

【例题·单选题】(2014年)下列用益物权中，属于从物权的是(　)。

A. 建设用地使用权

B. 土地承包经营权

C. 地役权

D. 宅基地使用权

【答案】C

【解析】本题考核物权的分类。从物权是指从属于其他权利，并为所从属的权利服务的物权。担保物权、地役权均属于从物权。

考点精析

1. 物权的分类(见表8-3)

表8-3　物权的分类

标准	分类	含义
权利人享有物权的是自有还是他人所有之物	自物权	权利人依法**对自有物享有的物权**。即所有权
	他物权	所有权之外的一切物权均为他物权。根据设立目的不同，分为**用益物权**和**担保物权**
客体是动产还是不动产为	动产物权	以动产为标的的物权。公示方法是**占有和交付**
	不动产物权	以不动产为标的的物权。公示方法为**登记**
	【"李"应注意】宅基地使用权、土地承包经营权、地役权均自合同生效时取得，登记为对抗要件	

续表

标准	分类	含义
是否具有独立性	主物权	指不从属于其他权利而独立存在的物权。主物权能够独立存在
	从物权	指从属于其他权利，并为他所从属的权利服务的物权。如担保物权。从物权不能独立存在，必须以它所从属的权利为存在前提。主权利消灭，从物权也消灭
依物权的变动是否须经登记方能生效	登记物权	指物权的设定、变更及终止须经登记机关登记才能产生相应法律效力的物权。**如不动产物权和部分动产物权**
	非登记物权	指物权的取得或丧失变更无须登记即可产生相应法律效力的物权。绝大多数动产物权均为非登记物权。非登记物权其变动无须登记，只需交付即发生效力
	【“李”应注意】当事人之间订立有关设立、变更、转让和消灭不动产物权的合同，除法律另有规定或者合同另有约定外，自合同成立时生效；未办理物权登记的，不影响合同效力	
他物权设立的目的	用益物权	以实现**对标的物的使用和收益**为目的而设立的**他物权**。如土地承包经营权、建设用地使用权、宅基地使用权、地役权等
	担保物权	为**担保债务履行**而在债务人或第三人的特定物上设立的**他物权**。如抵押权、质权、留置权等

2. 物权的效力(见表8-4)

表8-4　物权的效力

分类	内容
物权的支配力	自物权具有完全的支配力，他物权人只能在法律规定或者合同约定的时空范围内，对他人之物享有一定的支配权
物权的优先力	同一标的物上，原则上物权优先于债权。但法律另有规定或者当事人另有约定的除外，如买卖不破租赁
物权的妨害排除力	主要包括：停止侵害请求权、排除妨碍请求权、消除危险请求权、恢复原状请求权和返还原物请求权等。 【“李”应注意】物上请求权不适用诉讼时效抗辩
物权的追及效力	指物权的标的物无论落入何人之手，物权人皆可追及其物，请求占有人返还，但第三人的善意取得可以阻断物权的追及效力。 【“李”应注意】善意取得制度是物权追及效力的例外

阶段性测试

1.【单选题】根据物权法律制度的规定，下列各项中，属于动产的是(　)。

A. 房屋　　B. 林木

C. 海域　　D. 船舶

2.【多选题】根据物权法律制度的规定，下列属于物权法基本原则的有(　)。

A. 物权相对原则

B. 一物一权原则

C. 物权法定原则

D. 公示公信原则

E. 信赖保护原则

阶段性测试答案精析

1. D　【解析】本题考核物的种类。选项ABC属于不动产。

2. BCD　【解析】本题考核物权法的基本原则。物权法的基本原则包括一物一权原则、物权法定原则、公示公信原则。选项A没有法律依据，选项E是行政许可法的原则。

考点四 物权的变动★★★

经典例题

【例题1·单选题】(2019年)下列物权变动中，未经登记，不得对抗善意第三人的是( )。

A. 甲将其收藏的字画出售给乙

B. 甲将其新能源汽车赠与好友乙

C. 甲在其宅基地上建成一幢楼房

D. 甲将一套机器设备质押给乙用来作借款合同担保

【答案】B

【解析】本题考核物权变动。船舶、航空器和机动车等物权的设立、变更、转让和消灭，未经登记，不得对抗善意第三人。所以选项B正确。

【例题2·单选题】(2018年)2017年5月10日，甲借用乙的自行车，双方约定借期1个月。5月19日，甲决定买下该自行车，于是发微信告知乙。5月20日，乙回复同意。5月25日，甲将自行车款通过微信支付给乙。根据物权法律制度规定，甲取得该自行车所有权的时间是( )。

A. 5月10日　　B. 5月19日

C. 5月20日　　D. 5月25日

【答案】C

【解析】本题考核简易交付。动产所有权一般是交付转移。标的物在订立合同之前已为买受人占有的，合同生效的时间为交付时间。题目中5月20日双方意思表示达成一致，买卖合同成立且生效，此时视为交付，所有权转移。

【例题3·多选题】(2019年)2019年5月3日，甲、乙签订汽车买卖合同，约定甲以20万元的价格将其汽车卖给乙。5月8日，甲向乙交付汽车，并与乙约定：乙于6月6日付清全部车款，甲于6月8日协助乙办理机动车过户登记。5月20日，乙为筹措购车款而以该车质押向丙借款10万元。双方签订了借款合同和质押合同，但事后乙并未将汽车交付给丙。根据物权法律制度规定，下列有关汽车所有权归属和物权变动的说法中，正确的有( )。

A. 6月6日，付清全部车款时，乙取得汽车所有权

B. 5月8日，甲交付汽车时，乙取得汽车所有权

C. 5月3日，汽车所有权归属于甲

D. 5月20日，乙、丙间质押合同有效，但质权未设立

E. 6月8日，办理完过户登记手续时，乙取得汽车所有权

【答案】BCD

【解析】本题考核动产物权变动。动产物权的设立和转让，自交付时发生效力，但法律另有规定的除外。所以选项B、C正确，选项A、E错误。质权自出质人交付质押财产时设立。所以选项D正确。

考点精析

1. 物权变动的原因

(1)法律行为及法律行为之外的事实行为。

(2)公法上的原因，如公用征收、没收、罚款等。

2. 物权变动的公示方式(见表8-5)

表8-5　物权变动的公示方式

财产或权利类型	具体权利名称或行为	物权变动公示方式
动产	一般动产的所有权、动产质权	交付生效
	船舶、航空器、机动车的所有权	交付生效、登记对抗
	动产的抵押权	登记对抗

续表

财产或权利类型	具体权利名称或行为	物权变动公示方式
不动产	房屋的所有权与抵押权、建设用地使用权的取得与抵押	**登记生效**
	土地承包经营权、地役权、宅基地使用权	登记对抗
权利质押	基金份额、股权的质押、知识产权的质押、应收账款的质押	登记生效
	票据、债权、存单、提单的质押	有权利凭证，交付生效；没有权利凭证，登记生效

3. 不动产登记的类型(见表8-6)

表8-6　不动产登记的类型

法定情形		处理	法律后果
不动产物权的设立、变更、转让和消灭		变动登记	依法登记，发生效力；未经登记，不发生效力
登记内容错误或遗漏+权利人、利害关系人申请更正登记	**权利人书面同意更正**或有证据证明登记确有错误	更正登记	对原登记权利的涂销登记，是对真正权利的初始登记
	权利人不同意更正的	利害关系人申请异议登记	申请人在异议登记之日起15日内不起诉，异议登记失效
债权人为防止不动产权利人“一物二卖”		预告登记	预告登记后，未经预告登记的权利人同意，**处分**该不动产的，不发生物权效力； **【帮你“李”解】**“处分行为”包括：转移不动产所有权、设定建设用地使用权、设定地役权、设定抵押权等行为

【帮你“李”解】 更正登记与异议登记有先后顺序，登记错误包括事实错误与权利错误，权利人发现登记的事实内容错误或遗漏(如房屋面积登记错误)即可申请更正登记。异议登记一般适用于权利错误(如将本属于张三的不动产登记在了李四名下)，由利害关系人(张三)提出更正登记，李四同意，办理更正登记；李四不同意，张三再提异议登记。

4. 动产交付(见表8-7)

表8-7　动产交付

交付类型		具体规定
现实交付	现实交付	出让人将其动产现实地移转给受让人。最常见的交付方式
	拟制交付	以仓单、提单的交付来代替动产的现实交付
观念交付	简易交付	动产物权设立和转让前，权利人已经占有该动产的，物权自民事法律行为生效时发生效力
	占有改定	动产物权转让时，出让人与受让人另行约定由出让人继续占有该动产的，受让人取得对该动产的间接占有。物权自该约定生效时发生效力
	指示交付	动产物权设立和转让前，第三人占有该动产的，负有交付义务的人可以通过转让请求第三人返还原物的权利代替交付

考点五 所有权★★★

经典例题

【例题1·单选题】(2015年)下列所有权取得方式中，属于继受取得的是( )。

A. 先占 B. 添附

C. 赠与 D. 建造

【答案】C

【解析】本题考核所有权的取得。选项ABD都属于原始取得。

【例题2·单选题】(2013年)根据民法理论，下列导致所有权消灭的法律事实中，属于民事法律行为的是( )。

A. 抛弃所有权 B. 自然人死亡

C. 纳税 D. 标的物灭失

【答案】A

【解析】本题考核所有权的消灭、民事法律行为。选项B、C、D属于因法律行为以外的事实导致所有权消灭的情形。除选项A以外，所有权的出让(赠与、出卖、互易等)也属于因法律行为导致所有权消灭的情形。

考点精析

1. 所有权的类型(见表8-8)

表8-8 所有权的类型

类型	举例
国家所有权	(1)矿藏、水流、海域、**无居民海岛**、城市的土地、国防资产、无线电频谱资源专属于国家所有；(2)国有财产由国务院代表国家行使所有权；法律另有规定的，依照其规定
集体所有权	农民集体所有的不动产和动产，属于“本集体成员集体所有”
私人所有权	(1)法律未禁止私人所有的财产，均可成为私人所有权的客体。包括合法收入、房屋、生活用品、生产工具、原材料等不动产和动产。(2)私人所有权由所有权人(自然人、法人或其他组织)或者其代理人行使

2. 所有权的取得

(1)原始取得与继受取得(依是否以他人所有权为前提划分)(见表8-9)。

表8-9 原始取得与继受取得

取得方式	举例
原始取得	非依他人既存的权利而是基于法律规定直接取得所有权，包括先占、生产、收取孳息、添附物的归属、无主物和罚没物的法定归属、善意取得、没收等
继受取得	基于他人既存的权利而取得所有权，如买卖、互易、赠与

(2)不动产与动产所有权的取得(见表8-10)。

表8-10 不动产与动产所有权的取得

取得方式	举例
依法律行为取得	如基于买卖合同、赠与、互易合同而为的“不动产登记”或“动产交付”等
依法律行为以外的事实取得	①继承：遗嘱继承和法定继承；②建造(针对不动产)：房屋的建造、围海造田、树木的栽种；③法院判决、强制执行；④公用征收、没收、罚款等；⑤无主物的法定归属。埋藏物、隐藏物、遗失物、漂流物自发布招领公告之日起1年内无人认领的，归国家；⑥先占，先占的标的物须为非法律禁止占有的无主动产

续表

取得方式		举例
依法律行为以外的事实取得	⑦添附	a. 附合（不同所有人的物因结合形成难以分割之物）；b. 混合（不同所有人的动产相互交融，难以识别或识别于经济上不合理）；c. 加工（对他人之物加以制作或改造，使之成为具有更高价值之物）
	⑧善意取得	见表8-11

【帮你"李"解】引起物权变动的原因（债权）与物权变动的结果作为两个法律事实，它们的成立生效依据不同的法律原则。对于登记物权，未办理物权登记的，不影响合同效力。

（3）善意取得（见表8-11）。

表8-11 善意取得

项目		内容
适用条件		（1）受让人受让该不动产或者动产时是善意的； （2）以合理的价格转让； 【"李"应注意】"合理的价格"，应根据转让标的物的性质、数量以及付款方式等具体情况，参考转让时交易地市场价格以及交易习惯等因素综合认定。 （3）转让的不动产已经登记，动产已经交付。 【"李"应注意】善意取得的前提必须是出让人为无权处分人
善意的认定（不知情+"无重大过失"）	不动产	（1）登记簿上存在有效的异议登记； （2）预告登记有效期内，未经预告登记的权利人同意； （3）登记簿上已经记载司法机关或者行政机关依法裁定、决定查封或者以其他形式限制不动产权利的有关事项； （4）受让人知道登记簿上记载的权利主体错误； （5）受让人知道他人已经依法享有不动产物权。 【"李"应注意】真实权利人有证据证明受让人应当知道转让人无处分权的，应当认定受让人具有重大过失
	动产	受让人受让动产时，交易的对象、场所或时机等不符合交易习惯的，应认定受让人具有重大过失
法律后果		受让人取得财产所有权
除外		转让合同被认定无效或被撤销

2. 所有权的消灭（见表8-12）

表8-12 所有权的消灭

消灭的原因		具体内容
法律行为	单方法律行为	所有权的抛弃
	双方法律行为	所有权的出让，如赠与、出卖、互易等出让所有权
法律行为以外的法律事实		（1）作为所有人的自然人死亡或法人终止； （2）标的物灭失； （3）判决、强制执行、罚款、没收、纳税等；（4）添附

考点六　共有★★

经典例题

【例题·多选题】(2012年)根据民法上的共有理论，关于共有的说法，正确的有(　)。

A. 按份共有可以存在于不动产之上，不能存在于动产之上

B. 按份共有的共有人可在其份额上设定担保物权

C. 在共同共有关系存续期间，共有人可随时请求分割共有物

D. 共有是两个以上的人对同一个物拥有数个所有权，它是所有权排他性的一个例外

E. 共有是数人享有同一个所有权

【答案】BE

【解析】本题考核共有。按份共有既可以存在于不动产之上，也可以存在于动产之上。所以选项A错误。在共同共有关系存续期间，共同共有人原则上无分割请求权。所以选项C错误。共有的所有权在形态上是一个。所以选项D错误。

考点精析

1. 按份共有与共同共有(见表8-13)

表8-13　按份共有与共同共有的效力

分类	对内效力	对外效力
按份共有	(1)对共有物的**处分、重大修缮、变更性质或用途**的，须经占份额2/3以上共有人同意，但另有约定的除外。 (2)各共有人对共有物有分割请求权； (3)共有人(同等条件下)享有优先购买权； (4)共有人可在其份额上设定担保物权； (5)共有人享有物上请求权 【“李”应注意】“同等条件”，应综合共有份额的转让价格、价款履行方式及期限等因素确定。	共有人对外享有连带债权、承担连带债务
共同共有(以共同关系的存在为前提)	(1)对共有物的处分、重大修缮、变更性质或用途的，须经全体共有人同意； (2)在共有关系存续期间，共有人原则上无分割请求权，也无优先购买权； (3)共同共有关系终止时，对共有物的分割与按份共有相同； (4)共同共有财产分割后，一个或者数个原共有人出卖自己分得的财产时，如果出卖的财产与其他原共有人分得的财产属于一个整体或者配套使用，其他原共有人享有优先购买权	

【帮你“李”解】共有人对共有的不动产者动产没有约定为按份共有或者共同共有，或者约定不明确的，除共有人具有家庭关系等外，视为按份共有。

2. 共有人优先购买权的例外

(1)共有份额的权利主体因**继承、遗赠**等原因发生变化时，其他按份共有人主张优先购买，但按份共有人之间另有约定的除外。

(2)按份共有人之间转让共有份额，其他按份共有人主张优先购买的，不予支持，但按份共有人之间另有约定的除外。

(3)按份共有人向共有人之外的人转让其份额时，具有下列情形之一的，其他按份共有人主张优先购买权的，不予支持：

①未在上述期间内主张优先购买，或者虽主张优先购买，但提出**减少转让价款、增加转让人负担等**实质性变更要求；

②以其优先购买权受到侵害为由，仅请求撤销共有份额转让合同或者认定该合同无效。

考点七 业主的建筑物区分所有权★

经典例题

【例题·单选题】(2011年)业主对建筑物内的住宅,经营性用房等专有部分享有所有权,对专有部分以外的共有部分享有共有和共同管理的权利。这一规定表明( )。

A. 建筑物区分所有权中业主对共有部分享有的是公有权

B. 业主办理产权登记时需要对共有权作单独登记

C. 建筑物区分所有权中的专有部分所有权、共存部分共有权及成员权是一体的,不可分离

D. 建筑物区分所有权的各部分权利可以分别变动或者转移

【答案】C

【解析】本题考核建筑物区分所有权。题干表明了建筑物区分所有权的三要素,其他选项都不能由题干推出。业主对建筑物的共有部分享有的是共有权,而不是公有权。所以选项A错误。建筑物区分所有权成立登记时,只登记专有部分所有权,而共有权及成员权并不单独登记。所以选项B错误。建筑物区分所有权的各部分权利变动时,须一体变动。所以选项D错误。

考点精析

1. 专有部分所有权(空间所有权)

2. 共有部分共有权

依照法律或管理规约的规定,对区分所有建筑物之共有部分所享有的占有、使用及收益的权利。

3. 成员权

业主可以设立业主大会,选举业主委员会。业主大会及业主委员会具有诉讼能力,可以以自己名义提起诉讼。

考点八 用益物权★★★

经典例题

【例题1·单选题】(2019年)下列有关用益物权的说法中,正确的是( )。

A. 用益物权是完全性物权

B. 用益物权属于对人权

C. 用益物权的客体包括不动产和动产

D. 用益物权属于价值权

【答案】C

【解析】本题考核用益物权的特征。用益物权是限定物权。所以选项A错误。物权属于对世权,债权属于对人权。所以选项B错误。《民法典》将用益物权的客体扩展为不动产和动产。所以选项C正确。用益物权是以使用收益为目的的限定物权,不是价值权。担保物权是价值权。所以选项D错误。

【例题2·多选题】(2017年)根据物权法律制度规定,用益物权包括( )。

A. 土地承包经营权

B. 建设用地使用权

C. 宅基地使用权

D. 抵押权

E. 质权

【答案】ABC

【解析】本题考核用益物权的种类。用益物权主要包括:土地承包经营权、建设用地使用权、宅基地使用权、地役权、居住权。所以选项A、B、C正确。抵押权、质权是担保物权,所以选项D、E错误。

考点精析

1. 用益物权的概念特征(见表8-14)

表 8-14 用益物权的概念特征

项目	具体规定
概念	是指对他人所有的不动产或动产，依法享有占有、使用、收益的权利
特征	(1)是限定物权。 (2)是以使用收益为目的的定限物权。 (3)其享有和行使以对物之占有为前提。 **【"李"应注意】**地役权例外。 (4)是一种独立的物权

2. 用益物权的类型(见表 8-15)

表 8-15 用益物权的类型

种类	内容	设立及存续
建设用地使用权	(1)对国家所有的土地享有的占有、使用和收益的权利；(2)可以通过出让、划拨、转让、继承等方式取得；(3)可以出租，也可以抵押。 **【"李"应注意】**抵押时，"房随地走，地随房走"	(1)自登记时设立； (2)权利存续有具体期限
宅基地使用权	主体限于农村集体经济组织成员，实行"一户一宅"原则	(1)宅基地使用权无偿取得； (2)存续无期限限制
土地承包经营权	主体限于从事农业生产的集体组织或公民个人	依承包合同而产生，权利存续有具体期限
居住权	(1)居住权是居住权人对他人的住宅享有占有、使用以满足生活居住需要的用益物权；(2)居住权具有专属性，不得转让、继承；(3)居住权具有期限性。若合同或者遗嘱未对居住权期限予以明确，则应推定居住权期限为居住权人的终身；(4)居住权通常具有无偿性，当事人另有约定的除外	(1)居住权依书面合同或遗嘱设立；(2)居住权自登记时设立
地役权	(1)地役权是存在于他人不动产上的物权；(2)地役权具有**从属性**；供役地从属于需役地；(3)地役权具有不可分性；即使需役地分割，地役权为分割后的各部分的利益仍然存在；(4)地役权是为需役地的便利而设定的物权；(5)地役权的享有不以对土地的占有为要件，此特点与其他用益物权不同	(1)自**地役权合同生效时设立**；(2)当事人要求登记的，可以向登记机构申请登记；(3)未经登记，不得对抗善意第三人

阶段性测试

1. 【单选题】2019年5月10日，甲借用乙的自行车，双方约定借期1个月。5月19日，甲决定买下该自行车，于是发微信告知乙。5月20日，乙回复同意。5月25日，甲将自行车款通过微信支付给乙。根据规定，甲取得该自行车所有权的时间是(　)。

A. 5月10日　　B. 5月19日

C. 5月20日　　D. 5月25日

2. 【单选题】张某将自己的房屋作价100万元转让给秦某，秦某略加修缮，居住1年后以150万元的价格转让给叶某，叶某居住1年后又以200万元的价格转让给包某。以上几次转让均未办理房产过户手续。后该房屋价格上涨至400万元，四人均对该房屋主张所有权。则该房所有权应属于(　)。

A. 张某　　B. 秦某

C. 叶某　　D. 包某

3. 【多选题】根据民法上的共有理论，关于共有的说法，正确的有(　)。

A. 按份共有可以存在于不动产之上，不能存在于动产之上

B. 按份共有的共有人可在其份额上设定担保物权

C. 共同共有以共同关系的存在为前提

D. 对共有物的处分、重大修缮、变更性质或用途的，须经占份额2/3以上共有人同意

E. 共有是数人享有同一个所有权

4. 【单选题】下列关于居住权的说法，正确的有(　)。

A. 居住权是用益物权

B. 居住权具有期限性，不得超过30年

C. 居住权一律无偿设立

D. 居住权死亡后，其继承人可以继承

阶段性测试答案精析

1. C 【解析】本题考核简易交付。动产所有权一般是交付转移。标的物在订立合同之前已为买受人占有的，合同生效的时间为交付时间。本题中，5月20日双方意思表示达成一致，买卖合同成立且生效，此时视为交付，所有权转移。

2. A 【解析】本题考核物权变动的公示方式。本题中，由于各买主均未办理过户手续，所以所有权人仍然是张某。

3. BCE 【解析】本题考核共有。按份共有既可以存在于不动产之上，也可以存在于动产之上。所以选项A错误。在按份共有中，对共有物的处分、重大修缮、变更性质或用途的，须经占份额2/3以上共有人同意，共同共有中，则须全体共有人同意。该选项中没有区分二者，所以选项D错误。

4. A 【解析】本题考核居住权。居住权属于用益物权，所以，选项A正确。居住权具有期限性。居住权的期限可由当事人在居住权合同或者遗嘱中确定或者约定，若合同或者遗嘱未对居住权期限予以明确，则应推定居住权期限为居住权人的终身。所以，选项B错误；居住权通常具有无偿性，但是当事人另有约定的除外，所以，选项C错误。居住权具专属性。不得转让、继承。所以，选项D错误。

考点九　担保物权的特征及分类★★

扫我解疑难

经典例题

【例题·单选题】(2013年)根据民法理论，担保物权的特征之一是(　)。

A. 担保物权的设立以物的利用为目的

B. 担保物权具有不可分性，即可以不依附于债权而单独设立

C. 担保物权具有物上代位性

D. 担保物权是为确保物权的实现而设立的

【答案】C

【解析】本题考核担保物权的特征。担保物权的设立并不是以物的利用为目的，而是以确保债务履行为目的。所以选项A错误。担保物权的从属性体现为其存在以债权的存在为前提。所以选项B错误。担保物权是为确保债权实现而设立的。所以选项D错误。

考点精析

1. 担保物权的特征

担保物权具有从属性和附随性、不可分性、物上代位性。

担保物权包括抵押权、质权和留置权。

【“李”应注意】抵押权、质权、留置权三种担保物权并存时的效力规则：

(1)同一财产既设立抵押权又设立质权的，拍卖、变卖该财产所得的价款按照登记、交付的时间先后确定清偿顺序。

(2)同一动产上已设立抵押权或者质权，该动产又被留置的，留置权人优先受偿。

2. 担保物权的分类(见表8-16)

表 8-16 担保物权的分类

标准	分类	举例
担保物权发生的原因	法定担保物权	留置权
	意定担保物权	抵押权、质权
担保物权的主要效力及担保物权设定时担保物的占有状态	优先性担保物权	抵押权
	占有性担保物权	留置权、质权
担保物的属性	动产担保物权	动产抵押、动产质押
	不动产担保物权	不动产抵押
	权利担保物权	权利质押
成立是否须登记	登记担保物权	不动产抵押
	非登记担保物权	动产抵押、质权、留置权
担保物权成立时担保标的物的范围	固定财产担保物权	固定财产抵押权
	非固定财产担保物权	浮动担保

考点十 抵押权★★★

经典例题

【例题1·单选题】(2019年)下列有关抵押权的说法中，正确的是( )。

A. 抵押权属于主物权

B. 抵押权具有物上代位性

C. 抵押权的客体限于不动产

D. 抵押权是以使用收益为目的的物权

【答案】B

【解析】本题考核抵押权的概念与特征、抵押财产。担保物权属于从物权。所以选项A错误。抵押权的客体包括动产、不动产、不动产用益物权。所以选项C错误。担保物权以取得标的物的交换价值为目的，因而属于价值权。所以选项D错误。

【例题2·单选题】(2014年)甲企业有一幢价值8 000万元的办公大楼，甲企业以该大楼作抵押，向乙银行贷款5 000万元。后来，甲企业因扩大生产经营需要，再次以该大楼作抵押，向丙银行贷款2 000万元，两个抵押均予以登记。下列关于两个抵押权效力的说法中，正确的是( )。

A. 丙银行的抵押权无效，因为先设立的乙银行的抵押权具有排他性

B. 两个抵押权都有效，乙银行和丙银行对抵押物享有平等的受偿权

C. 两个抵押权均有效，但乙银行的抵押权优先于丙银行的抵押权

D. 若两个抵押权设立后，该大楼的价值跌到5 000万元，则丙银行的抵押权无效

【答案】C

【解析】本题考核重复抵押的效力。本题中，两个抵押均予以登记，即两个抵押权均有效。均已登记的抵押权，按照登记的时间先后顺序受偿。若两个抵押权设立后，该大楼的价值跌到5 000万元，丙银行可能不能就抵押物优先受偿，但这并不影响丙银行抵押权的效力。

【例题3·多选题】(2018年)甲公司向乙信用社借款20万元，以甲公司现有的及将有的生产设备、原材料和产品设立抵押，根据规定，下列关于该抵押的说法中，正确的有( )。

A. 本案抵押权的登记机关为工商行政管理部门

B. 本案抵押合同应当采取书面形式订立

C. 本案抵押担保方式属于浮动抵押

D. 本案抵押权自抵押登记完成之时设立

E. 本案抵押权设立后，甲公司不得再使用抵押财产

【答案】ABC

【解析】本题考核浮动抵押。浮动抵押，应当向抵押人住所地的工商行政管理部门办理登记。抵押权自抵押合同生效时设立；未经登记，不得对抗善意第三人。浮动抵押期间，抵押权人不得对抗正常经营活动中已支付合理价款并取得抵押财产的买受人，所以抵押人可以继续使用抵押财产。所以选项D、E错误。

考点精析

1. 抵押权的概念与特征(见表8-17)

表8-17 抵押权的概念与特征

项目	具体规定
概念	抵押权，是指债权人(抵押权人)对债务人或第三人(抵押人)提供的、不移转占有的担保财产(抵押财产)享有的变价处分权和就卖得的价金优先受偿权的总称
特征	(1)是意定担保物权；(2)是不移转抵押物占有的担保物权；(3)是以对抵押物变价处分权和就卖得的价金优先受偿权为内容的担保物权

2. 抵押合同(见表8-18)

表8-18 抵押合同

项目	内容
形式	(1)**法定的要式合同**，须采用书面形式； (2)抵押合同可以是单独存在的合同，也可以是债权合同中设定的抵押条款
内容	抵押合同一般包括下列条款：(1)被担保债权的种类和数额；(2)债务人履行债务的期限；(3)抵押财产的名称、数量等情况；(4)担保的范围

3. 抵押财产的范围及抵押权的设立(见表8-19)

表8-19 抵押财产的范围及抵押权的设立

项目	内容	设立
可以抵押的财产**【"李"应注意】**抵押人可以将所列财产一并抵押	(1)建筑物和其他土地附着物；(2)建设用地使用权；(3)海域使用权；(4)正在建造的建筑物。 **【"李"应注意】**以建筑物抵押的，该建筑物占用范围内的建设用地使用权一并抵押。以建设用地使用权抵押的，该土地上的建筑物一并抵押	法定登记，抵押权自登记时设立
	(1)生产设备、原材料、半成品、产品； (2)正在建造的船舶、航空器； (3)交通运输工具。 **【"李"应注意】**以动产抵押的，不得对抗正常经营活动中已支付合理价款并取得抵押财产的买受人	自愿登记，抵押权自抵押合同生效时设立，未登记的，不得对抗善意第三人
	法律、行政法规未禁止抵押的其他财产	根据财产类型及法律规定自登记时或合同生效时设立
不可抵押的财产	(1)土地所有权；(2)宅基地、自留地、自留山等集体所有土地的使用权，但法律规定可以抵押的除外；(3)学校、幼儿园、医疗机构等为公益为目的成立的非营利法人的教育设施、医疗卫生设施和其他公益设施；(4)所有权、使用权不明或有争议的财产；(5)依法被查封、扣押、监管的财产；(6)法律、行政法规规定不得抵押的其他财产	

4. 抵押权的效力

(1)重复抵押。

①抵押权已登记的，按照登记的时间先后确定清偿顺序；

②抵押权已登记的先于未登记的受偿；

③抵押权未登记的，按照债权比例清偿。

(2)抵押权的物上代位效力。当抵押物的灭失而使抵押人获得赔偿请求权或赔偿金时，抵押权人可以就该赔偿请求权或赔偿金行使担保物权。

(3)抵押权的追及效力。

①抵押期间，抵押人可以转让抵押财产。当事人另有约定的，按照其约定。抵押财产转让的，抵押权不受影响。

②抵押人转让抵押财产的，应当及时通知抵押权人。

③抵押权人能够证明抵押财产转让可能损害抵押权的，可以请求抵押人将转让所得的价款向抵押权人提前清偿债务或者提存。转让的价款超过债权数额的部分归抵押人所有，不足部分由债务人清偿。

④租赁与抵押的关系。抵押权设立前抵押财产已出租并转移占有的，原租赁关系不受该抵押权的影响。抵押权设立后，抵押财产出租的，该租赁关系不得对抗已登记的抵押权。

考点十一 质权★★★

扫我解疑难

经典例题

【例题·单选题】赵某将盘了20年的一对老核桃借给邻居林某把玩。但林某却以市价100万元卖给了不知情的郑某，并交付。后郑某向孙某借款200万元，双方约定将老核桃质押给孙某，如郑某到期不赎回，老核桃归孙某所有。根据物权法律制度的规定，下列表述中正确的是( )。

A. 郑某与孙某之间的质押合同无效

B. 老核桃的所有权归郑某

C. 郑某若到期不赎回，老核桃归孙某所有

D. 赵某可以直接请求孙某归还老核桃

【答案】B

【解析】本题考核质权。(1)选项ABC：郑某基于善意取得制度依法取得老核桃的所有权，郑某与孙某签订的以老核桃为标的的质押合同是有效的，不过其中的流质条款无效；(2)选项D：郑某基于善意取得制度取得老核桃的所有权，赵某丧失对老核桃的所有权，所以不能直接要求孙某归还老核桃，针对赵某的损失，只能找林某承担相应的赔偿责任。

考点精析

1. 动产质权(见表8-20)

表8-20 动产质权

项目	内容
范围	法律、行政法规禁止转让的动产不得出质
设定	(1)质押合同应为书面形式；(2)质押合同中，禁止当事人签订**流质条款**；(3)质权自出质人交付质押财产时设立；(4)质权可以适用善意取得制度。 **【"李"应注意】**流质条款是指转移质押物所有权的预先约定。订立质押合同时，质押权人和质押人在合同中不得约定在债务人履行期限届满质押权人未受清偿时，质押物所有权转移为债权人所有
效力	有约定从约定、无约定担保的债权的范围包括主债权及利息、违约金、损害赔偿金、质押财产的保管费用和实现质权的费用

2. 权利质权(见表8-21)

表8-21 权利质权

可以出质的权利	质权的设立
(1)汇票、本票、支票； (2)债券、存款单； (3)仓单、提单	自权利凭证交付质权人时设立；没有权利凭证的，质权自办理出质登记时设立

续表

可以出质的权利	质权的设立
(4)基金份额、股权	质权自办理出质登记时设立
(5)注册商标专用权、专利权、著作权等知识产权中的财产权	
(6)应收账款。如高速公路收费权	
(7)法律、行政法规规定可以出质的其他财产权利	—

考点十二 留置权★★

扫我解疑难

经典例题

【例题·单选题】根据《民法典》的规定，下列关于留置权的说法中，不正确的是(　)。

A. 留置权人有收取留置财产所生孳息的权利

B. 留置权人有对留置标的物所支出必要费用的求偿权

C. 债权人留置的动产，必须与债权属于同一法律关系

D. 留置权人于债权消灭或留置权消灭后，须将留置财产返还于债务人

【答案】C

【解析】本题考核留置权的相关规定。债权人留置的动产，应当与债权属于同一法律关系，但企业之间留置的除外。

考点精析

留置权(见表8-22)

表8-22　留置权

项目	内容
特征	唯一的法定担保
留置财产	只能是动产
成立的条件	合法占有才可以留置。 【"李"应注意】可以适用留置权的合同：保管合同、运输合同、加工承揽合同
	债权的发生与留置财产属于同一法律关系，但企业之间的留置除外
	债权已届清偿期而未获清偿
留置催告期	60日以上(鲜活易腐的动产除外)

考点十三 占有★★★

扫我解疑难

经典例题

【例题1·多选题】(2019年)甲向乙借款，并将其1辆电动三轮车出质给乙。在质押期间，为向丙借款，乙擅自将该三轮车出质给不知情的丙，丙欠丁借款到期，丁多次催讨未果。某日，丁趁丙不在家，将该三轮车偷偷骑走。之后向丙声称："如不还借款，就以三轮车抵债。"下列有关三轮车占有的性质及效力的说法中，符合物权法律制度规定的有(　)。

A. 丙可基于占有返还请求权请求丁返还三轮车

B. 丙可基于物权请求权请求丁返还三轮车

C. 乙因甲的出质而善意占有三轮车

D. 丁对三轮车的占有属于恶意占有

E. 丁基于对三轮车的占有而取得留置权

【答案】ABD

【解析】本题考核占有。占有的不动产或者动

产被侵占的，占有人有权请求返还原物。所以选项 A 正确。丙基于善意取得制度而取得对车的质权，因此丙可以基于物权请求权请求丁返还。所以选项 B 正确。乙是基于出质而有权占有，善意占有属于无权占有。所以选项 C 错误。丁是恶意偷走车，是无权占有中的恶意占有。所以选项 D 正确。留置权的前提是“合法占有债务人的动产”，丁不属于留置权。所以选项 E 错误。

【例题 2 · 多选题】（2016 年）甲、乙签订合同。甲承租乙的房屋。租期届满后，甲拒绝退出房屋。这种情形下，甲对该房屋的占有属于(　)。

A. 无权占有　　B. 恶意占有

C. 善意占有　　D. 直接占有

E. 有权占有

【答案】 ABD

【解析】 本题考核占有的分类。本案中，甲明知租期已满仍继续占有，则甲的占有为无权占有、恶意占有、直接占有。

考点精析

1. 占有的分类(见表 8-23)

表 8-23　占有的分类

标准	分类	含义
有无占有权源	有权占有	基于法律上的原因而为的占有
	无权占有	非基于本权或说是欠缺法律上原因的占有
无权占有人是否知其无占有的权源	善意占有	占有人**不知无占有的权源**，而误信有正当权源且无怀疑地占有
	恶意占有	占有人**明知无占有的权源**，或对是否有权源**虽怀疑而仍为占有**
占有人是否具有所有的意思	自主占有	以所有的意思为占有。如买受人对标的物的占有
	他主占有	指不以所有的意思为占有。如借用人对借用物的占有
占有人在事实上是否直接占有其物	直接占有	占有人事实上占有其物。如质权人、保管人对质物、保管物的占有
	间接占有	对事实上占有其物之人有返还请求权的占有

2. 占有的取得、变更与消灭(见表 8-24)

表 8-24　占有的取得、变更与消灭

项目	内容	
取得	取得方式	原始取得和继受取得
	取得的法律原因	(1)因法律行为而取得，如买卖；(2)因事实行为而取得，如建造房屋、先占、侵权等；(3)自然事件，如树上果实落入邻人院内；(4)占有推定
变更	(1)他主占有变为自主占有，如承租人买下租赁物。(2)自主占有变为他主占有，如占有改定。(3)善意占有自占有人发现或者怀疑自己没有占有权时，变为恶意占有	
消灭	(1)法律行为，如抛弃占有、让与占有；(2)事实行为，如占有物被窃、被抢或者遗失。(3)占有物毁损、灭失	

3. 占有的效力(见表 8-25)

表 8-25 占有的效力

<table>
<tr><th colspan="2">效力</th><th>含义</th></tr>
<tr><td rowspan="2">推定效力</td><td>权利推定效力</td><td>占有人在其占有物上行使所有权时，即推定其对占有物享有所有权</td></tr>
<tr><td>事实推定效力</td><td>(1)对于占有，推定为以所有的意思或者为自己占有；(2)对于占有，推定为善意、公然、和平占有；(3)经证明前后两时占有成立的，则推定其前后两时之间为继续占有。
【“李”应注意】对事实推定，占有人无须举证。他人如欲推翻，则须举证</td></tr>
<tr><td colspan="2">权利取得效力</td><td>善意占有人可以基于善意取得制度而取得占有物的所有权或者占有物上的其他权利</td></tr>
<tr><td colspan="2">保护效力</td><td>包括：占有保护请求权、自力救济权、不当得利返还请求权、损害赔偿请求权和善意占有人的必要费用偿还请求权</td></tr>
</table>

阶段性测试

1. 【单选题】根据占有是否依据本权，可以将占有分为有权占有与无权占有。下列占有中，属于无权占有的是（　）。
   A. 所有权人对于所有之物的占有
   B. 留置权人对留置物的占有
   C. 盗窃犯对赃物的占有
   D. 质权人对于质物的占有
2. 【多选题】根据我国法律制度的规定，下列抵押符合规定的有（　）。
   A. 张某用已经被查封的机器设备设定抵押
   B. 赵某用依法定程序确认为违章的建筑物设定抵押
   C. 甲公司用正在建造的建筑物设定抵押
   D. 王某用其弟弟家的轿车设定抵押
   E. 贾某以自家的宅基地设立抵押

阶段性测试答案精析

1. C 【解析】本题考核占有的分类。盗窃犯对赃物的占有为无权占有。
2. CD 【解析】本题考核抵押权。(1)选项A：依法被查封、扣押、监管的财产，不得抵押；(2)选项B：以法定程序确认为违法、违章的建筑物不得抵押；(3)选项C：正在建造的建筑物、船舶、航空器可以抵押；(4)选项D：以交通运输工具，可以抵押。选项E，宅基地不得设定抵押

本章综合练习 限时35分钟

一、单项选择题

1. 根据物权法律制度的规定，下列关于物的种类的表述中，正确的是（　）。
   A. 海域属于不动产
   B. 文物属于禁止流通物
   C. 金钱属于非消耗物
   D. 牛属于可分割物
2. 下列表述中体现公信原则内容的是（　）。
   A. 如果不动产物权的变动没有进行登记，则不能发生变动的法律效果
   B. 法律推定不动产的占有人对其占有的不动产享有物权
   C. 不动产的登记名义人享有登记于其名下的不动产物权
   D. 如果动产物权人没有进行交付，一般不发生动产所有权变动的法律效果
3. 根据物权法理论，下列选项中说法错误的是（　）。
   A. 物权破除债权是物权优先力的表现
   B. 他物权是指权利人根据法律规定或合同

约定，对他人所有之物享有的物权

C. 物权的支配力是指法律赋予物权的、优先于一般债权而行使的作用力

D. 物权的追及效力是妨害排除力的具体体现

4. 根据物权法律制度的规定，下列各项中属于独立物权的是(　)。

A. 地役权　　B. 抵押权

C. 质权　　D. 建设用地使用权

5. 张某以其坐落在某市市中心的一处房屋(价值210万元)作抵押，分别从甲银行和乙银行各贷款100万元。张某与甲银行于6月5日签订了抵押合同，6月10日办理了抵押登记；与乙银行于6月8日签订了抵押合同，同日办理了抵押登记。后因张某无力还款，甲银行、乙银行行使抵押权，对张某的房屋依法拍卖，只得价款150万元。下列甲银行、乙银行对拍卖款的分配方案中，正确的是(　)。

A. 甲银行75万元、乙银行75万元

B. 甲银行100万元、乙银行50万元

C. 甲银行50万元、乙银行100万元

D. 甲银行80万元、乙银行70万元

6. 海明公司委托其办公室主任何某到美晨超市购买公司办公用品，此时超市正在搞有奖销售，何某采购完以后，得到三张奖券，何某将采购的办公用品交给了单位，但没有交奖券。后来超市举行抽奖活动，何某所持的奖券中有一张中了三等奖，可得电动车一辆，该辆电动车应(　)。

A. 归何某所有

B. 归海明公司所有，但应当给何某以适当补偿

C. 按照交易习惯，归海明公司所有

D. 归海明公司与何某共有

7. 甲向乙借款，并以本人所有的一辆汽车设定抵押担保，甲为此就该汽车购买了一份财产意外损失险。在担保期间，甲在驾驶汽车行驶过程中毁于泥石流。如果甲没有按时还款，下列表述中，正确的是(　)。

A. 乙可以就保险金优先受偿

B. 乙可以要求以保险金受偿，但是并不优先于甲的其他债权人

C. 泥石流属于不可抗力事件，甲可以不偿还乙的借款

D. 汽车没有被乙占有，所以该抵押权没有成立

8. 下列关于物权变动的表述中，不正确的是(　)。

A. 动产物权设立和转让前，权利人已经依法占有该动产的，物权自法律行为生效时发生效力

B. 因人民政府的征收决定，导致物权设立、变更、转让或者消灭的，自征收行为完成时发生效力

C. 因继承或者受遗赠取得物权的，自继承或者受遗赠开始时发生效力

D. 因合法建造、拆除房屋等事实行为设立或者消灭物权的，自事实行为成就时发生效力

9. 甲将其出租中的一套家具卖给乙，但是由于租赁期限未满，暂时无法收回，甲可以把其享有的返还请求权让与乙，以替代现实交付。此种交易方式属于(　)。

A. 简易交付　　B. 占有改定

C. 指示交付　　D. 拟制交付

10. 甲公司与乙银行签订300万元的借款合同，以甲的房屋提供债权额为300万元的抵押担保，并已办理登记。其后，借款合同的借款金额增加为400万元，仍以该房屋提供抵押担保，担保债权额相应增加为400万元。为使新增抵押生效，根据物权法律制度的规定，乙银行应向不动产登记机构申请的登记类型是(　)。

A. 更正登记　　B. 预告登记

C. 变更登记　　D. 转移登记

11. 甲、乙、丙三兄弟共同继承一套红木家具，由甲保管。甲擅自将该套家具以市场价出卖于丁并已交付，丁对该家具的共有权属关系并不知情。根据物权法律

制度的规定，下列表述中，正确的是(　)。

A. 经乙和丙中一人追认，丁即可取得该画所有权

B. 无论乙和丙追认与否，丁均可取得该画的所有权

C. 丁取得该画的所有权，但须以乙和丙均追认为前提

D. 无论乙和丙追认与否，丁均不能取得该画的所有权

12. 下列关于用益物权的说法中，正确的是(　)。

A. 用益物权是自物权的一个类型

B. 用益物权的行使通常以对物的占有为前提

C. 用益物权的客体仅限于动产

D. 用益物权的设立必须经过登记才产生法律效力

13. 甲村有一养鸡场通行不便，便在乙村的土地上设立了通行地役权。此后，甲村将该养鸡场承包给丙。根据物权法律制度，下列说法正确的是(　)。

A. 丙有权继续在乙村的土地上通行

B. 丙无权继续在乙村的土地上通行

C. 丙是否继续享有通行地役权，取决于该地役权是否已经登记

D. 丙是否继续享有通行地役权，取决于乙村是否同意

14. 下列选项中，属于占有性担保物权的是(　)。

A. 动产抵押权　　B. 不动产抵押权

C. 留置权　　D. 固定财产抵押权

15. 王一、王二、王三按份共有一套房屋，三人各占1/3份额，三方无其他约定。为提高房屋的价值，王一主张对此房屋进行重大修缮，王二表示赞同，但王三反对。根据《民法典》的规定，下列选项中，正确的是(　)。

A. 因没有经过全体共有人的同意，王一、王二不得修缮

B. 因王一、王二的份额合计已达2/3，故王一、王二可以修缮

C. 王一、王二只能在自己的应有部分上修缮

D. 若王一、王二坚持修缮，须先分割共有房屋

16. 甲在某饭店吃饭时，将手机遗忘在座位上，店主乙发现后没有联系失主，而是换卡自用。一个月后，乙将手机丢失。后甲得知此事，要求乙返还手机，引起纠纷。对此，下列说法中正确的是(　)。

A. 甲无权请求赔偿，因为乙是无因管理

B. 甲无权请求赔偿，因为乙是善意占有人

C. 甲无权请求赔偿，因为乙是保管人

D. 甲有权请求赔偿，因为乙是恶意占有人

二、多项选择题

1. 根据物权法律制度的规定，当事人之间订立有关设立、变更、转让和消灭不动产物权的合同，除法律另有规定或合同另有约定外，该合同效力为(　)。

A. 合同自办理物权登记时生效

B. 合同自成立时生效

C. 未办理物权登记合同无效

D. 未办理物权登记不影响合同效力

E. 合同生效当然发生物权效力

2. 根据物权法律制度的规定，下列物权变动中，以登记为变动要件的有(　)。

A. 甲公司将一块土地的建设用地使用权转让给乙公司

B. 甲公司与乙公司之间订立合同，在甲的土地上设定地役权

C. 甲公司将一架飞机的所有权转让给乙公司

D. 自然人丙将其继承的房屋转让给丁，该房屋尚登记在其去世的父亲名下

E. 自然人孙某将自有轿车一辆赠与其女朋友

3. 张某与李某因房屋产权问题发生纠纷，产

权登记在李某名下，但法院判决房屋归张某所有，判决生效后，张某因工作繁忙未能及时变更登记。李某以市价将房屋卖给不知情的刘某，并且办理了过户登记。刘某将房屋抵押给银行，尚未办理抵押登记。下列说法正确的有(　)。

A. 李某构成无权处分

B. 李某为有权处分

C. 刘某将房屋抵押给银行构成无权处分

D. 刘某善意取得房屋的所有权

E. 银行因未支付合理对价而不享有抵押权

4. 甲、乙结婚前买房，甲、乙各出资一半，房产登记时，只记载甲为房屋所有人，后甲、乙性格不合分手，乙提出更正房屋登记，则下列表述正确的有(　)。

A. 如果乙有证据证明房屋登记簿记载的事项错误，登记机关应当予以更正

B. 如果甲不同意更正，乙可以申请异议登记

C. 如果甲书面同意更正，登记机关应当予以更正

D. 如果乙进行了异议登记，在30日内不起诉，异议登记失效

E. 如果乙进行了异议登记，在2日内不起诉，异议登记失效

5. 属于所有权原始取得的方式包括(　)。

A. 动产的善意取得

B. 接受继承

C. 接受遗赠

D. 先占

E. 罚没物的法定归属

6. 下列选项中，属于依法律行为以外的事实而取得所有权的有(　)。

A. 甲将自己的手机赠与女友

B. 乙依法继承父亲的房屋一套

C. 丙在汽车交易市场上购买小轿车一辆

D. 丁在自己的宅基地上自建房屋一间

E. 戊依法院判决取得争议房屋一套

7. 下列各项所有权消灭的情形中，属于因法律行为而消灭的有(　)。

A. 甲将自己的旧自行车抛弃

B. 乙的房屋在地震中倒塌

C. 丙将家里的旧电视卖给收废品的小商贩

D. 丁将自己的一套邮票赠与好友

E. 戊的汽车被法院强制执行用以抵债

8. 根据民法上的共有理论，关于共有的说法，正确的有(　)。

A. 按份共有可以存在于不动产之上，不能存在于动产之上

B. 按份共有的共有人可在其份额上设定担保物权

C. 共同共有以共同关系的存在为前提

D. 共有是两个以上的人对同一个物拥有数个所有权，它是所有权排他性的一个例外

E. 共有是数人享有同一个所有权

9. 根据物权法律制度，下列选项中，属于用益物权的有(　)。

A. 建设用地使用权

B. 居住权

C. 抵押权

D. 宅基地使用权

E. 地役权

10. 下列关于抵押权的说法中，正确的有(　)。

A. 抵押权是价值权

B. 主债权消灭，抵押权随之消灭

C. 抵押权仅能在不动产上设立

D. 同一物上抵押权与留置权并存时，抵押权人优先于留置权人受偿

E. 同一物上法定登记的抵押权与质权并存时，质权人优先于抵押权人受偿

11. 郎某向常某借款20万元，郎某的朋友杜某以其价值25万元的汽车提供担保，与常某签订了抵押合同，但未办理抵押登记。后杜某向汤某借款5万元，以该车设定质押。杜某与汤某签订了质押合同，并于次日交付了汽车。郎某和杜某都未按期清偿债务，下列表述正确的有(　)。

A. 常某和杜某的抵押合同生效之时抵押

权生效

B. 汤某的质权自质押合同签订之时设立

C. 常某和汤某按照债权比例获得清偿

D. 汤某优先于常某受偿

E. 常某的债权成立在先，可以先于汤某行使担保物权

12. 陈某将自己的电脑送到某电脑修理部修理，但由于电脑主板损坏，修理费用为800元，陈某认为修理费过高，在电脑修理好后不予支付修理费，于是该电脑修理部将陈某的电脑留置。根据物权法律制度的规定，下列选项中，不正确的有（　）。

A. 电脑修理部只能通过起诉来追讨修理费，不能留置电脑来追讨修理费

B. 电脑修理部对该电脑的占有是非法占有

C. 电脑修理部只能留置电脑不能留置电脑的鼠标

D. 电脑修理部留置后可立即变卖电脑以充抵修理费

E. 电脑修理部留置电脑是法定权利，无须与陈某订立合同

本章综合练习参考答案及详细解析

一、单项选择题

1. A 【解析】本题考核物的种类。文物属于限制流通物，选项B错误；金钱属于消耗物，选项C错误；牛属于不可分物，选项D错误。

2. C 【解析】本题考核公信原则。根据公信原则，物权的存在与变动因公示而取得法律上的公信力，即法律推定动产的占有人对其占有的动产享有物权，不动产的登记名义人享有登记于其名下的不动产物权。公示原则，是指物权的存在与变动均应当具备法定的公示方式的原则。选项A、D是公示原则的体现。

3. C 【解析】本题考核物权的效力。物权的优先力是指法律赋予物权的、优先于一般债权而行使的作用力。物权的支配力是指法律赋予物权的、保障物权人对标的物直接为一定行为并享受其利益的作用力。

4. D 【解析】本题考核独立物权。能够独立存在的物权为独立物权，如所有权、土地使用权等。担保物权和地役权都属于从物权，不能独立存在。

5. C 【解析】本题考核重复抵押的规定。抵押权已登记的，按照登记的时间先后确定清偿顺序。

6. C 【解析】本题考核孳息的归属。本题中抽奖权归海明公司所有，所得的奖品应当归公司所有。

7. A 【解析】本题考核担保物权的物上代位性。根据规定，担保期间，担保财产毁损、灭失或者被征收等，担保物权人可以就获得的保险金、赔偿金或者补偿金等优先受偿。

8. B 【解析】本题考核物权变动。因人民法院、仲裁委员会的法律文书或者人民政府的征收决定等，导致物权设立、变更、转让或者消灭的，自法律文书或者人民政府的征收决定等生效时发生效力。

9. C 【解析】本题考核物权变动的交付方式。

10. C 【解析】本题考核物权变更登记。抵押担保的范围、主债权数额、债务履行期限、抵押权顺位发生变化的，不动产权利人可以向不动产登记机构申请变更登记。

11. B 【解析】本题考核共有。丁是善意的、支付合理对价、标的物已经交付的买受人，适用善意取得制度，无论其他共有

人是否追认，丁都取得所有权。

12. B 【解析】本题考核用益物权的特征。自物权即所有权，用益物权属于他物权。所以选项 A 错误。用益物权的客体为动产和不动产。所以选项 C 错误。用益物权中只有建设用地使用权是自登记时设立，而其他的用益物权无须经过登记即可发生法律效力。所以选项 D 错误。用益物权的行使以对物之占有为前提，这是用益物权的特征，但是地役权的享有无须以对土地的占有为前提，这是地役权的特殊之处。选项 B 相对来说更正确。

13. A 【解析】本题考核地役权。根据地役权的从属性特征，丙法定取得了地役权，其有权继续在乙村的土地上通行。该地役权是否登记，对丙法定取得地役权不产生影响。

14. C 【解析】本题考核担保物权的分类。占有性担保物权，是指以占有担保物，迫使债务人清偿债务为主要效力的担保物权。留置权、质权属此类担保物权。

15. B 【解析】本题考核共有。对房屋的重大修缮，应当经占份额 2/3 以上（≥2/3）的按份共有人同意，但共有人之间另有约定的除外。本题中，三方无约定，王一、王二的比例占到了 2/3，可以修缮。

16. D 【解析】本题考核占有的保护效力。无因管理必须是为了他人利益，乙并非为了他人利益。所以选项 A 错误。乙并非善意占有，而是恶意占有，甲有权要求乙赔偿。所以选项 B 错误，选项 D 正确。乙并非保管人，其将甲的遗忘物据为已有，是恶意的占有。所以选项 C 错误。

二、多项选择题

1. BD 【解析】本题考核物权变动。不动产物权的设立、变更、转让和消灭，应当依照法律规定登记，自记载于不动产登记簿时发生效力。经依法登记，发生效力；未经登记，不发生效力，但法律另有规定的除外。当事人之间订立有关设立、变更、转让和消灭不动产物权的合同，除法律另有规定或者合同另有约定外，自合同成立时生效；未办理物权登记的，不影响合同效力。

2. AD 【解析】本题考核物权变动。(1)选项 A：登记是建设用地使用权的生效条件；(2)选项 B：地役权自地役权合同生效时设立，未经登记的，不得对抗善意第三人；(3)选项 C、E：对于船舶、航空器和机动车等动产，其所有权的移转仍以“交付”为要件，而不以登记为要件，但登记具有对抗效力，如果交付后没有办理登记，不能对抗善意第三人；(4)选项 D：因继承取得物权的，自继承开始时发生效力，物权变动不以登记为生效要件，但事后处分时仍要登记。

3. AD 【解析】本题考核无权处分与善意取得制度。无处分权人处分他人财产，构成无权处分。本题中，张某属于该房屋的真正权利人，李某将其卖给不知情的刘某，构成无权处分。当事人善意取得物权的，享有该物的所有权，因此，刘某可以因善意取得制度取得该房屋的所有权。

4. ABC 【解析】本题考核不动产登记。权利人、利害关系人认为不动产登记簿记载的事项错误的，可以申请更正登记。不动产登记簿记载的权利人书面同意更正或者有证据证明登记确有错误的，登记机构应当予以更正。若是不动产登记簿记载的权利人不同意更正，利害关系人可以申请异议登记。登记机构予以异议登记的，申请人在异议登记之日起 15 日内不起诉，异议登记失效。所以选项 A、B、C 正确。

5. ADE 【解析】本题考核所有权原始取得的方式。选项 B、C 属于所有权继受取得的方式。

6. BDE 【解析】本题考核所有权的取得。

7. ACD 【解析】本题考核所有权的消灭。

选项B、E属于因为法律行为以外的事实消灭。

8. BCE 【解析】本题考核共有。按份共有既可以存在于不动产之上，也可以存在于动产之上。所以选项A错误。共同共有以共同关系的存在为前提。所以选项C正确。共有的所有权在形态上是一个。所以选项D错误。共有是数人享有同一个所有权，所以选项E正确。

9. ABDC 【解析】本题考核用益物权的种类。C选项是担保物权。

10. AB 【解析】本题考核抵押权。抵押权既可以在不动产上设立也可以在动产上设立。所以选项C错误。同一物上抵押权与留置权并存时，留置权人优先于抵押权人受偿。所以选项D错误。同一财产既设立抵押权又设立质权的，拍卖、变卖该财产所得的价款按照登记、交付的时间先后确定清偿顺序。所以选项E错误。

11. AD 【解析】本题考核抵押权和质权。质押合同自签订时生效，质权自质押财产交付时生效。所以选项B错误。同一财产既设立抵押权又设立质权的，拍卖、变卖该财产所得的价款按照登记、交付的时间先后确定清偿顺序。所以选项C、E错误。

12. ABCD 【解析】本题考核留置。(1)选项A：电脑修理部合法占有陈某的电脑，在陈某不支付修理费时，电脑修理部有权依法留置该电脑，并有权就该电脑享有优先受偿的权利；(2)选项B：电脑修理部基于承揽合同关系对电脑合法占有；(3)选项C：留置权的效力及于从物。电脑是主物，电脑的鼠标是从物；(4)选项D：留置财产后应当给予债务人两个月以上的履行期限。

由“李”及外

居住权的概念起源于罗马法，在我国提出创设居住权的是江平。在1979年给中国政法大学第一届法律系本科生上课时，江平就提出一个案例供学生讨论。案例是一个归国老华侨的故事，他在广州市中心拥有一幢别墅，膝下有一子一女，老人临终前立了一份遗嘱，将别墅所有权归属儿子，但女儿可以终生居住。江平向学生提出的问题是，老人的遗嘱是否合法。

1993年《物权法》起草时，江平就提出了创设居住权的建议。在2001年5月全国人大常委会法制工作委员会召开的物权法草案专家论证会上，他还以保姆为例对居住权进行解释。他说，很多家庭雇有保姆，一个保姆伺候一家人很久，年老的时候没有住所，“那能否订一个合同或者立一个遗嘱，让保姆有房屋居住权，能够让她养老送终”？2005年《物权法(草案)》曾专章规定居住权制度，但因为始终存在争议，最终2007年3月通过的《物权法》删去了“居住权”的有关条款。

2020年5月28日，居住权最终写入了《民法典》中。

居住权最突出的特点是，自然人可以在不享有住宅所有权的情况下，对住宅进行最长期限、最大限度的利用。居住权入法，不仅有助于保障诸如保姆、再婚老年人等需要长期居住的人群的权益，同时也有助于为公租房和老年人以房养老提供法律保障。

第9章 债权法律制度

JINGDIAN TIJIE

考情分析

历年考情分析

本章一直是考试的重点，最近几年考查的分数在22分左右，2018年考查了4个单选题、3个多选题和3个综合分析题，共计18分，2019年考了3个单选题、1个多选题和4个综合分析题，共计14.5分。本章的内容非常重要，涉及的内容特别多，包括债法总论、合同法和侵权责任法三部分内容，在客观题与主观题中均可能会涉及。因此在复习本章内容时，一定要透彻掌握每个知识点。

本章2020年考试主要变化

本章变动较大。本章按照《民法典》重新编写。

核心考点及真题详解

考点一　债法基本理论★★★

经典例题

【例题1·单选题】（2019年）下列有关给付义务类型的说法中，正确的是（　）。

A. 买卖合同中出卖人交付标的物使用说明书的义务是附随义务

B. 宾馆对旅客财产的安全保障义务是从给付义务

C. 因合同解除而产生的恢复原状义务是次给付义务

D. 租赁合同订立后出租人交付租赁物的义务是后合同义务

【答案】C

【解析】本题考核债务的效力。从给付义务是辅助主给付义务的义务，交付说明书的义务属于从给付义务。所以选项A错误。附随义务，是指根据诚实信用原则，依债的关系发展情形所发生的对相对人的告知、照顾、保护等义务。例如，旅馆对旅客人身和财产安全的保障义务。所以选项B错误。次给付义务，是指当原给付义务在履行过程中，因特定事由发生变化而产生的义务。例如，因合同解除而产生的恢复原状的义务。所以选项C正确。主给付义务是债的关系所固有的、必备的并决定债的关系类型的基本义务。交付租赁物属于主给付义务。所以选项D错误。

【例题2·单选题】（2017年）给付迟延的构成要件之一是（　）。

A. 债务人有拒绝给付的意思表示

B. 债务未届履行期

C. 给付须为可能

D. 给付标的物已经灭失

【答案】C

【解析】本题考核给付迟延。给付迟延的构成要件：债务已届履行期；给付须为可能；须有可归责于债务人的事由。

【例题3·多选题】(2017年)下列关于债权人受领迟延及其构成要件的说法中，正确的有( )。

A. 构成受领迟延须债务人已按债的内容提出给付，使债权人处于可领受状态

B. 受领迟延是指债务人违反诚信原则

C. 构成受领迟延须债权人未予受领，包括不能受领和拒绝受领

D. 受领迟延是债权人对协助义务的违反

E. 受领迟延是指债务人超过时间未予给付

【答案】ACD

【解析】本题考核债权人受领迟延。债权人受领迟延的构成要件：(1)须有履行上需要债权人协助的债务；(2)须债务人已按债的内容提出给付，使债权人处于可予受领的状态；(3)须债权人未予受领，包括不能受领和拒绝受领两种情况。所以选项A、C正确。根据诚信原则，当债务人的履行性质上需要债权人予以协助时，债权人即负有协助履行的义务。受领迟延是债权人对协助义务的违反。所以选项B错误，选项D正确。债权人受领迟延，是指债权人对债务人已提出的给付，未受领或者未为给付完成提供必要协助的事实。所以选项E错误。

【例题4·多选题】(2015年)下列事实中，能引起民法上债的发生的有( )。

A. 丙因家里临时有事请同事代值夜班

B. 乙为泄私愤将同事张某沐浴的照片发到微信朋友圈中

C. 甲收银员因疏忽少收了顾客徐某30元的购物钱

D. 戊向税务局申报纳税

E. 丁商场承诺“假一罚十”

【答案】BCE

【解析】本题考核债的发生原因。“请同事代值夜班”属于好意施惠范畴，不能在当事人之间设定权利义务关系，故不能引起民法上债的发生。所以选项A错误。“向税务局申报纳税”为行政行为，不会引起民法上债的发生。所以选项D错误。

考点精析

1. 债的发生原因

(1)合同—是引起债的发生的最主要原因。

(2)缔约上的过失。指当事人在缔约过程中具有过失，从而导致合同不成立、无效、被撤销，使他方当事人受到损害，从而承担赔偿责任的情况。

(3)单方允诺。如悬赏广告。

(4)侵权行为。

(5)无因管理。

属于法定之债。管理人债权的取得、本人债务的负担及无因管理之债的内容，均由法律直接规定。

(6)不当得利。

①由一方当事人取得不当利益的事实而引起；

②属于法定之债，直接基于法律规定而发生。

2. 债的分类(见表9-1)

表9-1 债的分类

分类	具体内容
是否当事人自由决定	意定之债：债的发生及内容由当事人自由决定
	法定之债：债的发生及内容由法律规定
债的给付标的	实物之债、货币之债、利息之债、劳务之债、智慧成果之债、损害赔偿之债

续表

分类	具体内容
债权人或债务人的内部关系	按份之债：按照一定份额享有债权或负担债务
	连带之债：各债权人均可请求债务人全部履行债务，各债务人均负有全部履行义务
债的标的是否可分	可分之债与不可分之债：**不可分之债不允许部分履行**；可分之债可以分割履行
债有无强制执行力	自然之债：**不受强制执行力保护**，如超过了法定诉讼时效的债
	法定之债：受法律强制执行力保护

3. 债的效力

（1）债权的效力（见表 9-2）。

表 9-2　债权的效力

效力	含义
请求力	债权人依其债权请求债务人履行债务以实现债权的效力
执行力	债务人不履行债务时，债权人得请求法院通过执行程序强制债务人履行以实现其债权的效力
保持力	债权人得以保持所受领债务人给付的效力

（2）债权人受领迟延（债权效力的减损）（见表 9-3）。

表 9-3　债权人受领迟延

项目	具体规定
构成要件	（1）须有履行上需要债权人协助的债务； （2）须债务人已按债的内容提出给付，使债权人处于可予受领的状态； （3）须债权人未予受领，包括不能受领和拒绝受领两种情况
法律后果	（1）减免债务人的责任； （2）使债权人承受不利益。如债务人注意义务减轻、停止支付利息、孳息返还范围缩小、危险负担转移、费用赔偿产生及债务人可以自行消灭债务等

（3）债务的效力（见表 9-4）。

表 9-4　债务的效力

项目		具体规定
义务的分类	给付义务	给付义务为核心。分为主给付义务与从给付义务；原给付义务与次给付义务。具体见表 9-5
	附随义务	依债的关系发展情形所发生的对相对人的告知、照顾、保护等义务。例如，旅馆对旅客人身和财产安全的保障义务
	前合同义务	当事人为订立合同而进行接触时所负担的说明、告知、注意等义务
	后合同义务	合同之债消灭后，当事人为了维护给付效果或者为了协助相对方终了善后事务所负担的作为或者不作为义务。如受雇人离职后不得泄露雇主的商业秘密

续表

项目	具体规定	
债务违反的样态	给付不能	一般不适用于种类之债和金钱之债
	给付迟延	构成要件：①债务已届履行期；②给付须为可能；③须有可归责于债务人的事由
	给付拒绝	债务人在债的关系成立后履行期届满前，能为给付而明确表示不为给付的情形
	不完全给付	瑕疵给付和加害给付
债务违反的效力	强制履行、损害赔偿	

【帮你“李”解】 给付义务（见表 9-5）

表 9-5　给付义务

类型		具体规定
(1)	主给付义务	债的关系所固有的、必备的并决定债的关系类型的基本义务。如交付汽车、交付房屋、付款
	从给付义务	辅助主给付义务的义务，它并不决定债的关系类型。如交付车的相关文件或者资料
(2)	原给付义务	指债原本存在的给付义务
	次给付义务	指当原给付义务在履行过程中，因特定事由发生变化而产生的义务。例如，因合同解除而产生的恢复原状的义务

考点二　债的保全★★★

扫我解疑难

经典例题

【例题 1 · 单选题】（2013 年）《民法典》规定了债权人行使撤销权的规则。下列关于撤销权的说法中，正确的是（　）。

A. 撤销权属于债的保全措施之一

B. 承租人将租赁物私自转让，第三人善意取得的，出租人可以行使撤销权

C. 自债务人的行为发生之日起 2 年内没有行使撤销权的，该撤销权消灭

D. 行使撤销权而支付的律师代理费由债权人自行承担或者由第三人负担

【答案】 A

【解析】 本题考核撤销权。选项 B 属于迷惑选项，《民法典》并没有该规定。自债务人的行为发生之日起 5 年内没有行使撤销权的，该撤销权消灭。所以选项 C 错误。债权人行使撤销权所支付的律师代理费、差旅费等必要费用，由债务人负担；第三人有过错的，应当适当分担。所以选项 D 错误。

【例题 2 · 多选题】（2014 年）债务人对第三人享有的下列权利中，债权人可以代位行使的有（　）。

A. 人身损害赔偿请求权

B. 贷款给付请求权

C. 扶养费请求权

D. 租金给付请求权

E. 运费给付请求权

【答案】 BDE

【解析】 本题考核代位权。专属于债务人自身的债权不可以行使代位权。专属于债务人自身的债权，是指基于扶养关系（选项 C）、赡养关系、继承关系产生的给付请求权和劳动报酬、退休金、养老金、抚恤金、安置费、人寿保险、人身伤害赔偿请求权（选项 A）等权利。

考点精析

1. 债权人代位权(见表 9-6)

表 9-6　债权人代位权

项目	具体规定
含义	因债务人怠于行使其债权以及与该债权有关的从权利，影响债权人的到期债权实现的，债权人可以向人民法院请求以自己的名义代位行使债务人对相对人的权利，但是该权利专属于债务人自身的除外
代位权的行使	(1)代位权行使**必须采用诉讼方式**进行； (2)代位权行使的范围，以保全债权的必要为限，即债权人的到期债权(如丙欠乙 100 万元，乙欠甲 50 万元，甲如代乙之位以自己的名义向丙行使代位权，只能以 50 万元为限)； (3)债务人的债权不是**专属于债务人自身**的债权。 **【帮你"李"解】**"专属于债务人自身的债权"：①基于亲属关系而发生的扶养、继承等给付请求权；②专属于自然人的人身损害赔偿请求权、人寿保险金请求权；③禁止让与的养老金、抚恤金等救济金请求权；④禁止扣押的劳动报酬请求权等
代位权的效力	法院认定代位权成立的，由债务人的相对人向债权人履行义务，债权人接受履行后，债权人与债务人、债务人与相对人之间相应的权利义务终止

【帮你"李"解】 我国《税收征收管理法》确立了税收代位权制度。税收代位权是指欠缴税款的纳税人怠于行使其到期债权而对国家税收造成损害时，由税务机关以自己的名义代替纳税人行使其债权的权利。

2. 债权人撤销权(见表 9-7)

表 9-7　债权人撤销权

项目	具体规定
撤销权的构成要件	(1)有债务人**减少其财产或者增加其财产负担的(无偿及有偿)行为**；具体包括：①放弃其债权、放弃债权担保、无偿转让财产等方式无偿处分财产权益；②恶意延长其到期债权的履行期限，影响债权人的债权实现；③以明显不合理的低价转让财产、以明显不合理的高价受让他人财产或者为他人的债务提供担保，影响债权人的债权实现，债务人的相对人知道或者应当知道该情形的。 **【"李"应注意】**债务人对财产或权利的无偿处分，不要求相对人知情，有偿行为以及为他人提供担保，要求相对人知情。 (2)须债务人的行为害及债权。 (3)须债务人的行为在债权成立之后所为
撤销权的期限	撤销权的行使期限为 1 年；债权人自债务人的**行为发生之日起 5 年**内没有行使撤销权的，撤销权消灭
撤销权行使的效力	(1)债务人的行为被撤销的，则自始失去法律约束力。 (2)债权人有义务将收取的利益加入债务人的一般财产作为全体一般债权人的共同担保，而无优先受偿权。 (3)因行使撤销权而支出的必要费用，债权人可以向债务人求偿

【"李"应注意】 债权人的代位权、撤销权都必须通过诉讼程序来行使。

考点三　保证(人的担保、信用担保)★★★

经典例题

【例题1·单选题】(2017年)甲借款给乙，约定2014年3月前还清本息，丙承担连带保证责任。2014年3月1日后，乙没有还款，甲也一直没有催乙还款，2017年4月1日，因乙一直未还款，甲遂要求丙承担保证责任。根据民法相关规定，下列关于丙保证责任承担的说法中，正确的是(　)。

A. 无论乙所负债是否已过诉讼时效，丙承担保证责任后，都有权向乙追偿

B. 丙有权主张乙的诉讼时效抗辩，拒绝向甲承担保证责任

C. 甲必须先起诉乙，经强制执行未果后，才能要求丙承担保证责任

D. 乙所负债务虽已过诉讼时效，但丙仍应向甲承担保证责任

【答案】B

【解析】本题考核保证。保证人未主张诉讼时效抗辩权，承担保证责任后向主债务人行使追偿权的，人民法院不予支持，但主债务人同意给付的情形除外。所以选项A错误。主合同中主债务人所享有的一切抗辩权保证人均可以行使。本题中主合同的诉讼时效已经届满，保证人丙可以主张乙的诉讼时效抗辩。所以选项B正确，选项D错误。丙为连带保证人，不是一般保证人，不享有先诉抗辩权。所以选项C错误。

【例题2·多选题】(2018年)下列关于保证及保证合同特征的说法中，正确的有(　)。

A. 保证属于人的担保

B. 保证合同属于要式合同

C. 保证合同属于从合同

D. 保证合同属于要物合同

E. 保证属于信用担保

【答案】ABCE

【解析】本题考核保证与保证合同。保证是信用担保，即人保；不是要物合同。

考点精析

1. 保证人

下列机构或人员不得作为保证人：

(1)机关法人不得为保证人，但是经国务院批准为使用外国政府或者国际经济组织贷款进行转贷的除外。

(2)以公益为目的的非营利法人、非法人组织不得为保证人。

2. 保证的特征及保证合同的形式(见表9-8)

表9-8　保证的特征及保证合同的形式

项目		具体规定
保证的特征		(1)从属性。(2)补充性。(3)独立性
保证合同	当事人	保证人与债权人
	形式	法律规定保证合同采用**书面形式**。具体形式： (1)单独订立的书面合同。 (2)主债权债务合同中的保证条款。 (3)第三人单方以书面形式向债权人作出保证的，债权人接收且未提出异议的，保证合同成立

3. 保证的分类(见表9-9)

表9-9 保证的分类

分类	具体内容
一般保证	当事人约定，当债务人**不能履行**债务时，**始由**保证人承担清偿责任。一般保证中，保证人享有**先诉抗辩权**。 **【“李”应注意】**一般保证中，保证人不得行使先诉抗辩权的情形：(1)债务人下落不明，且无财产可供执行；(2)人民法院受理债务人破产案件；(3)债权人有证据证明债务人的财产不足以履行全部债务或者丧失履行债务能力；(4)保证人书面放弃先诉抗辩权
连带保证	当事人在合同中约定保证人与债务人对债务承担连带责任的保证，保证人不享有先诉抗辩权

【帮你“李”解1】履行保证责任时，“一般保证”有先后顺序(先债务人后保证人)，“连带保证”没有先后顺序，所以说“保证人的责任不是补充性的”。

【帮你“李”解2】当事人在保证合同中对保证方式没有约定或者约定不明确的，按照**一般保证**承担保证责任。

4. 保证期间(见表9-10)

表9-10 保证期间

项目	具体规定	
含义	保证期间是保证人承担保证责任的期间，**是不变期间，不发生中止、中断和延长**	
期间及起算	有约定(且约定的保证期间不早于或等于主债务履行期限的)	按约定
	未约定或**约定不明**	(1)自主债务履行期限届满之日起6个月。(2)主债务履行期限没有约定或者约定不明确的，自债权人请求债务人履行债务的宽限期届满之日起计算
	纳税保证期间	纳税期限界满之日起60日
【“李”应注意】在保证期间内，一般保证的债权人未对债务人提起诉讼或者申请仲裁的，连带责任保证的债权人未对保证人主张承担保证责任的，保证人不再承担保证责任		

5. 保证合同的诉讼时效(见表9-11)

表9-11 保证合同的诉讼时效

项目	诉讼时效起算点
一般保证	**从保证人拒绝承担保证责任的权利消灭之日起算**
连带保证	**从债权人请求保证人承担保证责任之日起计算**

6. 主债权债务合同变更对保证责任的影响

(1)保证期间，债权人与债务人未经保证人书面同意，协商变更主债权债务合同内容，减轻债务的，保证人仍对变更后的债务承担保证责任；加重债务的，保证人对加重的部分不承担保证责任。

(2)债权人与债务人对主合同履行期限作了变动，未经保证人书面同意的，保证期间不受影响，仍为原合同约定的或法律规定的期间。

(3)债权人将全部或者部分债权转让给第三人，通知保证人后，保证人对受让人承担相应的保证责任。未经通知，该转让对保证人不发生效力。保证人与债权人约定仅对特定的债权人承担保证责任或者禁止债权转让，债权人未经保证人书面同意转让全部或者部分债权的，保证人就受让人的债权不再承担保证责任。

(4)债权人未经保证人书面同意，允许债务人转移全部或者部分债务，保证人对未经其同意转移的债务不再承担保证责任，但是债权人和保证人另有约定的除外。第三人加入债务的，保证人的保证责任不受影响。

考点四　定金(金钱的担保)★★★

扫我解疑难

经典例题

【例题·单选题】(2017年)下列关于定金和预付款的说法中，正确的是(　)。

A. 定金合同自合同订立时生效

B. 预付款具有担保性质

C. 定金合同是实践合同

D. 定金等同于预付款

【答案】C

【解析】本题考核定金和预付款。定金合同是实践合同，依照我国担保法律制度的规定，定金合同自交付定金之日起生效。所以选项A错误，选项C正确。定金具有担保作用，而预付款不具有这个作用。所以选项B错误。交付定金是成立定金合同的要件，而交付预付款是合同履行的一部分。所以选项D错误。

考点精析

1. 定金合同与数额

(1)定金合同是**实践合同**，交付生效。

(2)数额为不得超过主合同标的额20%，超过部分不产生定金的效力。实际交付的定金数额多于或者少于约定数额的，视为变更约定的定金数额。

2. 定金罚则

(1)债务人履行债务后，定金应当抵作价款或者收回。给付定金的一方不履行债务，或者履行债务不符合约定致使不能实现合同目的的，无权请求返还定金；收受定金的一方不履行债务，或者履行债务不符合约定致使不能实现合同目的的，应当**双倍返还**定金。

(2)当事人一方不完全履行合同的，应按照未履行部分所占合同约定内容的比例，适用定金规则。

3. 定金与预付款(见表9-12)

表9-12　定金与预付款

	定金	预付款
作用	预先支付性+担保作用	单纯的预付款不起担保作用
成立要件/履行	交付定金是成立定金合同的要件	交付预付款是合同履行的一部分
是否适用定金规则	适用	不适用
适用合同	不仅适用金钱履行义务的合同，还适用其他合同	只能适用以金钱履行义务的合同
交付	一次性交付	可以分期交付

考点五　债的移转和消灭★★★

扫我解疑难

经典例题

【例题1·多选题】(2019年)甲公司欠乙公司货款5万元到期未还。乙公司需付甲公司5万元加工费，但已过诉讼时效。下列有关甲、乙公司主张抵销的说法中，正确的有(　)。

A. 甲、乙公司均不可以单方主张抵销

B. 若甲公司主张抵销，须经乙公司同意方可

C. 若甲公司主张抵销，通知乙公司即可

第9章　债权法律制度

D. 若乙公司主张抵销，通知甲公司即可

E. 若乙公司主张抵销，须经甲公司同意方可

【答案】 BD

【解析】 本题考核抵销。法定抵销：当事人互负到期债务，该债务的标的物种类、品质相同的，任何一方可以将自己的债务与对方的到期债务抵销，但是，根据债务性质、按照当事人约定或者依照法律规定不得抵销的除外。当事人主张抵销的，应当通知对方。通知自到达对方时生效。合意抵销：当事人互负债务，标的物种类、品质不相同的，经双方协商一致，也可以抵销。本题中，甲的债权已过诉讼时效，不能主动提起法定抵销。若想抵销，须通过合意抵销的方式，经过乙同意。所以选项B正确，选项C错误。乙可主张法定抵销，通知甲即可，并非须经甲同意。所以选项A、E错误，选项D正确。

【例题2·多选题】（2015年）根据合同法律制度的规定，下列选项中属于债权让与的有（ ）。

A. 甲在超市购物，用其建设银行的卡结算购物款

B. 甲、乙一起到饭店吃饭，饭后甲一并结算餐费

C. 甲在网上购物，用其工商银行信用卡交付货款

D. 戊将其的一张演唱会门票原价卖给路边陌生人

E. 丁将其书店的书卡以面值9.8折的价格卖给他人

【答案】 ADE

【解析】 本题考核债权让与。选项A属于支付转让型债权让与；选项D、E属于一般情况下的债权让与。选项B、C属于债务承担。

考点精析

1. 债的移转（见表9-13）

表9-13 债的移转

<table>
<tr><th>种类</th><th colspan="2">具体规定</th></tr>
<tr><td rowspan="3">债权让与</td><td>生效要件</td><td>(1)须存在有效债权；
(2)须让与人对被让与的债权享有处分权；
(3)须被让与的债权具有可转让性；
(4)法律、行政法规规定债权让与合同应当办理批准、登记等手续才能生效的，当事人须办理相应的手续。
【"李"应注意1】不可转让的债权：①根据债权性质不得转让；②按照当事人约定不得转让；③依照法律规定不得转让。
【"李"应注意2】当事人约定非金钱债权不得转让的，不得对抗善意第三人。当事人约定金钱债权不得转让的，不得对抗第三人</td></tr>
<tr><td>程序</td><td>应当通知债务人。未经通知，该转让对债务人不发生效力。
【"李"应注意1】债权让与不需征得债务人的同意，只需通知债务人。
【"李"应注意2】债权转让的通知不得撤销，但是经受让人同意的除外</td></tr>
<tr><td>效力</td><td>(1)受让人取得与债权有关的从权利，但是该从权利专属于债权人自身的除外。
(2)债权让与人或脱离原债权债务关系或与受让人并列为债权人</td></tr>
<tr><td>债务承担</td><td>合同生效要件</td><td>(1)须存在有效的债务。
(2)须债务具有可移转性。
【"李"应注意】禁止转让的债务与禁止转让的债权相同。
(3)须经债权人同意(限债务人与承担人签订的债务承担合同)。
(4)法律、行政法规规定债务承担合同应当办理批准、登记等手续才能生效的，当事人须办理相应的手续</td></tr>
</table>

续表

种类	具体规定	
债务承担	程序	**(1)应当经债权人同意。** **(2)债务人或者第三人可以催告债权人在合理期限内予以同意，债权人未作表示的，视为不同意**
	效力	(1)免责的债务承担中，债务由原债务人移转至承担人，原债务人脱离债的关系。(2)与主债务有关的从债务一并移转给承担人。但该从债务专属于原债务人自身的除外。(3)第三人与债务人约定加入债务并通知债权人，或者第三人向债权人表示愿意加人债务，债权人未在合理期限内明确拒绝的，债权人可以请求第三人在其愿意承担的债务范围内和债务人承担连带债务
债的概括承受	主要形式是合同权利义务的概括移转和企业的合并	

2. 债的消灭(见表9–14)

表9–14　债的消灭

消灭原因	条件/原因	
清偿	(1)清偿的主体：债务人或其代理人以及第三人(法律的规定或合同的约定时) (2)受领清偿人：①债权人；②债权人的代理人；③债权受领证书的持有人。 (3)标的：原则上是债的原定给付，经债权人同意，也可代物清偿。 **【"李"应注意】**是债的消灭的最主要和最常见的原因	
抵销	法定抵销	(1)须双方互享债权、互负债务；(2)须双方互负债务属于同一种类；(3)须双方债权均届满清偿期；(4)须债权债务依其性质或者法律规定 **【"李"应注意】**要求抵销人有行为能力
	合意抵销	不受上述条件的限制，只要经双方经协商一致，就可以抵销
	方法及效力	法定抵销，通知自到达对方时生效，合意抵销，自双方达成抵销合意时生效。 生效后，双方对等数额的债权债务即归于消灭
提存	原因	(1)债权人无正当理由拒绝受领；(2)债权人下落不明；(3)债权人死亡未确定继承人、遗产管理人或者丧失民事行为能力未确定监护人；(4)法律规定的其他情形
	提存主体	(1)提存人：债务人及其代理人。 (2)提存机关：公证机关。 (3)债权人：债权人只能请求提存机关返还提存物，不得再请求债务人履行债务
	提存物	以适于提存者为限。·般为有体物，如金钱、有价证券、动产等
	法律效力	(1)债务归于消灭；(2)提存物所有权、孳息、毁损灭失的风险归债权人；(3)提存费用债权人承担；(4)债权人领取提存物的权利，自提存之日起5年内不行使而消灭
免除 (形成权)	行为人应当有行为能力	
混同	债权人和债务人归于一人。如继承、企业合并	

阶段性测试

1.【单选题】连带之债的特征之一是(　)。

A. 债务人之间约定按照一定的比例负担债务

B. 债权人之间约定按照份额享有权利

C. 债权人可以依法或依约请求任一债务人履行全部债务

D. 各债务人仅负有履行部分债务的义务

2. 【单选题】当事人对保证方式没有约定的，以下关于当事人责任的表述中正确的是（　）。

A. 保证未成立，当事人不承担保证责任

B. 保证未成立，当事人应重新约定保证方式

C. 保证成立，当事人承担连带保证责任

D. 保证成立，当事人承担一般保证责任

3. 【单选题】下列关于债的消灭的说法正确的是(　)。

A. 双方互负同种类、同品质的债权债务，且都已届履行期，一方主张抵销

B. 债权是相对权，清偿主体只能是债务人

C. 免除是双方法律行为，行为人应有行为能力

D. 自提存之日起，债务人的债务归于消灭

4. 【多选题】下列关于定金与违约金的区别，表述正确的有(　)。

A. 定金的给付一般是在订立合同之时，也可以在订立合同之后未履行之前，而不是在违约时支付

B. 违约金有证约和预先给付作用，定金没有

C. 定金主要是担保作用，违约金则反映的是合同的责任

D. 定金的数额不超过主合同的总金额的20%，而违约金没此限制

E. 违约金是担保权，而定金不是

阶段性测试答案精析

1. C 【解析】本题考核连带之债。连带之债，各债权人均得请求债务人为全部债务的履行，各债务人均负有为全部履行的义务。

2. D 【解析】本题考核保证的方式及含义。当事人对保证方式没有约定或者约定不明确的，按照一般保证承担保证责任。

3. D 【解析】本题考核债的消灭。法律规定，当事人互负债务，该债务的标的物种类、品质相同的，任何一方可以将自己的债务与对方的到期债务抵销；但是，根据债务性质、按照当事人约定或者依照法律规定不得抵销的除外。不需要选项A所要求的双方都届履行期。如果有法律的规定或合同的约定，清偿可以由第三人进行。所以选项B错误。免除是指债权人向债务人放弃债权，使合同关系全部或部分终止的单方法律行为。所以选项C错误。

4. ACD 【解析】本题考核违约金与定金的区别。定金与违约金的区别为：(1)定金的给付一般是在订立合同之时，也可以在订立合同之后未履行之前，而不是在违约时支付；(2)定金有证约和预先给付作用，违约金没有；(3)定金主要是担保作用，违约金则反映的是合同的责任；(4)定金的数额不超过主合同的总金额的20%，具体数额由双方当事人协商决定。所以选项A、C、D正确。

考点六　合同的订立★★★

经典例题

【例题1·单选题】(2019年)下列有关要约的说法中，正确的是(　)。

A. 拍卖公告属于要约

B. 要约对受要约人没有拘束力

C. 要约作出后不得撤回

D. 要约对要约人具有拘束力

【答案】D

【解析】本题考核要约。寄送的价目表、拍卖公告、招标公告、招股说明书等为要约邀请。所以选项A错误。要约对要约人与受要约人均有拘束力。所以选项B错误，选项D正确。要约可以撤回，撤回要约的通知应当在要约到达受要约人之前或者与要约同时到达受要

约人。所以选项 C 错误。

【例题 2 · 单选题】（2018 年）下列关于承诺的说法中，正确的是（ ）。

A. 承诺均须以通知的方式作出

B. 承诺由受要约人或第三人向要约人作出

C. 承诺到达要约人时生效

D. 撤回承诺的通知与承诺同时到达要约人的，不发生撤回效力

【答案】 C

【解析】 本题考核承诺。承诺应当以通知的方式作出，但根据交易习惯或者要约表明可以通过行为作出承诺的除外。所以选项 A 错误。承诺是受要约人同意要约的意思表示；因此是受要约人向要约人作出。所以选项 B 错误。承诺可以撤回。撤回承诺的通知应当在承诺通知到达要约人之前或者与承诺通知同时到达要约人。所以选项 D 错误。

【"李"应注意】 根据《民法典》的规定，本题的答案不严谨。根据《民法典》规定，以对话方式作出的意思表示，相对人知道其内容时生效。以非对话方式作出的意思表示，到达相对人时生效。以非对话方式作出的采用数据电文形式的意思表示，相对人指定特定系统接收数据电文的，该数据电文进入该特定系统时生效；未指定特定系统的，相对人知道或者应当知道该数据电文进入其系统时生效。当事人对采用数据电文形式的意思表示的生效时间另有约定的，按照其约定。

承诺不需要通知的，根据交易习惯或者要约的要求作出承诺的行为时生效。

【例题 3 · 多选题】（2018 年）下列关于格式条款法律规制的说法中，正确的有（ ）。

A. 格式条款的解释应当有利于相对人

B. 格式条款的提供者对免责条款负有提请注意义务和说明义务

C. 格式条款排除对方权利的一律无效

D. 对格式条款理解发生争议的，应当按照通常理解予以解释

E. 格式条款与非格式条款不一致的，应当采用非格式条款

【答案】 ABDE

【解析】 本题考核格式条款。提供格式条款一方不合理地免除或减轻其责任、加重对方责任、限制对方主要权利的，该条款无效。所以选项 C 错误。

【例题 4 · 多选题】（2014 年）根据《最高人民法院关于适用〈中华人民共和国合同法〉若干问题的解释（二）》，当事人对合同是否成立存在争议的，人民法院若认定合同成立，须能够同时确定的合同要素有（ ）。

A. 标的物质量

B. 标的物数量

C. 标的

D. 当事人的名称或者姓名

E. 合同的履行时间

【答案】 BCD

【解析】 本题考核合同的订立。当事人对合同是否成立存在争议的，人民法院能够确定当事人的名称或者姓名、标的和数量的，一般应当认定合同成立。但法律另有规定或当事人另有约定的除外。

考点精析

1. 合同的订立（要约+承诺）

（1）要约（见表 9-15）。

表 9-15 要约

项目	内容
构成要件	①要约是特定人作出的意思表示； ②要约需向要约人希望与之签订合同的相对人发出； ③内容具体确定； ④要约须是受相对人承诺拘束的意思表示

续表

项目	内容
要约邀请	①是希望他人向自己发出要约的表示。 ②拍卖公告、招标公告、招股说明书、债券募集说明书、基金招募说明书、商业广告和宣传、寄送的价目表等为要约邀请。 **【"李"应注意】** 商业广告和宣传的内容符合要约规定的，构成要约
生效时间	"意思表示"生效时，要约生效
撤回	①要约在发生法律效力**(到达)之前**可以撤销。 ②撤回通知应当在**要约到达受要约人之前**或**同时到达**受要约人
撤销	①要约在发生法律效力**(到达)之后**，要约人可以撤销要约。 ②撤销要约的意思表示以**对话方式**作出的，该意思表示的内容应当在受要约人作出承诺之前为受要约人所知道；以**非对话方式**作出的，应当在受要约人**作出承诺之前到达受要约人**。 **【"李"应注意】** 要约可以撤销，但是有下列情形之一的除外：①要约人**以确定承诺期限**或者**其他形式明示要约不可撤销**；②受要约人有理由认为要约是不可撤销的，并已经为履行合同作了合理准备工作

(2)承诺(见表9-16)。

表9-16 承诺

项目	内容
含义	是受要约人**同意要约**的意思表示
有效要件	(1)承诺**必须**由受要约人作出。 (2)承诺必须与要约的**内容一致**。 (3)承诺须在承诺期限内到达要约人
承诺的迟到和迟延	(1)承诺的迟到：指承诺人在承诺期限届满后或在承诺期限内发出，但按通常情形不能及时到达要约人的"承诺"，迟到的承诺为新要约，但要约人及时通知受要约人该承诺有效的除外。 (2)承诺的迟延：受要约人在承诺期限内发出，按通常情形能够及时到达，但因其他原因承诺到达要约人时超过承诺期限。除要约人及时通知受要约人因承诺超过期限不接受该承诺外，该承诺有效
承诺的方式及生效	(1)以通知方式作出，到达要约人时生效。 (2)不需要通知的，根据交易习惯或者要约的要求作出承诺的行为时生效。 **【"李"应注意】** 承诺生效=合同成立
撤回	撤回通知应当在承诺通知**到达要约人之前**或者**与承诺同时到达**要约人

【帮你"李"解】 要约既可以撤回，也可以撤销；但是承诺只能撤回，不能撤销。因为承诺一旦到达，即产生合同成立的效果。

2. 合同的内容和形式

合同可以采取**书面形式**，也可以采取**口头形式**和**其他形式**。法律、行政法规规定采用书面形式的，应当采用书面形式。

3. 免责条款与格式条款(见表9-17)

表9-17 免责条款与格式条款

项目		内容
免责条款	含义	是当事人事先以协议免除或者限制其将来责任的合同条款
	无效	(1)造成对方人身损害的； (2)因故意或者重大过失造成对方财产损失的

续表

项目		内容
格式条款	含义	是当事人预先拟定，并在订立合同时未与对方协商的条款
	提供方的义务	(1)提供格式条款的一方应当遵循公平原则确定当事人之间的权利和义务，并采取合理的方式提示对方注意免除或者减轻其责任等与对方有重大利害关系的条款，按照对方的要求，对该条款予以说明。 (2)未履行上述义务，致使对方没有注意或者理解与其有重大利害关系的条款的，对方可以主张该条款不成为合同的内容
	格式条款的无效	(1)提供格式条款一方**不合理地**免除或者减轻其责任、加重对方责任、限制对方主要权利； (2)提供格式条款一方排除对方主要权利； (3)违反法律强制性规定的格式条款
	对格式条款的解释	(1)对格式条款的理解发生争议的，应当按照通常理解予以解释。 (2)有两种以上解释的，应当作出不利于提供格式条款一方的解释。 (3)格式条款和非格式条款不一致的，应当采用非格式条款

【帮你“李”解】格式条款合同并非一律无效。其内容遵循公平原则或者对免责条款履行了提请注意义务或说明义务的是有效的。

考点七　双务合同履行中的抗辩权★★★

扫我解疑难

经典例题

【例题·单选题】(2013年)《民法典》规定：“当事人互负债务，没有先后履行顺序的，应当同时履行。一方在对方履行之前有权拒绝其履行要求。一方在对方履行债务不符合约定时，有权拒绝其相应的履行要求。”该规定中当事人享有的权利是(　)。

A. 同时履行抗辩权

B. 不安抗辩权

C. 顺序履行抗辩权

D. 形成权

【答案】A

【解析】本题考核同时履行抗辩权。

考点精析

双务合同履行中的抗辩权(见表9-18)。

表9-18　双务合同履行中的抗辩权

项目	内容	
同时履行抗辩权	成立要件有：(1)债务基于同一双务合同而发生且未约定履行先后顺序；(2)双方互负的债务都已届清偿期；(3)相对人有不履行或履行不符合约定的行为；(4)合同应具备能履行的客观条件。 **【“李”应注意】**判断同时履行抗辩权的关键是“合同中未约定履行的先后顺序”	
顺序履行抗辩权	成立要件有：(1)双方当事人因同一合同互负债务；(2)双方债务存在先后履行顺序；(3)须先履行债务一方未履行或者其履行不符合约定	
不安抗辩权	成立要件	(1)双方当事人因同一合同互负债务；(2)后履行义务人的履行能力明显降低，有不能给付的危险；(3)后履行义务人未提供适当担保

续表

项目		内容
不安抗辩权	权利行使及效力	(1)先履行义务人有证据证明对方有下列情形之一的，可以中止履行：①经营状况严重恶化；②转移财产、抽逃资金，以逃避债务；③丧失商业信誉；④有丧失或者可能丧失履行债务能力的其他情形。 (2)中止履行的一方应及时通知对方。对方提供适当担保的，应当恢复履行；**对方在合理期限内未恢复履行能力且没有提供适当担保的，视为以自己的行为表明不履行合同主要义务**，中止履行的一方可以解除合同并可以请求对方承担违约责任

考点八 缔约过失责任与违约责任★★★

经典例题

【例题1·单选题】(2016年)甲公司得知乙公司正在与丙公司进行商务谈判，甲公司本无意与丙公司签约合作，但为了排挤竞争对手乙公司，就向丙公司提出了更好的交易条件。乙公司退出后，甲公司即终止了与丙公司的谈判，并与丁公司签约，给丙公司造成了经济损失。甲公司对丙公司依法应承担的民事责任是(　)。

A. 公平责任　　B. 侵权责任

C. 违约责任　　D. 缔约过失责任

【答案】D

【解析】本题考核缔约过失责任。甲公司假借订立合同，恶意进行磋商，给丙公司造成损失，应当承担缔约过失责任。

【例题2·多选题】(2016年)根据合同法律制度规定，承担缔约过失责任的情形有(　)。

A. 订立合同时，隐藏真实情况的

B. 履行合同后，不适当履行损害合同相对方利益的

C. 合同订立后，违反约定向他人泄露合同中的商业秘密的

D. 订立合同时，提供虚假情况的

E. 假借订立合同，恶意磋商的

【答案】ADE

【解析】本题考核缔约过失责任。

考点精析

1. 缔约过失责任

缔约过失责任，是指在订立合同过程中，因一方的过失给对方造成信赖利益损失，有过失一方应当承担的损害赔偿责任。

当事人在订立合同过程中有下列情形之一，造成对方损失的，应当承担赔偿责任：

(1)假借订立合同，恶意进行磋商；

(2)故意隐瞒与订立合同有关的重要事实或者提供虚假情况；

(3)有其他违背诚信原则的行为。

【帮你“李”解】当事人在**订立合同过程中**知悉的商业秘密或者其他应当保密的信息，**无论合同是否成立**，不得泄露或者不正当地使用。泄露、不正当地使用该商业秘密或者信息造成对方损失的，应当承担赔偿责任。

2. 违约责任(见表9-19)

表9-19　违约责任

项目		具体规定
归责原则	无过错责任原则	指债务人对其违约行为，无论主观上有无过错，只要没有法定的免责事由，就应当承担违约责任的归责原则。即便第三人原因造成的违约，债务人亦应承担违约责任。 **【“李”应注意】**无特殊规定时适用的归责原则

续表

项目		具体规定
归责原则	过错责任原则	指债务人对其违约行为，仅在主观上有过错的情况下才承担违约责任的归责原则。 【帮你"李"解】如赠与人、托运人、受托人、承租人、承揽人、施工人、承包人、寄存人、承运人、保管人、中间人等人的责任
承担方式	继续履行	金钱债务债权人均有权请求债务人履行支付义务。非金钱债务一般也可请求实际履行，但是有下列情形之一的除外：(1)法律上或者事实上不能履行；(2)债务的标的不适于强制履行或者履行费用过高；(3)债权人在合理期限内未请求履行
	赔偿损失	损失赔偿额应当相当于违约造成的损失
	违约金	约定的违约金低于造成的损失的，人民法院或仲裁机构可以根据当事人的请求予以增加。约定的违约金过分高于造成的损失的，人民法院或仲裁机构可以根据当事人的请求予以适当减少
	采取补救措施	主要有：修理、更换、重作、退货、减少价款或报酬等
免责事由	一般免责事由	不可抗力 【帮你"李"解】(1)不可抗力的发生时间：必须在合同的履行期限内，当事人迟延履行后发生不可抗力的，不能免除责任；(2)免责范围：根据不可抗力的影响，部分或者全部免除责任；(3)发生不可抗力后：应当及时通知对方+合理期限内提供证明
	特殊免责事由	仅适用于特定类型合同

考点九 买卖合同★★

经典例题

【例题·多选题】(2019年)根据合同法律制度的规定，下列情形中，买受人应当承担标的物灭失风险的有(　)。

A. 出卖人依约为买受人代办托运，货交第一承运人后意外灭失

B. 买卖双方未约定交付地点，出卖人将标的物交由承运人运输，货物在运输途中意外灭失

C. 约定在出卖人营业地交货，买受人未按约定时间前往提货，后货物在地震中灭失

D. 买受人下落不明，出卖人将标的物提存后意外灭失

E 出卖人出卖交由承运人运输的在途标的物，毁损、灭失的风险由出卖人承担

【答案】ABCD

【解析】本题考核买卖合同中标的物风险的承担。出卖人根据合同约定将标的物运送至买受人指定地点并交付给承运人后，标的物毁损、灭失的风险由买受人承担，但当事人另有约定的除外，选项A正确。当事人没有约定交付地点或者约定不明确，标的物需要运输的，出卖人将标的物交付给第一承运人后，标的物毁损、灭失的风险由买受人承担，选项B正确；出卖人按照约定将标的物置于交付地点，买受人违反约定没有收取的，标的物毁损、灭失的风险自违反约定之日起由买受人承担，选项C正确；标的物提存后，风险由债权人承担，选项D正确。出卖人出卖交由承运人运输的在途标的物，除当事人另有约定的外，毁损、灭失的风险自合同成立时起由买受人承担，选项E错误。

考点精析

1. 买卖合同的特征

买卖合同是诺成、双务、有偿、转移所有权的合同。

2. 标的物毁损、灭失的风险负担(见表9-20)

表 9-20 标的物毁损、灭失的风险负担

项目	具体规定
一般情况	(1)交付前由出卖人承担，交付后由买受人承担，但法律另有规定或者当事人另有约定的除外。 (2)出卖人按照约定将标的物运送至买受人指定地点并交付给承运人后，标的物毁损、灭失的风险由买受人承担，但是当事人另有约定的除外
特殊情况	(1)因买受人的原因致使标的物未按照约定的期限交付的，买受人应当自违反约定时起承担标的物毁损、灭失的风险。 (2)出卖人出卖交由承运人运输的在途标的物，除当事人另有约定的外，毁损、灭失的风险自合同成立时起由买受人承担。 (3)当事人没有约定交付地点或者约定不明确，标的物需要运输的，出卖人将标的物**交付给第一承运人后**，标的物毁损、灭失的风险由买受人承担。 (4)出卖人按照约定或者依照法律规定将标的物置于交付地点，买受人违反约定没有收取的，标的物毁损、灭失的风险自违反约定时起由买受人承担。 (5)出卖人按照约定未交付有关标的物的单证和资料的，不影响标的物毁损、灭失风险的转移。 (6)因标的物不符合质量要求，致使不能实现合同目的的，买受人可以拒绝接受标的物或者解除合同。买受人拒绝接受标的物或者解除合同的，标的物毁损、灭失的风险由出卖人承担

【帮你"李"解】 标的物毁损、灭失的风险由买受人承担的，不影响因出卖人履行债务不符合约定，买受人请求其承担违约责任的权利。

3. 买卖合同解除的规则

(1)因标的物的主物不符合约定而解除合同的，解除合同的效力及于从物。因标的物的从物不符合约定被解除的，解除的效力不及于主物。

(2)标的物为数物，其中一物不符合约定的，买受人可以就该物解除合同，但该物与他物分离使标的物的价值显受损害的，当事人可以就数物解除合同。

(3)分期付款的买受人未支付到期价款的数额达到全部价款的**五分之一**，经催告后在合理期限内仍未支付到期价款的，出卖人可以请求买受人支付全部价款或者解除合同。出卖人解除合同的，可以向买受人请求支付该标的物的使用费。

考点十 赠与合同★★

经典例题

【例题·单选题】(2016年)根据合同法律理论，关于赠与合同，下列说法正确的是(　)。

A. 赠与合同是单方法律行为

B. 赠与合同是无偿法律行为

C. 赠与合同是双务法律行为

D. 赠与合同是要式法律行为

【答案】 B

【解析】 本题考核法律行为的分类。赠与合同是双方法律行为、无偿法律行为、单务法律行为、不要式法律行为。

考点精析

1. 赠与合同的性质

赠与合同诺成、无偿、单务、不要式合同。

2. 赠与人的权利(见表 9-21)

表 9-21　赠与人的权利

权利	行使时间	适用情形/例外情形
赠与人的任意撤销权	在赠与财产的**权利转移之前**可以撤销赠与	【例外】**经过公证**的赠与合同或者依法不得撤销的具有**救灾、扶贫、助残等公益、道德义务性**质的赠与合同，不得撤销
赠与人的法定撤销权	自知道或者应当知道撤销事由之日起**1 年内**行使	(1)严重侵害赠与人或者赠与人近亲属的合法权益；(2)对赠与人有扶养义务而不履行；(3)不履行赠与合同约定的义务
赠与人的继承人或者法定代理人的撤销权	自知道或者应当知道撤销事由之日起**6 个月内**行使	因受赠人的违法行为致使赠与人死亡或者丧失民事行为能力
赠与财产返还请求权	撤销权人撤销赠与的，可以向受赠人要求返还赠与的财产	
赠与人的穷困抗辩权	赠与人的**经济状况显著恶化**，严重影响其生产经营或者家庭生活的，可以不再履行赠与义务	

考点十一　借款合同★★

经典例题

【例题·单选题】(2018 年)下列关于民间借贷合同效力的说法中，正确的是(　)。

A. 民间借贷合同自借款交付时生效

B. 自然人之间的借款合同是合同订立时生效

C. 公司之间的借款合同自借款交付时生效

D. 民间借贷合同约定的利率超过年利率 36%的，超过部分的利息约定无效

【答案】D

【解析】本题考核民间借贷合同。自然人之间的借款合同之外的民间借款合同自合同成立时生效，但当事人另有约定或者法律、行政法规另有规定的除外。所以选项 A、C 错误。自然人之间借款合同自贷款人提供借款时生效。所以选项 B 错误。

考点精析

借款合同见表 9-22。

表 9-22　借款合同

项目		内容
性质	商业借贷	诺成、要式、有偿合同
	民间借贷	践成(自然人之间)或者诺成、不要式合同，可有偿也可无偿
民间借款合同的生效时间	自然人之间的合同	自贷款人提供借款时生效
	其他民间借款合同	自合同成立时生效，但当事人另有约定或者法律、行政法规另有规定的除外
民间借款合同的利率	年利率不超过 24%	出借人有权要求按照约定利率支付利息
	年利率 24-36%的	借款人未支付利息的，可以不用支付，但已经支付的，不能再要回来
	年利率超过 36%的	即使利息已经给付，超过部分仍可以要回来

考点十二　承揽合同★★

经典例题

【例题·单选题】(2012 年)在承揽合同履行过程中，承揽人构成违约的行为是(　)。

A. 承揽人发现定作人提供的图纸短缺，立即停止工作并通知定作人，导致未能如期完成工作

B. 承揽人因定作人提供的材料不合格而通知定作人更换材料，因此导致工作延误

C. 承揽人未征得定作人同意将其承揽的工作转交给第三人完成

D. 承揽人因定作人未按期支付报酬而拒绝交付工作成果

【答案】C

【解析】本题考核承揽人的违约行为。承揽人发现定作人提供的图纸或者技术要求不合理的，应当及时通知定作人。因定作人怠于答复等原因造成承揽人损失的，应当赔偿损失。所以选项 A 不构成违约行为。承揽人对定作人提供的材料，应当及时检验，发现不符合约定时，应当及时通知定作人更换、补齐或者采取其他补救措施。所以选项 B 不构成违约行为。定作人未向承揽人支付报酬或者材料费等价款的，承揽人对完成的工作成果享有留置权或者有权拒绝交付，但当事人另有约定的除外。所以选项 D 不构成违约行为。

考点精析

1. 承揽合同的性质

承揽合同是双务、诺成、有偿合同。

2. 承揽合同的相关规定

(1)承揽人将其承揽的主要工作交由第三人完成的，应当就该第三人完成的工作成果向定作人负责；**未经定作人同意的**，定作人也可以解除合同。

(2)承揽人将其承揽的辅助工作交由第三人完成的，应当就该第三人完成的工作成果向定作人负责。

3. 承揽合同的特殊解约权(见表 9-23)

表 9-23　承揽合同的特殊解约权

项目	内容	
承揽人的解约权	定作人不履行协助义务的，承揽人可催告其在合理的期限内履行，定作人逾期仍不履行的，承揽人有合同解除权	
定作人的解约权	法定解除权	承揽人未经定作人同意将主要承揽工作交由第三人完成的，定作人可以解除合同
	任意解除权	定作人可以不作解释任意解除合同，但解除造成承揽人损失的，负损害赔偿责任

考点十三　物业服务合同★★

经典例题

【例题·多选题】下列关于物业服务合同的说法，正确的有(　)。

A. 物业服务合同是以劳务给付为客体的合同

B. 物业服务人不得将全部物业服务转委托给第三人

C. 物业服务合同终止后，原物业服务人必须在约定期限或者合理期限内退出物业服务区域

D. 未接受相关物业服务的业主可以拒绝支付物业费

E. 物业服务合同的双方当事人均有权随时解除不定期物业服务合同，但是应当提前60日书面通知对方

【答案】ABE

【解析】本题考点是物业服务合同。物业服务合同终止后，在新物业服务人或决定自行管理的业主接管之前，原物业服务人应当继续处理物业服务事项，并可以请求业主支付该期间的物业费。物业服务合同终止的，原物业服务人应当在约定期限或者合理期限内退出物业服务区域，将相关资料交还给业主委员会、决定自行管理的业主或者其指定的人，配合新物业服务人做好交接工作，并如实告知物业的使用和管理状况。故选项C错误。业主应当按照约定向物业服务人支付物业费。物业服务人已经按照约定和有关规定提供服务的，业主不得以未接受或者无需接受相关物业服务为由拒绝支付物业费。故选项D错误。

考点精析

1. 物业服务合同的特征

(1)物业服务合同是一种特殊的委托合同。

(2)物业服务合同是以劳务给付为客体的合同。

(3)物业服务合同为诺成、有偿、双务、要式合同。

2. 物业服务人的权利和义务

(1)对物业实施管理的权利。

(2)收取物业管理费的权利。

(3)选聘和委托专业性服务组织或其他第三人承担物业管理区域内的专项服务业务的权利。

(4)亲自提供物业服务义务。物业服务人不得将全部物业服务转委托给第三人或将全部物业服务支解后分别转委托给第三人。

(5)妥善管理物业义务。

(6)报告义务。

(7)后合同义务。

①物业服务合同终止后，在新物业服务人或决定自行管理的业主接管之前，原物业服务人应当继续处理物业服务事项，并可以请求业主支付该期间的物业费。

②物业服务合同终止的，原物业服务人应当在约定期限或者合理期限内退出物业服务区域，将相关资料交还给业主委员会、决定自行管理的业主或者其指定的人，配合新物业服务人做好交接工作，并如实告知物业的使用和管理状况。

(8)有权随时解除不定期物业服务合同，但是应当提前60日书面通知对方。

3. 业主的权利和义务

(1)选择物业服务人的权利。

(2)与物业服务人签订物业服务合同的权利。

(3)监督物业服务人的服务的权利。

(4)支付物业费义务。业主应当按照约定向物业服务人支付物业费。物业服务人已经按照约定和有关规定提供服务的，业主不得以未接受或者无需接受相关物业服务为由拒绝支付物业费。

(5)告知义务。业主装饰装修房屋、转让、租物业专有部分、设立居住权或者依法改变共有部分用途的，应当告知物业服务人。

(6)有权随时解除不定期物业服务合同，但是应当提前60日书面通知对方。

考点十四　行纪合同★★

扫我解疑难

经典例题

【例题·单选题】(2016年)受托人以自己的名义为委托人从事贸易活动，委托人支付报酬，这种合同是(　)。

A. 委托合同　　B. 信托合同

C. 行纪合同　　D. 居间合同

【答案】C

【解析】本题考核行纪合同。

考点精析

1. 行纪合同的概念

行纪合同是行纪人以自己的名义为委托人从事贸易活动，委托人支付报酬的合同。

2. 行纪合同的性质

行纪合同是双务、有偿、诺成、不要式合同。

3. 行纪合同的相关规定

(1)行纪人与第三人订立合同的，行纪人对该合同直接享有权利、承担义务。第三人不履行义务致使委托人受到损害的，行纪人应当承担损害赔偿责任，但行纪人与委托人另有约定的除外。

(2)行纪人完成或部分完成委托事务的，委托人应当向其支付相应的报酬。委托人逾期不支付报酬的，行纪人对委托物享有留置权，但当事人另有约定的除外。

(3)行纪人高于委托人指定的价格卖出或者低于委托人指定的价格买入的，可以按照约定增加报酬。没有约定或者约定不明确，根据相关法律规定仍不能确定的，该利益属于委托人。

考点十五　中介合同★★

经典例题

【例题·单选题】委托人宁馨委托房屋中介“安家天下”帮其购买住房，在“安家天下”门店店长房似锦为其提供了大量前期服务之后，宁馨私下与房屋出售人签订房屋买卖合同。根据法律规定，下列关于该合同的说法，正确的是(　)。

A. 宁馨与“安家天下”签订的合同是行纪合同

B. 宁馨属于“跳单”行为，需要支付“安家天下”中介费

C. “安家天下”未促成交易，宁馨不需要支付“安家天下”中介费

D. “安家天下”无论是否促成交易，宁馨均不需要支付必要费用

【答案】B

【解析】本题考核中介合同。该合同属于中介合同。故选项A错误。中介人促成合同成立的，委托人应当按照约定支付报酬。委托人在接受中介人的服务后，利用中介人提供的交易机会或者媒介服务，绕开中介人直接订立合同的，应当向中介人支付报酬。该案中，宁馨属于“跳单”，故选项B正确，C错误；中介人未促成合同成立的，虽不得请求支付报酬，但是，委托人应当支付中介人从事中介活动支出的必要费用。故选项D错误。

考点精析

1. 中介合同的概念与特征

中介合同，是指中介人向委托人报告订立合同的机会或者提供订立合同的媒介服务，委托人支付报酬的合同。

(1)中介合同为双务、有偿、诺成、不要式合同。

(2)中介合同包括报告中介和媒介中介。

(3)中介人对委托人与第三人之间的合同没有介入权。

2. 委托人的义务

(1)支付报酬。中介人促成合同成立的，委托人应当按照约定支付报酬。委托人在接受中介人的服务后，利用中介人提供的交易机会或者媒介服务，绕开中介人直接订立合同的，应当向中介人支付报酬。

(2)偿付费用。中介人未促成合同成立的，虽不得请求支付报酬，但是，委托人应当支付中介人从事中介活动支出的必要费用。

3. 中介人的权利和义务

(1)报告缔约机会或者提供缔约媒介服务。

(2)忠实介绍和尽力服务。

(3)保密义务。

(4)负担中介费用。中介人促成合同成立的，中介活动的费用由中介人负担。

(5)中介人的报酬请求权。中介人促成合同成立的，或委托人接受中介服务后又“跳单”的，中介人均有权请求委托人支付报酬。

阶段性测试

1.【单选题】抗辩权是可以阻止请求权效力发生的权利，下列抗辩权中，合同双方当事人均可行使的是( )。

A. 不安抗辩权

B. 顺序履行抗辩权

C. 同时履行抗辩权

D. 先诉抗辩权

2.【单选题】甲向乙购买房屋一套，并已支付一半价款，剩余价款约定在过户登记手续办理完毕后2个工作日内付清。乙在办理房屋过户登记手续前反悔，要求解除合同。甲诉至法院，要求乙继续履行合同。下列表述中，正确的是( )。

A. 房屋产权未过户，合同尚未生效

B. 房屋产权未过户，合同尚未成立

C. 合同已经生效，但法院应当判决解除合同，乙赔偿甲的损失

D. 合同已经生效，乙应当继续履行合同

3.【多选题】下列关于承诺生效要件的说法中，正确的有( )。

A. 承诺必须书面作出

B. 承诺应当即时作出

C. 承诺须在承诺期限内到达要约人

D. 承诺的内容应当与要约的内容一致

E. 承诺须由受要约人向要约人作出

4.【多选题】根据合同法律制度的规定，下列关于买卖合同的说法中，正确的有( )。

A. 标的物在订立合同之前已为买受人占有的，合同的生效时间为交付时间

B. 出卖人就交付的标的物，负有保证第三人不得向买受人主张任何权利的义务

C. 试用期间届满，买受人对是否购买标的物未作表示的，视为不购买

D. 因标的物的从物不符合约定解除合同的，解除的效力及于主物

E. 一般情况下，标的物在交付之前产生的孳息，归出卖人所有，交付之后产生的孳息，归买受人所有

5.【多选题】借款合同中，借款人应当按照约定的借款用途使用借款，借款人未按照约定的借款用途使用借款的，贷款人可以采取的措施有( )。

A. 要求借款人提供担保

B. 解除合同

C. 停止发放借款

D. 提前收回借款

E. 保全措施

阶段性测试答案精析

1. C 【解析】本题考核合同履行中的抗辩权。不安抗辩权由先履行义务的当事人行使。所以选项A错误。顺序履行抗辩权由后履行义务一方行使。所以选项B错误。先诉抗辩权由一般保证人行使。所以选项D错误。

2. D 【解析】本题考核物权变动、合同解除和违约责任。(1)当事人之间订立有关设立、变更、转让和消灭不动产物权的合同，除法律另有规定或者当事人另有约定外，自合同成立时生效；未办理物权登记的，不影响合同效力。所以选项A和选项B均错误。(2)在履行期限届满之前，当事人一方明确表示或者以自己的行为表明不履行主要债务，当事人可以单方面解除合同。本题中，可以单方面解除合同的只能是甲。所以选项C错误。(3)当事人一方不履行非金钱债务或者履行非金钱债务不符合约定的，对方当事人可以要求履行，违约方应当承担继续履行的违约责任。本题中，甲可以要求乙继续履行合同。

3. CDE 【解析】本题考核承诺的构成要件。

承诺可以口头作出，也可以书面作出。所以选项A错误。承诺须在承诺期限内到达要约人即可。所以选项B错误、选项C正确。承诺的内容应当与要约的内容一致。承诺须由受要约人向要约人作出。所以选项D、E正确。

4. ABE 【解析】本题考核买卖合同。试用期间届满，买受人对是否购买标的物未作表示的，视为购买。所以选项C错误。因标的物的从物不符合约定解除合同的，解除的效力不及于主物。所以选项D错误。

5. BCD 【解析】本题考核借款合同中借款人不按照约定用途使用借款时贷款人享有的权利。借款人未按照约定的借款用途使用借款的，贷款人可以停止发放借款、提前收回借款或者解除合同。

考点十六 侵权责任法的归责原则★★★

经典例题

【例题1·单选题】下列法律原则中，属于侵权责任法归责原则的是( )。

A. 诚实信用原则

B. 公序良俗原则

C. 平等原则

D. 过错责任原则

【答案】D

【解析】本题考核侵权责任的归责原则。我国侵权责任法的归责原则包括：过错原则、过错推定原则、无过错原则。

【例题2·多选题】(2018年)下列侵权行为中，适用无过错责任原则的有( )。

A. 建筑物上的悬挂物坠落致人损害

B. 民用航空器致人损害

C. 遗失、抛弃高度危险物致人损害

D. 缺陷产品致人损害

E. 环境污染致人损害

【答案】BCDE

【解析】本题考核侵权责任归责原则。建筑物、构筑物或者其他设施及其搁置物、悬挂物发生脱落、坠落造成他人损害，所有人、管理人或者使用人不能证明自己没有过错的，应当承担侵权责任。故选项A适用过错推定责任。

【例题3·多选题】(2016年)根据侵权责任法律制度规定，适用无过错责任归责原则的侵权类型有( )。

A. 交通事故侵权

B. 医疗事故侵权

C. 高度危险作业侵权

D. 环境污染侵权

E. 产品侵权

【答案】CDE

【解析】本题考核无过错责任原则。

考点精析

侵权法的归责原则见表9-24。

表9-24 侵权法的归责原则

	含义	适用方法	适用范围
过错责任原则	加害人主观上具有故意或过失，由其承担民事责任	侵权人的过错由被侵权人举证证明	除法律另有规定外，一般侵权均适用
过错推定责任原则	将对过错的举证责任以否定的方式分配给侵权人一方。 【帮你"李"解】过错推定责任原则仍属于过错责任原则范畴	侵权人不能证明自己无过错，就推定其有过错	建筑物等物件致害、一些医疗损害责任

续表

	含义	适用方法	适用范围
无过错责任原则	无论行为人有无过错，法律规定应当承担民事责任的，行为人应承担民事责任	免除原告对加害人过错的举证和证明责任	产品侵权、高度危险作业侵权、环境污染侵权、动物侵权、监护侵权、雇主侵权

考点十七　侵权责任的构成要件★★

经典例题

【例题·多选题】（2017年）根据侵权责任法律制度的规定，一般侵权责任的构成要件有（　）。

A. 加害行为违法　　B. 违反合同义务

C. 因果关系　　D. 损害

E. 过错

【答案】ACDE

【解析】本题考核侵权责任的构成要件。过错侵权责任的构成要件有四项：损害、加害行为违法、加害行为与损害之间存在因果关系以及行为人的过错。

考点精析

侵权责任的构成要件

过错侵权责任的构成要件有四项；无过错责任的构成要件有三项（见表9-25）。

表9-25　侵权责任的构成要件

项目	过错侵权责任	无过错侵权责任
损害	损害应当由原告一方进行举证和证明	
加害行为违法	加害行为若不具有违法性即不构成侵权	
过错	√	×
因果关系	侵权行为与损害事实之间前者引起后者的这种引起与被引起的客观联系	

考点十八　免除责任和减轻责任事由★★★

经典例题

【例题·单选题】（2012年）甲、乙各自赶一头牛，同乘一条船过河。当时天下着大雨，船被洪水冲下来的石头击中，危及到人与船的安全。甲急中生智，将自己的牛推至河中，接着又将乙的牛推至河中，甲、乙才得以安全渡河，但两头牛均被大水冲走。乙提出，甲只能将自己的牛推下河，不应该将乙的牛也推下河，要求甲赔偿损失。甲不承担赔偿责任的抗辩事由是（　）。

A. 甲的行为属于正当防卫

B. 甲的行为属于紧急避险

C. 甲的行为与损害结果没有因果关系

D. 本案属于意外事件

【答案】B

【解析】本题考核免责事由。为了使本人或者第三人的人身、财产或者公共利益免遭正在发生的、实际存在的危险而不得已采取的一种加害于他人人身或财产的损害行为，称为紧急避险。

考点精析

1. 免除责任和减轻责任的事由

（1）依法执行职务。

(2)正当防卫。

【帮你"李"解】 造成损害，不担责。超过必要的限度，防卫人适当担责。

(3)紧急避险。

【帮你"李"解】 损害由引起险情的人承担。危险由自然原因引起的，紧急避险人不担责任，可以给予适当补偿。采取措施不当或超过必要限度，紧急避险人适当担责。

(4)紧急救助。因自愿实施紧急救助行为造成受助人损害的，救助人不承担民事责任。

(5)自甘风险。自愿参加具有一定风险的文体活动，因其他参加者的行为受到损害的，受害人不得请求其他参加者承担侵权责任，但是其他参加者对损害的发生有故意或者重大过失的除外。

(6)自助行为。合法权益受到侵害，情况紧迫且不能及时获得国家机关保护，不立即采取措施将使其合法权益受到难以弥补的损害的，受害人可以在必要范围内采取扣留侵权人的财物等合理措施；但是，应当立即请求有关国家机关处理。受害人采取的措施不当造成他人损害的，应当承担侵权责任。

(7)受害人过错。

(8)不可抗力。

【"李"应注意】 (5)自甘风险(6)自助行为是《民法典》新增免责情形。学习时多加注意。

考点十九　法律特别规定的侵权责任类型★★

经典例题

【例题1·单选题】 (2019年)下列侵权行为中，适用过错推定责任原则的是(　)。

A. 甲医生给乙做手术时将纱布遗漏在乙体内，致乙损害

B. 甲驾车超速将路人乙撞成重伤

C. 甲挂在阳台外侧晾晒的物品脱落将行人乙砸伤

D. 甲化工厂排放污水对乙承包人的农田造成污染

【答案】 C

【解析】 本题考核危险活动及物件致害侵权。患者在诊疗活动中受到损害，医疗机构或其医务人员有过错的，由医疗机构承担赔偿责任。由此可知适用过错责任原则。所以选项A错误。机动车与行人、非机动车之间发生交通事故的，适用无过错责任。所以选项B错误。建筑物、构筑物或者其他设施及其搁置物、悬挂物发生脱落、坠落造成他人损害，所有人、管理人或者使用人不能证明自己没有过错的，应当承担侵权责任。由此可知适用过错推定责任原则。所以选项C正确。因污染环境、破坏生态造成他人损害的，侵权人应当承担侵权责任。由此可知适用无过错责任原则。所以选项D错误。

【例题2·单选题】 (2017年)根据侵权责任法律制度规定，从事高度危险作业造成他人损害的，适用的归责原则是(　)。

A. 过错责任原则

B. 公平责任原则

C. 无过错责任原则

D. 过错推定责任原则

【答案】 C

【解析】 本题考核无过错责任。从事高度危险作业造成他人损害的，适用无过错责任原则。

考点精析

1. 关于主体的特殊规定

(1)监护人责任(无过错责任)。

①无民事行为能力人、限制民事行为能力人造成他人损害的，有财产的，从本人财产中支付赔偿费用。不足部分，由监护人赔偿。监护人尽到监护职责的，可减轻其责任。

②监护人将监护职责委托给他人的，由监护人承担侵权责任；受托人有过错的，承担相应的责任。

(2)意识丧失人责任。

完全民事行为能力人因暂时没有意识或

者失去控制造成他人损害具有过错的，应当承担侵权责任；没有过错的，根据行为人的经济状况对受害人适当补偿。

(3)雇主责任。

①用人单位的工作人员因执行工作任务造成他人损害的，由用人单位承担侵权责任。单位担责后，可以向有故意或者重大过失的工作人员追偿。

②劳务派遣期间，被派遣的工作人员因执行工作任务造成他人损害的，由接受劳务派遣的用工单位承担侵权责任；劳务派遣单位有过错的，承担相应的责任。

③个人之间形成劳务关系，提供劳务一方因劳务造成他人损害的，由接受劳务一方承担侵权责任。接受劳务一方承担侵权责任后，可以向有故意或者重大过失的提供劳务一方追偿。

④提供劳务一方因劳务自己受到损害的，根据双方各自的过错承担相应的责任。

(4)网络用户、网络服务提供者责任。

①网络用户利用网络服务实施侵权行为的，权利人有权通知网络服务提供者采取删除、屏蔽、断开链接等必要措施。通知应当包括构成侵权的初步证据及权利人的真实身份信息。网络服务提供者接到通知后，应当及时将该通知转送相关网络用户，并根据构成侵权的初步证据和服务类型采取必要措施；未及时采取必要措施的，对损害的扩大部分与该网络用户承担连带责任。因错误通知造成网络用户或者网络服务提供者损害的，应当承担侵权责任。

②网络服务提供者知道或者应当知道网络用户利用其网络服务侵害他人民事权益，未采取必要措施的，与该网络用户承担连带责任。

(5)安全保障义务人责任。

①宾馆、商场、银行、车站、机场、体育场馆、娱乐场所等经营场所、公共场所的经营者、管理者或者群众性活动的组织者，未尽到安全保障义务，造成他人损害的，应当承担侵权责任。

②因第三人的行为造成损害，第三人担责；管理人或者组织者未尽到安全保障义务的，承担相应的补充责任。

【帮你“李”解】 安全保障义务人是否担责的核心是是否尽到安全保障义务。

(6)教育机构责任。

①无民事行为能力人在**幼儿园、学校或者其他教育机构学习、生活期间**受到人身损害的，幼儿园、学校或者其他教育机构应当承担侵权责任，但能够证明尽到教育、管理职责的，不承担责任。(过错推定责任)

②限制民事行为能力人在学校或者其他教育机构学习、生活期间受到人身损害，学校或者其他教育机构未尽到教育、管理职责的，应当承担侵权责任。(过错责任)

③无民事行为能力人或者限制民事行为能力人在幼儿园、学校或者其他教育机构学习、生活期间，受到幼儿园、学校或者其他教育机构以外的第三人人身损害的，由第三人承担侵权责任；幼儿园、学校或者其他教育机构未尽到管理职责的，承担相应的补充责任。幼儿园、学校或者其他教育机构承担补充责任后，可以向第三人追偿。

2. 危险活动及物件致害侵权责任

(1)产品责任。

①因产品存在缺陷造成他人损害的，生产者应当承担侵权责任。(无过错责任)

因销售者的过错使产品存在缺陷，生产者赔偿后，有权向销售者追偿。(过错责任)

②因运输者、仓储者等第三人的过错使产品存在缺陷，造成他人损害的，产品的生产者、销售者赔偿后，有权向第三人追偿。

(2)机动车交通事故责任(见表 9-26)。

表 9-26 机动车交通事故责任

<table>
<tr><th>分类</th><th colspan="2">具体情形</th><th>责任承担</th></tr>
<tr><td rowspan="5">以属于机动车一方责任为前提</td><td colspan="2">租赁、借用</td><td rowspan="2">使用人担责，所有人、管理人对损害发生有过错的，承担相应责任</td></tr>
<tr><td colspan="2">未经允许驾驶他人机动车</td></tr>
<tr><td colspan="2">机动车转让交付但未办理登记</td><td>受让担责</td></tr>
<tr><td colspan="2">挂靠</td><td>挂靠人和被挂靠人承担连带责任</td></tr>
<tr><td colspan="2">非营运车无偿搭乘人损害（好意同乘）</td><td>减轻其责任，但使用人故意或重大过失的除外</td></tr>
<tr><td rowspan="3">不以属于机动车一方责任为前提</td><td colspan="2">买卖拼装或报废车</td><td>由转让人和受让人承担连带责任。</td></tr>
<tr><td rowspan="2">盗抢车发生事故</td><td>一般</td><td>盗抢人承担赔偿责任</td></tr>
<tr><td>盗抢人与使用人并非一人，且事故属于该机动车一方责任</td><td>盗抢人与使用人承担连带责任</td></tr>
</table>

(3)医疗损害责任。

①患者在诊疗活动中受到损害，医疗机构或者其医务人员有过错的，由医疗机构承担赔偿责任。

②医务人员在诊疗活动中未尽到与当时的医疗水平相应的诊疗义务，造成患者损害的，医疗机构应当承担赔偿责任。

③因药品、消毒产品、医疗器械的缺陷，或者输入不合格的血液造成患者损害的，患者**可以向药品上市许可持有人、生产者、血液提供机构请求赔偿，也可以向医疗机构请求赔偿**。患者向医疗机构请求赔偿的，医疗机构赔偿后，有权向负有责任的药品上市许可持有人、生产者、血液提供机构追偿。

④医疗机构及其医务人员泄露患者的隐私和个人信息或者未经患者同意公开其病历资料的，应当承担侵权责任。

【帮你“李”解】 医疗损害责任的承担以过错责任为原则，以无过错责任为例外。

(4)环境污染和生态破坏责任。

①因污染环境、破坏生态造成他人损害的，侵权人担责。

②造成严重后果的，被侵权人有权请求相应的惩罚性赔偿。

③因第三人的过错污染环境、破坏生态的，被侵权人可以向侵权人请求赔偿，也可以向第三人请求赔偿。侵权人赔偿后，有权向第三人追偿。

【帮你“李”解】 环境污染侵权适用无过错责任原则。

(5)高度危险责任。

占有或者使用易燃、易爆、剧毒、高放射性、强腐蚀性等高度危险物造成他人损害的，占有人或者使用人应当承担侵权责任，但能够证明损害是因受害人故意或者不可抗力造成的，不承担责任。被侵权人对损害的发生有重大过失的，可以减轻占有人或者使用人的责任。

【帮你“李”解】 高度危险责任侵权适用无过错责任原则。

(6)饲养动物损害责任。

饲养的动物造成他人损害的，动物饲养人或者管理人应当承担侵权责任。但能够证明损害是因被侵权人故意或者重大过失造成的，可以不承担或者减轻责任。

动物园的动物造成他人损害的，动物园应当承担侵权责任，但能够证明尽到管理职责的，不承担责任。

【帮你“李”解】 饲养动物侵害责任一般适用无过错责任原则，但是动物园的动物造成他人损害的，适用过错推定责任原则。

(7)建筑物和物件损害责任。

①建筑物、构筑物或者其他设施及其搁置物、悬挂物发生脱落、坠落造成他人损害，由不能证明自己没有过错的所有人、管理人或者使用人承担侵权责任。所有人、管理人或者使用人赔偿后，有其他责任人的，有权向其他责任人追偿。

②建筑物、构筑物或者其他设施倒塌造成他人损害的，由建设单位与施工单位承担连带责任，但是建设单位与施工单位能够证明不存在质量缺陷的除外。

③从建筑物中抛掷物品或者从建筑物上坠落的物品造成他人损害的，由侵权人依法承担侵权责任；经调查难以确定具体侵权人的，除能够证明自己不是侵权人的外，由可能加害的建筑物使用人给予补偿。可能加害的建筑物使用人补偿后，有权向侵权人追偿。

【帮你“李”解】 物件损害责任一般适用过错推定责任原则，但是也有例外。

阶段性测试

1. **【单选题】** 根据侵权责任法律制度规定，在环境污染侵权纠纷中，污染者应当承担举证责任的是(　)。

   A. 损害事实

   B. 污染者自身没有过失

   C. 污染者自身没有故意

   D. 污染行为与损害之间不存在因果关系

2. **【单选题】** 某日大风，将某研究所架设的高压电线吹到了院墙外马路上。小学生吴明放学时恰好经过，不明所以，想把它捡起来拿回家玩，结果触电致残。小学生吴明的医疗费等费用应当由(　)。

   A. 吴明的监护人承担

   B. 某研究所承担

   C. 主要由某研究所承担，吴明的监护人适当分担

   D. 主要由吴明的监护人承担，某研究所适当分担

3. **【多选题】** 某旅行社导游李某带团游览一处地势险峻的景点时，众人争相拍照，李某未提示注意安全，该团游客崔某不慎将唐某撞下陡坡摔伤。下列选项中说法正确的有(　)。

   A. 旅行社对损害结果不承担赔偿责任

   B. 崔某应当对唐某承担赔偿责任

   C. 旅行社应当承担补充赔偿责任

   D. 李某应当对唐某承担侵权责任

   E. 旅行社与李某应当承担连带责任

4. **【单选题】** 小李和小张是好朋友，经常免费搭乘小张的车上下班。一天，小张因近期经常加班疲劳过度，与前方行驶的车辆追尾，造成小李受伤，花费医疗费2 000元。根据《民法典》规定，对于小李的损失，正确的处理方式是(　)。

   A. 小李由于是免费搭乘，所以责任自负，小张不予赔偿

   B. 机动车事故适用严格责任，小张应赔偿小李全部损失

   C. 小李由于是免费搭乘，应减轻小张的赔偿责任

   D. 小张疲劳驾驶有过错，应赔偿小李的全部损失

阶段性测试答案精析

1. D **【解析】** 本题考核环境污染侵权。污染者应当就法律规定的不承担责任或者减轻责任的情形及其行为与损害之间不存在因果关系承担举证责任。

2. B **【解析】** 本题考核高度危险作业侵权。从事高空、高压、地下挖掘活动或者使用高速轨道运输工具造成他人损害的，经营者应当承担侵权责任，但能够证明损害是因受害人故意或者不可抗力造成的，不承担责任。被侵权人对损害的发生有过失的，可以减轻经营者的责任。

3. BC **【解析】** 本题考核安全保障义务人侵权。宾馆、商场、银行、车站、娱乐场所等经营场所、公共场所的经营者、管理人

或者群众性活动的组织者，未尽到安全保障义务，造成他人损害的，应当承担侵权责任。因第三人的行为造成他人损害的，由第三人承担侵权责任；经营者、管理人或者组织者未尽到安全保障义务的，承担相应的补充责任。

4. C 【解析】本题考核“好意同乘”的责任承担。《民法典》规定，非营运机动车发生交通事故造成无偿搭乘人损害，属于该机动车一方责任的，应当减轻其赔偿责任，但是机动车使用人有故意或者重大过失的除外。小张因连日加班、疲劳驾驶，对于造成追尾事故不具有故意或重大过失，应减轻其责任。故C选项正确。

本章综合练习（限时50分钟）

一、单项选择题

1. 张某在甲公司离职后，违反与公司签订的竞业禁止协议，去经营同类业务的乙公司任职。根据债法相关理论，张某违反的是(　)。

A. 主给付义务　　B. 附随义务

C. 前合同义务　　D. 后合同义务

2. 甲公司向银行贷款1 000万元，乙公司和丙公司向银行分别出具担保函：“在甲公司不按时偿还1 000万元本息时，本公司承担保证责任。”根据法律和债法相关理论。下列关于乙公司和丙公司对银行的保证债务，下列表述正确的是(　)。

A. 属于选择之债

B. 属于连带之债

C. 属于按份之债

D. 属于多数人之债

3. 如花公司欠华菲公司20万元，一直无力偿还。现顺泽公司欠如花公司30万元已到期，如花公司一直未向顺泽公司要求清偿。对如花公司的这一行为，下列表述中正确的是(　)。

A. 华菲公司可以向法院起诉，要求顺泽公司向自己清偿债务

B. 华菲公司胜诉后，诉讼费用由顺泽公司承担

C. 华菲公司可以向法院起诉，要求顺泽公司偿还欠款30万元

D. 华菲公司应当自知道如花公司怠于行使其到期债权之日起1年内向法院提起诉讼

4. 李某欠唐某1万元到期未还。2016年4月，李某得知唐某准备起诉索款，便将自己价值3万元的全部财物以5 000元的价格卖给了知悉其欠唐某款未还的程某，约定付款期限为2018年年底。唐某于2016年5月得知这一情况，于2017年7月决定向法院提起诉讼。唐某提出的下列诉讼请求中能够得到法院支持的是(　)。

A. 请求法院撤销李某与程某的行为

B. 请求以自己的名义行使李某对程某的5 000元债权

C. 请求程某承担侵权责任

D. 请求宣告李某与程某的行为无效

5. 根据《民法典》，下列各项中，可以为合同债务人的债务履行作保证人的是(　)。

A. 甲县财政局

B. 韩红慈善基金会

C. 海尔集团

D. 残疾人联合会

6. 甲企业要拆除一间仓库，雇请了包括王某在内的工人，双方签订合同，约定工人在拆除仓库过程中所受伤害自行承担，与甲企业无关。后因甲企业提供的云梯断裂，王某受伤。王某要求甲企业赔偿，甲企业以合同已有约定为由予以拒绝。双方合同中有关责任承担的条款的效力为(　)。

A. 有效　　B. 无效

C. 效力待定　　　D. 可撤销

7. 根据担保法律制度的规定，债权人依法将主债权转让给第三人，在通知债务人和保证人后，保证人(　)。

A. 可以在减少保证范围的前提下再承担保证责任

B. 必须在原担保范围内继续承担保证责任

C. 可以拒绝再承担保证责任

D. 同意后，才继续承担保证责任

8. 根据合同法理论，下列有关各类合同的说法中，正确的是(　)。

A. 双务合同是指当事人一方从对方取得某种利益，必须向对方支付相应对价的合同

B. 无偿保管合同中保管人的注意义务较高，有偿保管合同中保管人的注意义务较低

C. 要式合同是指合同成立需要特定法律形式的合同

D. 无名合同是指合同内容不明确的合同

9. A公司于6月5日向B企业发出签订合同要约的信函。6月6日，B企业收到A公司声明要约作废的传真。6月7日，B企业收到该要约的信函。根据合同法律制度的规定，A公司发出传真声明要约作废的行为是(　)。

A. 要约撤回　　　B. 要约撤销

C. 要约生效　　　D. 要约失效

10. 甲、乙在买卖合同中约定：甲先付款，乙再发货。后甲未付款却要求乙发货，乙予以拒绝。根据合同法律制度的规定，乙享有的抗辩权是(　)。

A. 同时履行抗辩权

B. 顺序履行抗辩权

C. 不安抗辩权

D. 先诉抗辩权

11. 下列关于合同违约责任的说法中，错误的是(　)。

A. 违约责任以合同的有效存在为前提

B. 违约责任是一种民事责任

C. 当事人迟延履行后发生不可抗力的，不能免除责任

D. 违约责任具有绝对性

12. 在动产买卖合同中，标的物的所有权自(　)起转移给买受人，但法律另有规定或者当事人另有约定的除外。

A. 合同生效时

B. 合同订立时

C. 标的物交付时

D. 合同履行时

13. 根据合同法律制度的规定，下列民间借贷行为中出借人可以要求支付利息的是(　)。

A. 张某向赵某借款250万元，双方签订的借款凭证中未约定支付利息

B. 李某向赵某借款250万元，双方签订的借款凭证中约定按年支付利息，但并未约定利息的具体金额也未约定利率

C. ABC公司向赵某借款250万元，双方签订的借款凭证中未约定支付利息

D. XYZ公司向赵某借款250万元，双方签订的借款凭证中约定按年支付利息，但并未约定利息的具体金额也未约定利率

14. 张先生将自己的一套房屋出租给王女士，在租赁期间，张先生将房屋出售，王女士主张优先购买权，人民法院予以支持的情形是(　)。

A. 张先生将房屋卖给了他的姐姐张女士

B. 张先生将房屋卖给了他的同事李先生，并且李先生知道该房屋正在出租

C. 张先生将房屋卖给了他的同学刘先生并办理了房屋过户手续，刘先生购买时不知道该房屋正在出租

D. 张先生将预出售房屋的事实通知了王女士，王女士在15日内未明确表示购买

15. 根据合同法律制度的规定，下列各项中，承运人乙承担赔偿责任的是(　)。

A. 甲委托乙用货车将一批水果运往A地，不料途中遭遇山洪，水果全部毁损

B. 丙委托乙用货车将一批海鲜运往A地，由于丙充氧不足，导致该批海鲜全部死亡

C. 丁委托乙用货车将一批瓷砖运往A地，乙将货物运至B地，转为由联运方戊用货车运往A地，途中，由于戊的司机疲劳驾驶导致翻车，瓷砖全部毁损

D. 己委托乙将一批酒运往A地，双方约定3月1日提货，至3月1日己无故未提货，3月2日晚，部分酒桶被小孩用弹弓打裂

16. 甲在某酒店就餐，邻座乙、丙因喝酒发生争吵，继而动手打斗，酒店保安见状未出面制止。乙拿起酒瓶向丙砸去，丙躲闪，结果甲头部被砸伤。甲的医疗费应当(　)承担。

A. 由乙承担，酒店无责任

B. 由酒店承担，但酒店可向乙追偿

C. 由乙承担，酒店承担补充赔偿责任

D. 由乙和酒店承担连带赔偿责任

17. 甲企业在抗震救灾义演现场，承诺为地震灾区捐款100万元，事后，以该捐赠行为违反了企业内部财务管理规定为由，拒不支付捐款。下列说法正确的是(　)。

A. 赠与合同是实践性合同，该合同尚未成立，捐款可不予支付

B. 赠与合同是实践性合同，该合同尚未生效，捐款可不予支付

C. 该合同是诺成性合同，在财产权利转移之前赠与人可以撤销合同

D. 该合同不能撤销，甲企业如不支付捐款，可以要求其支付

18. 甲公司欲购买一批钢材，委托乙公司提供媒介服务。乙公司向甲公司介绍了卖钢材的丙公司，若甲、丙未能达成钢材买卖合同的，则关于报酬和中介费用的负担，下列表述中正确的是(　)。

A. 乙公司可以请求支付报酬

B. 甲公司应适当支付报酬

C. 必要的中介费用由甲公司负担

D. 必要的中介费用由乙公司自负

19. 周某到家具店买家具，看中了一套家具，并与家具店签订了合同，合同价款8 000元。周某预付货款4 000元，家具店保证3天内将货送到周某家。因为车辆紧张，家具店没有在3天内送货，而第4天家具店失火，此套家具被焚毁。根据法律规定，对本案正确的处理是(　)。

A. 由周某承担损失，周某应补交所欠货款4 000元

B. 由家具店承担损失，家具店应退还周某预付货款4 000元

C. 由周某、家具店双方平均分担损失，周某不补交货款，家具店不退还预付货款

D. 主要由家具店承担损失，周某也应适当承担损失

二、多项选择题

1. 下列选项中，属于法定之债的有(　)。

A. 合同之债

B. 无因管理之债

C. 不当得利之债

D. 侵权损害赔偿之债

E. 缔约过失之债

2. 下列行为中，构成无因管理的有(　)。

A. 甲接受委托帮助他人保养施工机具

B. 乙见他人仓库失火遂召集人员参加救火

C. 材料供应商丙将施工现场因中暑昏倒的农民工送往医院救治

D. 戊去银行柜员机取钱，因机器故障，多支付戊1 000元

E. 总承包单位结算时超付分包单位丁，丁明知该情况但未告知总承包单位

3. 在债法理论中，债的转移形式包括(　)。

A. 债权让与

B. 债的清偿

C. 债的混同

D. 债权债务的概括承受

E. 债务承担

4. 就给付义务产生的效力而言，下列选项中

属于给付迟延的效力的有(　)。

A. 因战争导致不能实现合同目的

B. 债权人可诉请法院强制债务人履行债务

C. 对因迟延产生的损失债务人应予赔偿

D. 迟延期间因不可抗力产生的损失，债权人自行承担

E. 支付迟延利息

5. 根据合同法律制度基本理论，下列各项中，属于实践性合同的有(　)。

A. 借用合同

B. 买卖合同

C. 经过公证的赠与合同

D. 租赁合同

E. 无偿保管合同

6. 根据合同法律制度的规定，提供格式条款一方拟订的下列格式条款中，属于无效的有(　)。

A. 内容理解发生争议的格式条款

B. 排除对方主要权利的格式条款

C. 以合法形式掩盖非法目的的格式条款

D. 造成对方人身伤害得以免责的格式条款

E. 不合理地免除提供格式条款一方责任的格式条款

7. 根据合同法律制度的规定，应当先履行债务的当事人，有证据证明对方存在特定情形的，可以中止履行。这些情形有(　)。

A. 经营状况严重恶化

B. 欠薪不付

C. 丧失商业信誉

D. 与第三人有重大涉讼民事纠纷

E. 转移财产、抽逃资金，以逃避债务

8. 乙欠甲的债务 100 万元已经到期，但经甲多次催告乙一直不予偿还。期间，甲得知丙欠乙一笔货款已到履行期。根据法律规定，甲对乙的下列行为可以行使撤销权的有(　)。

A. 乙放弃对丙的债权

B. 乙恶意延长丙债权的履行期限

C. 乙将大笔资金进行捐赠

D. 乙以报答当年丁帮自己渡过难关为由，以明显不合理的低价将自己的房子卖给丁，但丁对乙欠甲债务久拖不还的事实毫不知情

E. 乙为戊的债务提供担保，戊知道乙欠甲债务久拖不还的事实

9. 当红歌星阮某与某剧院签订演出合同，双方约定，阮某于元旦晚上在该剧院举办个人演唱会，出场费 4 万元。消息公布后，门票抢购一空。元旦晚上，大雪飘飘，寒风怒号，但观众还是早早来到剧院，期待一睹心目中明星的风采。但阮某却擅自取消了该演出，观众气愤至极，纷纷要求退票。对此，(　)。

A. 剧院可以请求人民法院强制阮某履行合同

B. 阮某因为不可抗力而不能履行合同，不构成违约，剧院应自负损失

C. 阮某应承担违约责任

D. 剧院可以要求阮某赔偿

E. 事后，剧院可以要求阮某履行合同或者要求阮某赔偿损失

10. 根据合同法律制度的规定，下列情形中，属于不可抗力的有(　)。

A. 1998 年洪水

B. 2003 年“非典”

C. 2008 年汶川地震

D. 2020 年“新冠肺炎”

E. 国家产业政策调整

11. 赠与合同履行后，受赠人有特定“忘恩行为”时，赠与人有权撤销赠与合同。根据合同法律制度的规定，下列各项中，属于此类“忘恩行为”的有(　)。

A. 受赠人严重侵害赠与人亲属合法权益

B. 受赠人严重侵害赠与人合法权益

C. 受赠人不履行赠与合同约定的义务

D. 受赠人对赠与人有扶养义务而不履行

E. 受赠人的违法行为导致赠与人死亡

12. 下列关于各类侵权行为应适用的归责原则的说法中，正确的有(　)。

A. 物件致害侵权适用无过错责任原则

B. 高度危险作业侵权适用无过错责任原则

C. 网络侵权适用过错责任原则

D. 数人侵权适用过错推定责任原则

E. 安全保障义务人侵权适用无过错责任原则

13. 甲是精神病人，某日甲举刀要砍其邻居乙，乙逃跑，在逃跑的过程中看到丙骑电动车经过，随即抢走电动车继续逃跑，在抢夺电动车的过程中，致丙从车上摔下，造成骨折。则下列关于本案的表述中正确的有（　）。

A. 丙的损害应当由乙承担损害赔偿责任

B. 丙的损害应当由甲的监护人承担损害赔偿责任

C. 丙的损害应当由甲承担损害赔偿责任

D. 乙的行为是紧急避险

E. 乙的行为是侵权行为

14. 林某为了美化自己的容貌，去整形医院做整形手术。医生金某为林某施行手术，但在施行手术时，金某因接电话，误将一小块纱布遗留在林某的体内，后林某感觉极其不适，到医院进行复查，才发现这一情况，遂又进行手术将纱布取出。下列关于本案的表述中，正确的有（　）。

A. 林某可以同时提起侵权和违约之诉

B. 林某可以选择提起侵权或违约之诉

C. 金某在施行手术过程中有过错，应当向林某承担损害赔偿责任

D. 金某在施行手术过程中有过错，医院应当承担损害赔偿责任

E. 若提起侵权之诉，则该医疗损害责任适用无过错责任原则

三、综合分析题

骑行爱好者甲因一次交通意外致右腿重度伤残，无法再从事骑行活动，遂有意出售其两辆名牌山地车。6月5日，甲在其“骑友微信群”中发信息，“本人有黑色、红色两辆九成新山地车出售，欢迎垂询。”甲还在此条信息下面上传了两辆山地车的图片。骑友乙于6月6日在微信群中向甲询价，甲当即在微信群中回复，“两辆车均卖7 000元”。乙觉得有些贵，犹豫两天后，于6月8日私信甲，“若5 000元，我就买一辆。”6月9日，甲微信回复乙：“这样吧，我们各让一步，6 000元，不能再低了。”乙于6月10日微信回复甲，“好吧，就6 000元，至于买哪个颜色的，我再考虑考虑，15日之前告知你。”甲当即表示同意，但要求乙支付2 000元定金，6月11日，乙向甲微信转账1 500元作为定金，甲即刻微信收款1 500元。

6月12日，骑友丙私信甲称，“我参加6月13日的骑行活动，借你的山地车应急用一下，活动一结束就还给你”。甲微信回复丙同意出借。6月13日清早，丙到甲家将黑色山地车骑走。当日，丁驾驶货车闯红灯将丙撞伤，丙所骑山地车被货车辗轧致报废。

6月14日，甲私信乙称：“我不想卖红色山地车了，想留作纪念。”乙表示理解，但双方就定金返还数额主张不一，遂引起纠纷。

请根据案情，回答下列问题。

1. 下列有关甲、乙意思表示的性质认定的说法中，正确的有（　）。

A. 6月8日乙的意思表示属于要约

B. 6月6日甲的意思表示属于要约邀请

C. 6月10日乙的意思表示属于承诺

D. 6月9日甲的意思表示属于承诺

E. 6月5日甲的意思表示属于要约邀请

2. 下列有关甲、乙间买卖合同成立时间及所生之债类型归属的说法中，正确的有（　）。

A. 甲、乙间买卖合同所生之债在合同成立时属于选择之债

B. 甲、乙间买卖合同在乙确定山地车颜色并告知甲时成立

C. 甲、乙间买卖合同所生之债在合同成立

时属于任意之债

D. 甲、乙间买卖合同所生之债在黑色山地车受损报废之后属于简单之债

E. 甲、乙间买卖合同于6月10日成立

3. 黑色山地车受损报废，对此，下列当事人的索赔主张及其理由中，能获得法律支持的有(　)。

A. 甲基于侵权向丁主张索赔

B. 甲基于侵权向丙主张索赔

C. 丙基于侵权向丁主张索赔

D. 乙基于侵权向丁主张索赔

E. 甲基于借用合同向丙主张索赔

4. 本案中，甲、乙基于合同所提出的下列主张中，能获得法律支持的有(　)。

A. 甲主张仅向乙返还1 500元

B. 乙主张甲返还3 000元

C. 乙主张甲返还2 700元

D. 甲主张仅向乙返还2 400元

E. 甲以乙未足额交付定金为由，主张乙承担违约责任

本章综合练习参考答案及详细解析

一、单项选择题

1. D 【解析】本题考核义务的分类。后合同义务是合同之债消灭后，当事人为了维护给付效果或者为了协助相对方终了善后事务所负担的作为或者不作为义务。竞业禁止是员工的劳动合同履行完毕后的不作为义务。故选项D正确。

2. B 【解析】本题考核债的分类。根据债的标的有无选择性，债可分为简单之债、选择之债与任意之债。选择之债，是指债的履行标的有数种，债务人可从中选择其一履行或债权人可选择其一请求债务人履行的债。本题中，债的履行标的只有一种，而非数种，因此，不属于选择之债。选项A错误。根据法律规定，同一债务有两个以上保证人的，保证人应当按照约定的保证份额，承担保证责任。没有约定保证份额的，保证人承担连带责任，债权人可以要求任何一个保证人承担全部保证责任，保证人都负有担保全部债权实现的义务。本题中，保证人乙、丙均未与债权人银行约定各自承担保证责任的份额。因此，乙、丙构成连带共同保证。选项B正确，选项C错误。对于同一个债，如果其债权人与债务人均为一人，为单一之债；如果其债权人或者债务人为二人以上，则为多数人之债。本题中，乙、丙分别向银行出具保函，成立了两个不同的保证之债。对于乙与银行间、丙与银行间的保证之债来说，其债权债务主体都是一人，均为单一之债。选项D错误。

3. A 【解析】本题考核债权人代位权。华菲公司胜诉后，诉讼费用应由如花公司承担。所以选项B错误。华菲公司只能要求顺泽公司向自己偿还20万元，而非30万元。所以选项C错误。代位权的行使受两个债权诉讼时效的限制，没有关于1年期限限制的规定。所以选项D错误。

4. D 【解析】本题考核债的保全。本案中，唐某自2016年5月得知情况后，于2017年7月才决定起诉，已经超过了法律规定的撤销权行使的1年的除斥期间。因此，唐某无权再请求法院撤销李某与程某之间的转让行为。所以选项A错误。李某低价转让的行为导致唐某享有的是撤销权，而不是代位权。所以选项B错误。程某不存在对唐某的侵权事实，不需要对唐某承担侵权责任。所以选项C错误。行为人与相对人恶意串通，损害他人合法权益的民事法律行为无效。所以选项D正确。

5. C 【解析】本题考核保证人。根据《民法典》的规定，下列机构或人员不得作为保

证人：(1)机关法人不得为保证人，但是经国务院批准为使用外国政府或者国际经济组织贷款进行转贷的除外。(2)以公益为目的的非营利法人、非法人组织不得为保证人。选项A是国家机关，选项B、D是公益性组织。

6. B 【解析】本题考核损害责任的合同约定。造成对方人身损害的免责条款无效。因此选项B当选。

7. B 【解析】本题考核保证期间内的合同变更。根据规定，债权人将全部或者部分债权转让给第三人，通知保证人后，保证人对受让人承担相应的保证责任。

8. C 【解析】本题考核合同的分类。选项A是有偿合同的定义。选项B把无偿保管合同与有偿保管合同中保管人的注意义务说反了。选项D中，无名合同是法律上没有明确规定，也没有特定名称的合同。

9. A 【解析】本题考核要约的撤销与撤回。根据规定，要约人发出要约后可以撤回，撤回要约的通知应当在要约到达受要约人之前或者与要约同时到达受要约人。

10. B 【解析】本题考核顺序履行抗辩权。根据规定，顺序履行抗辩权是指：当事人互负债务，有先后履行顺序，先履行一方未履行的，后履行一方有权拒绝其履行要求。

11. D 【解析】本题考核违约责任。违约责任具有相对性，因为违约责任只能发生在特定的合同当事人之间。

12. C 【解析】本题考核买卖合同中标的物所有权的转移时间。买卖合同标的物的所有权自标的物交付时起转移，但法律另有规定或者当事人另有约定的除外。

13. D 【解析】本题考核民间借贷合同。借贷双方没有约定利息，出借人主张支付借期内利息的，人民法院不予支持。自然人之间借贷对利息约定不明，出借人主张支付利息的，人民法院不予支持。除自然人之间借贷的外，借贷双方对借贷利息约定不明，出借人主张利息的，人民法院应当结合民间借贷合同的内容，并根据当地或者当事人的交易方式、交易习惯、市场利率等因素确定利息。

14. B 【解析】本题考核房屋租赁合同。根据规定，第三人善意购买租赁房屋并已经办理登记手续的，承租人主张优先购买房屋的，人民法院不予支持。本题选项B中，李先生不构成善意第三人，无论是否已经办理登记手续，王女士都可以主张优先购买权。

15. C 【解析】本题考核货运合同。承运人对运输过程中货物的毁损、灭失承担损害赔偿责任，但承运人证明货物的毁损、灭失是因不可抗力、货物本身的自然性质或者合理损耗以及托运人、收货人的过错造成的，不承担损害赔偿责任。

16. C 【解析】本题考核安全保障义务。根据规定，宾馆、商场、银行、车站、机场、娱乐场所等经营场所、公共场所的经营者、管理者或者群众性活动的组织者，未尽到安全保障义务，造成他人损害的，应当承担侵权责任。因第三人的行为造成他人损害的，由第三人承担侵权责任；经营者、管理者或者组织者未尽到安全保障义务的，承担相应的补充责任。本题中，属于第三人侵权，酒店保安见状未出面制止，未尽到安全保障义务的，因此，应承担相应的补充责任。

17. D 【解析】本题考核赠与的撤销。赠与人在赠与财产的权利转移之前可以撤销赠与。经过公证的赠与合同或者依法不得撤销的具有救灾、扶贫、助残等公益、道德义务性质的赠与合同，不适用前述规定。本题赠与合同成立，不得撤销，赠与人不交付赠与财产的，受赠人可以要求交付。

18. C 【解析】本题考核中介合同。中介人未促成合同成立的，不得要求支付报酬，但可以按照约定委托人支付从事中介活动支出的必要费用。

19. B 【解析】本题考核买卖合同的风险转移。标的物毁损、灭失的风险，在标的物交付之前由出卖人承担，交付之后由买受人承担，但法律另有规定或者当事人另有约定的除外。本题中标的物尚未交付，所以风险由出卖人承担。

二、多项选择题

1. BCDE 【解析】本题考核债的分类。合同属于意定之债，无因管理之债、不当得利之债、侵权损害赔偿之债、缔约过失之债都是由法律明确规定的，所以是法定之债。
2. BC 【解析】本题考核无因管理。无因管理，指没有法定的或约定的义务，为避免他人利益受到损失，自觉为他人管理事务或提供服务。选项 A 不应选，因存在委托。选项 D、E 属于不当得利。
3. ADE 【解析】本题考核债的移转。债的移转在法律上主要分为三种情形：债权让与；债务承担；债的概括承受。
4. BCE 【解析】本题考核给付义务的违反。战争属于不可抗力，因不可抗力导致合同目的不能实现，当事人可以解除合同，其不是给付迟延的效力。所以选项 A 错误。迟延期间因不可抗力产生的损失，债务人也应予赔偿，而不得以不可抗力为由提出免责抗辩。所以选项 D 错误。
5. AE 【解析】本题考核合同的分类。借用合同、无偿保管合同属于实践性合同。
6. BCDE 【解析】本题考核格式条款。格式条款具有“合同无效情形与免责条款无效情形”的，或者提供格式条款一方排除对方主要权利、不合理地免除或者减轻其责任、加重对方责任、限制对方主要权利的，该条款无效。合同中的下列免责条款无效：(1)造成对方人身伤害的；(2)因故意或者重大过失造成对方财产损失的。
7. ACE 【解析】本题考核不安抗辩权。应当先履行债务的当事人，有证据证明对方有下列情形之一的，可以中止履行：(1)经营状况严重恶化；(2)转移财产、抽逃资金，以逃避债务；(3)丧失商业信誉；(4)有丧失或者可能丧失履行债务能力的其他情形。
8. ABCE 【解析】本题考核债权人撤销权。《民法典》规定，债务人以放弃其债权、放弃债权担保、无偿转让财产等方式无偿处分财产权益，或者恶意延长其到期债权的履行期限，影响债权人的债权实现的，债权人可以请求人民法院撤销债务人的行为。债务人以明显不合理的低价转让财产、以明显不合理的高价受让他人财产或者为他人的债务提供担保，影响债权人的债权实现，债务人的相对人知道或者应当知道该情形的，债权人可以请求人民法院撤销债务人的行为。选项 D，丁不知情，所以不当选。
9. CD 【解析】本题考核具有人身性质合同的履行及不可抗力的认定。阮某与剧院之间的合同为具有人身性质的劳务合同，不能请求法院强制执行。所以选项 A 错误。“大雪飘飘，寒风怒号”尚不能构成不可抗力，阮某取消演出的行为属于违约行为，不能以不可抗力为由免除责任。所以选项 B 错误。“元旦个人演唱会”已经结束，合同不可能再继续履行。所以选项 E 错误。
10. ABCD 【解析】本题考核不可抗力的范围。根据规定，不可抗力“是指不能预见、不能避免并不能克服的客观情况”。常见的不可抗力有：自然灾害。如地震、台风、洪水、海啸等。选项 E 是情势变更。
11. BCD 【解析】本题考核赠与合同的撤销。受赠人有下列情形之一的，赠与人可以撤销赠与：(1)严重侵害赠与人或者赠与人近亲属的合法权益；(2)对赠与人有扶养义务而不履行；(3)不履行赠与合同约定的义务。赠与人的撤销权，自知道或者应当知道撤销事由之日起一年内行使。选项 A 中是“亲属”而非“近亲属”，选项 E 是赠与人的继承人行使的权利。

12. BC 【解析】本题考核侵权行为归责原则。物件致人损害侵权一般采取过错推定责任的归责原则。所以选项 A 错误。共同侵权适用无过错责任原则。所以选项 D 错误。违反安全保障义务侵权适用过错责任原则。所以选项 E 错误。

13. BD 【解析】本题考核免责和减轻责任事由。本案中乙的行为属于紧急避险，因紧急避险造成损害的，由引起险情发生的人承担责任。本案中引起险情的人是精神病人甲，甲属于无民事行为能力人，根据侵权责任法的规定，无民事行为能力人、限制民事行为能力人造成他人损害的，由监护人承担侵权责任，因此本案中丙的损害应当由甲的监护人承担损害赔偿责任。

14. BD 【解析】本题考核医疗损害责任。某一行为同时构成违约和侵权时，构成责任的竞合。林某只能选择其中一种责任提起诉讼，要求对方承担责任。林某在诊疗活动中受到损害，医疗机构及其医务人员有过错的，由医疗机构承担赔偿责任，即适用过错责任原则。

三、综合分析题

1. ACE 【解析】本题考核要约与承诺。要约邀请是希望他人向自己发出要约的意思表示。所以选项 E 正确。6 月 6 日甲的意思表示内容明确，属于要约。所以选项 B 错误。6 月 8 日乙的意思表示内容明确，属于要约。所以选项 A 正确。6 月 9 日甲的意思表示对乙的要约进行实质性变更，是新要约，不是承诺。所以选项 D 错误。承诺是受要约人同意要约的意思表示，乙 6 月 10 日的意思表示属于承诺。所以选项 C 正确。

2. ADE 【解析】本题考核债的分类、合同的成立。选择之债，是指债的标的有数宗，当事人可以选择其中之一为履行标的的债，所以选项 A 正确。承诺生效时合同成立。所以选项 B 错误，选项 E 正确。任意之债，是指债权人或债务人可以约定用原定给付之外的其他给付来代替原定给付的债。所以选项 C 错误。简单之债，是指债的标的只有一宗，当事人只能按该宗标的履行的债。所以选项 D 正确。

3. ACE 【解析】本题考核侵权法律制度。甲作为所有权人，可以要求侵权人丁承担侵权责任；甲也可以基于借用合同追究借用人丙的赔偿责任。丙作为受害人可以基于侵权向侵权人丁索赔。所以选项 A、C、E 正确。

4. C 【解析】本题考核定金。给付定金的一方不履行约定的债务的，无权要求返还定金；收受定金的一方不履行约定的债务的，应当双倍返还定金；而且定金不能超过主合同标的额的 20%，所以是按照定金 1 200 双倍返还 2 400 元，多出的 300 元原数返还，合计是返还 2 700 元。所以选项 C 正确。实际交付的定金数额多于或者少于约定数额，视为变更定金合同；收受定金一方提出异议并拒绝接受定金的，定金合同不生效；甲未提出异议而接受了定金，定金合同生效。所以选项 E 错误。

由“李”及外

“自甘风险”原则终于“入法”了

所谓自甘风险是指已经知道有风险，而自己自愿去冒风险，那么，当风险出现的时候，就应当自己来承担责任、承担损害的后果的原则。

如2002年著名的“无为诉留波”案，在该案中原告无为和被告留波系同学，2002年某日，原被告利用午休时间与其他数名同学在学校操场上踢足球。原告作守门员，被告射门踢出的足球经过原告手挡之后，打在原告左眼，造成伤害。后鉴定为十级伤残。原告以留波和所在学校为共同被告起诉，请求人身损害赔偿。北京市石景山区法院认定，足球运动具有群体性、对抗性及人身危险性，出现人身伤害事件属于正常现象，应在意料之中，参与者无一例外地处于潜在的危险之中，既是危险的潜在制造者，又是危险的潜在承担者。足球运动中出现的正当危险后果是被允许的，参与者有可能成为危险后果的实际承担者，而正当危险的制造者不应为此付出代价。留波的行为不违反运动规则，不存在过失，不属侵权行为。此外，学校对原告的伤害发生没有过错。故驳回原告的诉讼请求。该案件是在法律没有明确规定的前提下，自甘风险原则在我国审判实践中的明确适用。体现了法官对法律的真知灼见和勇于担当的极大勇气。

2020年5月28日，“自甘风险”原则，终于在《民法典》中正式出现了。

本文涉及案例来自《搜狗百科》

第10章 婚姻家庭与继承法律制度

JINGDIAN TIJIE

考情分析

历年考情分析

本章为2019年教材新增内容。当年只考核了1个单选题，打破了新增知识点作为重点考查内容的先例。预计2020年题量会有所上升

本章2020年考试主要变化

本章变动较大。本章按照《民法典》重新编写。

核心考点及真题详解

考点一 亲属★★★

经典例题

【例题·单选题】贾宝玉的父亲与林黛玉的母亲贾敏是同胞兄妹，贾宝玉的母亲王夫人与薛宝钗的母亲薛姨妈是同胞姐妹。依照我国的亲等制度，关于贾宝玉、林黛玉和薛宝钗之间关系的叙述，正确的是(　)。

A. 贾宝玉和林黛玉以及薛宝钗均是四代以内旁系血亲

B. 贾宝玉和林黛玉是三代以内旁系血亲，和薛宝钗是两代以内旁系血亲

C. 贾宝玉和林黛玉是两代以内旁系血亲，和薛宝钗是三代以内旁系血亲

D. 贾宝玉和林黛玉以及薛宝钗均是三代以内旁系血亲

【答案】D

【解析】本题考核亲等。贾宝玉和林黛玉以及薛宝钗都是从祖父母(外祖父母)同源而出，就是三代以内的旁系血亲。

考点精析

1. 亲属种类及其关系的发生与终止(见表10-1)

表10-1　亲属种类及其关系的发生与终止

种类	分类及含义	发生与终止
配偶	男女双方因结婚而形成的亲属关系	(1)发生：结婚 (2)终止：一方死亡或离婚

续表

<table>
<tr><th>种类</th><th colspan="2">分类及含义</th><th>发生与终止</th></tr>
<tr><td rowspan="2">血亲(有血缘联系亲属)</td><td>自然血亲</td><td>有自然血缘联系的亲属，如父母、子女、兄弟姐妹(同父同母、同父异母、同母异父)</td><td>因出生而产生，因死亡而终止</td></tr>
<tr><td>拟制血亲</td><td>相互之间本无血缘关系，但法律确认其与血亲具有相同的权利义务的亲属，如养父母子女、有抚养关系继父母子女</td><td>(1)养父母子女关系：因收养发生，因一方死亡或因收养解除而终止。
(2)继父母子女：①发生：A. 继子女的生父(母)与继母(父)结婚；B. 形成抚养关系。②终止：A. 一方死亡；B. 关系解除</td></tr>
<tr><td rowspan="3">姻亲(以婚姻为中介的亲属关系)(配偶除外)</td><td>血亲的配偶</td><td>如儿媳、女婿、姐夫、妹夫、嫂、弟媳等</td><td rowspan="3">(1)以婚姻的成立而发生；(2)按民间习惯，因离婚而终止(但可由当事人自行决定)</td></tr>
<tr><td>配偶的血亲</td><td>如公婆、儿媳、女婿等</td></tr>
<tr><td>配偶血亲的配偶</td><td>如连襟、妯娌等</td></tr>
</table>

2. 亲等

三代以内直系血亲和旁系血亲，见表 10-2。

表 10-2　三代以内直系血亲和旁系血亲

<table>
<tr><td>(三代以内)直系血亲</td><td>即己身为一代，父母为一代，祖父母(外祖父母)为一代，从己身往上数到祖父母、外祖父母共计为三代</td></tr>
<tr><td>(三代以内)旁系血亲</td><td>从祖父母(外祖父母)同源而出，就是三代以内的旁系血亲。不论堂兄弟姐妹、表兄弟姐妹之间，还是伯、叔、姑和舅、姨与侄(侄女)、甥(甥女)之间均不得结婚</td></tr>
<tr><td colspan="2">【“李”应注意】我国法律规定：直系血亲和三代以内的旁系血亲禁止结婚。。为了便于大家判断是否符合结婚条件，本书保留了该知识点</td></tr>
</table>

考点二　婚姻制度★★★

扫我解疑难

经典例题

【例题 1 · 单选题】(2019 年)下列婚姻关系存续期间夫妻一方取得的财产中，属于夫妻一方单独所有的是(　)。

A. 资金

B. 知识产权收益

C. 生产、经营收益

D. 因身体受到伤害获赔的医疗费

【答案】D

【解析】本题考核夫妻财产法律关系的内容。夫妻的各自一方的财产是指一方的婚前财产；一方因身体受到伤害获得的医疗费、残疾人生活补助费等费用；遗嘱继承或受赠合同中确定只归丈夫或妻子一方的财产；一方专用的生活用品；其他应当归一方的财产。所以选项 D 正确。

【例题 2 · 单选题】甲与乙登记结婚 3 年后，乙向法院请求确认该婚姻无效。下列理由成立的是(　)。

A. 乙登记结婚的实际年龄离法定婚龄相差 2 年

B. 甲婚前谎称是海归博士且有车有房，乙婚后发现上当受骗

C. 甲与乙是表兄妹关系

D. 甲以揭发乙父受贿为由胁迫乙结婚

【答案】C

【解析】本题考核无效婚姻的条件。有下列情

形之一的，婚姻无效：(1)重婚的；(2)有禁止结婚的亲属关系的；(3)未到法定婚龄的。选项A无效情形已不存在；选项B非无效情形；选项D是可撤销婚姻的情形。

考点精析

1. 结婚的条件与程序(见表10-3)

表10-3　结婚的条件与程序

项目		内容
结婚的条件	必备条件	(1)有结婚合意；(2)须达到法定婚龄(**男≥22周岁，女≥20周岁**)；(3)符合一夫一妻制
	禁止条件	(1)直系血亲和三代以内的旁系血亲；(2)患有医学上认为不应当结婚的疾病
结婚程序		(1)结婚登记制度是我国婚姻登记制度的重要组成部分。 (2)要求结婚的男女双方必须亲自到婚姻登记机关进行结婚登记

2. 无效婚姻和可撤销婚姻

(1)无效婚姻(见表10-4)

表10-4　无效婚姻

项目	具体规定
法定情形	①**重婚的**； ②**有禁止结婚的亲属关系的**； ③**未到法定婚龄的**。 **【"李"应注意】** 申请时已达法定婚龄的，不具有无效情形，不再宣告婚姻无效
申请主体	婚姻当事人+利害关系人
受理机关	只有法院
审理程序	①适用特别程序； ②只能判决，不能调解结案； ③判决一经作出即发生法律效力。

【帮你"李"解】 无效婚姻申请中的利害关系人(见表10-5)

表10-5　无效婚姻申请中的利害关系人

无效理由	有权申请的利害关系人
重婚的	当事人的近亲属及基层组织
未到法定婚龄的	未达法定婚龄者的近亲属
有禁止结婚的亲属关系的	当事人的近亲属

(2)可撤销婚姻(见表10-6)

表10-6　可撤销婚姻

法定情形	申请主体	申请时间	受理机关
因**胁迫**结婚	受胁迫的一方	自胁迫行为终止之日(被限制人身自由的，自恢复人身自由之日)起1年内；	人民法院
一方患有重大疾病，结婚登记前未如实告知另一方的	另一方	自知道或者应当知道撤销事由之日起一年内	人民法院

(3)无效婚姻和可撤销婚姻的法律后果

①自始没有法律约束力。

②同居期间所得财产，当事人协议处理；协议不成时，法院根据照顾无过错方的原则判决 1。

③所生子女，适用我国民事法律有关父母子女的规定。

④无过错方有权请求损害赔偿。

3. 婚姻的效力(见表 10-7)

表 10-7　婚姻的效力

项目	内容	
人身权利义务	(1)夫妻独立姓名权和婚姻姓代权。 (2)夫妻人身自由权。 (3)夫妻双方平等享有对未成年子女抚养、教育和保护的权利义务。 (4)夫妻忠实义务。 (5)互相尊重、互相关爱义务。 (6)夫妻日常家事代理权。夫妻一方因家庭日常生活需要而实施的民事法律行为，对夫妻双方发生效力，但是夫妻一方与相对人另有约定的除外。**夫妻之间对一方可以实施的民事法律行为范围的限制，不得对抗善意相对人**	
财产权利义务	夫妻财产制	(1)对共同财产的共同处理权；(2)夫妻一方的财产归个人所有(具体见表 10-8)
	夫妻扶养义务	夫妻有互相扶养的义务。一方不履行扶养义务时，需要扶养的一方，有要求对方付给扶养费的权利
	夫妻继承权	夫妻有相互继承遗产的权利

【帮你“李”解】 夫妻财产制，见表 10-8。

表 10-8　夫妻财产制

项目	内容
夫妻共同财产	(1)工资、奖金和其他劳务报酬； (2)生产、经营、投资的收益； (3)知识产权的收益； (4)继承或者受赠的财产，且未在遗嘱或赠与合同中确定只归一方的财产； (5)其他应当归共同所有的财产。 **【“李”应注意】** 以上财产的取得时间必须是婚姻关系存续期间
个人财产	(1)一方的婚前财产； (2)一方因受到人身损害获得的赔偿和补偿； (3)遗嘱或者赠与合同中确定只归一方的财产； (4)一方专用的生活用品； (5)其他应当归一方的财产。

【“李”应注意】 男女双方可以约定婚姻关系存续期间所得的财产以及婚前财产归各自所有、共同所有或者部分各自所有、部分共同所有。约定应当采用书面形式。

4. 婚姻(见表 10-9)

表 10-9 婚姻

分类	内容
协议离婚	男女双方自愿离婚的，应当订立书面离婚协议，并亲自到婚姻登记机关申请离婚登记。 【“李”应注意】30 日的“冷静期” 自婚姻登记机关收到离婚登记申请之日起 30 日内，任何一方不愿意离婚的，可以撤回离婚登记申请。前述规定期间届满后 30 日内，双方应当亲自到婚姻登记机关申请发给离婚证；未**申请的，视为撤回离婚登记申请**
判决离婚	(1)法院审理离婚案件，应进行调解；调解无效，且符合下列条件，应准予离婚。 ①重婚或者与他人同居； ②实施家庭暴力或者虐待、遗弃家庭成员； ③有赌博、吸毒等恶习屡教不改； ④因**感情不和**分居满二年； ⑤其他导致夫妻感情破裂的情形。 (2)**一方被宣告失踪，另一方提出离婚诉讼的，应准予离婚。** (3)法院判决不准离婚后，双方又分居满一年，一方再次提起离婚诉讼的，应当准予离婚。 (4)现役军人的配偶要求离婚，应当征得军人同意，但是军人一方有重大过错的除外。 (5)女方在怀孕期间、分娩后 1 年内或者终止妊娠后 6 个月内，男方不得提出离婚；但是，女方提出离婚或法院认为确有必要受理男方离婚请求的除外

(1)离婚时，夫妻共同财产由双方协议处理；协议不成时，由法院按照照顾子女和女方和无过错方权益的原则判决。

(2)夫妻一方因抚育子女、照料老年人、协助另一方工作等负担较多义务的，离婚时有权向另一方请求补偿。

(3)共同债务，共同偿还。夫妻双方共同签名或者夫妻一方事后追认等共同意思表示所负的债务，以及夫妻一方在婚姻关系存续期间**以个人名义为家庭日常生活需要**所负的债务，属于夫妻共同债务。

【“李”应注意】以个人名义超出家庭日常生活需要所负的债务，不属于夫妻共同债务；但债权人能够证明该债务用于夫妻共同生活、共同生产经营或者基于夫妻双方共同意思表示的除外。

(4)无过错方离婚时有权请求损害赔偿的情形：①重婚；②与他人同居；③实施家庭暴力；④虐待、遗弃家庭成员；⑤有其他重大过错。

(5)夫妻一方隐藏、转移、变卖、毁损、挥霍夫妻共同财产，或者伪造夫妻共同债务企图侵占另一方财产的，在离婚分割财产时应少分或不分。离婚后，另一方发现有上述行为的，可向法院起诉，请求再次分割夫妻共同财产。

6. 离婚后父母对子女的权利和义务

(1)父母与子女间的关系，不因父母离婚而消除。

(2)离婚后，子女无论由父亲或母亲直接抚养，父母对于子女仍有抚养和教育的权利和义务。

(3)离婚后，不满两周岁的子女，以由母亲直接抚养为原则。已满两周岁的子女，父母双方对抚养问题协议不成的，由人民法院根据双方的具体情况，按照最有利于未成年子女的原则判决。子女已满八周岁的，应当尊重其真实意愿。

(4)离婚后，由一方抚养的子女，另一方应负担必要的生活费和教育费的一部分或全部，负担费用的多少和期限的长短，由双方协议；协议不成时，由人民法院判决。关于子女生活费和教育费的协议或判决，不妨碍子女在必要时向父母任何一方提出超过协议或判决原定数额的合理要求。

(5)离婚后，不直接抚养子女的父亲或母亲有探望子女的权利，另一方有协助的义务。行使探望权利的方式、时间由当事人协议；协议不成时，由人民法院判决。父亲或母亲探望子女，不利于子女身心健康的，由人民法院依法中止探望的权利；中止的事由消失后，应当恢复探望的权利。

考点三　家庭关系★★

经典例题

【例题·多选题】李某收养孤儿小芳，并将其扶养成人，成年后小芳不仅不扶养李某，还经常虐待李某，李某遂与小芳解除了收养关系，李某要求小芳补偿其支出的生活费和教育费，遭到小芳拒绝，李某起诉到法院。对此，下列表述正确的有(　)。

A. 小芳不用偿付收养期间支出的生活费和教育费

B. 李某无权要求小芳偿付收养期间支出的生活费和教育费

C. 小芳应当向李某偿付收养期间支出的生活费和教育费

D. 李某有权要求小芳偿付收养期间支出的生活费和教育费

E. 小芳应当向李某进行精神损害赔偿

【答案】CD

【解析】本题考核解除收养关系的效力。收养关系解除后，经养父母抚养的成年养子女，对年老体衰缺乏劳动能力又缺乏生活来源的养父母，应当给付生活费。因养子女成年后虐待、遗弃养父母而解除收养关系的，养父母可以要求养子女补偿收养期间支出的生活费和教育费。

考点精析

家庭关系，包括亲子关系、收养关系、祖孙和兄弟姐妹关系。

1. 亲子关系(父母子女关系)(见表10-10)

表10-10　亲子关系

	类型	权利义务	
子女类型	婚生子女	在婚姻关系存续期间所生的子女	
	非婚生子女	没有合法婚姻关系的男女所生的子女	非婚生子女享有与婚生子女同等的权利
	继子女	继父或继母和受其抚养教育的继子女间的权利和义务，适用我国民事法律关于父母子女关系的规定	
父母之间的权利义务	(1)父母对子女有抚养教育的义务。不履行时，未成年的或不能独立生活的子女，有要求父母付给抚养费的权利。 (2)成年子女对父母有赡养扶助的义务，缺乏劳动能力或生活困难的父母，有要求成年子女给付赡养费的权利。 【"李"应注意】子女对父母的赡养义务，不因父母的婚姻关系变化而终止。 (3)父母有教育、保护未成年子女的权利和义务。 (4)未成年子女造成他人损害的，父母应当承担民事责任。 (5)子女不得干涉父母离婚、再婚以及婚后的生活。 (6)父母和子女有相互继承遗产的权利		

2. 收养关系(见表10-11)

(1)收养关系的成立(见表10-11)

表 10-11　收养的成立

<table>
<tr><td rowspan="4">一般收养成立的条件</td><td>被收养人</td><td>①孤儿；②查找不到生父母的未成年人；③生父母有特殊困难无力抚养的子女。
【“李”应注意1】收养年满8周岁以上的未成年人的，应当征得被收养人的同意。
【“李”应注意2】无子女的收养人可以收养2名子女；有子女的收养人只能收养1名子女。
【“李”应注意3】有配偶者收养子女，必须夫妻双方共同抚养</td></tr>
<tr><td>收养人</td><td>①无子女或者只有1名子女；②有抚养、教育和保护被收养人的能力；③未患有在医学上认为不应当收养子女的疾病；④无不利于被收养人健康成长的违法犯罪记录；⑤必须年满30周岁</td></tr>
<tr><td>送养人</td><td>①孤儿的监护人；②儿童福利机构；③有特殊困难无力抚养子女的生父母</td></tr>
<tr><td colspan="2">【“李”应注意1】收养三代以内同辈旁系血亲的子女，不受被收养人的生父母有特殊困难无力抚养以及无配偶者收养异性子女，年龄相差40周岁以上的限制。
【“李”应注意2】华侨收养的，不受收养人无子女或者只有1名子女的限制</td></tr>
<tr><td rowspan="2">特殊收养成立的条件</td><td>无配偶者收养异性子女</td><td>收养人与被收养人的年龄应当相差40周岁以上</td></tr>
<tr><td>继父母收养继子女</td><td>不受各种限制</td></tr>
<tr><td>收养成立的效力</td><td colspan="2">①养父母与养子女间的权利义务，适用法律关于父母子女关系的规定。②养子女与养父母的近亲属间形成相应的拟制血亲关系。③养子女与生父母以及其他近亲属间的权利义务关系，因收养关系的成立而消除。④养子女可以随养父或者养母姓，经当事人协商一致，也可以保留原姓</td></tr>
</table>

（2）收养关系的解除（见表10-12）

表 10-12　收养关系的解除

<table>
<tr><th>项目</th><th colspan="3">具体规定</th></tr>
<tr><td rowspan="4">解除的方式</td><td rowspan="3">协议解除</td><td>被收养人成年前</td><td>①一般不得解除收养关系，但是收养人、送养人双方协议解除的除外。养子女8周岁以上的，应当征得本人同意。
②收养人不履行抚养义务，有虐待、遗弃侵害未成年养子女合法权益行为的，送养人有权要求解除养父母与养子女间的收养关系</td></tr>
<tr><td>被收养人成年后</td><td>养父母与成年养子女关系恶化、无法共同生活的，可以协议解除收养关系</td></tr>
<tr><td colspan="2">【“李”应注意】协议解除收养关系，应到民政部门办理解除收养关系登记</td></tr>
<tr><td>判决解除</td><td colspan="2">适用于当事人不能达成解除收养协议的情形</td></tr>
<tr><td>收养解除的效力</td><td colspan="3">①养子女和养父母及其他近亲属间的权利义务即终止；
②未成年的养子女，与其生父母及其他近亲属之间的权利义务自行恢复；
③成年养子女与生父母及其他近亲属之间的权利义务关系是否恢复，可以协商确定；
④收养关系解除后，经养父母抚养的成年养子女，对缺乏劳动能力又缺乏生活来源的养父母，应当给付生活费。因养子女成年后虐待、遗弃养父母而解除收养关系的，养父母可以要求养子女补偿收养期间支出的抚养费；
⑤生父母要求解除收养关系的，养父母可以要求生父母适当补偿收养期间支出的抚养费；
⑥生父母要求解除收养关系的，养父母可以要求生父母适当补偿收养期间支出的抚养费，但因养父母虐待、遗弃养子女而解除收养关系的除外</td></tr>
</table>

3. 祖孙和兄弟姐妹关系(见表10-13)

表10-13　祖孙和兄弟姐妹关系

分类	权利义务
祖孙关系	(1)有负担能力的祖父母、外祖父母，对于父母已经死亡或父母无力抚养的未成年的孙子女、外孙子女，有抚养的义务； (2)有负担能力的孙子女、外孙子女，对于子女已经死亡或子女无力赡养的祖父母、外祖父母，有赡养的义务； (3)祖孙之间互为第二顺序继承人相互享有继承权
兄弟姐妹关系	(1)有负担能力的兄、姐，对于父母已经死亡或父母无力抚养的未成年的弟、妹，有扶养的义务； (2)由兄、姐扶养长大的有负担能力的弟、妹，对于缺乏劳动能力又缺乏生活来源的兄、姐，有扶养的义务； (3)兄弟姐妹之间作为第二顺序继承人相互享有继承权

【帮你"李"解】兄弟姐妹包括自然血亲的兄弟姐妹和拟制血亲的兄弟姐妹，具体包括：同胞兄弟姐妹、同父异母兄弟姐妹、同母异父兄弟姐妹、养兄弟姐妹和形成抚养关系的继兄弟姐妹。

阶段性测试

1. **【单选题】**王某(女)与李某婚后一直未育，李某想收养一个女童。以下关于收养的说法中，不正确的是(　)。

   A. 收养必须经王某同意

   B. 王某与李某必须年满30周岁

   C. 收养人不能患有医学上认为不应当收养子女的疾病

   D. 李某与被收养女童的年龄应当相差40岁以上

2. **【多选题】**根据婚姻法律制度的规定，下列选项中，属于判决离婚条件的有(　)。

   A. 重婚或与他人同居的

   B. 实施家庭暴力的

   C. 有赌博、吸毒等恶习屡教不改的

   D. 分居满2年的

   E. 虐待、遗弃家庭成员的

阶段性测试答案精析

1. D　**【解析】**本题考核收养的条件。收养人应具备的条件：(1)无子女或者只有一名子女；(2)有抚养、教育和保护被收养人的能力；(3)未患有在医学上认为不应当收养子女的疾病；(4)无不利于被收养人健康成长的违法犯罪记录；(5)年满三十周岁。所以，选项ABC正确。无配偶者收养异性子女的，收养人与被收养人的年龄应当相差四十周岁以上。李某有配偶，因此，选项D不正确。

2. ABCE　**【解析】**本题考核判决离婚的条件。判决离婚条件的有：(1)重婚或与他人同居的；(2)实施家庭暴力或虐待、遗弃家庭成员的；(3)有赌博、吸毒等恶习屡教不改的；(4)因感情不和分居满2年的；(5)其他导致夫妻感情破裂的情形。选项D中没有提及"因感情不和"，所以不属于判决离婚的条件。

考点四　继承与继承权★

扫我解疑难

经典例题

【例题·单选题】下列关于继承权的叙述，正确的是(　)。

A. 继承权可以放弃

B. 放弃继承权既可以以书面形式，也可以以口头形式表达

C. 继承人虐待被继承人的，丧失继承权

D. 继承人以欺诈手段迫使被继承人设立遗嘱的，丧失继承权

【答案】A

【解析】本题考核继承权的放弃和丧失。继承权可以放弃。放弃继承权须以书面方式作出。所以选项 A 正确，选项 B 错误。继承人有下列行为之一的，丧失继承权：(1)故意杀害被继承人；(2)为争夺遗产而杀害其他继承人；(3)遗弃被继承人，或者虐待被继承人情节严重；(4)伪造、篡改、隐匿或者销毁遗嘱，情节严重；(5)以欺诈、胁迫手段迫使或者妨碍被继承人设立、变更或者撤回遗嘱，情节严重。选项 C、D 均未提及“后果严重”，所以错误。

考点精析

1. 继承人(见表 10-14)

表 10-14　继承人

项目	具体规定
分类	法定继承人和遗嘱继承人
特征	(1)继承人是自然人。(2)是继承法律制度规定的自然人。(3)必须是没有丧失继承权的自然人
范围	配偶、子女、父母、兄弟姐妹、祖父母、外祖父母

2. 继承权(见表 10-15)

表 10-15　继承权

项目	具体规定
继承权的放弃	继承权可以放弃。放弃继承权应当在遗产处理前以书面方式作出
继承权的丧失	(1)故意杀害被继承人； (2)为争夺遗产而杀害其他继承人； (3)遗弃被继承人或者虐待被继承人情节严重； (4)伪造、篡改、隐匿或者销毁遗嘱，情节严重； (5)以欺诈、胁迫手段迫使或者妨碍被继承人设立、变更或者撤回遗嘱，情节严重。 【“李”应注意 1】继承人有前述(3)至(5)的行为，确有悔改表现，被继承人表示宽恕或者事后在遗嘱中将其列为继承人的，该继承人不丧失继承权。 【“李”应注意 2】受遗赠人故意杀害被继承人的，丧失受遗赠权

3. 遗产

遗产，是指自然人死亡时遗留的个人合法财产，但是依照法律规定或者根据其性质不得继承的除外。遗产的特征：

(1)必须是自然人死亡时遗留的财产；

(2)必须是自然人个人所有的财产；

(3)必须是合法财产。

4. 继承的开始

继承从被继承人死亡时开始。

【帮你“李”解】

(1)相互有继承关系的数人在同一事件中死亡，难以确定死亡时间的，推定没有其他继承人的人先死亡。

(2)都有其他继承人，辈分不同的，推定长辈先死亡；

(3)辈分相同的，推定同时死亡，相互不发生继承。

考点五　法定继承★★★

经典例题

【例题·单选题】甲的父亲于 2019 年 5 月出车祸死亡，甲的祖父乙闻讯后因悲伤过度于

同年7月死亡(未留遗嘱),在此情况下,甲继承其祖父乙的遗产的身份资格是(　)

A. 第一顺序法定继承人

B. 第二顺序法定继承人

C. 转继承人

D. 代位继承人

【答案】D

【解析】本题考核代位继承。被继承人的子女先于被继承人死亡或被宣告死亡,被继承人的子女的晚辈直系血亲代替被继承人子女的继承顺序,继承被继承人子女应继承的遗产份额的制度。本题中,甲的父亲先于其祖父死亡,所以甲是代父亲之位继承其祖父的遗产。

考点精析

1. 法定继承人的范围及顺序(见表10-16)

表10-16　法定继承人的范围及顺序

第一顺序继承人	配偶、子女(包括婚生子女、非婚生子女、养子女,形成抚养关系的继子女)、父母(包括生父母、养父母、形成抚养关系的继父母)。 【"李"应注意】丧偶儿媳对公婆,丧偶女婿对岳父母,尽了主要赡养义务的,作为第一顺序继承人
第二顺序继承人	兄弟姐妹、祖父母、外祖父母

2. 代位继承与转继承(见表10-17)

表10-17　代位继承与转继承

		代位继承	转继承
定义		被继承人的子女或兄弟姐妹先于被继承人死亡或被宣告死亡,被继承人的子女的直系晚辈血亲代替被继承人子女或由兄弟姐妹的子女代替被继承人的兄弟姐妹的继承顺序进行继承的分类制度。 【"李"应注意】代位继承人一般只能继承被代位继承人有权继承的遗产份额	没有放弃继承权的继承人在被继承人死亡之后,遗产分割之前死亡或被宣告死亡,其应继份额转由他的法定继承人继承。 【"李"应注意】遗嘱另有安排的除外
区别	性质不同	具有替补性质	具有连续继承的性质
	发生条件不同	只能是因被继承人的子女或兄弟姐妹先于被继承人死亡而发生	发生在继承开始后遗产分割前,且可因任何一继承人的死亡而发生,任何一个继承人都可能成为被转继承人
	主体不同	代位继承人仅限于被继承人的直系晚辈血亲或子女,被代位人只能是先于被继承人死亡的被代位人的子女或兄弟姐妹,被代位人的其他法定继承人不能代位继承	转继承人是被转继承人死亡时生存的所有法定继承人,被转继承人可以是被继承人的任一继承人。被转继承人有第一顺序法定继承人的,由第一顺序法定继承人转继承;没有第一顺序法定继承人的,则可由第二顺序法定继承人转继承
	适用范围不同	只是用于法定继承,在遗嘱继承中不适用	可以发生在法定继承中,也可以发生在遗嘱继承中

考点六　遗嘱继承★★★

经典例题

【例题·单选题】张某有张一、张二和张三三个女儿。张某于2019年6月1日亲笔书写一份遗嘱，写明其全部遗产由张一继承，并签名和注明年、月、日。同年7月2日，张某又请邻居郝某代书一份遗嘱，写明其全部遗产由张二继承。同年10月3日，张某因遭遇车祸被送至医院急救，张某又立口头遗嘱一份，内容是其全部遗产由张三继承，在场的赵医生和王民警见证。张某病好转后出院休养，未立新遗嘱。如张某死亡，下列选项是张某遗产的继承人的是(　)。

A. 张一　　B. 张二

C. 张三　　D. 张一、张二、张三

【答案】A

【解析】本题考核遗嘱的形式。代书遗嘱应当有两个以上见证人在场见证，由其中一人代书，注明年、月、日，并由代书人、其他见证人和遗嘱人签名。据此可知，代书遗嘱必须有两个见证人在场。而在本题中，张某只请了郝某一人代书，没有其他见证人。因此，该代书遗嘱无效。遗嘱人在危急情况下，可以立口头遗嘱。口头遗嘱应当有两个以上见证人在场见证。危急情况解除后，遗嘱人能够用书面或者录音形式立遗嘱的，所立的口头遗嘱无效。本题中，张某在危急情况解除后，未用书面或录音形式立遗嘱。因此，之前的口头遗嘱无效。所以，最后有效的遗嘱只有张某在2017年6月1日订立的自书遗嘱，即全部遗产由张一继承。

考点精析

1. 遗嘱的特征

(1)遗嘱是单方法律行为。

(2)遗嘱人必须具备完全民事行为能力。限制行为能力人和无民事行为能力人不具有遗嘱能力，不能设立遗嘱。

(3)立遗嘱应由遗嘱人本人亲自作出，不能由他人代理。

2. 遗嘱的内容和形式(见表10-18)

表10-18　遗嘱的内容和形式

项目	具体规定	
遗嘱的内容	(1)遗产的名称和数量。(2)指定继承人、受遗赠人。(3)指定继承人、受遗赠人享有财产的份额或遗产的分配办法。(4)指定候补继承人、受遗赠人。(5)指定遗嘱执行人(执行人必须是有完全民事行为能力人)	
遗嘱的形式	公证遗嘱	由遗嘱人经公证机关办理
	自书遗嘱	由遗嘱人亲笔书写，签名，注明年、月、日
	代书遗嘱	应当有两个以上见证人在场见证，由其中一人代书，并由遗嘱人、代书人和其他见证人签名，注明年、月、日
	打印遗嘱	应当有两个以上见证人在场见证。遗嘱人和见证人应当在遗嘱每一页签名，注明年、月、日
	录音、录像遗嘱	应当有两个以上见证人在场见证。遗嘱人和见证人应当在录音录像中记录其姓名或者肖像，以及年、月、日
	口头遗嘱	(1)遗嘱人在危急情况下，可以立口头遗嘱。 (2)口头遗嘱应当有两个以上见证人在场见证。危急情况消除后，遗嘱人能够以书面或者录音录像形式立遗嘱的，所立的口头遗嘱无效
	公证遗嘱	由遗嘱人经公证机关办理

【帮你“李”解】下列人员**不能作为遗嘱见证人**：

(1)无民事行为能力人、限制民事行为能力人以及其他不具有见证能力的人；

(2)继承人、受遗赠人；

(3)与继承人、受遗赠人有利害关系的人。

3. 有效遗嘱与无效遗嘱(见表10-19)

表10-19　有效遗嘱与无效遗嘱

项目	具体规定
有效遗嘱的条件	(1)立遗嘱时，遗嘱人必须具有遗嘱能力； (2)遗嘱人的意思表示真实； (3)遗嘱的内容不违反法律和公序良俗； (4)遗嘱的形式应当符合法律规定的要求
无效遗嘱	(1)无行为能力人或者限制行为能力人所立的遗嘱； (2)受**欺诈、胁迫**所立的遗嘱； (3)伪造的遗嘱； (4)遗嘱被篡改的，篡改的内容无效

4. 遗嘱的变更和撤销

(1)自然人变更或撤回遗嘱应由遗嘱人本人亲自进行。

(2)立遗嘱后，遗嘱人实施与遗嘱内容相反的民事法律行为的，视为对遗嘱相关内容的撤回。

(3)立有数份遗嘱，内容相抵触的，**以最后的遗嘱为准**。

【帮你“李”解】《民法典》取消了公证遗嘱的优先效力。

考点七　遗赠和遗赠扶养协议★★

经典例题

【例题·单选题】甲妻病故，膝下无子女，养子乙成年后常年在外地工作。甲与村委会签订遗赠扶养协议，约定甲的生养死葬由村委会负责，死后遗产归村委会所有。后甲又自书一份遗嘱，将其全部财产赠与侄子丙。甲死后，乙就甲的遗产与村委会以及丙发生争议。对此，下列选项正确的是(　)。

A. 甲的遗产应归村委会所有

B. 甲所立遗嘱应予撤销

C. 村委会、乙和丙共同分割遗产，村委会可适当多分

D. 村委会和丙平分遗产，乙无权分得任何遗产

【答案】A

【解析】本题考核遗赠扶养协议、遗嘱的效力。继承开始后，按照法定继承办理；有遗嘱的，按照遗嘱继承或者遗赠办理；有遗赠扶养协议的，按照协议办理。据此可知，遗赠扶养协议的效力大于遗嘱或遗赠的效力，遗嘱或遗赠的效力大于法定继承。本题中，被继承人甲生前与村委会订立遗赠扶养协议，同时又立有遗嘱。因此，应该按照遗赠扶养协议的约定办理。

考点精析

1. 遗赠与遗嘱继承的区别(见表10-20)

表10-20　遗赠与遗嘱继承的区别

	遗赠	遗嘱继承
主体范围不同	受遗赠人可以是法定继承人以外的任何自然人，也可以是国家或者集体，但不能是法定继承人范围之内的人	遗嘱继承人只能是法定继承人范围之内的人，而不能是法定继承人以外的人，也不能是国家或者集体

续表

	遗赠	遗嘱继承
权利行使方式不同	受遗赠人接受遗赠时，须于知道受遗赠后**2个月内**，作出接受或者放弃遗赠的表示；到期没有表示的，视为放弃遗赠	自继承开始后遗产分割前，遗嘱继承人未表示放弃继承的，视为接受继承
取得遗产的方式不同	受遗赠人不能直接参与遗产的分配，而是从遗嘱执行人处取得受遗赠的财产	遗嘱继承人可直接参与遗产分配而取得遗产

2. 遗赠扶养协议(见表10-21)

表10-21 遗赠扶养协议

项目	具体规定
含义	遗赠扶养协议是指遗赠人和扶养人之间关于扶养人承担遗赠人的生养死葬的义务，遗赠人的财产在其死后转归扶养人所有的协议
特征	(1)是双方民事法律行为。 (2)是有偿、诺成、双务民事法律行为。 (3)是生前行为和死后行为的统一。从协议成立之日起开始发生法律效力，而遗赠是从遗赠人死亡之日起发生法律效力

【帮你“李”解】遗产的处理顺序

遗赠扶养协议>遗嘱继承>法定继承

本章综合练习 限时15分钟

一、单项选择题

1. 以下人与人的关系中，属于三代以内旁系血亲的是(　)。
   A. 父亲与女儿　B. 奶奶与孙子
   C. 姑姑与侄子　D. 公公与儿媳
2. 根据我国法律规定，以重婚为由申请宣告婚姻无效的请求权人是(　)。
   A. 公安机关
   B. 婚姻当事人的工作单位
   C. 婚姻当事人的近亲属及基层组织
   D. 婚姻登记机关
3. 下列不属于协议离婚法定条件的是(　)。
   A. 双方当事人必须具有完全民事行为能力
   B. 双方当事人具有离婚的合意
   C. 双方当事人应当对离婚后子女抚养、财产、债务等问题达成一致
   D. 因感情不和分居满2年
4. 下列关于收养的说法，正确的是(　)。
   A. 被收养人一般不得超过14周岁
   B. 收养人须无子女
   C. 收养人须年满30周岁
   D. 被收养人只能是孤儿
5. 下列关于遗嘱继承的表述中，错误的是(　)。
   A. 代位继承可以发生在遗嘱继承中
   B. 受遗赠人的债权人不能作为遗嘱的见证人
   C. 受胁迫、欺骗所订立的遗嘱无效
   D. 在危急情况消除后，口头遗嘱人能够用书面或者录音录像形式立遗嘱的，先前所立的口头遗嘱无效
6. 关于继承权的取得和放弃，下列选项正确的是(　)。

A. 遗嘱继承人的范围没有法定限制，被继承人可以任意选定

B. 放弃继承的意思表示属于单方法律行为

C. 继承人放弃继承的意思表示应当在遗产分割后以书面的方式作出

D. 放弃继承的继承人对被继承人遗留的债务负有清偿责任

7. 吴某在遗书中写道：“老伴早逝，大儿前年又不幸去世，儿媳带着两个孩子生活困难，好在二儿子已经大学毕业，让我稍微宽心。我死之后，名下的全部遗产由大儿媳及其两个孩子继承。”该遗嘱是吴某的真实意思表示，吴某在其后签名并注明日期。根据我国法律，该遗嘱效力是（　）。

A. 取消了二儿子的继承权，应该无效

B. 没有见证人在场，应该无效

C. 没有经过公证，应该无效

D. 符合法律规定，应该有效

8. 范某有一子一女，二人请了保姆李阿姨照顾范某。范某为感谢李阿姨，自书遗嘱，表示其5间房屋由两个子女平分，5万元存款都赠给李阿姨。后范某又立下书面遗嘱将其5万元存款分给两个子女。不久范某去世。下列选项正确的是（　）。

A. 范某的前一遗嘱无效

B. 范某的后一遗嘱无效

C. 5万元存款应归范某的两个子女所有

D. 5万元存款应归李阿姨所有

二、多项选择题

1. 根据《婚姻登记条例》的规定，婚姻登记机关不予办理结婚登记的情形有（　）。

A. 未到法定结婚年龄的

B. 非双方自愿的

C. 患有医学上认为不应当结婚的疾病的

D. 离婚未满一年的

E. 男甲是乙女姑姑家的儿子

2. 下列选项中，属于可以撤销婚姻的法定情形的有（　）。

A. 重婚的

B. 谎称自己是“富二代”缔结婚姻的

C. 未到法定婚龄的

D. 受胁迫

E. 患有重大疾病，结婚登记前未如实告知的

3. 下列关于离婚的表述，符合法律规定的有（　）。

A. 离婚包括协议离婚和判决离婚两种途径

B. 男女双方自愿离婚的，应当订立书面离婚协议，并亲自到婚姻登记机关申请离婚登记

C. 自婚姻登记机关收到离婚登记申请之日起30日（冷静期）内，任何一方不愿意离婚的，可以向婚姻登记机关撤回离婚登记申请

D. 冷静期届满后30日内，双方应当亲自到婚姻登记机关申请发给离婚证

E. 冷静期届满后30日内双方当事人未申请的，婚姻登记机关颁发离婚证

4. 唐某（男）与赵某（女）结婚，其子唐一19周岁时，唐某与赵某离婚。后唐某与冯某（女）再婚，冯某子冯二（8周岁）随唐某、冯某共同生活。冯二成年后，移居海外生活，唐某与冯某甚感孤寂，收养孤儿张三为养子，视同己出，但未办理收养手续。若冯某去世，可以作为第一顺序继承人的有（　）。

A. 唐一　　B. 冯二

C. 唐某　　D. 张三

E. 赵某

5. 下列行为中，可以引起继承权丧失的有（　）。

A. 甲为争夺遗产，而杀害了同是继承人的乙

B. 甲因过失而杀害了被继承人乙

C. 甲在其父生前多次对其打骂、虐待，随后甲异常悔恨，并且得到了其父的宽恕

D. 甲因其母常年卧床花费巨额医药费，遂将其母遗弃

E. 甲以多次辱骂、殴打、拒不支付医药费等方式迫使其母亲立遗嘱将遗产全部留给自己

本章综合练习参考答案及详细解析

一、单项选择题

1. C 【解析】本题考核亲系与亲等。选项A、B是直系血亲，选项D是姻亲。

2. C 【解析】本题考核婚姻无效。有权申请宣告婚姻无效的主体，包括婚姻当事人及利害关系人。以重婚为由申请宣告婚姻无效的，利害关系人为当事人的近亲属及基层组织。

3. D 【解析】本题考核协议离婚的法定条件。选项D是判决离婚的条件。

4. C 【解析】本题考核收养的成立。《民法典》删除了关于被收养人不得超过14周岁的规定。所以A选项错误。《民法典》规定，收养人应无子女或者只有1名子女，所以选项B错误。被收养人可以是孤儿、查找不到生父母的未成年人以及生父母有特殊困难无力抚养的子女，所以选项D错误。

5. A 【解析】本题考核遗嘱继承。代位继承只能发生在法定继承中。选项A错误。继承人、受遗赠人的债权人、债务人、共同经营的合伙人，应当视为与继承人、受遗赠人有利害关系的人，不能作为遗嘱的见证人。选项B正确。受胁迫、欺骗所立的遗嘱无效。选项C正确。在危急情况消除后，口头遗嘱人能够用书面或者录音形式立遗嘱的，先前所立的口头遗嘱无效。选项D正确。

6. B 【解析】本题考核继承权的取得和放弃。被继承人只能在法定继承人的范围内选定遗嘱继承人或者对法定继承人的继承份额作出规定，而不能任意选定遗嘱继承人。选项A错误。继承人放弃继承的意思表示应该在继承开始后，遗产分割前以书面方式作出。选项C错误。放弃继承的继承人不享有请求分割遗产的权利，同时，对被继承人遗漏的债务也不负清偿责任，并且放弃行为的效力溯及继承开始时。选项D错误。

7. D 【解析】本题考核遗嘱的效力。吴某的二儿子已经成年，且大学毕业，吴某的遗嘱不存在未保留缺乏劳动能力又无生活来源的继承人的继承份额问题。选项A错误。吴某的遗嘱应该为自书遗嘱，自书遗嘱无须见证人。选项B错误。自书遗嘱没有公证不影响其效力。选项C错误，选项D正确。

8. C 【解析】本题考核遗嘱的撤销。遗嘱人以不同形式立有数份内容相抵触的遗嘱，其中有公证遗嘱的，以所立公证遗嘱为准；没有公证遗嘱的，以最后所立的遗嘱为准。本题中范某第一次所立的遗嘱为其真实意思的表示，是有效的，后来范某又立下一份遗嘱，同样是其真实意思的表示，也是有效的。选项AB错误。前后两个遗嘱均有效的情况下，内容发生冲突的，以最后立下的遗嘱为准，存款应该按照范某第二次所立的遗嘱进行分配，归范某的两个子女所有。选项C正确，选项D错误。

二、多项选择题

1. ABCE 【解析】本题考核结婚的条件。根据规定，结婚须具备的要件包括：(1)须有结婚合意。(2)须达到法定婚龄(男不得早22周岁，女不得早于20周岁)。(3)符合一夫一妻制。禁止结婚的条件：(1)直系血亲和三代以内的旁系血亲；(2)患有医学上认为不应当结婚的疾病。

2. DE 【解析】本题考核婚姻的效力。根据《民法典》，选项A、C属于无效婚姻的法定情形，选项B无法律依据，选项D属于可撤销的婚姻。

【有“李”有据】选项E是《民法典》新增的可以撤销婚姻的法定情形。

3. ABCD 【解析】本题考核离婚。《民法典》规定，男女双方自愿离婚的，应当订立书面离婚协议，并亲自到婚姻登记机关申请离婚登记。所以选项B正确。男女一方要求离婚的，可以由有关组织进行调解或者直接向人民法院提起离婚诉讼。所以选项A正确。自婚姻登记机关收到离婚登记申请之日起30日内，任何一方不愿意离婚的，可以向婚姻登记机关撤回离婚登记申请。前述规定期间届满后30日内，双方应当亲自到婚姻登记机关申请发给离婚证；未申请的，视为撤回离婚登记申请。所以选项C、D正确，选项E错误。

【有"李"有据】关于协议离婚中的"冷静期"是《民法典》中新增内容。

4. BC 【解析】本题考核继承人顺序。遗产按照下列顺序继承：第一顺序：配偶、子女、父母。第二顺序：兄弟姐妹、祖父母、外祖父母。子女，包括婚生子女、非婚生子女、养子女和有扶养关系的继子女。收养应当向县级以上人民政府民政部门登记。收养关系自登记之日起成立。自收养关系成立之日起，养父母与养子女间的权利义务关系，适用法律关于父母子女关系的规定；养子女与养父母的近亲属间的权利义务关系，适用法律关于子女与父母的近亲属关系的规定。本题中，唐某与冯某结婚时，唐一已19周岁，与冯某之间不存在扶养关系，唐一不能以继子女身份参与继承。唐某与冯某收养孤儿张三，并未办理收养手续，因此收养关系不成立，张三不能以养子女的身份参与继承。因此，冯某的第一顺序继承人为配偶唐某和子女冯二。

5. ADE 【解析】本题考核继承权的丧失。继承人有下列行为之一的，丧失继承权：(1)故意杀害被继承人；(2)为争夺遗产而杀害其他继承人；(3)遗弃被继承人，或者虐待被继承人情节严重；(4)伪造、篡改或者销毁遗嘱，情节严重；(5)以欺诈、胁迫手段迫使或者妨碍被继承人设立、变更或者撤回遗嘱，情节严重。继承人有前述第(3)项至第(5)项行为，确有悔改表现，被继承人表示宽恕或者事后在遗嘱中将其列为继承人的，该继承人不丧失继承权。选项BC错误。

【有"李"有据】选项E是《民法典》新增有关继承权丧失的法定情形。

由“李”及外

以案说法

2019 年 10 月 25 日，山东 67 岁孕妇田女士自然受孕产下女婴“天赐”，引起全国关注。田女士的一儿一女早已结婚生子。得知田女士怀孕后，女儿并不支持父母再要个孩子，让他们去打胎，不然的话就跟他们断绝关系。田女士生产后，除其老伴黄先生外，其他家属并没有露面。

如果“天赐”未成年时，其父母黄先生和田女士去世或无力扶养，其兄姐能否以断绝了关系而对其拒绝扶养呢？

【答案】 不能。

【法律依据】《中华人民共和国婚姻法(2001 修正)》第 29 条、《民法典》1075 条规定：有负担能力的兄、姐，对于父母已经死亡或者父母无力抚养的未成年的弟、妹，有扶养的义务。由兄、姐扶养长大的有负担能力的弟、妹，对于缺乏劳动能力又缺乏生活来源的兄、姐，有扶养的义务。

第11章 个人独资企业法律制度

JINGDIAN TIJIE

考情分析

历年考情分析

本章考点不多且相对容易。从近年考试情况来看，本章主要做客观题准备，本章复习重心为个人独资企业的特征、投资人及事务管理。2018 年考了 1 个单项选择题，2019 年考了 1 个单项选择题和 1 个多项选择题，预计 2020 年分值会保持在 2 分左右。

本章 2020 年考试主要变化

本章无实质性变化。

核心考点及真题详解

考点一 个人独资企业的概念与特征★★★

经典例题

【例题 1 · 单选题】（2018 年）下列关于个人独资企业特征及其设立的说法中，正确的是（　）。

A. 家庭可以申请设立个人独资企业

B. 个人独资企业的企业财产归投资者个人所有

C. 个人独资企业应按照我国民事法律和《城乡个体工商户管理暂行条例》的规定设立

D. 个人独资企业不得设立分支机构

【答案】B

【解析】本题考核个人独资企业。个人独资企业的出资人是一个自然人，家庭不能设立个人独资企业。所以选项 A 错误。个人独资企业应当依照《个人独资企业法》设立。所以选项 C 错误。个人独资企业可以设立分支机构。所以选项 D 错误。

【例题 2 · 多选题】（2019 年）张某从单位辞职后，拟采取个人独资企业形式从事肉类进口业务。下列有关个人独资企业的出资、财产归属及责任承担的说法中，符合法律规定的有（　）。

A. 张某是个人独资企业财产的所有权人

B. 张某不能以家庭财产作为个人出资

C. 张某以投资到个人独资企业的财产对独资企业债务承担有限责任

D. 张某应以其个人财产对独资企业债务承担无限责任

E. 张某可以劳务出资

【答案】AD

【解析】本题考核个人独资企业。个人独资企业，是指依照《个人独资企业法》在中国境内设立，由一个自然人投资，财产为投资人个人所有，投资人以其个人财产对企业债务承担无限责任的经营实体。所以选项 A、D 正确、选项 C 错误。个人独资企业投资人以个人财产出资或者以其家庭共有财产作为个人出资的，应当在设立申请书中予以明确。所以选项B错误。只有普通合伙人可以劳务出资，个人独资企业投资者不能以劳务出资。所以选项E错误。

考点精析

个人独资企业的概念与特征(见表11-1)

表11-1　个人独资企业的概念与特征

项目	具体规定	
概念	(1)在中国境内设立，由一个自然人投资，财产为投资人个人所有，投资人以其个人财产对企业债务承担无限责任的经营实体。 (2)属于**非法人组织**(不具有法人资格，但是能够依法以自己的名义从事民事活动的组织)	
特征	出资人	**是一个自然人。**该人具有完全民事行为能力，且不能是法律、行政法规禁止从事营利性活动的人
	企业的财产	归投资人个人所有
	责任承担※	投资人以其**个人财产**对企业债务承担**无限责任**
	性质	**不具有法人资格**。可以起字号，对外可以企业名义从事生产经营活动

考点二　个人独资企业法的基本规则★★★

扫我解疑难

经典例题

【例题1·单选题】(2019年)根据《个人独资企业法》规定，下列有关个人独资企业的说法中，正确的是(　)。

A. 投资人对个人独资企业财产享有的财产权利可以依法转让

B. 投资人不能委托他人管理个人独资企业

C. 个人独资企业具有法人资格

D. 投资人对所聘用人员职权的限制，可以对抗第三人

【答案】A

【解析】本题考核个人独资企业。个人独资企业投资人可以自行管理企业事务，也可以委托或者聘用其他具有民事行为能力的人负责企业的事务管理。所以选项B错误。个人独资企业属于非法人组织，没有法人资格。所以选项C错误。投资人对受托人或者被聘用的人员职权的限制，不得对抗善意第三人。所以选项D错误。

【例题2·多选题】(2017年)根据《个人独资企业法》规定，导致个人独资企业应当解散的情形有(　)。

A. 投资人决定解散

B. 投资人丧失行为能力

C. 投资人死亡且无继承人

D. 投资人被宣告死亡且其继承人放弃继承

E. 被依法吊销营业执照

【答案】ACDE

【解析】本题考核个人独资企业的解散。个人独资企业有下列情形之一时，应当解散：(1)投资人决定解散；(2)投资人死亡或者被宣告死亡，无继承人或者继承人放弃继承；(3)被依法吊销营业执照；(4)法律、行政法规规定的其他情形。

考点精析

1. 个人独资企业的设立(见表11-2)

表11-2　个人独资企业的设立

项目	具体内容
设立的条件	(1)投资人为**一个自然人**

续表

项目	具体内容
设立的条件	(2)有合法的企业名称； **【"李"应注意】** 名称中不得使用"有限""有限责任"或者"公司"字样。 (3)有投资人申报的出资； (4)有固定的生产经营场所和必要的生产经营条件； (5)有必要的从业人员。 (6)依法申请设立登记
成立日期	**营业执照的签发日期为个人独资企业成立日期**

2. 个人独资企业的投资人责任与事务管理(见表11-3)

表11-3 个人独资企业的投资人责任与事务管理

项目	具体内容
责任承担	(1)原则上，以投资人个人财产承担责任； (2)设立登记时明确以其家庭共有财产作为个人出资的，以家庭共有财产承担无限责任
管理	(1)投资人**可以自行管理**企业事务。 (2)也可以委托或者聘用其他具有民事行为能力的人负责企业的事务管理。**投资人对受托人或者被聘用的人员职权的限制，不得对抗善意第三人。** (3)投资人委托或者聘用的管理个人独资企业事务的人员不得有下列行为： ①利用职务上的便利，索取或者收受贿赂； ②利用职务或者工作上的便利侵占企业财产； ③挪用企业的资金归个人使用或者借贷给他人； ④擅自将企业资金以个人名义或者以他人名义开立账户储存； ⑤擅自以企业财产提供担保； ⑥未经投资人同意，从事与本企业相竞争的业务； ⑦未经投资人同意，同本企业订立合同或者进行交易； ⑧未经投资人同意，擅自将企业商标或者其他知识产权转让给他人使用； ⑨泄露本企业的商业秘密； ⑩法律、行政法规禁止的其他行为

3. 个人独资企业的解散与清算(见表11-4)

表11-4 个人独资企业的解散与清算

项目	具体内容
应当解散的情形	(1)投资人决定解散。 (2)投资人死亡或者被宣告死亡，无继承人或者继承人决定放弃继承。 (3)被依法吊销营业执照。 (4)法律、行政法规规定的其他情形
清算程序	(1)由**投资人自行清算**或由**债权人申请人民法院指定清算人**进行清算。 (2)自行清算的，应当在清算前15日内书面通知债权人，无法通知的，应当予以公告。债权人应当在接到通知之日起30日内，未接到通知的应当在公告之日起60日内，向投资人申报其债权。 (3)解散后，原投资人对企业存续期间的债务仍应承担偿还责任，但债权人在5年内未向债务人提出求偿请求的，该责任消灭
清偿顺序	所欠职工工资和社会保险费用→所欠税款→其他债务

本章综合练习（限时10分钟）

一、单项选择题

1. 关于个人独资企业的特征，下列说法正确的是(　)。

A. 个人独资企业的投资人可以是法人也可以是自然人

B. 个人独资企业具有法人资格

C. 个人独资企业不能作为独立的民事主体从事民事活动

D. 当投资人申报登记的出资不足以清偿个人独资企业经营所负的债务时，投资人就必须以其个人财产甚至是家庭财产来清偿债务

2. 王某投资设立甲个人独资企业(下称“甲企业”)，委托宋某管理企业事务。授权委托书中明确宋某可以决定20万元以下的交易。宋某未经王某同意，以甲企业的名义向乙企业购买30万元原材料，乙企业不知甲企业对宋某权利的限制。下列关于合同效力及甲企业权利义务的表述中，符合个人独资企业法律制度规定的是(　)。

A. 合同有效，甲企业有义务支付30万元货款

B. 合同效力待定，甲企业追认后方有义务支付30万元货款

C. 合同无效，甲企业有权拒绝支付30万元货款

D. 合同部分无效，甲企业向乙企业出示授权委托书后，有义务支付20万元货款

3. 下列关于个人独资企业事务管理的说法中，不正确的是(　)。

A. 个人独资企业投资人可以委托或者聘用其他具有民事行为能力的人负责企业的事务管理

B. 委托他人管理个人独资企业事务，应当签订书面合同

C. 投资人对受托人或者被聘用的人员职权的限制，不得对抗善意第三人

D. 个人独资企业应当于每年1月1日至3月31日通过企业信用信息公示系统向登记机关报送上一年度年度报告，并向社会公示

二、多项选择题

1. 赵某以个人财产出资设立个人独资企业，聘请李某管理该企业事务。赵某病故后因企业负债较多，作为唯一继承人的小赵明确表示不愿继承该企业，该企业只得解散。关于该企业清算的下列表述中，错误的有(　)。

A. 由小赵和李某共同进行清算

B. 由李某进行清算

C. 由债权人申请人民法院指定清算人进行清算

D. 个人独资企业清算结束后，清算人应于15日内到原登记机关办理注销登记

E. 个人独资企业清算期间，不得开展与清算目的无关的经营活动

2. 个人独资企业聘用的经营管理人员，未经投资人同意，不得从事的行为有(　)。

A. 从事与本企业相竞争的业务

B. 同本企业订立合同或者进行交易

C. 代表本企业对外订立合同或者进行交易

D. 将企业专利权转让给他人使用

E. 将企业商标权转让给他人使用

3. 2019年1月1日，王某申请设立个人独资企业，2019年12月8日，因无力经营，王某决定解散该个人独资企业，此时，该个人独资企业尚有债务：欠供应商A公司5万元货款，欠刘某厂房租赁费用2万元，欠缴增值税1.2万元，欠职工工资5万元和社会保险费用3万元。该个人独资企业解散，首先应当清偿的有(　)。

A. 供应商A公司5万元货款

B. 刘某厂房租赁费用2万元

C. 增值税1.2万元

D. 职工工资5万元

E. 社会保险费用3万元

本章综合练习参考答案及详细解析

一、单项选择题

1. D 【解析】本题考核个人独资企业的特征。个人独资企业的投资者只能是自然人，个人独资企业不具有法人资格，但是可以企业名义从事生产经营活动。个人独资企业的出资人在一般情况下仅以其个人财产对企业债务承担无限责任，只是在企业设立登记时明确以家庭共有财产作为个人出资的才依法以家庭共有财产对企业债务承担无限责任。

2. A 【解析】本题考核个人独资企业的事务管理。投资人对受托人或者被聘用人员职权的限制，不得对抗善意第三人。

3. D 【解析】本题考核个人独资企业事务管理。根据规定，个人独资企业应当于每年1月1日至6月30日通过企业信用信息公示系统向登记机关报送上一年度年度报告，并向社会公示。

二、多项选择题

1. AB 【解析】本题考核个人独资企业的解散和清算。个人独资企业解散，由投资人自行清算或者由债权人申请人民法院指定清算人进行清算。本题中由于赵某病故，因此只能由债权人申请人民法院指定清算人进行清算。

2. ABDE 【解析】本题考核个人独资企业的投资人及事务管理。投资人委托或者聘用的管理个人独资企业事务的人员不得有下列行为：(1)利用职务上的便利，索取或者收受贿赂；(2)利用职务或者工作上的便利侵占企业财产；(3)挪用企业的资金归个人使用或者借贷给他人；(4)擅自将企业资金以个人名义或者以他人名义开立账户储存；(5)擅自以企业财产提供担保；(6)未经投资人同意，从事与本企业相竞争的业务；(7)未经投资人同意，同本企业订立合同或者进行交易；(8)未经投资人同意，擅自将企业商标或者其他知识产权转让给他人使用；(9)泄露本企业的商业秘密；(10)法律、行政法规禁止的其他行为。

3. DE 【解析】本题考核个人独资企业的清算。个人独资企业解散的，财产应当按照下列顺序清偿：第一，所欠职工工资和社会保险费用；第二，所欠税款；第三，其他债务。

第12章 合伙企业法律制度

JINGDIAN TIJIE

考情分析

历年考情分析

本章考点较多，但难度不大。从近年考试情况来看，本章主要做客观题准备，复习重心为合伙企业的设立、事务执行、特殊普通合伙企业等。2018年考了3个单项选择题、1个多项选择题，分值高达6.5分，2019年考了1个单项选择题和1个多项选择题，回归正常水平，预估2020年分值会与2019年持平。

本章2020年考试主要变化

本章无实质性变化。

核心考点及真题详解

考点一 普通合伙企业★★★

经典例题

【例题1·单选题】（2019年）根据《合伙企业法》规定，下列有关普通合伙企业财产、财产份额转让以及出质的说法中，正确的是（ ）。

A. 合伙企业的原始财产是指以合伙企业名义依法取得的全部收益

B. 合伙人之间转让在合伙企业中的财产份额，须经其他合伙人同意

C. 合伙人以其在合伙企业中的财产份额出质的，须经其他合伙人一致同意

D. 合伙人向合伙人以外的人转让其在合伙企业中的财产份额的，应当通知其他合伙人

【答案】C

【解析】本题考核合伙企业财产。原始财产是指全体合伙人的出资。所以选项A错误。合伙人之间转让在合伙企业中的全部或者部分财产份额时，应当通知其他合伙人。所以选项B错误。合伙人以其在合伙企业中的财产份额出质的，须经其他合伙人一致同意；未经其他合伙人一致同意，其行为无效，由此给善意第三人造成损失的，由行为人依法承担赔偿责任。所以选项C正确。除合伙协议另有约定外，合伙人向合伙人以外的人转让其在合伙企业中的全部或者部分财产份额时，须经其他合伙人一致同意。所以选项D错误。

【例题2·单选题】（2018年）下列关于合伙企业特征的说法中，正确的是（ ）。

A. 合伙企业具有资合的团体性

B. 合伙企业从事非固定的营利性活动

C. 合伙企业属于非商事合伙

D. 合伙人对合伙企业债务通常承担无限连带责任

【答案】D

【解析】本题考核合伙企业的特征。合伙企业具有人合的团体性。所以选项 A 错误。合伙企业从事较为固定的营利性活动。所以选项 B 错误。合伙企业属于商事合伙。所以选项 C 错误。

【例题 3 · 单选题】(2018 年)下列关于特殊普通合伙企业的性质、法律责任承担的说法中，正确的是(　)。

A. 它是以专业知识和专门技能为客户提供有偿服务的专业机构性质的合伙

B. 数个合伙人在执业过程中因重大过失造成合伙企业债务的，由全体合伙人承担无限连带责任

C. 某一合伙人在执业活动中因故意造成合伙企业债务的，由全体合伙人承担无限连带责任

D. 某一合伙人在执业活动中因故意造成合伙企业债务的，该合伙人承担无限责任，其他合伙人不承担责任

【答案】A

【解析】本题考核特殊的普通合伙企业。特殊普通合伙企业中，一个合伙人或者数个合伙人在执业活动中因故意或者重大过失造成合伙企业债务的，应当承担无限责任或者无限连带责任，其他合伙人以其在合伙企业中的财产份额为限承担责任。所以选项 B、C、D 错误。

【例题 4 · 多选题】(2019 年)根据《合伙企业法》规定，下列有关普通合伙企业合伙事务执行的说法中，正确的有(　)。

A. 不执行合伙事务的合伙人有权对执行合伙事务的合伙人执行合伙事务情况进行监督

B. 经全体合伙人决定，可以委托一个或者数个合伙人对外代表合伙企业执行合伙事务

C. 执行合伙事务的合伙人必须是自然人

D. 作为合伙人的法人、其他组织不能对外代表合伙企业执行合伙事务

E. 执行合伙事务的合伙人应当定期向其他合伙人报告事务执行情况

【答案】ABE

【解析】本题考核合伙事务执行。作为合伙人的法人、其他组织执行合伙事务的，由其委派的代表执行。所以选项 C、D 错误。

考点精析

1. 一般普通合伙企业(见表 12-1)

表 12-1　一般普通合伙企业

<table>
<tr><th>项目</th><th colspan="2">具体内容</th></tr>
<tr><td>设立</td><td colspan="2">(1)有 2 个以上合伙人(合伙人为自然人的，应当具有完全民事行为能力)；有书面合伙协议；有认缴或实际缴付的出资；有名称和生产经营场所。
(2)合伙企业名称中应当标明“普通合伙”字样</td></tr>
<tr><td>出资</td><td colspan="2">(1)合伙人可以用货币、实物、知识产权、土地使用权或者其他财产权利出资，也可以用劳务出资。
(2)以非货币财产出资的，应当依法办理财产权转移手续</td></tr>
<tr><td rowspan="2">份额转让</td><td>对内</td><td>通知其他合伙人</td></tr>
<tr><td>对外</td><td>(1)其他合伙人一致同意；
(2)在同等条件下，其他合伙人有优先购买权。
【“李”应注意】以上规则是法律规定，合伙协议另有约定的，按照合伙协议约定执行</td></tr>
<tr><td rowspan="2">合伙事务执行</td><td>模式</td><td>两种模式：(1)全体合伙人共同执行合伙事务；(2)委托一个或者数个合伙人执行合伙事务</td></tr>
<tr><td>合伙人的权利</td><td>不执行合伙事务的合伙人：(1)有权监督执行合伙事务的情况；(2)有权查阅合伙企业会计账簿等财务资料；(3)有提出异议的权利和撤销委托的权利</td></tr>
</table>

续表

<table>
<tr><th>项目</th><th colspan="2">具体内容</th></tr>
<tr><td rowspan="4">合伙事务执行</td><td>合伙人的义务</td><td>不得自营或者同他人合作经营与本合伙企业相竞争的业务；除合伙协议另有约定或者经全体合伙人一致同意外，合伙人不得同本合伙企业进行交易</td></tr>
<tr><td>表决方法</td><td>合伙协议未约定或者约定不明确的，实行合伙人“一人一票并经全体合伙人过半数”通过的表决办法</td></tr>
<tr><td>须经全体合伙人一致同意的事项</td><td>(1)改变合伙企业的名称；(2)改变合伙企业的经营范围、主要经营场所的地点；(3)处分合伙企业的不动产；(4)转让或者处分合伙企业的知识产权和其他财产权利；(5)以合伙企业名义为他人提供担保；(6)聘任合伙人以外的人担任合伙企业的经营管理人员</td></tr>
<tr><td>合伙损益的分担</td><td>(1)合伙协议有约定，按约定；(2)合伙协议未约定或约定不明，由合伙人协商；(3)协商不成的，按照实缴出资比例分配；(4)无法确定出资比例的，平均分担。
【“李”应注意】合伙协议不得约定将全部利润分配给部分合伙人或者由部分合伙人承担全部亏损</td></tr>
<tr><td>与第三人关系</td><td colspan="2">(1)合伙企业对合伙人执行合伙事务以及对外代表合伙企业权利的限制，不得对抗善意第三人(即与善意第三人签订的合同有效)。
(2)合伙人发生与合伙企业无关的债务，相关债权人不得以其债权抵销其对合伙企业的债务；也不得代位行使合伙人在合伙企业中的权利。
(3)合伙人的自有财产不足清偿其与合伙企业无关的债务的，该合伙人可以以其从合伙企业中分取的收益用于清偿；债权人也可以依法请求人民法院强制执行该合伙人在合伙企业中的财产份额用于清偿</td></tr>
<tr><td>入伙</td><td colspan="2">(1)除合伙协议另有约定外，新合伙人入伙，应当经全体合伙人一致同意，并依法订立书面入伙协议。
(2)新合伙人对入伙前合伙企业的债务承担无限连带责任</td></tr>
<tr><td rowspan="5">退伙</td><td>(1)协议退伙(合伙协议约定合伙期限的)</td><td>①合伙协议约定的退伙事由出现；②经全体合伙人一致同意；③发生合伙人难以继续参加合伙的事由；④其他合伙人严重违反合伙协议约定的义务</td></tr>
<tr><td>(2)通知退伙(合伙协议未约定合伙期限的)</td><td>合伙人在不给合伙企业事务执行造成不利影响的情况下，可以退伙，但应当提前30日通知其他合伙人</td></tr>
<tr><td>(3)法定退伙(又称当然退伙)</td><td>①作为合伙人的自然人死亡或者被依法宣告死亡；②个人丧失偿债能力；③作为合伙人的法人或者其他组织依法被吊销营业执照、责令关闭、撤销或者被宣告破产；④法律规定或者合伙协议约定合伙人必须具有相关资格而丧失该资格；⑤合伙人在合伙企业中的全部财产份额被人民法院强制执行</td></tr>
<tr><td>(4)除名退伙</td><td>①未履行出资义务；②因故意或者重大过失给合伙企业造成损失；③执行合伙事务时有不正当行为；④发生合伙协议约定的事由</td></tr>
<tr><td colspan="2">【“李”应注意1】法定退伙侧重考量的是合伙人的主体、能力、资格，巧记即为“人财两空+资格没了”。除名退伙侧重考量的是合伙人的行为，巧记即为“合伙人做了对不起合伙的事儿”。
【“李”应注意2】退伙人对基于其退伙前的原因发生的合伙企业债务，承担无限连带责任</td></tr>
</table>

【帮你“李”解】国有独资公司、国有企业、上市公司以及公益性的事业单位、社会团体不得成为普通合伙人。

2. 特殊的普通合伙企业(见表12-2)

表12-2 特殊的普通合伙企业

项目	具体规定
含义	以专业知识和专门技能为客户提供有偿服务的专业机构
名称	名称中应当标明“特殊普通合伙”字样
执业风险基金与职业保险	特殊的普通合伙企业应当建立执业风险基金、办理职业保险。执业风险基金用于偿付合伙人执业活动造成的债务。执业风险基金应当单独立户管理
责任承担	(1)一个合伙人或者数个合伙人在执业活动中**因故意或者重大过失**造成合伙企业债务的，应当承担无限责任或者无限连带责任，其他合伙人以其在合伙企业中的财产份额为限承担有限责任。 (2)合伙人在执业活动中**非因故意或者重大过失**造成的合伙企业债务以及合伙企业的其他债务，由全体合伙人承担无限连带责任。 (3)合伙人执业活动中因故意或者重大过失造成的合伙企业债务，以合伙企业财产对外承担责任后，该合伙人应当按照合伙协议的约定对合伙企业造成的损失承担赔偿责任

考点二 有限合伙企业★★

经典例题

【例题·多选题】根据《合伙企业法》，下列关于有限合伙企业及合伙人的说法中，正确的有(　)。

A. 有限合伙企业只有有限合伙人的，应当解散

B. 有限合伙企业没有有限合伙人的，应当变更为普通合伙企业

C. 有限合伙企业由有限合伙人执行合伙事务

D. 有限合伙企业由有限合伙人和普通合伙人组成

E. 有限合伙企业各合伙人有平等的管理权、经营权、表决权和代表权

【答案】ABD

【解析】本题考核有限合伙企业。有限合伙企业中，有限合伙人不得执行合伙企业事务，所以有限合伙人与普通合伙人之间的管理权是不平等的。

考点精析

1. 有限合伙企业的含义与设立(见表12-3)

表12-3 有限合伙企业的含义与设立

项目	具体内容
含义	有限合伙企业=普通合伙人(对合伙债务承担无限连带责任)+有限合伙人(以出资额为限对合伙债务承担责任)
设立	(1)除法律另有规定外，有限合伙企业由2个以上50个以下合伙人设立； **【“李”应注意】**普通合伙企业的合伙人没有上限。 (2)有限合伙企业**至少应当有一个普通合伙人**； **【“李”应注意】**有限合伙企业仅剩有限合伙人的，应当解散；有限合伙企业仅剩普通合伙人的，转为普通合伙企业。 (3)有限合伙企业名称中应当标明“有限合伙”字样
出资	有限合伙人可以用货币、实物、知识产权、土地使用权或者其他财产权利作价出资，但**不得以劳务出资**。 **【“李”应注意】**普通合伙人可以用劳务出资

2. 有限合伙事务的执行

有限合伙企业由普通合伙人执行合伙事务。有限合伙人不执行合伙事务，不得对外代表有限合伙企业。

【“李”应注意】有限合伙人的下列行为，**不视为**执行合伙事务：

（1）参与决定普通合伙人入伙、退伙；

（2）对企业的经营管理提出建议；

（3）参与选择承办有限合伙企业审计业务的会计师事务所；

（4）获取经审计的有限合伙企业财务会计报告；

（5）对涉及自身利益的情况，查阅有限合伙企业财务会计账簿等财务资料；

（6）在有限合伙企业中的利益受到侵害时，向有责任的合伙人主张权利或者提起诉讼；

（7）执行事务合伙人怠于行使权利时，督促其行使权利或者为了本企业的利益以自己的名义提起诉讼；

（8）依法为本企业提供担保。

【帮你“李”解】普通合伙企业中既可以由全体合伙人共同执行合伙事务，也可以委托一个或者数个合伙人执行合伙事务。

3. 有限合伙的入伙、退伙及身份转变（见表 12-4）

表 12-4 有限合伙人的入伙、退伙及身份转变

项目	具体规定
入伙	新入伙的有限合伙人对入伙前有限合伙企业的债务，以其**认缴的出资额为限**承担责任。 【“李”应注意】新入伙的普通合伙人对入伙前合伙企业的债务，承担无限连带责任
退伙	（1）当然退伙的情形：①有限合伙人自然死亡或者宣告死亡；②合伙人是法人或其他组织，被依法吊销营业执照、责令关闭、撤销或者被依法宣告破产的；③法律规定或者协议约定合伙人必须具备一定资格而丧失资格的；④合伙人在合伙企业中的全部财产份额被人民法院强制执行的。 （2）有限合伙人退伙后，对基于其退伙前的原因发生的有限合伙企业债务，**以其退伙时从有限合伙企业中取回的财产承担责任**。 【“李”应注意】普通合伙人退伙后，对基于其退伙前的原因发生的企业债务，承担无限连带责任
合伙人的身份转变	（1）普通合伙人转变为有限合伙人，或者有限合伙人转变为普通合伙人，应当经全体合伙人一致同意，除合伙协议另有约定外；（2）有限合伙人转变为普通合伙人的，对其作为有限合伙人期间有限合伙企业发生的债务承担无限连带责任；普通合伙人转变为有限合伙人的，对其作为普通合伙人期间合伙企业发生的债务承担无限连带责任

4. 有限合伙的其他规定

（1）有限合伙企业不得将全部利润分配给部分合伙人；但是，合伙协议另有约定的除外。

【帮你“李”解】普通合伙中不允许合伙协议作出此类约定。

（2）在不违反合伙协议的情况下，有限合伙人可以同本有限合伙企业进行交易。

【帮你“李”解】普通合伙中，只有在合伙协议另有约定或者经全体合伙人一致同意时，合伙人才可以同本合伙企业进行交易。

（3）除合伙协议另有约定外，有限合伙人可以自营或者同他人合作经营与本有限合伙企业相竞争的业务。

【帮你“李”解】普通合伙企业中的合伙人绝对不可以做此事。

（4）除合伙协议另有约定外，有限合伙人可以将其在有限合伙企业中的财产份额出质。

【帮你“李”解】普通合伙人以其在合伙企业中的财产出质，必须经其他合伙人一致同意，否则，出质行为无效。

（5）有限合伙企业仅剩有限合伙人的，应当解散；有限合伙企业仅剩普通合伙人的，转为普通合伙企业。

（6）第三人有理由相信有限合伙人为普通合伙人并与其交易的，该有限合伙人对该笔交易承担与普通合伙人同样的责任。有限合伙人未经授权以有限合伙企业名义与他人进行交易，给有限合伙企业或者其他合伙人造成损失的，该有限合伙人应当承担赔偿责任。

考点三　合伙企业解散、清算★★

经典例题

【例题·多选题】下列有关合伙企业清算的说法中，正确的有(　)。

A. 合伙企业解散，全体合伙人可以担任清算人

B. 合伙企业解散后不能在规定时间内确定清算人的，其他利害关系人可以申请人民法院指定清算人

C. 合伙企业进入清算后，应由清算人代表合伙企业参加诉讼活动

D. 清算人应自被确定之日起15日内将合伙企业解散事项通知债权人

E. 清算开始，则合伙企业消灭

【答案】ABC

【解析】本题考核合伙企业清算。清算人应自被确定之日起10日内将合伙企业解散事项通知债权人，并于60日内在报纸上公告。所以选项D错误。清算结束，清算人应当编制清算报告，经全体合伙人签名、盖章后，在15日内向企业登记机关报送清算报告，申请办理合伙企业注销登记，办理注销登记后，合伙企业消灭。所以选项E错误。

考点精析

1. 合伙企业解散

合伙企业解散的事由包括：(1)合伙期限届满，合伙人决定不再经营；(2)合伙协议约定的解散事由出现；(3)全体合伙人决定解散；(4)合伙人已不具备法定人数满30日；(5)合伙协议约定的合伙目的已经实现或者无法实现；(6)依法被吊销营业执照、责令关闭或者被撤销；(7)法律、行政法规规定的其他原因。

2. 合伙企业清算

(1)合伙企业解散，应当由清算人进行清算。清算人由全体合伙人担任；**经全体合伙人过半数同意**，可以自合伙企业解散事由出现后15日内指定一个或者数个合伙人，或者委托第三人，担任清算人。自合伙企业解散事由出现之日起15日内未确定清算人的，合伙人或者其他利害关系人可以申请人民法院指定清算人。

(2)清算人自被确定之日起10日内将合伙企业解散事项通知债权人，并于60日内在报纸上公告。债权人应当自接到通知书之日起30日内，未接到通知书的自公告之日起45日内，向清算人申报债权。

【帮你“李”解】个人独资企业投资人自行清算的，应当在清算前15日内书面通知债权人，无法通知的予以公告。债权人应当自接到通知之日起30日内，未接到通知的自公告之日起60日内，向投资人申报债权。

(3)清偿顺序：清算费用→职工工资、社会保险费用和法定补偿金→税款→清偿债务。

(4)合伙企业注销后，原普通合伙人对合伙企业存续期间的债务仍应承担无限连带责任。

本章综合练习 限时25分钟

一、单项选择题

1. 根据《合伙企业法》的规定，下列关于合伙人出资形式的表述中，不正确的是(　)。

A. 普通合伙人可以以知识产权出资

B. 有限合伙人可以以实物出资

C. 普通合伙人可以以土地使用权出资

D. 有限合伙人可以以劳务出资

2. 下列关于特殊的普通合伙企业的说法中，正确的是(　)。

A. 特殊的普通合伙企业以从事融资服务

为主要特征

B. 在特殊的普通合伙企业中，合伙人对所有债务承担有限责任

C. 特殊的普通合伙企业建立的执业风险基金用于偿付合伙人执业活动造成的债务

D. 非专业机构经过批准也可以成立特殊的普通合伙企业

3. 甲国有独资公司、乙上市公司、丙外商独资企业、丁民营投资有限公司拟成立一家有限合伙企业。根据合伙企业法律制度的规定，上述投资主体中，可以担任普通合伙人的是(　)。

A. 甲和丙　　B. 乙和丙

C. 丙和丁　　D. 甲和丁

4. 某普通合伙企业合伙人甲，在未告知其他合伙人的情况下，以其在合伙企业中的财产份额出质，其他合伙人知悉后表示反对，根据合伙企业法律制度的规定，下列关于该出质行为效力的表述中，正确的是(　)。

A. 有效　　B. 可撤销

C. 效力待定　　D. 无效

5. 普通合伙人甲、乙、丙、丁共同设立一家合伙企业，其持有合伙企业的份额分别为18%、20%、27%和35%。合伙协议约定：合伙人对外转让份额，应当经3/5以上份额合伙人的同意。甲拟将其持有的10%份额转给非合伙人戊，并拟将其持有的剩余8%的财产份额转让给合伙人丙。根据合伙企业法律制度的规定，下列表述中，正确的是(　)。

A. 未经乙、丙、丁一致同意，甲不得将其财产份额转让给戊

B. 未经丁同意，甲不得将其财产份额转让给丙

C. 经丙、丁同意，甲即可将其财产份额转让给戊

D. 未经乙同意，甲不得将其财产份额转让给丙

6. 根据《合伙企业法》关于有限合伙企业的规定，在合伙协议未作约定的情况下，有限合伙人(　)。

A. 不得自营与本有限合伙企业相竞争的业务

B. 可以同本有限合伙企业进行交易

C. 不得将其在有限合伙企业中的财产份额出质

D. 转为普通合伙人只需经全体普通合伙人同意

7. 甲为普通合伙企业的执行事务合伙人，该合伙企业对甲执行合伙事务的权利作了一定限制。某日，甲超越权限代表合伙企业与乙公司签订1份房屋租赁合同，乙公司对甲超越权限并不知情。根据《合伙企业法》规定，该合同的效力应为(　)。

A. 有效　　B. 无效

C. 可撤销　　D. 效力待定

8. 杨光与某普通合伙企业签订买卖合同，该合伙企业已经向杨光发货，但是杨光尚未支付货款。后该合伙企业的合伙人赵某向杨光借款10万元，到期未归还。对此下列说法中符合规定的是(　)。

A. 杨光可以其对赵某的债权抵销其对合伙企业的10万元债务

B. 杨光可以代位行使赵某在合伙企业中的权利

C. 对于赵某的债务，杨光可以向人民法院提起诉讼

D. 对于杨光欠合伙企业的货款，合伙企业不得提起诉讼

9. 某普通合伙企业有甲、乙、丙、丁四位合伙人，合伙协议约定，合伙企业债务由合伙人平均承担。现该合伙企业无力清偿到期债务12万元，甲向债权人清偿了9万元，乙向债权人清偿了3万元。根据合伙企业法律制度的规定，下列关于合伙企业债务内部追偿的表述中，正确的是(　)。

A. 甲无权向丙或丁追偿3万元

B. 甲可以向乙追偿3万元

C. 甲可以向丁追偿3万元

D. 甲可以向丙追偿6万元

10. 特殊的普通合伙企业的合伙人王某在执业中因重大过失给合伙企业造成损失。下列关于合伙人对此损失承担责任的表述中，符合合伙企业法律制度规定的是(　)。

A. 王某承担无限责任，其他合伙人以其在合伙企业中的财产份额为限承担责任

B. 王某与其他合伙人共同承担无限连带责任

C. 王某承担无限责任，其他合伙人不承担责任

D. 王某承担无限责任，其他合伙人以其实缴的出资额为限承担责任

二、多项选择题

1. 根据《合伙企业法》的规定，下列关于普通合伙企业的表述中，符合法律规定的有(　)。

A. 合伙人对执行合伙事务享有同等的权利

B. 合伙人可以查阅企业会计账簿

C. 合伙人可以自营与本企业相竞争的业务

D. 执行企业事务的合伙人可以自行决定是否向其他合伙人报告企业经营状况

E. 退伙的普通合伙人对基于其退伙前的原因发生的合伙企业债务承担无限连带责任

2. 除合伙协议另有约定外，合伙企业的下列事项中，应当经过全体合伙人一致同意才能通过的有(　)。

A. 处分合伙企业动产

B. 改变合伙企业名称

C. 以合伙企业名义为他人提供担保

D. 改变合伙企业经营范围

E. 转让合伙企业知识产权

3. 甲、乙、丙3人订立合伙协议共同投资设立一家普通合伙企业。经营一年后，甲欲将其在合伙企业中的财产份额转让给合伙人之外的丁，合伙协议中没有关于份额转让的相关约定。根据《合伙企业法》规定，下列关于甲之份额转让条件及效力的说法中，正确的有(　)。

A. 若甲欲将其份额转让给乙，则无须征得丙的同意

B. 丁购得甲转让的份额之后，丁对合伙企业以前的债务不承担责任

C. 甲将其份额转让给丁之后，甲对合伙企业以前的债务不再承担责任

D. 乙、丙在同等条件下享有优先购买权

E. 甲转让其份额必须经乙和丙一致同意

4. 根据《合伙企业法》的规定，新普通合伙人入伙(　)。

A. 应当得到全体合伙人的三分之二的多数同意

B. 应当得到全体合伙人的半数以上的多数同意

C. 与原合伙人享有同等权利

D. 对入伙前合伙企业的债务承担连带责任

E. 应当签订书面入伙协议

5. 某社会团体与某私立学校共同出资设立一合伙企业，经营文具用品。两年后，因经营亏损，该合伙企业财产不足以清偿全部债务。下列关于各合伙人承担责任的表述中，符合《合伙企业法》规定的有(　)。

A. 该社会团体以其认缴的出资额为限对合伙企业债务承担责任

B. 该私立学校以其认缴的出资额为限对合伙企业债务承担责任

C. 该社会团体对合伙企业债务承担无限责任

D. 该私立学校对合伙企业债务承担无限责任

E. 该社会团体和私立学校共同对合伙债务承担无限连带责任

6. 2014年5月，赵某、钱某、孙某共同出资设立甲有限合伙企业(下称“甲企业”)，赵某为普通合伙人，出资20万元，钱某、孙某为有限合伙人，各出资15万元。2015年，甲企业向银行借款50万元，该借款于2019年到期。2017年，经全体合伙人同意赵某转变为有限合伙人，孙某转

变为普通合伙人。2019 年，甲企业无力偿还 50 万元到期借款，合伙人就如何偿还该借款发生争议。下列关于赵某、钱某、孙某承担偿还 50 万元借款责任的表述中，符合合伙企业法律制度规定的有(　)。

A. 赵某应承担无限连带责任

B. 孙某应承担无限连带责任

C. 孙某以 15 万元为限承担有限责任

D. 赵某以 20 万元为限承担有限责任

E. 钱某以 15 万元为限承担有限责任

7. 某合伙企业解散时，在如何确定清算人的问题上，下列做法中符合合伙企业法律制度规定的有(　)。

A. 由全体合伙人共同担任清算人

B. 经全体合伙人同意指定一名或数名合伙人担任清算人

C. 经全体合伙人过半数同意，委托第三人担任清算人

D. 合伙企业未按期确定清算人，合伙人可申请人民法院指定清算人

E. 由合伙企业债权人推选一名或数名合伙人担任清算人

本章综合练习参考答案及详细解析

一、单项选择题

1. D 【解析】本题考核有限合伙企业的设立。有限合伙人不能以劳务出资。

2. C 【解析】本题考核特殊的普通合伙企业。特殊的普通合伙企业是指以专业知识和专门技能为客户提供有偿服务的专业机构性质的合伙企业，不以从事融资服务为主要特征，非专业机构不能成立特殊的普通合伙企业。所以选项 A、D 错误。一个合伙人或者数个合伙人在执业活动中因故意或者重大过失造成合伙企业债务的，应当承担无限责任或者无限连带责任，其他合伙人以其在合伙企业中的财产份额为限承担责任。合伙人在执业活动中非因故意或者重大过失造成的合伙企业债务以及合伙企业的其他债务，由全体合伙人承担无限连带责任。所以选项 B 错误。

3. C 【解析】本题考核有限合伙企业的设立。国有独资公司、国有企业、上市公司以及公益性的事业单位、社会团体不得成为普通合伙人。

4. D 【解析】本题考核合伙人财产份额的出质。普通合伙人以其在合伙企业中的财产份额出质的，须经其他合伙人一致同意；未经其他合伙人一致同意，其行为无效，由此给善意第三人造成损失的，由行为人依法承担赔偿责任。

5. C 【解析】本题考核合伙企业财产份额的转让。除合伙协议另有约定外，合伙人向合伙人以外的人转让其在合伙企业中的全部或者部分财产份额时，须经其他合伙人一致同意；题目中是合伙协议另有约定，从其约定；选项 C 正确、选项 A 错误。合伙人之间转让在合伙企业中的全部或者部分财产份额时，应当通知其他合伙人；选项 B、D 错误。

6. B 【解析】本题考核有限合伙企业。(1)在不违反合伙协议的情况下，有限合伙人可以同本有限合伙企业进行交易；有限合伙人可以自营或者同他人合作经营与本有限合伙企业相竞争的业务；所以选项 A 错误、选项 B 正确。(2)除合伙协议另有约定外，有限合伙人可以将其在有限合伙企业中的财产份额出质；所以选项 C 错误。(3)除合伙协议另有规定外，有限合伙人转变为普通合伙人，应当经全体合伙人一致同意；所以选项 D 错误。

7. A 【解析】本题考核合伙企业与第三人的关系。题目中，甲是合伙企业事务执行人，其超越授权签订合同，不能对抗善意

第三人乙公司。因此合同有效。

8. C 【解析】本题考核合伙企业与第三人的关系。合伙人发生与合伙企业无关的债务，相关债权人不得以其债权抵销其对合伙企业的债务，也不得代位行使合伙人在合伙企业中的权利。

9. C 【解析】本题考核合伙企业的损益分配。合伙企业的利润分配、亏损分担，按照合伙协议的约定办理；合伙协议未约定或者约定不明确的，由合伙人协商决定；协商不成的，由合伙人按照实缴出资比例分配、分担；无法确定出资比例的，由合伙人平均分配、分担。题目中合伙协议约定“平均承担”，那么甲可以向丙、丁各追偿3万元。

10. A 【解析】本题考核特殊的普通合伙企业的责任承担。在特殊的普通合伙企业中，一个合伙人或者数个合伙人在执业活动中因故意或者重大过失造成合伙企业债务的，应当承担无限责任或者无限连带责任，其他合伙人以其在合伙企业中的财产份额为限承担责任。

二、多项选择题

1. ABE 【解析】本题考核合伙企业的规定。选项C，普通合伙企业的合伙人不得自营与本企业相竞争的业务。注意，此处是法定的限制。选项D，执行企业事务的合伙人应当向其他合伙人报告企业经营状况。

2. BCDE 【解析】本题考核合伙协议。除合伙协议另有约定外，处分合伙企业的不动产应当经全体合伙人一致同意。

3. ADE 【解析】本题考核普通合伙人财产份额的转让。合伙人之间转让在合伙企业中的全部或者部分财产份额时，应当通知其他合伙人。而无须征得其他合伙人同意。所以选项A正确。丁作为入伙人、甲作为退伙人，均对合伙企业以前的债务承担无限连带责任。所以选项B、C错误。合伙人向合伙人以外的人转让其在合伙企业中的财产份额的，在同等条件下，其他合伙人有优先购买权；但是，合伙协议另有约定的除外。本题中合伙协议没有另外的约定。所以选项D正确。除合伙协议另有约定外，合伙人向合伙人以外的人转让其在合伙企业中的全部或者部分财产份额时，须经其他合伙人一致同意。所以选项E正确。

4. CDE 【解析】本题考核合伙人的入伙。新合伙人入伙，除合伙协议另有约定外，应当经全体合伙人同意，并依法订立书面入伙协议。入伙的新合伙人与原合伙人享有同等权利，承担同等责任。入伙协议另有约定的，从其约定。入伙的新合伙人对入伙前合伙企业的债务承担无限连带责任。所以选项C、D、E正确。

5. AD 【解析】本题考核合伙企业的设立、责任承担。(1)因为“某社会团体”只能作为有限合伙人，所以该合伙企业为有限合伙企业。(2)有限合伙企业应当至少有一名普通合伙人；在本题中，该有限合伙企业只有两个合伙人，“某私立学校”只能作为普通合伙人。(3)该社会团体作为有限合伙人，以其认缴的出资额为限对合伙企业债务承担责任；该私立学校作为普通合伙人，对合伙企业债务承担无限责任。

6. ABE 【解析】本题考核合伙人性质转变的规定。有限合伙人转变为普通合伙人的，对其作为有限合伙人期间有限合伙企业发生的债务承担无限连带责任。普通合伙人转变为有限合伙人的，对其作为普通合伙人期间合伙企业发生的债务承担无限连带责任。

7. ABCD 【解析】本题考核合伙企业的清算。合伙企业解散，应当由清算人进行清算。清算人由全体合伙人担任；经全体合伙人过半数同意，可以自合伙企业解散事由出现后15日内指定一个或者数个合伙人，或者委托第三人，担任清算人。自合伙企业解散事由出现之日起15日内未确定清算人的，合伙人或者其他利害关系人可以申请人民法院指定清算人。

第13章 公司法律制度

考情分析

历年考情分析

本章的内容非常重要，历年的考试中所占分值都很高。2018 年考核了 3 个单选题、2 个多选题，共计 8.5 分，属于题量较少的年份。2019 年考核了 2 个单选题、2 个多选题、2 个综合分析题，共计 11 分。从历年考试情况来看，公司法律制度在综合分析题中经常考查，本章重点关注出资制度、股东权利与股东诉讼、有限公司与股份公司的组织机构与股权(股份)转让等规定。因此在复习的时候一定要注意透彻掌握和理解，尤其要注意相同或相似制度的归纳和总结。

本章 2020 年考试主要变化

本章变动较大。增加：公司的特征、分类；依据《九民纪要》重写编写了“公司法人人格否认制度”；重新编写“股东诉讼”；依据《公司法司法解释五》增加“关联关系损害公司利益的诉讼问题”“董事职务的解除”“股东利润分配”的部分内容。

核心考点及真题详解

考点一 公司基础★★★

扫我解疑难

经典例题

【例题 1 · 单选题】(2018 年)下列关于公司经营范围的说法中，正确的是(　)。

A. 公司的经营范围不得改变

B. 公司的经营范围由公司章程规定

C. 公司申请登记的经营范围由出资人决定

D. 公司超越经营范围订立的合同一律无效

【答案】 B

【解析】 本题考核公司经营范围。公司可以修改公司章程，改变经营范围，但是应该办理变更登记。所以选项 A 错误。公司的经营范围由公司章程作出规定，必须依法登记。所以选项 B 正确，选项 C 错误。公司不得超越经营范围进行活动，如果当事人超越经营范围订立合同，为了保护善意相对人的利益，人民法院不因此认定合同无效；但是违反国家限制经营、特许经营以及法律、行政法规禁止经营规定的除外。所以选项 D 错误。

【有“李”有据】 注意本题的选项 C。本题不太严密，命题者应该是直接考查法律规定原文：公司的经营范围由公司章程规定，并依法登记。但《公司法》里很多规定中都是“公司章程另有规定除外”，说到底，公司章程也是公司的股东们自己制定的，所以选项 C 的说法也不无道理。但是单选题只有一个选项最符合题意，考试时选择答案需遵循该原则即可。

【例题 2 · 单选题】(2016 年)根据《公司法》

规定，下列关于公司提供担保的说法中，正确的是（ ）。

A. 公司可以为股东提供担保，担保数额由董事会决定

B. 公司为他人提供担保，由董事会决定

C. 公司为股东提供担保，需经出席股东会议的其他股东所持表决权的过半数通过

D. 公司不得为公司实际控制人提供担保

【答案】 C

【解析】 本题考核公司担保能力的限制。公司为股东或者实际控制人提供担保，必须经股东会或者股东大会决议。所以选项 A、D 错误。公司向其他企业投资或者为他人提供担保，依照公司章程的规定，由董事会或者股东会、股东大会决议。所以选项 B 错误。

【例题 3 · 单选题】（2015 年）根据《公司法》相关规定，下列关于股东出资的说法中，正确的是（ ）。

A. 股东缴纳出资后必须经验资机构验资并出具证明

B. 股东可以用知识产权出资

C. 全体股东首次出资额不得低于注册资本的 20%

D. 全体股东的货币出资金额不得低于注册资本的 30%

【答案】 B

【解析】 本题考核股东出资。修改后的《公司法》取消了“出资验资”的规定，但以募集方式设立的股份有限公司等的注册资本应当经验资机构验资的除外。所以选项 A 错误。修改后的《公司法》不再限制公司设立时股东（发起人）的首次出资比例，取消了“法定最低注册资本制度”和“货币出资比例的限制”。所以选项 C、D 错误。

【例题 4 · 多选题】（2018 年）根据《公司法》规定，下列关于公司章程和股东责任的说法中，正确的有（ ）。

A. 公司股东滥用股东有限责任，逃避债务，严重损害公司债权人利益的，应当对公司债务承担连带责任

B. 股份有限公司章程由发起人制定，采用募集方式设立的，须经创立大会通过

C. 设立公司必须依法制定公司章程

D. 公司章程具有普遍约束力

E. 有限责任公司修改公司章程的，须经代表 2/3 以上表决权的股东通过

【答案】 ACE

【解析】 本题考核公司章程和股东责任。公司章程作为公司的内部规章，效力仅及于公司和相关当事人，不具有普遍约束力。选项 D 错误。

【有“李”有据】 注意该题选项 B 中的表述，股份有限公司章程由发起人“制定”，但根据法条则为“制订”，有些人可能认为是试卷中出现的错别字，但在法律课程中强调的就是严密，因此不排除命题老师考查二者区别的可能，因此建议在考试中不选择选项 B，即使命题时确实是笔误，学员不选仅损失 0.5 分，但如果命题者确实要考核这个知识点，一旦选择，该题的分数则会损失殆尽。

考点精析

1. 公司的权利能力与行为能力（见表 13-1）

表 13-1 公司的权利能力与行为能力

项目	具体规定
权利能力	公司的权利能力**始于成立**，即营业执照签发；终于终止，即注销登记
经营范围	（1）公司的经营范围由公司章程规定。 （2）超越经营范围，人民法院**并不**因此**当然认定合同无效**；违反国家限制经营、特许经营以及法律、行政法规禁止经营，合同无效
行为能力	公司的行为能力与公司的权利能力同时产生，同时终止，范围、内容也和权利能力一致

续表

项目	具体规定
投资能力的限制	(1)公司可以向其他企业投资，但是，除法律另有规定以外，不得成为对所投资企业的债务承担连带责任的出资人。 **【“李”应注意】**国有独资公司、国有企业、上市公司以及公益性的事业单位、社会团体不得成为普通合伙人。 (2)公司向其他企业投资，依照公司章程的规定，由**董事会**或者**股东会、股东大会**决议
担保能力的限制	(1)公司为**“他人”**提供担保，依照公司章程的规定，由“董事会或者股东会、股东大会”决议。 (2)不得超过公司章程规定限额。 (3)为公司**“股东或者实际控制人”提供担保的，必须经“股东会或者股东大会”**(不含董事会)决议。接受担保的股东或者受实际控制人支配的股东，不得参加上述规定事项的表决。该项表决由**“出席”会议的“其他股东”**所持**表决权**的**过半数**通过

2. 公司章程(见表13-2)

表13-2　公司章程

项目		具体规定
订立方式	有限责任公司	**股东共同制定，并在公司章程上签名、盖章**
	股份有限公司	**发起人制定** **【“李”应注意】**采用募集方式设立的，须经创立大会通过
	一人公司	**由股东制定**
	国有独资公司	由国有资产监督管理机构制定，或者由董事会制订报国有资产监督管理机构批准
形式	必须采用书面形式	
生效	经**全体**股东或发起人同意并在章程上签名盖章后生效	
效力	公司章程对**公司、股东、董事、监事、高级管理人员**具有约束力	
变更	有限责任公司	股东会作出决议经**代表2/3以上表决权的股东**通过
	股份有限公司	股东大会作出决议，必须**经出席会议的股东所持表决权的2/3以上通过**
【“李”应注意】公司章程变更涉及登记事项(如法定代表人变更)的，向原公司登记机关申请变更登记。未涉及登记事项的，向原公司登记机关备案		

3. 公司的独立法人地位

公司具有独立的法人地位，对外承担有限责任，但公司法人人格否认则意味着股东或关联公司将对公司债务承担连带责任。在认定是否构成人格混同时，应当综合考虑以下因素：

(1)股东无偿使用公司资金或者财产，不作财务记载的。

(2)股东用公司的资金偿还股东的债务，或者将公司的资金供关联公司无偿使用，不作财务记载的。

(3)公司账簿与股东账簿不分，致使公司财产与股东财产无法区分的。

(4)股东自身收益与公司盈利不加区分，致使双方利益不清的。

(5)公司的财产记载于股东名下，由股东占有、使用的。

(6)人格混同的其他情形。

公司股东滥用公司法人独立地位和股东有限责任，逃避债务，严重损害公司债权人利益的，应当对公司债务承担连带责任。

考点二　公司设立★★

经典例题

【例题1·单选题】(2019年)下列有关股份有限公司设立规则的说法中，正确的是(　)。

A. 采取发起方式设立的，设立前发起人应缴足公司章程规定其认购的股份

B. 采取募集方式设立的，发起人向社会公开募集股份时，应公告招股说明书，可以由发起人自行承销

C. 采取募集方式设立的，注册资本为在公司登记机关登记的实收股本总额

D. 采取募集方式设立的，创立大会仅由发起人组成，不包括认股人

【答案】C

【解析】本题考核股份公司的设立。发起设立股份公司，允许在公司设立后分期出资。所以选项A错误。发起人必须公告招股说明书，制作认股书，同证券公司签订承销协议、同银行签订代收股款协议。所以选项B错误。创立大会由发起人、认股人组成。所以选项D错误。

【例题2·多选题】(2019年改)下列有关公司设立规则的说法中，正确的有(　)。

A. 股份有限公司发起人未按照公司章程的规定缴足出资的，应当补缴，但其他发起人不承担连带责任

B. 设立有限责任公司时，股东以非货币资产出资的，应当依法办理其财产权的转移手续

C. 采取发起设立方式设立股份有限公司的，公司章程由发起人制定

D. 有限责任公司成立后，发现作为设立公司出资的非货币财产的实际价额显著低于公司章程所定价额的，应当由交付该出资的股东补足其差额，公司设立时的其他股东承担连带责任

E. 股份有限公司规模较小，股东人数较少，可以不设董事会和监事会

【答案】BCD

【解析】本题考核公司设立责任。股份有限公司成立后，发起人未按照公司章程的规定缴足出资的，应当补缴；其他发起人承担连带责任。所以选项A错误。股份有限公司必设董事会与监事会，有限责任公司规模较小或人数较少的可以不设董事会与监事会。所以选项E错误。

考点精析

1. 设立方式、设立条件(见表13-3)

表13-3　有限责任公司和股份有限公司设立方式、条件的比较

项目		有限责任公司	股份有限公司	
设立方式		发起设立	发起设立	募集设立
股东或者发起人符合法定人数		50人以下	2人以上200人以下，半数以上在中国境内有住所	
股东出资或者发起人认购和募集的股本达到公司章程规定	注册资本	在公司登记机关登记的全体股东认缴的出资额	在公司登记机关登记的全体发起人认购的股本总额	在公司登记机关登记的**实收股本总额**
	出资方式	货币以及实物、知识产权、土地使用权等可以用货币估价并可以依法转让的非货币财产。但法律、行政法规规定不得作为出资的财产除外。劳务、信用、自然人姓名、商誉、特许经营权或设定担保的财产不得作价出资		
依法制定公司章程		由股东共同**“制定”**	发起人**“制订”**	发起人**“制订”**公司章程后需经创立大会通过
		【“李”应注意】注意上述“制定”与“制订”的不同表述		

续表

<table>
<tr><th colspan="2">项目</th><th>有限责任公司</th><th>股份有限公司</th></tr>
<tr><td rowspan="2">有公司名称、建立符合公司要求的组织机构</td><td>公司名称</td><td colspan="2">标明“有限责任公司”“有限公司”或“股份公司”字样。公司只能使用一个名称</td></tr>
<tr><td>组织机构</td><td>(1)股东会、董事会、监事会；(2)规模小、股东人数少的，设立1名执行董事、1~2名监事；(3)一人公司和国有独资公司不设股东会</td><td>必须设立股东大会、董事会和监事会</td></tr>
<tr><td colspan="2">有公司住所</td><td colspan="2">主要办事机构所在地</td></tr>
<tr><td colspan="2">成立日期</td><td colspan="2">营业执照的签发日期</td></tr>
<tr><td colspan="2">法定代表人</td><td colspan="2">依章程由“董事长、执行董事或者经理”担任</td></tr>
</table>

【帮你“李”解】 股份有限公司的创立大会

(1)以募集方式设立股份公司的，自股款缴足之日起30日内，发起人应当主持召开公司创立大会。

(2)组成：创立大会由发起人、认股人组成。

(3)通知或公告：发起人应当在创立大会召开15日之前，将会议日期通知各认股人或者予以公告。

(4)会议应由代表股份总数过半数的发起人、认股人出席，方可举行。

2. 设立责任

为设立公司而签署公司章程，向公司认购出资或股份并履行公司设立职责的人，为公司发起人。根据规定，在公司设立过程中，发起人应当承担的责任主要有：违约责任、赔偿责任、合同责任、公司未设立责任，见表13-4。

表13-4 有限责任公司与股份有限公司设立责任比较

<table>
<tr><th colspan="2">责任类型</th><th>有限责任公司</th><th>股份有限公司</th></tr>
<tr><td rowspan="3">违约责任</td><td>发起设立</td><td colspan="2">股东不按章程规定缴纳出资，除向公司足额缴纳(补足)外，还要向已按期足额缴纳出资的股东承担违约责任</td></tr>
<tr><td rowspan="2">募集设立</td><td rowspan="2">—</td><td>到期未募足或虽募足但发起人在30日内未召开创立大会或者创立大会决议不设立公司的，发起人应当按照所缴股款并加算银行同期存款利息返还认股人</td></tr>
<tr><td>股份有限公司成立后，发现作为设立公司出资的非货币财产的实际价额显著低于公司章程所定价额的，应当由交付该出资的发起人补足其差额；其他发起人承担连带责任</td></tr>
<tr><td colspan="2" rowspan="2">赔偿责任</td><td colspan="2">(1)发起人过失致使公司利益受损，发起人对公司承担赔责任。
(2)发起人因履行公司设立职责造成他人损害，公司成立后，公司向受害人承担侵权赔偿责任；公司未成立的，全体发起人向受害人承担连带赔偿责任</td></tr>
<tr><td>—</td><td>认股人未按期缴纳所认股份的股款，发起人催缴后仍未缴纳，发起人对该股份可以另行募集。延期缴纳给公司带来的损失认股人应承担赔偿责任</td></tr>
</table>

续表

<table>
<tr><th>责任类型</th><th colspan="2">有限责任公司</th><th>股份有限公司</th></tr>
<tr><td>合同责任</td><td colspan="3">(1)发起人为设立公司以自己名义订立的合同，合同相对人有权选择请求该发起人或者成立后的公司承担合同义务。
(2)发起人以设立中公司的名义订立合同，公司成立后自动承担该合同义务。公司未成立，即设立失败的，则单一发起人独自承担设立所产生的债务，发起人为数人的，连带承担债务</td></tr>
<tr><td rowspan="3">公司未设立的责任</td><td>外部责任</td><td colspan="2">(1)发起人对设立公司行为所产生的费用和债务向债权人承担连带清偿责任；
(2)对认股人已缴纳的股款，负返还股款并加算银行同期存款利息的连带责任</td></tr>
<tr><td rowspan="2">内部责任</td><td>无责任人</td><td>按约定的责任承担比例→按约定的出资承担比例→按均等份额分担</td></tr>
<tr><td>有责任人</td><td>其他发起人可主张由责任人承担设立行为所产生的费用和债务</td></tr>
</table>

考点三　股东出资★★★

经典例题

【例题1·单选题】甲、乙、丙共同出资设立了一有限责任公司，其中乙以一专利作价30万元出资。公司成立1年后，吸收丁入股。2年后，该公司因拖欠巨额债务被诉至法院。法院查明，乙作为出资的专利出资时仅值10万元，乙现有可执行的个人财产10万元。下列处理方式中，符合《公司法》规定的是(　)。

A. 乙以现有财产补交差额，不足部分待有财产时再行补足

B. 乙以现有财产补交差额，不足部分由甲、丙补足

C. 乙以现有财产补交差额，不足部分由甲、丙、丁补足

D. 乙无须补交差额，其他股东也不负补交差额的责任

【答案】B

【解析】本题考核有限责任公司股东的出资责任。有限责任公司成立后，发现作为设立公司出资的非货币财产的实际价额显著低于公司章程所定价额的，应当由交付该出资的股东补足其差额；公司设立时的其他股东承担连带责任。本题中，公司设立时丁不是出资人，不承担补交其差额的责任。

【例题2·多选题】(2019年改)2017年3月3日，甲、乙、丙签订投资协议设立海虹公司。约定每人各认缴出资30万元，并于公司成立后3个月内缴齐。2017年3月15日，海虹公司经登记成立。但直至2018年6月甲、丙的认缴出资一直未到位。下列有关甲、丙出资行为及其后果的说法中，正确的有(　)。

A. 因甲、丙未出资，海虹公司增资时有权限制甲、丙新股优先认购权

B. 甲、丙未出资行为构成对乙的违约

C. 甲、丙的出资属于虚假出资

D. 因甲、丙未出资，海虹公司增资时有权限制甲、丙新股利润分配请求权

E. 甲、丙未出资行为构成对乙的侵权

【答案】ABCD

【解析】本题考核股东出资责任。股东未履行或者未全面履行出资义务或者抽逃出资，公司根据公司章程或者股东会决议对其利润分配请求权、新股优先认购权、剩余财产分配请求权等股东权利作出相应的合理限制，该股东请求认定该限制无效的，人民法院不予支持。所以选项A、D正确。发起人不依照规定缴纳出资的，应当按照发起人协议承担违约责任。所以选项B正确，选项E错误。股东未按期足额缴纳出资，为虚假出资。包括不出资、不足额出资、不按期出资三种情况。所以选项C正确。

考点精析

1. 出资方式

可以**货币、非货币财产、股权、债权**作价出资。

【帮你"李"解】 不得以劳务、信用、自然人姓名、商誉、特许经营权或设定担保的财产等作价出资。

2. 虚假出资的责任(见表13-5)

表13-5 虚假出资的责任

	项目	具体规定
(1)	有限责任公司股东不按章程规定缴纳出资	①对公司：股东向公司足额缴纳； ②对其他股东：向按期足额缴纳的股东承担违约责任； ③对其他发起人：公司设立时的其他股东、发起人承担连带责任
	股份有限公司认股人未按期缴纳所认股份的股款+发起人催缴后在合理期间内仍未缴纳，发起人对该股份另行募集的	该募集行为有效+该认股人承担赔偿责任
(2)	(股份)有限公司设立时未履行或未全面履行出资义务	①全面履行出资义务(对公司)； ②在未出资本息范围内对公司债务不能清偿的部分承担补充赔偿责任； ③公司发起人与未出资股东承担连带责任
(3)	公司增资时未履行或未全面履行出资义务	①向公司依法全面履行出资义务； ②在未出资本息范围内对公司债务承担补充赔偿责任； ③未尽忠实义务和勤勉义务而使出资未缴足的董事、高级管理人员承担相应责任，董事、高级管理人员承担责任后，可以向被告股东追偿
(4)	**对虚假出资的股东，公司有权合理限制其利润分配请求权、新股优先认购权、剩余财产分配请求权等股东权利**	

【帮你"李"解】 虚假出资包括不出资、不足额出资、不按期出资等行为。

3. 出资不实的责任(见表13-6)

表13-6 出资不实的责任

	出资人的出资情形	法律责任
(1)	作为出资的非货币财产的实际价额显著低于公司章程所规定价额	①交付该出资的股东或发起人补足其差额； ②公司设立时的其他股东或发起人承担连带责任。 **【"李"应注意】** 对出资不实承担连带责任的其他股东或发起人必须是"公司设立时"的，公司设立后的股东不承担连带责任
(2)	以非货币财产出资，未依法评估作价	委托具有合法资格的评估机构对该财产评估作价。评估确定的价额显著低于公司章程所定价额的，认定出资人未依法全面履行出资义务
(3)	以符合法定条件的非货币财产出资后，因市场变化或者其他客观因素导致出资财产贬值	除另有约定外，出资人不需要承担责任

续表

	出资人的出资情形		法律责任
（4）	以不享有处分权的财产出资		按善意取得制度处理
	以贪污、受贿、侵占、挪用等违法犯罪所得的货币出资后取得股权		对违法犯罪行为追究、处罚时，采取拍卖或者变卖的方式处置其股权
（5）	以划拨土地使用权出资，或者以设定权利负担的土地使用权出资		责令其在合理期间内办理土地变更手续或者解除权利负担；逾期未办理或未解除的，应当认定出资人未依法全面履行出资义务
（6）	以房屋、土地使用权或者需要办理权属登记的知识产权等财产出资	已交付公司使用但未办理权属变更手续	①在人民法院指定的合理期间办理了手续，认定其已履行了出资义务。 ②自**实际交付财产使用时**享有相应股东权利
		已办理权属变更手续但未交付给公司使用	在实际交付之前不享有相应股东权利

4. 抽逃出资(见表13-7)

表13-7　抽逃出资

项目	具体规定
法律规定	公司成立后，股东不得抽逃出资。——资本维持原则的体现
对抽逃出资的认定	(1)通过虚构债权债务关系将其出资转出； (2)制作虚假财务会计报表虚增利润进行分配； (3)利用关联交易将出资转出； (4)其他未经法定程序将出资抽回的行为
抽逃出资的法律责任	(1)股东抽逃出资，应当返还出资本息；协助抽逃出资的其他股东、董事、高级管理人员或者实际控制人对此承担连带责任。——对公司的责任 (2)在抽逃出资本息范围内对公司债务不能清偿的部分承担补充赔偿责任；协助抽逃出资的其他股东、董事、高级管理人员或者实际控制人对此承担连带责任。——对债权人的责任 (3)合理限制其利润分配请求权、新股优先认购权、剩余财产分配请求权等股东权利。 (4)经公司催告缴纳或者返还，其在合理期间内仍未缴纳或者返还出资，公司可以股东会决议形式解除该股东的股东资格，并及时办理法定减资程序或者由其他股东或者第三人缴纳相应的出资

考点四　股东资格与股权转让★★

经典例题

【例题1·单选题】(2017年)根据《公司法》及有关规定，导致公司股东资格丧失的情形之一是(　)。

A. 公司的法人股东终止

B. 公司的法人股东设立分支机构

C. 公司股东的部分股权被法院强制执行

D. 公司股东将其所持有的部分股权转让给他人

【答案】 A

【解析】 本题考核股东资格丧失的情形。股东资格丧失的情形有：(1)公司法人资格消灭；(2)自然人股东死亡或法人股东终止；(3)股东将其所持有的股权转让；(4)股权被法院强制执行；(5)法律规定的其他情形。

【例题2·多选题】(2010年)根据《公司法》，下列关于股权转让的说法中，正确的有(　)。

A. 有限责任公司股东之间可以相互转让其全部或者部分股权

B. 有限责任公司股东向股东以外的人转让股权，应当经其他股东所持表决权2/3以上同意

C. 有限责任公司股东向股东以外的人转让股权，应当经其他股东过半数同意

D. 有限责任公司若发生股权转让，应相应修改股东名册

E. 有限责任公司股东转让股权，应经董事会批准

【答案】ACD

【解析】本题考核有限责任公司股权转让。有限责任公司的股东之间可以相互转让其全部或者部分股权。选项A正确。股东向股东以外的人转让股权，应当经其他股东过半数同意。选项B错误，选项C正确。转让股权后，公司应当注销原股东的出资证明书，向新股东签发出资证明书，并相应修改公司章程和股东名册中有关股东及其出资额的记载。选项D正确。选项E的说法没有法律依据。

考点精析

1. 股东资格(见表13-8)

表13-8 股东资格

<table>
<tr><th>项目</th><th colspan="2">具体规定</th></tr>
<tr><td>股东资格的取得方式</td><td colspan="2">原始取得、增资取得和继受取得</td></tr>
<tr><td rowspan="3">股东资格证明</td><td>有限责任公司</td><td>出资证明书、股东名册、工商登记</td></tr>
<tr><td>股份有限公司</td><td>无记名股票、记名股票</td></tr>
<tr><td colspan="2">【"李"应注意】股东名册是法定证明文件，已记载于股东名册的，未登记不影响其资格，只是不能对抗善意第三人</td></tr>
<tr><td>股东资格丧失</td><td colspan="2">(1)公司法人资格消灭，如解散、破产、被合并；
(2)自然人股东死亡或法人股东终止；
(3)股东将其所持有的股权转让；
(4)股权被人民法院强制执行；
(5)法律规定的其他情形</td></tr>
</table>

2. 股权转让与股份转让

(1)有限责任公司的股权转让(见表13-9)。

表13-9 有限责任公司的股权转让

转让方式	具体规定
内部转让	有限责任公司的股东之间可以相互转让其全部或者部分股权
外部转让	股东向股东之外的人转让股权，应当经其他股东过半数(大于1/2)同意。 【"李"应注意1】股东向股东之外的人转让股权无须经过股东会作出决议。 【"李"应注意2】视为同意的情形有：①其他股东自接到书面通知之日起满30日未答复的，视为同意转让。②其他股东半数以上不同意转让的，不同意的股东应当购买该转让的股权；不购买的，视为同意转让。 【"李"应注意3】经股东同意转让的股权，在同等条件下，其他股东有优先购买权；两个以上股东主张行使优先购买权的，协商确定各自的购买比例；协商不成的，按照转让时各自的出资比例行使优先购买权(协商→出资)
法院依法强制转让	应当通知公司及全体股东，自通知之日起满20日其他股东不行使优先购买权的，视为放弃该权利

（2）股份有限公司的股份转让。

股份有限公司的股东可以自由转让股份，但董事、监事、高级管理人员所持有的本公司的股份转让的限制有下列规定：

①任职期间每年转让的股份不得超过其所持有本公司股份总数的25%。

②自公司股票上市交易之日起1年内不得转让。

③离职后半年内，不得转让其所持有的本公司股份。

3. 股份（权）回购

（1）有限责任公司异议股东股权回购请求权。

对股东会下列决议投反对票的股东可以请求公司按照合理的价格收购其股权：

①公司5年连续盈利+不向股东分配利润；

②公司合并、分立、转让主要财产的；

③公司章程规定的营业期限届满或章程规定的其他解散事由出现+股东会会议通过决议修改章程使公司存续的。

（2）股份有限公司的股份回购（见表13-10）。

表13-10 股份有限公司可以回购本公司股份的情形

回购本公司股份的法定情形	具体要求
减少公司注册资本	①经股东大会特别决议通过； ②应自收购之日起10日内注销
与持有本公司股份的其他公司合并	①应经股东大会特别决议通过； ②应当在6个月内转让或者注销
股东因对股东大会作出的公司合并、分立决议持异议，要求公司收购其股份的	应当在6个月内转让或者注销
将股份用于员工持股计划或股权激励	①可以依照公司章程规定或股东大会授权，经2/3以上董事出席的董事会会议决议； ②公司合计持有的本公司股份不得超过本公司已发行股份总额的10%，并应当在3年内转让或者注销； ③应当通过公开的集中交易方式进行
将股份用于转换上市公司发行的可转换为股票的公司债券	
上市公司为维护公司价值及股东权益所必需	

考点五 股东诉讼★★★

经典例题

【例题1·多选题】（2016年）若公司董事会作出的决议存在违反公司章程规定的内容，则可以对该决议提起撤销之诉的人员有（ ）。

A. 公司非控股股东

B. 列席董事会会议的非股东监事

C. 出席董事会会议具有表决权的非股东董事

D. 出席董事会会议的股东

E. 受决议内容影响的股东

【答案】ADE

【解析】本题考核公司决议瑕疵的诉讼。只有股东有权针对公司决议提起撤销之诉。

【应试技巧】有权提起公司决议瑕疵诉讼的股东是公司的任何股东，法律对其持股权比例没有要求。

【例题2·多选题】（2014年）根据《公司法》司法解释，下列关于股东提起诉讼的说法中，正确的有（ ）。

A. 股东认为股东会表决方式违反公司章程规定的，可以向人民法院提起公司决议无效诉讼

B. 股东认为公司监事违反章程规定，损害公司利益的，应以自己的名义直接向人民法院提起诉讼

C. 对股东会转让公司主要财产的决议投反对

票的股东，在规定时间内与公司不能达成股权收购协议的，可自股东会决议通过之日起90日内向人民法院提起诉讼

D. 公司董事执行职务时违反章程规定，给公司造成损失的，有限责任公司股东应以自己的名义直接向人民法院提起诉讼

E. 公司高管执行公司职务时违反公司章程，给公司造成损失的，有限责任公司股东可以书面请求监事会向人民法院提起诉讼

【答案】CE

【解析】本题考核股东诉讼。股东会表决方式违反公司章程规定的，该决议属“可撤销决议”，可提起撤销诉讼，而非无效诉讼。所以选项A错误。公司监事违反章程规定，损害公司利益的，股东应先书面请求董事会(董事)向法院提起诉讼，情况紧急的，才可直接起诉。所以选项B错误。公司董事执行职务违反章程规定，给公司造成损失的，股东应先书面请求监事会(监事)向法院提起诉讼，情况紧急的，才可直接起诉。所以选项D错误。

考点精析

1. 公司决议瑕疵的诉讼

公司决议瑕疵诉讼包括公司决议无效之诉和公司决议撤销之诉，见表13-11。

表13-11　公司决议无效之诉和公司决议撤销之诉

项目	情形	诉讼
决议内容	违反法律、行政法规	无效之诉
	违反公司章程	撤销之诉
召集**程序**、表决**方式**	违反法律、行政法规或公司章程	撤销之诉

【帮你“李”解1】“股东”没有持股比例限制，任何股东均可提起决议无效、撤销之诉。

【帮你“李”解2】股东自决议作出之日起60日内，请求法院撤销。

【帮你“李”解3】股东提起诉讼的，人民法院可应公司的请求，要求股东提供相应担保。

2. 股东直接诉讼

公司董事、高级管理人员违反法律、行政法规或者公司章程的规定，损害股东利益的，股东可以依法向人民法院提起诉讼。

3. 股东代表诉讼(见表13-12)

表13-12　股东代位诉讼

项目	具体规定	
请求主体	(1)有限责任公司的股东； (2)股份有限公司连续180日以上单独或者合计持有公司1%以上股份的股东	
适用情形	董事、高级管理人员执行公司职务时违反法律、行政法规或者公司章程的规定，给公司造成损失的	
程序	先诉请求	书面请求监事会、不设监事会的有限责任公司的监事、董事会或者不设董事会的有限责任公司的执行董事向法院提起诉讼。 【“李”应注意】如果是董事、高级管理人员违法违章，就找监事会或不设监事会的监事，如果是监事违法违章，就找董事会或不设董事会的执行董事
	代位诉讼	监事会(不设监事会的有限责任公司的监事)，或董事会、执行董事收到请求后拒绝提起诉讼，或自收到请求之日起30日内未提起诉讼，或者情况紧急、不立即提起诉讼将会使公司利益受到难以弥补的损害的，先诉请求的股东有权为了公司的利益以自己的名义直接向人民法院提起诉讼

【帮你"李"解】 他人侵犯公司合法权益，给公司造成损失的，有限责任公司的股东、股份有限公司连续180日以上单独或者合计持有公司1%以上股份的股东可以依照上述规定向人民法院提起诉讼。

4. 关联交易的诉讼

公司的控股股东、实际控制人、董事、监事、高级管理人员的关联交易损害公司利益的股东诉讼：

①根据《公司法》第21条规定，公司的控股股东、实际控制人、董事、监事、高级管理人员不得利用其关联关系损害公司利益。违反上述规定，给公司造成损失的，应当承担赔偿责任。

②根据《公司法司法解释五》规定，关联交易损害公司利益，公司没有依据《公司法》第21条规定提起诉讼，请求控股股东、实际控制人、董事、监事、高级管理人员赔偿所造成的损失，有限责任公司的股东、股份有限公司连续180日以上单独或者合计持有公司1%以上股份的股东，可以书面请求监事会或者不设监事会的有限责任公司的监事向人民法院提起诉讼；监事会、不设监事会的有限责任公司的监事，收到前款规定的股东书面请求后拒绝提起诉讼，或者自收到请求之日起30日内未提起诉讼，或者情况紧急、不立即提起诉讼将会使公司利益受到难以弥补的损害的，前款规定的股东有权为了公司的利益以自己的名义直接向人民法院提起诉讼。

③关联交易合同存在无效或者可撤销情形，公司没有起诉合同相对方的，有限责任公司的股东、股份有限公司连续180日以上单独或者合计持有公司1%以上股份的股东，可以书面请求监事会或者不设监事会的有限责任公司的监事向人民法院提起诉讼；监事会、不设监事会的有限责任公司的监事，收到前款规定的股东书面请求后拒绝提起诉讼，或者自收到请求之日起30日内未提起诉讼，或者情况紧急、不立即提起诉讼将会使公司利益受到难以弥补的损害的，前款规定的股东有权为了公司的利益以自己的名义直接向人民法院提起诉讼。

5. 解散公司的诉讼（见表13-13）

表13-13　解散公司的诉讼

解散公司诉讼	具体规定	
诉讼提起人	**单独或者合计持有公司全部股东表决权10%以上**的股东提起	
提起解散公司诉讼的情形	持续2年以上无法召开股东会或者股东大会	公司经营管理发生严重困难的
	持续2年以上不能作出有效股东会或股东大会决议	
	公司董事长期冲突，且无法通过股东会或者股东大会解决	
	经营管理发生其他严重困难，公司继续存续会使股东利益受到重大损失的情形	
法院不予受理的情形	股东以知情权、利润分配请求权等权益受到损害，或者公司亏损、财产不足以偿还全部债务，以及公司被吊销企业法人营业执照未进行清算为由，提起解散公司诉讼的	
管辖	公司住所地法院管辖（主要办事机构所在地，不明的→注册地）	

阶段性测试

1. **【单选题】** 根据《公司法》，下列选项中可以作为股东出资的是（　）。

A. 劳务　　B. 管理技能

C. 信用　　D. 非专利技术

2. **【单选题】** 甲有限责任公司章程规定，股东优先购买权的行使期间是收到书面转让通知之日起60日。股东赵某拟对外转让股权并书面通知其他股东：欲行使优先购买权者，请自收到通知之日起20日内提出。根据公司法律制度的规定，其他股东优先购买权的行使期间是（　）。

A. 自收到赵某书面通知之日起20日内

B. 自收到赵某书面通知之日起80日内

C. 自收到赵某书面通知之日起30日内

D. 自收到赵某书面通知之日起60日内

3.【多选题】根据《公司法》，关于公司提供担保的说法，正确的有( )。

A. 公司可以对外提供担保，但不可以为本公司股东或者实际控制人提供担保

B. 根据公司章程规定，董事会、股东会或者股东大会有权决定公司对外提供担保事宜

C. 公司章程可以对公司提供担保的数额作出限制性规定

D. 公司为公司股东提供担保，必须经股东会或者股东大会决议通过，但接受担保的股东不得参加该担保事项的表决

E. 公司股东会或者股东大会可以决定为本公司股东提供担保，但是具体事项表决时需由公司半数以上股东同意才能通过

阶段性测试答案精析

1. D 【解析】本题考核股东的出资形式。股东或者发起人可以用货币出资，也可以用实物、知识产权、土地使用权等可以用货币估价并可以依法转让的非货币财产作价出资，但不得以劳务、信用、自然人姓名、商誉、特许经营权或者设定担保的财产等作价出资。

2. D 【解析】本题考核有限责任公司股权转让。根据规定，有限责任公司的股东主张优先购买转让股权的，应当在收到通知后，在公司章程规定的行使期间内提出购买请求。公司章程没有规定行使期间或者规定不明确的，以通知确定的期间为准，通知确定的期间短于30或者未明确行使期间的，行使期间为30日。题目中“公司章程规定的行使期间是60日”，则按照公司章程规定。

3. BCD 【解析】本题考核公司担保能力的限制。公司向其他企业投资或者为他人提供担保，依照公司章程的规定，由董事会或者股东会、股东大会决议；公司章程对投资或者担保的总额及单项投资或者担保的数额有限额规定的，不得超过规定的限额。公司为公司股东或者实际控制人提供担保的，必须经股东会或者股东大会决议。受公司担保的股东或者受实际控制人支配的股东，不得参加对该担保事项的表决。该项表决由出席会议的其他股东所持表决权的过半数通过。

考点六　公司的组织机构★★★

经典例题

【例题1·单选题】(2019年)下列有关股东会或股东大会的说法中，正确的是( )。

A. 有限责任公司选举职工监事，由参加股东会的股东表决通过

B. 全体股东以书面形式一致同意修改公司章程的，可以不召开股东会会议

C. 股东大会选举董事可以实行累积投票制，但选举监事不可以实行累积投票制

D. 股东大会表决时，公司持有的本公司股份具有同等表决权

【答案】B

【解析】本题考核股东(大)会。监事会中的职工代表由公司职工通过职工代表大会、职工大会或者其他形式民主选举产生。所以选项A错误。股东大会选举董事、监事，可以依照公司章程的规定或者股东大会的决议，实行累积投票制。所以选项C错误。股东出席股东大会会议，所持每一股份有一表决权。但是，公司持有的本公司股份没有表决权。所以选项D错误。

【例题2·多选题】(2018年)下列关于有限责任公司设立、组织机构及公司章程的说法中，正确的有( )。

A. 所有一人有限责任公司均可以再投资设立新的一人有限责任公司

B. 设立董事会的，其成员为3~13人

C. 股东人数不超过50人

D. 公司章程应由全体股东共同制定

E. 有限责任公司均应当设立监事会

【答案】 BCD

【解析】 本题考核有限责任公司的设立、组织机构及公司章程。自然人投资设立的一人有限责任公司不能再投资设立新的一人有限公司。所以选项A错误。股东人数较少或者规模较小的有限责任公司，可以设1至2名监事，不设监事会。所以选项E错误。

【例题3·多选题】（2016年）下列关于公司董事会召开会议的说法中，符合法律规定的有（ ）。

A. 董事会的议事方式一律由法律规定

B. 董事会应当对所议事项的决定作成会议记录

C. 董事会的表决程序一律由公司章程规定

D. 应当在会议记录上签名的董事仅限于出席会议并投赞成票的董事

E. 董事会决议的表决实行一人一票

【答案】 BE

【解析】 本题考核董事会。董事会的议事方式和表决程序除《公司法》有规定的外，由公司章程规定。所以选项A、C错误。董事会应当对所议事项的决定作成会议记录，出席会议的董事应当在会议记录上签名。所以选项D错误。

考点精析

1. 股东(大)会(见表13-14)

有限责任公司中的权力机构为股东会，股份有限公司的权力机构为股东大会。股东(大)会由全体股东组成。

表13-14 股东(大)会

	有限责任公司	股份有限公司
组成	全体股东	
职权	(1)决定公司的经营方针和投资计划；(2)选举和更换**非职工代表**担任的董事、监事，决定有关董事、监事的报酬事项；(3)**审议批准**董事会的报告；(4)**审议批准**监事会或者监事的报告；(5)**审议批准**公司的年度财务预算方案、决算方案；(6)**审议批准**公司的利润分配方案和弥补亏损方案；(7)对公司增加或者减少注册资本**作出决议**；(8)对发行公司债券**作出决议**；(9)对公司合并、分立、解散、清算或者变更公司形式**作出决议**；(10)修改公司章程；(11)公司章程规定的其他职权。 **【"李"应注意】** 股东会作出决议，原则上以召集会议的方式，但全体股东以书面形式一致同意的，可以不召开股东会会议	
召集和主持	(1)首次会议：由"出资最多"的股东召集和主持。 (2)后续会议 公司设董事会的：会议由董事会召集，董事长主持→(董事长不能或不履行职责的)副董事长主持→(副董事长不能或不履行职责的)半数以上董事共同推举一名董事主持。 公司不设董事会的：由执行董事召集和主持。 (3)董事会或执行董事不能或不履行召集股东会会议职责的→监事会/监事召集和主持→(监事会/监事不召集和主持的)**代表10%以上表决权**的股东自行召集和主持。 **【"李"应注意】** 会议召集是由"大股东"开始，"大股东"结束	(1)董事会召集，董事长主持→(董事长不能或者不履行职务的)副董事长主持→(副董事长不能或者不履行职务的)由半数以上董事共同推举1名董事主持； (2)董事会不能履行或者不履行召集股东大会会议职责的，监事会应当及时召集和主持； (3)监事会不召集和主持的，**连续90日以上**单独或者合计持有公司**10%以上股份**的股东可以自行召集和主持

第13章 公司法律制度

续表

		有限责任公司	股份有限公司
召开	定期会议	依照公司章程的规定召开	每年召开 1 次
	临时会议	代表 1/10 以上表决权的股东，1/3 以上的董事，监事会或者不设监事会的公司的监事提议召开	有下列情形之一的，应在 2 个月内召开：(1)董事人数不足《公司法》规定人数(5 至 19 人)或者公司章程所定人数的 2/3(3 人以下)时；(2)公司未弥补的亏损达实收股本总额1/3 时；(3)单独或者合计持有公司 10%以上股份的股东请求时；(4)董事会认为必要时；(5)监事会提议召开时；(6)公司章程规定的其他情形
会议通知		应当于会议召开 15 日前通知全体股东；但是，公司章程另有规定或者全体股东另有约定的除外	将会议召开的时间、地点和审议的事项于会议召开 20 日前通知各股东；临时股东大会应当于会议召开 15 日前通知各股东；发行无记名股票的，应当于会议召开 30 日前公告会议召开的时间、地点和审议事项
表决		(1)由股东按出资比例行使表决权；但章程另有规定的除外。 (2)议事方式和表决程序，除公司法有规定的外，由公司章程规定。 (3)股东会会议作出修改公司章程、增加或者减少注册资本的决议，以及公司合并、分立、解散或者变更公司形式的决议，必须经代表 2/3 以上表决权的股东通过	(1)股东大会作出决议，必须经出席会议的股东所持表决权过半数通过； (2)股东大会作出修改公司章程、增加或者减少注册资本的决议，以及公司合并、分立、解散或者变更公司形式的决议，必须经出席会议的股东所持表决权的 2/3 以上通过

【帮你“李”解】 股东可以委托代理人出席股东大会会议，代理人应当向公司提交股东授权委托书，并在授权范围内行使表决权。代理人是否是股东，《公司法》没有作出要求。

2. 董事会及经理

(1)董事会的组成及董事任期(见表 13-15)。

表 13-15 董事会的组成及董事任期

	有限责任公司	国有独资公司	股份有限责任公司
人数	3-13 人		5-19 人
职工代表	(1)两个以上的国有企业或者其他两个以上的国有投资主体投资设立：“**应当**”有职工代表； (2)其他有限责任公司：“可以”有职工代表	(1)应当有公司职工代表； (2)职工代表由公司职工代表大会选举产生； (3)董事会成员由国有资产监督管理机构委派	可以有职工代表
董事长	董事长、副董事长的产生办法由公司章程规定	董事长、副董事长由国有资产监督管理机构从董事会成员中“指定”	董事长和副董事长由董事会以全体董事的过半数选举产生
董事的任期	每届任期**不得超过 3 年**，连选可以连任。 **【“李”应注意】** 任期届满未及时改选，或者董事在任期内辞职导致董事会成员低于法定人数的(低于 3 人或 5 人时)，在改选出的董事就任前，原董事仍应当依照法律、行政法规和公司章程的规定，履行董事职务		

(2)董事会的职权。

①召集股东会会议，并向股东会报告工作；

②执行股东会的决议；

③决定公司的经营计划和投资方案；

④制订公司的年度财务预算方案、决算方案；

⑤制订公司的利润分配方案和弥补亏损方案；

⑥制订公司增加或者减少注册资本以及发行公司债券的方案；

⑦制订公司合并、分立、解散或者变更公司形式的方案；

⑧决定公司内部管理机构的设置；

⑨决定聘任或者解聘公司经理及其报酬事项，并根据经理的提名决定聘任或者解聘公司副经理、财务负责人及其报酬事项；

⑩制定公司的基本管理制度；

⑪公司章程规定的其他职权。

【帮你“李”解】董事会的一般职权是“制订方案”，考生应重点关注董事会有权“决定”的事项。

(3)董事会会议及议事规则(见表13-16)。

表13-16　董事会会议及议事规则

	有限责任公司	国有独资公司	股份有限公司
定期会议	章程决定		1年至少2次
临时会议	—	—	①代表10%以上表决权的股东提议； ②1/3以上董事提议； ③监事会提议
召集和主持	①董事长召集和主持；②董事长不能履行职务或者不履行职务的，由副董事长召集和主持；③副董事长不能履行职务或者不履行职务的，由半数以上董事共同推举一名董事召集和主持		
表决	实行一人一票		

【帮你“李”解】股份有限公司董事会召开与表决的特殊规定

①董事会会议应有过半数的董事出席方可举行。董事会作出决议，必须经全体董事的过半数通过。如有10名董事，6人出席方可举行，6人全票通过才可通过。

②董事会会议，应由董事本人出席；董事因故不能出席，可以书面委托其他董事代为出席，委托书中应载明授权范围。

③董事会的决议违反法律、行政法规(确认决议无效诉讼权)或者公司章程(撤销决议诉讼权)、股东大会决议，致使公司遭受严重损失的，“参与决议”的董事对公司负赔偿责任；但经证明在表决时曾“表明异议”并“记载于会议记录”的，该董事可以免责。

(4)经理。

有限责任公司可以设经理，经理由董事会决定聘任或者解聘，对董事会负责，列席董事会会议。股份有限公司设经理，由董事会决定聘任或者解聘。公司董事会可以决定由董事会成员兼任经理。

3. 监事会(见表13-17)

表13-17　监事会

	有限责任公司	股份有限公司
组成	(1)监事会成员**不得少于3人**； **【“李”应注意】**国有独资公司不得少于5人。 (2)监事会应当包括股东代表和职工代表，其中职工代表的比例不得低于1/3； (3)董事、高级管理人员不得兼任监事。 **【“李”应注意】**股东人数较少或者规模较小的有限责任公司，可以设1~2名监事，不设立监事会	

续表

	有限责任公司	股份有限公司
主席	监事会设主席 1 人，由全体监事过半数选举产生。 **【“李”应注意】国有独资公司的监事会主席由国有资产监督管理机构“指定”**	
职权	(1)检查公司财务； (2)对董事、高级管理人员执行公司职务的行为进行监督，对违反法律、行政法规、公司章程或者股东会决议的董事、高级管理人员提出罢免的建议； (3)当董事、高级管理人员的行为损害公司的利益时，要求董事、高级管理人员予以纠正； (4)提议召开临时股东(大)会会议，在董事会不履行召集和主持股东会会议职责时召集和主持股东会会议； (5)向股东(大)会会议提出提案； (6)对董事、高级管理人员提起诉讼； (7)监事可以列席董事会会议，并对董事会决议事项提出质询或者建议； (8)发现公司经营情况异常，可以进行调查； (9)公司章程规定的其他职权	
任期	监事任期每届为 3 年，连选可以连任	
会议	(1)每年度至少召开一次； (2)监事可以提议召开临时监事会会议	(1)监事会每 6 个月至少召开一次会议； (2)监事可以提议召开临时监事会会议
召集和主持	(1)监事会主席召集和主持监事会会议； (2)监事会主席不能履行职务或不履行职务的，由半数以上监事共同推举 1 名监事召集和主持监事会会议	
议事规则	(1)议事方式和表决程序，除《公司法》有规定的外，由公司章程规定。 (2)**监事会决议应当经半数以上监事通过**	

考点七　一人有限责任公司和国有独资公司★★★

扫我解疑难

经典例题

【例题 1·单选题】(2018 年)一人有限责任公司是有限责任公司的特殊形式，下列关于一人有限责任公司设立的说法中，正确的是(　)。

A. 一人有限责任公司只能由一个自然人出资设立

B. 一个自然人可以出资设立多个一人有限责任公司

C. 合伙企业可以出资设立一人有限责任公司

D. 一个法人可以出资设立多个一人有限责任公司

【答案】D

【解析】本题考核一人有限责任公司。一人有限责任公司，是指只有一个自然人股东或者一个法人股东的有限责任公司。一个自然人只能投资设立一个一人有限责任公司；该一人有限责任公司不能投资设立新的一人有限责任公司。法人则没有该限制，一个法人可以设立多个一人公司。

【例题 2·单选题】(2015 年)下列关于国有独资公司的表述中，正确的是(　)。

A. 国有独资公司所有董事会成员均由国有资产监督管理机构指定

B. 国有独资公司经理由国有资产监督管理机构聘任

C. 国有独资公司监事会成员不得少于 3 人

D. 国有资产监督管理机构可以授权公司董事会行使股东会的部分职权

【答案】D

【解析】本题考核国有独资公司的特别规定。国有独资公司董事会成员由国有资产监督管理机构委派；但是，董事会成员中的职工代表由公司职工代表大会选举产生。所以选项A错误。国有独资公司经理由董事会聘任或者解聘。所以选项B错误。国有独资公司监事会成员不得少于5人，其中职工代表的比例不得低于1/3，具体比例由公司章程规定。所以选项C错误。

考点精析

1. 一人有限责任公司

(1)一个法人可以投资设立多个一人有限责任公司。

(2)一个自然人只能投资设立一个一人有限责任公司。该一人有限责任公司不能投资设立新的一人有限责任公司。

(3)一人有限责任公司应当在每一会计年度终了时编制财务会计报告，并经会计师事务所审计。

(4)一人有限责任公司的股东不能证明公司财产独立于股东自己的财产的，应当对公司债务承担连带责任。

【"李"应注意】一人有限责任公司应当在公司登记中注明自然人独资或法人独资，并在公司营业执照中载明。

2. 国有独资公司

(1)国有独资公司不设股东会，由国有资产监督管理机构行使股东会职权。

(2)国有资产监督管理机构可以授权董事会行使股东会的部分职权，但**合并、分立、解散、增减注册资本和发行公司债券**，必须由国有资产监督管理机构决定。

(3)国有独资公司的董事长、副董事长、董事、高级管理人员，未经国有资产监督管理机构同意，不得在其他有限责任公司、股份有限公司或者其他经济组织兼职。

阶段性测试

1. **【单选题】**下列关于股份有限公司监事会的表述中，正确的是(　)。

A. 监事会成员不得少于9人

B. 监事会中职工代表的比例不得低于1/3

C. 监事会成员须由股东大会选举产生

D. 未担任公司行政管理职务的董事可以兼任监事

2. **【单选题】**根据《公司法》规定，关于一人有限责任公司的说法，正确的是(　)。

A. 出资最低限额为人民币10万元

B. 股东应当一次性全额缴纳出资

C. 一个自然人只能设立一个一人有限责任公司

D. 出资人只限于自然人

3. **【多选题】**华胜股份有限公司于2018年召开董事会临时会议，董事长甲及乙、丙、丁、戊共5位董事出席，董事会中其余4名成员未出席。董事会表决之前，丁因意见与众人不合，中途退席，但董事会经与会董事一致通过，最后仍作出决议。下列选项的表述错误的有(　)。

A. 该决议有效，因其已由出席会议董事的过半数通过

B. 该决议不成立，因丁中途退席使董事会决议未达到《公司法》规定的通过比例

C. 该决议无效，因丁中途退席使董事会的表决方式违反《公司法》的规定

D. 该决议是否有效取决于公司股东大会的最终意见

E. 该决议是否有效取决于公司监事会的审查意见

阶段性测试答案精析

1. B　**【解析】**本题考核股份有限公司的监事会。股份公司的监事会成员不得少于3人。所以选项A错误。股份有限公司监事会应当包括股东代表和适当比例的公司职工代表，职工代表由公司职工通过职工代表大会、职工大会或者其他形式民主选举产生。所以选项C错误。董事、高级管理人员不得兼任监事。所以选项D错误。

2. C　**【解析】**本题考核一人有限责任公司。《公司法》取消了一人有限责任公司设立时有关"最低注册资本"及"一次性缴足出资"

的要求。所以选项 A、B 错误。一人有限责任公司的出资人可以是一个自然人，也可以是一个法人。所以选项 D 错误。

3. ACDE 【解析】本题考核董事会的决议。本题中，董事会表决之前，丁因意见与众人不合，中途退席，导致董事会决议未达到法定通过比例。根据规定，董事会的表决结果未达到公司法规定的通过比例，决议不成立。

考点八 公司董事、经理、高级管理人员★★

经典例题

【例题·单选题】（2019 年）甲股份有限公司 2014 年 6 月召开股东大会，选举公司董事。根据《公司法》的规定，下列人员中，不得担任该公司董事的是（ ）。

A. 张某，因挪用财产被判处刑罚，执行期满已逾 6 年

B. 吴某，原系乙有限责任公司董事长，因其个人责任导致该公司破产，清算完结已逾 5 年

C. 储某，系丙有限责任公司控股股东，该公司股东会决策失误，导致公司负有 300 万元到期不能清偿的债务

D. 杨某，原系丁有限责任公司法定代表人，因其个人责任导致该公司被吊销营业执照未逾 2 年

【答案】D

【解析】本题考核董事、监事、高级管理人员的任职条件。选项 A，是经济犯罪，但执行期满已超过 5 年；选项 B，个人原因导致企业倒闭，但清算完结已逾 3 年；选项 C，是因为股东会决策失误，使公司负有不能清偿到期债务。只有 D 选项符合《公司法》不得担任董事、监事、高管人员的条件。

考点精析

1. 任职条件

不得担任公司的董事、监事、高级管理人员的情形有：

（1）无民事行为能力或者限制民事行为能力。

（2）因贪污、贿赂、侵占财产、挪用财产或者破坏社会主义市场经济秩序，被判处刑罚，执行期满未逾 5 年，或者因犯罪被剥夺政治权利，**执行期满未逾 5 年**。

（3）担任破产清算公司、企业的董事或者厂长、经理，对该公司、企业的破产**负有个人责任**的。自该公司、企业破产清算完结之日起**未逾 3 年**。

（4）担任因违法被吊销营业执照、责令关闭的公司、企业的法定代表人，并**负有个人责任**的，自该公司、企业被吊销营业执照之日起**未逾 3 年**。

（5）个人所负数额较大的债务到期未清偿。

【帮你“李”解】董事、监事、高级管理人员在任职期间出现无民事行为能力或者限制民事行为能力情形的，公司应当解除其职务。

董事任期届满前被股东会或者股东大会有效决议解除职务，其主张解除不发生法律效力的，人民法院不予支持。

2. 特定义务

（1）不得挪用公司资金；

（2）不得将公司资金以其个人名义或者以其他个人名义开立账户存储；

（3）不得违反公司章程的规定，未经股东会、股东大会或者董事会同意，将公司资金借贷给他人或者以公司财产为他人提供担保；

（4）不得违反公司章程的规定或者未经股东会、股东大会同意，与本公司订立合同或者进行交易；

（5）不得未经股东会或者股东大会同意，利用职务便利为自己或者他人谋取属于公司的商业机会，自营或者为他人经营与所任职公司同类的业务；

（6）不得接受他人与公司交易的佣金归为己有；

（7）不得擅自披露公司秘密。

考点九　公司变更、解散与清算★★

经典例题

【例题1·单选题】(2015年)下列关于公司合并的表述中，正确的是(　)。

A. 应当经董事会全体董事一致通过

B. 公司应当自作出合并决议之日起30日内通知各自的债权人

C. 未接到通知书的债权人，自公告之日起45日内，可以要求公司清偿债务

D. 应当经全体股东过半数同意

【答案】C

【解析】本题考核公司合并。公司合并，有限责任公司必须经代表2/3以上表决权的股东通过；股份有限公司须经出席股东大会会议的股东所持表决权的2/3以上通过。所以选项A、D错误。公司应当自作出合并决议之日起10日内通知债权人，并于30日内在报纸上公告。债权人自接到通知书之日起30日内，未接到通知书的自公告之日起45日内，可以要求公司清偿债务或者提供相应的担保。所以选项B错误，选项C正确。

【例题2·多选题】(2019年)下列有关公司合并、分立规则的说法中，正确的有(　)。

A. 有限责任公司分立，应由股东会作出决议

B. 公司合并时，合并各方的债权、债务由合并后存续的公司承继

C. 股份有限公司合并的决议，需经该公司代表2/3以上表决权的股东通过

D. 公司分立，应当编制资产负债表及财产清单

E. 公司分立时，通知债权人和公告是必经程序

【答案】ABDE

【解析】本题考核公司合并、分立。股东大会作出修改公司章程、增加或者减少注册资本的决议，以及公司合并、分立、解散或者变更公司形式的决议，必须经“出席会议的”股东所持表决权的2/3以上通过。所以选项C错误。

考点精析

1. 公司变更

(1)公司合并与分立(见表13-18)。

表13-18　公司合并与分立

	公司合并			公司分立		
方式	吸收合并	A+B=A	合并各方的债权、债务由合并后存续的公司或新设的公司承继	新设分立	A=B+C	分立前的债务由分立后的公司承担连带责任，但在分立前与债权人达成清偿协议的除外
	新设合并	A+B=C		派生分立	A=A+B	
程序	(1)股东(大)会作出批准与否的决议，并分割财产及编制资产负债表和财产清单。(2)通知和公告。作出决议之日起10日内通知债权人，并于30日内在报纸上发布公告；公司合并的，债权人自接到通知书之日起30日内，未接到通知书的自公告之日起45日内，可以要求公司清偿债务或提供相应担保。(3)办理登记。自公告之日起45日后申请登记					

【帮你“李”解】公司分立的债务承担必须是与债权人达成协议，如果仅仅是拟分立的几个公司之间达成协议，则对债权人不产生效力，债权人仍可请求分立后的公司承担连带责任。

(2)公司的增资与减资(见表13-19)。

表 13-19 公司的增资与减资

项目	公司增资	公司减资
程序	(1)必须由股东(大)会作出决议。 (2)向公司登记机关办理变更登记	(1)董事会(执行董事)制定减资方案，编制资产负债表及财产清单。 (2)通知和公告。公司应当自作出减少注册资本决议之日起10日内通知债权人，并于30日内在报纸上公告。 (3)清偿债务或者提供担保。债权人自接到通知书之日起30日内，未接到通知书的自公告之日起45日内，有权要求公司清偿债务或者提供相应的担保。 (4)办理变更登记。公司减少注册资本的，应当自公告之日起45日后申请变更登记

2. 公司解散(见表 13-20)

表 13-20 公司解散

项目	具体内容
解散原因	(1)公司章程规定的营业期限届满或者公司章程规定的其他解散事由出现；(2)股东会或者股东大会决议解散；(3)因公司合并或者分立需要解散；(4)依法被吊销营业执照、责令关闭或者被撤销；(5)公司经营管理发生严重困难，继续存续会使股东利益受到重大损失，通过其他途径不能解决的，持有公司全部股东表决权10%以上的股东，可以请求人民法院解散公司
免予解散	公司章程规定的营业期限届满或其他解散事由出现，可以通过修改公司章程而存续。有限责任公司须经**持有2/3以上表决权**的股东通过，股份有限公司须经**出席**股东大会会议的股东所持**表决权的2/3以上**通过
法律后果	(1)直接后果是公司清算；(2)除**合并、分立豁免清算**外，其他解散的公司都应当进行清算；(3)解散的公司，法人资格仍然存在，但只在清算活动的范围内享有权利能力；(4)清算完毕，办理注销登记，公司法律人格消灭

【帮你"李"解】股东(大)会特别表决事项：修改公司章程、增加或者减少注册资本的决议，以及公司合并、分立、解散或者变更公司形式的决议。

有限责任公司：必须经代表2/3以上表决权的股东通过。

股份有限公司：必须经**出席会议的**股东所持表决权的2/3以上通过。

3. 公司清算(见表 13-21)

表 13-21 公司清算

类型	具体规定	
自行清算	清算组成立时间	解散事由出现之日起15日内成立清算组
	清算组的组成	(1)有限责任公司的清算组由**股东**组成；(2)股份有限公司的清算组由**董事或者股东大会确定的人员**组成
指定清算	法定情形	(1)公司解散逾期(解散事由出现之日起15日)不成立清算组进行清算的；(2)虽然成立清算组但故意拖延清算的；(3)违法清算可能严重损害债权人或者股东利益的。 具有上述(2)情形，债权人未提起清算申请，**公司股东**申请人民法院指定清算组对公司进行清算的，人民法院应予受理
	清算组	(1)股东、董事、监事、高级管理人员；(2)依法设立的社会中介机构；(3)依法设立的中介机构中具备相关专业知识并取得执业资格的人员

【帮你“李”解】有限责任公司的股东、股份有限公司连续180日以上单独或者合计持有公司1%以上股份的股东，可以清算组成员有“违反法律、行政法规或者公司章程给公司或债权人造成损失”等行为为由向人民法院提起诉讼。公司已经清算完毕注销，可直接以清算组成员为被告、其他股东为第三人向人民法院提起诉讼。

阶段性测试

1.【单选题】刘某系甲公司的董事兼总经理，该公司主要经营计算机销售业务。任职期间，刘某代理乙公司从国外进口一批计算机并将其出售给甲公司，刘某因此得到代理费2万元。甲公司得知后提出异议。该2万元代理费的正确处理方式是( )。
   A. 应归刘某
   B. 应归甲公司
   C. 应收归国有
   D. 应由刘某和甲公司各得一半

2.【单选题】甲公司分立为乙公司和丙公司，根据分立协议，乙公司承继甲公司20%的净资产，丙公司承继甲公司80%的净资产及全部负债。甲公司的到期债权人丁公司接到分立通知后，要求上述相关公司立即清偿债务。下列关于丁公司债务清偿请求的表述中，符合公司法律制度规定的是( )。
   A. 丁公司仅能请求乙公司对该债务承担20%的责任
   B. 丁公司仅能请求丙公司对该债务承担责任，不能请求乙公司对该债务
   C. 丁公司可请求乙、丙公司对该债务承担连带责任
   D. 丁公司仅能请求丙公司对该债务承担80%的责任

阶段性测试答案精析

1. B 【解析】本题考核董事、监事、高级管理人员的职责。刘某的行为属于违反公司章程的规定或者未经股东会、股东大会同意，与本公司订立合同或者进行交易，因此所得的收入应当归公司所有。
2. C 【解析】本题考核公司分立的责任承担。公司分立前的债务由分立后的公司承担连带责任。但是，公司在分立前与债权人就债务清偿达成的书面协议另有约定的除外。

本章综合练习 限时45分钟

一、单项选择题

1. 法人制度是民法中一项重要的法律制度。下列有关公司法人的说法中，正确的是( )。
   A. 公司法人自被市场监督管理机关吊销营业执照之日起，民事权利能力终止
   B. 公司法人自被市场监督管理机关吊销营业执照之日起，民事权利能力中止
   C. 公司法人的设立始于市场监督管理机关核发企业法人营业执照之日
   D. 公司法人中的有限责任公司之“有限责任”是指公司以其资产对外承担有限责任

2. 全体股东或者发起人实际交付并经公司登记机关依法登记的出资额为( )。
   A. 注册资本　　B. 授权资本
   C. 认缴资本　　D. 实缴资本

3. 公司应当在登记的经营范围内从事经营活动。下列有关公司经营范围的表述中，正确的是( )。
   A. 公司章程不能对公司的经营范围作出规定
   B. 公司的经营范围中属于法律、行政法规规定必须经批准的项目，应当依法经过批准

C. 公司章程可以改变经过登记的公司经营范围而无须办理变更登记

D. 公司超越经营范围对外订立的合同无效

4. 甲向乙借用一台机床。借用期间，未经乙同意，甲以所有权人名义，以该机床作价出资，与他人共同设立有限责任公司丙。公司其他股东对甲并非机床所有人的事实并不知情。乙发现上述情况后，要求返还机床。根据公司法律制度和物权法律制度的规定，下列表述中正确的是(　)。

A. 甲出资无效，不能取得股东资格，乙有权要求返还机床

B. 甲出资无效，应以其他方式补足出资，乙有权要求返还机床

C. 甲出资有效，乙无权要求返还机床，但甲应向乙承担赔偿责任

D. 甲出资有效，乙无权要求返还机床，但丙公司应向乙承担赔偿责任

5. 甲持有乙公司34%的股份，为第一大股东。2007年1月，乙公司召开股东大会讨论其为甲向银行借款提供担保事宜。出席本次大会的股东(包括甲)所持表决权占公司发行在外股份总数的49%，除一名持有公司股份总额1%的小股东反对外，其余股东都同意乙公司为甲向银行借款提供担保。下列说法中，正确的是(　)。

A. 决议无效，因为出席股东大会的股东所持表决权数不足股份总额的半数

B. 决议无效，因为决议所获同意票代表的表决权数不足公司股份总额的半数

C. 决议无效，因为甲未回避表决

D. 决议无效，因为公司不得为其股东提供担保

6. 根据《公司法》及相关规定，下列关于股东诉讼的说法中，错误的是(　)。

A. 他人侵犯公司合法权益，给公司造成损失的，有限责任公司的股东、股份有限公司连续180日以上单独或者合计持有公司1%以上股份的股东可以依法向人民法院提起诉讼

B. 公司亏损、财产不足以偿还全部债务，单独或者合计持有公司股份10%以上的股东可向法院提起解散公司的诉讼

C. 股东会的决议内容违反公司章程的，股东可以自决议作出之日起60日内，请求人民法院撤销

D. 股东提起解散公司诉讼，同时又申请人民法院对公司进行清算的，人民法院对其提出的清算申请不予受理

7. 甲有限责任公司成立于2019年1月5日。公司章程规定，股东乙以其名下的一套房产出资。乙于1月7日将房产交付公司，但未办理权属变更手续。5月9日，股东丙诉至人民法院，要求乙履行出资义务。5月31日，人民法院责令乙于10日内办理权属变更手续。6月6日，乙完成办理权属变更手续。根据公司法律制度的规定，乙享有股东权利的起始日期是(　)。

A. 1月7日　　B. 1月5日

C. 6月6日　　D. 5月31日

8. 明轩公司依法分立为君昊、弘文两个公司，明轩公司分立之前欠天宇公司债务100万元，明轩公司在分立时与天宇公司约定，天宇公司的100万元债务由明轩公司分立后的君昊公司独自承担。天宇公司债权到期不能得到清偿，天宇公司应该向(　)主张债权。

A. 明轩公司

B. 君昊公司

C. 弘文公司

D. 君昊公司和弘文公司

9. 甲公司拟吸收合并乙公司。下列关于乙公司解散的表述中，符合公司法律制度规定的是(　)。

A. 乙公司不必进行清算，但必须办理注销登记

B. 乙公司必须进行清算，但不必办理注销登记

C. 乙公司必须进行清算，也必须办理注销登记

D. 乙公司不必进行清算，也不必办理注销登记

10. 下列关于股份有限公司设立的说法，错误的是(　)。

A. 发起设立股份有限公司，发起人人数应该为2人以上200人以下，其中半数以上发起人在中国境内有住所

B. 募集设立股份有限公司，全体发起人认购股份不得少于公司股份总数的35%

C. 股份有限公司章程应当由全体股东拟订并经创立大会审议通过

D. 股份有限公司名称中必须标明“股份公司”或“股份有限公司”字样

11. 某有限责任公司董事会由11名董事组成。2017年8月，董事长王某召集并主持召开董事会会议。关于此次会议召开及讨论决议事项的做法，符合《公司法》规定的是(　)。

A. 制订公司的利润分配方案

B. 确定公司对外投资计划，经表决，有6名董事同意，决定获得通过

C. 根据公司经营情况，会议决定从9月起每位董事提高30%的报酬

D. 鉴于监事会成员中的职工代表张某生病致短时间内不能正常履行职责，会议决定将监事张某更换为本公司职工王某

12. 根据公司法律制度的规定，下列各项中有权制订公司年度财务预算、决算方案的是(　)。

A. 总经理　　B. 股东大会

C. 董事会　　D. 监事会

13. 下列关于国有独资公司章程、组织机构及有关人员任职的表述中，正确的是(　)。

A. 公司章程由董事会制定

B. 公司不设股东会，其职权由董事会行使

C. 公司所有成员均由国有资产监督管理机构委派

D. 董事长未经国有资产监督管理机构同意，不得在其他公司兼职

14. 某股份有限公司共有甲、乙、丙、丁、戊、己、庚7位董事。某次董事会会议，董事甲、乙、丙、丁、戊、己参加，庚因故未能出席，也未书面委托其他董事代为出席。该次会议通过一项违反法律规定的决议，给公司造成严重损失。该次会议的会议记录记载，董事戊在该项决议表决时表明了异议。根据《公司法》的规定，应对公司负赔偿责任的董事是(　)。

A. 董事甲、乙、丙、丁、戊、己、庚

B. 董事甲、乙、丙、丁、戊、己

C. 董事甲、乙、丙、丁、己、庚

D. 董事甲、乙、丙、丁、己

15. 与某股份有限公司有关的下列做法中，符合《公司法》规定的是(　)。

A. 股东大会召开前1日，公司对两个股东进行了股东名册的变更登记

B. 李某为公司发起人，在公司成立11个月时，将持有的本公司股份转让

C. 张某为公司董事，因故辞去董事职务10个月后，将其持有的股份转让

D. 王某为公司经理，在任职期间因急需现金，1年内将其所持有的本公司股份全部转让

16. 根据公司法律制度的规定，确认公司董事会决议效力无效，应当以(　)为被告。

A. 公司

B. 出席会议的董事

C. 董事会

D. 对该决议投赞成票的董事

17. 下列关于股份有限公司股份转让的活动中，符合法律规定的是(　)。

A. 甲上市公司的董事A在甲公司股票上市交易之日起1年内转让自己所持甲公司股票的20%

B. 乙股份有限公司的发起人B将其持有的本公司股份在公司成立之日起第3年转让

C. 丙股份有限公司的董事C在其离职后的第4个月将其持有的丙公司股份转让

D. 丁股份有限公司的监事D在任职期间内某一年将其持有的丁公司股份转让30%

二、多项选择题

1. 根据《公司法》，下列关于公司能力的说法中，正确的有(　)。

   A. 上市公司可以向外投资，成为合伙企业的普通合伙人

   B. 公司向外投资事宜，需经出席董事会会议的董事过半数通过，作出决议

   C. 公司为公司股东提供担保，须经出席股东会议的其他股东过半数通过，作出决议

   D. 公司诉权由法定代表人代表公司行使

   E. 公司法定代表人依照公司章程产生

2. 东林船运有限责任公司共8个股东，除股东甲外，其余股东都已足额出资。某次股东会上，7个股东一致表决同意因甲未实际缴付出资而不能参与当年公司利润分配。3个月后该公司船只燃油泄漏，造成沿海养殖户巨大损失，公司的全部资产不足以赔偿。甲向其他7个股东声明：自己未出资，也未参与分配，实际上不是股东，公司的债权债务与己无关。下列选项正确的有(　)。

   A. 甲虽然没有实际缴付出资，但不影响其股东地位

   B. 其他股东决议不给甲分配当年公司利润符合法律规定

   C. 就公司财产不足清偿的债务部分，只应由甲承担相应的责任，其他7个股东不承担责任

   D. 甲的声明对内具有效力，但不能对抗善意第三人

   E. 因为公司只对外承担有限责任，所以就公司财产不足清偿的债务部分，所有股东不承担责任

3. 下列关于公司股东或出资人未尽出资义务或抽逃出资的责任表述，正确的有(　)。

   A. 可以以自己仅为名义股东来抗辩出资义务的履行

   B. 不得以自己仅为名义股东来抗辩出资义务的履行

   C. 其权利人起诉时的诉讼时效是1年

   D. 其权利人起诉时的诉讼时效是2年

   E. 不适用诉讼时效

4. 甲有限责任公司董事陈某拟出售一辆轿车给本公司，公司章程对董事、高级管理人员与本公司交易事项未作规定，根据《公司法》的规定，陈某与本公司进行交易须满足的条件不包括(　)。

   A. 经股东会同意

   B. 经董事会同意

   C. 经监事会同意

   D. 经经理同意

   E. 经实际控制人同意

5. 公司解散时，应当依法成立清算组。根据《公司法》的规定，下列有关公司解散、清算组成立及其职权的表述中，正确的有(　)。

   A. 有限责任公司股东会议决议解散的，应当在15日内成立由董事组成的清算组

   B. 在债权申报期间，清算组不得对债权人进行清偿

   C. 公司自行清算，清算方案报股东会或股东大会决议确认；法院组织清算，清算方案报法院确认

   D. 公司依法清算结束前，涉及公司的民事诉讼，应当由原公司法定代表人代表公司参加诉讼

   E. 法院组织清算的，清算组应当自成立之日起6个月内清算完毕

6. 李某是一名有限责任公司的股东。公司成立后不久，李某因家庭发生变故，想把自己的部分股权转让给现有股东以外的人。对此，下列说法正确的有(　)。

   A. 应当征求其他股东过半数同意

   B. 在同等条件下其他股东享有优先购买权

   C. 两个以上的股东主张行使优先权的，应

当按照公司成立时各自的出资比例行使优先购买权

D. 如果公司章程规定股权对外转让自由，则从其规定

E. 其他股东半数以上不同意转让的，不同意的股东可以购买该转让的股权

7. 下列关于设立有限责任公司的表述中，符合《公司法》规定的有(　)。

A. 公司设立不同于公司成立

B. 公司股东出资的非货币财产实际价额显著低于章程所定价额的，其他股东承担连带责任

C. 全体股东的非货币出资比例不能超过注册资本的 70%

D. 公司全体股东首次出资额不得低于注册资本的 30%

E. 有限责任公司成立后，股东不得抽逃出资

8. 张某、王某、李某、赵某出资设立甲有限责任公司(下称甲公司)，出资比例分别为 5%、15%、36%和 44%，公司章程对股东会召开及表决的事项无特别规定。下列关于甲公司股东会召开和表决的表述中，符合公司法律制度规定的有(　)。

A. 张某、王某和李某行使表决权赞成即可通过修改公司章程的决议

B. 张某有权提议召开股东会临时会议

C. 王某和李某行使表决权赞成即可通过解散公司的决议

D. 首次股东会会议的召开由赵某召集和主持

E. 王某有权提议召开股东会临时会议

9. 根据《公司法》的规定，自然人或者法人均可投资设立一人有限责任公司。下列关于一人有限责任公司的说法中，正确的有(　)。

A. 合伙企业可以设立一人有限责任公司

B. 自然人投资设立的一人有限责任公司不能再投资设立新的一人有限责任公司

C. 一人有限责任公司的股东不能证明公司财产独立于股东自己的财产的，应当对公司债务承担连带责任

D. 一人有限责任公司不设股东会，可以分期出资

E. 一人有限责任公司章程由董事会制定

10. 根据公司法律制度的规定，股份有限公司的下列文件中，股东有权查阅的有(　)。

A. 公司会计账簿

B. 董事会会议决议

C. 股东名册

D. 公司债券存根

E. 股东会会议记录

11. 下列关于股份有限公司收购自身股份奖励给本公司职工的规则的表述中，符合公司法律制度规定的有(　)。

A. 应经股东大会决议

B. 收购比例不得超过本公司已发行股份总额的 5%

C. 应当通过公开的集中交易方式进行

D. 所收购的股份应当在 3 年内转让给职工

E. 应在收购之日起 10 日内转让给职工

12. 甲公司是一家以募集方式设立的股份有限公司，其注册资本为人民币 6 000 万元。董事会有 7 名成员。最大股东李某持有公司 12%的股份。根据《公司法》的规定，下列各项中，属于甲公司应当在两个月内召开临时股东大会的情形有(　)。

A. 董事人数减至 4 人

B. 监事陈某提议召开

C. 最大股东李某请求召开

D. 公司未弥补亏损达人民币 1 600 万元

E. 1/3 以上董事提议召开

三、综合分析题

2016 年 5 月，甲、乙、丙、丁、戊五家公司出资组建 A 有限责任公司，注册资本 2 000 万元。其中，甲以货币出资 500 万元，乙以厂房作价出资 600 万元，丙以技术作价出资 400 万元；丁以设备作价出资

200 万元，戊以商标作价出资 300 万元。公司成立后，发现股东丁的设备出资实际价值为 50 万元。

A 公司章程规定：董事会由五家股东派代表 9 人组成；监事会由 2 名成员组成，其中一名由甲公司派出担任董事的人兼任，另一名由戊公司派员出任，负责日常监事事务；股东按章程规定分配利润；公司决议应经全体股东过半数通过。

2017 年 10 月，为了扩大公司规模，A 公司董事会制订了增资方案，董事长李某提议召开临时股东会进行决议。A 公司于临时股东会召开前 10 日通知所有股东，告知会议内容及议程。临时股东会对增资方案表决时，甲、丙、丁赞成，乙、戊反对，股东会作出增资决议。

2019 年 5 月，A 公司监事会在例行检查公司财务时，发现总经理王某擅自将公司 300 万元资金借给其亲属使用，收取好处费 10 万元。因该亲属遇车祸死亡，致使该笔借款无法收回。

1. 关于 A 公司设立出资的说法，正确的有(　)。

A. A 公司股东出资方式符合《公司法》要求

B. 戊股东以商标出资不符合要求，应以其他出资方式补足，并对已按期足额缴纳出资的股东承担违约责任

C. 丁的出资未达到要求，丁应按约定补足该差额

D. 丁的出资未达到要求，其他股东不承担责任

E. A 公司股东货币出资金额未达到要求

2. 关于公司章程规定的说法，正确的有(　)。

A. 董事会由五家股东派代表组成符合规定

B. 监事会的组成人员符合规定

C. 由甲公司的董事兼任监事的做法不符合规定

D. 公司章程不得规定股东会的表决方式

E. 股东可以按章程规定而不按出资比例分配利润

3. 关于公司增资和临时股东会会议的说法，正确的有(　)。

A. 董事长李某有权提议召开临时股东会会议

B. 增资决议有效，因表决符合公司章程规定

C. 增资决议无效，必须经代表 2/3 表决权的股东通过

D. 召开临时股东会会议通知发出的时间符合《公司法》规定

E. 本公司 1/3 以上的董事可提议召开临时股东会会议

4. 关于公司总经理王某擅自出借 300 万元资金的行为的说法，正确的有(　)。

A. 董事会可针对该行为向人民法院提起诉讼

B. 总经理王某对该行为给公司造成的损失应当承担赔偿责任

C. 该行为损害了股东利益，各股东均可书面请求监事会向人民法院提起诉讼

D. 该行为违反了法律规定，其所得好处费 10 万元应收归公司所有

E. 该行为没有违反《公司法》规定的高级管理人员应尽的义务

本章综合练习参考答案及详细解析

一、单项选择题

1. C 【解析】本题考核法人制度。公司经公司登记机关依法登记，领取《企业法人营业执照》，方取得企业法人资格。经公司

登记机关注销登记，公司终止，民事权利能力终止。没有民事权利能力中止的说法。所以选项 A、B 错误。有限责任公司中的“有限责任”是指股东以其出资为限对外承担有限责任，而不是公司以其资产对外承担有限责任。所以选项 D 错误。

2. D 【解析】本题考核公司资本种类。实缴资本，是全体股东或发起人实际交付并经公司登记机关依法登记的出资额或股本总额。

3. B 【解析】本题考核公司章程。(1)公司的经营范围必须由公司章程作出规定；所以选项 A 错误。(2)公司的经营范围中属于法律、行政法规规定须经批准的项目，应当依法经过批准；所以选项 B 正确。

4. C 【解析】本题考核出资责任。本题中，由于丙公司和股东并不知情，属于善意第三人，而且已经交付了机床，支付了合理对价(股权)，适用善意取得，甲的出资有效，乙不能要求丙公司返还机床。

5. C 【解析】本题考核股东会表决。根据规定，公司为公司股东或者实际控制人提供担保的，必须经股东会或者股东大会决议。接受担保的股东或者受实际控制人支配的股东，不得参加该事项的表决。该项表决由出席会议的其他股东所持表决权的过半数通过。本题中，甲参与了表决，则该决议无效。

6. B 【解析】本题考核股东诉讼的相关规定。股东以知情权、利润分配请求权等受到损害，或者公司亏损、财产不足以偿还全部债务，以及公司被吊销企业法人营业执照未进行清算等为由，提起解散公司诉讼的，人民法院不予受理。

7. A 【解析】本题考核股东的出资义务。出资人以房屋、土地使用权或者需要办理权属登记的知识产权等财产出资，已经交付公司使用但未办理权属变更手续的，当公司、其他股东或者公司债权人主张认定出资人未履行出资义务的，人民法院应当责令当事人在指定的合理期间内办理权属变更手续；在前述期间内办理了权属变更手续的，人民法院应当认定其已经履行了出资义务；出资人主张自其实际交付财产给公司使用时享有相应的股东权利的，人民法院应予支持。

8. B 【解析】本题考核公司的分立。明轩公司在分立时已经与天宇公司约定债务全部由君昊公司承担，因此，天宇公司只能向君昊公司主张债权，不能向弘文公司进行主张。

9. A 【解析】本题考核公司解散。除公司因合并或分立而解散，不必进行清算外，公司解散必须经过法定清算程序。公司因合并解散的，应当依法办理公司注销登记。

10. C 【解析】本题考核股份有限公司的设立条件。采用募集方式设立股份有限公司，发起人制订公司章程，应当经创立大会通过。所以选项 C 不符合法律规定。

11. A 【解析】本题考核董事会职权。股东会决定公司的投资计划，董事会决定公司的投资方案。所以选项 B 不符合规定。决定有关董事的报酬事项，属于股东会职权。所以选项 C 不符合规定。监事会中的职工代表由公司职工通过职工代表大会、职工大会或者其他形式民主选举产生。所以选项 D 不符合规定。

12. C 【解析】本题考核董事会的职权。董事会是制订公司的年度财务预算方案、决算方案；股东会是审议批准公司的年度财务预算方案、决算方案。

13. D 【解析】本题考核国有独资公司的章程、组织机构及有关人员的任职。国有独资公司章程由国有资产监督管理机构制定，或者由董事会制定报国有资产监督管理机构批准。国有独资公司不设股东会，由国有资产监督管理机构行使股东会职权。董事会成员由国有资产监督管理机构委派。但是，董事会成员中的职工代表由公司职工代表大会选举产生。

国有独资公司的董事长、副董事长、董事、高级管理人员，未经国有资产监督管理机构同意，不得在其他有限责任公司、股份有限公司或者其他经济组织兼职。

14. D 【解析】本题考核股份公司董事会。根据规定，董事会决议违反法律、行政法规或者公司章程，致使公司遭受严重损失时，参与决议的董事对公司负赔偿责任。但经证明在表决时曾表示异议并记载于会议记录的，该董事可以免除责任。本题董事戊在该次会议上曾就该项决议表决时表示了异议，并且在董事会会议记录中记载，不应承担责任；庚因故未出席也未书面委托其他董事代为出席，并没有参与该事项的决议，因此也不承担责任。

15. C 【解析】本题考核股份有限公司股东股份转让的相关规定。股东大会召开前20日内或者公司决定分配股利的基准日前5日内，不得进行《公司法》规定的股东名册的变更登记。所以选项A错误。发起人持有的本公司股份，自公司成立之日起1年内不得转让。所以选项B错误。公司董事、监事、高级管理人员在任职期间每年转让的股份不得超过其所持有本公司股份总数的25%。所以选项D错误。

16. A 【解析】本题考核公司决议无效之诉。原告请求确认股东会或者股东大会、董事会决议不成立、无效或者撤销决议的案件，应当列公司为被告。

17. B 【解析】本题考核股份转让。公司董事、监事、高级管理人员应当向公司申报所持有的本公司的股份及其变动情况，在任职期间每年转让的股份不得超过其所持有的本公司股份总数的25%；所以选项D错误。所持本公司股份自公司股票上市交易之日起1年内不得转让。所以选项A错误。发起人持有的本公司股份，自公司成立之日起1年内不得转让。公司公开发行股份前已发行的股份，自公司股票在证券交易所上市交易之日起1年内不得转让。公司董事、监事、高级管理人员离职后半年内，不得转让其所持有的本公司股份。所以选项B正确，选项C错误。

二、多项选择题

1. DE 【解析】本题考核公司能力。《公司法》规定，公司可以向其他企业投资；但是，除法律另有规定外，不得成为对所投资企业的债务承担连带责任的出资人。《合伙企业法》规定，国有独资公司、国有企业、上市公司以及公益性的事业单位、社会团体不得成为普通合伙人。所以选项A错误。公司向其他企业投资或者为他人提供担保，按照公司章程的规定，由董事会或者股东会、股东大会决议。所以选项B错误。公司为公司股东或者实际控制人提供担保的，必须经股东会或者股东大会决议，该项表决由出席会议的其他股东所持表决权的过半数通过，而不是由出席的股东过半数通过，所以选项C错误。法定代表人代表公司实施法律行为。选项D正确。公司法定代表人依照公司章程的规定，由董事长、执行董事或者经理担任，并依法登记。选项E正确。

2. ABC 【解析】本题考核股东未履行或未全面履行出资义务的责任承担。

3. BE 【解析】本题考核股东出资义务。根据规定，股东或发起人的出资义务不受诉讼时效期间的限制。未尽出资义务或抽逃出资的，不得以该义务已经过诉讼时效为由进行抗辩，不得以自己仅为名义股东来抗辩出资义务的履行。

4. BCDE 【解析】本题考核董事、监事、高管的义务。董事、高管不得违反公司章程的规定或者未经股东会、股东大会同意，与本公司订立合同或者进行交易。

5. BCE 【解析】本题考核公司的清算。有限责任公司的清算组由股东组成。所以选项 A 错误。公司依法清算结束并办理注销登记前，有关公司的民事诉讼应当以公司的名义进行。公司成立清算组的，由清算组负责人代表公司参加诉讼；尚未成立清算组的，由原法定代表人代表公司参加诉讼。所以选项 D 错误。

6. ABD 【解析】本题考核有限责任公司股权转让。

7. AE 【解析】本题考核有限责任公司股东的出资。股东出资的非货币财产的实际价额显著低于公司章程所定价额的，应当由交付该出资的股东补足其差额；公司设立时的其他股东承担连带责任。所以选项 B 错误。修改后的《公司法》删除了有关“非货币出资比例及首次出资比例”的规定。所以选项 C、D 错误。

8. DE 【解析】本题考核有限公司股东会。股东会会议作出修改公司章程、增加或者减少注册资本的决议，以及公司合并、分立、解散或者变更公司形式的决议，必须经代表 2/3 以上表决权的股东通过。所以选项 A、C 错误。代表 1/10 以上表决权的股东，1/3 以上的董事，监事会或者不设监事会的公司的监事提议召开临时会议的，应当召开临时会议；所以选项 B 错误，选项 E 正确。首次股东会会议由出资最多的股东召集和主持。所以选项 D 正确。

9. BCD 【解析】本题考核一人有限责任公司。非法人企业不能投资设立一人有限责任公司。所以选项 A 错误。一人有限责任公司章程由股东制定。所以选项 E 错误。

10. BCD 【解析】本题考核股东的查阅权。股份有限公司股东有权查阅公司章程、股东名册、公司债券存根、股东大会会议记录、董事会会议决议、监事会会议决议、财务会计报告。

【有“李”有据】本题选项 E 具有迷惑性。但需要注意的是，题干问的是“股份有限公司”，选项 E 中的“股东会”是有限责任公司的组织机构，所以不能选该项。

11. CD 【解析】本题考核股份回购。根据规定，将股份奖励给本公司职工，依公司章程规定或股东大会授权，经 2/3 以上董事出席的董事会会议决议；公司合计持有的本公司股份数不得超过本公司已发行股份总额的 10%，并应当在 3 年内转让或者注销。应当通过公开的集中交易方式进行。

12. AC 【解析】本题考核临时股东大会的召开。选项 A，由于董事人数不足法律规定的最低人数“5 人”，因此应该召开临时股东大会；选项 C，最大股东李某持有股份超过了 10%，因此可以单独提议召开临时股东大会。

三、综合分析题

1. AC 【解析】本题考核有限责任公司的出资方式及要求、出资责任。股东可以用货币出资，也可以用实物、知识产权、土地使用权等可以用货币估价并可以依法转让的非货币财产作价出资。所以戊股东的出资符合要求。所以选项 A 正确、选项 B 错误。有限责任公司成立后，发现作为设立公司出资的非货币财产的实际价额显著低于公司章程所定价额的，应当由交付该出资的股东补足其差额；公司设立时的其他股东承担连带责任。所以选项 C 正确、选项 D 错误。《公司法》现在没有“货币出资全额最低比例”的要求了。所以选项 E 错误。

2. CE 【解析】本题考核有限责任公司董事会、监事会的组成、股东会表决规则、利润分配。有限责任公司设董事会，其成员为 3 人至 13 人，股东会选举非由职工代表担任的董事。所以选项 A 错误。有限责任公司设监事会，其成员不得少于 3 人。监事会应当包括股东代表和适当比例的公司职工代表，其中职工代表的比例不得低于 1/3，具体比例由公司章程规定。所以选项B错误。股东会的议事方式和表决程序，除《公司法》有规定的外，由公司章程规定。所以选项D错误。

3. E 【**解析**】本题考核公司增资和临时股东会会议。代表1/10以上表决权的股东，1/3以上的董事，监事会或者不设监事会的公司的监事提议召开临时会议的，应当召开临时会议。所以选项A错误。股东会会议作出增加注册资本的决议，必须经代表2/3以上表决权的股东通过。所以选项B、C错误。召开股东会会议，应当于会议召开15日前通知全体股东；但是，公司章程另有规定或者全体股东另有约定的除外。所以选项D错误。

4. BCD 【**解析**】本题考核股东诉讼。高级管理人员执行公司职务时违反法律、行政法规或者公司章程的规定，给公司造成损失的，应当承担赔偿责任。有限责任公司的股东可以书面请求监事会或者不设监事会的有限责任公司的监事向人民法院提起诉讼。

第14章 破产法律制度

JINGDIAN TIJIE

考情分析

历年考情分析

从历年考试情况看，本章最近几年考查的分数在 13 分左右，客观题与综合题均可涉及。2018 年本章考查了 3 个单选题、1 个多选题和 4 个综合分析题，共计 14.5 分。2019 年考查了 1 个单选题和 1 个多选题，共计 3.5 分。本章重点关注破产申请受理、管理人、债务人财产、重整与和解等规定。本章的考点多而细，因此，考生在复习时须从小处、细处入手，逐渐深入。

本章 2020 年考试主要变化

本章变动不大。主要是重写了“债权登记与确认”；增加了“债权人会议的表决”“债权人财产的处分、保全”。

核心考点及真题详解

考点一 管理人制度★★★

经典例题

【例题 1 · 单选题】(2018 年)管理人不能依法、公正执行职务或者有其他不能胜任职务情形的，有关主体可以申请人民法院予以更换，该主体是(　)。

A. 债权人　　B. 债权人会议

C. 债权人委员会　　D. 债务人

【答案】B

【解析】本题考核管理人的确定与更换。债权人会议认为管理人不能依法、公正执行职务或者有其他不能胜任职务情形的，可以申请人民法院予以更换。

【例题 2 · 单选题】(2018 年)根据《企业破产法》及司法解释规定，下列关于管理人的说法中，错误的是(　)。

A. 个人依法也可以担任管理人

B. 管理人可以由财政、审计部门担任

C. 管理人可以由依法设立的社会中介机构担任

D. 管理人可以由有关部门、机构人员组成的清算组担任

【答案】B

【解析】本题考核管理人的种类。管理人可以由有关部门、机构的人员组成的清算组或者依法设立的律师事务所、会计师事务所、破产清算事务所等社会中介机构担任。人民法院根据债务人的实际情况，可以在征询有关社会中介机构的意见后，指定该机构具备相关专业知识并取得执业资格的人员担任管理人。

【例题 3 · 单选题】(2016 年)根据《企业破产法》及司法解释的规定，法院受理破产申请

后，下列关于管理人职责及债务人财产的说法中，错误的是(　)。

A. 债务人的债务人在破产申请受理后取得他人对债务人的债权的，可以向管理人主张抵销

B. 债务人占有的不属于债务人的财产，该财产的权利人可以通过管理人取回，但《企业破产法》另有规定的除外

C. 债务人的出资人尚未完全履行出资义务的，管理人应当要求该出资人缴纳所认缴的出资，而不受出资期限的限制

D. 债务人的董事侵占的企业财产，管理人应当追回

【答案】 A

【解析】 本题考核管理人职责和债务人财产。债务人的债务人在破产申请受理后取得他人对债务人的债权的，不得抵销。所以选项 A 说法错误。

考点精析

管理人的相关规定(见表 14-1)

表 14-1　管理人的相关规定

项目	具体规定
种类	(1)清算组；(2)依法设立的社会中介机构(首选)；(3)中介机构中具备相关专业知识并取得执业资格的人员
不得担任管理人的情形	(1)因故意犯罪受过刑事处罚；(2)曾被吊销相关专业执业证书；(3)与本案有利害关系；(4)人民法院认为不宜担任管理人的其他情形。 **【“李”应注意】** 何谓“利害关系”？ (1)对社会中介机构、清算组成员而言： ①与债务人、债权人有未了结的债权债务关系；②在人民法院受理破产申请前 3 年内，曾为债务人提供相对固定的中介服务；③现在是或在人民法院受理破产申请前 3 年内曾经是债务人、债权人的控股股东或者实际控制人；④现在是或者在人民法院受理破产申请前 3 年内曾经是债务人、债权人的财务顾问、法律顾问；⑤其他情形。 (2)对清算组成员的派出人员、社会中介机构的派出人员、个人管理人而言：①具有前述所列的 5 种情形；②现在担任或者在人民法院受理破产申请前 3 年内曾经担任债务人、债权人的董事、监事、高级管理人员；③与债务人或债权人的控股股东、董事、监事、高级管理人员存在夫妻关系、直系血亲、三代以内旁系血亲或者近姻亲关系
管理人的更换	(1)债权人会议申请+人民法院决定；或(2)人民法院依职权径行决定
产生	由法院指定，报酬由法院确定
基本职责	(1)接管债务人的财产、印章和账簿、文书等资料；(2)调查债务人财产状况，制作财产状况报告；(3)决定债务人的内部管理事务；(4)决定债务人的日常开支和其他必要开支；(5)在第一次债权人会议召开之前，决定继续或者停止债务人的营业；(6)管理和处分债务人的财产；(7)代表债务人参加诉讼、仲裁或者其他法律程序；(8)提议召开债权人会议；(9)人民法院认为管理人应当履行的其他职责
特定职责	(1)对破产申请受理前成立而债务人和对方当事人均未履行完毕的合同，有权决定是否解除或者继续履行(**决定继续履行**的需法院的许可)； (2)自人民法院裁定债务人重整之日起 6 个月内，向人民法院和债权人会议提交重整计划草案(需法院许可)。由债务人提出重整计划草案的，管理人需监督债务人对财产的管理和营业事务以及重整计划的执行； (3)拟订破产财产变价方案和财产分配方案(**拟订财产分配方案**需法院许可)； (4)管理人实施下列行为时，应当及时报告债权人委员会：涉及土地、房屋等不动产权益的转让；探矿权、采矿权、知识产权等财产权的转让；全部库存或者营业的转让；借款；设定财产担保；债权和有价证券的转让；履行债务人和对方当事人均未履行完毕的合同；放弃权利；担保物的取回；对债权人利益有重大影响的其他财产处分行为。未设立债权人委员会的，管理人应当及时报告人民法院。在第一次债权人会议召开之前，管理人决定继续或者停止债务人的营业或者有上述行为之一的，应当经人民法院许可

考点二　破产案件的申请与受理★★★

经典例题

【例题1·单选题】(2015年)法院受理破产申请后，首先应做的一项工作是(　)。

A. 作出破产宣告

B. 冻结债务人资产

C. 指定管理人

D. 裁定批准或者不批准重整申请

【答案】C

【解析】本题考核破产申请受理后的工作。人民法院裁定受理破产申请的，应当同时指定管理人。

【例题2·多选题】法院裁定受理破产申请后，下列关于法律后果的说法中，正确的有(　)。

A. 有关债务人财产的保全措施应当解除

B. 有关债务人财产的执行程序可以终止

C. 有关债务人的刑事诉讼应当中止

D. 债务人未履行完毕的合同，不得解除

E. 有关债务人的仲裁应当中止

【答案】AE

【解析】本题考核破产申请受理后的法律后果。人民法院受理破产申请后，有关债务人财产的保全措施应当解除，执行程序应当中止。选项B错误。人民法院受理破产申请后，已经开始而尚未终结的有关债务人的民事诉讼或者仲裁应当中止；在管理人接管债务人的财产后，该诉讼或者仲裁继续进行。所以选项C错误。人民法院受理破产申请后，管理人对破产申请受理前成立而债务人和对方当事人均未履行完毕的合同有权决定解除或者继续履行，并通知对方当事人。所以选项D错误。

考点精析

1. 破产申请与受理(见表14-2)

表14-2　破产申请与受理

破产申请		具体规定
破产申请人		包括**债务人、债权人、依法对债务人负有清算责任的人以及国务院金融监督管理机构**
破产申请的受理	破产开始的标志	法院受理破产申请
	破产案件的管辖	(1)由债务人住所地人民法院管辖； (2)受理破产申请后，当事人提起的有关债务人的民事诉讼案件，应由受理破产申请的人民法院管辖
	破产申请的后续工作	(1)指定管理人； (2)发出破产申请受理的通知及公告

2. 破产申请受理的法律后果

(1)人民法院受理破产申请后，债务人对个别债权人的债务清偿无效。

(2)人民法院受理破产申请后，债务人的债务人或者财产持有人应当向**管理人**清偿债务或者交付财产。

【帮你“李”解】向“管理人”(而非“债务人”)清偿或交付。

(3)人民法院受理破产申请后，有关债务人财产的保全措施应当解除，执行程序应当中止。

【帮你“李”解】注意执行程序是“中止”，而非“终止”。

(4)人民法院受理破产申请后，已经开始而尚未终结的有关债务人的民事诉讼或者仲裁应当中止；在管理人接管债务人的财产后，该诉讼或者仲裁继续进行。

【帮你“李”解】“民事”诉讼(非“行政”

或“刑事”诉讼)或仲裁“中止”(非“终止”)。

(5)对未履行完毕合同的处理

①法院受理破产申请后，管理人对破产申请受理前成立而债务人和对方当事人均未履行完毕的合同有权决定解除或继续履行，并通知对方当事人。

②管理人自破产申请受理之日起2个月内未通知对方当事人，或自收到对方当事人催告之日起30日内未答复的，视为解除合同。

③管理人决定继续履行合同的，对方当事人应当履行。但对方当事人有权要求管理人提供担保。管理人不提供担保的，视为解除合同。

考点三　债权申报★★★

经典例题

【例题·多选题】(2019年改)根据《企业破产法》规定，下列有关债权申报的法律效力和未按期申报债权的处理方式的说法中，正确的有(　)。

A. 债权的诉讼时效因债权申报而中断

B. 所有已申报债权的债权人有权对提交债权人会议讨论的事项行使表决权

C. 债权人因申报债权而有权参加债权人会议

D. 未按期申报债权的，已经进行的分配不再对未申报债权人进行补充分配

E. 在人民法院确定的债权申报期限内，债权人未申报债权的，可以在破产财产最后分配前补充申报

【答案】ACDE

【解析】本题考核债权申报。申报破产债权，相当于权利人提起诉讼，导致诉讼时效中断。所以选项A正确。债权尚未确定的债权人，除人民法院能够为其行使表决权而临时确定债权额的外，不得行使表决权。所以选项B错误。在人民法院确定的债权申报期限内，债权人未申报债权的，可以在破产财产最后分配前补充申报；但是，此前已进行的分配，不再对其补充分配。所以选项D、E正确。

考点精析

债权申报(见表14-3)

表14-3　债权申报

项目	具体规定
申报期限	(1)自法院发布受理破产申请公告之日起计算，最短不得少于30日，最长不得超过3个月。 (2)在确定的债权申报期限内未申报的，可以在破产财产最后分配前补充申报；但是，此前已进行的分配，不再对其补充分配
可以申报债权的情形	(1)附利息的债权(自破产申请受理时起停止计息)。 (2)附条件、附期限的债权和诉讼、仲裁未决的债权。 (3)连带债权人可以由其中一人代表全体连带债权人申报债权，也可以共同申报债权。 【“李”应注意】除债务人所欠职工的工资和医疗费用等，不必申报外，破产申请受理前成立的所有债权，无论是无担保债权，还是有担保债权，无论是到期债权，还是未到期债权，均需申报
债权登记与确认	(1)管理人收到债权申报材料后，应当依照《企业破产法》的规定对所申报的债权进行登记造册，详尽记载申报人的姓名、单位、代理人、申报债权额、担保情况、证据、联系方式等事项，形成债权申报登记册。 (2)债权表、债权申报登记册及债权申报资料在破产期间由管理人保存，债权人、债务人、债务人职工及其他利害关系人有权查阅。 (3)债务人、债权人对债权表记载的债权无异议的，由人民法院裁定确认

项目	具体规定
债权登记与确认	①债务人、债权人对债权表记载的债权有异议的，应当说明理由和法律依据。经管理人解释或调整后，异议人仍然不服的，或者管理人不予解释或调整的，异议人应当在债权人会议核查结束后15日内向人民法院提起债权确认的诉讼。当事人之间在破产申请受理前订立有仲裁条款或仲裁协议的，应当向选定的仲裁机构申请确认债权债务关系。 ②债务人、债权人对债权表记载的债权有异议而向受理破产申请的人民法院提起诉讼的，应将被异议债权人列为被告。债权人对债权表记载的他人债权有异议的，应将被异议债权人列为被告；债权人对债权表记载的本人债权有异议的，应将债务人列为被告。对同一笔债权存在多个异议人，其他异议人申请参加诉讼的，应当列为共同原告。 (4)已经生效法律文书确定的债权，管理人应当予以确认。 管理人认为债权人据以申报债权的生效法律文书确定的债权错误，或者有证据证明债权人与债务人恶意通过诉讼、仲裁或者公证机关赋予强制执行力公证文书的形式虚构债权债务的，应当依法通过审判监督程序向作出该判决、裁定、调解书的人民法院或者上一级人民法院申请撤销生效法律文书，或者向受理破产申请的人民法院申请撤销或者不予执行仲裁裁决、不予执行公证债权文书后，重新确定债权
债权申报要求	(1)债权人应当在人民法院确定的债权申报期限内向**管理人**申报债权； (2)债权人申报债权时，应当书面说明债权的数额和有无财产担保，并提交有关证据。申报的债权是连带债权的，应当说明
债权申报后果	(1)债权人取得破产程序当事人地位。 (2)债权的诉讼时效因债权申报而中断。 (3)债权人逾期申报或未按规定申报债权的，将产生失权或其他不利后果，如在破产财产开始分配后申报的债权不能作为破产债权

考点四　债权人会议及债权人委员会★★★

扫我解疑难

经典例题

【例题1·单选题】根据《企业破产法》，债权人会议可以行使的职权是(　)。

A. 监督债务人财产的管理和处分

B. 审查管理人的费用和报酬

C. 批准重整计划

D. 监督破产财产分配

【答案】B

【解析】本题考核债权人会议的职权。选项A、D是债权人委员会的职权；选项C是法院的权利。

【例题2·单选题】债权人委员会作为破产监督人，是对破产程序进行监督的常设机构。根据《企业破产法》规定，有权根据需要确定是否设立债权人委员会的是(　)。

A. 管理人　　B. 人民法院

C. 债权人会议　　D. 清算组

【答案】C

【解析】本题考核债权人委员会。债权人会议可以决定是否设立债权人委员会。

考点精析

1. 债权人会议(见表14-4)

表14-4　债权人会议

项目	具体规定
含义	债权人会议是破产程序中依人民法院的通知或公告组成的，**表达债权人共同意思**，对有关破产事项**进行决议**和**对破产程序进行监督的机构**

续表

<table>
<tr><th>项目</th><th colspan="2">具体规定</th></tr>
<tr><td>职权</td><td colspan="2">(1)核查债权；(2)申请人民法院更换管理人，审查管理人的费用和报酬；(3)监督管理人；(4)选任和更换债权人委员会成员；(5)决定继续或者停止债务人的营业；(6)通过重整计划；(7)通过和解协议；(8)通过债务人财产的管理方案；(9)通过破产财产的变价方案；(10)通过破产财产的分配方案；(11)人民法院认为应当由债权人会议行使的其他职权。
【“李”应注意】注意(6)(7)特殊的决议程序以及(8)(9)(10)表决未通过的特殊处理程序</td></tr>
<tr><td rowspan="2">召开</td><td>第一次债权人会议</td><td>人民法院负责召集，自债权申报期限届满之日起15日内召开。</td></tr>
<tr><td>以后的债权人会议</td><td>由会议主席主持，在人民法院认为必要时，或者管理人、债权人委员会、占债权总额1/4以上的债权人向债权人会议主席提议时召开</td></tr>
<tr><td>表决</td><td colspan="2">(1)现场表决。依法申报债权的债权人为债权人会议的成员，有权参加债权人会议，享有表决权。
①第一次债权人会议：凡申报债权者均有权参加。
②以后的债权人会议：只有债权得到确认才有表决权，包括有担保和无担保的债权人。
【“李”应注意】有担保债权且未放弃优先受偿权的债权人对通过和解协议、通过破产财产分配方案不得行使表决权。
③债权人可以委托代理人出席债权人会议，行使表决权。代理人出席债权人会议，应当向人民法院或者债权人会议主席提交债权人的授权委托书。
④债务人的职工和工会的代表有权参加债权人会议，但不享有表决权，只能对有关事项发表意见。
(2)非现场表决。债权人会议的决议除现场表决外，可以由管理人事先将相关决议事项告知债权人，采取通信、网络投票等非现场方式进行表决。
①采取非现场方式进行表决的，管理人应当在债权人会议召开后的3日内，以信函、电子邮件、公告等方式将表决结果告知参与表决的债权人。
②对重整计划草案进行分组表决时，权益因重整计划草案受到调整或者影响的债权人或者股东，有权参加表决；权益未受到调整或者影响的债权人或者股东，不参加重整计划草案的表决。
(3)撤销表决的情形。
①债权人会议的决议具有以下情形之一，损害债权人利益，债权人可以申请撤销：
A. 债权人会议的召开违反法定程序；B. 债权人会议的表决违反法定程序；C. 债权人会议的决议内容违法；D. 债权人会议的决议超出债权人会议的职权范围。
②人民法院可以裁定撤销全部或者部分事项决议，责令债权人会议依法重新作出决议。
③债权人申请撤销债权人会议决议的，应当提出书面申请。
④债权人会议采取通信、网络投票等非现场方式进行表决的，债权人申请撤销的期限自债权人收到通知之日起算</td></tr>
<tr><td rowspan="3">决议</td><td>一般情况</td><td>出席会议的有表决权的债权人过半数通过，并且其所代表的债权额占无财产担保债权总额的1/2以上。(人数>1/2+债权额≥1/2)</td></tr>
<tr><td>重整计划</td><td>出席会议的同一表决组的债权人过半数同意，并且其所代表的债权额占该组债权总额的2/3以上。(人数>1/2+债权额≥2/3)各表决组均通过重整计划草案时，重整计划即为通过</td></tr>
<tr><td>和解协议</td><td>出席会议的有表决权的债权人过半数同意，并且其所代表的债权额占无财产担保的债权总额2/3以上。(人数>1/2+债权额≥2/3)</td></tr>
<tr><td>表决未通过的处理</td><td colspan="2">(1)债权人会议表决债务人财产的管理方案和通过破产财产的变价方案时未通过的，由人民法院裁定；
(2)债权人会议表决破产财产的分配方案时，经二次表决仍未通过的，由人民法院裁定；
(3)债权人对人民法院有关财产管理方案和破产财产变价方案作出的裁定不服的，债权额占无财产担保债权总额1/2以上的债权人对人民法院有关破产财产的分配方案作出的裁定不服的，可以自裁定宣布之日或者收到通知之日起15日内向该人民法院申请复议，复议期间不停止裁定的执行</td></tr>
</table>

续表

项目	具体规定
委托授权	债权人会议可以依照《企业破产法》的规定，选任和更换债权人委员会成员，委托债权人委员会行使债权人会议职权中：申请人民法院更换管理人，审查管理人的费用和报酬、监督管理人、决定继续或者停止债务人的营业的职权。但债权人会议不得作出概括性授权，委托其行使债权人会议所有职权

2. 债权人委员会(见表 14-5)

表 14-5　债权人委员会

项目	具体规定
含义	对破产程序进行监督的常设机构，又称破产监督人
设立	其是否设立，由债权人会议根据需要确定
组成	由债权人会议选任的债权人代表和 1 名债务人的职工代表或者工会代表组成，不得超过 9 人，由人民法院以书面决定认可
职权	(1)监督债务人财产的管理和处分；(2)监督破产财产分配；(3)提议召开债权人会议；(4)债权人会议委托的其他职权
决议	债权人委员会决定所议事项应获得全体成员过半数通过，并作成议事记录。债权人委员会成员对所议事项的决议有不同意见的，应当在记录中载明

考点五　债务人财产、破产费用和共益债务★★★

扫我解疑难

经典例题

【例题 1·多选题】(2016 年)根据《企业破产法》及司法解释的规定，针对债务人处理财产的有关行为，管理人提出撤销而法院不予支持的情形有(　)。

A. 债务人支付劳动报酬

B. 债务人经执行程序对债权人进行个别清偿

C. 债务人因经营实务而支付赔偿金

D. 债务人为维系基本生产需要而支付水、电费

E. 债务人支付人身损害赔偿金

【答案】ADE

【解析】本题考核涉及债务人财产行为的撤销与无效。债务人经诉讼、仲裁、执行程序对债权人进行的个别清偿，管理人请求撤销的，人民法院不予支持。但是，债务人与债权人恶意串通损害其他债权人利益的除外。

【例题 2·多选题】甲公司因经营管理不善，长期亏损，不能清偿到期债务，遂于 2019 年 6 月 20 日，向法院提出破产申请，法院于 2019 年 6 月 25 日裁定受理此案并予以公告。根据《企业破产法》，法院与管理人的下列做法或者说法中，正确的有(　)。

A. 法院于 2019 年 7 月 1 日通知所有已知债权人，并进行公告，确定债权申报期限为 2019 年 7 月 1 日至 2019 年 7 月 25 日

B. 管理人发现甲公司于 2018 年 11 月 1 日无偿转让 150 万元财产，遂向法院申请予以撤销，追回财产

C. 2019 年 6 月 1 日甲公司与乙企业签订一份买卖合同，双方均未履行完毕，管理人决定继续履行该合同

D. 2019 年 6 月 5 日甲公司与丙企业签订了一份加工承揽合同，双方均未履行完毕，管理人决定解除该合同

E. 在债权申报期间，甲公司库房堆积货物倒塌，砸中一位工作人员，造成其椎骨骨折，需要支付医疗费等相关费用 20 万元，管理人认为该费用属破产债权

【答案】BCD

【解析】本题考核债权申报、债务人财产、破

产债权、共益债务。债权申报期限自人民法院发布受理破产申请公告之日起计算，最短不得少于30日，最长不得超过3个月。所以选项A错误。债务人财产致人损害所产生的债务属共益债务，而非破产债权。所以选项E错误。

考点精析

1. 债务人财产的认定与处分(见表14-6)

表14-6　债务人财产的认定与处分

项目	具体规定
含义	破产申请**受理时**属于债务人的全部财产+破产申请**受理后至破产程序终结前**债务人取得的财产。 **【"李"应注意】**同样的财产在不同阶段的不同称谓，破产宣告之前为"债务人财产"，破产宣告之后为"破产财产"
破产财产的范围	(1)货币、实物； (2)可以用货币估价并可依法转让的债权、股权、知识产权、用益物权等财产和财产权益
不应认定为债务人财产	(1)债务人基于仓储、保管、承揽、代销、借用、寄存、租赁等合同或者其他法律关系占有、使用的他人财产； (2)债务人在所有权保留买卖中尚未取得所有权的财产； (3)所有权专属于国家且不得转让的财产； (4)其他依照法律、行政法规不属于债务人的财产
债务人财产的处分	(1)管理人处分债务人重大财产的，应当事先制作财产管理或者变价方案并提交债权人会议进行表决，债权人会议表决未通过的，管理人不得处分。 (2)管理人实施处分前，应当提前10日书面报告债权人委员会或者人民法院。债权人委员会可以要求管理人对处分行为作出相应说明或者提供有关文件依据。 (3)债权人委员会认为管理人实施的处分行为不符合债权人会议通过的财产管理或变价方案的，有权要求管理人纠正。管理人拒绝纠正的，债权人委员会可以请求人民法院作出决定。 (4)人民法院认为管理人实施的处分行为不符合债权人会议通过的财产管理或变价方案的，应当责令管理人停止处分行为。管理人应当予以纠正，或者提交债权人会议重新表决通过后实施
债务人财产的保全	(1)破产申请受理后，对于可能因有关利益相关人的行为或者其他原因，影响破产程序依法进行的，受理破产申请的人民法院可以根据管理人的申请或者依职权，对债务人的全部或者部分财产采取保全措施。 (2)对债务人财产已采取保全措施的相关单位，在知悉人民法院已裁定受理有关债务人的破产申请后，应当及时解除对债务人财产的保全措施。 (3)人民法院受理破产申请后至破产宣告前裁定驳回破产申请，或者依据《企业破产法》的规定裁定终结破产程序的，应当及时通知原已采取保全措施并已依法解除保全措施的企业按照原保全顺位恢复相关保全措施。在已依法解除保全的单位恢复保全措施或者表示不再恢复之前，受理破产申请的人民法院不得解除对债务人财产的保全措施

2. 涉及债务人财产的撤销权(见表14-7)

表14-7　涉及债务人财产的撤销权

分类	行使		法律后果
一般撤销权	发生时间	受理破产申请前**1年内**	(1)实施行为归于无效 (2)转让财产被依法追回，纳入债务人的破产财产中
	法定情形	(1)无偿转让财产的；(2)以明显不合理的价格进行交易的；(3)对没有财产担保的债务提供财产担保的；(4)对未到期的债务提前清偿的；(5)放弃债权的	
特别撤销权	发生时间	受理破产申请前**6个月内**	
	法定情形	债务人有不能清偿到期债务，并且资产不足以清偿全部债务或者明显缺乏清偿能力的情形，仍对个别债权人进行清偿的，但是，个别清偿使债务人财产受益的除外	

【帮你"李"解】对(个别清偿)撤销申请不予支持的几种情形(见表 14-8)

表 14-8　对(个别清偿)撤销申请不予支持的几种情形

不予支持的情形	例外
(1)债务人对**以自有财产设定担保物权**的债权进行的个别清偿	债务清偿时担保财产的价值低于债权额的除外
(2)债务人经诉讼、仲裁、执行程序对债权人进行的个别清偿	债务人与债权人恶意串通损害其他债权人利益的除外
(3)债务人为维系基本生产需要而支付水费、电费等的	无例外情形
(4)债务人支付劳动报酬、人身损害赔偿金的	
(5)使债务人财产受益的其他个别清偿	

3. 涉及债务人财产的无效行为

根据规定，涉及债务人财产的下列行为无效：

(1)为逃避债务而隐匿、转移财产的；

(2)虚构债务或者承认不真实的债务的。

【"李"应注意1】无效行为的发生期限没有限制。

【"李"应注意2】破产申请受理后债务人对债权人的个别清偿行为无效。

4. 破产费用和共益债务(见表 14-9)

表 14-9　破产费用和共益债务

项目	范围	清偿
破产费用	(1)破产案件的诉讼费用； (2)管理、变价和分配债务人财产的费用； (3)管理人执行职务的费用、报酬和聘用工作人员的费用； (4)人民法院裁定受理破产申请的，此前债务人尚未支付的公司强制清算费用、未终结的执行程序中产生的评估费、公告费、保管费等执行费用属于破产费用	(1)破产费用和共益债务由债务人财产随时清偿； (2)债务人财产不足以清偿所有破产费用和共益债务的，**先行清偿破产费用**； (3)债务人财产不足以清偿所有破产费用或者共益债务的，**按照比例清偿**； (4)债务人财产不足以清偿破产费用的，管理人应当提请法院终结破产程序
共益债务	(1)因管理人或者债务人请求对方当事人履行双方均未履行完毕的合同所产生的债务； (2)债务人财产受无因管理所产生的债务； (3)因债务人不当得利所产生的债务； (4)为债务人继续营业而应支付的劳动报酬和社会保险费用以及由此产生的其他债务； (5)管理人或者相关人员执行职务致人损害所产生的债务； (6)债务人财产致人损害所产生的债务	

考点六　追回权、取回权、抵销权★★★

扫我解疑难

经典例题

【例题1·单选题】(2018年)对因《企业破产法》规定的撤销行为、无效行为而取得的债务人财产行使追回权的主体是(　)。

A. 债权人　　B. 管理人

C. 债务人　　D. 破产申请人

【答案】B

【解析】本题考核追回权。对因《企业破产法》规定的可撤销行为、无效行为而取得的债务人的财产，管理人有权追回。

【例题2·多选题】(2018年)根据《企业破产法》及司法解释规定，下列关于追回权和取回权的说法中，正确的有(　)。

A. 人民法院受理破产申请后，债务人占有的不属于债务人的财产，该财产的权利人有权通过管理人取回

B. 人民法院受理破产申请后，债务的出资人

尚未完全履行出资义务的，管理人有权要求其缴纳出资

C. 对因《企业破产法》规定的无效行为而取得的债务人的财产，管理人有权追回

D. 权利人主张取回权，管理人不予认可的，权利人有权以管理人为被告提起诉讼，请求行使取回权

E. 权利人行使取回权，应当在破产财产变价方案或者和解协议、重整计划草案交债权人会议前提出

【答案】ABCE

【解析】本题考核追回权和取回权。选项D中，应当以"债务人"为被告，而不是以"管理人"为被告。

考点精析

1. 追回权(见表14-10)

表14-10 追回权

项目	具体规定
含义	破产程序中，债务人的某项行为被撤销或者宣告无效后，管理人依法对被非法转移或者处分的财产予以追回的权利
行使人	管理人
范围	(1)对因可**撤销行为和无效行为而取得的债务人财产**； (2)对债务人的董事、监事和高级管理人员利用职权从企业获取的**非正常收入**和侵占的企业财产。 **【"李"应注意】**非正常收入指：①绩效奖金；②普遍拖欠职工工资情况下获取的工资性收入；③其他非正常收入
备注	人民法院受理破产申请后，债务人的出资人尚未完全履行出资义务的，管理人应当要求该出资人缴纳所认缴的出资，而不受出资期限的限制

【帮你"李"解】因返还"普遍拖欠职工工资情况下获取的工资性收入"形成的债权：按照该企业职工平均工资计算的部分作为拖欠职工工资清偿；高出该企业职工平均工资计算的部分，可以作为普通破产债权清偿。

2. 取回权

取回权分为一般取回权和出卖人的取回权

(1)一般取回权(见表14-11)。

表14-11 一般取回权

项目		具体规定
含义		法院受理破产申请后，债务人占有的不属于自己的财产，该财产的权利人可以通过管理人取回，但《企业破产法》另有规定的除外
行使要求		在破产案件受理后形成，行使不受原约定条件、期限的限制，也不受破产程序的限制。 **【"李"应注意】**在重整期间取回，应符合事先约定的条件
行使时间		在破产财产变价方案或和解协议、重整计划草案提交债权人会议表决前向管理人提出
行使标的		通常情况下，取回权的行使仅限于原物。 **【举例】**如加工承揽人破产时，定作人取回定作物；承运人破产时，托运人取回托运货物
特殊情形	原物被转让的	买受人善意取得，权利人只能以损失申报债权。转让行为发生在破产申请受理前的，作为普通债权；转让行为发生在破产申请受理后的，作为共益债务
	原物损毁、灭失的	(1)因此获得保险金、赔偿金、代偿物尚未交付给债务人或者虽已交付但代偿物能与债务人财产相区分的，权利人有权取回该保险金、赔偿金、代偿物 。 (2)保险金、赔偿金已经交付给债务人，或者代偿物已经交付给债务人且不能与债务人财产区分的： ①毁损、灭失发生在破产申请受理**前**——普通债权 ②毁损、灭失发生在破产申请受理**后**——共益债务

(2)出卖人的取回权。人民法院受理破产申请时，出卖人已将买卖标的物向作为买受人的债务人发运，债务人尚未收到且未付清全部价款的，出卖人可以取回在运途中的标的物。但是，管理人可以支付全部价款，请求出卖人交付标的物。

【帮你“李”解 1】 标的物在途时未及时行使取回权，到达后则不准向管理人行使取回权。

【帮你“李”解 2】 权利人主张取回权，管理人不予认可的，权利人有权以“债务人”为被告提起诉讼，请求行使取回权。

3. 抵销权

(1)债权人行使抵销权，应当向管理人提出抵销主张。

【“李”应注意】 管理人不得主动抵销债务人与债权人的互负债务，但抵销使债务人财产受益的除外。

(2)管理人以下列理由提出异议的，人民法院不予支持：

①破产申请受理时，债务人对债权人负有的债务尚未到期；②破产申请受理时，债权人对债务人负有的债务尚未到期；③双方互负债务标的物种类、品质不同。

【帮你“李”解】 有下列情形之一的，不得抵销：

(1)债务人的债务人在破产申请受理后取得他人对债务人的债权的。

如甲公司欠乙公司 100 万元，乙公司欠丙公司 100 万元(那么甲公司为乙公司的债务人，丙公司为乙公司的债权人)，乙公司因资不抵债申请破产，人民法院已受理。随后，甲公司在与丙公司的一次商业贸易中，取得了丙公司对乙公司的 100 万元债权。此时，甲公司向乙公司主张行使抵销权以抵销 100 万元债务是不可以的，这是维护破产债权人共同利益的需要。

(2)债权人已知债务人有不能清偿到期债务或者破产申请的事实，对债务人负担债务的；但是，债权人因为法律规定或者有破产申请 1 年前所发生的原因而负担债务的除外。

如甲是债权人，乙是债务人，甲知道乙不能清偿到期债务，而故意对乙负担债务，来行使抵销权的，法律是不允许的，但是该负担债务的行为发生在申请破产 1 年以前，那么就可以抵销。

(3)债务人的债务人已知债务人有不能清偿到期债务或者破产申请的事实，对债务人取得债权的；但是，债务人的债务人因为法律规定或者有破产申请 1 年前所发生的原因而取得债权除外。

如 2018 年 6 月，甲公司欠乙公司 100 万元，乙公司因资不抵债于 2018 年 10 月申请破产，甲公司明知道这一事实，仍然与乙公司进行商业交易，并取得了 100 万元债权，此时，甲公司主张向乙公司行使抵销权是不可以的。但如果甲公司于 2017 年 8 月(乙公司破产申请前 1 年)与乙公司进行商业往来中取得的 100 万元债权是可以行使抵销权的。

考点七　重整程序★★

经典例题

【例题 1 · 单选题】(2015 年)下列关于破产重整的说法中，正确的是(　)。

A. 破产重整期间，是指法院受理破产申请至重整程序终止的期间

B. 破产重整期间，除债务人管理破产财产受管理人监督外，债务人的营业事务不受管理人干预

C. 破产重整期间，债务人的出资人请求投资收益分配的权利受保护

D. 破产重整期间，债务人可以决定内部管理事务

【答案】 D

【解析】 本题考核破产重整。重整期间，是指法院裁定债务人重整之日起至重整程序终止的期间。所以选项 A 错误。在重整期间，债务人管理破产财产和营业事务，均受管理人

的监督。所以选项B错误。在重整期间，债务人的出资人不得请求投资收益分配。所以选项C错误。

【例题2·单选题】（2012年）对具有破产原因而又有再生希望的企业，经利害关系人申请，人民法院可以依法裁定重整。关于债务人及其出资人重整期间权利义务的说法，正确的是（　）。

A. 债务人合法占有他人财产，该财产的权利人要求取回，债务人应当无条件予以返还

B. 债务人的出资人不能请求投资收益分配

C. 债务人为继续营业而借款的，不得为该借款提供担保

D. 经人民法院批准，债务人可以自行管理财产而不接受管理人的监督

【答案】B

【解析】本题考核重整期间有关事项的处理。债务人合法占有的他人财产，该财产的权利人在重整期间要求取回的，应当符合事先约定的条件。所以选项A错误。在重整期间，债务人或者管理人为继续营业而借款的，可以为该借款设定担保。所以选项C错误。在重整期间，经债务人申请，人民法院批准，债务人可以在管理人的监督下自行管理财产和营业事务。所以选项D错误。

考点精析

重整程序（见表14-12）

表14-12　重整程序

<table>
<tr><th colspan="2">项目</th><th>具体规定</th></tr>
<tr><td colspan="2">含义</td><td>经利害关系人申请，对可能或已经发生破产原因但又有挽救希望的法人企业，在法院主持下，通过对各方利害关系人的利益协调，借助法律强制进行营业重组与债务清理，以挽救企业、避免破产的法律制度</td></tr>
<tr><td colspan="2">申请人</td><td>（1）债务人；（2）债权人；（3）出资额占债务人注册资本1/10以上的出资人</td></tr>
<tr><td colspan="2">申请时间</td><td>（1）债务人：可以直接申请；
（2）债权人：债权人申请破产清算的，在人民法院受理破产申请后、宣告债务人破产前可以转而申请重整；
【"李"应注意】债权人也可直接申请重整。
（3）债务人的出资人：债权人申请破产清算的，重整申请的提出，必须在人民法院受理破产申请后、宣告债务人破产前</td></tr>
<tr><td colspan="2">重整期间有关事宜的处理</td><td>（1）对债务人的特定财产享有的担保权暂停行使。但是，担保物有损坏或者价值明显减少的可能，足以危害担保权人权利的，担保权人可向人民法院请求恢复行使担保权。
【"李"应注意】在重整期间，债务人或者管理人为继续营业而借款的，可以为该借款设定担保。
（2）债务人合法占有的他人财产，该财产的权利人在重整期间要求取回的，应当符合事先约定的条件。
（3）债务人的出资人不得请求投资收益分配。
（4）债务人的董事、监事、高级管理人员不得向第三人转让其持有的债务人的股权。但是，经人民法院同意的除外</td></tr>
<tr><td rowspan="3">重整计划</td><td>草案制作人</td><td>债务人/管理人（即重整期间管理者）</td></tr>
<tr><td>草案提出时间</td><td>债务人或者管理人应当自人民法院裁定债务人重整之日起6个月内，同时向人民法院和债权人会议提交重整计划草案。期限届满，经债务人或者管理人请求，有正当理由的，人民法院可以裁定延期3个月（6+3）</td></tr>
<tr><td>表决</td><td>（1）人民法院自收到重整计划草案之日起30日内召开债权人会议，对重整计划草案进行表决。
（2）债权人按债权类别分组，出席会议的同一表决组的债权人过半数同意重整计划草案，并且其所代表的债权额占该组债权总额的2/3以上的，即为该组通过重整计划草案。（即人过半，债权占2/3以上）</td></tr>
</table>

续表

项目		具体规定
重整计划	效力	(1)重整计划经人民法院裁定批准后，对债务人和**全体债权人**均有约束力。 (2)债权人对债务人的保证人和其他连带债务人所享有的权利，不受重整计划的影响。 (3)按照重整计划减免的债务，自重整计划执行完毕时起，债务人不再承担清偿责任
	终止	(1)债务人不能执行或不执行重整计划的，人民法院经管理人或者利害关系人请求，应当裁定终止重整计划的执行，并宣告债务人破产。但为重整计划的执行提供的担保继续有效。 (2)人民法院裁定终止重整计划执行的，债权人在重整计划中作出的债权调整的承诺失去效力
重整程序的终止		(1)在重整期间有下列情形之一，经**管理人或者利害关系人请求**，由人民法院裁定终止重整程序，宣告债务人破产： ①债务人的经营状况和财产状况继续恶化，缺乏挽救的可能性； ②债务人有欺诈、恶意减少企业财产或者其他显著不利于债权人的行为； ③由于债务人的行为致使管理人无法执行职务。 (2)债务人或管理人未能在法定期限内提出重整计划草案，人民法院裁定终止重整程序，并宣告债务人破产。 (3)人民法院裁定批准重整计划草案的，应当裁定终止重整程序，并予以公告。 (4)重整计划草案未获通过且未获得批准，或者已通过的重整计划未获得批准，人民法院裁定终止重整程序，并宣告债务人破产。 (5)人民法院经审查认为表决通过的重整计划不符合有关规定的，应当裁定不予批准并终止重整程序

【帮你“李”解】 重整程序与重整计划的执行是两个阶段。重整程序在执行程序之前，是为了制定重整计划而设立的一个独立的程序。因此，重整计划被法院批准后，重整程序的目的也已经实现，所以需要终止，以便进入下一个执行程序中(同样可以理解终止和解程序和终止和解协议的执行)。

考点八　和解程序★★

经典例题

【例题1·单选题】(2019年)当债务人不能清偿到期债务，并且资产不足以清偿全部债务时，可以向人民法院提出和解申请的是(　　)。

A. 管理人

B. 债权人

C. 清算组

D. 债务人

【答案】D

【解析】本题考核和解申请。**只有债务人**可以向法院提出和解申请。所以选项D正确。

【例题2·多选题】(2014年)根据《企业破产法》，下列关于和解与和解协议的说法中，正确的有(　　)。

A. 和解以债权人向人民法院提出和解申请为前提

B. 和解申请须由人民法院裁定许可

C. 和解协议须经债权人会议决议通过

D. 人民法院裁定终止和解协议执行的，为和解协议的执行提供的担保无效

E. 按照和解协议减免的债务，自和解协议执行完毕时起，债务人不再承担清偿责任

【答案】BCE

【解析】本题考核和解程序。和解以债务人向人民法院提出和解申请为前提，债权人无权向人民法院提出和解申请。所以选项A错误。人民法院裁定终止和解协议执行的，为和解协议的执行提供的担保继续有效。所以选项D错误。

考点精析

和解程序(见表14-13)

表14-13 和解程序

<table>
<tr><th colspan="2">项目</th><th colspan="2">具体规定</th></tr>
<tr><td colspan="2">含义</td><td colspan="2">人民法院受理破产申请后，宣告债务人破产前，债务人可向人民法院提出和解申请，经债务人与债权人会议就债务人延期清偿债务、减少债务数额等事项达成协议，由人民法院裁定认可而中止破产程序的制度</td></tr>
<tr><td colspan="2">申请人</td><td colspan="2">只能由债务人向人民法院提出</td></tr>
<tr><td colspan="2">申请提出的时间</td><td colspan="2">债务人可以直接向人民法院申请和解；也可以在人民法院受理破产申请后、宣告债务人破产前，向人民法院申请和解。
【“李”应注意】与重整一致</td></tr>
<tr><td rowspan="7">和解协议</td><td>草案制作人</td><td colspan="2">债务人</td></tr>
<tr><td>表决的方式</td><td colspan="2">由出席会议的有表决权的债权人过半数同意，并且其所代表的债权额占无财产担保债权总额的2/3以上</td></tr>
<tr><td>效力</td><td colspan="2">经人民法院裁定认可的和解协议，对债务人和全体和解债权人均有约束力。但和解债权人对债务人的保证人和其他连带债务人所享有的权利，不受和解协议的影响。
【“李”应注意】这里的和解债权人，是指人民法院受理破产申请时对债务人享有无财产担保债权的人</td></tr>
<tr><td rowspan="2">执行</td><td>执行成功</td><td>按照和解协议减免的债务，自和解协议执行完毕时起，债务人不再承担清偿责任</td></tr>
<tr><td>不能执行或不执行</td><td>(1)裁定终止和解协议的执行，并宣告债务人破产；
(2)债权人在和解协议中作出的债权调整承诺失去效力；
(3)债权人因执行和解协议所受的清偿仍然有效，未受清偿部分作为破产债权处理，在和解程序中的其他债权人同自己所受的清偿达到同一比例时，才能继续接受分配</td></tr>
<tr><td colspan="3">【“李”应注意】和解债权人未申报债权的，在和解协议执行期间不得行使权利；在和解协议执行完毕后，可以按照和解协议规定的清偿条件行使权利</td></tr>
<tr><td colspan="2">和解程序的终结</td><td colspan="2">(1)和解协议草案经债权人会议表决没有通过；
(2)债权人会议通过的和解协议未获得法院认可；
(3)和解协议因债务人欺诈或其他不法行为成立(无效)。
【“李”应注意】因债务人的欺诈或者其他违法行为而成立的和解协议，人民法院应当裁定无效，并宣告债务人破产。有此情形的，和解债权人因执行和解协议所受的清偿，在其他债权人所受清偿同等比例的范围内，不予返还</td></tr>
</table>

考点九 破产财产的变价和分配★★

扫我解疑难

经典例题

【例题·单选题】(2019年)在破产程序中，对破产财产中其上已经设定担保物权的财产，债权人可以行使的权利是( )。

A. 别除权　　B. 追回权

C. 抵销权　　D. 取回权

【答案】A

【解析】本题考核别除权。别除权，是指债权人因债权设有担保物，而就破产人特定担保财产在破产程序中享有的优先受偿权利。所以选项A正确。

考点精析

1. 破产财产的变价

(1)变价方案由管理人拟订，并提交债权人会议讨论通过。

(2)由出席会议有表决权的债权人的过半数通过，并且其所代表的债权额**占无财产担保债权总额**的1/2以上。

(3)经债权人会议表决未通过的，由人民法院裁定。

2. 破产财产的分配

根据规定，破产财产在优先清偿破产费用和共益债务后，依照下列顺序清偿：

(1)破产人所欠职工的工资和医疗、伤残补助、抚恤费用，所欠的应当划入职工个人账户的基本养老保险、基本医疗保险费用，以及法律、行政法规规定应当支付给职工的补偿金。

(2)破产人欠缴的除前项规定以外的社会保险费用和破产人所欠税款。

(3)普通破产债权。

破产财产不足以清偿同一顺序的清偿要求的，按照比例分配。

阶段性测试

1. 【单选题】根据企业破产法律制度的规定，下列债务中，在清偿破产费用和共益债务后，应从破产财产中按第一顺位获得清偿的是(　)。

A. 破产人所欠职工的伤残补助

B. 破产人所欠税款

C. 破产人所欠红十字会的捐款

D. 破产人所欠环保部门的罚款

2. 【单选题】对具有破产原因而又有再生希望的企业，经利害关系人申请，人民法院可以依法裁定重整。关于债务人及其出资人重整期间权利义务的说法，正确的是(　)。

A. 债务人合法占有他人财产，该财产的权利人要求取回，债务人应当无条件予以返还

B. 债务人的出资人不能请求投资收益分配

C. 债务人为继续营业而借款的，不得为该借款提供担保

D. 经人民法院批准，债务人可以自行管理财产而不接受管理人的监督

阶段性测试答案精析

1. A 【解析】本题考核破产财产分配顺序。

2. B 【解析】本题考核破产重整制度。债务人合法占有的他人财产，该财产的权利人在重整期间要求取回的，应当符合事先约定的条件。所以选项A错误。在重整期间，债务人或者管理人为继续营业而借款的，可以为该借款设定担保。所以选项C错误。在重整期间，经债务人申请，人民法院批准，债务人可以在管理人的监督下自行管理财产和营业事务。所以选项D错误。

本章综合练习 限时40分钟

一、单项选择题

1. 根据《企业破产法》，可以依法向人民法院提出重整、和解和破产清算申请的是(　)。

A. 债务人　　B. 债权人

C. 管理人　　D. 清算组

2. 根据《企业破产法》，下列关于破产申请及管辖的说法中，正确的是(　)。

A. 商业银行等金融机构有法定破产原因的，国务院金融监督管理机构可以向人民法院提出对该金融机构进行重整、和解或者破产清算的申请

B. 破产申请在人民法院受理前不能撤回

C. 破产案件由债务人住所地人民法院管辖

D. 法院受理破产申请后，当事人提起的有关债务人的行政诉讼案件，应由受理破产申请的法院管辖

3. 根据《企业破产法》的规定，下列关于破产申请受理的说法中，正确的是（ ）。

A. 对债务人提出的破产申请，人民法院应当自收到破产申请之日起 5 日内通知债权人

B. 人民法院收到破产申请后，应在 10 日内审查，裁定是否受理

C. 人民法院裁定受理破产申请后，应当自裁定受理破产申请之日起 30 日内通知已知债权人，并予以公告

D. 对人民法院作出的不予受理裁定和驳回破产申请的裁定不服的，申请人均可提出上诉

4. 甲公司被乙公司申请破产，人民法院受理了甲公司的破产案件。以下相应的机关和当事人实施的行为中，不符合法律规定的是（ ）。

A. 法院批准甲公司为维持经营向乙公司支付货款 10 万元

B. 开户银行直接从甲公司账户上扣划 5 万元抵还所欠本银行的贷款

C. 乙公司以欠甲公司的 8 万元债务依法抵销了甲公司欠乙公司的 8 万元债务

D. 清算组决定继续履行与丙公司的买卖合同

5. 2019 年 9 月，X 市人民法院受理了本市甲公司诉 Y 市乙公司合同纠纷一案。2019 年 12 月，Y 市人民法院受理了债务人乙公司的破产申请，此时，甲、乙公司之间的合同纠纷尚未审结。下列关于该合同纠纷案的表述中，正确的是（ ）。

A. 甲、乙公司之间的合同纠纷案应当终止审理

B. 甲、乙公司之间的合同纠纷案应当移送至 Y 市人民法院继续审理

C. 甲、乙公司之间的合同纠纷案应当中止审理，并由甲公司向管理人申报债权

D. 甲、乙公司之间的合同纠纷案应当中止审理，在管理人接管乙公司财产后由 X 市人民法院继续审理

6. 2019 年 6 月 1 日，人民法院受理了对甲公司提起的破产申请。根据企业破产法律制度的规定，下列人员中，有资格担任管理人的是（ ）。

A. 3 年前被吊销执业证书，但现已重获执业资格的会计师乙

B. 曾于 2014 年 1 月 1 日至 2015 年 12 月 31 日担任甲公司法律顾问的丙律师事务所

C. 甲公司董事丁

D. 甲公司监事会主席的妻子戊

7. 根据《企业破产法》的规定，下列有关债权人会议与管理人的表述中，正确的是（ ）。

A. 债权人会议主席由享有表决权的债权人选举产生，管理人由人民法院指定

B. 债权人会议对不履行职责的管理人有权更换

C. 债权人会议有权决定对管理人的报酬事项

D. 管理人应当列席债权人会议，并接受债权人会议的询问、监督

8. 某公司拖欠多项到期债务无力清偿，被人民法院受理其破产申请后，下列选项不用申报债权的是（ ）。

A. 拖欠某银行的贷款，有财产担保

B. 附条件的债权

C. 拖欠某公司的货款，正在诉讼程序中

D. 拖欠本公司职工的工资

9. 某被申请破产的企业有 9 位债权人，债权总额为 1 100 万元。其中某银行的债权额为 300 万元，由破产企业的房产作抵押。当债权人会议审查管理人的报酬时，下列情形可以通过的是（ ）。

A. 有 6 位债权人同意，其代表的债权额为 350 万元

B. 有5位债权人同意，其代表的债权额为500万元

C. 有4位债权人同意，其代表的债权额为600万元

D. 有3位债权人同意，其代表的债权额为700万元

10. 根据《企业破产法》，债权人会议可以行使的职权是(　)。

A. 监督债务人财产的管理和处分

B. 审查管理人的费用和报酬

C. 批准重整计划

D. 监督破产财产分配

11. 人民法院受理债务人甲公司破产申请时，乙公司依照其与甲公司之间的买卖合同已向买受人甲公司发运了该合同项下的货物，但甲公司尚未付价款。乙公司得知甲公司破产申请被受理后，立即通过传真向甲公司的管理人要求取回在运途中的货物。管理人收到乙公司传真后不久，即收到了乙公司发运的货物。下列表述中，正确的是(　)。

A. 乙公司有权取回该批货物

B. 乙公司无权取回该批货物，但可以就买卖合同价款向管理人申报债权

C. 管理人已取得该批货物的所有权，但乙公司有权要求管理人立即支付全部价款

D. 管理人已取得该批货物的所有权，但乙公司有权要求管理人就价款支付提供担保

12. 根据《企业破产法》，关于重整申请人的说法中，正确的是(　)。

A. 进入破产程序前，债务人可以直接向人民法院申请重整

B. 人民法院受理破产申请后，宣告债务人破产前，破产管理人可以向人民法院申请重整

C. 人民法院受理债权人提出的破产申请后，宣告债务人破产前，出资额占债务人注册资本5%以上的出资人，可以向人民法院申请重整

D. 人民法院受理债权人提出的破产申请后，债务人不能向人民法院申请重整

13. 下列有关和解协议效力的表述中，不符合《企业破产法》规定的是(　)。

A. 经人民法院裁定认可的和解协议，对债务人有约束力

B. 经人民法院裁定认可的和解协议，对全体和解债权人有约束力

C. 和解协议对债务人的保证人和其他连带债务人不发生效力

D. 债务人不履行人民法院裁定认可的和解协议的，债权人可以请求人民法院强制执行

14. 根据企业破产法律制度的规定，下列债务中，在清偿破产费用和共益债务后，应从破产财产中按第一顺位获得清偿的是(　)。

A. 破产人所欠职工的伤残补助

B. 破产人所欠税款

C. 破产人所欠红十字会的捐款

D. 破产人所欠某公司的普通债权

二、多项选择题

1. 当事人向法院申请企业破产，下列情形中，法院应当受理的有(　)。

A. 债务人不能清偿到期债务并且资产不足以清偿全部债务

B. 债务人不能清偿到期债务并且明显缺乏清偿能力

C. 债务人不能清偿到期债务并且债务人的资产负债表，或者审计报告、资产评估报告等显示其全部资产不足以偿付全部负债

D. 债务人不能清偿到期债务并且因资金严重不足或者财产不能变现等原因，无法清偿债务

E. 债务人对债权人的债务尚未到期

2. 人民法院受理破产申请，会对破产企业及有关人员的活动和行为产生一定的法律后果。关于破产受理法律后果的说法，正确的有(　)。

A. 债务人对个别债权人的债务清偿无效

B. 债务人的法定代表人未经人民法院许可，不得离开住所地

C. 破产管理人可以要求无权占有债务人财产的人返还财产

D. 有关债务人财产的保全措施应当中止

E. 有关债务人财产的行政诉讼程序应当中止

3. 根据《企业破产法》的规定，破产管理人被人民法院指定后，应当履行(　)的职责。

A. 监督债权人会议

B. 拟订破产财产变价方案和分配方案

C. 选任和更换债权人委员会成员

D. 代表债务人参加诉讼、仲裁或者其他法律程序

E. 提议召开债权人会议

4. 根据《企业破产法》的规定，下列关于申报债权的说法正确的有(　)。

A. 债权人申报债权时，应当书面说明债权的数额和有无财产担保，并提交有关证据

B. 人民法院确定的债权申报期限内，债权人未申报债权的，不能再补充申报

C. 在人民法院确定的债权申报期限内，债权人未申报债权的，可以在破产财产最后分配前补充申报，补充申报的费用由债务人承担

D. 债务人是委托合同的委托人，被裁定适用《企业破产法》规定的程序，受托人不知该事实，继续处理委托事务的，受托人以由此产生的请求权申报债权

E. 债权的诉讼时效因债权申报而中止

5. 以在债权人会议上对议定事项是否享有表决权为标准，债权人分为有表决权的债权人和无表决权的债权人。下列人员中，享有表决权的有(　)。

A. 逾期未申报的无财产担保的债权人

B. 依法申报债权的有保证人担保的债权人

C. 未放弃优先受偿权的有财产担保的债权人

D. 已就担保物得到足额清偿的有财产担保的债权人

E. 已代替债务人清偿债务的保证人

6. 根据《企业破产法》的规定，下面属于破产费用的有(　)。

A. 破产案件的诉讼费用

B. 管理、变价和分配债务人财产的费用

C. 管理人执行职务的费用、报酬

D. 为债务人继续营业而应支付的劳动报酬和社会保险费用

E. 管理人执行职务致人损害所产生的债务

7. 甲公司因不能清偿到期债务且明显缺乏清偿能力，遂于2019年3月申请破产，且法院已受理。经查，在此前半年内，甲公司针对若干债务进行了个别清偿。关于管理人的撤销权，下列表述正确的有(　)。

A. 甲公司清偿对乙银行所负的且以自有房产设定抵押担保的贷款债务的，管理人可以主张撤销

B. 甲公司清偿对丙公司所负的且经法院判决所确定的货款债务的，管理人可以主张撤销

C. 甲公司清偿对丁公司所负的为维系基本生产所需的水电费债务的，管理人不得主张撤销

D. 甲公司清偿对戊所负的劳动报酬债务的，管理人不得主张撤销

E. 甲公司清偿所负的未到期债务且在破产申请受理前已到期的借款债务的，管理人不得主张撤销

8. 破产程序中，管理人收到债权人提出抵销债务的通知后，下列选项中管理人经审查提出的异议不会被人民法院支持的有(　)。

A. 破产申请受理时，债务人对债权人负有的债务尚未到期

B. 债务人的债务人在破产申请受理后取得他人对债务人的债权的

C. 双方互负债务标的物的种类、品质不同

D. 破产申请受理时，债权人对债务人负

有的债务尚未到期

E. 债权人明知债务人有破产申请的事实而对债务人负担债务

9. 债务人或者管理人向人民法院和债权人会议提交重整计划草案后，下列做法正确的有(　)。

A. 债权人会议应依照债权分类，分组对重整计划草案进行表决

B. 债务人的出资人代表可以列席讨论重整计划草案的债权人会议

C. 部分表决组未通过重整计划草案的，债务人或者管理人可以与其协商再表决一次

D. 重整计划草案自债权人会议一致通过后开始执行

E. 重整计划经人民法院裁定批准后，仅对债务人和全体和解债权人均有约束力

10. 在(　)的情况下，人民法院应当裁定终止和解程序，并宣告债务人破产。

A. 和解协议是因债务人的欺诈或者其他违法行为而成立

B. 和解协议草案经债权人会议表决未获得通过

C. 债权人会议通过的和解协议未获得人民法院认可

D. 债务人不能执行或者不执行和解协议，经和解债权人请求

E. 人民法院受理破产申请后，债务人与全体债权人就债权债务的处理自行达成协议

三、综合分析题

卓力有限公司成立于2016年11月，注册资本300万元，主要销售孕婴系列乳品。为了扩大规模，2018年2月1日，卓力公司向恒达公司借款1 000万元，期限1年。2018年9月，卓力公司经营业绩一落千丈，向恒达公司的借款到期后一直未还，恒达公司催收两次无果。2020年3月6日，恒达公司以卓力公司未能履行还款义务、已经丧失清偿能力为由，向法院申请卓力公司破产。

1. 关于本案破产申请及其撤回、受理的说法，正确的有(　)。

A. 恒达公司作为债权人无权提出破产申请

B. 恒达公司作为债权人可向卓力公司住所地法院提出卓力公司破产申请

C. 恒达公司提出的破产申请，在法院受理前不能撤回

D. 是否受理恒达公司提出的破产申请，一般由法院在15日内裁定

E. 恒达公司作为债权人提出破产申请须由其全体董事共同提出

2. 关于恒达公司破产申请受理的说法，正确的有(　)。

A. 法院收到破产申请后，应在10日内进行审查，裁定是否受理

B. 恒达公司提出破产申请后，法院应当自收到破产申请之日起5日内通知债务人卓力公司

C. 法院受理破产申请后，应当自受理破产申请之日起30日内通知已知的其他债权人，并予以公告

D. 对法院不予受理破产申请的裁定和驳回破产申请的裁定不服的，恒达公司均可提出上诉

E. 法院裁定受理破产申请后，恒达公司的债务人卓力公司应当向恒达公司清偿债务

3. 关于破产管理人的说法，正确的有(　)。

A. 破产管理人由债权人会议选举产生，对债权人会议负责并报告工作

B. 破产管理人负责管理债务人的全部财产，接受债权人会议的监督

C. 破产管理人不能依法公正执行职务的，法院无权更换

D. 破产管理人有权提议召开债权人会议，列席并回答有关询问

E. 破产管理人履行职责获得的报酬列入破产财产分配方案，从债务人财产中优先支付

4. 关于债权申报的说法，正确的有(　)。

A. 债权申报期限自法院裁定受理破产申请之日起计算，最长不得超过3个月

B. 债权人应当在确定的债权申报期限内向法院申报债权

C. 债权人在确定的债权申报期限内未申报债权的，可以在破产财产最后分配前补充申报

D. 债权人在破产财产开始分配后补充申报的债权不能作为破产债权

E. 已经代替债务人清偿债务的保证人，可以其对债务人的求偿权申报债权

本章综合练习参考答案及详细解析

一、单项选择题

1. A 【解析】本题考核可以依法向人民法院提出重整、和解和破产清算申请的主体。当债务人不能清偿到期债务，并且资产不足以清偿全部债务或者明显缺乏清偿能力时，债务人可以向人民法院提出重整、和解或者破产清算申请。当债务人不能清偿到期债务，债权人可以向人民法院提出对债务人进行重整或者破产清算的申请。和解申请只限于债务人提出，债权人不得主动向人民法院提出同债务人进行和解的申请。

2. C 【解析】本题考核破产申请与管辖。和解只有债务人可以提出；商业银行等金融机构有法定破产原因的，国务院金融监督管理机构可以向人民法院提出对该金融机构进行重整或者破产清算的申请。所以选项A错误。申请人可以在人民法院受理破产申请以前请求撤回申请。所以选项B错误。有关债务人的行政诉讼或刑事诉讼的管辖问题，不受破产程序的影响。所以选项D错误。

3. D 【解析】本题考核受理破产申请的期限和受理后的工作。由债权人提出破产申请的，人民法院应当自收到申请之日起5日内通知债务人。所以选项A错误。一般情况下，人民法院应当自收到破产申请之日起15日内裁定是否受理。人民法院裁定受理破产申请后，应当自裁定受理破产申请之日起25日内通知已知债权人，并予以公告。所以选项B、C错误。

4. B 【解析】本题考核破产受理的效力。人民法院受理破产申请后，债务人对个别债权人的债务清偿无效。

5. D 【解析】本题考核破产受理的效力。根据规定，人民法院受理破产申请后，已经开始而尚未终结的有关债务人的民事诉讼或者仲裁应当中止；在管理人接管债务人的财产后，该诉讼或者仲裁继续进行。

6. B 【解析】本题考核破产管理人的任职资格。根据规定，曾被吊销相关专业执业证书的人员，不得担任破产管理人，因此选项A不选；现在担任或者在人民法院受理破产申请前3年内曾经担任债务人、债权人的财务顾问、法律顾问的，属于需要回避的利害关系，选项B中，由于已经超出了3年，因此可以担任；现在担任或者在人民法院受理破产申请前3年内曾经担任债务人、债权人的董事、监事、高级管理人员的，属于有利害关系，因此选项C不得担任；与债权人或者债务人的控股股东、董事、监事、高级管理人员存在夫妻、直系血亲、三代以内旁系血亲或者近姻亲关系的，属于利害关系人，因此选项D不得担任。

7. D 【解析】本题考核管理人和债权人会议的相关规定。管理人由人民法院指定，债权人会议主席由人民法院在有表决权的债权人中指定。所以选项A错误。债权人会议的职权包括：申请人民法院更换管理

人，审查管理人的费用和报酬。债权人会议无权更换管理人，也不能决定管理人的报酬。管理人的报酬由人民法院确定。所以选项 B、C 错误。管理人列席债权人会议，向债权人会议报告职务执行情况，接受债权人会议和债权人委员会的监督，并回答询问。所以选项 D 正确。

8. D 【解析】本题考核债权申报。债务人所欠职工的工资和医疗、伤残补助、抚恤费用，所欠的应当划入职工个人账户的基本养老保险、基本医疗保险费用，以及法律、行政法规规定应当支付给职工的补偿金，不必申报，由管理人调查后列出清单并予以公示。

9. B 【解析】本题考核债权人会议的表决。债权人会议审查管理人的报酬决议属于一般决议，由出席会议的有表决权的债权人过半数通过，并且其所代表的债权额占无财产担保债权总额的 1/2 以上。本题选项 C、D，债权人未过半数，不能通过。本题无财产担保债权总额为 1 100－300＝800(万元)，选项 A 未达到 1/2 以上。

10. B 【解析】本题考核债权人会议的职权。选项 A、D 是债权人委员会的职权；选项 C 是法院的权利。

11. A 【解析】本题考核出卖人取回权。根据规定，人民法院受理破产申请时，出卖人已将买卖标的物向作为买受人的债务人发运，债务人尚未收到且未付清全部价款的，出卖人可以取回在运途中的标的物。但是，管理人可以支付全部价款，请求出卖人交付标的物。只要货物尚在运途中，出卖人向管理人表示行使取回权，即发生取回法律效力；即使管理人其后收到货物，也仅处于保管人的地位。

12. A 【解析】本题考核重整申请人。债务人或者债权人可以依照规定，直接向人民法院申请对债务人进行重整。债权人申请对债务人进行破产清算的，在人民法院受理破产申请后、宣告债务人破产前，债务人或者出资额占债务人注册资本 1/10 以上的出资人，可以向人民法院申请重整。

13. D 【解析】本题考核和解协议的效力。根据规定，和解协议无强制执行的效力，如债务人不履行协议，债权人不能请求人民法院强制执行，只能请求人民法院终止和解协议的执行，宣告其破产。

14. A 【解析】本题考核破产财产的分配。破产财产在优先清偿破产费用和共益债务后，首先清偿破产人所欠职工的工资和医疗、伤残补助、抚恤费用等。

二、多项选择题

1. ABCD 【解析】本题考核破产原因。债务人不能清偿到期债务并且具有下列情形之一的，人民法院应当认定其具备破产原因：(1)资产不足以清偿全部债务；(2)明显缺乏清偿能力。债务人的资产负债表，或者审计报告、资产评估报告等显示其全部资产不足以偿付全部负债的，人民法院应当认定债务人资产不足以清偿全部债务，但有相反证据足以证明债务人资产能够偿付全部负债的除外。债务人账面资产虽大于负债，但因资金严重不足或者财产不能变现等原因，无法清偿债务的，人民法院应当认定其明显缺乏清偿能力。

2. ABC 【解析】本题考核破产申请受理的法律后果。人民法院受理破产申请后，有关债务人财产的保全措施应当解除，执行程序应当中止。行政诉讼程序的效力不受破产程序的影响。

3. BDE 【解析】本题考核管理人的职责。管理人依照《企业破产法》的规定执行职务，向人民法院报告工作，并接受债权人会议和债权人委员会的监督。所以选项 A 错误。选项 C 是债权人会议的职权。

4. AD 【解析】本题考核债权申报。债权人未在债权申报期限内申报债权的，可以补充申报。所以选项 B 错误。费用由补充申报人承担。所以选项 C 错误。债权的诉讼时效因债权申报而中断。所以选项 E 错误。

5. BCE 【解析】本题考核有表决权的债权人。债权人因申报债权而有权参加债权人会议，享有对提交债权人会议讨论事项的表决权。选项 A 中的债权人未申报债权，不享有表决权。有财产担保的债权人就未受清偿的债权额享有表决权，选项 D 中的债权人已就担保物得到足额清偿，不享有表决权。

6. ABC 【解析】本题考核破产费用。选项 D、E 属于共益债务。

7. CD 【解析】本题考核撤销权。债务人对以自有财产设定担保物权的债权进行的个别清偿，管理人请求撤销的，人民法院不予支持。但是，债务清偿时担保财产的价值低于债权额的除外。所以选项 A 错误。债务人经诉讼、仲裁、执行程序对债权人进行的个别清偿，管理人请求撤销的，人民法院不予支持。但是，债务人与债权人恶意串通损害其他债权人利益的除外。所以选项 B 错误。破产申请受理前 1 年内债务人提前清偿的未到期债务，在破产申请受理前已经到期，管理人请求撤销该清偿行为的，人民法院不予支持。但是，该清偿行为发生在破产申请受理前 6 个月内且债务人有企业破产法第 2 条第 1 款规定情形的除外。所以选项 E 错误。

8. ACD 【解析】本题考核抵销权。根据规定，债权人主张抵销，管理人以下列理由提出异议的，人民法院不予支持：(1) 破产申请受理时，债务人对债权人负有的债务尚未到期；(2) 破产申请受理时，债权人对债务人负有的债务尚未到期；(3) 双方互负债务标的物种类、品质不同。此外，选项 B、E 属于法定禁止抵销的情形，所以不选。

9. ABC 【解析】本题考核重整计划的批准。重整计划最终应由人民法院裁定批准，然后才可以执行。所以选项 D 不正确。重整计划经人民法院裁定批准后，对债务人和“全体债权人”而非“全体和解债权人”均有约束力，所以选项 E 不正确。

10. BC 【解析】本题考核和解程序的终止。如果和解协议是因债务人的欺诈或者其他违法行为而成立的，和解协议是无效的，所谓无效，是自始无效，不必终止和解程序，可以直接宣告债务人破产。所以选项 A 错误。债务人不能执行或者不执行和解协议的，人民法院经和解债权人请求，应当裁定终止和解协议的执行，并宣告债务人破产。和解协议的执行与和解程序不是一个意思。和解程序是制定和解协议的程序，和解协议制定完成之后，和解程序终止，然后进入和解协议的执行程序。所以选项 D 错误。可以请求人民法院裁定认可，并终结破产程序。所以选项 E 错误。

三、综合分析题

1. B 【解析】本题考核破产申请及其撤回、受理。债权人有权提出破产申请。所以选项 A 错误。破产案件由债务人所在地法院管辖。所以选项 B 正确。申请人可以在法院受理破产申请之前请求撤回申请。所以选项 C 错误。对于债务人、依法负有清算责任的人提出破产申请，法院自收到破产申请之日起 15 日内裁定是否受理。对于债权人提出破产申请的，不适用这个规定。所以选项 D 错误。《企业破产法》仅规定债权人有权对债务人提出破产申请，但是没有限定必须由债权人的全体董事共同提出。所以选项 E 错误。

2. BD 【解析】本题考核破产申请受理。债权人提出破产申请的，人民法院应当自收到申请之日起 5 日内通知债务人。债务人对申请有异议的，应当自收到人民法院的通知之日起 7 日内向人民法院提出。人民法院应当自异议期满之日起 10 日内裁定是否受理。有特殊情况需要延长裁定受理期限的，经上一级人民法院批准，可以延长15日。所以选项A错误。人民法院应当自裁定受理破产申请之日起25日内通知已知债权人，并予以公告。所以选项C错误。《企业破产法》规定，人民法院受理破产申请后，债务人对个别债权人的债务清偿无效。恒达公司是债权人，卓力公司是债务人，法院裁定受理破产申请后，应当进入破产清算程序，而不能让债务人对个别债权人恒达公司清偿债务，否则就损害了其他债权人的利益。所以选项E错误。

3. BDE 【解析】本题考核管理人。破产管理人由人民法院指定，向人民法院报告工作，并接受债权人会议和债权人委员会的监督。所以选项A错误。人民法院有权依职权决定更换管理人。所以选项C错误。

4. BCE 【解析】本题考核债权申报。债权申报期限自人民法院发布受理破产申请公告之日起计算，最短不得少于30日，最长不得超过3个月。所以选项A错误。在破产财产最后分配前补充申报的债权属于破产债权。所以选项D错误。

由“李”及外

破产法庭仅用一天快速处置破产企业35万口罩库存使其迅速进入市场

企业已申请破产，但却有35万只社会急需的库存口罩，上海三中院破产法庭紧急处置，让这35万只口罩得以迅速进入市场。

2020年1月22日，银京医疗科技(上海)股份有限公司破产管理人向上海三中院报告了债务人企业库存口罩的数量、品种等详情，并请示是否可以紧急处置该批口罩。正值新型冠状病毒感染肺炎疫情暴发，疫情防控形势严峻，市场紧缺口罩等防疫物资，尽快处置库存口罩刻不容缓。

法院接报后立即与管理人商讨，确定了紧急处置既要缩短变价时间，又要注意程序依法公开、公正的原则。考虑到35万余只口罩紧急处置应属债务人重大财产处分行为，会直接影响到债权人清偿利益，法院根据《最高人民法院关于适用〈中华人民共和国企业破产法〉若干问题的规定(三)》的相关规定，要求管理人专门征询债权人意见。管理人按照第一次债权人会议通过的非现场表决方式决议，迅速将该紧急处置方案通过电子邮件、电话、债权人微信群等方式送达各债权人。在限定时间内，未有债权人提出异议。同时，管理人还就处置事项专门与市场监管部门进行了沟通，既注意维护债权人利益，又要防止敏感时期哄抬价格；管理人采取多渠道信息化途径公开发布了库存口罩的变卖信息。

至1月23日晚上7点，处置方案执行完毕。全部口罩赶在春节前最后一个工作日依法紧急处置，变卖价格也在合理市场价幅度内。

【注】以上内容来自“今日头条”。

第15章 电子商务法律制度

JINGDIAN TIJIE

考情分析

历年考情分析

本章为2019年大纲新增内容。2019年仅考核了1个多选题。

本章2020年考试主要变化

本章变动较大。

新增：电子合同主体的确认、电子商务合同的效力、电子认证服务机构的设立应当具备的条件、对电子商务征税的一般税收原则中的税收中性原则的意义、对电子商务征税的一般税收原则中税收法定原则；

变动：电子商务特征、电子商务法的概念、电子商务法适用范围的规定、“电子商务经营者”一节重写、电子商务征税的一般税收原则中效率公平原则；

删除：电子商务主体的认定、对电子商务征税的一般税收原则中的确认原则。

核心考点及真题详解

考点一　电子商务及电子商务法★

经典例题

【例题·多选题】下列选项中，不适用《电子商务法》的有(　)。

A. 网上购买银行理财产品

B. 网购图书

C. 今日头条

D. 通过“搜狐视频”看付费节目

E. 网购农产品

【答案】ACD

【解析】本题考核《电子商务法》的适应范围。《电子商务法》规定：中华人民共和国境内的电子商务活动，适用本法。本法所称电子商务，是指通过互联网等信息网络销售商品或者提供服务的经营活动。法律、行政法规对销售商品或者提供服务有规定的，适用其规定。金融类产品和服务，利用信息网络提供新闻信息、音视频节目、出版以及文化产品等内容方面的服务，不适用本法。选项A属于金融类产品和服务；选项C属于利用信息网络提供新闻信息；选项D属于利用信息网络提供音视频节目。

考点精析

1. 电子商务特征

(1)虚拟性。

(2)跨越时空性。

(3)信息化和无纸化交易性。

(4)高效性。

(5)低成本性。

2. 我国《电子商务法》的适用范围

(1)法律、行政法规对销售商品或者提供服务有规定的，适用其规定。

(2)**金融类产品和服务，利用信息网络提供新闻信息、音视频节目、出版以及文化产品等内容方面的服务，不适用《电子商务法》。**

考点二 电子商务经营者★★★

扫我解疑难

经典例题

【例题·单选题】下列选项中，不属于电子商务经营者的是(　)。

A. 苏宁易购　　B. 淘宝店家

C. 滴滴出行　　D. 人民商场

【答案】D

【解析】本题考核电子商务经营者。电子商务经营者，是指通过互联网等信息网络从事销售商品或者提供服务的经营活动的自然人、法人和非法人组织。包括：电子商务平台经营者、平台内经营者以及通过自建网站、其他网络服务销售商品或者提供服务的电子商务经营者。选项A属于其他电商经营者；选项B属于平台内经营者；选项C属于商务平台经营者。

考点精析

1. 电子商务经营者的种类(见表15-1)

表15-1　电子商务经营者的种类

种类	内容
电子商务平台经营者	在电子商务中为交易双方或者多方提供网络经营场所、交易撮合、信息发布等服务，供交易双方或者多方独立开展交易活动的法人或者非法人组织。现实中通常被称为"电商平台"，如：淘宝网、美团、滴滴出行等
平台内经营者	指通过电子商务平台销售商品或者提供服务的电子商务经营者。通常被称为"商家"或"网店"
其他电商经营者	通过自建网站、其他网络服务销售商品或者提供服务的电子商务经营者。 【"李"应注意】通过微信等软件进行电子商务活动的经营者被统称为"微商"。"微商"不属于平台内经营者

2. 电子商务经营者的准入和登记

(1)电子商务经营者的准入。

①电子商务经营者准入制度包括行政许可和市场登记。

②一般经营事项，电子商务经营者无需获得行政许可，其通过登记制度获得市场主体资格即可开展经营活动。

③对于法律规定的特定经营事项，如生产食品、出版书籍等事项，电子商务经营者不仅需要完成市场登记，还需要获得行政许可才可以从事相关经营活动。

(2)电子商务经营者登记。

①我国法律规定电子商务经营者应当依法办理市场主体登记。

②登记行为后果：获得电子商务的经营资格，而并非设立的新的主体。

③登记部门：市场监督管理部门，并非平台登记。

(3)自然人电子商务经营者的登记事项。

①自然人电子商务经营者的个人信息。个人信息包括自然人的姓名、性别、住址、联系方式等。

②自然人电子商务经营者的经营范围和营业期限。

(4)不需要办理电子商务经营者登记的例外。

①个人销售自产农副产品、家庭手工业产品；

②个人利用自己的技能从事依法无须取得许可的便民劳务活动和零星小额交易活动；

③依照法律、行政法规不需要进行登记的。

3. 电子商务经营者一般规则

(1)电子商务经营的行政许可。

电子商务行政许可的情形一般包括：①从事药品批发零售的行政许可；②从事食品销售的行政许可。

(2)电子商务经营者的纳税登记和纳税申报。

①电子商务经营者应当依法履行纳税义务。

②电子商务经营者的税务登记包括依法进行工商登记的电子商务经营者的税务登记和依法无需市场主体登记的电子商务经营者的税务登记。

③电子商务经营者应当依法进行纳税申报。

(3)合法合规经营。

①依法取得行政许可义务。

②企业形态经营的电子商务经营者不仅需要按照企业信息公示制度的要求，通过企业信用信息公示系统在规定的期限内报送年度报告，对依法需要公示的信息在一定时间内予以公示，还应当按照《电子商务法》的规定，在首页显著位置持续公示。

③电子商务经营者应当依法出具购货凭证或者服务单据。电子商务经营凭据除了纸质发票和电子发票外，还有收据、机打小票等表现形式。

④电子商务经营者搭售商品或者服务应当以显著方式提醒消费者注意，不得将搭售商品或者服务作为默认同意的选项。

(4)电子商务经营的安全保障的具体内容。

①安全商品和安全服务提供义务。

②危险防范义务。

③危险排除义务。

④止损协助义务。

4. 电子商务平台经营者的义务和责任

(1)电子商务平台经营者的义务。

①电子商务平台经营者核验登记、信息报送和提示义务。

②服务协议和交易规则的制定与公示义务。

③建立健全信用评价制度的义务。

④搜索结果显示和竞价排名提示义务。

⑤电子商务交易安全保障义务。

⑥电子商务平台经营者信息记录、保存义务。

⑦违法经营处置义务。

⑧平台业务与平台自营业务区分义务。

⑨与平台内经营者的公平交易义务。

⑩知识产权保护义务。

(2)电子商务平台经营者的责任。

①电子商务平台经营者知道或者应当知道平台内经营者销售的商品或者提供的服务不符合保障人身、财产安全的要求，或者有其他侵害消费者合法权益行为，未采取必要措施的，依法与该平台内经营者承担连带责任。

②对关系消费者生命健康的商品或者服务，电子商务平台经营者对平台内经营者资质资格未尽到审核义务，或者对消费者未尽到安全保障义务，造成消费者损害的，依法承担相应的责任。

考点三　电子商务法的基本制度★★★

经典例题

【例题·单选题】 下列关于电子商务合同订立与履行的说法中，错误的是(　)。

A. 快递物流服务提供者在提供快递物流服务的同时，可以接受电子商务经营者的委托提供代收货款服务

B. 快递物流服务提供者在提交付品时，无须提示收货人当面查验

C. 合同标的为交付商品并采用快递物流方式交付的，收货人签收时间为交付时间

D. 合同标的为采用在线传输方式交付的，标的进入对方当事人指定的特定系统并且能够检索识别的时间为交付时间

【答案】B

【解析】本题考核电子商务合同法律制度。快递物流服务提供者在交付商品时，应当提示收货人当面查验。所以选项 B 错误。

考点精析

1. 电子商务合同法律制度

(1)电子商务合同的成立时间。

①电子商务经营者发布的商品或者服务信息符合要约条件的，用户选择该商品或者服务并提交订单成功，合同成立。当事人另有约定的，从其约定。

②电子商务当事人使用自动信息系统订立或者履行合同的行为对使用该系统的当事人具有法律效力。

(2)电子商务合同主体的确认。电子合同的主体是数据电文的发出者及其代理人；使用电子自动信息系统发出数据电文的，电子合同的主体是发出者。

(3)电子商务经营者订立合同时的义务。

①告知及保障阅读下载的义务。

②保证更正输入错误的义务。

(4)电子商务合同的履行(见表 15-2)。

表 15-2 电子商务合同的履行

<table>
<tr><th colspan="2">项目</th><th colspan="2">内容</th></tr>
<tr><td colspan="2">一般</td><td colspan="2">应当遵守民事法律制度关于合同履行的相应规则</td></tr>
<tr><td colspan="2">当事人对交付方式、交付时间有约定的</td><td colspan="2">从其约定</td></tr>
<tr><td rowspan="4">无约定</td><td>合同标的为交付商品并采用快递物流方式交付的</td><td colspan="2">收货人签收时间为交付时间</td></tr>
<tr><td rowspan="2">合同标的为提供服务的</td><td>一般</td><td>生成的电子凭证或者实物凭证中载明的时间为交付时间</td></tr>
<tr><td>凭证没有载明时间或载明时间与实际提供服务时间不一致的</td><td>实际提供服务的时间为交付时间</td></tr>
<tr><td>合同标的为采用在线传输方式交付的</td><td colspan="2">标的进入对方当事人指定的特定系统并且能够检索识别的时间为交付时间。
【“李”应注意】注意进入的是“指定的特定系统”而非“任意系统”；还需注意“能够检索识别”，如缺乏该条件，则不视为交付</td></tr>
</table>

(5)快递物流服务提供者的义务与权利。

①遵守法律、行政法规，并应当符合承诺的服务规范和时限。

②在交付商品时，应提示收货人当面查验；交由他人代收的，应经收货人同意。

③按照规定使用环保包装材料。

④接受电子商务经营者的委托提供代收货款服务。

(6)电子商务合同的效力。

①对于订立一般合同，由于电子商务合同的特殊性并没有改变法律行为的本质，因此，民法对交易当事人缔约能力的要求自然应当适用。

②当事人民事行为能力推定规则。电子商务交易的消费不仅包括完全民事行为，也包括限制民事行为能力人。

2. 电子签名法律制度

(1)《电子签名法》在**排除三种特殊情况**的前提下，全面认可了民商事活动中产生的各类电子签名、数据电文的法律效力。

【帮你“李”解】“排除的情况”包括涉及人身关系、公共事业服务以及法律、行政法规规定的不适用电子文书的其他情形等。

(2)民事活动中的合同或者其他文件、单

证等文书，当事人可以约定使用或者不使用电子签名、数据电文。当事人约定使用电子签名、数据电文的文书，不得仅因为其采用电子签名、数据电文的形式而否定其法律效力。

(3)能够有形地表现所载内容，并可以随时调取查用的数据电文，视为符合法律、法规要求的书面形式。

(4)**可靠的电子签名**与手写签名或者盖章具有同等的法律效力。

【帮你“李”解】“可靠的电子签名”应具备的条件：

①电子签名制作数据用于电子签名时，属于电子签名人专有。

②签署时电子签名制作数据仅由电子签名人控制。

③签署后对电子签名的任何改动能够被发现。

④签署后对数据电文内容和形式的任何改动能够被发现。

(5)电子签名人的法律义务

①妥善保管电子签名制作数据。

②知悉电子签名制作数据已经失密或可能已经失密时，应当及时告知有关各方，并终止使用该电子签名制作数据。

3. 电子认证法律制度

(1)电子签名需要第三方认证的，由依法设立的电子认证服务提供者提供认证服务。

(2)向社会公众提供服务的电子认证服务机构应当依法设立。

(3)电子认证服务机构的设立应当具备的条件。

①取得企业法人资格；

②具有与提供电子认证服务相适应的专业技术人员和管理人员；

③具有与提供电子认证服务相适应的资金和经营场所；

④具有符合国家安全标准的技术和设备；

⑤具有国家密码管理机构同意使用密码的证明文件；

⑥法律、行政法规规定的其他条件。

(4)在电子认证关系中，电子签名人是电子认证服务机构的客户，是接受电子认证服务一方。电子签名人除了应履行一般的支付费用义务外，还应当履行诚信义务。

(5)电子签名人向电子认证服务提供者申请电子签名认证证书，应当提供真实、完整和准确的信息。

(6)电子认证服务提供者收到电子签名认证证书申请后，应当对申请人的身份进行查验，并对有关材料进行审查。

4. 电子支付法律制度

(1)电子支付的类型。

按照电子支付指令发起方式分为网上支付、电话支付、移动支付、销售点终端交易、自动柜员机交易和其他电子支付。

(2)电子支付法律关系(见表15-3)。

表15-3　电子支付法律关系

项目	内容	
主体	发端人	即电子支付中的付款人
	受益人	即电子支付中的收款人
	银行	包括发端人银行、受益人银行和中间银行
	认证机构	指在网上为参与电子商务各方提供各种认证要求、证书服务、确认用户身份而建立的一种权威的、可信赖的、公正的第三方机构
客体	电子支付行为	
内容	涉及多种合同关系。一般包括：①发端人与受益人的商务合同；②发端人、受益人与银行之间的金融服务合同；③认证机构与用户之间的认证服务合同	

(3)电子支付服务提供者的义务和责任

①依法依规告知用户电子支付服务的功能、使用方法、注意事项、相关风险和收费标准等事项，不得附加不合理交易条件。

②应当确保电子支付指令的完整性、一致性、可跟踪稽核和不可篡改。

③应当向用户免费提供对账服务以及最近**3年**的交易记录。

④因提供电子支付服务不符合国家有关支付安全管理要求，造成用户损失的，应当承担赔偿责任。

⑤对支付指令发生错误的，及时查找原因，并采取相关措施予以纠正。造成用户损失的，承担赔偿责任(**但能够证明支付错误非自身原因造成的除外**)。

⑥完成电子支付后，及时准确地向用户提供确认支付的信息。

⑦未经授权的支付造成的损失，由电子支付服务提供者承担(电子支付服务提供者能够证明未经授权的支付是因用户的过错造成的，不承担责任)。

⑧电子支付服务提供者发现支付指令未经授权，或者收到用户支付指令未经授权的通知时，应当立即采取措施防止损失扩大。**未及时采取措施导致损失扩大的，对损失扩大部分承担责任**。

考点四　电子商务税收法律★★

经典例题

【例题·多选题】(2019年改)对电子商务征税的一般税收原则包括(　)。

A. 公序良俗原则

B. 中性原则

C. 公平效率原则

D. 意思自治原则

E. 过错责任原则

【答案】BC

【解析】本题考核对电子商务征税的一般税收原则。对电子商务征税的一般税收原则包括：中性原则、公平效率原则、税收法定原则、灵活原则。

考点精析

1. 电子商务对税收征管的影响

(1)税收管辖权。在网络环境下，由于消费者所在地、网络商业中心所在地及其服务器所在地三者常常位于不同国家或地区，商品供应地如何确定，哪国拥有税收管辖权难以判断。

(2)税务稽查。在电子商务中，由于失去了传统征税和稽查对原始凭据证据形式要求以及可能出现电子记录被轻易地更改而难留痕迹等情况，对税收征管和稽查带来挑战。

(3)税款流失。在网络交易中，由于无法限制纳税人在网上的经营范围，企业之间可以不需要中介机构而在网上直接发生交易等，使一些需要代扣代缴的行为无法进行。上述种种都可能造成国家税款的流失。

2. 确保电子商务经营者履行纳税义务的规则

(1)主体设立规则。

①电子商务经营者应当依法办理市场主体登记；

②应当向税务部门报送平台内经营者的身份信息和与纳税有关的信息；

③对依法不需要办理市场主体登记的电子商务经营者在首次纳税义务发生后，应当依照税收征收管理法律、行政法规的规定申请办理税务登记。

(2)如实申报纳税。

3. 对电子商务征税的一般税收原则(见表15-4)

表 15-4　对电子商务征税的一般税收原则

一般税收规则	相关规定
中性原则	指课税应在电子商务与常规商务之间，寻求中性和公平。从事类似交易、处于类似情况下的纳税人应缴纳类似水平的税款
公平效率原则	(1)税收公平：①非歧视性；②按纳税能力实行区别对待。 (2)税收效率：①税收的经济效率；②税收的行政效率
税收法定原则	内容包括：①课税要素法定；②课税要素明确；③税收程序合法
灵活原则	(1)我国对电子商务是以现行税制为基础，不单独开征新税。 (2)在处理国际和国内税收关系时：①在处理国际税收关系时，坚持收入来源地优先征税的原则。②在处理国内税收关系时，确立流转税对供货方和劳务提供方征收的原则

本章综合练习 限时10分钟

一、单项选择题

1. 下列选项中，不属于电子商务经营者的是(　)。

A. 宜家电商

B. 京东

C. 美团

D. 北京王府井百货大楼

2. 根据《电子商务法》规定，一般经营事项，电子商务经营者无需获得行政许可，其通过登记制度获得市场主体资格即可开展经营活动；下列属于不仅需要完成市场登记，还需要获得行政许可才可以从事相关经营活动的是(　)。

A. 食品生产企业

B. 五金配件零售店

C. 某品牌服饰旗舰店

D. 财税咨询公司

3. 下列关于电子商务经营信息公示表述不正确的是(　)。

A. 电子商务经营者的信息依法需要在首页显著位置持续公示

B. 电子商务经营者为公司的公示的内容包括股东认缴和实缴的出资额

C. 电子商务经营者公示的内容包括从业人数

D. 公示的方式可以公示具体信息的链接标识

4. 下列关于电子商务合同的订立、履行及效力的说法，错误的是(　)。

A. 合同标的为交付商品并采用快递物流方式交付的，收货人签收时间为交付时间

B. 合同标的为提供服务的，生成的电子凭证或者实物凭证中载明的时间为交付时间

C. 合同标的为采用在线传输方式交付的，合同标的进入对方当事人指定的特定系统的时间为交付时间

D. 电子商务当事人可以约定采用快递物流方式交付商品

5. 下列不属于电子签名形式的是(　)。

A. 证实发送人身份的密码

B. 证实发送人身份的验证码

C. 人脸识别

D. 在纸质合同书上的签字或盖章

二、多项选择题

1. 根据《电子商务法》，下列主体通过互联网等信息网络从事经营活动时，不需要办理市场主体登记的有(　)

A. “布衣小童”团队帮助附近农户销售滞销的白上药

B. 农民韩某销售自家种植的百香果

C. 农民陈某销售自己编的竹筐

D. 下岗职工楚某提供家政服务

E. “宜家”销售家具

2. 对电子商务征税的一般税收原则包括(　)。

A. 应急原则

B. 中性原则

C. 公平效率原则

D. 税收法定原则

E. 灵活原则

本章综合练习参考答案及详细解析

一、单项选择题

1. D 【解析】本题考核电子商务经营者。电子商务经营者，是指通过互联网等信息网络从事销售商品或者提供服务的经营活动的自然人、法人和非法人组织。包括：电子商务平台经营者、平台内经营者以及其他电商经营者。选项 A 属于其他电商经营者；选项 B、C 属于商务平台经营者。

2. A 【解析】本题考核电子商务经营者的准入。一般经营事项，电子商务经营者无需获得行政许可，其通过登记制度获得市场主体资格即可开展经营活动；对于法律规定的特定经营事项，如生产食品、出版书籍等事项，电子商务经营者不仅需要完成市场登记，还需要获得行政许可才可以从事相关经营活动。

3. C 【解析】本题考核电子商务经营信息的公示。企业的从业人数、资产总额、负债总额等数据由企业自主选择是否向社会公示。

4. C 【解析】本题考核电子商务合同的订立、履行及效力。合同标的为采用在线传输方式交付的，合同标的进入对方当事人指定的特定系统并且能够检索识别的时间为交付时间。

5. D 【解析】本题考核电子签名的形式。电子签名形式多样，如：附着于电子文件的手写签名的数字化图像，包括采用生物笔迹辨别法所形成的图像；向收件人发出证实发送人身份的密码、计算机口令；采用特定生物技术识别工具，如指纹或是眼虹膜透视辨别法等。

二、多项选择题

1. BCD 【解析】本题考核不需要办理市场主体登记的例外。《电子商务法》第 10 条规定：电子商务经营者应当依法办理市场主体登记。但是，个人销售自产农副产品、家庭手工业产品，个人利用自己的技能从事依法无须取得许可的便民劳务活动和零星小额交易活动，以及依照法律、行政法规不需要进行登记的除外。选项 A 中的“布衣小童”是团队，而非个人；选项 E 属于通过自建网站、其他网络服务销售商品或者提供服务的电子商务经营者，均需办理市场主体资格登记。

2. BCDE 【解析】本题考核对电子商务征税的一般税收原则。对电子商务征税的一般税收原则包括：中性原则、公平效率原则、税收法定原则、灵活原则。

由“李”及外

抗击疫情电商在行动：捐钱捐物不打烊 研发无接触配送

2002 年至 2003 年期间，始发于中国广东的 SARS 事件，一度致使八千余人被感染，近 800 名感染者死亡。在疫情最为严重的时期，全城封锁，街道、公交和地铁系统人流稀疏，学校、工厂放假，店铺关门。

然而，也正是在这种封闭的环境当中，越来越多的人被迫尝试网上购物，网购习惯开始形成，成就了当时尚处萌芽中的电商行业。也正是在这样看起来有些“运气成分”的情况下，阿里巴巴的 C2C 业务迎来了第一波发展黄金期。

2020 年 1 月，爆发于武汉的疫情之下，电商在行动。疫情发生后，电商平台积极行动起来。阿里巴巴称，设 10 亿元医疗资源专项资金，用于采购医疗物资、同时保障武汉的医疗人员吃上热饭。

京东 24 日宣布，向武汉市分批捐赠 100 万只医用口罩及 6 万件医疗物资，物资包括洗手液、消毒液，以及 VC 泡腾片、板蓝根颗粒、阿莫西林、奥司他韦等。

苏宁 26 日称，在与武汉医疗系统充分沟通后，苏宁启动第三轮捐赠计划，定向向新建的武汉雷神山医院捐赠 200 万元物资，包含医院建设需要的办公电脑、空调、热水器等几乎全部家电及食品饮用水等物资。

记者获悉，25 日，小米集团首批救助武汉的医疗物资安全抵达，这批物资包括大量 N95 口罩、医疗口罩和各类温度计。下一步，小米集团还会捐赠超千万元的资金，继续支持武汉抗击肺炎疫情。

返利网发布消息称，筹集的首批医护救援物资已于 1 月 24 日发往武汉，49 万只口罩、千副医用手套中，包括了从德国等海外采购的部分物资。

另外，还有一些电商企业启动了捐款。例如猿辅导在线教育公司向武汉捐款人民币 1000 万元，用于抗击新型肺炎疫情。

开通在线义诊，避免盲目跑医院。针对新型肺炎湖北居民民众看病难的问题，24 日晚，阿里巴巴集团旗下阿里健康联合支付宝紧急上线了在线义诊服务。目前，在线义诊只针对湖北省居民开放，以缓解湖北医疗资源的压力。

注：信息来源于中新网

第16章 社会保险法律制度

JINGDIAN TIJIE

考情分析

历年考情分析

本章为2019年大纲新增内容。2019年考了1个单选题。预估2020年的考试分值会与其持平或有少量提升。

本章2020年考试主要变化

本章变动不大。新增：社会保险法的功能、社会保险费的缴纳措施、基本养老保险制度的组成部分中的“公务员和参公管理工作人员养老保险”。

核心考点及真题详解

考点一 基本养老保险法律制度★★★

经典例题

【例题·单选题】(2019年)下列人员中，属于职工基本养老保险适用对象的是( )。

A. 公务员

B. 参照公务员管理的人员

C. 城镇非从业居民

D. 企业职工

【答案】D

【解析】本题考核基本养老保险适用范围。基本养老保险适用范围包括：(1)各类企业及其职工。(2)事业单位及其工作人员。除了参照《公务员法》管理，履行公共管理职能的事业单位之外，实行企业化管理的事业单位和以科、教、文、卫为代表的公益性事业单位都参加职工基本养老保险。(3)灵活就业人员。(4)中国境内就业的外国人。所以选项D正确。

考点精析

基本养老保险制度由职工**基本养老保险制度**、**新型农村社会养老保险制度**、**城镇居民社会养老保险制度等**三个部分组成。

1. 职工基本养老保险

(1)基本养老保险适用范围(见表16-1)。

表16-1 基本养老保险适用范围

类型	具体规定
各类企业及其职工	包括国有企业、城镇集体企业、外商投资企业、城镇私营企业等

续表

类型	具体规定
事业单位及其工作人员	除参照《公务员法》管理，履行公共管理职能的事业单位之外，实行企业化管理的事业单位和以科、教、文、卫为代表的公益性事业单位都参加
灵活就业人员	以**非全日制、临时性、季节性、弹性工作**等灵活多样的形式实现就业的人员，包括无雇工的个体工商户、非全日制从业人员以及律师、会计师、自由撰稿人、演员等自由职业者
中国境内就业的外国人	外国人在中国境内就业的，按照《社会保险法》规定参加社会保险

(2)基本养老保险基金组成(见表16-2)。

表16-2 基本养老保险基金组成

组成部分	具体规定
用人单位和个人缴费	企业缴纳的比例，高于16%的，可降至16%；目前低于16%的，要提出过渡办法
基本养老保险费利息和其他收益	—
财政补贴	(1)国有企业、事业单位职工参加基本养老保险前，视同缴费年限期间应当缴纳的基本养老保险费；(2)基本养老保险基金出现支付不足时，政府给予补贴
滞纳金	用人单位未按时足额缴纳的，由征收机构责令限期缴纳或者补足，并自欠缴之日起，按日加收万分之五的滞纳金
其他可以纳入基本养老保险基金的资金	如养老基金投资运营的收益

(3)个人账户资金。目前养老保险个人账户全部由个人缴费形成，其为本人缴费工资的8%。

(4)基本养老保险待遇的给付(见表16-3)。

表16-3 基本养老保险待遇的给付

项目	具体规定	
给付条件	①达到国家规定的退休年龄并办理相关手续。②累计缴费年限满**15年**	
从基本养老保险基金中支付的特殊情况	①参加基本养老保险的个人，因病或者非因工死亡的，其遗属可以领取丧葬补助金和抚恤金；②在未达到法定退休年龄时因病或者非因工致残完全丧失劳动能力的，可以领取病残津贴	
给付标准	“老人”	仍按原来的办法发给养老金
	“新人”	个人缴费年限累计满15年的，退休后按月发给基本养老金
	“中人”	个人缴费和视同缴费年限累计满15年的，按照新老办法平稳衔接
	【“李”应注意】 即“新人新办法”“老人老办法”“中人中办法”。2014年10月1日前退休的属于“老人”，2014年10月1日后参加工作的属于“新人”，2014年10月1日前参加工作、实施后退休的人员属于“中人”	

2. 公务员和“参公”管理工作人员养老保险

公务员和“参公”管理工作人员养老保险适用对象：①公务员。②参照《公务员法》管理的工作人员。

3. 新型农村社会养老保险

(1)筹资方式(见表16-4)。

表 16-4 新型农村社会养老保险的筹资方式

筹资方式	具体规定
个人缴费	缴费标准设为每年 100 元、200 元、300 元、400 元、500 元 5 个档次，参保人自主选择档次缴费，多缴多得
集体补助	有条件的村集体应当对参保人缴费给予补助，补助标准由村民委员会召开村民会议民主确定
政府补贴	(1)中央财政对中西部地区按中央确定的基础养老金标准给予全额补助，对东部地区给予 50%的补助； (2)地方政府应当对参保人缴费给予补贴，补贴标准不低于每人每年 30 元

(2)新型农村社会养老保险的待遇条件(见表 16-5)。

表 16-5 新型农村社会养老保险的待遇条件

项目	具体规定
参保对象	年满 16 周岁(不含在校生)、未参加城镇职工基本养老保险的农村居民 【帮你"李"解】即既未上学也未外出打工参保的年满 16 岁的农村人口
享受新型农村社会养老保险待遇的要求	①年满 60 周岁、未享受城镇职工基本养老保险待遇的农村有户籍的老年人，可以按月领取养老金； ②制度实施时已年满 60 周岁、未享受城镇职工基本养老保险待遇的，不用缴费，可以按月领取基础养老金，但其符合参保条件的子女应当参保缴费； ③距领取年龄不足 15 年的，应按年缴费，也允许补缴，累计缴费不超过 15 年； ④距领取年龄超过 15 年的，应按年缴费，累计缴费不少于 15 年

(3)保险待遇。中央确定的基础养老金标准每人每月 55 元。地方政府可以根据实际情况提高基础养老金标准。

4. 城镇居民社会养老保险(见表 16-6)

表 16-6 城镇居民社会养老保险

项目	具体规定
参保对象	年满 16 周岁(不含在校学生)、不符合职工基本养老保险参保条件的城镇非从业居民 【帮你"李"解】即既未上学也未工作参保的年满 16 岁的城镇人口
参保方式	个人缴费部分，参保人自主选择档次缴费，多缴多得。 中央财政补贴部分同农村养老保险
养老待遇	同新型农村养老保险

考点二 医疗保险法律制度★★

经典例题

【例题．单选题】下列选项中，不能纳入基本医疗保险基金支付范围的医疗费用是(　)。

A. 急诊医疗费

B. 符合基本医疗保险的诊疗项目

C. 抢救医疗费

D. 境外就医费

【答案】D

【解析】本题考核基本医疗保险基金的排除支付。基本医疗保险基金的排除支付：(1)应当从工伤保险基金中支付的；(2)应当由第三人负担的；(3)应当由公共卫生负担的；(4)在境外就医的。

考点精析

1. 城镇职工基本医疗保险(见表16-7)

表16-7 城镇职工基本医疗保险

项目	具体规定
医疗保险的对象	(1)职工"**应当**"参加职工基本医疗保险，由用人单位和职工共同缴纳基本医疗保险费。 (2)无雇工的个体工商户、未在用人单位参加职工基本医疗保险的非全日制从业人员以及其他灵活就业人员"可以"参加，由个人缴纳基本医疗保险费
保险的范围	符合基本医疗保险药品目录、诊疗项目、医疗服务设施标准以及急诊、抢救的医疗费用，按照国家规定从基本医疗保险基金中支付
保险基金的筹集	(1)统筹基金和个人账户构成。(2)职工个人缴纳的基本医疗保险费，全部记入个人账户。(3)用人单位缴纳的基本医疗保险费分为两部分：一部分用于建立统筹基金；一部分划入个人账户。划入个人账户的比例一般为用人单位缴费的30%左右
保险基金的排除支付	(1)应当从工伤保险基金中支付的；(2)应当由第三人负担的；(3)应当由公共卫生负担的；(4)在境外就医的
保险基金的先行支付	应当由第三人负担，第三人不支付或者无法确定第三人的，由基本医疗保险基金先行支付。基本医疗保险基金先行支付后，有权向第三人追偿

2. 新型农村合作医疗法律制度

(1)所有农村居民都可以家庭为单位**自愿参加**。

(2)一般采取**以县(市)为单位**进行统筹。

(3)实行个人缴费、集体扶持和政府资助相结合的筹资机制。

3. 城镇居民医疗保险

(1)参保范围。不属于城镇职工基本医疗保险制度覆盖范围的中小学阶段的学生(包括职业高中、中专、技校学生)、少年儿童和其他非从业城镇居民都可自愿参加城镇居民基本医疗保险。

(2)缴费。城镇居民基本医疗保险实行个人缴费和政府补贴相结合。享受最低生活保障的人、丧失劳动能力的残疾人、低收入家庭60周岁以上的老年人和未成年人等所需个人缴费部分，由政府给予补贴。

考点三 工伤保险法律制度★★

经典例题

【例题·多选题】根据《工伤保险条例》的规定，职工应当被认定为工伤的情形有(　)。

A. 在上班路上被违法闯红灯的机车撞伤

B. 下班后的半小时在车间内收拾机床时受伤

C. 因工外出期间，因个人原因与他人互殴致伤

D. 因工外出，由于工作原因受到伤害

E. 医护人员在抗击新冠状病毒的岗位上被感染肺炎

【答案】ABDE

【解析】本题考核工伤。根据《工伤保险条例》的规定，职工有下列情形之一的，应当认定为工伤：(1)在工作时间和工作场所内，因工作原因受到事故伤害的；(2)工作时间前后在工作场所内，从事与工作有关的预备性或者收尾性工作受到事故伤害的；(3)在工作时间和工作场所内，因履行工作职责受到暴力等意外伤害的；(4)患职业病的；(5)因工外出期间，由于工作原因受到伤害或者发生事故下落不明的；(6)在上下班途中，受到机动车事故伤害的；(7)法律、行法规规定应当认定为工伤的其他情形。选项C是"因个人原因"，因此，本题正确答案是ABDE。

考点精析

1. 工伤认定(见表16-8)

表16-8 工伤认定

项目	具体规定
典型工伤情形	(1)在**工作时间和工作场所**内，因工作原因受到事故伤害的； (2)**工作时间前后在工作场所**内，从事与工作有关的预备性或者收尾性工作受到事故伤害的； (3)在**工作时间和工作场所**内，因履行工作职责受到暴力等意外伤害的； (4)患**职业病**的； (5)因工外出期间，由于**工作原因**受到伤害或者发生事故下落不明的； (6)在上下班途中，受到**非本人主要责任**的交通事故或者城市轨道交通、客运轮渡、火车事故伤害的； (7)法律、行政法规规定应当认定为工伤的其他情形
视同工伤的情形	(1)在工作时间和工作岗位，突发疾病死亡或者在**48小时**之内经抢救无效死亡的； (2)在抢险救灾等维护国家利益、公共利益活动中受到伤害的； (3)职工原在军队服役，因战、因公负伤致残，已取得革命伤残军人证，到用人单位后旧伤复发的
不得认定为工伤或者视同工伤的情形	(1)因故意犯罪受到伤害的； (2)因醉酒或者吸毒受到伤害的； (3)自残或者自杀的
工伤认定申请	用人单位未按规定提出工伤认定申请的，工伤职工或者其近亲属、工会组织在事故伤害发生之日或者被诊断、鉴定为职业病之日起1年内，可以直接向用人单位所在地统筹地区社会保险行政部门提出工伤认定申请

2. 工伤保险待遇(见表16-9)

表16-9 工伤保险待遇

项目	具体规定
由工伤保险基金负担的	(1)工伤医疗康复待遇(医疗费用和康复费用；需要住院的，住院伙食补助费及交通费等；生活不能自理的，生活护理费；劳动能力鉴定费等)； (2)辅助器具配置待遇； (3)伤残待遇(一次性医疗补助金、一次性伤残补助金、伤残津贴)； (4)死亡待遇(丧葬补助金；供养亲属抚恤金；因工死亡补助金)
由用人单位负担的	(1)停工留薪期内的工资福利及陪护； (2)难以安排工作的，按月发给伤残津贴； (3)一次性伤残就业补助金
停止享受工伤保险待遇的情形	(1)丧失享受待遇条件的； (2)拒不接受劳动能力鉴定的； (3)拒绝治疗的

考点四 失业保险法律制度★★

经典例题

【例题1·单选题】 下列关于失业人员领取失业保险金的条件中，不符合相关法律规定的是( )。

A. 已按规定履行缴费义务满6个月

B. 非因本人意愿中断就业的

C. 已办理失业登记，并有求职要求的

D. 已按规定履行缴费义务满1年的

【答案】 A

【解析】本题考核失业保险金领取的条件。具备以下条件的失业人员，可以领取失业保险金：第一，按照规定参加失业保险，所在单位和本人已按规定履行缴费义务满1年的；第二，非因本人意愿中断就业的；第三，已办理失业登记，并有求职要求的。

【例题2·单选题】王某在某建筑工程公司工作2年，缴纳失业保险满2年，失业4个月中领取了失业保险金，随后找到新的工作重新上岗，工作2年并继续缴纳失业保险满2年后再次失业，则其第二次失业后领取失业保险金的期限为(　)个月。

A. 12　　B. 8

C. 6　　D. 0

【答案】B

【解析】本题考核失业保险待遇的给付期限。失业人员失业前与用人单位共同缴纳失业保险费满1年不足5年的，领取失业保险金最长期限为12个月；累计缴费满5年不足10年的，领取最长期限为18个月；累计缴费10年以上的，领取最长期限为24个月。重新就业后，再次失业的，缴费时间重新计算，领取失业保险金的期限与前次失业应当领取而未领取的失业保险金的期限合并计算，最长不超过24个月。本题中，王某再就业后缴费满2年，累计最长可领取12个月，因前次失业已领取4个月，所以本次可领取期限为8个月。

考点精析

失业保险(见表16-10)。

表16-10　失业保险

项目	具体规定	
享受失业保险待遇的条件	(1)失业前用人单位和本人已经缴纳失业保险费**满1年的**； (2)**非因本人意愿**中断就业的； (3)已经进行失业登记，并有求职要求的	
失业保险待遇的给付期限	累计缴费满1年不足5年的	最长领取12个月
	累计缴费满5年不足10年的	最长领取18个月
	累计缴费10年以上的	最长领取24个月
	【"李"应注意】重新就业后，再次失业的，缴费时间**重新计算**，领取失业保险金的期限与前次失业应当领取尚未领取的失业保险金的期限合并计算，最长不超过24个月	
停止领取失业保险待遇的情形	(1)重新就业的；(2)应征服兵役的；(3)移居境外的；(4)享受基本养老保险待遇的；(5)**无正当理由**，拒不接受当地人民政府指定部门或者机构介绍的适当工作或者提供的培训的	

考点五　生育保险法律制度★

经典例题

【例题·单选题】根据我国社会保障相关法律规定，下列选项中，可以享受生育保险待遇的情形是(　)。

A. 合法婚姻者的计划外生育

B. 合法婚姻者的生育

C. 非婚生育

D. 非婚内发生的引产

【答案】B

【解析】本题考核申请生育保险待遇的条件。其条件包括：(1)申请主体是参加了生育保险的职工或职工的未就业配偶，用人单位已经缴纳生育保险费；(2)符合国家计划生育的规定；(3)建立合法、有效的婚姻关系；(4)符合生育保险的就医、药品、诊疗和医疗服务设施的规定。选项A不符合国家的生育政策，选项C、D没有合法有效的婚姻。因此本题的正确答案是B。

考点精析

生育保险(见表16-11)。

表16-11 生育保险

项目	具体规定
含义	妇女劳动者因怀孕和分娩的暂时中断劳动时，由国家和社会提供医疗服务、生育津贴和产假的一种社会保险制度
保险费缴纳	职工应当参加生育保险，由用人单位按照国家规定缴纳生育保险费，职工不缴纳生育保险费
申请生育保险待遇的条件	(1)申请主体是参加了生育保险的职工或职工的未就业配偶，用人单位已经缴纳生育保险费；(2)符合国家计划生育的规定；(3)建立合法、有效的婚姻关系；(4)符合生育保险的就医、药品、诊疗和医疗服务设施的规定
内容	(1)生育津贴；(2)生育医疗待遇

【帮你“李”解】社会保险的缴费主体归纳(见表16-12)

表16-12 社会保险的缴费主体归纳

保险类别	缴费主体
基本养老保险费	用人单位+职工
基本医疗保险费	
失业保险费	
工伤保险费	用人单位缴纳，职工不缴纳
生育保险费	

本章综合练习 限时10分钟

一、单项选择题

1. 下列关于职工基本养老保险的说法，错误的是(　)。

A. 个人缴纳的基本养老保险费记入个人账户，退休之前个人不得提前支取

B. 基本养老保险费累计缴费必须满15年

C. 参加基本养老保险的个人，因病或者非因工死亡的，其遗属可以领取丧葬补助金和抚恤金

D. 未达到法定退休年龄时因病或者非因工致残完全丧失劳动能力的，不得领取病残津贴

2. 根据我国《社会保险法》，实行个人缴费、集体补助和国家补贴相结合的社会保险险种是(　)。

A. 失业保险

B. 基本养老保险

C. 城镇居民基本医疗保险

D. 新型农村社会养老保险

3. 根据我国法律规定，下列选项中，视同工伤的情形是(　)。

A. 在工作时间和工作岗位突发疾病死亡

B. 患职业病

C. 在上班途中受到非本人主要责任的机动车辆伤害

D. 在工作时间和工作场所内自残

4. 甲及其所在单位自2013年6月15日开始一直按时缴纳失业保险费，2019年9月

3日甲办理失业登记。根据《失业保险条例》及相关规定，最长可领取(　)个月的失业救济金。

A. 6　　B. 12

C. 18　　D. 24

二、多项选择题

1. 下列属于社会保险法律关系特征的有(　)。

A. 普遍性和综合性

B. 兼备从属性和平等性

C. 兼备人身性和财产性

D. 国家干预性

E. 国家强制性

2. 根据《工伤保险条例》规定，下列情形构成工伤的有(　)。

A. 甲在乘坐公交车的上班途中发生非本人主要责任的交通事故

B. 乙在参加扑救山火中受伤

C. 丙患职业病

D. 丁在招待公司客户过程中醉酒身亡

E. 戊受到领导侮辱跳楼身亡

3. 下列选项中，由于第三人的原因造成工伤，第三人不支付工伤医疗费用或者无法确定第三人的，下列表述错误的有(　)。

A. 由用人单位先行支付

B. 由个人自行支付

C. 由工伤保险基金先行支付后，有权向第三人追偿

D. 由有关机构发放的补偿金先行支付

E. 由个人先行支付后，有权向第三人追偿

本章综合练习参考答案及详细解析

一、单项选择题

1. D 【解析】本题考核职工基本养老保险。未达到法定退休年龄时因病或者非因工致残完全丧失劳动能力的，可以领取病残津贴。

2. D 【解析】本题考核养老保险制度。根据《社会保险法》规定：新型农村社会养老保险实行个人缴费、集体补助和政府补贴相结合。因此本题的正确答案是D。

3. A 【解析】本题考核视同工伤的情形。根据《工伤保险条例》的规定，职工有下列情形之一的，视同工伤：(1)在工作时间和工作岗位，突发疾病死亡或者在48小时之内经抢救无效死亡的；(2)在抢险救灾等维护国家利益、公共利益活动中受到伤害的；(3)职工原在军队服役，因战、因公负伤致残，已取得革命伤残军人证，到用人单位后旧伤复发的。因此本题的正确答案是A。

4. C 【解析】本题考核失业保险待遇的内容。《失业保险条例》第17条规定：失业人员失业前所在单位和本人按照规定累计缴费时间满1年不足5年的，领取失业保险金的期限最长为12个月；累计缴费时间满5年不足10年的，领取失业保险金的期限最长为18个月；累计缴费时间10年以上的领取失业保险金的期限最长为24个月。因此本题的正确答案是C。

二、多项选择题

1. ABCD 【解析】本题考核社会保险法律关系。社会保险法律关系的特征包括：①普遍性和综合性；②兼备从属性与平等性；③兼备人身性与财产性；④国家干预性。

2. ABC 【解析】本题考核工伤。职工有下列情形之一的，应当认定为工伤：(1)在工作时间和工作场所内，因工作原因受到事故伤害的；(2)工作时间前后在工作场所内，从事与工作有关的预备性或者收尾性工作受到事故伤害的；(3)在工作时间和工作场所内，因履行工作职责受到暴力等意外伤害的；(4)患职业病的；(5)因工外出期间，由于工作原因受到伤害或者发

生事故下落不明的；(6)在上下班途中，受到非本人主要责任的交通事故或者城市轨道交通、客运轮渡、火车事故伤害的；(7)法律、行政法规规定应当认定为工伤的其他情形。有下列情形之一者，视同工伤：(1)在工作时间和工作岗位，突发疾病死亡或者在48小时之内经抢救无效死亡的；(2)在抢险救灾等维护国家利益、公共利益活动中受到伤害的；(3)职工原在军队服役，因战、因公负伤致残，已取得革命伤残军人证，到用人单位后旧伤复发的。但是，职工有下列情形之一的，不得认定为工伤或者视同工伤：(1)故意犯罪的；(2)醉酒或者吸毒的；(3)自残或者自杀的。该题目中，选项AC属于应当认定为工伤的情形，选项B属于视同工伤的情形，选项DE属于不得认定为工伤的情形。

3. ABDE 【解析】本题考核城镇职工基本医疗保险基金的支付。由于第三人的原因造成工伤，第三人不支付工伤医疗费用或者无法确定第三人的，工伤保险基金先行支付后，有权向第三人追偿。

第17章 民事诉讼法律制度

JINGDIAN TIJIE

考情分析

历年考情分析

民事诉讼法作为程序法，知识点多而细，但是从历年的考试情况看，所占分值却比较少。2017年考核了1个单选题，1.5分。2018年考核了1个单选题、1个多选题，共计3.5分。2019年考核了1个单选题、2个多选题，共计5.5分。重要考点集中在管辖、证据、一审程序上，其他考点也有所涉及。

本章2020年考试主要变化

本章主要调整民事诉讼证据和证明知识点。删减：(1)民事诉讼证据种类相关表述；(2)人民法院的查证职责相关内容。增加：(1)证据的保全；(2)证据的审核认定；(3)证据交换相关内容。

核心考点及真题详解

考点一 民事诉讼管辖★★★

经典例题

【例题1·多选题】(2019年)下列有关民事诉讼法管辖类型的说法中，正确的有(　)。

A. 两个法院依法对同一诉讼都有管辖权的管辖是共同管辖

B. 以当事人的住所地与法院辖区的联系确定的管辖是普通管辖

C. 上级法院指定其辖区内下级法院管辖的是级别管辖

D. 依法必须由特定人民法院管辖的管辖是专属管辖

E. 以诉讼标的物所在地、争议的法律事实发生地为标准确定的管辖是特别管辖

【答案】ABDE

【解析】本题考核民事诉讼管辖的种类。指定管辖是指上级人民法院依照法律规定，指定其辖区内下级人民法院对某一具体案件行使管辖权，所以选项C错误。

【例题2·多选题】(2018年)下列关于民事诉讼地域管辖的说法中正确的有(　)。

A. 因侵权行为提起的诉讼，由侵权结果地法院管辖

B. 因追索扶养费、抚育费、赡养费案件的几个被告住所地不在同一辖区的，可以由原告住所地法院管辖

C. 因票据纠纷提起的诉讼，由票据支付地或者被告住所地法院管辖

D. 因合同纠纷提起的诉讼，由被告住所地或者合同履行地法院管辖

E. 因公司解散、公司合并、公司分立、公司增资、公司减资、公司决议、股东知情权等纠纷提起的诉讼，由公司住所地法院管辖

【答案】 BCDE

【解析】 本题考核民事诉讼地域管辖。因侵权行为提起的诉讼，由侵权行为地或者被告住所地人民法院管辖。所以选项 A 错误。

考点精析

地域管辖(见表 17-1)。

表 17-1　地域管辖

<table>
<tr><th>管辖</th><th colspan="2">具体规定</th></tr>
<tr><td rowspan="2">普通管辖</td><td>一般情况</td><td>“原告就被告”原则。由被告住所地法院管辖。
【“李”应注意】被告的住所地和经常居住地不一致的，经常居住地法院为管辖法院。经常居住地指离开住所至起诉已连续居住 1 年以上的地方，公民住院就医的除外</td></tr>
<tr><td>被告就原告的情况</td><td>(1)对不在中华人民共和国领域内居住的人提起的有关身份关系的诉讼；
(2)对下落不明或者宣告失踪的人提起的有关身份关系的诉讼；
(3)对被采取强制性教育措施的人提起的诉讼；
(4)对被监禁的人提起的诉讼；
(5)追索赡养费、抚育费、扶养费案件的几个被告住所地不在同一辖区的诉讼。
【“李”应注意】(1)-(4)是“应当”由原告所在地法院管辖；(5)是“可以”由原告所在地法院管辖</td></tr>
<tr><td>特别管辖</td><td colspan="2">(1)合同纠纷通常的管辖法院是被告住所地或者是合同履行地法院。
合同对履行地点没有约定或者约定不明确的：
①争议标的为给付货币的，接收货币一方所在地为合同履行地；
②交付不动产的，不动产所在地为合同履行地；
③其他标的，履行义务一方所在地为合同履行地。
(2)因保险合同纠纷提起的诉讼，由被告住所地或者保险标的物所在地人民法院管辖。因人身保险合同纠纷提起的诉讼，可以由被保险人住所地人民法院管辖。
(3)因票据纠纷提起的诉讼，由票据支付地或者被告住所地人民法院管辖。
(4)因公司设立、确认股东资格、分配利润、股东名册记载、请求变更公司登记、股东知情权、公司决议、公司合并、公司分立、解散、公司减资、公司增资等纠纷提起的诉讼，由公司住所地人民法院管辖。
(5)因铁路、公路、水上、航空运输和联合运输合同纠纷提起的诉讼，由运输始发地、目的地或者被告住所地人民法院管辖。
(6)因侵权纠纷提起的诉讼，通常由侵权行为地或者被告住所地人民法院管辖。信息网络侵权行为实施地包括实施被诉侵权行为的计算机等信息设备所在地，侵权结果发生地包括被侵权人住所地。
(7)因铁路、公路、水上和航空事故请求损害赔偿提起的诉讼，由事故发生地或者车辆、船舶最先到达地、航空器最先降落地或者被告住所地人民法院管辖。
(8)因船舶碰撞或者其他海事损害事故请求损害赔偿提起的诉讼，由碰撞发生地、碰撞船舶最先到达地、加害船舶被扣留地或者被告住所地法院管辖。
(9)因海难救助费用提起的诉讼，由救助地或者被救助船舶最先到达地人民法院管辖；因共同海损提起的诉讼：由船舶最先到达地、共同海损理算地或者航程终止地的人民法院管辖。
【“李”应注意】只有(4)和(9)的管辖法院不包括被告住所地</td></tr>
<tr><td>协议管辖</td><td colspan="2">合同或其他财产权益纠纷，当事人可以书面协议选择被告住所地、合同履行地、合同签订地、原告住所地、标的物所在地等与争议有实际联系的地点的人民法院管辖，但不得违反级别管辖和专属管辖的规定</td></tr>
</table>

续表

管辖		具体规定
专属管辖	不动产纠纷	由**不动产所在地**法院管辖。含因不动产的权利确认、分割、相邻关系等引起的物权纠纷。农村土地承包经营合同纠纷、**房屋租赁合同纠纷、建设工程施工合同纠纷**、“**政策性**”**房屋买卖**合同纠纷，按照不动产纠纷确定管辖。 【“李”应注意】普通商品房买卖合同纠纷不适用专属管辖，适用特别管辖
	港口作业纠纷	由**港口所在地**法院管辖
	继承遗产纠纷	由被继承人死亡时住所地或主要遗产所在地法院管辖
共同管辖	原告同时向两个以上有管辖权的法院起诉的，由“最先立案”的法院管辖。 【“李”应注意】行政复议中是由“最先收到行政复议申请”的复议机关管辖；行政诉讼法中是由“最先立案”的法院管辖；刑事诉讼法中是由“最先受理”的法院管辖	
移送管辖	受移送的法院无论以何种理由再自行移送案件均是错误的。移送的次数只能是一次，如果受移送法院认为自己无权管辖，只能报请上级法院指定管辖	

【帮你“李”解】对于合同纠纷的管辖，考试时务必注意题干表述，如果是农村土地承包经营合同纠纷、房屋租赁合同纠纷、建设工程施工合同纠纷、政策性房屋买卖合同纠纷，按照不动产纠纷适用专属管辖；其他合同纠纷，则看双方有无协议，有协议，按照协议内容确定管辖地；无协议，则由被告住所地或合同履行地管辖。

考点二　民事诉讼参加人★★

经典例题

【例题1·单选题】（2019年）下列有关民事诉讼当事人的说法中，正确的是（　）。

A. 虽依法设立但没有领取营业执照的法人分支机构，以该分支机构的负责人为当事人

B. 以未成年人为被告的诉讼，未成年人的法定代理人是当事人

C. 当事人应当具有民事诉讼权利能力

D. 以无民事行为能力人为被告的诉讼，无民事行为能力人的监护人是当事人

【答案】C

【解析】本题考核民事诉讼当事人。法人非依法设立的分支机构，或者虽依法设立，但没有领取营业执照的分支机构，以设立该分支机构的法人为当事人。所以选项A错误。无诉讼行为能力人由他的监护人作为法定代理人代为诉讼。选项B、D中法定代理人、监护人只是代理人，不是诉讼当事人。所以选项B、D错误。

【例题2·单选题】（2016年）下列关于民事诉讼委托代理，说法正确的是（　）。

A. 委托诉讼代理权于委托代理人死亡时消灭

B. 解除委托诉讼代理自法院接到书面解除通知时生效

C. 未成年人的父母可以成为委托诉讼代理人

D. 授权书上写明“全权委托”意味着可以行使代为承认、变更和放弃诉讼请求

【答案】A

【解析】本题考核民事诉讼委托代理。委托代理人辞却或解除委托，当事人必须书面告知人民法院，并由人民法院通知对方当事人，否则，不发生辞却或解除的效力。所以选项B错误。未成年人的父母作为其监护人，是法定诉讼代理人，不是委托诉讼代理人。所以选项C错误。授权委托书仅写“全权代理”而无具体授权的，诉讼代理人无权代为承认、放弃、变更诉讼请求，进行和解，提出反诉或者提起上诉。所以选项D错误。

【例题3·多选题】（2015年）下列关于普通共

同诉讼特征的表述中，正确的有(　)。

A. 其诉讼标的是共同的

B. 2人以上应诉，其相互间有连带关系

C. 2人以上起诉，其相互间有连带关系

D. 其诉讼案件适用同一种诉讼程序

E. 其诉讼案件必须属于同一人民法院管辖

【答案】DE

【解析】本题考核普通共同诉讼的特征。选项A、B、C属于必要共同诉讼的特征。

考点精析

1. 当事人的诉讼权利能力与诉讼行为能力

(1)诉讼当事人应当具有民事诉讼权利能力。公民的诉讼权利能力始于出生，终于死亡；法人和其他组织的权利始于依法成立，终于解散或撤销。

(2)公民的诉讼行为能力，可能与诉讼权利能力一致，也可能不一致。

(3)公民的诉讼行为能力，始于成年，终于死亡或宣告无行为能力。未成年人、精神病人具有诉讼权利能力，但不具有诉讼行为能力，可以作为民事诉讼中的当事人，但诉讼行为只能由其法定代理人代理诉讼。

(4)法人的诉讼行为能力与诉讼权利能力一致，法人作为民事诉讼的当事人，通过其法定代表人的诉讼行为实现。

(5)不具有法人资格的其他组织可以作为当事人，诉讼中以该组织的主要负责人为代表人。

(6)法人非依法设立的分支机构，以设立该分支机构的法人为当事人。

【帮你"李"解】民事诉讼法中的民事诉讼权利能力与诉讼行为能力和民事实体法中民事权利能力与民事行为能力基本一致，二者结合理解把握。

2. 共同诉讼人

必要共同诉讼与普通共同诉讼的区别(见表17-2)。

表17-2　必要共同诉讼与普通共同诉讼的区别

比较内容	必要共同诉讼	普通共同诉讼
标的不同	同一标的(一个)	同一种类标的(若干个)
合并不同	强制合并(必须合并审理)	任意合并(可以合并审理)
内部关系不同	各个共同诉讼人都是独立的诉讼主体，都能独立地实施诉讼行为，其中一人的诉讼行为经其他共同诉讼人承认，对其他共同诉讼人发生效力	独立性，其中任何一个共同诉讼人的诉讼行为，对其他共同诉讼人均不发生效力
裁判结果不同	裁判结果同一(必须合并审理、合一判决)	裁判结果独立(尽管可以分别审理，也可以合并审理，但对普通共同诉讼的各个请求只能分别确定)

3. 诉讼代表人

诉讼代表人变更、放弃诉讼请求或者承认对方当事人的诉讼请求，进行和解，必须经被代表的当事人同意。

4. 第三人

(1)**有独立**请求权的第三人：在诉讼中的地位**相当于原告**，而以本诉中的原告和被告为共同被告。

(2)**无独立**请求权的第三人：在诉讼中的地位既非原告也非被告，只能参加到当事人一方进行诉讼。

5. 诉讼代理人(见表 17-3)

表 17-3 诉讼代理人

代理人	具体规定	
法定诉讼代理人	(1)是为没有诉讼行为能力的人专门设立的一种诉讼代理制度。 (2)根据法律规定直接代理无诉讼行为能力的当事人实施诉讼行为	
委托诉讼代理人	可以委托的人	(1)律师；(2)基层法律服务工作者；(3)当事人的近亲属或者工作人员；(4)当事人所在社区、单位以及有关社会团体推荐的公民
	要求	委托他人代为诉讼，必须向法院提交由委托人签名或盖章的授权委托书
	特别授权	代理人代为：(1)承认；(2)放弃、变更诉讼请求；(3)进行和解；(4)提起反诉或者上诉，必须有委托人的特别授权，授权书中仅写"全权代理"，不得实施以上行为
	代理权的消灭	(1)诉讼终结。 (2)委托代理人死亡或者丧失诉讼行为能力。 (3)委托代理人辞却或解除委托。辞却或解除委托，当事人必须书面告知人民法院，并由人民法院通知对方当事人

考点三 民事公益诉讼★

扫我解疑难

经典例题

【例题·单选题】某公益诉讼案件，当事人达成了和解。对此，下列说法错误的是(　)。

A. 和解无效，因为法律禁止公益诉讼案件进行和解

B. 当事人达成和解协议后，人民法院应当将和解协议进行公告

C. 人民法院对当事人达成和解协议进行公告的时间不得少于 30 日

D. 公告期满后，人民法院经审查，和解协议不违反社会公共利益的，应当出具调解书

【答案】A

【解析】本题考核公益诉讼。对公益诉讼案件，当事人可以和解，人民法院可以调解。当事人达成和解或者调解协议后，人民法院应当将和解或者调解协议进行公告。公告期间不得少于 30 日。公告期满后，人民法院经审查，和解或者调解协议不违反社会公共利益的，应当出具调解书；和解或者调解协议违反社会公共利益的，不予出具调解书，继续对案件进行审理并依法作出裁判。

考点精析

民事公益诉讼(见表 17-4)。

表 17-4 民事公益诉讼

项目	具体规定
概念	是指为保护社会公共利益为目的的诉讼
特征	(1)诉讼标的是公共利益，即不特定多数人共同享有利益。 (2)诉讼主体特殊。 (3)需要通过法律规定相应的机关或组织作为诉讼主体，成为提起民事公益诉讼原告。 (4)法院裁判不仅对参加诉讼当事人有拘束力，同时，对社会公众、特定国家机关、组织均具有法律效力。 (5)审判程序复杂、特殊，有的诉讼需要相关行政或政策部门共同配合
案件范围	污染环境、侵害众多消费者合法权益等损害社会公共利益的案件
原告	**法律规定的机关和有关组织**

续表

项目	具体规定
受理条件	(1)有明确的被告；(2)有具体的诉讼请求；(3)有社会**公共利益受到损害的初步证据**；(4)属于人民法院受理民事诉讼的范围和受诉人民法院管辖
管辖	(1)一般由**侵权行为地**或者**被告住所地中级人民法院**管辖。 (2)污染海洋环境的，由**污染发生地**、**损害结果地**或者**采取预防污染措施地**海事法院管辖。 (3)对同一侵权行为分别向两个以上人民法院提起公益诉讼的，由最先立案的人民法院管辖，必要时由它们的共同上级人民法院指定管辖
与私益诉讼的关系	人民法院受理公益诉讼案件，不影响同一侵权行为的受害人根据《民事诉讼法》的规定提起诉讼
程序	(1)人民法院受理后，10日内书面告知相关行政主管部门。 (2)依法可以提起诉讼的其他机关和有关组织，可以在开庭前申请参加诉讼。人民法院准许参加诉讼的，列为共同原告
和解与调解	**当事人可以和解，人民法院可以调解**。人民法院应当将和解或者调解协议进行公告。公告期间不得少于30日
撤诉	原告在法庭辩论终结后申请撤诉的，人民法院不予准许
裁判效力	裁判发生法律效力后，其他依法具有原告资格的机关和有关组织就同一侵权行为另行提起公益诉讼的，人民法院裁定不予受理(法律、司法解释另有规定的除外)

考点四　民事诉讼证据★★★

经典例题

【例题1·单选题】 甲对乙提起请求偿还借款的诉讼。根据民事诉讼证据理论，相关当事人提供的证据中，属于直接证据的是(　　)。

A. 甲向法院提交的其向乙的银行卡转款的银行凭条

B. 丙向法院提供的曾听甲说乙要向甲借钱的证词

C. 甲向法院提交的乙向其借款时出具的借据复印件

D. 丁向法院提供的曾陪同甲到银行汇款给乙的证词

【答案】 C

【解析】 本题考核直接证据。本题中只有甲向法院提交的乙向其借款时出具的借据复印件能够单独直接地证明待证事实，所以是直接证据。

【例题2·多选题】 (2016年)下列民事诉讼证据中，属于物证的有(　　)。

A. 证明甲公司财务情况的会计账簿

B. 证明甲、乙婚姻关系存在的结婚证

C. 证明甲伤害乙侵权事实的沾上乙血迹的木棒

D. 证明甲、乙谈话内容的录音磁带

E. 证明甲、乙在共同伤人现场的鞋印

【答案】 CE

【解析】 本题考核民事诉讼证据的种类。会计账簿、证明婚姻关系的结婚证属于书证。谈话录音磁带属于视听资料。所以选项A、B、D错误。

考点精析

1. 证据的分类(见表17-5)

表17-5　证据的分类

分类标准	类别	
按证据的来源	原始证据	证据本身直接来源于案件事实
	派生证据	不直接来源于案件事实，而是经过中间环节辗转得来的证据

续表

分类标准	类别	
按证据与待证事实之间的关系	直接证据	能够单独地直接证明待证事实的证据
	间接证据	不能单独地、直接地证明待证事实，但一系列事实组合在一起可以证明待证事实的证据
按证据与当事人主张的关系	本证	能够证明当事人一方所主张的事实存在的证据
	反证	证明当事人一方所主张的事实不存在的证据

2. 证据的法定种类

(1)当事人的陈述；(2)书证；(3)物证；(4)视听资料；(5)电子数据；(6)证人证言；(7)鉴定意见；(8)勘验笔录。

【帮你"李"解】 民事诉讼的证据种类=行政诉讼的证据种类-现场笔录

3. 证据的保全

(1)保全的提出。

当事人在证据可能灭失或者以后难以取得的情况下申请证据保全的，应当在举证期限届满前向人民法院提出。

(2)保全担保及数额。

当事人或者利害关系人申请采取查封、扣押等限制保全标的物使用、流通等保全措施，或者保全可能对证据持有人造成损失的，人民法院应当责令申请人提供相应的担保。

担保方式或者数额由人民法院根据保全措施对证据持有人的影响、保全标的物的价值、当事人或者利害关系人争议的诉讼标的金额等因素综合确定。

(3)待证事实需要通过鉴定意见证明的情形。

①提出。当事人申请鉴定，应当在人民法院指定期间内提出，并预交鉴定费用。逾期不提出申请或者不预交鉴定费用的，视为放弃申请。对需要鉴定的待证事实负有举证责任的当事人，在人民法院指定期间内无正当理由不提出鉴定申请或者不预交鉴定费用，或者拒不提供相关材料，致使待证事实无法查明的，应当承担举证不能的法律后果。

②程序。鉴定开始之前，人民法院应当要求鉴定人签署承诺书。

③重新鉴定。当事人申请重新鉴定，存在下列情形之一的，人民法院应当准许：A. 鉴定人不具备相应资格的；B. 鉴定程序严重违法的；C. 鉴定意见明显依据不足的；D. 鉴定意见不能作为证据使用的其他情形。

(4)当事人申请人民法院责令对方当事人提交书证的。

下列情形，控制书证的当事人应当提交书证：

A. 控制书证的当事人在诉讼中曾经引用过的书证；

B. 为对方当事人的利益制作的书证；

C. 对方当事人依照法律规定有权查阅、获取的书证；

D. 账簿、记账原始凭证；

E. 人民法院认为应当提交书证的其他情形。

以上所列书证，涉及国家秘密、商业秘密、当事人或第三人的隐私，或者存在法律规定应当保密的情形的，提交后不得公开质证。控制书证的当事人无正当理由拒不提交书证的，人民法院可以认定对方当事人所主张的书证内容为真实。

4. 证据的审核认定

下列证据不能单独作为认定案件事实的根据：(1)当事人的陈述；(2)无民事行为能力人或者限制民事行为能力人所作的与其年龄、智力状况或者精神健康状况不相当的证言；(3)与一方当事人或者其代理人有利害关系的证人陈述的证言；(4)存有疑点的视听资料、电子数据；(5)无法与原件、原物核对的复制件、复制品。

阶段性测试

1. 【单选题】滨海市东区人民法院受理了一起民事诉讼案件后，发现本院对该案无管辖权，于是将该案移送滨海市西区人民法院，西区人民法院则认为对该案有管辖权的应是滨海市南区人民法院。在此种情况下，西区人民法院正确的处理办法是(　)。

A. 将案件移送到南区人民法院

B. 将案件移送到东区人民法院

C. 由自己对该案件进行审理

D. 将该案报请滨海市中级人民法院指定管辖

2. 【单选题】因与医院发生医疗纠纷，患者张某向法院提起诉讼，要求医院承担相应的民事责任。在诉讼中，张某提出只要医院出示病历就可以证明医院对此负有责任。如果病历在本案作为证据，则该证据属于(　)。

A. 物证　　　　B. 书证

C. 视听资料　　D. 鉴定结论

阶段性测试答案精析

1. D 【解析】本题考核民事案件的移送管辖。《民事诉讼法》规定，人民法院发现受理的案件不属于本院管辖的，应当移送有管辖权的人民法院，受移送的人民法院应当受理。受移送的人民法院认为受移送的案件依照规定不属于本院管辖的，应当报请上级人民法院指定管辖，不得再自行移送。因此，正确答案为选项D。

2. B 【解析】本题考核证据的种类。根据《民事诉讼法》规定，证据包括书证、物证、视听资料、证人证言、当事人陈述、鉴定结论与勘验笔录。书证，是指用文字、符号、图表等表达一定的思想或者行为，其内容能证明案件真实情况的物品。物证，是指以自身存在的外形、重量、规格、质量等标志来证明待证事实的一部分或全部的物品或痕迹。因此，正确答案为选项B。

考点五　民事诉讼一审程序★★★

经典例题

【例题1·单选题】(2018年)下列关于民事诉讼起诉和受理的说法中，正确的是(　)。

A. 符合起诉条件的，法院应当在3日内立案

B. 不符合起诉条件的，法院应当裁定驳回原告诉讼请求

C. 起诉应有明确的被告

D. 起诉状列写被告信息不明确的，法院可以判决驳回起诉

【答案】C

【解析】本题考核民事诉讼的起诉和受理。符合起诉条件的，法院应当在7日内立案。所以选项A错误。不符合起诉条件的，应当在7日内作出裁定书，不予受理。所以选项B错误。起诉应当有明确的被告。所以选项C正确。起诉状列写被告信息不足以认定明确的被告的，人民法院可以告知原告补正；原告补正后仍不能确定明确的被告的，人民法院裁定不予受理。所以选项D错误。

【例题2·多选题】(2019年)下列民事诉讼事项中，法院应当采用裁定方式处理的有(　)。

A. 不予受理　　　B. 驳回起诉

C. 驳回诉讼请求　D. 先予执行

E. 诉讼中止

【答案】ABDE

【解析】本题考核民事诉讼裁定适用范围。裁定适用于下列范围：(1)不予受理；(2)对管辖权有异议的；(3)驳回起诉；(4)保全和先予执行；(5)准许或者不准许撤诉；(6)中止或者终结诉讼；(7)补正判决书中的笔误；(8)中止或者终结执行；(9)撤销或者不予执行仲裁裁决；(10)不予执行公证机关赋予强制执行效力的债权文书；(11)其他需要裁定

解决的事项。

【例题3·多选题】(2016年)下列关于民事诉讼一审开庭、审理及判决事项的说法中，正确的有(　)。

A. 庭前进行证据交换的，当事人在庭审中不得再提出证据

B. 法院审理民事案件，应当在开庭3日前通知当事人和其他诉讼参加人

C. 被告提出反诉的，法院可以合并审理

D. 判决书应当写明判决理由

E. 驳回原告起诉的，应当采用判决方式

【答案】BCD

【解析】本题考核民事诉讼一审程序。当事人在法庭上可以提出新的证据。所以选项A错误。驳回起诉应当适用裁定。所以选项E错误。

考点精析

1. 起诉的条件

(1)原告是与本案有直接利害关系的公民、法人或其他组织；

(2)有明确的被告；

(3)有具体的诉讼请求和事实、理由；

(4)属于人民法院受理民事诉讼的范围和受诉人民法院管辖。

【帮你"李"解】起诉应当向法院递交起诉状，书写起诉状确有困难的，可以口头起诉。

2. 受理(见表17-6)

表17-6　受理

项目	内容
符合起诉条件的	应在7日内立案，并通知当事人
不符合起诉条件的	应在7日内裁定不予受理 【"李"应注意】原告对裁定不服的，可以上诉
立案后发现不符合起诉条件的	裁定驳回起诉
【"李"应注意】裁定不予受理、驳回起诉的案件，原告再次起诉如符合起诉条件且不属于不予受理情形的，法院应当受理	

【帮你"李"解】不予受理、驳回起诉与驳回诉讼请求的区别(见表17-7)

表17-7　不予受理、驳回起诉与驳回诉讼请求的区别

区别	不予受理	驳回起诉	驳回诉讼请求
适用文书	裁定		判决
适用阶段	起诉后受理前(立案前)	受理后审结前(立案后)	开庭审理后
适用条件	起诉不符合条件		起诉符合条件，但丧失胜诉权
作出裁定的主体	立案庭	审判庭	
上诉期	10日		15日
当事人对案件的权利	可以再起诉		不得再起诉，因为"一事不再理"
诉讼费用	不收诉讼费	收诉讼费	

3. 撤诉

撤诉包括申请撤诉和按撤诉处理两类。

4. 反诉

(1)反诉只能是本诉被告向本诉原告提起；

(2)反诉必须向受理本诉的法院提起；

(3)反诉与本诉的诉讼适用不同程序则反诉不能成立；

(4)反诉必须于法庭辩论结束前提出；

(5)反诉的诉讼请求与本诉的诉讼请求必须有事实上或法律上的联系。

【“李”应注意】 行政诉讼中的被告没有反诉权。

【帮你“李”解】 原告增加诉讼请求，被告提出反诉，第三人提出与本案有关的诉讼请求，人民法院可以合并审理。

5. 诉讼中止、诉讼终结与延期审理(见表17-8)

表 17-8　诉讼中止、诉讼终结与延期审理

区别	延期审理	诉讼中止	诉讼终结
适用范围不同	只能适用于开庭阶段	在整个诉讼过程中都能适用	
适用效果不同	把开庭的活动推迟	把整个诉讼活动暂时都停止了	诉讼活动结束
恢复审理上不同	一般情况下法院可以决定什么时候恢复	一般情况下法院无法决定什么时候恢复	不会再恢复
适用文书不同	决定书	裁定书	
法定情形不同	(1)必须到庭的当事人和其他诉讼参与人有正当理由没有到庭的。 (2)当事人临时提出回避申请的。 (3)需要通知新的证人到庭，调取新的证据，重新鉴定、勘验，或者需要补充调查的。 (4)其他应当延期的情形	(1)一方当事人死亡，需要等待继承人表明是否参加诉讼的。 (2)一方当事人丧失诉讼行为能力，尚未确定法定代理人的。 (3)作为一方当事人的法人或者其他组织终止，尚未确定权利义务承受人的。 (4)一方当事人因不可抗拒的事由，不能参加诉讼的。 (5)本案必须以另一案的审理结果为依据，而另一案尚未审结的。 (6)其他应当中止诉讼的情形	(1)原告死亡，没有继承人，或者继承人放弃诉讼权利的。 (2)被告死亡，没有遗产，也没有应当承担义务的人的。 (3)离婚案件一方当事人死亡的。 (4)追索赡养费、扶养费、抚育费以及解除收养关系案件的一方当事人死亡的

6. 第一审普通程序与简易程序(见表17-9)

表 17-9　一审程序与简易程序

项目	普通程序	简易程序
适用法院	各级法院	基层法院和它的派出法庭
案件范围	除适用特别程序、督促程序、公示催告程序及简易程序之外的所有民事案件	(1)事实清楚、权利义务关系明确、争议不大的简单的民事案件； (2)小额诉讼案件； (3)当事人双方约定使用简易程序的案件
起诉方式	只有书写诉状确有困难的，才可以口头起诉	可以口头起诉
审判组织	合议庭	审判员一人独任审判
立案与审理	原告起诉→(符合条件的)法院在7日内立案→5日内送达起诉状副本给被告→被告15日内答辩→开庭……	(不需要独立的立案环节)基层法院或派出法庭可以当即审理，也可以另定日期审理

续表

项目	普通程序	简易程序
传唤当事人、证人的方式	(1)开庭3日前，以"传票"方式通知当事人到庭参加诉讼。 (2)开庭3日前，法院以"通知书"的方式通知证人或诉讼代理人、其他诉讼参与人到庭	(1)只要能通知到本人，不拘形式。 (2)没有3日的期限限制，随传随到
审限	(1)一般6个月内审结。 (2)特殊情况，经本院院长批准，可延长6个月，还需延长的，报请上级法院批准	3个月内审结

7. 简易程序中的小额诉讼(见表17-10)

表17-10　简易程序中的小额诉讼

项目	具体规定
小额诉讼的标准	适用简易程序标准的案件+标的额为各省、自治区、直辖市上年度就业人员年平均工资30%以下
不适用小额诉讼程序审理案件	(1)人身关系、财产确权纠纷； (2)涉外民事纠纷； (3)知识产权纠纷； (4)需要评估、鉴定或者对诉前评估、鉴定结果有异议的纠纷； (5)其他不宜适用一审终审的纠纷
特有程序	(1)实行**一审终审；** (2)举证期限一般**不超过7日；** (3)法院确定答辩期间，但最长不得超过15日
裁定的一审终审	(1)当事人对小额诉讼案件提出管辖异议的，人民法院应当作出裁定。**裁定一经作出即生效。** (2)人民法院受理小额诉讼案件后，发现起诉不符合起诉条件的，**裁定驳回起诉。裁定一经作出即生效**
程序转换	因当事人申请增加或者变更诉讼请求、提出反诉、追加当事人等，致使案件不符合小额诉讼案件条件的，应当适用简易程序的其他规定审理

考点六　民事诉讼二审程序★

经典例题

【例题·单选题】吴某被王某打伤后诉至法院，王某败诉。一审判决书送达王某时，其当即向送达人郑某表示上诉，但因其不识字，未提交上诉状。关于王某行为的法律效力，下列说法正确的是(　)。

A. 王某已经表明上诉，产生上诉效力

B. 郑某将王某的上诉要求告知法院后，产生上诉效力

C. 王某未提交上诉状，不产生上诉效力

D. 王某口头上诉经二审法院同意后，产生上诉效力

【答案】C

【解析】本题考核上诉的提起。上诉必须递交上诉状，未在法定上诉期间内递交上诉状的，视为未提起上诉。

考点精析

1. 上诉的提起

(1)必须由有权提起上诉的当事人提起。

(2)所有判决均可上诉，裁定则只有不予受理、驳回起诉、管辖异议的裁定可以上诉。

(3)判决的上诉期：15天；裁定的上诉

期：10天。

（4）必须提交上诉状。

2. 上诉案件的审理

（1）审理上诉案件，应当组成合议庭，开庭审理。经过阅卷、调查和询问当事人，对没有提出新的事实、证据或者理由，合议庭认为不需要开庭审理的，可以不开庭审理。

（2）对判决的上诉案件，应当在第二审立案之日起3个月内审结。有特殊情况需要延长的，由本院院长批准。人民法院审理对裁定的上诉案件，应当在第二审立案之日起30日内作出终审裁定。

3. 上诉案件的裁判

第二审人民法院对上诉案件，经过审理，按照下列情形，分别处理：

（1）原判决、裁定认定事实清楚，适用法律正确的，以判决、裁定方式驳回上诉，维持原判决、裁定；

（2）原判决、裁定认定事实错误或者适用法律错误的，以判决、裁定方式依法改判、撤销或者变更；

（3）原判决认定基本事实不清的，裁定撤销原判决，发回原审人民法院重审，或者查清事实后改判；

（4）原判决遗漏当事人或者违法缺席判决等严重违反法定程序的，裁定撤销原判决，发回原审人民法院重审。

【“李”应注意】 原审人民法院对发回重审的案件作出判决后，当事人提起上诉的，第二审人民法院不得再次发回重审。

本章综合练习 限时30分钟

一、单项选择题

1. 甲市的王先生购买了位于乙市的政策性住房一套，该住房的开发商为丙市的某房地产开发公司，工程由丁市的某建筑企业施工建设。王先生入住不到一年，发现该房屋的承重墙出现严重开裂。王先生欲对此提起诉讼，则本案应由（　）人民法院管辖。

A. 甲市　　B. 乙市

C. 丙市　　D. 丁市

2. 下列关于民事诉讼管辖的说法中，正确的是（　）。

A. 对同一案件两个以上法院都有管辖权的，称为协议管辖

B. 法院受理案件后发现无管辖权时，将案件移送给有管辖权的法院审理，称为移送管辖

C. 对同一案件两个以上法院都有管辖权的，当事人选择其中一个法院起诉的，是指定管辖

D. 对同一个案件两个以上法院都有管辖权的，当事人选择其中一个法院起诉的，是专属管辖

3. 张某因与某施工企业发生合同纠纷，委托李律师全权代理诉讼，但未作具体的授权。则李律师在诉讼中有权实施的行为是（　）。

A. 提起反诉

B. 提出和解

C. 提出管辖权异议

D. 部分变更诉讼请求

4. 根据民事诉讼法律制度的规定，下列有关质证与证据审核认定的说法中，错误的是（　）。

A. 证人在审理前的准备阶段或者人民法院调查、询问等双方当事人在场时陈述证言的，视为出庭作证

B. 当事人在诉讼过程中认可的证据，人民法院应当予以确认。但法律、司法解释另有规定的除外

C. 与一方当事人或者其代理人有利害关系的证人陈述的证言不能单独作为认定案件

事实的根据

D. 人民法院认定证人证言，不能通过对证人的经验和法律意识等的综合分析作出判断

5. 飞驰公司分别在两地设立子公司甲和分公司乙，甲公司设立后领取了营业执照，而乙公司设立后一直没有取得营业执照。此后甲、乙公司分别与月亮公司签订了购销合同，且都发生了纠纷。若月亮公司提起诉讼，应当(　)。

A. 分别以甲公司和乙公司作为被告

B. 分别以甲公司和飞驰公司作为被告

C. 分别以飞驰公司和乙公司作为被告

D. 以飞驰公司作为唯一被告

6. 以下关于法院开庭审理程序的表述中，不正确的是(　)。

A. 原告经传票传唤，无正当理由拒不到庭的，可以按撤诉处理

B. 原告未经法庭许可中途退庭的，可以按撤诉处理

C. 被告经传票传唤，无正当理由拒不到庭的，可以延期开庭

D. 被告未经法庭许可中途退庭的，可以缺席判决

7. 当事人对已经生效的民事判决书不服，申请再审的期限为裁判生效后(　)提出。

A. 2 年内　　B. 1 年内

C. 6 个月内　　D. 3 个月内

8. 2018 年 4 月 11 日，兰州市发生局部自来水苯指标超标事件，经查周边地下含油污水是引起自流沟内水体超标的直接原因。而含油污水形成的主要原因，是兰州石化原料动力厂原油蒸馏车间分别于 1991 年和 2006 年发生物理爆破事故使渣油泄出渗入地下所致。2018 年 6 月有关环保组织对该损害社会公共利益的行为到法院提起了公益诉讼，在法庭辩论终结后，原告向法庭递交了撤诉申请。对此，法院(　)。

A. 应予准许，因公益诉讼案件没有限制撤诉的期限

B. 应予准许，在法庭宣判前可以申请撤诉

C. 不予准许，公益诉讼的撤诉申请应在举证期限届满前提出

D. 不予准许，因该撤诉申请是在法庭辩论终结后提出的

9. 2020 年 2 月，A 省 B 市 C 区人民法院拟开庭审理吴某与李某离婚案件时，正值新型冠状病毒疫情传播期间。根据相关法律规定，法院的下列做法，符合法律规定的是(　)。

A. 人民法院按预定日期继续开庭审理

B. 人民法院裁定依法中止诉讼

C. 人民法院决定依法延期开庭审理

D. 人民法院裁定终结诉讼

二、多项选择题

1. 严某在某市 A 区新购一套住房，并请位于该市 B 区的装修公司进行装修，装修人员不慎将水管弄破，导致该楼下住户家具被淹毁。严某交涉未果，遂向该市 B 区法院起诉装修公司，B 区法院裁定将案件移送至 A 区法院，A 区法院又将案件退回 B 区法院。关于本案管辖，说法正确的有(　)。

A. A 区法院对该案有管辖权

B. 严某有权向 B 区法院起诉

C. B 区法院的移送管辖是错误的

D. A、B 区法院均无管辖权

E. A 区法院不接受移送，将案件退回 B 区法院是错误的

2. 在民事诉讼中，普通共同诉讼必须具备的条件有(　)。

A. 诉讼标的属同一种类

B. 几个诉讼必须属于同一人民法院管辖

C. 几个诉讼必须适用同一诉讼程序

D. 当事人双方均为 2 人以上

E. 共同诉讼人之间有共同的权利和义务

3. 华坤公司与大河公司签订木制家具买卖合同。合同履行后，因家具质量问题，华坤公司诉至人民法院要求大河公司承担违约责任。大河公司认为家具质量问题是绿林

公司供应的木材质量缺陷所致，申请法院通知绿林公司参加诉讼。关于绿林公司诉讼地位的说法，正确的有(　)。

A. 如果绿林公司与大河公司之间有协议管辖的约定，则不能将绿林公司作为无独立请求权的第三人

B. 如果绿林公司提供木材时，大河公司经过验收认可木材的质量，则不能将绿林公司作为无独立请求权的第三人

C. 如果绿林公司与大河公司约定有质量异议期，而大河公司提出木材质量缺陷时已超过异议期，则不能将绿林公司作为无独立请求权的第三人

D. 绿林公司可以作为无独立请求权的第三人参加诉讼

E. 绿林公司可以作为有独立请求权的第三人参加诉讼

4. 张三与赵四因房屋租赁合同发生纠纷，起诉至法院，下列诉讼行为中属于行使辩论权的有(　)。

A. 张三可以查阅本案有关材料，并可以复制本案有关材料和法律文书

B. 赵四提交书面答辩状

C. 张三与赵四在法庭上就房屋租赁合同是否有效展开激烈的争论

D. 张三申请陪审员赵六回避

E. 在诉讼过程中，张三放弃了有关利息的诉讼请求

5. 根据《民事诉讼法》，可以由被告住所地法院管辖的案件有(　)。

A. 专利侵权案件　　B. 票据案件

C. 不动产案件　　D. 遗产继承案件

E. 合同纠纷案件

6. 根据《民事诉讼法》规定，下列关于起诉的说法中，正确的有(　)。

A. 起诉必须有明确的被告

B. 起诉必须递交起诉状，不得口头起诉

C. 未成年人不得以自己的名义起诉

D. 超过诉讼时效的案件不得起诉

E. 立案后发现不符合起诉条件的，法院应裁定驳回起诉

7. 下列材料属于《民事诉讼法》中规定的证据种类的有(　)。

A. 书证　　B. 当事人陈述

C. 律师代理意见　　D. 勘验笔录

E. 电子数据

8. 下列关于民事诉讼简易程序和小额诉讼的表述，正确的有(　)。

A. 简易程序仅适用于基层法院和它的派出法庭

B. 若本案适用小额诉讼程序，后来法院发现不符合起诉条件，裁定驳回起诉，则对该裁定不得上诉

C. 若本案适用小额诉讼程序，则当事人的举证期限一般不超过 7 日

D. 若法院审理本案适用简易程序，则审理期限为 3 个月

E. 涉及不动产租赁关系的案件，不能适用小额诉讼程序

9. 下列选项中，属于民事诉讼中应按撤诉处理的有(　)。

A. 无民事行为能力的原告的法定代理人，经法院传票传唤无正当理由拒不到庭的

B. 无民事行为能力的被告的法定代理人，经法院传票传唤无正当理由拒不到庭的

C. 原告人申请免交案件受理费未获法院批准，原告仍不交的

D. 无独立请求权的第三人经法院传票传唤，无正当理由拒不到庭，或未经法庭许可中途退庭的

E. 被告提出反诉，针对被告的反诉原告不出庭或中途退庭的

10. 下列选项中，属于可以提起上诉的裁定有(　)。

A. 管辖异议的裁定

B. 中止审理的裁定

C. 驳回起诉的裁定

D. 不予受理的裁定

E. 准许或者不准许撤诉的裁定

本章综合练习参考答案及详细解析

一、单项选择题

1. B 【解析】本题考核专属管辖。因不动产纠纷提起的诉讼，由不动产所在地人民法院管辖。不动产纠纷是指因不动产的权利确认、分割、相邻关系等引起的物权纠纷。农村土地承包经营合同纠纷、房屋租赁合同纠纷、建设工程施工合同纠纷、政策性房屋买卖合同纠纷，按照不动产纠纷确定管辖。

   【有“李”有据】本题购买的是“政策性住房”，则适用专属管辖，如果题目表述的是“商品房”，则适用特别管辖(被告住所地或合同履行地)。

2. B 【解析】本题考核民事诉讼的管辖。协议管辖是指当事人在争议发生之前或发生之后，用书面协议的方式，选择管辖法院。所以选项A错误。对同一个案件两个以上法院都有管辖权的，当事人选择其中一个法院起诉的，属于选择管辖。所以选项C、D错误。

3. C 【解析】本题考核诉讼代理人。授权委托书仅写“全权代理”而无具体授权的，诉讼代理人无权代为承认、放弃、变更诉讼请求，进行和解，提起反诉或者上诉。

4. D 【解析】本题考核质证与证据审核认定。人民法院认定证人证言，可以通过对证人的智力状况、品德、知识、经验、法律意识和专业技能等的综合分析作出判断。

5. B 【解析】本题考核民事诉讼程序中当事人。根据《民事诉讼法》规定，公民、法人和其他组织可以作为民事诉讼的当事人。本题中的甲公司是飞驰公司依法设立的子公司。根据《公司法》规定，公司可以设立子公司，子公司具有法人资格，依法独立承担民事责任。因此，甲公司可以成为民事诉讼程序中的被告。法人非依法设立的分支机构，或者虽依法设立，但没有领取营业执照的分支机构，以设立该分支机构的法人为当事人。因此，正确答案为B。

6. C 【解析】本题考核民事诉讼审理程序。原告经传票传唤，无正当理由拒不到庭的，或者未经法庭许可中途退庭的，可以按撤诉处理；被告反诉的，可以缺席判决。被告经传票传唤，无正当理由拒不到庭的，或者未经法庭许可中途退庭的，可以缺席判决。

7. C 【解析】本题考核审判监督程序。当事人对已经生效的民事判决书不服，申请再审的期限为裁判生效后6个月内提出。

8. D 【解析】本题考核公益诉讼。公益诉讼案件的原告在法庭辩论终结后申请撤诉的，人民法院不予准许。

9. C 【解析】本题考核延期审理。根据《民事诉讼法》规定：有下列情形之一的，可以延期开庭审理：(1)必须到庭的当事人和其他诉讼参与人有正当理由没有到庭的；(2)当事人临时提出回避申请的；(3)需要通知新的证人到庭，调取新的证据，重新鉴定、勘验，或者需要补充调查的；(4)其他应当延期的情形。新型冠状病毒疫情传播属于“其他应当延期的情形”，可以延期开庭审理。

二、多项选择题

1. ABCE 【解析】本题考核合同纠纷管辖、专属管辖和移送管辖。本案不属于不动产纠纷，不适用专属管辖，应按照普通的合同纠纷管辖处理。严某有权选择在被告住所地B区或合同履行地A区法院起诉；所以选项A、B、C当选。移送案件，法院认为不属于本院管辖的，应当报请其上级法院指定管辖，不得再自行移送；所以选项

E 当选。

2. ABC 【解析】本题考核普通共同诉讼的条件。共同诉讼的当事人一方或双方为 2 人以上。所以选项 D 错误。选项 E 属于必要共同诉讼的必备条件。

3. BCD 【解析】本题考核第三人。本题绿林公司是作为无独立请求权的第三人，所以选项 E 错误。根据《民事诉讼法司法解释》规定，在诉讼中无独立请求权的第三人有当事人的诉讼权利义务，判决承担民事责任的无独立请求权的第三人有权提出上诉。但该第三人在一审中无权对案件的管辖权提出异议，无权放弃、变更诉讼请求或者申请撤诉。因此选项 A 错误。

4. BC 【解析】本题考核民事诉讼法中的辩论原则。选项 A 是当事人查阅案卷材料的权利；选项 B、C 是对辩论权的行使；选项 D 属于回避权的行使；选项 E 是对处分权的行使。

5. ABE 【解析】本题考核被告住所地法院管辖的案件。选项 C、D 都属于专属管辖的案件，不能由被告住所地法院管辖。

6. AE 【解析】本题考核民事诉讼的起诉。起诉应以书面形式提出，特别情况下，也可以以口头形式提出。所以选项 B 错误。未成年人可以以自己的名义起诉。所以选项 C 错误。当事人超过诉讼时效期间起诉的，人民法院应予受理。且在诉讼过程中当事人未提出诉讼时效抗辩的，人民法院不应对诉讼时效问题进行释明及主动适用诉讼时效的规定进行裁判。所以选项 D 错误。

7. ABDE 【解析】本题考核证据的种类。证据的法定种类是：当事人的陈述、书证、物证、视听资料、电子数据、证人证言、鉴定意见、勘验笔录。

8. ABCD 【解析】本题考核简易程序、小额诉讼程序。因不动产租赁合同关系引起的金钱给付类案件（如请求支付房租），可以适用小额诉讼程序审理。所以选项 E 错误。

9. AC 【解析】本题考核按撤诉处理的情况。无民事行为能力的被告的法定代理人，经传票传唤，无正当理由拒不到庭的，可以缺席判决。所以选项 B 错误。有独立请求权的第三人（而非无独立请求权的第三人）经人民法院传票传唤，无正当理由拒不到庭的，或者未经法庭许可中途退庭的，可以按撤诉处理。所以选项 D 错误。被告提出反诉，针对反诉原告不出庭或中途退庭的，可以缺席判决。所以选项 E 错误。

10. ACD 【解析】本题考核可以上诉的裁定。根据《民事诉讼法》相关规定，所有判决均可上诉，裁定则只有不予受理、驳回起诉、管辖异议的裁定可以上诉。

由“李”及外

多地法院发布通知：受疫情影响关停交通的地区，可以向法院申请延期开庭审理

宁河法院延期开庭公告

公告

为应对新型冠状病毒疫情，防止病毒传播，根据中央及本市相关工作要求精神，本院决定，正月十五（2月8日）前已经安排开庭的案件临时取消开庭，何时开庭另行通知。已经公告开庭日期的，将按期开庭，本院将尽量采取网上开庭方式。如有特殊情况，请及时与承办庭沟通。

特此公告

天津市宁河区人民法院

二〇二〇年一月二十七日

第三篇

刑事与监察法律制度

本篇为刑事法律制度的内容。相对于第二篇的民商法律制度，本篇内容对于考生来说是比较陌生的，但是本篇在考试中考查的知识比较浅显，所以考生对于基础知识点的内容要精确掌握。

在以往的考试中，本篇内容多以单选题、多选题形式出现，第 18 章刑事法律制度会结合第 19 章刑事诉讼法律制度以综合分析题的形式考查，建议考生注意前后各项法律制度的联系学习。

第18章 刑事法律制度

JINGDIAN TIJIE

考情分析

历年考情分析

和往年相比，在2018年考试中本章所占分值明显上升，且单选题、多选题和综合分析题三种题型均做了考查，共计18分，2019年同样考核了三种题型，分值19.5分，达到了历史最高值。本章主要介绍刑法基本理论、犯罪、刑罚、涉税犯罪、涉税职务犯罪的内容，是第三篇的重点章节，分值较高。重点关注犯罪主体及自首、缓刑、假释、减刑的适用情形以及涉税犯罪、涉税职务犯罪的犯罪构成、立案标准，建议考生学习本章内容时以理解基本规则为主。

本章2020年考试主要变化

本章变动较大。

新增："减刑起始时间""减刑间隔时间""减刑幅度"相关内容。

调整：将"危害税收征管罪"节名调整为"涉税犯罪"，其中，抗税罪、逃避追缴欠税罪、骗取出口退税罪、虚开增值税专用发票或者虚开用于骗取出口退税、抵扣税款发票罪等内容有部分调整。将原"(五)贿赂犯罪""(六)渎职犯罪"内容整合为一节"涉税职务犯罪"。

删除："行贿罪""介绍贿赂罪"内容。

核心考点及真题详解

考点一 刑法基础★★

经典例题

【例题1·单选题】(2019年)刑法的基本原则是在刑事立法和刑事司法中必须遵循的具有全局性和根本性的准则。下列原则中，属于刑法基本原则的是(　)。

A. 公开审判原则

B. 罪刑法定原则

C. 疑罪从无原则

D. 认罪从宽原则

【答案】B

【解析】本题考核刑法基本原则。刑法基本原则包括：罪刑法定原则、平等适用刑法原则、罪刑相当原则。

【例题2·单选题】(2018年)根据《刑法》规定，在追诉期限内又犯罪的，计算犯罪追诉期限的起点是(　)。

A. 犯前罪之日

B. 犯后罪之日

C. 犯罪行为结束之日

D. 犯罪行为开始之日

【答案】B

【解析】本题考核追诉期限。《刑法》规定，在追诉期限以内又犯罪的，前罪追诉的期限从犯后罪之日起计算。

【例题3·单选题】(2017年)根据《刑法》规定，法定最高刑为无期徒刑、死刑的犯罪，经过20年的，不再追诉。如果20年以后认为必须追诉的，须报经核准。该核准机关是(　)。

A. 最高人民法院

B. 最高人民检察院

C. 公安部

D. 司法部

【答案】B

【解析】本题考核追诉时效。法定最高刑为无期徒刑、死刑的，经过20年，不再追诉。如果20年以后认为必须追诉的，须报请最高人民检察院核准。

考点精析

1. 刑法基本原则(见表18-1)

表18-1　刑法基本原则

基本原则	含义	具体要求
罪刑法定原则	法无明文规定不为罪，法无明文规定不处罚	(1)禁止不利于行为人的溯及既往； (2)禁止不利于行为人的类推适用
平等适用刑法原则	刑法面前人人平等	(1)对一切人的犯罪都应平等地适用刑法； (2)对一切人的合法权益都应平等地加以保护； (3)不允许有任何超越法律的特权； (4)不允许有任何的歧视
罪刑相适应原则	刑罚的轻重应与犯罪的轻重相适应	(1)刑罚既要与犯罪性质相适应，又要与犯罪情节相适应，还要与犯罪人的人身危险性相适应； (2)重罪重罚，轻罪轻罚，罪刑相当，罚当其罪

2. 追诉时效的期限(见表18-2)

表18-2　追诉时效的期限

法定刑	追诉期间	起算	追诉时效的延长
不满5年	5年	(1)一般犯罪，从**犯罪之日**起计算；(2)有连续犯罪：**从犯罪行为终了之日**起计算；(3)在追诉期限以内又犯罪的，前罪追诉的期限从犯后罪之日起计算	(1)在检察院、公安、国安机关立案侦查或者在法院受理案件以后，逃避侦查或者审判的，不受追诉期限的限制；(2)被害人在追诉期限内提出控告，法院、检察院、公安机关应当立案而不予立案的，不受追诉期限的限制
5年以上且不满10年	10年		
10年以上	15年		
无期徒刑、死刑	20年		

【帮你“李”解】如果20年以后认为必须追诉的，须报请最高人民检察院核准。

考点二　犯罪构成★★★

扫我解疑难

经典例题

【例题1·多选题】(2019年)根据刑法理论，犯罪构成要件通常包括(　)。

A. 犯罪客体

B. 犯罪主体

C. 犯罪动机

D. 犯罪客观方面

E. 犯罪主观方面

【答案】ABDE

【解析】本题考核犯罪构成要件。犯罪的成立必须具备四个方面的构成要件，即犯罪客体、犯罪客观方面、犯罪主体、犯罪主观方面。

【例题 2·多选题】(2017 年)犯罪必须具有的特征有(　)。

A. 严重的社会危害性

B. 应受刑罚处罚性

C. 一般违法性

D. 刑事违法性

E. 主观故意性

【答案】ABD

【解析】本题考核犯罪的特征。犯罪的特征有：严重的社会危害性、刑事违法性、应受刑罚处罚性。

【例题 3·多选题】(2017 年)下列关于刑事责任能力的说法中，正确的有(　)。

A. 尚未完全丧失控制自己行为能力的精神病人犯罪的，应当负刑事责任

B. 间歇性的精神病人在精神正常时犯罪的，应当负刑事责任

C. 醉酒的人犯罪的，应当负刑事责任

D. 年满 75 周岁的人犯罪的，不负刑事责任

E. 盲人犯罪的，可以从轻、减轻或免除处罚

【答案】ABCE

【解析】本题考核刑事责任能力。尚未完全丧失辨认或控制自己行为能力的精神病人犯罪的，应当负刑事责任。所以选项 A 正确。间歇性精神病人在精神正常时犯罪，应当负刑事责任。所以选项 B 正确。醉酒的人犯罪的，应当负刑事责任。所以选项 C 正确。已满 75 周岁的人故意犯罪的，可以从轻或者减轻处罚；过失犯罪的，应当从轻或者减轻处罚。所以选项 D 错误。盲人犯罪的，可以从轻、减轻或者免除处罚。所以选项 E 正确。

考点精析

任何犯罪的成立都必须具备四个构成要件，即犯罪客体、犯罪客观方面、犯罪主体和犯罪主观方面。

1. 犯罪主体

(1)自然人犯罪主体。

①刑事责任年龄(见表 18-3)。

表 18-3　刑事责任年龄

<table>
<tr><th>刑事责任年龄</th><th>刑事责任</th><th>量刑情节</th></tr>
<tr><td><14 周岁</td><td>不负刑事责任</td><td>—</td></tr>
<tr><td>14 周岁≤n<16 周岁</td><td>对法定的 8 种犯罪负刑事责任</td><td rowspan="2">(1)应当从轻或减轻处罚；
(2)不适用死刑；
(3)不作为累犯；
(4)符合缓刑条件的，应当予以缓刑</td></tr>
<tr><td>16 周岁≤n<18 周岁</td><td rowspan="3">应当负刑事责任</td></tr>
<tr><td>18 周岁≤n<75 周岁</td><td>—</td></tr>
<tr><td>≥75 周岁</td><td>(1)故意犯罪可以从轻或减轻处罚；
(2)过失犯罪应当从轻或减轻处罚；
(3)不适用死刑，但以特别残忍手段致人死亡的除外；
(4)符合缓刑的，应当予以缓刑</td></tr>
</table>

【帮你“李”解】“14 周岁≤n<16 周岁”须承担法律责任的八种行为包括：故意杀人、故意伤害致人重伤或者死亡、强奸、抢劫、贩卖毒品、放火、爆炸、投放危险物质罪

②刑事责任能力(见表 18-4)。

表 18-4　刑事责任能力

	法定情形	是否负刑责	从轻或减轻
精神病人	造成危害结果，经法定程序鉴定确认	不负	—
	间歇性精神病人在精神正常时犯罪	应当负	—
	尚未完全丧失辨认或者控制自己行为能力的精神病人犯罪		可以从轻或者减轻
醉酒的人犯罪			—
又聋又哑的人或者盲人犯罪			可以从轻、减轻或免除处罚

(2)单位犯罪主体。

①犯罪主体必须是单位本身犯罪，而不是单位各个成员的犯罪之和。

②主观方面必须是为本单位谋取非法利益的故意。

③《刑法》没有规定单位可以实施的犯罪，不能认定是单位犯罪，以自然人犯罪论处。

④处罚原则：双罚制。对单位判处罚金，并对其直接负责的主管人员和其他直接责任人员判处刑罚。

2. 犯罪主观方面(见表 18-5)

表 18-5　犯罪主观方面

项目		释义	举例
犯罪故意	直接故意	明知会发生危害后果，并**希望**发生	被确诊感染新型冠状病毒肺炎的甲，撕破医生的防护服并对其吐口水，致使医生感染
	间接故意	明知可能发生危害后果，并**放任**发生	从武汉回老家过春节的乙(潜伏期、无症状)，主动发起并参加多起聚会，致使多人感染
犯罪过失	疏忽大意	不想发生：应预见，**没预见**	乡村医生丙，其儿子在武汉放寒假归家，20 分钟后，有病人家属请其出诊，因为病情紧急，丙未来得及戴口罩即出诊，后其儿子、自家人，其出诊的病人及家属先后感染
	过于自信	不想发生：已预见，轻信能避免	疑似新型冠状病毒感染者丁，在居家隔离期间，自认自己运气好不会感染，没戴口罩隔门与邻居交谈 30 秒，致使邻居感染

【帮你“李”解】 上述举例重点说明故意和过失的各种具体情形，是否构成犯罪，须结合其他构成要件依据法律规定具体确认。

考点三　犯罪形态★

经典例题

【例题·单选题】 甲与乙有仇，指使丙寻机报复。一日，丙知乙一人在家，便携匕首前往。途中被一卡车撞伤，报复计划失败。丙的行为在刑法上属于(　　)。

A. 犯罪预备

B. 犯罪中止

C. 犯罪未遂

D. 犯罪既遂

【答案】 A

【解析】 本题考核故意犯罪过程中的形态。本题中丙持匕首前往乙家的途中被卡车撞伤，此时丙尚未着手实施杀人行为，属于犯罪预备。如购买某种物品、租借他人物品、盗窃他人物品作为犯罪工具，制造犯罪工具或改装物品使之适应犯罪需要，调查犯罪场所和被害人行踪，出发前往犯罪地点或者守候被害人到来，排除实施犯罪障碍，拟订实施犯罪计划以及其他犯罪预备行为等。

考点精析

犯罪预备、犯罪未遂、犯罪中止(见表18-6)。

表18-6　犯罪预备、犯罪未遂、犯罪中止

未完成的形态	特征	示例	处理
犯罪预备	(1)主观上是为了犯罪; (2)客观上实施了犯罪预备行为; (3)事实上未能着手实行犯罪; (4)未能着手实行犯罪是由于行为人意志以外的原因	(1)甲在前往乙家实施盗窃的路上遭遇车祸; (2)甲守候在乙家的家门，久等不来，后在朋友圈发现乙外出旅游未归	可以比照既遂犯**从轻、减轻处罚或者免除处罚**。 【"李"应注意】"可以"而非"应当"
犯罪未遂	(1)已经着手实行犯罪(与犯罪预备的区别); (2)犯罪没有得逞; (3)犯罪未得逞是由于行为人意志以外的原因(与犯罪中止的区别)	(1)甲购买毒鼠强给乙投毒，由于购买了假药而未得逞; (2)乙拦路抢劫丙，丙是退役特种兵，乙未得逞	可以比照既遂犯**从轻或者减轻处罚**。 【"李"应注意】"可以"而非"应当"，且没有"免除"
犯罪中止	(1)必须发生在"犯罪过程中"(包括犯罪预备和犯罪实行过程中); (2)行为人自动放弃犯罪或自动"有效"防止犯罪结果发生(结果必须没有发生)	(1)甲拟杀害欲分手的女友，因女友苦苦哀求而放弃; (2)丙给丁投毒后后悔，马上将其送往医院抢救脱险	没有造成损害的，应当免除处罚;造成损害的，应当减轻处罚。 【"李"应注意】"应当"而非"可以"

考点四　刑罚的种类与适用★★★

经典例题

【例题1·多选题】(2018年)根据《刑法》相关规定，下列关于刑罚适用的说法中，正确的有(　)。

A. 对审判时已满75周岁的人，一律不适用死刑

B. 附加刑既可以独立适用，也可以附加适用

C. 主刑只能独立适用，不能附加适用

D. 对于自首的犯罪分子，应当从轻或减轻处罚

E. 被判处拘役或者3年以下有期徒刑的犯罪分子，符合条件的，可以宣告缓刑

【答案】BCE

【解析】本题考核刑罚的适用。审判的时候已满75周岁的人，不适用死刑，但以特别残忍手段致人死亡的除外。所以选项A错误。对于自首的犯罪分子，可以从轻或者减轻处罚。其中，犯罪较轻的，可以免除处罚。所以选项D错误。

【例题2·多选题】(2012年)《刑法》规定的刑罚分为主刑和附加刑两类，其适用原则有(　)。

A. 主刑只能独立适用，不能附加适用

B. 附加刑既能附加适用，也能独立适用

C. 数罪并罚时，必须同时适用主刑和附加刑

D. 数罪并罚时，附加刑种类相同的，合并执行；种类不同的，分别执行

E. 对犯罪的外国人，驱逐出境可以独立适用，不能附加适用

【答案】ABD

【解析】本题考核主刑和附加刑的适用原则。对数罪宣告的刑罚中有附加刑的，附加刑与主刑采取并科原则。驱逐出境是一种特殊的附加刑，既可以独立适用，也可以附加适用。

考点精析

1. 主刑(见表 18-7)

表 18-7　主刑

刑种	性质	期限			执行机关
		时间	起算	折抵	
管制	限制自由	(1)3 个月以上 2 年以下； (2)数罪并罚的不超过 3 年	从判决执行之日起算	1：2	社区矫正
拘役	剥夺自由	(1)1 个月以上 6 个月以下； (2)数罪并罚时不超过 1 年		1：1	公安机关
有期徒刑		(1)6 个月以上 15 年以下； (2)总和刑期不满 35 年的，数罪并罚不超过 20 年；总合刑期 35 年以上的，数罪并罚不超过 25 年			监狱或其他
无期徒刑		终身	—	—	监狱
死刑	剥夺生命	见表 18-8			

【“李”应注意】 死刑(见表 18-8)。

表 18-8　死刑

种类	具体规定
死刑立即执行	(1)对**犯罪时**不满 18 岁的人和**审判时**怀孕的妇女，不适用死刑。 (2)**审判的时候**已满 75 周岁的人，不适用死刑，但以特别残忍手段致人死亡的除外
死刑缓期执行	(1)对应当判处死刑的，如果不是必须立即执行的，可以判处死刑同时宣告缓期 2 年执行。 (2)对被判处死缓的累犯以及因故意杀人、强奸、抢劫、绑架、放火、爆炸、投放危险物质或者有组织的暴力性犯罪被判处死缓的犯罪分子，人民法院根据犯罪情节、人身危险性等情况，可以同时决定对其限制减刑

2. 附加刑(见表 18-9)

表 18-9　附加刑

种类	适用
罚金	(1)可以选处罚金、单处罚金、并处罚金、并处或单处罚金。 (2)对犯罪的单位只能单处罚金 。 (3)由一审人民法院执行。 (4)罚金可以一次性缴纳，也可分期缴纳，期满不缴纳的，强制缴纳。 (5)由于不能抗拒的灾祸等原因缴纳确实有困难的，经人民法院裁定，可以延期缴纳，酌情减少或者免除
剥夺政治权利	(1)危害国家安全的：**应当**附加剥夺政治权利； (2)被判处死刑、无期徒刑的：**应当**剥夺政治权利**终身**； (3)故意杀人、强奸、放火、爆炸、投放危险物质、抢劫等犯罪分子：**可以**附加剥夺政治权利
没收财产	没收个人财产
驱逐出境	适用对象是外国人或无国籍人。既可以独立适用，也可以附加适用

考点五　累犯、自首、立功★★★

经典例题

【例题1·单选题】(2019年)下列有关对累犯适用刑罚的说法中，正确的是(　)。

A. 可以酌情适用缓刑

B. 可以适用假释

C. 可以从重处罚

D. 应当从重处罚

【答案】D

【解析】本题考核累犯。根据规定，累犯不得假释，不适用缓刑。对累犯，应当从重处罚。

【例题2·单选题】根据《刑法修正案(八)》，累犯不适用于(　)。

A. 实施危害国家安全犯罪的人

B. 不满18周岁的人

C. 实施恐怖活动犯罪的人

D. 实施黑社会性质的组织犯罪的人

【答案】B

【解析】本题考核累犯。《刑法修正案(八)》规定：不满18周岁的人犯罪不成立累犯。所以选项B正确。选项ACD均是特别累犯，后罪发生的时间可以是前罪刑罚执行完毕的任何时间。

【例题3·多选题】(2017年)犯罪后自动投案是认定为自首的必要条件。下列情形中，应当视为自动投案的有(　)。

A. 犯罪后逃跑，在被通缉、追捕过程中，自动投案的

B. 正在投案途中，被公安机关捕获的

C. 犯罪后逃至亲属家中，在亲属家中被公安机关捕获的

D. 并非出于犯罪嫌疑人主动，而是经亲友规劝，陪同其投案的

E. 亲友主动报案后，将犯罪嫌疑人送去投案的

【答案】ABDE

【解析】本题考核自首。根据规定，下列情形应当视为自动投案：犯罪嫌疑人向其所在单位、城乡基层组织或者其他有关负责人员投案的；犯罪嫌疑人因病、伤或者为了减轻犯罪后果，委托他人先代为投案，或者先以信电投案的；罪行未被司法机关发觉，仅因形迹可疑被有关组织或者司法机关盘问、教育后，主动交代自己的罪行的；犯罪后逃跑，在被通缉、追捕过程中，主动投案的；经查实确已准备去投案，或者正在投案途中，被公安机关捕获的；并非出于犯罪嫌疑人主动，而是经亲友规劝、陪同投案的；公安机关通知犯罪嫌疑人的亲友，或者亲友主动报案后，将犯罪嫌疑人送去投案的。但犯罪嫌疑人自动投案后又逃跑的，不能认定为自首。

考点精析

1. 累犯(见表18-10)

表18-10　累犯

	一般累犯	特别累犯
主观方面	前罪和后罪都必须是故意犯罪	前罪和后罪都必须是危害国家安全犯罪、恐怖活动犯罪、黑社会性质的组织犯罪
刑种	前罪被判处的刑罚和后罪应当判处的刑罚都必须是有期徒刑以上	无要求
后罪发生时间	后罪发生在前罪刑罚执行完毕或赦免后的**5年之内。** 【"李"应注意】刑罚执行完毕，是指主刑执行完毕，附加刑是否执行完毕不影响累犯的成立。对于假释的犯罪分子，规定的5年期限，从假释期满之日起计算	后罪必须发生在前罪刑罚执行完毕或者赦免以后(的**任何**时间)

续表

	一般累犯	特别累犯
说明	不满18周岁的不成立累犯	—
处罚原则	应当从重处罚，不得缓刑，不得假释。 【"李"应注意】是"应当"而非"可以"	

2. 自首(见表18-11)

表18-11 自首

种类	具体情形			处理
一般自首	自动投案	时间	(1)犯罪事实或者犯罪嫌疑人未被司法机关发觉； (2)虽被发觉，但犯罪嫌疑人尚未受到讯问、未被采取强制措施	可以从轻或减轻处罚；犯罪较轻的，可以免除处罚
		视为自动投案	(1)犯罪嫌疑人向其所在单位、城乡基层组织或者其他有关负责人员投案的； (2)犯罪嫌疑人因病、伤或者为了减轻犯罪后果，委托他人先代为投案，或者先以信电投案的； (3)罪行未被司法机关发觉，仅因形迹可疑被有关组织或者司法机关盘问、教育后，主动交代自己的罪行的； (4)犯罪后逃跑，在被通缉、追捕过程中，主动投案的； (5)经查实确已准备去投案，或者正在投案途中，被公安机关捕获的； (6)并非出于犯罪嫌疑人主动，而是经亲友规劝、陪同投案的； (7)公安机关通知犯罪嫌疑人亲友，或亲友主动报案后，将犯罪嫌疑人送去投案的； (8)犯罪后主动报案，虽未表明自己是作案人，但没有逃离现场，在司法机关询问时交代自己罪行的； (9)明知他人报案而在现场等待，抓捕时无拒捕行为，供认犯罪事实的； (10)在司法机关未确定犯罪嫌疑人，尚在一般性排查询问时主动交代自己罪行的； (11)因特定违法行为被采取行政拘留、司法拘留、强制隔离戒毒等行政、司法强制措施期间，主动向执行机关交代尚未被掌握的犯罪行为的	
		彻底性	犯罪嫌疑人自动**投案后又逃跑**的，不能认定为自首	
	如实供述	情形	(1)数罪自首：仅如实供述所犯数罪中部分犯罪的，只对如实供述部分犯罪的行为，认定为自首； (2)共同犯罪：共同犯罪案件中的犯罪嫌疑人，除如实供述自己的罪行，还应当供述所知的同案犯。 【知识点拨】犯罪嫌疑人自动投案时虽然没有交代自己的主要犯罪事实，但在司法机关掌握其主要犯罪事实之前主动交代的，应认定为如实供述自己的罪行	
		彻底性	犯罪嫌疑人自动投案并如实供述自己的罪行后又翻供的，不能认定为自首，但在一审判决前又能如实供述的，应认定为自首	
特别自首	适用	被采取强制措施的犯罪嫌疑人、被告人和正在服刑的罪犯		
	供述	供述的罪行在犯罪性质或罪名上与司法机关已掌握的或者判决确定的**罪行不同**		

考点六　缓刑与假释★★★

经典例题

【例题1·单选题】(2014年)根据法律规定，被判处有期徒刑或者无期徒刑的犯罪分子，符合规定条件的，可以予以假释。下列可以适用假释的犯罪情形是(　)。

A. 因抢劫罪被判处8年有期徒刑的犯罪分子，实际已经执行5年刑期，狱中表现良好，确有悔改表现

B. 因暴力抢劫被判处10年有期徒刑的犯罪分子，实际已经执行6年刑期，狱中表现良好，确有悔改表现

C. 因受贿罪被判处15年有期徒刑的犯罪分子，实际已经执行5年刑期，狱中表现良好，确有悔改表现

D. 被判处无期徒刑的犯罪分子，实际已经执行12年刑期，狱中表现良好，确有悔改表现

【答案】A

【解析】本题考核假释。对累犯以及因故意杀人、强奸、抢劫、绑架、放火、爆炸、投放危险物质或者有组织的暴力性犯罪被判处10年以上有期徒刑、无期徒刑的犯罪分子，不得假释。所以选项B错误。被判处有期徒刑的犯罪分子，执行原判刑期1/2以上，被判处无期徒刑的犯罪分子，实际执行13年以上，如果认真遵守监规，接受教育改造，确有悔改表现，没有再犯罪的危险的，可以假释。所以选项C、D错误。

【例题2·多选题】(2016年)量刑是法院行使审判权的内容之一。根据《刑法》《刑事诉讼法》的规定，可以由基层法院作出裁判的有(　)。

A. 判处无期徒刑　　B. 判处有期徒刑

C. 裁定减刑　　D. 判处缓刑

E. 裁定假释

【答案】BD

【解析】本题考核量刑。可能判处无期徒刑的案件，一审由中级以上人民法院进行审理。所以选项A错误。对减刑、假释案件，根据罪犯之前所判刑期不同，由中级或高级人民法院裁定，基层法院无权裁定。所以选项C、E错误。

考点精析

缓刑与假释的适用(见表18-12)。

表18-12　缓刑与假释的适用

项目	缓刑		假释
对象	被判处**拘役、3年以下有期徒刑**的犯罪分子		被判处**有期徒刑或者无期徒刑**的犯罪分子
条件	**可以**缓刑	犯罪情节较轻；悔罪表现；没有再犯罪危险；宣告缓刑对所居住社区没有重大不良影响	有悔改表现，不致再危害社会： (1)被判处有期徒刑的犯罪分子，执行原判刑期1/2以上； (2)被判处无期徒刑的犯罪分子，实际执行13年以上； (3)有特殊情况，经最高人民法院核准，可不受上述执行刑期的限制
	应当缓刑	符合缓刑条件的： (1)不满18周岁的人； (2)怀孕的妇女； (3)已满75周岁的人	
不适用	(1)累犯； (2)犯罪集团的首要分子		(1)累犯； (2)因故意杀人、强奸、抢劫、绑架、放火、爆炸、投放危险物质或者有组织的暴力性犯罪被判处“10年以上有期徒刑、无期徒刑”的犯罪分子

续表

项目		缓刑	假释
不适用		(1)累犯； (2)犯罪集团的首要分子	**【"李"应注意】**对原具有国家工作人员身份犯贪污贿赂罪的罪犯拒不认罪悔罪的，或者确有履行能力而不履行或者不全部履行生效裁判中财产性判项的，不予假释，一般不予减刑
考验期	拘役	原判刑期≤缓刑考验期≤1年(其不少于2个月)	—
	有期徒刑	原判刑期≤缓刑考验期≤5年(其不少于1年)	没有执行完毕的刑期
	无期徒刑	—	10年
	起算	从判决确定之日起计算	从假释之日起计算
执行		实行社区矫正，缓刑考验期满，原判刑罚不再执行	实行社区矫正，假释考验期满，**认为原判刑罚已经执行完毕**
撤销		(1)漏罪、新罪：在缓刑考验期限内犯新罪或发现漏罪的； (2)在缓刑考验期限内，违反法律、行政法规或者国务院有关部门关于缓刑的监管规定，或者违反人民法院判决中的禁止令，情节严重的	(1)漏罪、新罪：在假释考验期内犯新罪或发现漏罪的； (2)在假释考验期内有违反法律、行政法规或者国务院有关部门关于假释的监管规定的行为，尚未构成新的犯罪的
数罪并罚原则		新罪或漏罪直接与原判刑期进行数罪并罚	(1)新罪：采用"先减后并"的并罚原则； (2)漏罪：采用"先并后减"的并罚原则
禁止令		适用	不适用

【帮你"李"解】禁止令是判处管制或宣告缓刑时，可以根据犯罪情况，同时禁止犯罪分子在缓刑考验期内从事特定活动，进入特定区域，接触特定的人。

考点七 减刑★★

经典例题

【例题·单选题】(2010年)下列关于减刑的说法中，符合《刑法》规定的是(　)。

A. 减刑只适用于被判处有期徒刑、无期徒刑的犯罪分子

B. 被判处有期徒刑后有立功表现，应当减刑

C. 被判处有期徒刑后有立功表现，可以减刑

D. 被判处无期徒刑后有重大立功表现，可以减刑

【答案】C

【解析】本题考核减刑的适用。减刑适用于被判处管制、拘役、有期徒刑或者无期徒刑的犯罪分子。犯罪分子确有悔改或者立功表现的，人民法院可以裁定减刑；有重大立功表现的，人民法院应当减刑。

考点精析

减刑适用(见表18-13)。

表18-13　减刑适用

项目	内容
对象	被判处管制、拘役、有期徒刑或者无期徒刑的犯罪分子

续表

项目	内容	
条件	犯罪分子在刑罚执行期间，认真遵守监规，接受教育改造，确有悔改、立功表现或重大立功表现	
适用	可以减刑	确有悔改或立功表现的
	应当减刑	有重大立功表现的
不适用	对判处拘役或3年以下有期徒刑宣告缓刑的，一般不适用减刑。 【帮你“李”解】宣告缓刑+确有**重大立功**→可以减刑，相应缩减缓刑考验期	
限制	无期徒刑	无期徒刑罪犯服刑2年以后，可以减刑
	有期徒刑	被判处5年以上不满10年有期徒刑的罪犯，服刑1年6个月后，方可减刑；被判处10年以上有期徒刑的，应当执行2年以上方可减刑
实际执行	管制、拘役、有期徒刑	不能少于原判刑期的1/2
	无期徒刑	不能少于13年，自无期徒刑判决确定之日起计算
	死缓并限制减刑的	(1)缓期执行期满后依法减为无期徒刑的，不能少于25年； (2)缓期执行期满后依法减为25年有期徒刑的，不能少于20年
减刑间隔	(1)被判处不满10年有期徒刑的罪犯，两次减刑间隔时间不得少于1年； (2)被判处10年以上有期徒刑的罪犯，两次减刑间隔时间不得少于1年6个月；原具有国家工作人员身份犯贪污贿赂罪的罪犯被判处10年以上有期徒刑的，两次减刑之间应当间隔2年以上；被判处不满10年有期徒刑的，两次减刑之间应当间隔1年6个月以上。 (3)被判处无期徒刑的罪犯符合减刑条件的，两次减刑间隔时间不得少于2年；原具有国家工作人员身份犯贪污贿赂罪被判处无期徒刑的罪犯减为有期徒刑后再减刑时，减刑幅度比照有期徒刑执行。两次减刑之间应当间隔2年以上。 (4)被判处死刑缓期执行的罪犯减为无期徒刑后，符合减刑条件的，按规定减为有期徒刑后再减刑时，两次减刑间隔时间不得少于2年。原具有国家工作人员身份犯贪污贿赂罪被判处死刑缓期执行的罪犯减为有期徒刑后再减刑时，减刑幅度比照有期徒刑执行。两次减刑之间应当间隔2年以上。 【帮你“李”解】确有重大立功表现的，可以不受上述时间限制	
减刑幅度	有期徒刑	(1)确有悔改表现，或者有立功表现的，一次减刑一般不超过9个月有期徒刑； (2)确有悔改表现并有立功表现，一次减刑一般不超过1年有期徒刑； (3)有重大立功表现的，一次减刑不超过1年6个月有期徒刑； (4)确有悔改表现并有重大立功表现的，一次减刑不超过2年有期徒刑
	无期徒刑	(1)确有悔改表现，或者有立功表现的，一般可以减为22年有期徒刑； (2)确有悔改表现并有立功表现的，可以减为21年以上22年以下有期徒刑； (3)有重大立功表现的，可以减为20年以上21年以下有期徒刑； (4)确有悔改表现并有重大立功表现的，可以减为19年以上20年以下有期徒刑。 【帮你“李”解】减为有期徒刑后再减刑时，减刑幅度依照有期徒刑罪犯标准执行
	死刑缓期执行犯减为无期徒刑或有期徒刑后的减刑	判处死刑缓期执行的罪犯减为无期徒刑后，符合减刑条件的，执行3年以上方可减刑。减刑幅度为： (1)确有悔改表现或者有立功表现的，可以减为25年有期徒刑； (2)确有悔改表现并有立功表现的，可以减为24年以上25年以下有期徒刑； (3)有重大立功表现的，可以减为23年以上24年以下有期徒刑； (4)确有悔改表现并有重大立功表现的，可以减为22年以上23年以下有期徒刑。 【帮你“李”解】减为有期徒刑后再减刑时，减刑幅度依照有期徒刑罪犯标准执行

阶段性测试

1.【单选题】根据我国《刑法》，精神病人在不能辨认或者不能控制自己行为的时候造成危害结果，经法定程序鉴定确认的，那么(　)。

A. 应当从轻或减轻处罚

B. 应当减轻或者免除处罚

C. 应当从轻、减轻或者免除处罚

D. 不负刑事责任

2.【多选题】2014 年 6 月，梁某因交通肇事罪被判入狱服刑 4 年；2019 年 11 月，因虚开普通发票罪被判处有期徒刑 4 年。下列有关梁某的刑罚适用及执行的说法中，正确的有(　)。

A. 构成累犯　　B. 不构成累犯

C. 可以适用假释　D. 可以适用缓刑

E. 执行期间不得减刑

3.【多选题】下列选项中，不适用假释的有(　)。

A. 甲犯抢夺罪被判处有期徒刑 3 年，刑满释放后 2 年又犯盗窃罪被判处有期徒刑 5 年

B. 乙犯放火罪，被判处有期徒刑 9 年

C. 丙犯过失杀人罪，被判处有期徒刑 7 年

D. 丁犯故意伤害罪附带民事诉讼被判处有期徒刑 10 年，并赔偿被害人损失 10 万元，但丁不履行赔偿判决

E. 戊犯诈骗罪，在被假释的考验期内，违反规定被撤销假释

阶段性测试答案精析

1. D 【解析】本题考核犯罪构成的主体要件。我国刑法规定，精神病人在不能辨认或者不能控制自己行为的时候造成的危害结果，经法定程序鉴定确认的，不负刑事责任；间歇性的精神病人在精神正常的时候犯罪，应当负刑事责任；尚未完全丧失辨认或者控制自己行为能力的精神病人犯罪的，应当负刑事责任，但是可以从轻或者减轻处罚。因此本题的正确答案是 D。

2. BC 【解析】本题考核累犯、假释、缓刑、减刑的适用对象。本案中梁某所犯前罪交通肇事罪属于过失犯罪，不满足一般累犯要求的“前罪和后罪都必须是故意犯罪”的条件，不构成累犯。所以选项 A 错误。缓刑适用于被判处拘役或 3 年以下有期徒刑的犯罪分子。所以选项 D 错误。减刑适用于被判处管制、拘役、有期徒刑、无期徒刑的犯罪分子。如果梁某在刑罚执行期间认真遵守监规，接受教育改造，确有悔改或者立功表现，可以减刑；有重大立功表现的，应当减刑。所以选项 E 错误。

3. ADE 【解析】本题考核假释的限制。(1)累犯；(2)因故意杀人、强奸、抢劫、绑架、放火、爆炸、投放危险物质或者有组织的暴力性犯罪被判处 10 年以上有期、无期徒刑的犯罪犯罪分子；(3)对财产性判项有履行能力而不履行的；(4)被撤销假释的。甲构成累犯，所以选项 A 正确；乙虽然犯放火罪，但刑期不足 10 年，丙犯过失杀人罪，可以假释，所以选项 BC 错误。丁是对财产性判项有履行能力而不履行的；戊被撤销假释的，所以选项 DE 正确。

考点八　逃税罪★★★

扫我解疑难

经典例题

【例题 1·单选题】(2019 年)王某 5 年内因逃税被税务机关给予 3 次行政处罚后，又采取欺骗手段进行虚假纳税申报，逃税 20 万元，占各税种应纳税总额 8%，下列有关是否追究王某刑事责任的做法中，正确的是(　)。

A. 按逃税罪追究王某刑事责任

B. 对王某不予追究刑事责任

C. 按诈骗罪追究王某刑事责任

D. 按逃避追缴欠税罪追究王某刑事责任

【答案】B

【解析】本题考核逃税罪。凡5年内因逃避缴纳税款受过刑事处罚或者被税务机关给予2次以上行政处罚，又逃避缴纳税款，数额在5万元以上并且占各税种应纳税总额10%以上的，则构成逃税罪。凡逃税额不足各税种应纳税总额10%的，或者逃税额不足5万元的，或者逃税额超过5万元但不足各税种应纳税总额10%的，或者逃税额不足5万元但超过各税种应纳税总额10%的，均属于一般逃税违法行为，不构成逃税罪。这里王某的逃税行为占各税种应纳税总额8%，不构成逃税罪。

【例题2·多选题】(2018年)根据《刑法》及司法解释规定，下列关于逃避缴纳税款罪的说法中，正确的有(　)。

A. 本罪主观方面必须出于直接故意

B. 本罪犯罪主体只能是纳税人

C. 本罪侵犯的客体是税收征管秩序

D. 从逃税额来看，只有逃税额在5万元以上且占各税种应纳税总额10%以上的，才能构成本罪

E. 对于初次逃税行为，经税务机关依法下达追缴通知书后，补缴税款及滞纳金，已受行政处罚的，不予追究刑事责任

【答案】ACDE

【解析】本题考核逃税罪。本罪的犯罪主体包括纳税人和扣缴义务人。

考点精析

1. 逃税罪的犯罪构成(见表18-14)

表18-14　逃税罪的犯罪构成

构成要件	具体规定
客体	国家税收征管秩序
主体	(1)既可以是个人，也可以是单位。 (2)包括纳税人和扣缴义务人。 【“李”应注意】不负有纳税义务和扣缴义务的其他单位或个人不能独立成为本罪主体，但可以成为本罪的共犯
客观方面	(1)纳税人：采取欺骗、隐瞒手段，进行虚假纳税申报或者不申报，不缴或者少缴税款行为。 (2)扣缴义务人：采取欺骗、隐瞒手段，不缴或者少缴已扣、已收税款，数额较大(在5万元以上)的。 【“李”应注意】纳税人构成犯罪既要考虑数额，同时还要考虑比例(5万元+10%以上)；扣缴义务人只需考虑数额(5万元)，不考虑比例
主观方面	直接故意

2. 逃税罪“罪与非罪”的界限(见表18-15)

表18-15　逃税罪的界定

一般违法行为	逃税罪认定
逃税额不足应纳税额10%以上，或者逃税数额不足5万元	逃税额占**应纳税额10%以上**且逃税数额在**5万元**以上
5年内因逃税而被处2次以下行政处罚或虽经2次税务行政处罚但再未逃税，或者2次处罚后又逃税且逃税额在5万元以下的	凡5年内因逃税被税务机关予以2次以上行政处罚，又逃税达5万元以上并且占纳税总额10%以上的

3. 逃税罪的处罚

(1)对多次实施《刑法》第201条(逃税罪)前两款行为，未经处理的，按照“累计数额”计算。

【帮你“李”解】未经处理，是指纳税人或者扣缴义务人在5年内多次实施逃税行为，但每次逃税数额均未达到《刑法》第201条规定的构成犯罪的数额标准，且未受行政处罚的情形。

(2)有逃税行为的纳税人经税务机关依法

下达追缴通知后，补缴应纳税款，缴纳滞纳金，已受行政处罚的，不予追究刑事责任；但是，5 年内因逃避缴纳税款受过刑事处罚或者被税务机关给予 2 次以上行政处罚的除外。

考点九　骗取出口退税罪★★

扫我解疑难

经典例题

【例题 1 · 单选题】(2018 年)纳税人缴纳税款后，实施假报出口手段骗取出口退税，骗取税款数额超过其缴纳的税款部分，涉嫌构成(　)。

A. 逃避缴纳税款罪

B. 抗税罪

C. 骗取出口退税罪

D. 虚开用于骗取出口退税、抵扣税款发票罪

【答案】C

【解析】本题考核骗取出口退税罪。纳税人缴纳税款后，实施假报出口或者其他欺骗手段，骗取所缴税款的，按逃避缴纳税款罪处罚；骗取税款超过所缴纳的税款部分，对超过的部分以骗取出口退税罪论处。

【例题 2 · 多选题】(2011 年)根据《刑法》及有关规定，下列关于骗取出口退税罪的说法中，正确的有(　)。

A. 只要采取虚报出口等欺骗手段实施了骗取国家出口退税款的行为，就构成骗取出口退税罪

B. 行为人骗取国家出口退税款达到 5 万元以上，才能构成骗取出口退税罪

C. 造成国家税款损失 150 万元以上，且在一审判决宣告前无法追回的，属于骗取出口退税罪量刑规定中的“其他特别严重情节”

D. 纳税人缴纳税款后采取虚报出口等欺骗方法骗取所缴税款的，按骗取出口退税罪处罚

E. 骗取出口退税罪侵犯的客体是简单客体，侵犯了国家出口退税管理制度

【答案】BC

【解析】本题考核骗取出口退税罪。该罪客观方面表现为利用国家出口退税制度，以假报出口或者其他欺骗手段，骗取国家出口退税款，数额在 5 万元以上的行为。所以选项 A 错误。纳税人缴纳税款后，采取上述欺骗方法，骗取所缴税款的，按逃税罪处罚。所以选项 D 错误。本罪的客体是复杂客体，即国家出口退税管理制度和公共财产所有权。所以选项 E 错误。

考点精析

骗取出口退税罪的犯罪构成与处罚(见表 18-16)。

表 18-16　骗取出口退税罪的犯罪构成与处罚

项目		内容
犯罪构成	客体	**复杂客体**=国家出口退税管理制度+公共财产所有权
	客观方面	利用国家出口退税制度，以假报出口或者其他欺骗手段，骗取国家出口退税款，数额在 5 万元以上的行为
	主体	一般主体
	主观方面	故意
处罚	数额较大的(5 万元)	处 5 年以下有期徒刑或者拘役，并处骗取税款 1 倍以上 5 倍以下的罚金
	数额巨大(50 万元)或有其他严重情节的	处 5 年以上 10 年以下有期徒刑，并处骗取税款 1 倍以上 5 倍以下罚金
	数额特别巨大(250 万元)或有其他特别严重情节	处 10 年以上有期徒刑或者无期徒刑，并处骗取税款 1 倍以上 5 倍以下罚金或者没收财产

【帮你"李"解1】纳税人缴纳税款后，采取上述欺骗方法，骗取所缴税款的(先缴后骗)，按逃税罪处罚；骗取税款**超过所缴纳税款部分**(骗回>所缴=逃税罪+骗取出口退税罪)，以骗取出口退税罪论处。

【帮你"李"解2】被判处罚金、没收财产的，在执行前，应当先由税务机关追缴所骗取的出口退税款。对依法免予刑事处罚的，除由税务机关追缴骗取的税款外，处骗取的税款5倍以下的罚款。

【帮你"李"解3】实施骗取出口退税罪犯罪，同时构成虚开增值税专用发票等其他犯罪的，根据牵连犯从一重罪处断原则，按处罚较重的罪名定罪处罚。

考点十　涉及发票类的犯罪★★★

扫我解疑难

经典例题

【例题1·单选题】(2013年)2006年4月以来，陶某等人分别以自己或者家族成员名义，先后注册15家公司，从税务机关骗购各类普通发票共计2.4万份，以200元至1 000元不等的价格对外出售9 000余份，涉案金额近亿元，非法获利200余万元。本案中，陶某涉嫌的罪名是(　)。

A. 非法出售发票罪

B. 非法购买发票罪

C. 出售伪造发票罪

D. 出售抵扣税款发票罪

【答案】A

【解析】本题考核非法出售发票罪。非法出售发票罪是指违反国家发票管理规定，非法出售除增值税专用发票和可以用于骗取出口退税、抵扣税款的非增值税专用发票以外的普通发票的行为。《刑法》没有规定选项B、C、D这三种罪名。

【例题2·多选题】(2019年)根据刑法理论，构成伪造、出售伪造的增值税专用发票罪，必须有伪造、出售伪造的增值税专用发票的行为。下列行为中，属于伪造、出售伪造的增值税专用发票行为或者按照该行为处理的有(　)。

A. 变造增值税专用发票

B. 个人私自印制增值税专用发票

C. 公司擅自印制增值税专用发票

D. 明知增值税专用发票系伪造仍出售

E. 明知系伪造的增值税专用发票仍购买或虚开

【答案】ABCD

【解析】本题考核伪造、出售伪造的增值税专用发票罪。变造增值税专用发票的，按照伪造增值税专用发票行为处理。所以选项A正确。增值税专用发票由国家税务总局制定的企业印制，其他单位或者个人私自印制的，即构成伪造。所以选项B、C正确。伪造、出售伪造的增值税专用发票罪，是指个人或者单位以营利为目的，非法印制或者出售非法印制的增值税专用发票的行为。所以选项D正确。明知是伪造的增值税专用发票仍然购买的，成立购买伪造的增值税专用发票罪；明知是伪造的增值税专用发票而虚开的，成立虚开增值税专用发票罪。所以选项E错误。

考点精析

1. 虚开增值税专用发票或者虚开用于骗取出口退税、抵扣税款发票罪(**真题**)(见表18-17)

表18-17　虚开增值税专用发票或者虚开用于骗取出口退税、抵扣税款发票罪(真题)

项目		内容
犯罪构成	客体	主流观点认为是复杂客体，即侵犯了国家税收征管制度和国家税收制度。实践中，理论界、实务界还有一种观点，认为是单一客体，即侵犯了国家税收制度

项目		内容
犯罪构成	客观方面	实施了虚开增值税专用发票或者虚开用于骗取出口退税、抵扣税款的其他发票，虚开的税款数额在5万元以上的行为
	主体	一般主体
	主观方面	故意
处罚		(1)犯虚开增值税专用发票或虚开用于骗取出口退税、抵扣税款发票罪，处3年以下有期徒刑或拘役，并处2万元以上20万元以下罚金； (2)税款数额较大或者其他严重情节的，处3年以上10年以下有期徒刑，并处5万元以上50万元以下罚金； (3)数额巨大或者有其他特别严重情节的，处10年以上有期徒刑或者无期徒刑，并处5万元以上50万元以下罚金或者没收财产； (4)双罚制。单位犯本罪的，对单位判处罚金，并对直接责任人员，按自然人犯罪数额量刑

【帮你“李”解】 具有下列行为之一的，属于“虚开增值税专用发票”：

(1)没有货物购销或者没有提供或接受应税劳务而为他人、为自己、让他人为自己、介绍他人开具增值税专用发票；

(2)有货物购销或者提供或接受了应税劳务但为他人、为自己、让他人为自己、介绍他人开具数量或者金额不实的增值税专用发票；

(3)进行了实际经营活动，但让他人为自己代开增值税专用发票。

用于骗取出口退税、抵扣税款的其他发票是指可以用于申请出口退税、抵扣税款的非增值税专用发票，如运输发票、废旧物品收购发票、农业产品收购发票等。

2. 非法出售增值税专用发票罪(**真票**)(见表18-18)

表18-18　非法出售增值税专用发票罪(真票)

要素	构成
客体	增值税专用发票的管理制度和国家税收征管秩序。犯罪对象是增值税专用发票 **【“李”应注意】**(1)出售的专用发票，必须是真发票，否则构成出售伪造的增值税专用发票罪。(2)出售的专用发票，必须是空白发票，如果出售填好的专用发票，则应按虚开增值税专用发票罪论处
客观方面	行为人违反增值税专用发票管理规定，无权出售增值税专用发票而非法出售，或者有权出售增值税专用发票的税务人员，违法出售增值税专用发票的行为
主体	持有增值税专用发票的单位或者个人
主观方面	直接故意，且以营利为目的

3. 非法购买增值税专用发票(**真票**)或者购买伪造的增值税专用发票罪(**假票**)(见表18-19)

表18-19　非法购买增值税专用发票(真票)或者购买伪造的增值税专用发票罪(假票)

要素	构成
客体	(1)客体：国家对增值税专用发票的管理制度和国家税收征管秩序； (2)犯罪对象：增值税专用发票(包括真发票和伪造的增值税发票)
主体	任何单位或者个人

要素	构成
客观方面	(1)行为人从合法或非法拥有真增值税专用发票的单位或者个人手中购买增值税专用发票(真发票); (2)行为人购买明知是伪造的增值税专用发票(假发票)。 【"李"应注意】只有购买增值税专用发票(包括真发票和伪造的增值税发票)25 份以上或者票面金额累计 10 万元以上的行为
主观方面	故意,且以营利为目的

【帮你"李"解 1】对非法购买增值税专用发票后又虚开的,应以"虚开增值税专用发票罪"定罪处罚。

【帮你"李"解 2】对非法购买增值税专用发票或者购买伪造的增值税专用发票后又出售的,应分别按"非法出售增值税专用发票罪、出售伪造的增值税专用发票罪"定罪处罚。

【帮你"李"解 3】非法购买真、伪两种增值税专用发票的,数量累计计算,不实行数罪并罚。

考点十一　涉税职务犯罪★★★

扫我解疑难

经典例题

【例题 1 · 单选题】(2019 年)张某为甲市市场监督管理局副局长,因收受辖区内市场商户孙某 10 万元,未将孙某销售有毒有害食品案件移交公安机关。下列对张某的处罚方式中,正确的是(　)。

A. 仅按受贿罪处罚

B. 仅按徇私枉法罪处罚

C. 按徇私舞弊不移交刑事案件罪和受贿罪数罪并罚

D. 仅按徇私舞弊不移交刑事案件罪处罚

【答案】C

【解析】本题考核受贿罪。行政执法人员徇私舞弊,对依法应当移交司法机关追究刑事责任的案件不移交,情节严重,同时又因此而收受他人贿赂,则构成徇私舞弊不移交刑事案件罪与受贿罪两个罪名,实行数罪并罚。

【例题 2 · 单选题】(2018 年)下列渎职犯罪中,犯罪主体须为税务人员的是(　)。

A. 徇私舞弊不移交刑事案件罪

B. 玩忽职守罪

C. 徇私舞弊发售发票、抵扣税款、出口退税罪

D. 违法提供出口退税凭证罪

【答案】C

【解析】本题考核渎职犯罪。徇私舞弊不移交刑事案件罪的犯罪主体是行政执法人员。所以选项 A 错误。玩忽职守罪的犯罪主体是国家机关工作人员。所以选项 B 错误。徇私舞弊发售发票、抵扣税款、出口退税罪的犯罪主体是税务机关工作人员。所以选项 C 正确。违法提供出口退税凭证罪的犯罪主体是海关、外汇管理等国家机关工作人员。所以选项 D 错误。

考点精析

1. 涉税的渎职犯罪(见表 18-20)

表 18-20　涉税的渎职犯罪

罪名 犯罪构成	徇私舞弊不移交刑事案件罪	徇私舞弊不征、少征税款罪	徇私舞弊发售发票、抵扣税款、出口退税罪	违法提供出口退税凭证罪
客体	行政机关的行政执法活动秩序和司法机关正常的刑事司法活动秩序	税务机关的税收征管秩序		

续表

罪名 / 犯罪构成	徇私舞弊不移交刑事案件罪	徇私舞弊不征、少征税款罪	徇私舞弊发售发票、抵扣税款、出口退税罪	违法提供出口退税凭证罪
客观方面	行政执法人员利用职务之便，徇私情私利、伪造材料、隐瞒情况、弄虚作假，对依法应当移交司法机关追究刑事责任的案件不移交，情节严重的行为	行为人违反税收法规徇私舞弊，不征或者少征税款，致使国家税收遭受重大损失行为	违反法律、行政法规的规定，在办理发售发票、抵扣税款、出口退税工作中徇私舞弊，致使国家利益遭受重大损失的行为	违反国家规定，在提供出口货物报关单、出口收汇核销单等出口退税凭证的工作中徇私舞弊，致使国家利益遭受重大损失的行为
主体	行政执法人员	税务机关的工作人员		海关、外汇管理等国家机关工作人员
主观方面	故意			

【帮你"李"解】 税务人员与纳税人勾结，不征或者少征应征税款的，应按**逃税罪**或者**逃避追缴欠税款罪**的共犯论处。

2. 受贿罪

(1)受贿罪的犯罪构成(见表18-21)。

表18-21 受贿罪的犯罪构成

要素	构成
客体	国家机关正常管理活动和国家工作人员职务行为的廉洁性
客观方面	表现为行为人具有利用职务上的便利，向他人索取财物，或者收受他人财物并为他人谋取利益的行为
主体	特殊主体，即国家工作人员
主观方面	故意，只有行为人是出于故意所实施的受贿犯罪行为才构成受贿罪，过失行为不构成本罪

【帮你"李"解】 具有下列情形之一的，应当认定为"为他人谋取利益"，构成犯罪的，应当依照《刑法》关于受贿犯罪的规定定罪处罚：①实际或者承诺为他人谋取利益的；②明知他人有具体请托事项的；③履职时未被请托，但事后基于该履职事由收受他人财物的。国家工作人员索取、收受具有上下级关系的下属或者具有行政管理关系的被管理人员的财物价值3万元以上，可能影响职权行使的，视为承诺为他人谋取利益。

(2)受贿罪认定中的特殊要求。

①对多次受贿未经处理的，累计计算受贿数额。

②国家工作人员利用职务上的便利为请托人谋取利益前后多次收受请托人财物，受请托之前收受的财物数额在1万元以上的，应当一并计入受贿数额。

③国家工作人员出于受贿的故意，收受他人财物之后，将赃款赃物用于单位公务支出或者社会捐赠的，不影响受贿罪的认定，但量刑时可以酌情考虑。

④特定关系人索取、收受他人财物，国家工作人员知道后未退还或者上交的，应当认定国家工作人员具有受贿故意。

阶段性测试

1. **【单选题】** 根据《刑法》和刑法理论，下列有关徇私舞弊不征、少征税款罪的表述中，正确的是( )。

A. 侵犯的客体是国家税务机关的税收征管秩序

B. 客观方面表现为行为人违反规定，不征

或者少征税款的行为

C. 犯罪主体不限于税务机关工作人员

D. 过失也可构成此罪

2. 【单选题】对涉及增值税专用发票的犯罪案件，下列处理不正确的是(　)。

A. 非法购买增值税专用发票的，按非法购买增值税专用发票罪定罪处罚

B. 非法购买增值税专用发票后又虚开的，按非法购买增值税专用发票罪和虚开增值税专用发票罪并罚

C. 非法购买增值税专用发票后又出售的，按非法出售增值税专用发票罪定罪处罚

D. 非法购买伪造的增值税专用发票后又出售的，按出售伪造的增值税专用发票罪定罪处罚

阶段性测试答案精析

1. A 【解析】本题考核徇私舞弊不征、少征税款罪的犯罪构成。本罪侵犯的客体是国家税务机关正常的税收征管秩序。客观方面表现为行为人违反税收法规徇私舞弊，不征或者少征税款，致使国家税收遭受重大损失的行为。本罪的主体是税务机关的工作人员。本罪主观上是故意，具体表现为行为人明知纳税人应当缴纳税款，却为徇私情私利而故意不征或者少征税款。

2. B 【解析】本题考核与增值税专用发票相关的犯罪。如果行为人非法购买增值税专用发票或者购买伪造的增值税专用发票又虚开或者出售的，则不再定前罪，而应当按照虚开增值税专用发票、出售伪造的增值税专用发票罪、非法出售增值税专用发票罪定罪处罚。故选项A、C、D正确，选项B错误。

本章综合练习 限时60分钟

一、单项选择题

1. 2019年10月1日，郭某对李某实施非法拘禁，该拘禁行为一直持续到2019年12月30日。根据《刑法》的规定，对郭某的追诉时效应从(　)起计算。

A. 2019年10月1日

B. 2019年11月1日

C. 2019年12月1日

D. 2019年12月30日

2. 根据《刑法》，甲(15周岁)的下列行为中，成立犯罪的是(　)。

A. 春节期间放鞭炮，导致邻居失火，造成10多万元财产损失

B. 骗取他人数额巨大财物，为抗拒抓捕，当场使用暴力将他人打成重伤

C. 受意图骗取保险金的张某指使，将张某的汽车推到悬崖下毁坏

D. 因偷拿苹果遭摊主喝骂，遂掏出水果刀将其刺成轻伤

3. 根据《刑法》的规定，下列关于刑事责任能力的说法正确的是(　)。

A. 年满14周岁的人犯罪的，应当承担刑事责任

B. 不能辨认自己行为的精神病人犯罪的，应当从轻或减轻处罚

C. 醉酒的人犯罪的，应当承担刑事责任

D. 又聋又哑的人犯罪的，应当从轻、减轻或免除处罚

4. 甲欲枪杀仇人乙，但早有防备的乙当天穿着防弹背心，甲的子弹刚好打在防弹背心上，乙毫发无损。甲见状一边逃离现场，一边气呼呼地大声说：“我就不信你天天穿防弹背心，看我改天不收拾你!”根据《刑法》的规定，甲的行为构成(　)。

A. 犯罪预备　　B. 犯罪未遂

C. 犯罪中止　　D. 犯罪既遂

5. 刑罚有主刑与附加刑之分。下列刑罚中，属于我国《刑法》规定的主刑是(　)。

A. 拘留　　B. 罚金

C. 逮捕　　D. 拘役

6. 甲因为盗窃乙的自行车(价值460元)被抓获，公安机关对其作出行政拘留15日的处罚。在被行政拘留期间，甲主动交代了盗窃丙的摩托车(价值2万元)的犯罪事实，该事实经公安机关查证属实。对甲主动交代盗窃摩托车一事的行为定性正确的是(　)。

A. 自首　　B. 坦白

C. 立功　　D. 重大立功

7. 禁止令是人民法院根据犯罪情况，对犯罪分子作出的禁止其在一定期间内从事特定活动，进入特定区域、场所，接触特定的人的一种司法措施。根据《刑法修正案(八)》的规定，关于适用禁止令的说法，正确的是(　)。

A. 禁止令可以与假释同时适用

B. 禁止令不得与主刑同时适用

C. 禁止令可以与逮捕同时适用

D. 禁止令可以与宣告缓刑同时适用

8. 根据《刑法》的规定，下列关于一般累犯成立条件之一的说法中，正确的是(　)。

A. 前罪和后罪不一定都是故意犯罪

B. 前罪和后罪被判处的刑罚可以是管制或拘役

C. 后罪必须发生在前罪刑罚执行完毕或赦免以后3年内

D. 后罪必须发生在前罪刑罚执刑完毕或赦免以后5年内

9. 根据《刑法》及有关规定，关于适用缓刑的说法中，错误的是(　)。

A. 被宣告缓刑的犯罪分子，在缓刑考验期内，只要没有再犯新罪的，缓刑考验期满，原判刑罚就不再执行

B. 缓刑考验期限，从判决确定之日起计算

C. 对于黑社会性质组织的首要分子，不得适用缓刑

D. 对于被宣告缓刑的犯罪分子，可以同时禁止其从事特定活动，进入特定区域、场所，接触特定的人

10. 根据《刑法》及有关规定，下列选项成立自首的是(　)。

A. 甲挪用公款后主动向单位领导承认了全部犯罪事实，并请求单位领导不要将自己移送司法机关

B. 乙涉嫌徇私舞弊不征、少征税款被公安机关讯问时，如实供述了自己的罪行，但辩称其完全是为了减轻企业的税负而未谋私利，其行为不构成犯罪

C. 丙参与共同盗窃后，主动投案并供述其参与盗窃的具体情况。后查明，系因分赃太少、得知举报有奖才投案

D. 丁因纠纷致戊轻伤后，报警说自己伤人了。报警后见戊举拳冲过来，丁以暴力致其死亡，并逃离现场

11. 甲(民营企业销售经理)因抗税罪被捕。在侦查期间，甲主动供述曾向国家工作人员乙行贿9万元，司法机关遂对乙进行追诉。后查明，甲的行为属于单位行贿，行贿数额尚未达到单位行贿罪的定罪标准。则甲主动供述构成(　)。

A. 坦白　　B. 立功

C. 自首　　D. 特别自首

12. 甲犯虚开增值税专用发票罪，被判处有期徒刑13年。入狱7年间，甲认真遵守监规，接受教育改造，确有悔改表现并有重大立功表现。根据《刑法》的规定，下列对甲的处理中，正确的是(　)。

A. 应当减刑，也可以假释

B. 不应当减刑，也不可以假释

C. 不可以减刑，但能假释

D. 可以减刑，但不能假释

13. 对涉及增值税专用发票的犯罪案件，下列说法错误的是(　)。

A. 非法购买增值税专用发票罪的犯罪主体是任何单位或个人

B. 非法购买增值税专用发票后又虚开的，

按非法购买增值税专用发票罪和虚开增值税专用发票罪并罚

C. 非法购买增值税专用发票后又出售的，按非法出售增值税专用发票罪定罪处罚

D. 非法购买伪造的增值税专用发票后又出售的，按出售伪造的增值税专用发票罪定罪处罚

14. 下列有关逃避追缴欠税罪的说法正确的是（　）。

A. 该罪的客体是国家税收征管制度和国家财产所有权

B. 该罪的客观方面表现为在追缴应纳欠税的情况下，纳税人采取转移或者隐匿财产手段，致使税务机关无法追缴欠缴的税款，数额在 5 万元以上的

C. 该罪的主体是纳税人和扣缴义务人

D. 该罪的主观方面可以是故意，也可以是过失

15. 根据《刑法》规定，下列关于非法出售增值税专用发票罪中出售“专用发票”的表述，正确的是（　）。

A. 必须是真的空白发票

B. 必须是假的空白发票

C. 必须是真的填好的专用发票

D. 必须是假的填好的专用发票

16. 根据《刑法》及有关规定，要求发票数量必须达到 25 份以上才能追究刑事责任的发票犯罪是（　）。

A. 非法出售用于骗取出口退税、抵扣税款发票罪

B. 非法出售增值税专用发票罪

C. 非法出售发票罪

D. 虚开增值税专用发票罪

17. 根据《刑法》，下列犯罪中，犯罪主体不是一般主体的是（　）。

A. 抗税罪

B. 非法出售发票罪

C. 骗取出口退税罪

D. 虚开增值税专用发票罪

18. 根据《刑法》的规定，下列关于徇私舞弊发售发票、抵扣税款、出口退税罪的说法中正确的是（　）。

A. 本罪侵犯的客体是税务机关的税收征管秩序和司法机关正常的刑事司法活动秩序

B. 本罪的犯罪主体是一般主体

C. 本罪在主观方面表现为过失

D. 税务机关工作人员在办理发售发票、抵扣税款、出口退税工作中接受贿赂而实施本罪的，如果受贿行为构成犯罪的，应当数罪并罚

19. 林某、田某分别系某县税务局下辖某街道税务所所长、副所长。2018 年至 2019 年期间，林某、田某利用负责征收辖区内税款的职务之便，收受谭某的贿赂 2 万元，为某建筑公司会计谭某谋取利益，采取取得收入不入账，开发票不缴税或少缴税的方式，徇私舞弊不征、少征应征税款，使国家税收遭受重大损失。对此，下列说法正确的是（　）。

A. 对林某、田某按照徇私舞弊不征、少征税款罪进行处罚

B. 对林某、田某按照受贿罪和徇私舞弊不征、少征税款罪进行数罪并罚

C. 对林某、田某按照玩忽职守罪进行处罚

D. 对林某、田某按照滥用职权罪进行处罚

20. 根据《刑法》的规定，下列说法错误的是（　）。

A. 区别滥用职权罪与徇私舞弊不征、少征税款罪的标志是主体是否是税务人员

B. 违法提供出口退税凭证罪的主观方面是过失，故意不构成本罪

C. 徇私枉法罪与徇私舞弊不移交刑事案件罪的主体上的区别是，前者的主体是司法工作人员，而后者的主体是行政执法人员

D. 税务人员与纳税人勾结，不征或者少征应征税款的，应当按照逃避缴纳税款

罪或者逃避追缴欠税罪的共犯论处

21. 根据《刑法》的规定，下列说法错误的是(　)。

A. 徇私舞弊不移交刑事案件罪侵害的客体是行政执法活动秩序和司法机关正常的刑事司法活动秩序

B. 非法出售发票罪的客体是国家发票管理制度和国家税收征管秩序

C. 违法提供出口退税凭证罪的主体是一般主体

D. 行政执法人员徇私舞弊，对依法应当移送司法机关追究刑事责任的案件不移交，情节严重，同时又因此而收受他人贿赂的，应数罪并罚

二、多项选择题

1. 下列关于罪刑相当原则的说法，正确的有(　)。

A. 罪刑相当原则要求法无明文规定不为罪，法无明文规定不处罚

B. 罪刑相当原则要求根据罪行危害性大小决定处刑的轻重

C. 罪刑相当原则要求刑罚与犯罪性质、犯罪情节和罪犯的人身危险性相适应

D. 罪刑相当原则要求重罪重罚，轻罪轻罚，罪刑相当，罚当其罪

E. 罪刑相当原则要求对一切人的犯罪应平等适用刑法

2. 已满 14 周岁不满 16 周岁的人实施的下列行为中，应当承担刑事责任的有(　)。

A. 参与运送他人偷越国(边)境，造成被运送人死亡的

B. 参与绑架他人，致使被绑架人死亡的

C. 参与强迫卖淫集团，为迫使妇女卖淫，对妇女实施了强奸行为的

D. 参与走私，并在走私过程中暴力抗拒缉私，造成缉私人员重伤的

E. 偷开家中汽车，发生交通事故造成 3 人死亡

3. 依据《刑法》，下列关于死刑的说法，正确的有(　)。

A. 死刑包括死刑立即执行和缓期两年执行两种情况

B. 死刑缓期执行的期间，从判决确定之日起计算

C. 对犯罪时不满 18 周岁的人，不能判处死刑立即执行，但可以判处死刑同时宣告缓期二年执行

D. 对审判时怀孕的妇女，可以判处死刑，但必须在其生育或者流产后才能执行死刑判决

E. 对审判时年满 75 周岁的犯罪分子，一律不适用死刑

4. 根据《刑法》的规定，在管制的判决和执行方面，下列说法中，正确的有(　)。

A. 管制的期限为 3 个月以上 2 年以下，数罪并罚时不得超过 3 年

B. 被判处管制的犯罪分子，依法实行社区矫正

C. 对于被判处管制的犯罪分子，在劳动中应酌量发给报酬

D. 管制的刑期从判决执行之日起计算，判决执行以前先行羁押的，羁押 1 日折抵刑期 1 日

E. 对被判处管制的犯罪分子，可以根据犯罪情况同时宣告禁止令

5. 下列关于剥夺政治权利附加刑的说法，正确的有(　)。

A. 被判处无期徒刑的罪犯，一般要剥夺政治权利，其刑期与主刑一样，同时执行

B. 被判处有期徒刑的罪犯，被剥夺政治权利的，从有期徒刑执行完毕或假释之日起，执行剥夺政治权利附加刑

C. 被判处拘役的罪犯，被剥夺政治权利的，从拘役执行完毕或假释之日起，执行剥夺政治权利附加刑

D. 被判处管制的罪犯，被剥夺政治权利的，附加刑与主刑刑期相等，同时执行

E. 被剥夺政治权利的罪犯，在剥夺政治权利期间，不得担任任何组织的领导职务

6. 关于犯罪中止，下列选项中，正确的

有(　)。

A. 甲欲杀张三，埋伏在路旁开枪射击但未打中。甲枪内尚有子弹，但担心杀人后被判处死刑，遂停止射击。甲成立犯罪中止

B. 乙入户抢劫时，看到客厅电视正在播放庭审纪实片，意识到犯罪要受刑罚处罚，于是向被害人赔礼道歉后离开。乙成立犯罪中止

C. 丙潜入李四家原打算盗窃巨额现金，入室后发现大量珠宝，便放弃盗窃现金的意思，仅窃取了珠宝。对于盗窃现金，丙成立犯罪中止

D. 丁向王五的饮食投放毒药后，王五呕吐不止，丁顿生悔意急忙开车送王五去医院，但由于交通事故耽误一小时，王五被送往医院时死亡。医生证明，早半小时送到医院王五就不会死亡。甲的行为仍然成立犯罪中止

E. 戊对其前女友赵六怀恨在心，拟将其杀害后再行自杀。但在将其捅伤后，又念及二人曾经有过的美好时光，遂将其送往医院实施抢救，因送医及时，赵六很快恢复健康。戊的行为构成犯罪中止

7. 林某，因犯贪污罪被判处有期徒刑 8 年，在执行期间有立功表现。下列关于对其减刑的说法中，符合法律规定的有(　)。

A. 如立功发生在判决执行 1 年以后，可以减刑

B. 如立功发生在判决执行 1 年 6 个月以后，可以减刑

C. 减刑幅度不得超过 1 年

D. 此次减刑后 11 个月，林某又再次立功，可再次减刑

E. 经过几次减刑，林某服刑 4 年后刑满释放

8. 人民法院根据犯罪情节、人身危险性等情况，可以对被判处死刑缓期执行的(　)在作出裁判的同时决定对其限制减刑。

A. 累犯　　　　B. 惯犯

C. 杀人犯　　　　D. 强奸犯

E. 绑架犯

9. 根据《刑法》及有关规定，属于自首的情节有(　)。

A. 王某驾车为本公司送货至另一城市，因违章驾驶轧死一人，回公司后到公司保卫科投案

B. 蒋某在家中将妻子章某杀害后，将其杀妻原因和经过电话告知章某的弟弟

C. 张某故意伤害李某后逃走，经朋友规劝后投案，在投案途中被公安机关抓获

D. 胡某盗窃汽车后逃走，其父母得知后主动报案，并将胡某送到公安机关投案

E. 吴某在火车上行窃被抓，接受审问时主动向公安机关交代了另两起盗窃案，经查证属实的

10. 甲犯虚开增值税专用发票罪和出售伪造的增值税专用发票罪，分别被判处有期徒刑 10 年和 7 年，法院决定合并执行 15 年；在执行 2 年后，法院发现甲在判决宣告以前还有没有判决的逃税罪，并就逃税罪判处有期徒刑 5 年。根据《刑法》的规定，下列说法正确的有(　)。

A. 对甲应当采用先减后并的并罚方式，并罚后还需要执行的最低刑期为 20 年

B. 甲实际执行的有期徒刑不可能超过 20 年

C. 甲实际执行的有期徒刑必然超过 20 年

D. 对甲并罚后还需执行的刑期最低为 13 年

E. 将甲所犯的三个罪行合并执行，在 10 年以上 22 年以下确定刑期

11. 根据《刑法》，下列关于减刑的说法中正确的有(　)。

A. 潘某在有期徒刑服刑期间，成功阻止了他人的犯罪活动，对潘某应当减刑

B. 被宣告缓刑的人不适用减刑

C. 判处无期徒刑的，减刑后实际执行的期限不能少于 13 年

D. 对于犯罪分子的减刑，由执行机关向

该机关所处的基层人民法院提出减刑建议书

E. 人民法院依照刑法规定限制减刑的死刑缓期执行的犯罪分子，缓期执行期满后依法减为无期徒刑的，不能少于25年

12. 根据《刑法》的规定，下列有关假释的表述中，正确的有(　)。

A. 假释适用于被判处有期徒刑、无期徒刑的犯罪分子

B. 对被假释的犯罪分子，在假释考验期内，由刑罚执行机关进行监督

C. 对累犯不得适用假释

D. 不受执行刑期限制的假释，须经中级以上人民法院核准

E. 假释考验期内又犯新罪的，应当撤销假释

13. 根据《刑法》规定，依逃税罪追究刑事责任须具备法定情形，这些情形有(　)。

A. 纳税人采取假报出口手段，骗取国家出口退税款，数额较大的

B. 纳税人采取欺骗、隐瞒手段不进行纳税申报，逃避缴纳税款数额较大并且占应纳税额10%以上的

C. 扣缴义务人采取欺骗、隐瞒手段进行虚假纳税申报，不缴或者少缴已扣、已收税款，数额较大的

D. 纳税人采取欺骗、隐瞒手段不进行纳税申报，逃避缴纳税款数额较大，经税务机关依法下达追缴通知后，补缴应纳税款，缴纳滞纳金，并已受行政处罚的

E. 纳税人采取欺骗手段进行虚假纳税申报，逃避缴纳税款数额较大并且占应纳税额5%以上的

14. 关于涉税犯罪的犯罪构成，下列说法正确的有(　)。

A. 逃税罪的犯罪主体包括纳税人和扣缴义务人

B. 骗取出口退税罪的犯罪主体是特殊主体

C. 逃避追缴欠税罪的主体是纳税人和扣缴义务人

D. 行为人为了躲避追缴欠税，而到异地他乡藏匿起来的行为构成逃避追缴欠税罪

E. 构成逃避追缴欠税罪有数额的要求

15. 某个人独资企业老板李某从税务机关领购增值税专用发票后，将其中的50余张先后卖给他人，后见卖增值税专用发票有利可图，于是又买了100余张假的增值税发票并卖给他人。李某的行为构成(　)。

A. 逃税罪

B. 虚开增值税专用发票罪

C. 非法出售增值税专用发票罪

D. 伪造增值税专用发票罪

E. 出售伪造的增值税专用发票罪

16. 甲货运公司2016年取得自开票资格。2017年1月至10月，该公司为林某虚开运输发票若干份，虚开税款数额达600多万元，并收取开票费30万元。林某将这些发票转手卖给他人。对甲货运公司应按(　)追究刑事责任。

A. 非法出售发票罪

B. 虚开用于抵扣税款发票罪

C. 单位犯罪

D. 非法购买专用发票罪

E. 出售非法制造的用于抵扣税款发票罪

17. 下列关于受贿罪的表述，正确的有(　)。

A. 国家工作人员甲在招投标中，违反国家规定，收受回扣归个人所有，以受贿论处

B. 国家工作人员乙承诺利用职务之便为他人谋利，收取他人财物的，构成受贿罪

C. 国家工作人员丙因收受贿赂，徇私舞弊对某企业少征税款，以徇私舞弊不征、少征税款罪和受贿罪数罪并罚

D. 国家工作人员丁利用本人职务范围内的权力为他人谋取利益收受他人财物，构成受贿罪

E. 国家工作人员戊利用本人职权的便利条件，通过其他国家工作人员职务上的行为，为请托人谋取不正当利益，索取请托人财物，不构成受贿罪

18. 下列情形中符合徇私舞弊不征、少征税款罪的“重大损失”要件的有（ ）。

A. 税务机关工作人员超越职权，擅自作出减免税决定，造成不征或者少征税款不满 10 万元的

B. 上级主管部门领导指示下级税务机关工作人员徇私舞弊不征或者少征税款，致使国家税收损失累计达 10 万元以上的

C. 地方政府领导要求税务机关工作人员不征或者少征税款，致使国家税收损失累计达 10 万元以上的

D. 税务人员徇私舞弊不征或者少征税款，致使国家税收损失累计达 10 万元以上的

E. 税务人员徇私舞弊不征或者少征税款不满 10 万元，但有索贿或者受贿情节的

19. 海关工作人员张某违反国家有关规定，给不具有出口资格的甲企业提供出口货物报关单 3 份，致使国家税收损失 200 余万元，下列说法正确的有（ ）。

A. 张某构成违法提供出口退税凭证罪

B. 张某构成徇私舞弊提供出口退税凭证罪

C. 应当没收张某的全部财产

D. 张某所犯之罪，其他行政机关工作人员也可以构成

E. 如果张某主观为过失的，则不构成犯罪

三、综合分析题

（2019 年）丘佛市万亿公司于 2010 年 12 月 20 日成立并办理了税务登记，属一人有限责任公司。法定代表人为汪某，主要从事玻璃制品销售。2015 年至 2016 年期间，万亿公司与税收管理员陈某相互勾结，部分销售收入不开具发票，不按规定入账，未申报纳税。另一税收管理员任某对此知情。任某在接受万亿公司 2 000 元红包后，对万亿公司未申报纳税一直放任不管。2017 年 12 月，税务局检查发现：2015 年度，万亿公司瞒报销售收入 580 万元，逃避缴纳税款 110 万元，占该公司 2015 年度应纳税款总额的 24%；2016 年度，万亿公司瞒报销售收入 758 万元，逃避缴纳税款 142 万元，占该公司 2016 年度应纳税款总额的 42%。税务局依法决定追缴，万亿公司及其法定代表人汪某拒不补缴上述税款。

另查明，汪某于 2015 年 1 月 2 日因犯危险驾驶罪被法院判处拘役 1 个月，缓刑 2 个月，并处罚金人民币 3 000 元。

公安机关立案后，万亿公司缴清了上述税款及滞纳金。汪某被逮捕后如实供述，同时表示：税务局决定追缴时，万亿公司已濒临破产、无补缴能力，并非故意拒不补缴。

检察机关对万亿公司及汪某以逃税罪提起公诉。

请根据案情，回答下列问题：

1. 下列有关税收管理员陈某、任某涉嫌罪名的说法中，正确的有（ ）。

A. 任某涉嫌逃税罪

B. 陈某涉嫌徇私舞弊不移交刑事案件罪

C. 陈某涉嫌逃税罪

D. 任某涉嫌受贿罪

E. 任某涉嫌徇私舞弊不征、少征税款罪

2. 下列有关万亿公司犯罪及刑事责任的说法中，正确的有（ ）。

A. 万亿公司是一人有限责任公司，因此本案逃税罪是自然人犯罪

B. 万亿公司是一人有限责任公司，因此本案逃税罪是单位犯罪

C. 万亿公司是本案逃税罪的犯罪主体

D. 万亿公司具有犯罪的主观故意

E. 万亿公司在公安机关立案后补缴了税款和滞纳金，因此不应追究刑事责任

3. 本案中，对万亿公司定罪的影响因素

有(　)。

A. 万亿公司瞒报销售收入，对部分收入未申报纳税

B. 2016 年度逃避缴纳税款占万亿公司2016 年度应纳税款总额的 42%

C. 2015 年度逃避缴纳税款占万亿公司2015 年度应纳税款总额的 24%

D. 万亿公司送给税收管理员任某 2 000 元

E. 万亿公司与税收管理员陈某勾结

4. 若检察机关指控汪某的罪名成立，下列有关对汪某量刑的说法中，正确的有(　)。

A. 汪某如实供述不属于自首

B. 汪某如实供述属于一般自首

C. 汪某如实供述属于一般立功

D. 汪某不属于累犯

E. 汪某属于一般累犯

本章综合练习参考答案及详细解析

一、单项选择题

1. D 【解析】本题考核追诉期限的计算。犯罪行为有连续或者继续状态的，从犯罪行为终了之日起计算。因此，对郭某的追诉时效应从 2019 年 12 月 30 日起计算。

2. B 【解析】本题考核刑事责任年龄。已满 14 周岁不满 16 周岁的人，犯故意杀人、故意伤害致人重伤或者死亡、强奸、抢劫、贩卖毒品、放火、爆炸、投放危险物质罪的，应当负刑事责任。选项 A 属于失火行为。选项 C 属于故意毁坏财物的行为。选项 A、C 错误。上述的 8 种犯罪，是指具体犯罪行为而不是具体罪名。对于“犯故意杀人、故意伤害致人重伤或者死亡”，是指只要故意实施了杀人、伤害行为并且造成了致人重伤、死亡后果的，都应负刑事责任。选项 B 中甲使用暴力将他人打成重伤，甲应对造成他人重伤的结果承担刑事责任，构成故意伤害罪。选项 D 中，甲的行为仅造成被害人轻伤，不构成犯罪。选项 B 正确，选项 D 错误。

3. C 【解析】本题考核刑事责任的承担。决定和影响自然人刑事责任能力的因素，有年龄、精神状态等。已满 16 周岁的人犯罪，应当负刑事责任。所以选项 A 错误。成年人，如果是精神病人，在不能辨认或者不能控制自己行为时造成危害结果，经法定程序鉴定确认的，不负刑事责任；间歇性精神病人在精神正常时犯罪，应当负刑事责任；尚未完全丧失辨认或者控制自己行为能力的精神病人犯罪的，应当负刑事责任，但是可以从轻或者减轻处罚。所以选项 B 错误。又聋又哑的人或者盲人犯罪的，可以从轻、减轻或者免除处罚，而不是应当。所以选项 D 错误。

4. B 【解析】本题考核犯罪未遂。本题中，甲已经着手实行杀人行为，但由于乙正好穿着防弹背心，未发生乙死亡的结果，因甲意志以外的原因未得逞，甲的行为构成犯罪未遂。

5. D 【解析】本题考核主刑。我国刑法把刑罚分为主刑和附加刑两类。主刑包括管制、拘役、有期徒刑、无期徒刑、死刑；附加刑包括罚金、剥夺政治权利、没收财产。选项 B 是附加刑，选项 A、C 是刑事强制措施。因此，本题的正确答案是 D。

6. A 【解析】本题考核自首。行为人在被公安机关行政拘留期间，如实供述了司法机关尚未掌握的本人其他罪行，也可以视为自首。

7. D 【解析】本题考核禁止令。判处管制，可以根据犯罪情况，同时禁止犯罪分子在执行期间从事特定活动，进入特定区域、场所，接触特定的人。宣告缓刑，可以根据犯罪情况，同时禁止犯罪分子在缓刑考验期限内从事特定活动，进入特定区域、

场所，接触特定的人。

8. D 【解析】本题考核一般累犯。成立条件：(1)前罪和后罪都必须是故意犯罪；(2)前罪被判处的刑罚和后罪应当判处的刑罚都必须是有期徒刑以上的刑罚；(3)后罪必须发生在前罪刑罚执行完毕或者赦免以后的5年之内。

9. A 【解析】本题考核缓刑的适用。被宣告缓刑的犯罪分子，在缓刑考验期内，不但不能有新的犯罪，而且不能被发现其在判决宣告以前还有漏罪。另外，还不能严重违反法律、行政法规或者国务院有关部门关于缓刑的监督管理规定，或者违反人民法院判决中的禁止令，否则就要撤销缓刑，执行相应的刑罚。

10. C 【解析】本题考核自首。甲请求单位领导不要将自己移送司法机关，可见其没有自动归案的意图，因此不构成自首。所以选项A错误。选项B中并未交代乙自动归案的信息，乙被抓后如实供述自己的罪行属坦白，而非自首。所以选项B错误。自动投案后逃跑的，不认为是自首；逃跑后又主动回来投案的，视为自首。但是，对被采取强制措施后逃跑然后又跑回来投案的，不认为是自首。所以选项D错误。

11. B 【解析】本题考核立功。坦白是犯罪分子如实供述自己已被调查的罪行，而甲主动供述的是自己被调查罪行以外的其他行为，不属于坦白。所以选项A错误。本题中，就抗税罪而言，甲是被动归案的，不成立一般自首。就行贿行为而言，甲的行为属于单位行贿，行贿数额尚未达到单位行贿罪的定罪标准，不构成犯罪。因此，就甲交代的行贿行为而言，甲不成立特别自首。所以选项C、D错误。

12. A 【解析】本题考核减刑和假释的适用条件。本题中甲犯虚开增值税专用发票罪，不属于禁止假释的情形，可以对甲假释。甲有悔改表现并有重大立功表现，这种情形应当减刑。

13. B 【解析】本题考核涉及增值税专用发票的犯罪。非法购买增值税专用发票后又虚开的，按照虚开增值税专用发票罪定罪处罚。

14. A 【解析】本题考核逃避追缴欠税罪。该罪的客观方面表现为在欠缴应纳税款的情况下，纳税人采取转移或者隐匿财产手段，致使税务机关无法追缴欠缴的税款，数额在1万元(而非5万元)以上的。该罪的主体是欠缴应纳税款的纳税人，扣缴义务人不构成该罪主体。该罪主观方面必须是出于直接故意，且有逃避缴纳应纳税款的目的。

15. A 【解析】本题考核非法出售增值税专用发票罪中出售的“专用发票”。根据规定，出售的专用发票，必须是真发票，否则构成出售伪造的增值税专用发票罪。出售的专用发票，必须是空白发票，如果出售填好的专用发票，则应按虚开增值税专用发票罪论处。

16. B 【解析】本题考核涉及发票犯罪的犯罪构成。非法出售用于骗取出口退税、抵扣税款发票罪的客观方面表现为行为人为达到营利目的，非法出售用于骗取出口退税、抵扣税款的非增值税专用发票50份以上或者票面额累计在20万元以上的行为。所以选项A错误。非法出售发票罪的客观方面表现为行为人为达到营利目的，非法出售普通发票100份以上或者票面额累计在40万元以上的行为。所以选项C错误。虚开增值税专用发票罪的客观方面表现为实施了虚开增值税专用发票或者虚开用于骗取出口退税、抵扣税款的其他发票，虚开的税款数额在5万元以上的行为。所以选项D错误。

17. A 【解析】本题考核涉税犯罪的犯罪主体。抗税罪的犯罪主体是纳税人或者扣缴义务人，且只能由自然人实施，单位不能成为本罪的主体。

18. D 【解析】本题考核徇私舞弊发售发票、抵扣税款、出口退税罪。本罪侵犯的客体是简单客体，即税务机关的税收征管秩序。所以选项A错误。本罪的犯罪主体是特殊主体，即税务机关的工作人员，其他自然人或单位均不能成为本罪的主体。所以选项B错误。本罪主观方面表现为故意，过失不构成本罪。所以选项C错误。

19. B 【解析】本题考核徇私舞弊不征、少征税款罪。如果税务人员在办理发售发票、抵扣税款、出口退税工作中接受贿赂而实施利用职务上的便利，索取、收受纳税人财物，不征或者少征应征税款，致使国家税收遭受重大损失的，应当以徇私舞弊不征、少征税款罪和受贿罪数罪并罚。

20. B 【解析】本题考核涉税职务犯罪。违法提供出口退税凭证罪的主观方面是故意，过失不构成本罪。

21. C 【解析】本题考核涉税犯罪的构成要件和罪数。渎职罪可能是故意，也可能是过失。违法提供出口退税凭证罪主体是海关、外汇管理等国家机关工作人员，其他自然人或单位均不能成为本罪的主体。行政执法人员徇私舞弊，对依法应当移送司法机关追究刑事责任的案件不移交，情节严重，同时又因此而收受他人贿赂的，应当数罪并罚。

二、多项选择题

1. BCD 【解析】本题考核罪刑相当原则。选项A是罪刑法定原则，选项E是平等适用刑法原则。

2. CD 【解析】本题考核刑事责任年龄。已满14周岁不满16周岁的人，犯故意杀人、故意伤害致人重伤或者死亡、强奸、抢劫、贩卖毒品、放火、爆炸、投放危险物质罪的，应当负刑事责任。这8种犯罪是指具体犯罪行为而不是具体罪名。因此，选项C、D当选。选项A、B中只要其没有实施杀人行为，就不能追究其刑事责任。选项E是交通肇事罪，不承担刑事责任。

3. AB 【解析】本题考核死刑。犯罪的时候不满18周岁的人和审判时候怀孕的妇女，不适用死刑。对犯罪时不满18周岁的人，不能判处死刑立即执行，也不能判处死刑同时宣告缓期二年执行；选项C错误。怀孕妇女因涉嫌犯罪在羁押期间自然流产、人工流产，属于“审判的时候怀孕的妇女”，不适用死刑；选项D错误。对审判时年满75周岁的犯罪分子，不适用死刑，但以特别残忍的手段致人死亡的除外；选项E错误。

4. ABE 【解析】本题考核管制。对于被判处管制的犯罪分子，在劳动中应当同工同酬。所以选项C错误。管制的刑期从判决执行之日起计算；判决执行前先行羁押的，羁押1日折抵刑期2日。所以选项D错误。

5. BCD 【解析】本题考核剥夺政治权利。附加剥夺政治权利的刑期的计算有以下三种：(1)判处管制附加剥夺政治权利的，剥夺政治权利的期限与管制的期限相等，同时执行，因此选项D正确。(2)判处有期徒刑、拘役附加剥夺政治权利的刑期，从徒刑、拘役执行完毕之日或者从假释之日起计算；剥夺政治权利的效力当然施用于主刑执行期间。因此，选项BC正确。(3)判处死刑(包括死缓)、无期徒刑附加剥夺政治权利终身的，从主刑执行之日起开始计算。剥夺政治权利是剥夺下列权利：选举权和被选举权；言论、出版、集会、结社、游行、示威自由的权利；担任国家机关职务的权利；担任国有公司、企业、事业单位和人民团体领导职务的权利。所以选项E错误。

6. ABE 【解析】本题考核犯罪中止。甲在能够继续实施杀人行为且能够达到既遂的情况下，自动放弃了犯罪行为，成立犯罪中止。选项 A 正确。乙着手实施抢劫后，在既遂之前自动停止了抢劫行为，且没有造成危害结果，成立犯罪中止。选项 B 正确。无论是珠宝还是现金都是财物，丙在盗窃过程中选择了更值钱的珠宝，且盗窃成功，成立盗窃罪的既遂，不成立犯罪中止。选项 C 错误。犯罪中止的成立需要没有发生作为既遂标志的犯罪结果的出现。虽然丁对王五采取了一定的积极救助措施，但是最终依然没有有效地阻止犯罪结果的出现，不成立犯罪中止。而戊对赵六采取救助措施并有效阻止了犯罪结果的出现，故选项 D 错误，选项 E 正确。

7. BCE 【解析】本题考核减刑。原判刑期 5 年以上不满 10 年的，须执行 1 年 6 个月以上，才可减刑，所以选项 A 错误、选项 B 正确。林某在服刑期间有立功表现，减刑的幅度不得超过 1 年，所以选项 C 正确。两次减刑的时间间隔不得少于 1 年，所以选项 D 错误。判处管制、拘役、有期徒刑的罪犯减刑后，实际执行刑期不得少于原判刑期的二分之一，所以选项 E 正确。

8. ADE 【解析】本题考核限制减刑的适用。惯犯不在限制减刑的适用范围内。所以选项 B 错误。杀人分故意杀人和过失致人死亡两种，故意杀人属于限制减刑的适用范围，而过失致人死亡则不在限制减刑的适用范围内。所以选项 C 错误。

9. ACD 【解析】本题考核自首的情节。

10. BD 【解析】本题考核数罪并罚的适用。甲的逃税罪是漏罪，应该采用“先并后减”的并罚方式。所以选项 A 错误。并罚方式为：用原来已经确定 15 年刑期与新判决的 5 年刑期进行并罚，在 15 年以上 20 年以下确定最终的刑期，再减去已经执行的 2 年，那么对于甲还需要执行的刑期，最低为 13 年。实际执行的刑期不可能超过 20 年。所以选项 C、E 错误。

11. CE 【解析】本题考核减刑。阻止他人犯罪活动的，属于可以减刑；如果是阻止他人重大犯罪活动的，属于应当减刑。被宣告缓刑的人可以适用减刑。对于犯罪分子的减刑，由执行机关向中级以上人民法院提出减刑建议书。

12. ACE 【解析】本题考核假释的适用条件。对假释的犯罪分子，在假释考验期限内，依法实行社区矫正。如果有国家政治、国防、外交等方面特殊需要的情况，经最高人民法院核准，可以不受执行刑期的限制。

13. BC 【解析】本题考核逃税罪。纳税人采取假报出口或者其他欺骗手段，骗取国家出口退税款，数额较大的，构成骗取出口退税罪。所以选项 A 错误。有逃避缴纳税款行为的纳税人经税务机关依法下达追缴通知书后，补缴应纳税款，缴纳滞纳金，已受行政处罚的，不予追究刑事责任。所以选项 D 错误。纳税人采取欺骗、隐瞒手段进行虚假纳税申报或者不申报，逃避缴纳税款数额较大并且占应纳税额 10% 以上，构成逃税罪的；扣缴义务人采取前述所列手段，不缴或者少缴已扣、已收税款，数额较大的，依照前述规定处罚。所以选项 E 错误。

14. AE 【解析】本题考核涉税犯罪。骗取出口退税罪的主体是一般主体。既可以是纳税人，也可以是非纳税人；既可以是个人，也可以是单位。逃避追缴欠税罪的主体是纳税人，而不包括扣缴义务人。行为人为了躲避追缴欠税，而到异地他乡藏匿起来的行为，属于将自身藏匿起来，不属于为了不缴纳欠税而将财产藏匿起来的行为，不构成逃避追缴欠税罪。

15. CE 【解析】本题考核涉及发票类的犯罪。个人独资企业老板李某从税务机关领购真的增值税专用发票后，将其中的 50 余张先后卖给他人，构成非法出售增值税专用发票罪。李某购买伪造的增值税专用发票构成购买伪造的增值税专用发票罪。李某出售伪造的100多张假增值税专用发票构成了出售伪造的增值税专用发票罪。

16. BC 【解析】本题考核虚开用于抵扣税款发票罪。虚开用于抵扣税款发票罪，是指违反发票管理法规，故意虚开用于抵扣税款的其他发票的行为。任何单位和个人均可构成。

17. ABCD 【解析】本题考核受贿罪。国家工作人员利用本人职权或者地位形成的便利条件，通过其他国家工作人员职务上的行为，为请托人谋取不正当利益，索取请托人财物或者收受请托人财物的行为是间接受贿，又称斡旋受贿，所以选项E不正确。

18. BDE 【解析】本题考核徇私舞弊不征、少征税款罪的“重大损失”要件。徇私舞弊不征、少征税款罪的“重大损失”标准为：(1)徇私舞弊不征、少征应征税款，致使国家税收损失累计达10万元以上的(选项D)；(2)上级主管部门工作人员指使税务机关工作人员徇私舞弊不征、少征应征税款，致使国家税收损失累计达10万元以上的(选项B)；(3)徇私舞弊不征、少征应征税款不满10万元，但具有索取或者收受贿赂或者其他恶劣情节的(选项E)；(4)其他致使国家税收遭受重大损失的情形。

19. AE 【解析】本题考核违法提供出口退税凭证罪。违法提供出口退税凭证罪的犯罪主体是海关、外汇管理等国家机关工作人员，其他自然人或单位均不能成为本罪的主体。过失不构成违法提供出口退税凭证罪。

三、综合分析题

1. BCE 【解析】本题考核逃税罪、渎职罪。税务机关的工作人员，如果与逃税人相互勾结，故意不履行其依法征税的职责，不征或少征应征税款的，应该将其作为逃税罪的共犯来论处。如果行为人知道了某人在逃税，出于某种私利而佯装不知，对逃税行为采取放任态度，因此不征或少征应征税款，致使国家税收遭受重大损失的，则只能认定构成徇私舞弊不征、少征税款罪。所以选项A错误。受贿数额在3万元以上符合受贿罪的数额要求，本题受贿数额为2千元，不符合受贿罪的条件，所以任某不构成受贿罪。所以选项D错误。

2. BCD 【解析】本题考核逃税罪。万亿公司为谋取本单位非法利益，涉嫌逃税罪，属于单位犯罪。所以选项A错误。纳税人在公安机关立案后再补缴应纳税款、缴纳滞纳金或者接受行政处罚的，不影响刑事责任的追究。所以选项E错误。

3. ABCE 【解析】本题考核逃税罪。选项A、B、C、E的行为符合逃税罪的条件。选项D行贿主体万亿公司为单位，行贿数额为2 000元，不构成行贿罪，也不构成单位行贿罪。

4. AD 【解析】本题考核自首、累犯。一般自首，是指犯罪以后自动投案，如实供述自己罪行的行为。这里汪某不是自动投案，而是被动归案，所以不属于一般自首。所以选项B错误。立功，是指犯罪分子揭发他人犯罪行为，查证属实，或者提供重要案件线索，从而得以侦破其他案件的行为。一般累犯，是指被判处有期徒刑以上刑罚的犯罪分子，刑罚执行完毕或者赦免以后，在5年以内再犯应当判处有期徒刑以上刑罚之罪的情况。本案中汪某的行为不符合自首、立功、累犯的条件。所以选项C、E错误。

第19章 刑事诉讼法律制度

JINGDIAN TIJIE

考情分析

历年考情分析

本章近几年考查分数在10分左右，综合分析题中通常有1～2道小题来自本章。2018年仅考核了2个单选题和1个多选题，分值5分；随着《监察法》内容的新增，2019年本章仅考核了2个单选题，共计3分，分值达到历年最低。预估2020年可能有少量回升。本章内容虽多，但是理解难度不大，复习时不必纠结于"程序"的细枝末节，着重梳理"程序"并在此基础上进行强化记忆即可。

本章2020年考试主要变化

本章变动较大。

增加："认罪认罚从宽制度""审查逮捕"。

删除："刑事审判权的特征""立案""速裁程序"。

调整：(1)"刑事辩护制度""缺席审判程序"内容有较大调整。

(2)"强制措施"中的"拘传"有微调、"取保候审、监视居住、拘留、逮捕"有较大调整。

(3)"侦查"部分有很大调整。

(4)"提起公诉"改为"审查起诉"且内容增调较大。

核心考点及真题详解

考点一 刑事诉讼法的基本原则★★

经典例题

【例题1·单选题】(2015年)根据《刑事诉讼法》及有关规定，下列关于审判公开说法中，正确的是(　)。

A. 人民法院审判案件，一审、二审都应当公开进行审理

B. 不公开审理的案件，应当当庭宣布不公开审理的理由

C. 涉及商业秘密和个人隐私的案件，人民法院可以不公开审理

D. 人民法院审判案件，应当允许新闻媒体实况转播

【答案】B

【解析】本题考核刑事诉讼法的审判公开原则。审判公开是对第一审程序的要求，对第二审程序没有此要求。另外，"除刑事诉讼法另有规定外"，第一审案件应当公开进行，言外之意是并非所有的第一审案件都应当公开进行审理。所以选项A错误。涉及个人隐私

的案件，应当不公开审理；涉及商业秘密的案件，当事人申请不公开审理的，可以不公开审理。所以选项C错误。对于公开审理的案件，法院应允许新闻记者进行采访和报道；对于不公开审理的案件，法院不会允许新闻记者进行实况转播。所以选项D错误。

【例题2·单选题】(2015年)根据《刑事诉讼法》规定，依法不予追究刑事责任的情形是(　)。

A. 犯罪嫌疑人身患疾病的

B. 经特赦令免除刑事责任的

C. 行为人年满75周岁的

D. 犯罪情节轻微、危害较小的

【答案】B

【解析】本题考核依法不予追究刑事责任的情形。

考点精析

1. 侦查权、检察权、审判权由专门机关依法行使的原则(见表19-1)

表19-1　侦查权、检察权、审判权由专门机关依法行使的原则

权力	内容	
侦查、拘留、执行逮捕、预审权	一般	由公安机关负责
	危害国家安全的	国家安全机关负责
	军队内部发生刑事案件	军队保卫部门负责
	监狱内犯罪	由监狱负责
	海上发生刑事案件	中国海警局负责
检察机关直接受理案件的立案侦查，批准逮捕、审查起诉和提起公诉	检察院负责	
审判权	法院负责	

2. 审判公开的原则

人民法院审判第一审案件应当公开进行。但是三大诉讼法均规定了不公开审理的案件(见表19-2)。

表19-2　三大诉讼法中可以不公开审理的案件

	行政诉讼法	民事诉讼法	刑事诉讼法
一律不公开的	涉及国家秘密、个人隐私和法律另有规定的	涉及国家秘密、个人隐私的案件和法律另有规定的	(1)有关国家秘密、个人隐私的案件； (2)审判时被告人不满18周岁的案件。 【"李"应注意】经未成年被告人及其法定代理人同意，未成年被告人所在学校和未成年人保护组织可以派代表到场
当事人申请不公开审理的	涉及商业秘密的案件	离婚案件、涉及商业秘密的案件	涉及商业秘密的案件
【"李"应注意】不公开审理的案件，宣告判决一律公开进行			

3. 依法不追究刑事责任原则(见表19-3)

表 19-3　依法不追究刑事责任原则

法定情形		处理方式		
		侦查阶段	审查起诉阶段	审判阶段
情节显著轻微、危害不大、不认为是犯罪		撤销案件	不起诉	宣告无罪
犯罪已过追诉时效的				终止审理
经特赦令免除刑罚的				
告诉才处理，没有告诉或者撤回告诉的				
犯罪嫌疑人、被告人死亡	证明其无罪的			宣告无罪
	证明其有罪或无法证明的			终止审理
其他免予追究刑事责任的				

考点二　刑事诉讼参与人★★★

扫我解疑难

经典例题

【例题 1 · 单选题】（2018 年）根据《刑事诉讼法》规定，下列人员中，不属于诉讼参与人的是(　)。

A. 鉴定人　　　　B. 证人

C. 辩护人　　　　D. 书记员

【答案】D

【解析】本题考核刑事诉讼参与人。刑事诉讼参与人包括当事人、法定代理人、诉讼代理人、辩护人、证人、鉴定人和翻译人员。

【例题 2 · 多选题】（2015 年）被告人李某虚构可以为他人购买中原油田内部房屋的事实，骗取刘某、张某等 50 名受害者人民币 890 万元。本案中，刘某、张某作为刑事诉讼的被害人，依法可行使的权利有(　)。

A. 有权申请被告辩护律师回避

B. 有权提起刑事附带民事诉讼

C. 自案件移送审查起诉之日起，有权委托诉讼代理人

D. 对人民检察院作出的不起诉决定不服，有权向上一级人民检察院提出申诉，请求提起公诉

E. 对一审判决不服，有权请求人民检察院提出申诉

【答案】BCD

【解析】本题考核被害人的权利。辩护律师不属于回避的人员范围。所以选项 A 错误。被害人对一审判决不服的，有权请求人民检察院提出“抗诉”，而非“申诉”。所以选项 E 错误。

考点精析

1. 刑事诉讼的当事人及其权利(见表 19-4)

表 19-4　刑事诉讼的当事人

权利类型	权利内容
当事人共有的诉讼权利	(1)有权使用本民族语言、文字； (2)申请回避； (3)委托诉讼代理人或者辩护人； (4)参加法庭调查、辩论，提供证据； (5)和解的权利； (6)上诉(公诉案件被害人除外)、申诉

续表

权利类型		权利内容
当事人享有的特殊权利	被害人	(1)报案或控告; (2)对公安机关不予立案的决定，有权向检察院提出意见; (3)对检察院作出的不起诉决定，有权向上一级检察院提出申诉; (4)提起自诉; (5)无刑事上诉权，但有权请求检察机关对判决提起抗诉
	自诉人	(1)上诉权; (2)有权同被告人自行和解或撤回自诉; (3)接受调解权(公转自除外)
	犯罪嫌疑人	对于侦查人员提出的与案件无关的问题，有权拒绝回答
	被告人	(1)最后陈述权; (2)自诉案件中的被告人有权提出反诉(公转自除外)

2. 其他诉讼参与人

(1)法定代理人。

①法定代理人包括被代理人的父母、养父母、监护人和负有保护责任的机关、团体的代表;

②法定代理人参加诉讼时，享有申请回避、提出上诉等独立的诉讼权利。

(2)诉讼代理人。**公诉案件**的被害人及其法定代理人或者近亲属，自案件移送审查起诉之日起，有权委托诉讼代理人。

自诉案件的自诉人及其法定代理人，有权随时委托诉讼代理人。

【帮你“李”解】 犯罪嫌疑人或被告人没有委托诉讼代理人的权利。

(3)辩护人(见“考点三辩护制度”)。

(4)证人的相关规定(见表19-5)

表19-5 证人的相关规定

项目		具体规定
证人的要求		(1)证人不能更换和代替，只能是自然人，不能是法人; (2)生理上、精神上有缺陷或者年幼，不能辨别是非、不能正确表达的人，不能作证人
证人诉讼权利义务	诉讼权利	(1)有权以本民族语言文字进行诉讼; (2)有权控告司法机关工作人员的侵权行为; (3)有权了解询问笔录的内容，并要求修改或补充; (4)有权要求对其因作证而受到的经济损失给予适当补偿
	诉讼义务	有接受询问和质证，如实向司法机关陈述所知案情的义务

(5)鉴定人。担任过本案的侦查人员、检察人员和审判人员，以及充当过证人、辩护人或者同案件有利害关系者，应当回避，不能担任本案的鉴定人。

(6)翻译人员。

考点三 认罪认罚从宽制度

经典例题

【例题·单选题】 根据刑事诉讼法律制度的规

定，下列有关认罪认罚从宽制度的说法中，错误的是(　)。

A. 犯罪嫌疑人是盲、聋、哑人的不需要签署认罪认罚具结书

B. 自人民检察院对案件审查起诉之日起，值班律师可以查阅案卷材料，了解案情

C. 办理认罪认罚案件，应当听取被害人及其诉讼代理人的意见

D. 犯罪嫌疑人、被告人自愿认罪并且愿意积极赔偿损失，但由于被害方赔偿请求明显不合理，未能达成调解或者和解协议的，影响对犯罪嫌疑人、被告人从宽处理

【答案】 D

【解析】 本题考核认罪认罚从宽制度。犯罪嫌疑人、被告人自愿认罪并且愿意积极赔偿损失，但由于被害方赔偿请求明显不合理，未能达成调解或者和解协议的，一般不影响对犯罪嫌疑人、被告人从宽处理。

考点精析

认罪认罚从宽制度贯穿刑事诉讼全过程，适用于侦查、起诉、审判各个阶段。

所有刑事案件都可以适用，没有适用罪名和可能判处刑罚的限定，犯罪嫌疑人、被告人认罪认罚后是否从宽，由司法机关根据案件具体情况决定。

1. 权益保障(见表 19-6)

表 19-6　权益保障

项目	具体规定
犯罪嫌疑人、被告人辩护权保障	(1)获得法律帮助权。犯罪嫌疑人、被告人自愿认罪认罚，没有辩护人的，人民法院、人民检察院、公安机关(看守所)应当通知值班律师为其提供法律咨询、程序选择建议、申请变更强制措施等法律帮助。符合通知辩护条件的，应当依法通知法律援助机构指派律师为其提供辩护。 【"李"应注意】犯罪嫌疑人、被告人及其近亲属提出法律帮助请求的，人民法院、人民检察院、公安机关(看守所)**应当**通知值班律师为其提供法律帮助
	(2)拒绝法律帮助的处理。犯罪嫌疑人、被告人自愿认罪认罚，没有委托辩护人，拒绝值班律师帮助的，人民法院、人民检察院、公安机关应当允许，记录在案并随案移送。但是审查起诉阶段签署认罪认罚具结书时，人民检察院应当通知值班律师到场
被害方异议的处理	被害人及其诉讼代理人不同意对认罪认罚的犯罪嫌疑人、被告人从宽处理的，不影响认罪认罚从宽制度的适用。犯罪嫌疑人、被告人认罪认罚，但没有退赃退赔、赔偿损失，未能与被害方达成调解或者和解协议的，从宽时应当予以酌减

2. 人民检察院职责(见表 19-7)

表 19-7　人民检察院职责

项目	具体规定
(1)权利告知	案件移送审查起诉后，人民检察院应当告知犯罪嫌疑人享有的诉讼权利和认罪认罚的法律规定，保障犯罪嫌疑人的程序选择权
(2)提供法律帮助	犯罪嫌疑人自愿认罪认罚、没有辩护人的，在审查逮捕阶段，人民检察院应当要求公安机关通知值班律师为其提供法律帮助；在审查起诉阶段，人民检察院应当通知值班律师为其提供法律帮助
(3)权利保障	**自人民检察院对案件审查起诉之日起**，值班律师可以查阅案卷材料，了解案情。人民检察院应当为值班律师查阅案卷材料提供便利。未采纳辩护人、值班律师意见的，应当向其说明理由

续表

项目	具体规定
(4)签署具结书	犯罪嫌疑人具有下列情形之一的，不需要签署认罪认罚具结书：(1)犯罪嫌疑人是盲、聋、哑人；(2)犯罪嫌疑人是尚未完全丧失辨认或者控制自己行为能力的精神病人的；(3)未成年犯罪嫌疑人的法定代理人、辩护人对未成年人认罪认罚有异议的；(4)其他不需要签署认罪认罚具结书的情形。 **【帮你“李”解】**有上述情形犯罪嫌疑人未签署认罪认罚具结书的，不影响认罪认罚从宽制度的适用

3. 人民法院职责(见表19-8)

表19-8　人民法院职责

项目	具体规定
量刑建议的审查	人民检察院提出的量刑建议，对于事实清楚，证据确实、充分，指控的罪名准确，量刑建议适当的，人民法院应当采纳。具有下列情形之一的，不予采纳：(1)被告人的行为不构成犯罪或者不应当追究刑事责任的；(2)被告人违背意愿认罪认罚的；(3)被告人否认指控的犯罪事实的；(4)起诉指控的罪名与审理认定的罪名不一致的；(5)其他可能影响公正审判的情形
量刑建议的调整	适用速裁程序审理的，人民检察院调整量刑建议应当在**庭前或者当庭**提出。调整量刑建议后，被告人同意继续适用速裁程序的，不需要转换程序处理
审判程序转换	(1)人民法院在适用速裁程序审理过程中，发现有被告人的行为不构成犯罪或者不应当追究刑事责任、被告人违背意愿认罪认罚、被告人否认指控的犯罪事实情形的，应当转为普通程序审理。发现其他不宜适用速裁程序但符合简易程序适用条件的，应当转为简易程序重新审理。发现有不宜适用简易程序审理情形的，应当转为普通程序审理。(2)人民检察院在人民法院适用速裁程序审理案件过程中，发现有不宜适用速裁程序审理情形的，应当建议人民法院转为普通程序或者简易程序重新审理；发现有不宜适用简易程序审理情形的，应当建议人民法院转为普通程序重新审理

考点四　辩护制度★★★

经典例题

【例题1·单选题】(2019年)在刑事诉讼中，犯罪嫌疑人自接受侦查机关第一次讯问或被采取强制措施之日起，有权委托辩护人。侦查期间能够担任其辩护人的是(　)。

A. 单位推荐的人　　B. 监护人

C. 律师　　D. 亲友

【答案】C

【解析】本题考核委托辩护。根据规定，犯罪嫌疑人自被侦查机关第一次讯问或者采取强制措施之日起，有权委托辩护人；在侦查期间，只能委托律师作为辩护人。

【例题2·单选题】(2017年)在刑事诉讼的不同阶段，辩护律师提供法律服务的内容是不同的，辩护律师可以向犯罪嫌疑人、被告人核实证据的时间起点是(　)。

A. 自案件被移送审查起诉之日起

B. 自被依法采取强制措施之日起

C. 自提起公诉之日起

D. 自侦查机关第一次讯问之日起

【答案】A

【解析】本题考核辩护人的权利。自案件被移送审查起诉之日起，辩护律师可以向犯罪嫌疑人、被告人核实有关证据。

考点精析

1. 辩护的种类(见表 19-9)

表 19-9　辩护的种类

<table>
<tr><th>种类</th><th colspan="3">相关规定</th></tr>
<tr><td>自行辩护</td><td colspan="3">贯穿于刑事诉讼整个过程</td></tr>
<tr><td rowspan="2">委托辩护</td><td rowspan="2">相关机关的告知义务</td><td>公诉案件</td><td>(1)侦查机关：第一次讯问犯罪嫌疑人或者对犯罪嫌疑人采取强制措施时；
(2)人民检察院：自收到移送审查起诉的案件材料之日起 3 日以内；
(3)人民法院：自受理案件之日起 3 日以内</td></tr>
<tr><td>自诉案件</td><td>随时</td></tr>
<tr><td rowspan="2">委托辩护</td><td colspan="2">委托方式</td><td>(1)犯罪嫌疑人、被告人自己委托；
(2)犯罪嫌疑人、被告人在押期间要求委托辩护人的，人民法院、人民检察院和公安机关应当及时转达其要求；
(3)犯罪嫌疑人、被告人在押的，也可以由其监护人、近亲属代为委托辩护人</td></tr>
<tr><td colspan="2">委托时间</td><td>(1)犯罪嫌疑人自被侦查机关第一次讯问或者采取强制措施之日起，有权委托辩护人；在侦查期间，只能委托律师作为辩护人。被告人有权随时委托辩护人。
(2)公诉案件自案件移送人民检察院审查起诉之日起，犯罪嫌疑人有权委托律师或者非律师为辩护人。
(3)自诉案件的被告人有权随时委托律师和非律师为辩护人</td></tr>
<tr><td rowspan="5">指定辩护(刑事法律援助)</td><td colspan="2">前提</td><td>犯罪嫌疑人、被告人未委托辩护人</td></tr>
<tr><td colspan="2">存在阶段</td><td>侦查、审查起诉、审判阶段</td></tr>
<tr><td colspan="2">申请主体</td><td>犯罪嫌疑人、被告人及其近亲属</td></tr>
<tr><td rowspan="2">给指派的对象</td><td>应当指派</td><td>(1)犯罪嫌疑人、被告人是盲、聋、哑人；
(2)尚未完全丧失辨认或者控制自己行为能力的精神病人；
(3)可能被判处无期徒刑、死刑，没有委托辩护人的；
(4)审判的未成年的被告人；
(5)高级人民法院复核死刑案件，被告人没委托辩护人的</td></tr>
<tr><td>可以指派</td><td>(1)共同犯罪中，其他被告人已经委托辩护人的；
(2)有重大社会影响的；
(3)检察院抗诉的；
(4)被告人的行为可能不构成犯罪的</td></tr>
</table>

【帮你"李"解】 法律援助机构可以在人民法院、看守所等场所派驻值班律师。犯罪嫌疑人、被告人没有委托辩护人，法律援助机构没有指派律师为其提供辩护的，由值班律师为犯罪嫌疑人、被告人提供法律咨询、程序选择建议、申请变更强制措施、对案件处理提出意见等法律帮助。

人民法院、人民检察院、看守所应当告知犯罪嫌疑人、被告人有权约见值班律师，并为犯罪嫌疑人、被告人约见值班律师提供便利。

2. 辩护人的范围及其限制

(1)在**侦查期间**，犯罪嫌疑人只能委托律师作为辩护人。

(2)在**审查起诉期间**，犯罪嫌疑人可以委托律师作为辩护人，也可以委托人民团体或者所在单位推荐的人以及监护人、亲友作为辩护人。

【"李"应注意】 正在被执行刑罚或者依法被剥夺、限制人身自由的人除外。

3. 辩护人诉讼权利(见表 19-10)

表 19-10　辩护人诉讼权利

权利	内容
侦查期间特权	①可以为犯罪嫌疑人提供法律帮助；代理申诉、控告；申请变更强制措施；向侦查机关了解犯罪嫌疑人涉嫌的罪名和案件有关情况，提出意见； ②辩护律师持律师执业证书、律师事务所证明和委托书或者法律援助公函要求会见在押的犯罪嫌疑人、被告人的，看守所应当及时安排会见，至迟不得超过 48 小时。 **【“李”应注意】**危害国家安全犯罪、恐怖活动犯罪的会见，应经**侦查机关**许可
会见权	①可以同在押的犯罪嫌疑人、被告人会见和通信； ②自案件移送审查起诉之日起，可以向犯罪嫌疑人、被告人核实有关证据。会见时不被监听。 **【“李”应注意】**向犯罪嫌疑人、被告人核实证据的权利从“案件移送审查起诉之日起”，而非“被侦查机关第一次讯问或者采取强制措施之日”
查阅、摘抄、复制权	自人民检察院对案件审查起诉之日起，可以查阅、摘抄、复制本案的案卷材料。 **【“李”应注意】**但检察委员会、合议庭、审判委员会的讨论记录等依法不能公开的例外
调查取证权	经证人或其他有关单位和个人同意，可以向他们收集与本案有关的材料，也可以申请人民检察院、人民法院收集、调取证据，或申请人民法院通知证人出庭作证
收集材料权	经人民检察院或人民法院许可，并且经被害人或者其近亲属、被害人提供的证人同意，可以向他们收集与本案有关的材料
申请调取资料权	认为在侦查、审查起诉期间公安机关、人民检察院收集的证明犯罪嫌疑人、被告人无罪或者罪轻的证据材料未提交的，有权申请人民检察院、人民法院调取，并提供相关线索或材料 **【“李”应注意】**公安未提交的，申请人民检察院调取，人民检察院未提交的，申请人民法院调取
申请回避权	认为审判人员、检察人员、侦查人员具有法定回避情形，有权向司法机关申请，要求有关人员回避；对驳回申请回避的决定，有权申请复议
申诉控告权	认为公安、检察、法院及其工作人员阻碍其依法行使诉讼权利的，有权向**同级或者上一级**人民检察院申诉或者控告

阶段性测试

1. **【多选题】**关于依法不追究刑事责任的情形，下列选项正确的有(　)。

A. 犯罪嫌疑人甲和被害人乙在审查起诉阶段就赔偿达成协议，被害人乙要求不追究甲刑事责任

B. 甲侵占案，被害人乙没有起诉

C. 高某犯罪情节轻微，对社会危害不大

D. 犯罪嫌疑人白某在被抓获前自杀身亡

E. 情节显著轻微、危害不大，不认为是犯罪的

2. **【多选题】**根据法律规定，人民法院应当通知法律援助机构指派律师为被告人提供辩护的情形有(　)。

A. 被告人因经济困难或者其他原因没有委托辩护人的

B. 被告人是未成年人而没有委托辩护人的

C. 被告人是盲、聋、哑人而没有委托辩护人的

D. 被告人可能被判处死刑而没有委托辩护人的

E. 被告人是完全丧失行为能力的精神病人的

阶段性测试答案精析

1. BDE　**【解析】**本题考核依法不追究刑事责任的情形。选项 A 没有说明是“依照刑法告诉才处理的犯罪”，选项 C 中没有“情节显著轻微”“不认为是犯罪的”的表述。

2. BCD　**【解析】**本题考核人民法院可以为被告人指定辩护人的情形。根据规定，犯

罪嫌疑人、被告人因经济困难或者其他原因没有委托辩护人的，本人及其近亲属可以向法律援助机构提出申请。对符合法律援助条件的，法律援助机构应当指派律师为其提供辩护。犯罪嫌疑人、被告人是盲、聋、哑人，或者是尚未完全丧失辨认或者控制自己行为能力的精神病人，没有委托辩护人的，人民法院、人民检察院和公安机关应当通知法律援助机构指派律师为其提供辩护。犯罪嫌疑人、被告人可能被判处无期徒刑、死刑，没有委托辩护人的，人民法院、人民检察院和公安机关应当通知法律援助机构指派律师为其提供辩护。完全丧失行为能力的精神病人不负刑事责任。

考点五　强制措施★★★

扫我解疑难

经典例题

【例题1·单选题】(2017年)根据《刑事诉讼法》规定，逮捕的执行机关是(　)。

A. 司法行政机关　　B. 公安机关

C. 检察院　　D. 法院

【答案】B

【解析】本题考核逮捕。逮捕犯罪嫌疑人、被告人，必须经过人民检察院批准或者人民法院决定，由公安机关执行。

【例题2·多选题】(2014年)取保候审是刑事强制措施之一，根据《刑事诉讼法》，下列关于取保候审的说法中，正确的有(　)。

A. 可能判处有期徒刑以上刑罚，采取取保候审不致发生社会危险性的，可以适用取保候审

B. 犯罪嫌疑人被逮捕的，其聘请的律师不得为其申请取保候审

C. 取保候审的最长期限为6个月

D. 公安机关、人民检察院、人民法院均可作出取保候审决定

E. 取保候审的执行机关为公安机关

【答案】ADE

【解析】本题考核取保候审。犯罪嫌疑人被逮捕的，其聘请的律师可以为其申请取保候审。所以选项B错误。取保候审的最长期限为12个月。所以选项C错误。

考点精析

1. 拘传

(1)拘传是我国刑事强制措施中最轻的一种。

(2)不得以连续传唤、拘传的形式变相拘禁犯罪嫌疑人，应当保证犯罪嫌疑人的饮食和必要的休息时间。

2. 取保候审(见表19-11)

表19-11　取保候审

事项	具体内容
决定机关	公安机关、人民检察院、法院
执行机关	公安机关
适用条件	(1)可能判处管制、拘役或者独立适用附加刑的。 (2)可能判处有期徒刑以上刑罚，采取取保候审不致发生社会危险性的。 (3)患有严重疾病、生活不能自理，怀孕或者正在哺乳自己婴儿的妇女，采取取保候审不致发生社会危险性的。 (4)羁押期限届满，案件尚未办结，需要采取取保候审的 【帮你"李"解】公安机关对累犯，犯罪集团的主犯，以自伤、自残办法逃避侦查的犯罪嫌疑人，严重暴力犯罪以及其他严重犯罪的犯罪嫌疑人不得取保候审

续表

事项	具体内容
书面申请	被羁押的犯罪嫌疑人、被告人及其法定代理人、近亲属或辩护人，有权申请取保候审；犯罪嫌疑人被逮捕的，其聘请的律师可以为其取保候审
保证方式	(1)保证人保证。 保证人的条件：①与本案无牵连；②有能力履行保证义务；③享有政治权利，人身自由未受到限制；④有固定的住处和收入。 (2)保证金保证
被取保候审人应遵守的规定	(1)未经执行机关批准不得离开所居住的市、县；(2)住址、工作单位和联系方式发生变动的，在24小时以内向执行机关报告；(3)在传讯的时候及时到案；(4)不得以任何形式干扰证人作证；(5)不得毁灭、伪造证据或者串供
	公安机关、检察院、法院可以根据案件情况，责令被取保候审的犯罪嫌疑人、被告人遵守以下一项或者多项规定：(1)不得进入特定的场所；(2)不得与特定的人员会见或者通信；(3)不得从事特定的活动；(4)将护照等出入境证件、驾驶证件交执行机关保存
违反规定的后果	已交纳保证金的，没收部分或者全部保证金，并且区别情形，责令犯罪嫌疑人、被告人具结悔过，重新交纳保证金、提出保证人，或者监视居住、予以逮捕。需要予以逮捕的，可先行拘留
期限	≤12个月，不得中断对案件的侦查、起诉和审理

3. 监视居住(见表19-12)

表19-12　监视居住

事项	具体内容
决定机关	公安机关、人民检察院、法院
执行机关	公安机关
适用条件	(1)患有严重疾病、生活不能自理的；(2)怀孕或者正在哺乳自己婴儿的妇女；(3)系生活不能自理的人的唯一扶养人；(4)因为案件的特殊情况或者办理案件的需要，采取监视居住措施更为适宜的；(5)羁押期限届满，案件尚未办结，需要采取监视居住措施的；(6)对于符合取保候审条件，但犯罪嫌疑人、被告人不能提出保证人，也不交纳保证金的，也可以监视居住。 **【"李"应注意】**与取保候审对比，(3)(4)(6)为**监视居住特有**
执行场所	(1)监视居住应当在犯罪嫌疑人、被告人的住处执行；无固定住处的，可以在指定的居所执行。 (2)对于涉嫌危害国家安全犯罪、恐怖活动犯罪，在住处执行可能有碍侦查的，经上一级公安机关批准，也可以在指定的居所执行。 (3)**不得指定**在羁押场所、专门的办案场所执行
通知	指定居所监视居住的，除无法通知的以外，应当在执行监视居住后**24小时**以内，通知被监视居住人的家属
折抵刑期	(1)指定居所监视居住的期限应当折抵刑期。 (2)被判处管制的，监视居住1日折抵刑期1日；被判处拘役、有期徒刑的，监视居住2日折抵刑期1日
被监视居住人遵守的规定	(1)未经执行机关批准不得离开执行监视居住的处所；(2)未经执行机关批准不得会见他人或者通信；(3)在传讯的时候及时到案；(4)不得以任何形式干扰证人作证；(5)不得毁灭、伪造证据或者串供；(6)将护照等出入境证件、身份证件、驾驶证件交执行机关保存

续表

事项	具体内容
监督	(1)执行机关对被监视居住的犯罪嫌疑人、被告人，可以采取电子监控、不定期检查等监视方法对其遵守监视居住规定的情况进行监督。 (2)在侦查期间，可以对被监视居住的犯罪嫌疑人的通信进行监控
期限	≤6个月，不得中断对案件的侦查、起诉和审理

【帮你“李”解】理解性把握取保候审与监视居住的主要(并非全部)区别：

(1)取保候审有保证人或保证金背书，监视居住没有额外的担保措施保证；

(2)取保候审的人活动范围较大(所居住的县、市)，被监视居住的人活动范围小(执行监视居住的处所)；

(3)取保候审的时间较长(12个月)，监视居住的时间较短(6个月)；

(4)在取保候审中“将护照等出入境证件、身份证件、驾驶证件交执行机关保存”是选择性项目，在监视居住中是必须项目。

4. 拘留(见表19-13)

表19-13 拘留

事项	具体内容
决定机关	人民检察院、公安机关
执行机关	公安机关
适用条件	(1)正在预备犯罪、实行犯罪或者在犯罪后即时被发觉的；(2)被害人或者在场亲眼看见的人指认他犯罪的；(3)在身边或者在住处发现有犯罪证据的；(4)犯罪后企图自杀、逃跑或在逃的；(5)有毁灭、伪造证据或者串供可能的；(6)不讲真实姓名、住址，身份不明的；(7)有流窜作案、多次作案、结伙作案重大嫌疑的
期限	人民检察院直接受理侦查的案件，拘留犯罪嫌疑人的羁押期限为14日，特殊情况下可以延长1~3日
讯问	公安机关对被拘留的人，应当在拘留后的24小时以内进行讯问。在发现不应当拘留的时候，必须立即释放，发给释放证明

5. 逮捕(见表19-14)

表19-14 逮捕

事项	具体内容	
决定机关	人民检察院、人民法院	
执行机关	公安机关	
适用条件	应当逮捕	(1)对有证据证明有犯罪事实，可能判处徒刑以上刑罚的犯罪嫌疑人、被告人，采取取保候审尚不足以防止发生下列社会危险性的，应当予以逮捕：①可能实施新的犯罪的；②有危害国家安全、公共安全或者社会秩序的现实危险的；③可能毁灭、伪造证据，干扰证人作证或者串供的；④可能对被害人、举报人、控告人实施打击报复的；⑤企图自杀或者逃跑的。 (2)对有证据证明有犯罪事实，可能判处10年有期徒刑以上刑罚的，(3)有证据证明有犯罪事实，可能判处徒刑以上刑罚，曾经故意犯罪或者身份不明的
	可以逮捕	被取保候审、监视居住的犯罪嫌疑人、被告人违反取保候审、监视居住规定，情节严重的

续表

<table>
<tr><th>事项</th><th colspan="4">具体内容</th></tr>
<tr><td rowspan="5">程序要求</td><td>提请逮捕的期限</td><td colspan="3">(1)公安机关对被拘留的人，认为需要逮捕的，应当在拘留后的3日以内，提请人民检察院审查批准。
(2)在特殊情况下，提请审查批准的时间可以延长1-4日，对于流窜作案、多次作案、结伙作案的重大嫌疑分子，提请审查批准的时间可以延长至30日</td></tr>
<tr><td rowspan="3">逮捕的审查与决定</td><td rowspan="2">讯问</td><td>可以讯问</td><td>人民检察院审查批准逮捕，可以讯问犯罪嫌疑人</td></tr>
<tr><td>应当讯问</td><td>(1)对是否符合逮捕条件有疑问的；
(2)犯罪嫌疑人要求向检察人员当面陈述的；
(3)侦查活动可能有重大违法行为的</td></tr>
<tr><td>决定</td><td colspan="2">人民检察院应当自接到公安机关提请批准逮捕书后的7日以内，分别作出批准逮捕或不批准逮捕的决定</td></tr>
<tr><td>逮捕的执行</td><td colspan="3">(1)逮捕后，应当立即将被逮捕人送看守所羁押；
(2)除无法通知的以外，应在逮捕后24小时以内，通知被逮捕人的家属；
(3)对于被逮捕的人，应当在拘留后的24小时以内进行讯问</td></tr>
</table>

考点六　侦查与提起公诉★★★

经典例题

【例题1·多选题】(2017年)下列司法机关及其工作人员行使刑事案件侦查权的行为中，犯罪嫌疑人、被告人有权向有关机关提出申诉或控告的有(　)。

A. 对与案件无关的财物采取查封、扣押、冻结措施的

B. 对犯罪嫌疑人的住处依法进行搜查的

C. 应当解除查封、扣押、冻结措施不解除的

D. 应当退还取保候审保证金不退还的

E. 采取强制措施法定期限届满后不予释放、解除或变更的

【答案】ACDE

【解析】本题考核侦查措施。当事人和辩护人、诉讼代理人、利害关系人对于司法机关及其工作人员有下列行为之一的，有权向该机关申诉或者控告：(1)采取强制措施法定期限届满，不予以释放、解除或者变更的；(2)应当退还取保候审保证金不退还的；(3)对与案件无关的财物采取查封、扣押、冻结措施的；(4)应当解除查封、扣押、冻结不解除的；(5)贪污、挪用、私分、调换、违反规定使用查封、扣押、冻结的财物的。

【例题2·多选题】(2016年)根据《刑事诉讼法》规定，下列关于侦查措施的说法中，符合法律规定的有(　)。

A. 侦查人员询问证人，可以在现场进行

B. 对在现场发现的犯罪嫌疑人，侦查人员可以强制带离现场讯问

C. 在犯罪嫌疑人家属、邻居或者其他见证人在场的情况下，侦查人员可以对犯罪嫌疑人住所进行搜查

D. 侦查人员讯问抓获的犯罪嫌疑人，必须在看守所内进行

E. 侦查人员在侦查中不得查封、扣押与案件无关的财物、文件

【答案】ACE

【解析】本题考核侦查措施。犯罪嫌疑人被送交看守所羁押以后，侦查人员对其进行讯问，应当在看守所内进行。对不需要逮捕、拘留的犯罪嫌疑人，可以传唤到犯罪嫌疑人所在市、县内的指定地点或者到他的住处进行讯问，但是应当出示人民检察院或者公安机关的证明文件。对在现场发现的犯罪嫌疑人，经出示工作证件，可以口头传唤，但应当在

讯问笔录中注明。所以选项 B、D 错误。

考点精析

1. 侦查

(1)侦查措施。讯问犯罪嫌疑人与询问证人、被害人(见表 19-15)。

表 19-15 讯问犯罪嫌疑人与询问证人、被害人

区别	讯问犯罪嫌疑人	询问证人、被害人
主体与人数	侦查人员，不得少于 2 人	
时间	传唤、拘传持续的时间一般不超过 12 小时，案情特别重大、复杂，需要采取拘留、逮捕措施的，不得超过 24 小时	—
地点	(1)被羁押的：应当在看守所内进行讯问。 (2)未被羁押的：现场(需出示工作证件，才可以口头传唤)；住处；指定地点	(1)现场(应当出示工作证件)。 (2)单位、住处或者证人提出的地点(应当出示检察院或者公安机关的证明文件)。 (3)检察院、公安机关(不得另行指定其他地点)
过程	(1)录音录像：全程进行。 ①侦查人员在讯问犯罪嫌疑人的时候，可以对讯问过程进行录音或者录像； ②对于可能判处无期徒刑、死刑的案件或者其他重大犯罪案件，应当对讯问过程进行录音或者录像。 (2)不得以连续传唤、拘传的形式变相拘禁犯罪嫌疑人。传唤、拘传犯罪嫌疑人，应当保证犯罪嫌疑人的饮食和必要的休息时间	应当个别进行

【"李"应注意】对犯罪嫌疑人是"讯问"(严厉)，对证人或被害人是"询问"(温和)，注意二者的不同表达。

(2)技术侦查措施(见表 19-16)。

表 19-16 技术侦查措施

事项	具体内容
手段	包括电子侦听、电话监听、电子监控、秘密拍照、录像、进行邮件检查等秘密的专门技术手段
适用范围	(1)公安机关立案的危害国家安全犯罪、恐怖活动犯罪、黑社会性质的组织犯罪、重大毒品犯罪或者其他严重危害社会的犯罪案件； (2)利用职权实施的严重侵犯公民人身权利的重大犯罪案件； (3)追捕被通缉或者批准、决定逮捕的在逃的犯罪嫌疑人、被告人
期限	自批准签发之日起 3 个月内有效。对于不需要继续采取技术侦查措施的，应当及时解除；对于复杂、疑难案件，期限届满仍有必要继续采取技术侦查措施的，经过批准，有效期可以延长，每次不得超过 3 个月
秘密侦查	为了查明案情，在必要的时候，经公安机关负责人决定，可以由有关人员隐匿其身份实施侦查。但是，不得诱使他人犯罪，不得采用可能危害公共安全或者发生重大人身危险的方法；对涉及给付毒品等违禁品或者财物的犯罪活动，公安机关根据侦查犯罪的需要，可以依照规定实施控制下交付

2. 侦查终结

(1)公安机关的侦查终结(见表 19-17)

表 19-17　公安机关的侦查终结

项目	内容
侦查终结后的处理	①(做到犯罪事实清楚，证据确实、充分+写出起诉意见书)+连同案卷材料、证据→一并移送同级人民检察院审查决定； ②同时将案件移送情况告知犯罪嫌疑人及其辩护律师； ③犯罪嫌疑人自愿认罪的，应当记录在案，随案移送，并在起诉意见书中写明有关情况
律师意见	公安机关在案件侦查终结前，辩护律师提出要求的，应当听取辩护律师的意见，并记录在案。辩护律师提出书面意见的，应当附卷
侦查过程发现不应当追究刑事责任的处理	①撤销案件； ②已经被逮捕的，应当立即释放，发给释放证明，并通知原批准逮捕的人民检察院

(2)检察机关

①起诉。检察机关对自己侦查案件，认为犯罪事实清楚，证据确实、充分，依法应当追究刑事责任的，应当写出侦查终结报告，并且制作起诉意见书，报检察长批准。

②撤销案件。

地方各级人民检察院决定撤销案件的，应当将撤销案件意见书连同本案全部案卷材料，在法定期限届满 7 日前报上一级人民检察院审查；重大、复杂案件在法定期限届满 10 日前报上一级人民检察院审查。

上一级人民检察院负责侦查的部门审查后，应当提出是否同意撤销案件的意见，报请检察长决定。

3. 审查起诉

(1)补充侦查(见表 19-18)

表 19-18　补充侦查

项目	内容
适用案件	①不是每个案件都必须进行的活动。 ②(审查起诉时的补充侦查)适用于事实不清、证据不足或者遗漏罪行、遗漏同案犯罪嫌疑人的案件
决定与实施	①人民检察院决定，公安机关、人民检察院实施。 ②人民检察院审查案件，对于需要补充侦查的，可以退回公安机关/监察机关补充侦查/调查，必要时也可以自行侦查
次数和时间	在 1 个月以内补充侦查完毕。补充侦查以 2 次为限
处理	两次补充侦查仍不行，作出不起诉的决定

(2)具有下列情形之一，不能确定犯罪嫌疑人构成犯罪和需要追究刑事责任的，属于证据不足，不符合起诉条件：

①犯罪构成要件事实缺乏必要的证据予以证明的；

②据以定罪的证据存在疑问，无法查证属实的；

③据以定罪的证据之间、证据与案件事实之间的矛盾不能合理排除的；

④根据证据得出的结论具有其他可能性，不能排除合理怀疑的；

⑤根据证据认定案件事实不符合逻辑和经验法则，得出的结论明显不符合常理的。

(3)不服不起诉决定的救济。

①不起诉决定书应当送达被害人或者其近亲属及其诉讼代理人、被不起诉人及其辩护人以及被不起诉人所在单位。如果不服，可以自收到不起诉决定书后 7 日以内向上一级检察机关申诉；也可以不经申诉，直接向人民法院起诉。

被害人不服不起诉决定，在收到不起诉决定书后 7 日内提出申诉的，由作出不起诉决定的检察机关的上一级机关进行复查；在收到不起诉决定书7日后提出申诉的，由作出不起诉决定的检察机关进行审查。

②对于检察机关作出的不起诉决定，被不起诉人不服，在收到不起诉决定书后7日以内提出申诉的，应当由作出决定的检察机关进行复查。

③对于监察机关或者公安机关移送起诉的案件，检察机关决定不起诉的，应当将不起诉决定书送达监察机关或者公安机关。

④检察机关应当将复查决定书送达被不起诉人、被害人。检察机关发现不起诉决定确有错误，符合起诉条件的，应当撤销不起诉决定，提起公诉。

阶段性测试

1.【单选题】根据《刑事诉讼法》，公安机关对于有串供可能性的重大嫌疑分子，可以先行(　)。

A. 拘留　　B. 逮捕

C. 监视居住　　D. 拘传

2.【单选题】甲省乙市人民法院决定逮捕某犯罪嫌疑人，乙市公安机关执行逮捕时发现犯罪嫌疑人已经潜逃至甲省丙市，如果决定通缉该犯罪嫌疑人，有权发布通缉令的是(　)。

A. 乙市人民法院　　B. 乙市检察机关

C. 丙市公安机关　　D. 甲省公安机关

阶段性测试答案精析

1. A 【解析】本题考核先行拘留，《刑事诉讼法》规定："公安机关对于现行犯或者重大嫌疑分子，如果有下列情形之一的，可以先行拘留：(1)正在预备犯罪、实行犯罪或者在犯罪后即时被发觉的；(2)被害人或者在场亲眼看见的人指认他犯罪的；(3)在身边或者住处发现有犯罪证据的；(4)犯罪后企图自杀、逃跑或者在逃的；(5)有毁灭、伪造证据或者串供可能的；(6)不讲真实姓名、住址，身份不明的；(7)有流窜作案、多次作案、结伙作案重大嫌疑的。"因此，本题的正确答案是A。

2. D 【解析】本题考核通缉令的发布机关。在刑事诉讼中，通缉应当遵循以下要求：(1)只有公安机关有权发布通缉令；(2)通缉对象只能是应当逮捕而在逃的或者已被逮捕又脱逃的犯罪嫌疑人；(3)各级公安机关只能在自己管辖的地区以内直接发布通缉令；超出自己管辖的地区，应当报请有权决定的上级机关发布。本题中，由于犯罪嫌疑人已经由乙市逃到了丙市，超出了乙市的管辖地区，因此有权发布通缉令的机关是乙、丙市公安机关的上级机关。因此，本题的正确答案是D。

考点七　公诉案件第一审程序★★

经典例题

【例题·单选题】(2011年)根据《刑事诉讼法》，下列有关一审诉讼程序的表述中，正确的是(　)。

A. 启动刑事诉讼一审程序必须由人民检察院提起公诉

B. 审判过程中，若因当事人申请回避致使审判不能进行，法庭可以决定延期审理

C. 人民法院审理公诉案件，应当在受理后的3个月内宣判

D. 中止审理的期间应计入办案期限

【答案】B

【解析】本题考核刑事诉讼第一审程序。当事人提起自诉，同样可以启动刑事诉讼一审程序。所以选项A错误。人民法院审理公诉案件，应当在受理后2个月以内宣判，至迟不得超过3个月。对于可能判处死刑的案件或者附带民事诉讼的案件，以及有《刑事诉讼法》第158条规定情形之一的，经上一级人民法院批准，可以延长3个月；因特殊情况还需要延长的，报请最高人民法院批准。所以

选项 C 错误。中止审理的期间不计入审理期限。所以选项 D 错误。

考点精析

1. 审查受理

对提起公诉的案件，人民法院应当在收到起诉书和案卷、证据后 7 日内，指定审判人员进行审查，并根据审查情况决定是否受理。

人民法院对提起公诉的案件进行审查的期限计入人民法院的审理期限。

2. 法庭审判

(1)开庭。

(2)法庭调查。公诉人宣读起诉书→被告人、被害人就起诉书指控的犯罪事实分别陈述→讯问、发问被告人、被害人→出示、核实证据→调取新证据→合议庭调查核实证据。

(3)法庭辩论。

(4)被告人最后陈述。

(5)评议和宣判。

3. 延期审理与中止审理(见表 19-19)

表 19-19　延期审理与中止审理

情形	法定情形
延期审理(暂时停止或推迟审理日期)	(1)需要通知新的证人到庭，调取新的物证，重新鉴定或者勘验的； (2)检察人员发现提起公诉的案件需要补充侦查，提出建议的；(刑诉特有的) (3)由于当事人申请回避而不能进行审判的。 【"李"应注意】因需要补充侦查延期审理的，检察院应在 1 个月内补充侦查完毕
中止审理(较长时间无法审理)	(1)被告人患有严重疾病，无法出庭的； (2)被告人脱逃的； (3)自诉人患有严重疾病，无法出庭，未委托诉讼代理人出庭的； (4)由于不能抗拒的原因。 【"李"应注意】中止审理的原因消失后，恢复审理。中止期间不计入审理期限

4. 审理期限(见表 19-20)

表 19-20　审理期限

情形	期限	起算
一般	2 个月以内宣判，至迟不得超过 3 个月	(1)受理； (2)改变管辖的，从改变后的法院收到案件之日； (3)补充侦查的，重新起算
可能判处死刑的案件或者附带民事诉讼的	经上一级人民法院批准，可以延长 3 个月	

5. 被告人认罪认罚情况的处理

对于认罪认罚案件，人民法院依法作出判决时，一般应当采纳人民检察院指控的罪名和量刑建议，但有下列情形的除外：

(1)被告人的行为不构成犯罪或者不应当追究其刑事责任的；

(2)被告人违背意愿认罪认罚的；

(3)被告人否认指控的犯罪事实的；

(4)起诉指控的罪名与审理认定的罪名不一致的；

(5)其他可能影响公正审判的情形。

考点八　自诉案件第一审程序★

扫我解疑难

经典例题

【例题·单选题】自诉人孙某，以其丈夫王某长期虐待自己为由提起自诉。关于本案诉讼程序，下列说法中不正确的是(　)。

A. 孙某经2次依法传唤，无正当理由拒不到庭的，或者未经法庭许可中途退庭的，按撤诉处理

B. 如果本案经人民法院调解结案后，孙某反悔，就同一事实再次起诉，则人民法院应当说服孙某撤回起诉，或者裁定驳回起诉

C. 该案由于属于自诉案件，应当适用简易程序审理

D. 王某可以对孙某提起反诉

【答案】C

【解析】本题考核自诉案件第一审程序。基层人民法院管辖的案件，符合下列条件的，可以适用简易程序审判：(1)案件事实清楚、证据充分的；(2)被告人承认自己所犯罪行，对指控的犯罪事实没有异议的；(3)被告人对适用简易程序没有异议的。该题并没有说明能否适用，所以不能说应当适用。

考点精析

(1)提起自诉案件的主体有：被害人、被害人的法定代理人、被害人的近亲属。

(2)自诉案件第一审审判程序。自诉人经过2次合法传唤，无正当理由拒不到庭的，或者未经法庭许可中途退庭的，按撤诉处理。

(3)自诉案件第一审程序的特点(见表19-21)。

表19-21 自诉案件第一审程序的特点

	告诉才处理的案件	被害人有证据证明的轻微刑事案件	被害人有证据证明对被告人侵犯自己人身、财产权利的行为应当依法追究刑事责任，而公安机关或者人民检察院不予追究被告人刑事责任的案件
适用简易程序	√	√	√
调解	√	√	×
判决宣告前，自行和解、撤回自诉	√	√	√
反诉	√	√	×
被告人被羁押的：参照公诉案件的审限规定(即3+3)；未被羁押的：应当在受理后6个月以内宣判			

考点九 简易程序与速裁程序★★

扫我解疑难

经典例题

【例题1·单选题】下列情形中，不得适用简易程序的案件是(　)。

A. 未成年人案件

B. 共同犯罪案件

C. 有重大社会影响的案件

D. 被告人没有辩护人的案件

【答案】C

【解析】本题考核刑事诉讼简易程序。

【例题2·多选题】速裁程序是对第一审程序的简化。下列刑事案件中，不适用速裁程序的有(　)。

A. 被告人是盲、聋、哑人的

B. 被告人是未成年人的

C. 案件有重大社会影响的

D. 被告人与被害人已就附带民事诉讼赔偿等事项达成和解的

E. 共同犯罪案件中部分被告人对适用速裁程序有异议的

【答案】ABCE

【解析】本题考核速裁程序。有下列情形之一的，不适用速裁程序：(1)被告人是盲、聋、哑人，或者是尚未完全丧失辨认或者控制自己行为能力的精神病人的；(2)被告人是未成年人的；(3)案件有重大社会影响的；(4)共

同犯罪案件中部分被告人对指控的犯罪事实、罪名、量刑建议或者适用速裁程序有异议的；(5)被告人与被害人或者其法定代理人没有就附带民事诉讼赔偿等事项达成调解或者和解协议的；(6)其他不宜适用速裁程序审理的。

考点精析

简易程序与速裁程序(见表 19-22)

表 19-22　简易程序与速裁程序

	简易程序	速裁程序
适用案件	**基层人民法院**管辖，且： (1)案件事实清楚、证据充分的； (2)被告人承认自己所犯罪行，对指控的犯罪事实没有异议； (3)被告人对适用简易程序没有异议的。 **【"李"应注意】**适用简易程序审理公诉案件，人民检察院**应当**派员出席法庭	基层法院管辖，且 (1)可能判处 3 年有期徒刑以下刑罚的案件； (2)案件事实清楚，证据确实、充分； (3)被告人认罪认罚并同意适用速裁程序的
不适用的案件	(1)被告人是盲、聋、哑人，或者是尚未完全丧失辨认或者控制自己行为能力的精神病人的； (2)有重大社会影响的； (3)共同犯罪案件中部分被告人不认罪或对适用简易程序有异议的； (4)其他不宜适用简易程序审理的	(1)被告人是盲、聋、哑人，或者是尚未完全丧失辨认或者控制自己行为能力的精神病人的； (2)被告人是未成年人的； (3)案件有重大社会影响的； (4)共同犯罪案件中部分被告人对指控的犯罪事实、罪名、量刑建议或者适用速裁程序有异议的； (5)被告人与被害人或者其法定代理人没有就附带民事诉讼赔偿等事项达成调解或者和解协议的； (6)其他不宜适用速裁程序审理的
审判组织	(1)可能判处 3 年有期徒刑以下刑罚的，可以组成合议庭，也可以由审判员 1 人独任审判； (2)可能判处的有期徒刑超过 3 年的应当组成合议庭进行审判	由审判员一人**独任**审判
审理要求	不受送达期限、讯问被告人、询问证人、鉴定人、出示证据、法庭辩论程序规定的限制，但在判决宣告前应当听取被告人的最后陈述意见	(1)应当当庭宣判。 (2)不受送达期限的限制，一般不进行法庭调查、法庭辩论，但在判决宣告前应当听取辩护人的意见和被告人的最后陈述意见
程序转化	在审理过程中，发现不宜适用简易程序的，应当按照规定重新审理	发现有被告人的行为不构成犯罪或者不应当追究其刑事责任、被告人违背意愿认罪认罚、被告人否认指控的犯罪事实或者其他不宜适用速裁程序审理的情形的，应当按照公诉案件程序或者简易程序重新审理
审理期限	(1)受理后 20 日以内审结； (2)可能判处的有期徒刑超过 3 年的，可以延长至一个半月	(1)在受理后 10 日以内审结； (2)对可能判处的有期徒刑超过 1 年的，可以延长至 15 日

考点十　第二审程序★

经典例题

【例题·单选题】根据《刑事诉讼法》的规定，(　)提出上诉的案件，不受上诉不加刑的限制。

A. 被告人的法定代理人

B. 自诉人

C. 被告人的辩护人

D. 被告人的近亲属

【答案】B

【解析】本题考核上诉不加刑原则。第二审人民法院审理被告人或者他的法定代理人、辩护人、近亲属上诉的案件，不得加重被告人的刑罚。但是，人民检察院提出抗诉或者自诉人提出上诉的案件，不受上诉不加刑的限制。

考点精析

1. 第二审程序的提起

(1)上诉。被告人、自诉人和他们的法定代理人，不服地方各级人民法院第一审的判决、裁定，有权用书状或者口头向上一级人民法院上诉。

附带民事诉讼的当事人和他们的法定代理人，可以对地方各级人民法院第一审的判决、裁定中的附带民事诉讼部分，提出上诉。

【帮你"李"解】被告人的辩护人和近亲属不享有独立的上诉权，但经过被告人同意可以提出上诉。

(2)抗诉。地方各级人民检察院认为同级人民法院尚未发生法律效力的第一审判决或裁定确有错误的，向上一级人民法院提出抗诉。

被害人及其法定代理人不服地方各级人民法院第一审的判决的，自收到判决书后5日以内，有权请求人民检察院提出抗诉。人民检察院自收到被害人及其法定代理人的请求后5日以内，应当作出是否抗诉的决定并且答复请求人。

不服判决的上诉和抗诉的期限为10日，不服裁定的上诉和抗诉的期限为5日，从接到判决书、裁定书的第2日起算。

【帮你"李"解】注意刑事诉讼上诉期限与民事诉讼上诉期限的区别。

2. 第二审审理后的处理

第二审人民法院审理被告人或者他的法定代理人、辩护人、近亲属上诉的案件，不得加重被告人的刑罚。但是，人民检察院提出抗诉或者自诉人提出上诉的案件，不受上诉不加刑的限制。

阶段性测试

1.【单选题】在刑事案件开庭审理过程中，被告人患精神病，致使案件在较长一段时间内无法继续审理的，人民法院应当作出(　)。

A. 延期审理的判决

B. 延期审理的裁定

C. 中止审理的判决

D. 中止审理的裁定

2.【多选题】下列关于刑事诉讼简易程序的说法，正确的有(　)。

A. 简易程序在一审、二审中均可适用

B. 共同犯罪案件不能适用简易程序

C. 被告人是盲人的案件不能适用简易程序

D. 告诉才处理的案件可以适用简易程序

E. 适用简易程序审理案件，必须在20日以内审结

阶段性测试答案精析

1. D【解析】本题考核刑事诉讼中止审理的情形。延期审理用"决定"，中止审理用"裁定"。

2. CD【解析】本题考核刑事诉讼简易程序。简易程序只适用于第一审程序，所以选项A错误。人民法院审理具有以下情形之

一的案件，不应当适用简易程序：(1)被告人是盲、聋、哑人；(2)被告人是尚未完全丧失辨认或控制自己行为能力的精神病人；(3)有重大社会影响的；(4)共同犯罪案件中部分被告人不认罪或者对适用简易程序有异议的；(5)辩护人作无罪辩护的；(6)被告人认罪但经审查认为可能不构成犯罪的；(7)不宜适用简易程序审理的其他情形。选项 B 未提及“部分被告人不认罪或对适用简易程序有异议”，所以错误。适用简易程序审理案件，法院应当在受理后20日以内审结，可能判处的有期徒刑超过 3 年的，可以延长至一个半月。所以选项 E 错误。因此，本题的正确答案是 CD。

本章综合练习 限时35分钟

一、单项选择题

1. 某人民法院决定开庭审理张某贪污案，被告人张某在开庭前突发心脏病死亡。该法院应当(　)。
   A. 裁定撤销案件
   B. 宣告被告人张某无罪
   C. 裁定终止审理
   D. 退回起诉的人民检察院处理

2. 公诉案件的犯罪嫌疑人(　)有权委托辩护人。
   A. 在任何时候
   B. 自逮捕之日起
   C. 自移送审查起诉之日起
   D. 自被侦查机关第一次讯问或者采取强制措施之日起

3. 根据我国《刑事诉讼法》，关于强制措施的说法，正确的是(　)。
   A. 监视居住和取保候审的适用对象完全不同
   B. 监视居住的最长期限是 12 个月
   C. 监视居住和取保候审可以同时适用
   D. 人民检察院有权适用拘留

4. 根据我国《刑事诉讼法》的规定，下列人员中，不属于我国刑事诉讼中当事人的是(　)。
   A. 法定代理人
   B. 犯罪嫌疑人和被告人
   C. 自诉人
   D. 被害人

5. 林某系一抢劫案的被害人。关于林某的诉讼权利，下列说法正确的是(　)。
   A. 自抢劫案件立案之日起有权委托诉讼代理人
   B. 对因作证而支出的交通、住宿、就餐等费用，有权获得补助
   C. 如果公安机关不立案，有权向上一级公安机关提出申诉
   D. 如果检察院作出不起诉决定，有权直接向法院提起自诉

6. 在刑事自诉案件审理过程中，被告人下落不明的，应当(　)。
   A. 终止审理　　B. 中止审理
   C. 延期审理　　D. 缺席判决

7. 根据《刑事诉讼法》的规定，刑事被告人的亲友担任辩护人时，有权(　)。
   A. 自人民法院受理案件之日起，经人民法院许可，会见在押被告人
   B. 根据案情需要，申请人民法院通知证人出庭作证
   C. 自人民法院受理案件之日起，自行查阅、复制与案件有关的材料
   D. 直接向证人收集证据

8. 被害人对于检察院作出不起诉决定不服而在 7 日内提出申诉时，下列说法正确的是(　)。
   A. 由作出决定的检察院受理被害人的

申诉

B. 由与作出决定的检察院相对应的法院受理被害人的申诉

C. 被害人提出申诉后又撤回的，不能再向法院起诉

D. 被害人提出申诉后又撤回的，仍可向法院起诉

二、多项选择题

1. 根据《刑事诉讼法》的规定，下列说法中，正确的有(　)。

A. 有关个人隐私的案件，不得公开审理，宣告判决也不得公开

B. 在少数民族聚居地区应当用当地通用的语言进行审讯

C. 对于享有外交特权和豁免权的外国人犯罪应当追究刑事责任的，通过外交途径解决

D. 人民法院的审判人员在开庭审案时可以称犯罪嫌疑人是罪犯

E. 被告人有权获得辩护，人民法院有义务保证被告人获得辩护

2. 根据《刑事诉讼法》，符合逮捕条件的下列人员中可以适用监视居住措施的有(　)。

A. 甲患有严重疾病、生活不能自理

B. 乙正在哺乳自己婴儿

C. 丙系生活不能自理的人的唯一扶养人

D. 丁系聋哑人

E. 戊系间歇性精神病人

3. 根据《刑事诉讼法》的规定，下列关于刑事诉讼当事人、回避、辩护、审理的表述中，正确的有(　)。

A. 庭审期间被告人突发心肌梗塞死亡，不影响案件的继续审理

B. 刑事诉讼中的当事人是指公诉人、犯罪嫌疑人和被告人

C. 辩护律师持律师执业证书要求会见在押的犯罪嫌疑人的，看守所应当及时安排会见，至迟不得超过48小时

D. 犯罪嫌疑人认为负责案件侦查的公安人员具有依法应当回避情形的，可以向公安机关申请，要求有关人员回避

E. 在所有的案件中，律师会见犯罪嫌疑人，都不需要侦查机关的许可

4. 根据《刑事诉讼法》的规定，关于刑事强制措施的表述，下列说法正确的有(　)。

A. 人民法院、人民检察院、公安机关均有权决定所有的刑事强制措施

B. 拘传的持续时间最长不得超过48小时，不得以连续拘传的形式变相关押被拘传人

C. 犯罪嫌疑人、被告人在取保候审期间未违反规定的，取保候审结束的时候，应当退还保证金

D. 人民检察院直接受理的案件中，检察院可自行执行拘留决定

E. 人民检察院不能执行逮捕

5. 在侦查过程中，下列选项中违反我国《刑事诉讼法》规定的有(　)。

A. 对不需要逮捕、拘留的犯罪嫌疑人，可以传唤到犯罪嫌疑人所在市、县内的指定地点或者到他的住处进行讯问

B. 询问证人、被害人应当个别进行，必要时可以通知证人到检察院或公安机关提供证言

C. 搜查的对象可以是活人的身体，检查只能对现场、物品、尸体进行

D. 侦查人员认为需要扣押犯罪嫌疑人的邮件、电报的时候，可直接通知邮电机关将有关的邮件、电报检交扣押

E. 公安机关和检察院都有权决定并实施技术侦查措施

6. 关于技术侦查，下列说法正确的有(　)。

A. 适用于严重危害社会的犯罪案件

B. 侦查措施的有效期限为3个月，且不得延长

C. 必须严格按照批准的措施种类、适用对象和期限执行

D. 获取的与案件无关的材料，必须及时销毁

E. 获得的材料需要经过转化才能在法庭上使用

7. 下列关于被告人认罪认罚处理的说法，正确的有(　)。

A. 对于认罪认罚案件，人民法院依法作出判决时，一般应当采纳人民检察院指控的罪名和量刑建议

B. 对于认罪认罚案件，人民法院依法作出判决时，必须采纳人民检察院指控的罪名和量刑建议

C. 被告人违背意愿认罪认罚的，人民法院依法作出判决时，可以采纳人民检察院指控的罪名和量刑建议

D. 被告人认罪认罚的案件，人民检察院可以调整量刑建议

E. 人民检察院调整量刑建议后仍然明显不当的，人民法院应当依法作出判决

8. 根据《刑事诉讼法》及其司法解释，关于简易程序，下列说法正确的有(　)。

A. 适用简易程序审理自诉案件，应由审判员一人独任审判

B. 适用简易程序审理公诉案件，人民检察院可以派员出席法庭

C. 即使适用简易程序审理，被告人的最后陈述权也不能取消

D. 经审判人员准许，被告人可以同公诉人进行辩论

E. 适用简易程序审理案件，审限是20日，且不得延长

9. 人民法院适用简易程序审理的自诉案件(　)。

A. 立案后，自诉人不得撤回自诉

B. 可以由审判员一人独任审判

C. 被告人可以就起诉书指控的犯罪进行辩护

D. 起诉后，自诉人和被告人不得和解

E. 告诉才处理和被害人有证据证明的轻微刑事案件的被告人在诉讼过程中可以对自诉人提起反诉

10. 被告人刘某，17周岁，因故意伤害温某被判处有期徒刑3年，判决生效后刘某被送往当地监狱服刑，下列有权对本案提出申诉的有(　)。

A. 被害人温某

B. 刘某的父亲

C. 刘某的同胞哥哥

D. 刘某的辩护人史某

E. 检察院

三、综合分析题

甲(15周岁)因涉嫌入户抢劫被公安机关依法逮捕，在侦查期间，甲不讲真实姓名、住址，身份不明，后侦查机关查明了甲的身份情况，甲的父亲为其聘请了辩护律师乙，在开庭审理过程中，乙提出申请，要求本案公诉人丙回避，理由是丙是本案被害人的哥哥。后甲以乙法律水平不高为由，拒绝其继续为自己辩护，并决定不再聘请律师，而是自己行使辩护权。同时甲承认自己的罪行，对指控的犯罪事实没有异议，积极认罪认罚，并同意适用速裁程序审理。根据题目回答下列问题：

1. 公安机关的下列做法，正确的有(　)。

A. 侦查羁押期限自查清身份之日起计算

B. 查清身份前，不允许其聘请律师提供法律帮助

C. 查清甲身份以前，停止对其犯罪行为的侦查取证

D. 如果犯罪事实清楚，证据确凿，充分，可以按甲自报的姓名移送人民检察院审查起诉

E. 在逮捕了甲20小时后通知了甲的家属

2. 在刑事诉讼活动中，甲享有的权利有(　)。

A. 有权拒绝律师乙继续为其辩护

B. 有权申请公诉人丙回避

C. 有权为自己辩护

D. 有权申请对其变更强制措施

E. 有权委托代理人

3. 关于甲决定不再聘请律师，而是自己行使辩护权，下列表述正确的有(　)。

A. 人民法院可以为甲指定辩护人

B. 人民法院应当为甲指定辩护人

C. 甲可以自己行使辩护权

D. 甲必须委托辩护人

E. 如甲坚持自己辩护，法院可以延期审理

4. 人民法院在审理过程中的下列做法，符合法律规定的有(　)。

A. 在甲就读的学校公开审理该案

B. 对该案的判决书公开宣告

C. 不公开审理该案，但经甲同意，其就读的学校可以派代表到场

D. 由于甲认罪认罚，法院适用速裁程序审理

E. 法院应当当庭宣判

本章综合练习参考答案及详细解析

一、单项选择题

1. C 【解析】本题考核依法不追究刑事责任原则。被告人张某在人民法院开庭审判前死亡，因法院还没有正式开庭审理，不存在根据已查明的案件事实和认定的证据材料，能够确认被告人无罪的情况，因此，法院应当裁定终止审理。

2. D 【解析】本题考核委托辩护。公诉案件的犯罪嫌疑人自被侦查机关第一次讯问或者采取强制措施之日起，有权委托辩护人。

3. D 【解析】本题考核刑事诉讼强制措施。根据《刑事诉讼法》的相关规定，监视居住和取保候审的适用对象并完全不同，所以选项A错误。取保候审的最长期限是12个月，监视居住的最长期限不得超过6个月。所以选项B错误。监视居住和取保候审不能同时适用。所以选项C错误。对于人民检察院直接受理的案件，人民检察院作出的拘留决定，应当送达公安机关执行。因此，本题的正确答案是D。

4. A 【解析】本题考核刑事诉讼中的当事人。法定代理人不是当事人，属于其他诉讼参与人。

5. D 【解析】本题考核被害人在刑事诉讼中的权利。林某自抢劫案“审查起诉之日”(而非“立案之日”)起有权委托诉讼代理人。所以选项A错误。获得补助是证人的诉讼权利，而非被害人的诉讼权利。所以选项B错误。如果公安机关不立案，林某有权向检察院提出意见，请求检察院责令公安机关向检察院说明不立案的理由。若理由不成立的，检察院应通知公安机关立案，公安机关则必须立案。所以选项C错误。

6. B 【解析】本题考核自诉案件第一审程序。根据《刑事诉讼法》等相关法律的规定，在自诉案件审理过程中，被告人下落不明的，应当中止审理。被告人归案后，应当恢复审理，必要时，应当对被告人依法采取强制措施。因此，本题的正确答案是B。

7. A 【解析】本题考核其他公民作为辩护人的权利。其他公民作为辩护人享有的权利：经人民检察院或人民法院许可，可以查阅、摘抄、复制有关材料，同在押的犯罪嫌疑人、被告人会见或通信。

8. D 【解析】本题考核被害人对检察院不起诉决定的救济。被害人对不起诉决定不服申诉的，应由作出不起诉决定的检察院的上一级人民检察院受理申诉。所以选项A错误。作出不起诉决定的检察院相对应的法院可以直接受理被害人的起诉，而不是受理其申诉。所以选项B错误。被害人提出申诉后又撤回的，仍然可以直接向法院起诉。此前的申诉对法院受理案件没有影响。所以选项C错误。

二、多项选择题

1. BCE 【解析】本题考核刑事诉讼法的基本原则。所有不公开审理的案件，在判决宣

告时必须一律公开进行。所以选项A错误。未经人民法院依法判决，对任何人都不得确定有罪。也就是说，对于被指控的犯罪嫌疑人、被告人，在未经法律规定程序由人民法院依法判决其有罪之前，不得将其视为罪犯。所以选项D错误。

2. ABC 【解析】本题考核适用监视居住的情形。人民法院、人民检察院和公安机关对符合逮捕条件，有下列情形之一的犯罪嫌疑人、被告人，可以监视居住：(1)患有严重疾病、生活不能自理的；(2)怀孕或者正在哺乳自己婴儿的妇女；(3)系生活不能自理的人的唯一扶养人；(4)因为案件的特殊情况或者办理案件的需要，采取监视居住措施更为适宜的；(5)羁押期限届满，案件尚未办结，需要采取监视居住措施的。

3. CD 【解析】本题考核刑事诉讼当事人、回避、辩护、审理的规定。选项A，应当终止审理；选项B，刑事诉讼的当事人包括被害人、自诉人、犯罪嫌疑人、被告人、附带民事诉讼的原告人和被告人。辩护律师持律师执业证书、律师事务所证明和委托书或者法律援助公函要求会见在押的犯罪嫌疑人、被告人的，看守所应当及时安排会见，至迟不得超过四十八小时。危害国家安全犯罪、恐怖活动犯罪，在侦查期间辩护律师会见在押的犯罪嫌疑人，应当经侦查机关许可。因此选项C正确、选项E错误。

4. CE 【解析】本题考核刑事强制措施。人民法院、人民检察院和公安机关根据案件情况，对犯罪嫌疑人、被告人可以拘传、取保候审或者监视居住。法院不能决定拘留，公安机关不能决定逮捕。所以选项A错误。传唤、拘传持续的时间不得超过12小时；案情特别重大、复杂，需要采取拘留、逮捕措施的，传唤、拘传持续的时间不得超过24小时。所以选项B错误。人民检察院直接受理的案件中，检察院有权决定拘留，由公安机关执行。所以选项D错误。

5. CDE 【解析】本题考核刑事诉讼侦查措施。搜查可以对人身进行，也可以对被搜查人的住处、物品和其他有关场所进行。检查的对象是活人的身体，勘验的对象是现场、物品和尸体。所以选项C不符合规定。侦查人员认为需要扣押犯罪嫌疑人的邮件、电报的时候，经公安机关或者检察院批准，即可通知邮电机关将有关的邮件、电报检交扣押。所以选项D不符合规定。公安机关依法采取技术侦查措施，有关单位和个人应当配合，并对有关情况予以保密。即实施技术侦查措施的主体只有公安机关，检察院无权实施。所以选项E不符合规定。

6. ACD 【解析】本题考核技术侦查。技术侦查措施的有效期限一般为3个月，自批准决定签发之日起计算，对于复杂、疑难案件可以延长，但每次延长不得超过3个月。所以选项B错误。采取技术侦查措施收集的材料在刑事诉讼中可以直接作为证据使用。所以选项E错误。

7. ADE 【解析】本题考核被告人认罪认罚案件的审理。被告人认罪认罚的，审判长应当告知被告人享有的诉讼权利和认罪认罚的法律规定，审查认罪认罚的自愿性和认罪认罚具结书内容的真实性、合法性。对于认罪认罚案件，人民法院依法作出判决时，一般应当采纳人民检察院指控的罪名和量刑建议，但有下列情形的除外：①被告人的行为不构成犯罪或者不应当追究其刑事责任的；②被告人违背意愿认罪认罚的；③被告人否认指控的犯罪事实的；④起诉指控的罪名与审理认定的罪名不一致的；⑤其他可能影响公正审判的情形。

8. CD 【解析】本题考核简易程序。对可能判处3年有期徒刑以下刑罚的，可以组成合议庭进行审判，也可以由审判员一人独任审判；对可能判处的有期徒刑超过3年的，应当组成合议庭进行审判。所以选项A错误。适用简易程序审理公诉案件，人民检察院应当(而非"可以")派员出席法庭。所以选项B错误。适用简易程序审理案件，人民法院应当在受理后20日以内审结；对可能判处的有期徒刑超过3年的，可以延长至一个半月。所以选项E错误。

9. BCE 【解析】本题考核自诉案件的规定。自诉人在宣告判决前，可以同被告人自行和解或者撤回自诉。

10. ABC 【解析】本题考核刑事诉讼中有权提起申诉的主体。当事人及其法定代理人、近亲属，对已经发生法律效力的判决、裁定，可以向法院或检察院提出申诉。本题中，被害人温某、刘某的父亲、刘某的同胞哥哥都有权对本案提出申诉。

三、综合分析题

1. ADE 【解析】本题考核犯罪嫌疑人身份不明情况的处理。根据《刑事诉讼法》规定，犯罪嫌疑人不讲真实姓名、住址，身份不明的，侦查羁押期限自查清其身份之日起计算，但是不得停止对其犯罪行为的侦查取证。对于犯罪事实清楚，证据确凿、充分的，也可以按其自报的姓名移送人民检察院审查起诉。而既然可以移送审查起诉，犯罪嫌疑人当然可以聘请律师提供法律帮助。除无法通知的以外，应当在逮捕后24小时以内，通知被逮捕人的家属。因此选项E正确。因此，本题的正确答案是ADE。

2. ABCD 【解析】本题考核犯罪嫌疑人、被告人的权利。委托代理人是被害人及其法定代理人或者近亲属的权利。因此，本题的正确答案是ABCD。

3. B 【解析】本题考核辩护与延期审理。根据《刑事诉讼法》规定，下列情形没有委托辩护人的：①盲、聋、哑人；②应当承担刑事责任的精神病人；③可能被判处无期徒刑、死刑；④审判时未满18周岁的；⑤高级法院复核死刑案件。本案中，甲是未成年人，因此，法院应当为其指定辩护人，选项B正确。具有下列情形之一的，延期审理：(1)需要通知新的证人到庭，调取新的物证，重新鉴定或者勘验的；(2)检察人员发现提起公诉的案件需要补充侦查，提出建议的；(3)由于当事人申请回避而不能进行审判的。没有辩护人不是延期审理的法定理由。所以本题的正确答案是B。

4. BC 【解析】本题考核公开审理原则和速裁程序。根据《刑事诉讼法》根据，人民法院审理一审案件应当公开审理，但有关国家秘密、个人隐私的案件、审判时不满18周岁的案件，一律不公开审理。但经未成年被告人及其法定代理人同意，未成年被告人所在学校和未成年人保护组织可以派代表到场。不公开审理的案件，宣告判决一律公开进行。所以选项A错误，选项B、C正确。基层法院管辖的可能判处3年有期徒刑以下刑罚的案件，案件事实清楚，证据确实、充分，被告人认罪认罚并同意适用速裁程序的，可以适用速裁程序，由审判员一人独任审判。但有下列情形之一的，不适用速裁程序：①被告人是盲、聋、哑人，或者是尚未完全丧失辨认或者控制自己行为能力的精神病人的；②被告人是未成年人的；③案件有重大社会影响的；④共同犯罪案件中部分被告人对指控的犯罪事实、罪名、量刑建议或者适用速裁程序有异议的；⑤被告人与被害人或者其法定代理人没有就附带民事诉讼赔偿等事项达成调解或者和解协议的；⑥其他不宜适用速裁程序审理的。适用速裁程序审理案件，应当当庭宣判。本案中，甲是未成年人，不适用速裁程序，也不一定必须当庭宣判。因此，本题的正确答案是BC。

第20章 监察法律制度

JINGDIAN TIJIE

考情分析

历年考情分析

本章为2019年教材新增内容，当年考核了3个单选题、1个多选题，共计6.5分。预估2020年分值与此持平。

本章2020年考试主要变化

本章整体结构变动较大。实质内容变动不大。

核心考点及真题详解

考点一 监察机关、监察范围和监察管辖★★★

扫我解疑难

经典例题

【例题·单选题】根据《监察法》规定，下列有关监察机关和监察管辖的说法中，错误的是(　)。

A. 国家监察委对全国人民代表大会及其常务委员会负责，并接受其监督

B. 各级监察委的副主任、委员由各级监察委主任提请各级人民代表大会常务委员会任免

C. 监察机关认为所管辖的监察事项重大、复杂，需要由上级监察机关管辖的，可以报请上级监察机关管辖

D. 监察机关之间对监察事项的管辖有争议的，由其共同的上一级监察机关确定

【答案】D

【解析】本题考核监察机关、监察管辖。监察机关之间对监察事项的管辖有争议的，由其共同的上级监察机关确定。

考点精析

1. 监察机关(见表20-1)

表20-1 监察机关

项目	具体规定
产生	(1)各级监察委由本级人民代表大会产生。(2)各级监察委主任由本级人民代表大会选举产生，任期与本级人民代表大会相同。 【“李”应注意】国家监察委主任有任期限制，连续任职不得超过两届；地方各级监察委主任没有任期限制

项目	具体规定
领导体制	(1)国家监察委对全国人民代表大会及其常务委员会负责，并接受其监督。(2)地方各级监察委对本级人民代表大会及其常务委员会和上一级监察委负责，并接受其监督。(3)国家监察委领导地方各级监察委工作，上级监察委领导下级监察委工作
监察专员的派驻与派出	监察机构、监察专员对派驻或者派出它的监察委负责，不受驻在单位的领导。 **【“李”应注意】**各级监察委与本级纪委合署办公

2. 监察范围

(1)中国共产党机关、人民代表大会及其常务委员会机关、人民政府、监察委员会、人民法院、人民检察院、中国人民政治协商会议各级委员会机关、民主党派机关和市监业联合会机关的公务员，以及参照《公务员法》管理的人员。

(2)法律、法规授权或者受国家机关依法委托**管理公共事务的组织中**从事公务的人员。

(3)国有企业管理人员。

(4)公办的教育、科研、文化、医疗卫生、体育等单位中从事管理的人员。

(5)基层群众性自治组织中从事管理的人员。

(6)其他依法履行公职的人员。

3. 监察管辖

(1)各级监察机关管辖本辖区内属于监察范围人员的所涉监察事项。

(2)上级监察机关可以办理下一级监察机关管辖范围内的监察事项，**必要时**也可以办理所辖各级监察机关管辖范围内的监察事项。上级监察机关可以将其所管辖的监察事项指定下级监察机关管辖，也可以将下级监察机关有管辖权的监察事项指定给其他监察机关管辖。

(3)监察机关认为所管辖的监察事项重大、复杂，需要由上级监察机关管辖的，可以报请上级监察机关管辖。

【帮你“李”解】监察机关之间对监察事项的管辖有争议的，由其共同的上级监察机关确定。

考点二　监察权限及程序★★★

经典例题

【例题1·单选题】(2019年)根据《监察法》规定，监察机关在调查职务违法和职务犯罪过程中，为了查明案情，收集证据，依法对涉嫌职务犯罪的被调查人可以采取的调查措施是(　)。

A. 拘传　　B. 逮捕

C. 搜查　　D. 传唤

【答案】C

【解析】本题考核监察权限中的调查措施。调查是指监察机关在调查职务违法和职务犯罪过程中，为了查明案情、收集证据，依法对涉嫌职务犯罪的被调查人采取的各种专门调查措施。包括谈话、讯问、询问、查询、冻结、搜查、调取、查封、扣押、勘验检查、鉴定等。选项AB是《刑事诉讼法》中刑事强制措施，选项D是侦查机关的措施。

【例题2·多选题】(2019年)根据《监察法》规定，涉嫌职务犯罪的被调查人主动认罪认罚，监察机关经领导人员集体研究并报上一级监察机关批准后，可以在移送人民检察院时提出从宽处罚建议的情形包括(　)。

A. 坦白交代的

B. 自动投案、真诚悔罪悔过的

C. 积极退赃，减少损失的

D. 案件涉及国家重大利益的

E. 积极配合调查工作，如实供述监察机关还未掌握的违法犯罪行为的

【答案】BCDE

【解析】本题考核监察法中从宽处罚建议。涉嫌职务犯罪的被调查人主动认罪认罚，有下列情形之一的，监察机关经领导人员集体研究，并报上一级监察机关批准，可以在移送人民检察院时提出从宽处罚的建议：(1)自动投案，真诚悔罪悔过的(选项B正确)；(2)积极配合调查工作，如实供述监察机关还未掌握的违法犯罪行为的(选项E正确)；(3)积极退赃，减少损失的(选项C正确)；(4)具有重大立功表现或者案件涉及国家重大利益等情形的(选项D正确)。

考点精析

1. 调查措施及程序(见表20-2)

表20-2 调查措施及程序

调查措施	具体要求
谈话	对可能发生职务违法的监察对象，监察机关可以直接或委托有关机关、人员进行谈话或者要求说明情况
讯问、询问	(1)应出示证件，出具书面通知，由2人以上进行； (2)讯问应当对全过程进行录音录像，留存备查
查询、冻结	(1)可以查询、冻结涉案单位和个人的存款、汇款、债券、股票、基金份额等财产。有关单位和个人应当配合； (2)冻结的财产经查明与案件无关的，应当在查明后3日内解除冻结，予以退还
搜查	(1)应当出示搜查证，并有被搜查人或者其家属等见证人在场； (2)搜查女性身体，应当由女性工作人员进行； (3)监察机关可以根据工作需要提请公安机关配合
调取、查封、扣押	(1)应当收集原物原件，当面逐一拍照、登记、编号，开列清单； (2)应当设立专用账户、专门场所，确定专门人员妥善保管； (3)价值不明物品应当及时鉴定，专门封存保管； (4)查封、扣押的财物、文件经查明与案件无关的，应当在查明后3日内解除查封、扣押
勘验检查	应当制作笔录，由参加勘验检查的人员和见证人签名或者盖章
鉴定	鉴定人进行鉴定后，应当出具鉴定意见，并且签名
技术调查	涉嫌重大贪污贿赂等职务犯罪，根据需要，经过严格的批准手续，可以采取技术调查措施，按照规定交有关机关执行
通缉	依法应当留置的被调查人如果在逃，监察机关可以决定在本行政区域内通缉，由公安机关发布通缉令，追捕归案
限制出境	经省级以上监察机关批准，可以对被调查人及相关人员采取限制出境措施，由公安机关依法执行

【帮你“李”解】监察机关的调查措施与《刑事诉讼法》规定的侦查措施大同小异，“谈话”和“限制出境”是特有的调查措施。

2. 留置调查措施及程序(见表20-3)

表20-3 留置调查措施及程序

项目	具体规定
适用条件	被调查人涉嫌贪污贿赂、失职渎职等严重职务违法或者职务犯罪，监察机关已掌握其部分违法犯罪事实及证据，仍有重要问题需要进一步调查，并有下列情形之一的，经监察机关依法审批，可以将被调查人留置在特定场所： (1)涉及案情重大、复杂的

续表

项目	具体规定	
适用条件	(2)可能逃跑、自杀的； (3)可能串供或者伪造、隐匿、毁灭证据的； (4)可能有其他妨碍调查行为的	
留置要求	(1)监察机关可以根据工作需要提请公安机关配合。公安机关应当依法予以协助； (2)监察机关发现采取留置措施不当的，应当及时解除； (3)留置场所的设置、管理和监督依照国家有关规定执行	
留置程序	决定主体	(1)采取留置措施，应当由监察机关领导人员集体研究决定； (2)设区的市级以下监察机关采取留置措施，应当报上一级监察机关批准； (3)省级监察机关采取留置措施，应当报国家监察委员会备案。 **【"李"应注意】**注意"批准"与"备案"的适用
	留置期限	不得超过3个月。特殊情况下，可以延长一次，延长时间不得超过3个月。(3+3)
	留置通知	采取留置措施后，应当在**24小时**以内，通知被留置人所在单位或家属，但有可能发生毁灭、伪造证据，干扰证人作证或串供等有碍调查情形的除外
	留置保障	(1)应当保障被留置人员的饮食、休息和安全，提供医疗服务；(2)讯问被留置人员应当合理安排讯问时间和时长
	刑期折抵	留置1日折抵管制2日，折抵拘役、有期徒刑1日

【帮你"李"解】债的担保中的担保物权中有"留置权"，属于私法范畴的担保方式，《监察法》中有"留置"，属于公法领域的监察机关有权实施的强制措施。二者文字完全相同，但无论是法律依据还是内涵均不同。

3. 从宽处罚建议

被调查人主动认罪认罚，有下列情形之一的，监察机关经领导人员集体研究，并报上一级监察机关批准，可以在移送人民检察院时提出从宽处罚的建议：

(1)自动投案，真诚悔罪悔过的；

(2)积极配合调查工作，如实供述监察机关还未掌握的违法犯罪行为的；

(3)积极退赃，减少损失的；

(4)具有重大立功表现或者案件涉及国家重大利益等情形的。

4. 监察证据使用权

(1)监察机关收集的证据，无须转化，即可作为刑事证据使用；

(2)监察机关在收集、固定、审查、运用证据时，应当与刑事审判关于证据的要求和标准相一致；

(3)以非法方法收集的证据应当依法予以排除，不得作为案件处置的依据。

5. 专属监察权

(1)公检法机关、审计机关等国家机关发现公职人员涉嫌贪污贿赂、失职渎职等职务违法或职务犯罪的问题线索，"应当"移送监察机关，由监察机关调查处置；

(2)被调查人既涉嫌严重职务违法或者职务犯罪，又涉嫌其他违法犯罪的，"一般应当"由监察机关为主调查，其他机关予以协助。

考点三　违法违规行为的救济★★

扫我解疑难

考点精析

(1)监察对象对监察机关的处理决定不服的，可以在收到处理决定之日起1个月内，向作出决定的监察机关申请复审，复审机关应当在1个月内作出复审决定。

(2)监察对象对复审决定仍不服的，可以

在收到复审决定之日起1个月内，向上一级监察机关申请复核，复核机关应当在2个月内作出复核决定。

（3）复审、复核期间，不停止原处理决定的执行。

考点四　监察机关与人民检察院在职务犯罪案件上的衔接★★

经典例题

【例题·多选题】下列对监察机关与相关部门的关系表述，正确的有（　）。

A. 监察机关收集的证据，无须转化，即可作为刑事证据使用

B. 公检法机关、审计机关等国家机关发现公职人员涉嫌贪污贿赂、失职渎职等职务违法或职务犯罪的问题线索，应当移送监察机关，由监察机关调查处置

C. 被调查人既涉嫌严重职务违法或者职务犯罪，又涉嫌其他违法犯罪的，只能由监察机关为主调查，其他机关予以协助

D. 对监察机关移送的案件，检察院认为犯罪事实已经查清，证据确实、充分，依法应当追究刑事责任的，在征得上级监察机关同意后，应当作出起诉决定

E. 监察机关如向公安机关请求配合，公安机关应当予以协助

【答案】ABE

【解析】本题考核监察机关和公检法等机关在办理职务案件时的关系。人民法院、人民检察院、公安机关、审计机关等国家机关在工作中发现公职人员涉嫌贪污贿赂、失职渎职等职务违法或者职务犯罪的问题线索，应当移送监察机关，由监察机关依法调查处置。被调查人既涉嫌严重职务违法或者职务犯罪，又涉嫌其他违法犯罪的，一般应当由监察机关为主调查，其他机关予以协助。选项C中没有提及“一般应当”，所以选项B正确，选项C错误。对监察机关移送的案件，检察院认为犯罪事实已经查清，证据确实、充分，依法应当追究刑事责任的，应当作出起诉决定。无须“征得上级监察机关的同意”所以选项D错误。

考点精析

1. 移送案件的衔接

对监察机关移送的案件，人民检察院根据《刑事诉讼法》对被调查人采取刑事强制措施：

（1）对已经采取留置措施的案件，应当在受理案件后，及时对犯罪嫌疑人作出拘留决定，交公安机关执行。

（2）对未采取留置措施的案件，人民检察院根据案件情况，可以决定是否采取逮捕、取保候审或者监视居住措施。

【帮你“李”解】除无法通知的外，人民检察院应当在公安机关执行拘留逮捕后24小时内，通知犯罪嫌疑人家属；应当自收到移送起诉案卷材料之日起3日内告知犯罪嫌疑人有权委托辩护人。

2. 审查起诉

（1）证据审查。

对监察机关依法收集的证据材料，在刑事诉讼中可以作为证据使用。

（2）补充调查。

人民检察院审查起诉期间，认为需要补充调查的，应当退回监察机关补充调查。

退回补充调查的案件，应当在1个月内补充调查完毕。补充调查以2次为限。对2次补充调查后审查起诉中又发现新罪的，人民检察院会将线索移送监察机关。

3. 派员介入

4. 管辖调整

本章综合练习 限时10分钟

一、单项选择题

1. 根据《监察法》规定，下列关于监察机关的说法，错误的是(　)。

A. 各级监察委主任的任期与本级人民代表大会相同

B. 国家监察委主任和地方各级监察委主任，连续任职不得超过两届

C. 监察机构、监察专员对派驻或者派出它的监察委负责，不受驻在单位的领导

D. 各级监察委与本级纪委合署办公

2. 根据《监察法》规定，查封、扣押的财物、文件经查明与案件无关的，应当在查明后(　)内解除查封、扣押，予以退还。

A. 三日　　B. 五日

C. 一个月　　D. 三个月

3. 下列关于监察管辖的说法，错误的是(　)。

A. 上级监察机关可以办理下一级监察机关管辖范围内的监察事项

B. 上级监察机关不可以办理所辖各级监察机关管辖范围内的监察事项

C. 监察机关之间对监察事项的管辖有争议的，由其共同的上级监察机关确定

D. 上级监察机关可以将下级监察机关有管辖权的监察事项指定给其他监察机关管辖

二、多项选择题

1. 下列人员中，监察机关可以对其进行监察的有(　)。

A. 从事纯业务的医生

B. 政协委员

C. 村民委员会委员

D. 公务员

E. 国有企业管理人员

2. 下列选项中，监察机关经领导人员集体研究，并报上一级监察机关批准，可以在移送人民检察院时提出从宽处罚的建议的有(　)。

A. 自动投案，真诚悔罪悔过的

B. 积极配合调查工作，如实供述监察机关还未掌握的违法犯罪行为的

C. 积极退赃，减少损失的

D. 具有重大立功表现或者案件涉及国家重大利益等情形的

E. 职务违法犯罪的涉案人员揭发有关被调查人职务违法犯罪行为的

3. 下列关于监察机关采取留置措施的相关说法，正确的有(　)。

A. 监察机关采取留置措施，应当由监察机关领导人员集体研究决定

B. 一般情况下，留置时间不得超过三个月

C. 监察机关发现采取留置措施不当的，应当报上一级监察机关批准后及时解除

D. 依法应当留置的被调查人如果在逃，监察机关可以决定在本行政区域内通缉

E. 调查人员进行留置工作时，应当对全过程进行录音录像，留存备查

本章综合练习参考答案及详细解析

一、单项选择题

1. B 【解析】本题考核监察机关。国家监察委主任有任期限制，连续任职不得超过两届；地方各级监察委主任没有任期限制。

2. A 【解析】本题考核监察权限。

3. B 【解析】本题考核监察管辖。上级监察机关可以办理下一级监察机关管辖范围内的监察事项，必要时也可以办理所辖各级监察机关管辖范围内的监察事项。选项B错误。

二、多项选择题

1. BCDE 【解析】本题考核监察范围。公办的教育、科研、文化、医疗卫生、体育等单位中从事管理的人员是被监察的对象，选项 A 错误。

2. ABCD 【解析】本题考核从宽处罚建议。职务违法犯罪的涉案人员揭发有关被调查人职务违法犯罪行为，查证属实的，或者提供重要线索，有助于调查其他案件的，监察机关经领导人员集体研究，并报上一级监察机关批准，可以在移送人民检察院时提出从宽处罚的建议。

3. ABD 【解析】本题考核留置相关规定。监察机关发现采取留置措施不当的，应当及时解除。选项 C 错误。调查人员进行讯问以及搜查、查封、扣押等重要取证工作，应当对全过程进行录音录像，留存备查。选项 E 错误。

第三部分

跨章节主观题突破

JINGDIAN TIJIE

智慧启航

没有加倍的勤奋，就既没有才能，也没有天才。

——门捷列夫

跨章节主观题

JINGDIAN TIJIE

（一）

【本题考核知识点】行政复议对抽象行政行为的审查、行政复议的申请、行政复议申请人、行政复议管辖、行政案件的审理、行政诉讼证据的质证

桥西乡人民政府于2017年5月5日发布了《关于对个体工商户实行强制整顿和管理的决定》（以下简称10号文件），文件规定凡与乡、村办集体企业争原料、争技术、争业务、争人才的个体工商户今后一律予以取缔。文件发布第二天乡政府个体经济管理办公室根据乡政府的文件，以乡政府的名义强行扣缴并吊销了包括郝某在内的25户个体工商户的营业执照。

1. 如果个体工商户欲申请行政复议，下列说法正确的有（　）。

A. 若25户个体工商户都申请行政复议，可以推选郝某作为代表人进行行政复议

B. 对强行扣缴其营业执照的行为申请复议时，可以一并对10号文件申请复议

C. 对强行扣缴其营业执照的行为申请复议时，郝某尚不知道10号文件的，可以在复议机关作出复议决定前向复议机关提出对该文件的审查申请

D. 申请人应当在知道具体行政行为之日起3个月内申请行政复议

E. 申请人应当向乡政府申请行政复议

2. 复议机关受理本案后，根据相关法律的规定，下列说法正确的有（　）。

A. 行政复议不审查具体行政行为的适当性

B. 如果25户个体工商户中只有部分人申请行政复议，未提起行政复议的其他个体工商户是第三人

C. 申请人经复议机构同意撤回行政复议申请的，不得再以同一事实和理由提起行政复议申请。申请人能够证明撤回行政复议申请违背其真实意思表示的除外

D. 如果复议机关经过审理认为被申请人适用依据错误的，应当作出变更决定

E. 补正申请材料所用时间及现场勘验所用时间均应计入行政复议审理期限

3. 如果郝某直接提起行政诉讼，根据《行政诉讼法》的规定，关于行政案件的审理，下列说法正确的有（　）。

A. 被告应为县政府

B. 被告可以委托诉讼代理人

C. 被告应当提供作出行政行为的证据和所依据的规范性文件

D. 在诉讼过程中，郝某死亡的，人民法院应当终结审理

E. 法院审理本案只能以法律、行政法规作

关于“扫我做试题”，你需要知道——

亲爱的读者，微信扫描对应小程序码，并输入封面防伪贴激活码，即可同步在线做题，交卷后还可查看做题时间、正确率及答案解析。

为审理依据

4. 如果郝某直接提起行政诉讼，根据《行政诉讼法》及有关司法解释的规定，对(　)，法庭应当质证。

A. 在一审程序中应当准予延期提供而未获准许，原告在二审程序中向法院提供的证据

B. 被告在一审举证期限届满前发现但在一审程序中无正当理由未提供，而在二审程序中向法院提供的证据

C. 在按照审判监督程序审理的案件中当事人依法提供的新的证据

D. 因原判决认定事实的证据不足而提起再审涉及的全部证据

E. 当事人在二审程序中对一审认定的但仍有争议的证据

（二）

【本题考核知识点】政府信息公开、行政复议和行政诉讼的程序衔接、行政诉讼的诉讼时效、受案范围和举证责任、行政诉讼的简易程序、撤诉和判决形式等

A市B县的甲村与乙村相邻，2015年，两村因交界处的50亩土地使用权发生纠纷。县政府专门召开协调会，形成了一份会议纪要，“纪要”明确了两村对争议土地各自使用的面积和范围，县政府则根据这份“纪要”作出了有关决定。2018年2月15日，甲村村民李某因需要使用农地养殖桑蚕，向县政府申请查阅该“会议纪要”，2月20日，县政府予以拒绝。6月10日，李某向人民法院提起诉讼。

1. 下面关于“会议纪要”的说法正确的是(　)。

A. 县政府“会议纪要”属于《政府信息公开条例》的调整范围

B. 李某无权申请查阅该“会议纪要”，因为甲村村委会没有授权李某查阅

C. “会议纪要”不是国家机密，属于政府信息，县政府应予以公开

D. “会议纪要”属于政府信息，但是涉及农村集体经济组织的利益，故县政府应不予公开

E. “会议纪要”不需要社会公众知晓或者参与，故县政府应不予公开

2. 如果李某对县政府的答复不服，下列对于其救济手段的表述，正确的是(　)。

A. 应当先申请行政复议，对复议决定不服的，才能提起行政诉讼

B. 如果先申请行政复议，复议决定是终局裁决

C. 可以申请行政复议，对复议决定不服，还可以向B县人民法院提起行政诉讼

D. 李某可以直接向B县人民法院提起行政诉讼

E. 李某可以直接向A市中级人民法院提起行政诉讼

3. 下列关于李某起诉的表述，正确的是(　)。

A. “会议纪要”是2015年作出，李某起诉时已超过诉讼时效

B. 诉讼时效是3个月，李某起诉时已超过诉讼时效

C. 诉讼时效是6个月，李某起诉时未超过诉讼时效

D. 李某起诉，应当就县政府拒绝公开政府信息的行为违法承担举证责任

E. 会议纪要是抽象行政行为，不属于行政诉讼的受案范围

4. 下列关于法院审理此案的表述，正确的是(　)。

A. 法院可以适用简易程序审理此案

B. 法院应当组成合议庭审理此案

C. 经人民法院传票传唤，李某无正当理由拒不到庭，法院可以缺席判决

D. 经人民法院传票传唤，李某无正当理由拒不到庭，法院可以按撤诉处理

E. 如果法院审理认为，县政府不予信息公开的决定适用法律错误，应当撤销不予公开的决定，同时判决县政府在一定期限内履行信息公开义务

（三）

【本题考核知识点】物权、债权以及民事诉讼法的管辖

甲、乙为夫妻（户籍所在地为H市大河区），二人于2018年10月以350万元的价格购置H市理光区彩霞路一套房屋，后因房屋距离工作单位较远，夫妻商议决定将房屋卖掉，但未找到合适的买主。2019年2月初，乙赴外地出差，住H市文化区的丙找到甲，称过去已看过该房，愿以360万元价格买下，甲不同意，双方经协商，甲决定以370万元价格出售该房。次日，丙支付给甲300万元，甲遂将钥匙交给丙。因产权证被乙存放在单位，所以甲提出待丈夫出差回来，即办理产权过户登记，办完手续后再付70万元。同年7月初，乙从外地返回后得知该房屋价格已经上涨，遂找到丙，要求增加10万元价款才能去办理过户登记手续。丙不同意。同年8月10日，乙以400万元的价格将该房卖给了家住H市红光区的丁，并在8月15日与丁办理了房屋过户手续。后来，丁找到丙，要求已入住的丙搬走。丙遂到法院起诉，告乙、丁侵害其所有权，并要求法院解除乙与丁之间的房屋买卖合同。丁反诉丙，要求丙搬出房屋。

1. 根据有关法律规定，下列说法中正确的有（ ）。

A. 甲将房屋钥匙交给丙，即完成了房屋所有权的转移

B. 甲在乙出差的情况下，向丙出售房屋的行为属于无权处分行为

C. 乙将房屋卖给丁的行为属于侵权行为

D. 丁要求丙搬出的请求有法律依据，法院应予支持

E. 法院不应支持丁的反诉

2. 本案起诉时，房屋的所有权应当属于（ ）。

A. 甲　　B. 乙

C. 丙　　D. 丁

E. 甲乙共有

3. 针对本案“一房二卖”的情形，下列关于本案合同的说法中正确的有（ ）。

A. 两个合同均有效

B. 两个合同都已成立但均未生效

C. 甲丙之间合同有效，乙丁之间合同无效

D. 甲丙之间合同无效，乙丁之间合同有效

E. 两个合同都属可撤销合同

4. 根据《民事诉讼法》，本案一审的诉讼管辖法院（ ）。

A. 可以是红光区人民法院

B. 可以是大河区人民法院

C. 可以是理光区人民法院

D. 可以是文化区人民法院

E. 只能是理光区人民法院

（四）

【本题考核知识点】合同的订立、合同的成立与效力、撤销权与民事诉讼的管辖、证据等问题

甲企业向乙企业发出传真订货，该传真列明了货物的种类、数量、质量、供货时间及交货方式等，并要求乙企业在10日内报价。乙企业接受甲企业发出传真列明的条件并按期报价，亦要求甲企业在10日内回复；甲企业按期复电同意其价格，并要求签订书面合同。乙企业在未签订书面合同的情况下按甲企业提出的条件发货，甲企业收货后未提出异议，亦未付货款。后因市场发生变化，该货物价格下降。甲企业遂向乙企业提出，由于双方未签订书面合同，买卖关系不能成立，故要求乙企业尽快取回货物。乙企业不同意甲企业的意见，要求其偿付货款。随后，乙企业发现甲企业放弃其对关联企业丙企业的债权，并向丙企业无偿转让财产，可能使自己的货款无法得到清偿，遂向人民法院提起撤销权诉讼。

1. 关于合同订立过程中甲企业、乙企业双方行为的性质，下列表述正确的有（ ）。

A. 甲企业传真订货行为的性质属于要约

邀请

B. 甲企业传真订货行为的性质属于要约

C. 乙企业报价行为的性质属于承诺

D. 乙企业报价行为的性质属于要约

E. 甲企业回复报价行为的性质属于承诺

2. 关于本案的买卖合同，下列表述正确的有（ ）。

A. 合同成立且生效

B. 合同成立，但不生效

C. 合同效力待定

D. 合同无效

E. 合同可撤销

3. 对甲企业放弃债权、无偿转让财产的行为，下列说法正确的有（ ）。

A. 乙企业有权行使撤销权

B. 乙企业有权行使代位权

C. 应当自知道或者应当知道撤销事由之日起1年内行使

D. 应当自知道或者应当知道撤销事由之日起2年内行使

E. 自甲企业的行为发生之日起5年内未行使撤销权，乙企业的撤销权消灭

4. 根据《民事诉讼法》，下列有关本案诉讼所涉及的程序问题的表述不正确的有（ ）。

A. 本案由被告住所地法院管辖

B. 对于自己不利的事实明确表示承认的，另一方当事人无须举证证明

C. 宣判前，原告申请撤诉的，是否准许，由人民法院裁定

D. 被告是丙企业

E. 当事人不服一审判决的，有权在判决书送达之日起15日内向上一级人民法院提起上诉

（五）

【本题考核知识点】所有权的取得、出资方式、出资责任、公司资本、公司能力、破产债权、取回权

甲公司向乙公司购买A楼房。双方约定：在甲公司付清全部购房款之前，暂不办理过户登记。其后，甲公司以A楼房作价1 000万元、丙公司以现金1 000万元出资共同设立丁有限公司（下称“丁公司”）。某会计师事务所将未过户的A楼房作为甲公司对丁公司的出资予以验资。丁公司成立后占有并使用A楼房。2017年9月，丙公司欲退出丁公司。经甲公司、丙公司协商达成协议：丙公司从丁公司取得退股款1 000万元后退出丁公司。但顾及公司的稳定性，丙公司仍为丁公司名义上的股东，其原持有丁公司50%的股份，名义上仍由丙公司持有40%，其余10%由丁公司总经理贾某持有，贾某暂付200万元给丙公司以获得上述10%的股权。丙公司依此协议获款后退出。据此，丁公司变更登记为：甲公司、丙公司、贾某分别持有50%、40%和10%的股权；注册资本仍为2 000万元。丙公司退出后，甲公司要求丁公司为其贷款提供担保，在丙公司代表未到会、贾某反对的情况下，丁公司股东会通过了该担保议案。丁公司遂为甲公司从B银行借款500万元提供了连带责任保证担保。2018年4月5日，丁公司向法院申请破产获受理并被宣告破产。债权申报期间，贾某以替丁公司代垫了200万元退股款为由向清算组申报债权，B银行也以丁公司应负担保责任为由申报债权并要求对A楼房行使优先受偿权。同时乙公司就A楼房向清算组申请行使取回权。

1. 根据《民法典》《公司法》的相关规定，下列有关甲公司以A楼房出资行为的说法中，正确的有（ ）。

A. 合法，甲公司已经将A楼房交给丁公司使用

B. 合法，甲公司该项出资已经取得会计师事务所的验资证明

C. 合法，A楼房虽未过户但是已经交付使用，甲公司已经取得A楼房的所有权

D. 不合法，且导致丁公司的设立无效

E. 不合法，A楼房未办理过户登记，所有权人仍然是乙公司

2. 根据《公司法》，下列对丙退出丁公司做法的判断正确的有(　)。

A. 丙的行为合法，属于正常的撤资行为

B. 丙的行为合法，仍属于公司的股东

C. 丙的行为合法，属于抽回出资

D. 丙的行为不合法，属于抽逃出资

E. 丙的行为不符合资本维持原则的规定

3. 根据《公司法》，丁公司股东会在表决为甲公司提供担保事项时，应当经(　)。

A. 代表半数以上表决权的股东通过

B. 代表过半数表决权的股东通过

C. 代表 2/3 以上表决权的股东通过

D. 出席会议的股东所持表决权过半数通过

E. 出席会议的其他股东所持表决权过半数通过

4. 根据《企业破产法》，下列有关丁公司破产程序的说法正确的有(　)。

A. 贾某的债权属于破产债权，可以进行申报

B. 乙公司有权通过管理人行使取回权

C. 债权人若在破产程序中得不到完全清偿，可以向甲公司、丙公司和某会计师事务所追索

D. 对于 B 银行要求对 A 楼房行使优先受偿权的请求，法院应予支持

E. 相关当事人不得以对丁公司的债务负有连带清偿责任的人未丧失清偿能力为由，主张丁公司不具备破产原因

（六）

【本题考核知识点】股份转让、股权回购、破产财产、破产案件受理的法律后果

潘某、苗某、任某、顾某四人合资兴办了豪俊进出口贸易有限责任公司(下称"豪俊公司")，注册资本为 3 000 万元人民币，潘某占其中的 50%。苗某占 30%，任某占 10%，顾某占 10%。公司在成立后，召开了第一次股东会会议。对公司的管理和经营活动作出决定和规划。2020 年公司因疫情影响国外订单骤减，公司经营发生严重困难，不能清偿到期债务，豪俊公司向其所在地法院申请破产，法院在 2020 年 2 月 11 日受理了破产申请。

1. 在公司经营过程中，股东苗某欲转让其出资，于 2019 年 12 月 15 日向其他股东发出书面转让通知。股东潘某 2020 年 1 月 1 日收到该转让通知，潘某需要在(　)之前对该转让事项进行答复，否则视为同意转让。

A. 2020 年 1 月 15 日

B. 2020 年 1 月 31 日

C. 2020 年 2 月 15 日

D. 2020 年 2 月 28 日

E. 2020 年 2 月 1 日

2. 公司经营过程中，任某提出以下理由，要求公司回购其股权，下列理由中符合法律规定的有(　)。

A. 任某以在股东会遭到排挤、不能正常行使股东权利为由，要求公司回购其股权

B. 该公司连续 5 年不向股东分配利润，但公司该 5 年连续盈利，并且符合《公司法》规定的分配利润条件

C. 潘某操纵股东会作出决议转让该公司主要财产

D. 公司董事长期冲突，且无法通过股东会解决，致使公司经营管理发生严重困难

E. 公司合并、分立、转让主要财产的

3. 如果豪俊公司向法院申请破产，则下列财产属于破产财产的有(　)。

A. 豪俊公司租用宏达公司的汽车

B. 豪俊公司为了向银行贷款而抵押的房产

C. 顾某向豪俊公司补交的出资

D. 任某用以出资的知识产权转让所得的收益

E. 豪俊公司借用唯实公司的机器设备

4. 根据《企业破产法》，关于破产案件受理的法律后果，下列表述中正确的有(　)。

A. 人民法院受理破产申请后，有关债务人财产的保全措施应当解除

B. 人民法院受理破产申请后，执行程序应

当终止

C. 人民法院受理破产申请后，债务人对个别债权人的债务清偿无效

D. 人民法院受理破产申请后，有关债务人财产的行政诉讼或者刑事诉讼的效力不受破产程序的影响

E. 人民法院受理破产申请后，债务人的债务人或者财产持有人应当向管理人清偿债务或者交付财产

（七）

【本题考核知识点】有限责任公司的相关规定、异议股东股份回购请求权、有限责任公司股东转让出资的相关规定和破产程序中取回权的行使

程某、张某、戴某、向某四人合资兴办了阳光房地产有限责任公司（下称“阳光公司”），注册资本为 3 000 万元人民币，程某出资占 60%，张某占 20%，戴某占 11%，向某占 9%。公司在成立后，召开了第一次股东会会议。对公司的管理和经营活动作出决定和规划。2018 年公司因房地产开发项目失败，不能清偿到期债务，向法院申请破产，法院在 2018 年 2 月 11 日受理了破产申请。

1. 对于公司召开的第一次股东会会议，下列做法不符合我国《公司法》规定的有（　）。

A. 会议由程某召集和主持

B. 会议决定不设董事会，由程某任执行董事，程某为公司法定代表人

C. 会议决定设 1 名监事，任期 3 年

D. 会议选举了公司章程所定的全部监事，包括两名职工代表出任的监事

E. 会议决定，如果公司一年内没有盈利，股东戴某有权撤回出资

2. 公司经营 5 年后，戴某提出以下理由，要求公司回购其股份，下列理由符合法律规定的有（　）。

A. 在股东会遭到排挤、不能正常行使股东权利

B. 公司连续 5 年不向股东分配利润，但公司该 5 年连续盈利，并且符合《公司法》规定的分配利润条件

C. 程某操纵股东会作出决议转让房地产公司主要财产

D. 公司章程规定的营业期限届满或者章程规定的其他解散事由出现，股东会会议通过决议修改章程使公司存续

E. 公司已持续两年以上无法召开股东会，公司经营管理发生严重困难的

3. 在公司经营过程中股东张某欲转让其出资，于 2015 年 12 月 15 日向其他股东发出书面转让通知。股东程某 2016 年 1 月 1 日收到该转让通知，程某最晚在（　）对该转让事项进行答复，否则视为同意转让。

A. 2016 年 1 月 15 日

B. 2016 年 1 月 31 日

C. 2016 年 2 月 15 日

D. 2016 年 2 月 28 日

E. 2016 年 2 月 1 日

4. 阳光公司租赁甲公司的设备 1 台，人民法院受理破产申请时，租赁合同尚未到期。甲公司出租的该台设备，应由甲公司（　）。

A. 向人民法院申报债权

B. 向程某公司申请取回

C. 向人民法院申请取回

D. 向管理人申请取回

E. 自行取回

（八）

【本题考核知识点】保证、民间借贷、股东出资、股东权利、普通诉讼程序

（2019 年考题改编）2017 年 3 月 3 日，甲、乙、丙签订投资协议设立海虹公司。约定每人各认缴出资 30 万元，并于公司成立后 3 个月内缴齐。2017 年 3 月 15 日，海虹公司经登记成立。甲任执行董事，乙任经理，丙不参与公司经营管理，公司成立后未召开过股东会。2017 年 11 月，丙以了解公司财务状况和自己不具有会计和法律专业知识为由，向海虹公司提交书面申

请，请求由其聘请的律师和会计师代其查阅海虹公司财务会计报告和会计账簿。海虹公司以查阅涉及公司商业秘密，且该申请未得到甲、乙同意为由，拒绝了丙的要求。2017 年 12 月 3 日，丙以侵犯其股东知情权为由起诉海虹公司，请求法院判令公司提供查阅。

2017 年 12 月 5 日，海虹公司因项目需要向河海公司借款 130 万元，借期 5 个月，年利率 36%，长捷公司为海虹公司的借款出具《保证责任书》提供担保，没有明确保证方式。2017 年 12 月 7 日，河海公司将借款汇入海虹公司的银行账户。借款届期时，海虹公司未还款，河海公司多次催要未果，河海公司于 2018 年 6 月将海虹公司、长捷公司诉至法院。法院立案后，河海公司发现甲、丙的认缴出资未到位，于是追加甲、丙为被告，请求法院判决甲、丙承担责任。

1. 下列有关甲、丙出资行为及其后果的说法中，正确的有(　)。

A. 因甲、丙未出资，海虹公司增资时有权限制甲、丙新股优先认购权

B. 甲、丙未出资行为构成对乙的违约

C. 甲、丙的出资属于虚假出资

D. 因甲、丙未出资，海虹公司增资时有权限制甲、丙新股利润分配请求权

E. 甲、丙未出资行为构成对乙的侵权

2. 下列有关查阅公司财务会计报告和会计账簿的请求与拒绝的说法中，正确的有(　)。

A. 丙查阅不需要经甲、乙同意

B. 海虹公司拒绝丙查阅有法律根据

C. 丙有权查阅，但是不能聘请律师或会计师帮助查阅

D. 海虹公司拒绝丙查阅，侵犯了丙的股东知情权

E. 海虹公司拒绝丙查阅，侵犯了丙的股东决策权

3. 下列有关本案保证方式、保证效力及借款合同生效时间、借款利率的说法中，正确的有(　)。

A. 河海公司、海虹公司间借款合同于 2017 年 12 月 5 日成立，于 2017 年 12 月 7 日生效

B. 长捷公司在本案中不享有先诉抗辩权

C. 本案保证方式应当视为连带责任保证

D. 本案借款年利率 24% 以下能获得法院支持

E. 本案借款年利率约定超过 24%，超过部分的利息约定无效

4. 下列有关本案诉讼程序的说法中，正确的有(　)。

A. 河海公司可以将股东甲、丙追加为共同被告

B. 河海公司可以将股东甲、乙、丙追加为第三人参加诉讼

C. 长捷公司应当以第三人身份参加诉讼

D. 海虹公司应在收到起诉状副本之日起 15 日内提出答辩状

E. 若被告对管辖权有异议，则应在收到起诉状后的答辩期内提出

（九）

【本题考核知识点】税务行政处罚程序、逃税罪

2019 年 3 月，市税务局稽查局对甲科技公司的纳税情况依法实施审查，发现甲科技公司 2018 年 6 月至 12 月存在未按规定申报纳税的情况。偷逃税款 10 万元，市税务局稽查局根据税收法律、法规和有关规定，作出《税务处理决定书》，责令该公司补缴税款 10 万元并缴纳相应的滞纳金，并处罚款 5 万元。甲科技公司的经理张某通过关系找到税务局相关办案人员说明最近公司经营困难，请求给公司的处理能够减轻一些。在请求未果的情形下，2019 年 4 月 1 日，甲科技公司补交了税款，缴纳了滞纳金，并缴纳罚款 5 万元。

1. 市税务局稽查局对甲公司的罚款行为，正确的做法是(　)。

A. 适用简易程序

B. 适用一般程序

C. 适用听证程序

D. 在作出罚款决定之前，应向当事人送达《税务行政处罚事项告知书》

E. 如当事人要求听证，应在收到听证申请后15日内举行听证

2. 甲公司偷逃税款的行为(　)。

A. 构成抗税罪

B. 构成逃税罪

C. 构成逃避追缴欠税罪

D. 抗税罪

E. 不构成犯罪

3. 甲公司接受处罚后，对其正确的处理是(　)。

A. 市税务局稽查局应将该案移送公安机关，追究其刑事责任

B. 市税务局稽查局应将该案移送检察机关，追究其刑事责任

C. 市税务局稽查局应将该案移送人民法院，追究其刑事责任

D. 市税务局稽查局可不移送该案

E. 符合"初犯补税免罪"规定，应不追究其刑事责任

4. 关于逃税罪的下列说法，正确的有(　)。

A. 是单位犯罪

B. 主观上既可以是故意，也可以是过失

C. 主观上必须是直接故意

D. 只能追究甲公司的刑事责任

E. 可以对甲公司以及其法定代表人实行双罚制

（十）

【本题考核知识点】增值税专用发票犯罪、渎职罪、监察委员会和监察机关的调查权

2019年6月，三国省桃园市税务局稽查局在一次检查中发现，浩华公司于2015年6月至2017年1月期间，以8万元价格从威力公司购买增值税专用发票75份，涉及税额近520万元，已全部抵扣(非法购买)。2015年6月至2019年2月，在没有货物交易的情况下，浩华公司向7人开具增值税专用发票100多份，涉及税款430余万元(虚开)。案发后，昊华公司通过刘某介绍，结识了负责查处此案的税务人员成某，并通过刘某为成某准备暑假出国游学的女儿支付相关费用10万元。成某则对浩华公司仅处以罚款即结案(徇私舞弊不移交刑事案件)。经人举报，监察委员会开始对成某的行为进行调查。现成某在逃。

1. 根据《刑法》及有关规定，浩华公司的行为已构成(　)。

A. 虚开增值税专用发票罪

B. 虚开用于抵扣税款发票罪

C. 购买伪造的增值税专用发票罪

D. 非法购买增值税专用发票罪

E. 非法出售增值税专用发票罪

2. 根据《刑法》及有关规定，下列对相关人员行为的定性，正确的有(　)。

A. 对成某的受贿和徇私舞弊不移交刑事案件罪应数罪并罚

B. 刘某构成受贿罪

C. 成某构成徇私舞弊不移交刑事案件罪

D. 成某的行为构成受贿罪

E. 对成某的受贿和徇私舞弊不移交刑事案件罪择一重罪处罚

3. 下列关于监察委员会对成某行为进行调查的表述，正确的有(　)。

A. 桃园市监察委员会对该案有管辖权

B. 三国省监察委员会必要时也可以办理成某的案件

C. 成某只是税务机关的普通办案人员，没有领导职务，不属于监察委员会的监察对象

D. 对在逃的成某，监察委员会可以在三国省范围内发布通缉令

E. 对在逃的成某，监察委员会可以决定在本行政区域内通缉，由公安机关发布通缉令，追捕归案

4. 本案中，监察委员会在查办成某案件时，为了查明案情、收集证据，可以依法采取的专门调查措施有(   )。

A. 讯问举报人

B. 搜查成某住处

C. 讯问成某

D. 向成某同事、邻居等了解情况

E. 限制成某出境

跨章节主观题参考答案及解析

JINGDIAN TIJIE

（一）

1. ABC 【解析】本题考核行政复议对抽象行政行为的审查、行政复议的申请、行政复议代表人和行政复议机关及申请行政复议的期限。行政复议申请人一般自知道该具体行政行为之日起60日内提出行政复议申请，但是法律规定的申请期限超过60日的除外。所以选项D错误。本题中，被申请人是乡政府，行政复议机关是县政府。所以选项E错误。

2. BC 【解析】本题考核行政复议。行政复议对具体行政行为进行合法性和适当性审查。所以选项A错误。复议机关经过审理认为被申请人适用依据错误的，可以作出变更、撤销或确认违法的行政复议决定。所以选项D错误。补正申请材料所用时间、协商确定或者指定受理机关所用时间、行政复议期间专门事项鉴定所用时间以及现场勘验所用时间均不计入行政复议审理期限。所以选项E错误。

3. BC 【解析】本题考核行政案件审理中需要注意的几个问题。本案中乡政府是被告。所以选项A错误。原告死亡的，没有近亲属或者近亲属放弃诉讼权利的，此时诉讼终结。所以选项D错误。人民法院审理行政案件，以法律和行政法规、地方性法规为依据，并参照规章。所以选项E错误。

4. ACE 【解析】本题考核行政诉讼证据的质证。

（二）

1. AC 【解析】本题考核政府信息公开制度。《政府信息公开条例》规定，政府信息，是指行政机关在履行职责过程中制作或者获取的，以一定形式记录、保存的信息。选项A正确。公民、法人或者其他组织可以主动向政府申请获取所需要的政府信息。选项B错误。对涉及公众利益调整、需要公众广泛知晓或者需要公众参与决策的政府信息，行政机关应当主动公开。本题中的信息属于政府应当主动公开的信息。选项C正确，选项D、E错误。

2. E 【解析】本题考核行政复议和行政诉讼的程序衔接。政府信息公开案件既不是复议前置的案件，也不是行政终局裁决的案件，所以选项AB不正确。对国务院部门或者县级以上地方人民政府所作的行政行为提起诉讼的第一审行政案件由中级人民法院管辖，所以选项CD不正确，选项E正确。

3. C 【解析】本题考核行政诉讼的诉讼时效和受案范围和举证责任。《行政诉讼法》第46条规定，公民、法人或者其他组织直接向人民法院提起诉讼的，应当自知道或者应当知道作出行政行为之日起6个月内提出。法律另有规定的除外。因不动产提起诉讼的案件自行政行为作出之日起超过二十年，其他案件自行政行为作出之日起超过五年提起诉讼的，人民法院不予受理。李某申请政府信息公开，县政府2月20日予以拒绝，6月10日提起诉讼，未超过诉讼时效。所以选项AB错误，选项C正确。第34条规定，被告对作出的行政行为负有举证责任，应当提供作出该行政行为的证据和所依据的规范性文件。所以选项D错误。“会议纪要”是具体行政行为，属于行政诉讼的受案范围，所以选项E错误。

4. ADE 【解析】本题考核行政诉讼的简易

程序、撤诉和判决形式。《行政诉讼法》第82条规定：人民法院审理下列第一审行政案件，认为事实清楚、权利义务关系明确、争议不大的，可以适用简易程序：(1)被诉行政行为是依法当场作出的；(2)案件涉及款额2 000元以下的；(3)属于政府信息公开案件的。所以选项A正确，选项B错误。第58条规定：经人民法院传票传唤，原告无正当理由拒不到庭，或者未经法庭许可中途退庭的，可以按照撤诉处理；被告无正当理由拒不到庭，或者未经法庭许可中途退庭的，可以缺席判决。所以选项C错误，选项D正确。第70条规定：行政行为有下列情形之一的，人民法院判决撤销或者部分撤销，并可以判决被告重新作出行政行为：(1)主要证据不足的；(2)适用法律、法规错误的；(3)违反法定程序的；(4)超越职权的；(5)滥用职权的；(6)明显不当的。人民法院经过审理，查明被告不履行法定职责的，判决被告在一定期限内履行。所以选项E正确。

（三）

1. BD 【解析】本题考核不动产所有权转移。房屋所有权自登记时转移。选项A错误。该房为夫妻共有财产，需共有人意思一致，才能对外发生效力。所以甲出售房屋的行为属于无权处分。选项B正确。办理房屋过户手续后，丁是房屋的所有权人，丁有权要求丙搬出。选项D正确，选项E错误。
2. D 【解析】本题考核房屋所有权。办理房屋过户手续后，丁是房屋的所有权人。
3. A 【解析】本题考核合同效力。当事人之间订立有关设立、变更、转让和消灭不动产物权的合同，除法律另有规定或者当事人另有约定外，自合同成立时生效；未办理物权登记的，不影响合同效力。
4. ABC 【解析】本题考核特别管辖与专属管辖。《民事诉讼法》规定，不动产案件，由不动产所在地法院管辖。因不动产的权利确认、分割、相邻关系等引起的物权纠纷。农村土地承包经营合同纠纷、房屋租赁合同纠纷、建设工程施工合同纠纷、“政策性”房屋买卖合同纠纷，按照不动产纠纷确定管辖。但该案中，买卖的房屋不是“政策性住房”，而是一般普通商品房，因此不适用专属管辖，适用特别管辖，被告住所地或者是合同履行地法院。本案中，选项A红光区是被告丁的住所地、大河区是被告乙的住所地，理光区是合同履行地，因此，选项ABC均正确。

（四）

1. ADE 【解析】本题考核要约与承诺。甲企业传真订货行为为邀请乙企业报价，欠缺价格条款，不具有要约性质，属于要约邀请。乙企业的报价因同意甲企业方传真中的其他条件，并通过报价使合同条款内容具体确定，约定回复日期则表明其将受报价的约束，已具备要约的全部要件，属于要约。甲企业回复报价行为的性质属于承诺，因其内容与要约一致，且于承诺期限内作出。
2. A 【解析】本题考核合同的成立及效力。当事人约定采用书面形式订立合同，当事人未采用书面形式但一方已经履行主要义务，对方接受的，该合同成立。
3. ACE 【解析】本题考核撤销权。对甲企业放弃债权、无偿转让财产的行为，乙企业可以向人民法院提出行使撤销权的请求，撤销甲企业的放弃债权、无偿转让财产的行为，以维护其权益。撤销权应自债权人知道或者应当知道撤销事由之日起1年内行使，自债务人的行为发生之日起5年内未行使撤销权的，该权利消灭。
4. D 【解析】本题考核民事诉讼的管辖、审理程序、被告。撤销权的行使，应由债权人以自己的名义，通过诉讼的方式行使。诉讼时，如果行为为债务人的单方行为，则以债务人为被告；如果行为为双方行为，则应以债务人与相对人为共同被告；兼有财产返还请求的，则以债务人、相对人及受益人为共同被告。

（五）

1. E 【解析】本题考核股东出资、不动产所有权转移。公司股东用于出资的财产应当是自己所有且未设定担保的财产。丁公司的设立有效，甲公司以未取得所有权之楼房出资仅导致甲公司承担出资不实的法律责任，不影响公司设立的效力。

2. DE 【解析】本题考核资本维持原则。丁公司未经减资，股东丙公司直接撤出出资，实为抽逃出资，不符合公司资本维持原则的规定。公司成立后，公司、股东或者公司债权人以相关股东的行为符合下列情形之一且损害公司权益为由，请求认定该股东抽逃出资的，人民法院应予支持：(1)通过虚构债权债务关系将其出资转出；(2)制作虚假财务会计报表虚增利润进行分配；(3)利用关联交易将出资转出；(4)其他未经法定程序将出资抽回的行为。

3. E 【解析】本题考核公司担保的相关规定。该担保事项应由无关联关系的股东表决决定。公司为股东或者实际控制人提供担保的，必须经股东会决议。接受担保的股东或者受实际控制人支配的股东不得参加表决，该项表决由出席会议的其他股东所持表决权的过半数通过。

4. BCE 【解析】本题考核破产债权、取回权、出资责任。(1)贾某的200万元是对丁公司的出资，公司股东不得以出资款向公司主张债权。所以贾某的申报不构成破产债权。所以选项A错误。(2)乙公司仍是A楼房的产权人，可依法收回该楼房。所以选项B正确。(3)甲公司虚假出资，丙公司非法抽逃资金，应对债权人承担连带责任；某会计师事务所明知丁公司设立时甲公司出资不实，仍予验资，应在其虚假验资的范围内承担责任。所以选项C正确。(4)丁公司与B银行签订的担保合同有效，B银行破产债权成立。但该担保是保证担保，B银行不享有担保物权，无权优先受偿。所以选项D错误。(5)相关当事人以对债务人的债务负有连带责任的人未丧失清偿能力为由，主张债务人不具备破产原因的，法院不予支持。所以选项E正确。

（六）

1. B 【解析】本题考核股东对外转让股权的规定。本题中，股东潘某收到通知的时间为2020年1月1日，那么其应该在2020年1月31日之前作出答复，否则视为同意转让。

2. BCE 【解析】本题考核异议股东回购请求权。有下列情形之一的，对股东会该项决议投反对票的股东可以请求公司按照合理的价格收购其股权：(1)公司连续5年不向股东分配利润，而公司该5年连续盈利，并且符合规定的分配利润条件的；(2)公司合并、分立、转让主要财产的；(3)公司章程规定的营业期限届满或者章程规定的其他解散事由出现，股东会会议通过决议修改章程使公司存续的。公司董事长期冲突，且无法通过股东会或者股东大会解决，公司经营管理发生严重困难的，是股东提起解散诉讼的理由。

3. BCD 【解析】本题考核破产财产。豪俊公司租用宏达公司的汽车属于宏达公司的财产，豪俊公司借用唯实公司的机器设备属于唯实公司的财产，都不属于破产财产。

4. ACDE 【解析】本题考核破产案件受理的法律后果。人民法院受理破产申请后，执行程序应当中止。

（七）

1. DE 【解析】本题考核有限责任公司的相关规定。有限责任公司股东会的职权之一是选举和更换非由职工代表担任的监事，职工代表出任的监事是由职工民主选举产生的。所以选项D不符合规定。股东在出资后不能撤回出资。所以选项 E 不符合规定。

2. BCD 【解析】本题考核异议股东股份回购请求权。有下列情形之一的，对股东会该项决议投反对票的股东可以请求公司按照合理的价格收购其股权：公司连续 5 年不向股东分配利润，而公司该 5 年连续盈利，并且符合规定的分配利润条件的；公司合并、分立、转让主要财产的；公司章程规定的营业期限届满或者章程规定的其他解散事由出现，股东会会议通过决议修改章程使公司存续的。所以选项 A 错误，选项 B、C、D 正确。公司已持续两年以上无法召开股东会，公司经营管理发生严重困难的，是股东提起解散诉讼的理由。所以选项 E 错误。

3. B 【解析】本题考核有限责任公司股东转让出资的相关规定。股东应就其股权转让事项书面通知其他股东征求同意，其他股东自接到通知之日起满 30 日未答复的，视为同意转让。

4. D 【解析】本题考核取回权的行使。人民法院受理破产申请后，债务人占有的不属于债务人的财产，该财产的权利人可以通过管理人取回。

（八）

1. ABCD 【解析】本题考核股东出资责任。股东未履行或者未全面履行出资义务或者抽逃出资，公司根据公司章程或者股东会决议对其利润分配请求权、新股优先认购权、剩余财产分配请求权等股东权利作出相应的合理限制，该股东请求认定该限制无效的，人民法院不予支持。所以选项 A、D 正确。发起人不依照规定缴纳出资的，应当按照发起人协议承担违约责任。所以选项 B 正确，选项 E 错误。股东未按期足额缴纳出资，为虚假出资。包括不出资、不足额出资、不按期出资三种情况。所以选项 C 正确。

2. AD 【解析】本题考核股东知情权。有限责任公司股东查阅公司会计账簿，需书面请求公司同意。经公司同意与经其他股东同意不同。所以选项 A 正确。股东有权查阅、复制公司章程、股东会会议记录、董事会会议决议、监事会会议决议和财务会计报告。有权查阅公司会计账簿。公司以查阅涉及公司商业秘密，且申请未得到甲、乙同意为由予以拒绝没有法律依据。所以选项 D 正确，选项 B、E 错误。股东依据人民法院生效判决查阅公司文件材料的，在该股东在场的情况下，可以由会计师、律师等依法或者依据执业行为规范负有保密义务的中介机构执业人员辅助进行。所以选项 C 错误。

3. D 【解析】本题考核保证方式、民间借贷。非自然人之间的民间借贷合同一般是依法成立时生效。所以选项 A 错误。当事人对保证方式没有约定或者约定不明确的，按照一般保证承担保证责任。保证人有先诉抗辩权。所以选项 B、C 错误。借贷双方约定的利率未超过年利率 24%，出借人请求借款人按照约定的利率支付利息的，人民法院应予支持。借贷双方约定的利率超过年利率 36%，超过部分的利息约定无效。所以选项 D 正确，选项 E 错误。

4. ADE 【解析】本题考核共同诉讼、普通程序。公司债权人可以请求未履行或者未全面履行出资义务的股东，在未出资本息范围内，对公司债务不能清偿的部分承担补充赔偿责任，因此可以将甲、丙追加为共同被告。所以选项 A 正确，选项 B 错误。因保证合同纠纷提起的诉讼，债权人向保证人和被保证人一并主张权利的，人民法院应当将保证人和被保证人列为共同被告。所以选项 C 错误。人民法院受理案件后，当事人对管辖权有异议的，应当在提交答辩状期间提出。所以选项 E 正确。

【有“李”有据】选项 E 有争议，在实战考试中，建议不选，以免误选造成的失分现象。

（九）

1. CDE 【解析】本题考核税务行政处罚程序。税务机关对公民作出2 000元以上(含本数)罚款或者对法人或者其他组织作出10 000元以上(含本数)罚款的行政处罚之前，应当向当事人送达《税务行政处罚事项告知书》，告知当事人已经查明的违法事实、证据、行政处罚的法律依据和拟将给予的行政处罚，并告知有要求听证的权利。当事人要求听证符合条件的，税务机关应在收到听证申请后15日内举行听证。因此选项CDE正确。

2. B 【解析】本题考核逃税罪的认定。逃税罪，是指纳税人采取欺骗、隐瞒手段进行虚假纳税申报或者不申报，逃避缴纳税款，使国家税收受到侵害，数额较大的一种犯罪。抗税罪的主体只能是自然人，甲公司不构成抗税罪的主体，且张某的行为只是说明情况，并未采用暴力胁迫方法。

3. DE 【解析】本题考核《刑法修正案(七)》中关于"初犯补税免罪"规定。有逃避缴纳税款行为的纳税人经税务机关依法下达追缴通知后，补缴应纳税款，缴纳滞纳金，已受行政处罚的，不予追究刑事责任；但是，5年内因逃避缴纳税款受过刑事处罚或者被税务机关给予2次以上行政处罚的除外。

4. ACE 【解析】本题考核逃税罪的犯罪构成以及对单位犯罪的刑事责任承担。

（十）

1. AD 【解析】本题考核涉及增值税专用发票的犯罪。非法购买增值税专用发票又虚开的，按照虚开增值税专用发票罪定罪处罚。本题中不涉及出售的情形，所以不能定非法出售增值税专用发票罪。

2. ACD 【解析】本题考核渎职罪。成某的行为构成徇私舞弊不移交刑事案件罪。国家机关工作人员实施渎职犯罪并收受贿赂，同时构成受贿罪的，除刑法另有规定外，以渎职犯罪和受贿罪数罪并罚。所以选项E错误。

3. ABE 【解析】本题考核监察委员会。《监察法》第16条规定：各级监察机关按照管理权限管辖本辖区内本法第15条规定的人员所涉监察事项。上级监察机关可以办理下一级监察机关管辖范围内的监察事项，必要时也可以办理所辖各级监察机关管辖范围内的监察事项。本题中，成某是桃园市税务局工作人员，所以选项AB均正确。各级监察委员会是行使国家监察职能的专责机关，依照本法对所有行使公权力的公职人员(以下称公职人员)进行监察，调查职务违法和职务犯罪，开展廉政建设和反腐败工作，维护宪法和法律的尊严。成某是税务局工作人员，行使的是公权力，属于监察委员会的监察对象。所以选项C错误。依法应当留置的被调查人如果在逃，监察机关可以决定在本行政区域内通缉，由公安机关发布通缉令，追捕归案。通缉范围超出本行政区域的，应当报请有权决定的上级监察机关决定。所以选项D错误，选项E正确。

4. BDE 【解析】本题考核监察机关的调查权。调查是指监察机关在调查职务违法和职务犯罪过程中，为了查明案情、收集证据，依法对涉嫌职务犯罪的被调查人采取的各种专门调查措施。包括谈话、讯问、询问、查询、冻结、搜查、调取、查封、扣押、勘验检查、鉴定等。对于举报人，只能"询问"而非"讯问"，所以选项A错误。本案中成某在逃，故无法"讯问"，所以选项C错误。

第四部分

机考通关模拟试题演练

JINGDIAN TIJIE

智慧启航

没有人事先了解自己到底有多大的力量，直到他试过以后才知道。

——歌德

机考通关模拟试题

JINGDIAN TIJIE

模拟试卷(一)

一、单项选择题(共40题，每题1.5分。每题的备选项中，只有1个最符合题意。)

1. 合理行政是依法行政的基本要求之一。下列做法体现了合理行政要求的是(　)。
   A. 行政机关应当告知行政相对人提出法律救济的法定方式
   B. 行政机关要平等对待行政管理相对人
   C. 非因法定事由并经法定程序，行政机关不得撤回已生效的行政决定
   D. 与行政相对人或者行政事项有利害关系的公务员应当回避
2. 甲公司向规划局交纳了一定费用后获得了该局发放的建设用地规划许可证。刘某的房屋紧邻该许可规划用地，刘某认为建筑工程完成后将遮挡其房屋采光，向法院起诉请求撤销该许可决定。根据《行政许可法》《行政诉讼法》及相关司法解释的规定，下列说法正确的是(　)。
   A. 规划局发放许可证不得向甲公司收取任何费用
   B. 因刘某不是该许可的利害关系人，规划局审查和决定发放许可证无须听取其意见
   C. 因刘某不是该许可的相对人，不具有原告资格
   D. 因该建筑工程尚未开工建设，刘某权益受侵犯不具有现实性，不具有原告资格
3. 关于行政处罚的设定权与规定权，下列说法正确的是(　)。
   A. 江苏省人大制定的《江苏省旅游业营业管理条例》无权设定吊销个体旅馆营业执照的处罚
   B. 南京市政府颁发的规章只能对上位法设定的处罚作出具体规定
   C. 江苏省地方性法规就某一违法行为设定给予1万~5万元罚款，南京市政府的配套实施规章中不可以将该罚款幅度规定为5万~8万元
   D. 南京市政府规章中设定的罚款数额应当由本级人大常委会决定
4. 某省税务机关为了贯彻《税务行政处罚裁量权行使规则》，拟制定税务行政处罚裁量基准。下列关于拟制的程序和内容，正确的是(　)。
   A. 应当明确处罚裁量的依据
   B. 税务机关在实施行政处罚时，应当以法律、法规为依据
   C. 该裁量基准内容包括处罚依据、裁量阶次以及具体标准三项内容
   D. 根据上述规则，违反税收法律、行政法规应当给予行政处罚的行为在2年内未被发现的，不再给予行政处罚
5. 根据《行政强制法》的规定，下列有关代履行的说法中，正确的是(　)。
   A. 代履行由法律、法规设定
   B. 代履行可以对居民生活采取停水、停电、停热、停燃气的手段
   C. 行政机关和没有利害关系的第三人都可以实施代履行
   D. 代履行的费用由行政机关承担
6. 根据税务行政复议法律制度，提出税务行政复议申请的主体(　)。
   A. 只能是纳税义务人或者扣缴义务人
   B. 可以是其权利直接被税务具体行政行为

剥夺、限制或者被赋予义务的第三人

C. 可以是企业纳税人的财务人员

D. 必须是作出税务具体行政行为的税务机关

7. 根据《行政复议法》《行政复议法实施条例》规定，下列当事人对行政处罚不服申请行政复议的案件中，当事人应当向该部门的上一级主管部门申请行政复议的案件是(　)。

A. 对外汇管理部门作出的行政处罚不服申请复议的案件

B. 对生态环境部门作出的行政处罚不服申请复议的案件

C. 对交通运输部门作出的行政处罚不服申请复议的案件

D. 对自然资源部门作出的行政处罚不服申请复议的案件

8. 赵某在某区经营自制熟食已经有一段时间，因其所作熟食味道独特，食客颇众。但区卫生局接到举报称赵某在所制熟食中加入了“鸦片”，遂决定对赵某展开调查。赵某得知后，欲起诉卫生局。下列说法正确的是(　)。

A. 卫生局要调查赵某的决定行为是尚未成熟的行为，未对赵某产生实际影响，因此是不可诉的，由其引发的争议不属于行政诉讼的受案范围

B. 因为即将进行的调查行为以及可能的处理行为均会损害到赵某的合法权益，若等到损害发生，就会无法弥补，因此应允许赵某起诉卫生局的决定行为，该案件属于行政诉讼的受案范围

C. 因决定行为是卫生局的内部行为，因此是不可诉的

D. 因决定行为影响了赵某的名誉，是侵害人身权的具体行政行为，属于行政诉讼的受案范围

9. 甲县生态环境局与水利局在联合执法过程中，发现某化工厂排污口建在行洪通道上，并对下游河水造成污染，遂联合作出责令该厂限期拆除其排污口的决定。甲县水利局工作人员田某向该厂送达决定书时，遭到该厂职工围攻而受伤。该厂不服，以甲县水利局为被告向法院提起行政诉讼。对此，下列说法中正确的是(　)。

A. 法院应当通知某化工厂变更被告

B. 甲县水利局可以对田某被打一事提起反诉

C. 田某可以成为本案的第三人

D. 若法院追加且某化工厂同意，甲县生态环境局为本案的共同被告

10. 某镇政府以甲公司所建钢架大棚未取得乡村建设规划许可证为由责令限期拆除。该公司逾期不拆除，镇政府现场向其送达强拆通知书，组织人员拆除了大棚。该公司向法院起诉要求撤销强拆行为。如一审法院审理认为强拆行为违反法定程序，可作出的判决是(　)。

A. 撤销判决　　B. 确认违法判决

C. 履行判决　　D. 变更判决

11. 民事权利是民事法律规范规定或确认的民事主体的权利，权利人可以在法定范围内享有某种利益或实施一定的行为，或者请求民事义务主体为一定行为或不为一定行为。下列关于民事权利的说法中正确的是(　)。

A. 直接支配权利客体的权利是绝对权

B. 无须通过义务人的行为，能对抗不特定人的权利是形成权

C. 抗辩权是对抗他人行使权利的权利

D. 物权和债权是财产权，继承权是人身权

12. 下列行为中，属于无效民事法律行为的是(　)。

A. 行为人有重大误解的民事法律行为

B. 显失公平的民事法律行为

C. 未成年人丙(19 周岁)将同伴打伤

D. 甲与乙之间买卖假发票的行为

13. 下列法律事实中，能够引起诉讼时效中止的事由是(　)。

A. 债权人起诉债务人

B. 原告的法定代理人于诉讼时效期间届满前5天死亡

C. 债权人和债务人签订还债协议

D. 债权人向债务人主张到期债权

14. 甲将一套房屋转让给乙，乙再转让给丙，相继办理了房屋过户登记。丙聘请丁翻建房屋时在地下挖出一青花瓷，经查为甲的祖父埋藏，甲是其祖父唯一继承人。现甲、乙、丙、丁均对青花瓷主张权利，则下列说法正确的是(　)。

A. 甲继受取得青花瓷的所有权

B. 乙善意取得青花瓷的所有权

C. 丙善意取得青花瓷的所有权

D. 丁原始取得青花瓷的所有权

15. 根据规定，当事人以下列财产设定抵押，抵押权自登记时设立的是(　)。

A. 正在建造的学校教学楼

B. 正在建造的商品房

C. 船舶

D. 汽车

16. 在民法上，能引起债发生的法律事实是(　)。

A. 侵权行为　　B. 纳税

C. 先占　　D. 生产

17. 下列有关保证期间确定的说法中，错误的是(　)。

A. 当事人可以在合同中约定保证期间

B. 当事人如果没有约定的，保证期间为6个月

C. 保证合同约定保证人承担保证责任，直至主债务本息还清时为止等类似内容的，视为约定不明，保证期间为主债务履行期届满之日起6个月

D. 如果主债务履行期限没有约定或者约定不明，保证期间自债权人请求债务人履行债务的宽限期届满之日计算

18. 根据《合同法》的规定，下列选项中，无权随时解除合同的是(　)。

A. 承揽合同的承揽人

B. 承揽合同的定作人

C. 委托合同的委托人

D. 委托合同的受托人

19. 甲、乙签订一份买卖合同，约定违约方应向对方支付18万元违约金。后甲违约，给乙造成损失15万元。下列表述正确的是(　)。

A. 甲应向乙支付违约金18万元，不再支付其他费用或者赔偿损失

B. 甲应向乙赔偿损失15万元，不再支付其他费用或者赔偿损失

C. 甲应向乙赔偿损失15万元并支付违约金18万元，共计33万元

D. 甲应向乙赔偿损失15万元及其利息

20. 自然人甲因经商向自然人乙借款10万元，借期1年，于2019年8月1日签订合同，乙于8月3日将借款交付给甲，约定期满归还。到期甲未归还。根据合同法律制度的规定，下列表述中正确的是(　)。

A. 借款合同于2019年8月1日生效

B. 自然人之间的借款合同均属于无偿合同

C. 借款合同对支付利息没有约定，视为不支付借期利息与逾期利息

D. 乙可以要求甲偿付逾期利息

21. 甲市公安局刑警陆某在回家途中，迎面遇上喝醉酒的邻居姜某，陆某和姜某向来不和，看到姜某醉醺醺挡在路中央，因巷子狭小而无法通行，陆某更加厌烦，让姜某让路，姜某不允，两人随即发生争执，陆某一怒之下对姜某进行一顿拳打脚踢，将姜某打成了轻微伤。下列选项中对陆某的行为性质认定正确的是(　)。

A. 陆某是公务人员，对姜某的损失免责

B. 姜某自己有过错，对自己的身体损害与陆某共担

C. 陆某应当对姜某的身体伤害承担赔偿责任

D. 姜某与公务人员争执，陆某的行为应

认定为正当防卫

22. 根据《个人独资企业法》的规定，下列关于个人独资企业的说法正确的是(　)。

A. 投资人设立企业时投入的财产与企业存续期间积累的财产归个人独资企业所有

B. 个人独资企业设立登记时明确以家庭共有财产作为个人出资的才依法以家庭共有财产对企业债务承担无限责任

C. 个人独资企业投资人可以劳务出资

D. 受托人或者被聘用人员超越职权的限制，该行为在得到投资人追认后才能对个人独资企业产生效力

23. 甲、乙、丙三人是忠信有限公司的股东，甲为执行董事，丙为唯一监事。公司经营不善，持有公司15%股权的乙半年来多次要求甲、丙召集临时股东会寻求解决方案均遭到拒绝。乙可以(　)。

A. 自行召集和主持临时股东会

B. 申请工商行政机关撤销甲的执行董事职务

C. 向法院提起诉讼，请求解散公司

D. 请求公司以合理的价格收购自己的股权

24. 下列关于一人有限责任公司的说法中，不符合《公司法》规定的是(　)。

A. 一个自然人只能投资设立一个一人有限责任公司，且该一人有限责任公司不能投资设立新的一人有限责任公司

B. 一人有限责任公司与其他有限责任公司在注册资本最低限额的规定、股东出资可否分期缴付的规定上存在不同

C. 一人有限责任公司的章程由股东制定

D. 一人有限责任公司的股东不能证明公司财产独立于股东自己财产的，应当对公司债务承担连带责任

25. 根据《公司法》的规定，下列关于有限责任公司股权转让的说法中，错误的是(　)。

A. 股权转让既可以在公司股东之间进行，也可以在股东和股东以外的人之间进行

B. 若发生股权转让，应相应修改公司章程和股东名册中有关股东及其出资额的记载

C. 股东向股东以外的人转让股权，须经股东会一致同意或董事会批准

D. 经股东同意转让的股权，在同等条件下，其他股东有优先购买权

26. 某公司长期不能清偿到期债务，发生破产原因，对此下列说法不正确的是(　)。

A. 该公司可以向人民法院提出重整

B. 该公司可以向人民法院提出破产清算申请

C. 该公司的债权人可以向人民法院提出和解

D. 该公司的债权人可以向人民法院提出破产清算申请

27. 关于管理人或者债务人依照破产法规定解除双方均未履行完毕的合同，下列说法错误的是(　)。

A. 对方当事人可以以因合同解除所产生的损害赔偿请求权申报债权

B. 申报的债权以实际损失为限，违约金不得作为破产债权申报

C. 对该笔债权的核查确认费用作为破产费用支付

D. 对方当事人因合同解除所产生的损害赔偿费用属于共益债务

28. 根据《企业破产法》的规定，下列有关和解的表述中，正确的是(　)。

A. 对债务人的特定财产享有担保权的权利人，自人民法院裁定和解之日起可行使权利

B. 债务人、债权人均可提出和解申请，并经人民法院裁定许可

C. 和解协议草案未获债权人会议通过的，人民法院应当裁定中止和解程序

D. 经出席债权人会议的有表决权的债权人过半数同意，债权人会议即可决议通

过和解协议草案

29. 采用数据电文形式订立合同的，收件人指定特定接收数据电文系统的，该数据电文(　)的时间，视为到达时间。

A. 进入收件人的任何系统的首次

B. 到达收件人的任何系统的首次

C. 进入该特定系统

D. 到达该特定系统

30. 下列社会保险险种中，不需要职工个人缴纳保险费的是(　)。

A. 医疗保险　　B. 生育保险

C. 失业保险　　D. 养老保险

31. 宋某诉吴某支付房屋租金2 000元，法院决定适用小额诉讼程序审理。关于该案的审理，下列说法中正确的是(　)。

A. 法院确定的举证期限为15日

B. 当事人到庭后，法院立即开庭审理

C. 经宋某和吴某同意后，法院可进行书面审理

D. 实行一审终审

32. 赵某(80周岁)喝醉后，以特别残忍的手段将其老伴杀害。根据《刑法》的规定，下列说法正确的是(　)。

A. 对赵某应当予以缓刑

B. 对赵某可以从轻或减轻处罚

C. 对赵某应当从轻或减轻处罚

D. 对赵某不适用死刑

33. 甲持刀闯入与自己断绝恋爱关系的乙家，意图将其杀害，在乙的苦苦哀求下，甲于心不忍将刀扔下，转身离去。甲的行为(　)。

A. 属于犯罪预备

B. 属于犯罪未遂

C. 不构成犯罪

D. 属于犯罪中止

34. 根据《刑法》的规定，下列有关刑罚的说法中正确的是(　)。

A. 管制的期限为6个月以上2年以下

B. 主刑和附加刑都可以独立适用

C. 对于故意杀人的犯罪分子，应当附加剥夺政治权利

D. 被判处死缓的犯罪分子，在死刑缓期执行期间，如果确有重大立功表现，2年期满以后，减为15年以上20年以下有期徒刑

35. 根据《刑法》的规定，关于缓刑、减刑、假释，下列说法错误的是(　)。

A. 甲因拐骗儿童罪被判有期徒刑3年，刑满释放后第4年又犯暴力干涉婚姻自由罪，被判有期徒刑1年。对甲既不能缓刑，也不能假释，但可以减刑

B. 乙因抢劫罪被判处死刑缓期执行，法院应当同时决定对其限制减刑

C. 如果是在考验期内又犯新罪，无论是缓刑还是假释，无论是在考验期限内发现还是在考验期满后发现，都应当撤销缓刑或假释

D. 如果是漏罪，无论是缓刑还是假释，在考验期满后才发现的，不撤销缓刑或假释

36. 税务机关工作人员小杨，利用职务上的便利，索取、收受纳税人财物，不征或少征应征税款，致使国家税收遭受重大损失的，应(　)。

A. 按受贿罪定罪处罚

B. 按徇私舞弊不征、少征税款罪定罪处罚

C. 按徇私舞弊不征、少征税款罪和受贿罪数罪并罚

D. 按徇私舞弊不征、少征税款罪或受贿罪从一重罪处罚

37. 根据《刑事诉讼法》的规定，下列属于辩护人诉讼权利的是(　)。

A. 经人民法院许可，会见在押被告人

B. 根据案情需要，通知证人出庭作证

C. 自案件移送审查起诉之日起，自行查阅、复制与案件有关的材料

D. 直接向证人收集证据

38. 根据《刑事诉讼法》，下列有关刑事强制措施的说法正确的是(　)。

A. 不得多次拘传犯罪嫌疑人，并且在拘传时应当保证犯罪嫌疑人的饮食和必要的休息时间

B. 取保候审和监视居住的申请人、决定机关和执行机关都是一致的

C. 被取保候审、监视居住的犯罪嫌疑人、被告人不得以任何理由离开其所居住的市、县或者执行监视居住的处所

D. 检察院审查批准逮捕时，应当讯问犯罪嫌疑人并听取其辩护律师的意见

39. 根据监察法律制度的规定，下列说法错误的是(　)。

A. 监察委依照法律规定独立行使监察权，不受行政机关、社会团体和个人的干涉

B. 监察机构、监察专员对派驻或者派出它的监察委负责，不受驻在单位的领导

C. 对涉嫌贪污贿赂、失职渎职等职务犯罪的被调查人，监察机关应当进行讯问

D. 监察机关发现采取留置措施不当的，应当及时解除

40. 根据《监察法》规定，对调查过程中的重要事项，应当(　)后按程序请示报告。

A. 集体研究　　B. 部门审批

C. 负责人审批　　D. 调查人员自行决定

二、多项选择题(共 20 题，每题 2 分。每题的备选项中，有 2 个或 2 个以上符合题意，至少有 1 个错项。错选，本题不得分；少选，所选的每个选项得 0.5 分。)

41. 根据《行政许可法》的规定，下列关于行政许可的撤销、撤回、注销、吊销的说法中正确的有(　)。

A. 行政许可的撤销和撤回都涉及被许可人的实体权利

B. 若行政机关发现被许可人的申请材料系伪造，内容不真实，应当予以撤回

C. 注销是行政许可被撤销、撤回、吊销后的法定程序

D. 若当事人申请延续许可，相关部门在规定期限内未予答复的，视为注销该行政许可

E. 行政机关作出吊销行政许可的决定前，应当告知被处罚人有要求听证的权利

42. 根据《行政处罚法》及有关规定，税务机关在对法人作出(　)的决定之前，无须告知纳税人有要求听证的权利。

A. 5 000 元罚款

B. 停止办理出口退税

C. 扣押应纳税商品、货物

D. 调取当年度涉税账簿资料

E. 吊销税务行政许可证件

43. 根据《行政强制法》，下列关于行政强制措施实施程序的表述中，说法正确的有(　)。

A. 违法行为情节轻微的，行政机关可以不采取行政强制措施

B. 行政强制措施不得委托

C. 行政机关实施行政强制措施，应当听取当事人的陈述和申辩

D. 实施行政强制措施的目的已经达到或条件已经消失，应当立即解除

E. 情况紧急，需要当场实施行政强制措施的，行政执法人员应当在 12 小时内向行政机关负责人报告，并补办批准手续

44. 在行政诉讼过程中，存在下列(　)情形下，人民法院可视为申请撤诉。

A. 原告申请撤诉，法院裁定不予准许，经合法传唤拒不到庭的

B. 原告认为法院偏袒被告，未经法庭许可中途退庭的

C. 第三人参加诉讼后因家中有急事，未经法庭许可中途退庭的

D. 原告在法定期限内未交纳诉讼费用且未提出暂不交纳诉讼费用申请的

E. 在行政诉讼过程中，被告改变原行政行为，原告不撤诉的

45. 下列关于诉讼时效的表述中，正确的有(　)。

A. 诉讼时效和除斥期间都是限制权利行使的期间

B. 基于投资关系产生的缴付出资请求权案件，人民法院不支持当事人的诉讼时效抗辩

C. 当事人约定同一债务分期履行的，诉讼时效期间从最后一期履行期限届满之日起计算

D. 诉讼时效期间届满，债务人以此抗辩的，债权人丧失胜诉权

E. 诉讼时效期间中止的，从中止时效的原因消除之日起，诉讼时效重新计算

46. 甲向乙借款，欲以轿车作担保。关于担保，下列选项符合《物权法》规定的有(　)。

A. 甲可就该轿车设立质权

B. 甲可就该轿车设立抵押权

C. 就该轿车的质权自登记时设立

D. 就该轿车的抵押权自登记时设立

E. 设定抵押和质押，均不需要移交轿车的占有

47. 甲将相机(价值3万元)交给乙保管，因为缺钱，乙擅自作价2.5万元，将该相机以自己的名义出卖给不知情的丙，并交付。对此，下列表述正确的有(　)。

A. 乙、丙之间的买卖合同有效

B. 乙、丙之间的买卖合同效力待定

C. 须甲追认或者乙取得处分权后，善意的丙才能取得相机的所有权

D. 无须甲追认或者乙取得处分权，丙即可取得相机的所有权

E. 因丙取得相机所有权给甲造成的损失，甲有权向乙追偿

48. 甲对乙享有50 000元债权，已到清偿期限，但乙一直宣称无能力清偿欠款。经调查甲发现，乙对丁享有3个月后到期的7 000元债权，戊因赌博欠乙8 000元。另外，乙在半年前发生交通事故，因事故中的人身伤害对丙享有10 000元债权，因事故中的财产损失对丙享有5 000元债权。乙无其他可供执行的财产，乙对其享有的债权都怠于行使。根据《合同法》的规定，下列各项中说法正确的有(　)。

A. 乙对丁的7 000元债权、对戊的8 000元债权、对丙的10 000元债权，甲均不可以代位行使

B. 甲代位行使乙对丙的5 000元债权，必须通过诉讼方式行使

C. 甲行使代位权，可以要求丙承担甲因行使代位权所支出的必要费用

D. 甲行使代位权，只能以乙的名义起诉丙，不能以自己的名义起诉

E. 甲应以乙为被告、丙为第三人提起代位权诉讼

49. 雨润公司和华新公司签订了一份购销合同，规定由雨润公司向华新公司供应货物，华新公司应在货到后3天内付款，飞达公司作为华新公司按期付款的保证人承担连带保证，双方没有约定保证期间。雨润公司按合同规定交付了货物之后，华新公司拒绝付款。此时，雨润公司(　)。

A. 应在付款期限到期后2年内就购销合同提请审判或仲裁，在华新公司拒绝执行付款判决后，要求飞达公司承担保证责任

B. 有权要求华新公司支付货款并承担违约责任，也可以要求飞达公司承担保证责任

C. 应先要求华新公司支付货款并承担违约责任，华新公司拒绝时可要求飞达公司承担保证责任

D. 若先要求飞达公司承担保证责任，则飞达公司可以主张先诉抗辩权

E. 可以在6个月的保证期间内直接向飞达公司主张保证责任

50. 下列侵权行为中，适用无过错责任原则的有(　)。

A. 环境污染致人损害的侵权行为

B. 高危作业致人损害的侵权行为

C. 被监护人致人损害的侵权行为

D. 道路施工致人损害的侵权行为

E. 建筑物物件致损

51. 下列关于特殊的普通合伙企业的说法中，正确的有(　)。

A. 特殊的普通合伙企业名称中需要标明“特殊普通合伙”字样，需要执行公示制度

B. 任何情况下，合伙人对合伙企业债务都承担无限连带责任

C. 特殊的普通合伙企业应当建立执业风险基金、办理职业保险，执业风险基金应当单独立户管理

D. 非专业服务机构也可以采取特殊的普通合伙企业形式

E. 特殊的普通合伙企业是以专业知识和专门技能为客户提供有偿服务的专业机构

52. 根据公司法律制度的规定，下列事项中，属于上市公司股东大会决议应经出席会议的股东所持表决权 2/3 以上通过的有(　)。

A. 修改公司章程

B. 增加公司注册资本

C. 公司的内部管理机构设置

D. 公司为公司股东提供担保

E. 发行公司债券

53. 下列关于破产申请受理程序的说法中正确的有(　)。

A. 债务人、依法负有清算责任的人提出破产申请的，人民法院自收到破产申请之日起 15 日内裁定是否受理

B. 法院不予受理破产申请和驳回破产申请均应以裁定形式作出

C. 人民法院受理破产申请的，应当自裁定作出之日起 5 日内送达申请人

D. 除重整程序中债务人经人民法院许可自行管理财产和营业事务外，管理人成为债务人财产的实际控制者，依法管理和处分债务人财产

E. 债务人的债务人应当向法院交付财产

54. 尚友有限公司因经营管理不善，决定依照《企业破产法》进行重整。关于重整计划草案，下列选项正确的有(　)。

A. 在尚友公司自行管理财产与营业事务时，由其自己制作重整计划草案

B. 债权人参加讨论重整计划草案的债权人会议时，应按法定的债权分类，分组对该草案进行表决

C. 出席会议的同一表决组的债权人过半数同意重整计划草案，即为该组通过重整计划草案

D. 2/3 以上表决组通过重整计划草案，重整计划即为通过

E. 若尚友公司或者管理人不能按期提出重整计划草案，人民法院应当裁定终止重整程序，并宣告债务人破产

55. 关于破产财产的分配，下列说法符合《企业破产法》规定的有(　)。

A. 管理人拟订的破产财产分配方案，首先应当提交债权人会议讨论

B. 破产财产分配方案经债权人会议认可后，由管理人执行

C. 对于附生效条件或者解除条件的债权，管理人应当将其分配额提存

D. 债权人未受领破产财产分配额的，视为放弃受领分配的权利

E. 破产案件的诉讼费用属于破产费用，应优先拨付

56. 根据《电子商务法》的规定，下列属于电子商务经营者的有(　)。

A. 电子商务平台经营者

B. 平台内经营者

C. 平台外经营者

D. 通过自建网站的电子商务经营者

E. 通过其他网络服务销售商品或者提供服务的电子商务经营者

57. 根据《刑法》的规定，下列有关追诉时效的表述，正确的有(　)。

A. 犯罪行为没有连续或者继续状态的，追诉期限从犯罪行为终了之日起计算

B. 犯罪行为有连续或继续状态的，追诉

期限从犯罪之日起计算

C. 被害人在追诉期限内提出控告，人民检察院、人民法院、公安机关应当立案而不予立案的，不受追诉期限的限制

D. 在追诉期限以内又犯罪的，前罪的追诉期限从犯后罪之日起计算

E. 在人民检察院、公安机关、国家安全机关立案侦查或者人民法院受理案件后，逃避侦查或者审判的，追诉时效中断

58. 根据《刑法》及有关规定，下列选项中成立自首的有(　)。

A. 甲以前曾经犯诈骗罪，被判处 4 年有期徒刑，在刑罚执行完毕后第 3 年又犯盗窃罪，可能被判处 5 年有期徒刑。因形迹可疑，在公安人员询问时如实交代了盗窃的事实

B. 甲、乙共同走私一批唐朝文物出境。甲被抓获后带领公安人员将乙抓获

C. 甲、乙、丙三人持枪抢劫银行。甲带领公安人员抓获了乙，乙带领公安人员抓获了丙

D. 甲因涉嫌行贿罪被立案侦查。在侦查人员讯问时，他主动交代了司法机关尚未掌握的杀人罪行

E. 甲盗窃汽车后逃走，其父母得知后主动报案，并将甲送到公安机关投案

59. 甲因出售增值税专用发票被抓获，下列对其构成犯罪的表述中符合《刑法》规定的有(　)。

A. 若出售的是真的空白增值税专用发票，构成非法出售增值税专用发票罪

B. 若出售的是假的空白增值税专用发票，构成出售伪造的增值税专用发票罪

C. 若出售的是填好金额的增值税专用发票，不论真假，都构成虚开增值税专用发票罪

D. 若甲购买伪造的增值税专用发票后又出售的，构成非法出售增值税专用发票罪

E. 若甲非法购买增值税专用发票后又出售的，构成出售伪造的增值税专用发票罪

60. 根据我国《监察法》，具有特定情形的涉嫌职务犯罪的被调查人主动认罪认罚时，监察机关可以在移送人民检察院时提出从宽处罚的建议。下列选项中，属于特定情形的有(　)。

A. 自动投案，真诚悔罪悔过的

B. 积极配合调查工作，如实供述监察机关还未掌握的违法犯罪行为的

C. 积极退赃，减少损失的

D. 具有重大立功表现或者案件涉及国家重大利益等情形的

E. 具有自首情节的

三、综合分析题（共 20 题，每题 2 分。由单项选择题和多项选择题组成。错选，本题不得分；少选，所选的每个选项得 0.5 分。）

（一）

2019 年 3 月 10 日，某直辖市居民甲、乙、丙三人决定合伙出资成立“新津旅行社”。2019 年 5 月 16 日，三人向该市旅游行政管理部门书面申请成立旅行社并提供了设立申请书、设立旅行社可行性研究报告、旅行社章程、开户银行出具的资金信用证明、注册会计师及其会计师事务所出具的验资报告、经营场所证明、经营设备情况证明等申请文件。该市旅游行政管理部门的工作人员李某当即受理了该申请，并出具了书面的受理凭证。后市旅游行政管理部门指派工作人员张某对三人的申请进行审查，张某未发现三人提供的开户银行出具的资金信用证明系伪造，认为三人的申请符合法律规定的条件和标准，遂在法定期限内作出了准予设立旅行社的决定并向三人颁发了《旅行社业务经营许可证》，三人已经向工商行政管理机关领取营业执照。

61. 若市旅游行政管理部门事后发现三人提供的资金信用证明系伪造，则(　)。

A. 应当撤销已经作出的行政许可

B. 可以撤销已经作出的行政许可

C. 市旅游行政管理部门应赔偿三人的损失

D. 市旅游行政管理部门不需要赔偿三人的损失

E. 不得撤销已经作出的行政许可，因为撤销可能对公共利益造成重大损失

62. 若市旅游行政管理部门撤销其作出的行政许可决定，三人对此不服，起诉至法院，下列说法正确的有( )。

A. 原告应在知道撤销决定之日起 6 个月内提起行政诉讼

B. 人民法院对公开审理和不公开审理的案件，一律公开宣告判决

C. 被告提交答辩状的，人民法院应当在收到答辩状之日起 10 日内，将答辩状副本发送原告

D. 公开审理的案件应当由 3 名审判员组成合议庭

E. 法院宣告判决时，必须告知当事人上诉权利、上诉期限和上诉的人民法院

63. 若市旅游行政管理部门撤销其作出的行政许可，三人对此不服，既提起行政诉讼又申请行政复议，( )。

A. 由复议机关管辖

B. 由法院管辖

C. 由最先受理的机关管辖

D. 由公民、法人或者其他组织选择管辖机关

E. 由最先立案的机关管辖

64. 若市旅游行政管理部门撤销其作出的行政许可，三人认为该决定违法，向人民法院提起行政诉讼，人民法院受理后经依法审查认为三人提供的用于证明被诉具体行政行为违法的证据不成立，( )。

A. 法院可以据此驳回原告的诉讼请求

B. 不免除被告的举证责任

C. 原告将承担败诉的后果

D. 法院不可以据此驳回原告的诉讼请求

E. 推定原告的主张不成立

（二）

甲公司为扩大生产经营规模而多方筹措资金，其中，以厂房作抵押向乙银行借款 200 万元，双方签订了书面抵押合同，并办理了抵押登记；以其 2 套机器设备（进口、国产各 1 套）作抵押向丙信用社借款 100 万，双方签订了书面抵押合同，但未进行抵押登记。甲公司还向生意伙伴个体老板丁借款 30 万，未提供任何担保。抵押期间，甲公司为临时资金周转之需将抵押给丙信用社的国产机器设备出售给戊公司，并完成交付，但未告知戊公司该机器设备已设立抵押的情况。后来，甲公司因其产品滞销回款受阻而无力偿还上述三笔到期借款。于是，乙银行和丙信用社均主张实现抵押权。丁因多次催讨借款无果，强行开走甲公司的一辆奥迪轿车，以迫使甲公司偿还借款。乙银行和丙信用社在主张实现抵押权时发现：甲公司用来抵押的厂房和进口机器设备已被法院查封，原因是甲公司拖欠己公司货款被起诉，且不履行法院生效判决；甲公司的国产机器设备则已被其出售给戊公司。

请根据案情，回答下列问题：

65. 下列关于本案抵押合同效力及抵押权设立与否的说法中，符合法律规定的有( )。

A. 甲、丙抵押合同因未登记而无效

B. 乙银行对厂房的抵押权已经依法设立

C. 丙信用社对 2 套机器设备的抵押权已依法设立，但不能对抗善意第三人

D. 丙信用社对 2 套机器设备的抵押权未设立

E. 甲、乙抵押合同有效

66. 若法院拍卖所查封的厂房和进口机器设备，则甲公司的债权人乙银行、丙信用社、丁、己公司就拍卖所得价款主张的下列权利中，能获得法律支持的有( )。

第四部分 机考通关 模拟试题演练

A. 丁对全部拍卖所得价款主张优先受偿权

B. 丙信用社对进口机器设备拍卖所得价款主张优先受偿权

C. 乙银行对厂房拍卖所得价款主张优先受偿权

D. 己公司对全部拍卖所得价款主张受偿权

E. 乙银行对全部拍卖所得价款主张优先受偿权

67. 下列关于国产机器设备权利变动及行使的说法中，符合规定的有(　)。

A. 丙信用社因抵押合同的签订而取得对国产机器设备的抵押权

B. 戊公司善意取得国产机器设备所有权，因其不知设备已抵押

C. 戊公司有权阻止丙信用社对国产机器设备行使抵押权

D. 戊公司自甲公司交付国产机器设备时继受取得该设备所有权

E. 甲公司将国产机器出售并交付给戊公司，构成无权处分

68. 甲公司和丁对奥迪轿车权利行使的下列主张和做法中，能获得法律支持的有(　)。

A. 甲与丁协商以奥迪轿车抵债

B. 甲基于占有返还请求权而请求丁返还奥迪轿车

C. 丁基于对奥迪轿车的占有而主张行使留置权

D. 丁基于对奥迪轿车的占有而主张行使质权

E. 甲基于物权请求权而请求丁返还奥迪轿车

（三）

刘强（男）和张月（女）是同村，1980 年，在刘强 20 周岁，张月 19 周岁时，两人自由恋爱并托熟人找关系办理了结婚登记。婚后由于张月一直未生育，两人关系趋于紧张，1983 年刘强以两人结婚时未达到法定婚龄为由，主张该婚姻无效。后在相关部门调解及双方家庭的劝说下，二人重归于好。后二人收养刘强哥哥家的儿子刘雷为养子，并到县民政部门办理了收养登记。2011 年，刘雷与崔莹结婚，育有一子刘顺。同年，张月因病去世。2012 年，刘强与李欣结婚，李欣带有一 5 岁女儿李玲，一直跟随刘强和李欣共同生活。2015 年，刘雷在一场车祸中死亡，崔莹一直未改嫁，继续抚养儿子刘顺成长。2018 年初，刘强患病，因李欣患严重心脏病，患病期间，刘强一直由儿媳崔莹照顾。2018 年底刘强死亡。留下积蓄 10 万元、房屋 4 间及祖传花瓶 1 件。在不考虑刘强与亡妻张月夫妻共同财产及遗产分割等问题的基础上，回答下列问题：

69. 下列关于 1983 年，刘强与张月婚姻效力的说法，正确的有(　)。

A. 婚姻可以撤销

B. 婚姻无效

C. 婚姻有效

D. 刘强可向婚姻登记机构或人民法院申请宣告婚姻无效

E. 刘强应在婚姻登记 1 年内提出申请

70. 根据《民法典》，下列属于刘强和张月收养儿子刘雷的法定条件的有(　)。

A. 收养时刘雷须未满 14 周岁

B. 刘雷的生父母须生活困难无力抚养刘雷

C. 刘强和张月有稳定的收入

D. 刘强和张月收养刘强的时间不得早于 1991 年

E. 刘强和张月身体健康，没有传染性疾病

71. 下列关于刘强去世后，其继承人的说法，正确的有(　)。

A. 妻子李欣作为第一顺序继承人

B. 继女李玲作为第一顺序继承人

C. 儿媳崔莹和孙子刘顺代刘雷之位为第

一顺序继承人

D. 孙子刘顺代刘雷之位为第一顺序继承人

E. 儿媳崔莹因对其尽了主要赡养义务，作为第一顺序继承人

72. 如刘强生前立下遗嘱对其遗产进行了分割，根据《民法典》，下列遗嘱中的内容有效的有(　)。

A. 自书遗嘱将4间房屋留给孙子刘顺

B. 在医院抢救时，在一位医生和一位护士的见证下，留下口头遗嘱将4万元存款留给儿媳崔莹

C. 由妻子李欣代书遗嘱将6万元存款留给继女李玲

D. 通过公证遗嘱将祖传花瓶留给其妻李欣

E. 自书遗嘱将所有遗产留给孙子刘顺

(四)

盛泰有限责任公司成立于2015年6月，其注册资本为人民币1 000万元。2019年5月盛泰公司召开了一次股东会会议，经过出席会议的持70%表决权的股东同意作出了三项决议。决议一：股东会决议为股东唐某提供贷款担保，唐某也参加了表决。决议二：股东会决议由股东苗某代替蒋某出任监事，职工监事由康某更换为林某。决议三：股东会作出决议决定盛泰公司分立为盛和公司和泰和公司。

73. 关于决议一，下列表述正确的有(　)。

A. 该决议表决符合法定程序，有效

B. 该决议无效，公司可以对外提供担保，但不得为本公司股东或者实际控制人提供担保

C. 该决议无效，只有董事会才有权决定公司对外提供担保事宜

D. 该决议的表决方式违反法定程序，其他股东可以请求人民法院予以撤销

E. 若唐某没有参加该表决，表决经半数股东通过就是合法有效的

74. 关于决议二，下列表述错误的有(　)。

A. 更换监事康某的决议合法

B. 更换监事蒋某的决议合法

C. 更换两名监事的决议都合法

D. 更换监事是董事会的职权

E. 职工监事应通过职工代表大会等形式民主选举产生

75. 关于决议三，下列做法不符合《公司法》规定的有(　)。

A. 若盛泰公司在分立前与债权人恒祥公司达成书面协议，则盛泰公司的债务按照协议约定由分立后的盛和公司偿还

B. 盛泰公司应当自作出分立决议之日起10日内通知债权人，并于30日内在报纸上公告

C. 公司分立应自公告之日起45日后申请登记

D. 债权人可以要求盛泰公司清偿债务或者提供相应的担保

E. 盛泰公司分立为盛和公司和泰和公司前须进行清算程序

76. 若盛泰公司发生约定的解散事由进行清算，下列说法正确的有(　)。

A. 应当依法在解散事由出现之日起10日内成立清算组

B. 清算组由股东组成

C. 若公司逾期不成立清算组，公司股东可以直接申请人民法院指定清算组

D. 若人民法院指定清算组，清算组成员可以由依法设立的律师事务所担任

E. 清算期间，公司存续，但不得开展与清算无关的经营活动

(五)

2019年5月，某市税务局稽查局在一次检查中发现，浩华公司于2015年6月至2017年1月期间，以2万元价格从威力公司购买增值税专用发票75份，涉及税额近120万元，已全部抵扣。2015年6月至2017年2月，在没有货物交易的情况下，浩华公司向7人开具增值税专用

发票 100 多份，涉及税款 230 余万元。案发后，负责查处此案的税务人员成某受朋友刘某之托，对浩华公司仅处以罚款即结案。根据举报查实，税务人员成某有巨额受贿行为。现成某在逃。

77. 根据《刑法》及有关规定，浩华公司的行为已构成(　)。

A. 虚开增值税专用发票罪

B. 虚开用于抵扣税款发票罪

C. 购买伪造的增值税专用发票罪

D. 非法购买增值税专用发票罪

E. 非法出售增值税专用发票罪

78. 根据《刑法》及有关规定，税务人员成某的行为已构成(　)。

A. 徇私舞弊少征税款罪

B. 徇私舞弊发售发票罪

C. 徇私舞弊出口退税罪

D. 徇私舞弊抵扣税款罪

E. 徇私舞弊不移交刑事案件罪

79. “情节严重”是构成徇私舞弊不移交刑事案件罪的法定要件。根据有关司法解释，下列情形中，属于情节严重的有(　)。

A. 直接负责的主管人员为谋取本单位利益而不移交刑事案件

B. 以罚代刑，放纵犯罪嫌疑人，致使其继续进行违法犯罪活动

C. 不移交刑事案件涉及 5 人次以上

D. 对依法可能判处 5 年以上有期徒刑的犯罪案件不移交

E. 司法机关提出意见后，无正当理由仍然不移交

80. 本案中，侦查机关在查办涉税犯罪案件时，为了查明案情、收集证据，可以依法采取(　)的侦查措施。

A. 讯问举报人　　B. 搜查成某住处

C. 拘留成某　　D. 通缉成某

E. 讯问成某邻居

模拟试卷(二)

一、单项选择题(共40题，每题1.5分。每题的备选项中，只有1个最符合题意。)

1. 关于中央行政机关，下列说法正确的是(　)。

A. 国家铁路局是国务院直属机构

B. 国务院国有资产监督管理委员会是国务院直属特设机构

C. 中国气象局属于国务院直属机构

D. 国务院学位委员会是国务院组成部门

2. 根据行政许可法律制度的规定，行政机关委托实施行政许可，受委托主体(　)。

A. 只能是行政机关

B. 只能是行政机关或者符合条件的事业单位

C. 只能是行政机关或者符合条件的社会团体

D. 可以是行政机关、企事业单位、社会团体或者公民

3. 按照我国《行政处罚法》规定，下列属于行政处罚的是(　)。

A. 代履行

B. 罚金

C. 驱逐出境

D. 责令停产停业

4. 根据《行政强制法》，下列关于行政强制执行的说法中，错误的是(　)。

A. 行政机关不得对居民生活采取停止供水、供电、供热、供燃气等方式迫使当事人履行相关行政决定

B. 行政机关应当充分听取当事人的意见，对当事人提出的事实、理由和证据，应当进行记录、复核

C. 在催告期间，对有证据证明有转移或者隐匿财物迹象的，行政机关应当作出立即强制执行决定

D. 行政机关可以在不损害公共利益和他人合法权益的情况下，与当事人达成执行协议

5. 根据《行政复议法实施条例》，行政复议期间，行政复议机构认为申请人以外的公民、法人或者其他组织与被审查的具体行为有利害关系的，可以通知其作为(　)参加行政复议。

A. 案外人　　　　B. 共同被申请人

C. 共同申请人　　D. 第三人

6. 某市居民李某自行创办了一家工艺品厂，并担任法定代表人，其产品出口东南亚，销售情况很好。建厂之初，为了取得出口许可，李某将工艺品厂挂靠在市政府的名下。后来市政府在整合国有资产时将工艺品厂易名后收归国有。李某不服，欲提起行政诉讼。下列说法正确的是(　)。

A. 李某只能以自己的名义提起诉讼

B. 李某只能以原工艺品厂的名义提起诉讼，因为市政府具体行政行为的直接作用对象为原工艺品厂

C. 李某可以选择以自己名义或者以原工艺品厂的名义提起行政诉讼，因二者均与市政府的具体行政行为具有法律上的利害关系

D. 李某不能以原工艺品厂的名义提起行政诉讼，因为原工艺品厂已不复存在

7. 根据《行政诉讼法》的规定，下列选项中可以直接提起行政诉讼的是(　)。

A. 某公民认为政府发布的具有普遍约束力的决定不符合法律的规定

B. 某组织对行政机关对民事纠纷的调解结果不服

C. 某公民对行政机关滥用行政权力排除其竞争的行为不服

D. 某公务员对行政机关对其作出的降级处分行为不服

8. 崔某不服甲市乙县政府向王某发放集体土地建设用地使用权证，向甲市政府申请行

政复议，甲市政府驳回了其复议请求。崔某不服，提起行政诉讼。下列说法正确的是(　)。

A. 被告是乙县政府

B. 被告是甲市政府

C. 被告是甲市政府或乙县政府

D. 甲市政府和乙县政府是共同被告

9. 对于行政诉讼中的举证责任，下列说法正确的是(　)。

A. 原告提供的证明被诉行政行为违法的证据不成立的，可以认定该行政行为合法

B. 原告确有证据证明被告持有的证据对原告有利，被告无正当事由拒不提供的，可以推定原告的主张成立

C. 原告在一审程序中没有提供而在二审程序中提出的证据，法院一律不得采纳

D. 在诉讼过程中，被告及其诉讼代理人可以自行向原告收集证据

10. 胡某因殴打他人被某公安局罚款 1 000 元，胡某不服、提起行政诉讼。关于本案的审理，下列说法正确的是(　)。

A. 若胡某不同意适用简易程序，则不得适用简易程序

B. 因案件标的额小，故该案一审、二审均可适用简易程序

C. 若适用简易程序审理本案，由审判员一人独任审理

D. 若适用简易程序审理本案，应当在立案之日起一个月内审结

11. 在民法理论上，法律事实分为事件和行为。下列法律事实中，属于事件的是(　)。

A. 订立合同　　B. 侵权行为

C. 自然人的出生　D. 无因管理

12. 某企业推出一种新型饮料，在其宣传广告中，捏造该饮料具有强力补钙功能的事实，且售价比一般饮料高很多。下列选项中属于受欺诈而为的民事法律行为是(　)。

A. 消费者甲相信该企业的广告，购买了该新型饮料

B. 消费者乙相信该企业的广告，但由于误解购买了其他饮料

C. 消费者丙购买了该新型饮料后，看到了该企业的广告

D. 消费者丁根本不相信该企业的广告，为送礼购买了价格较高的该新型饮料

13. 华清公司委托业务员赵某到某地采购一批计算机，赵某到该地后意外发现当地丰业公司的液晶电视机很畅销，就用盖有华清公司公章的空白介绍信和空白合同书与丰业公司签订了购买 200 台液晶电视机的合同，并约定货到付款。下列表述中错误的是(　)。

A. 丰业公司有权基于狭义无权代理行使善意相对人的撤销权，从而使得整个代理行为归于无效

B. 丰业公司基于狭义无权代理行使善意相对人的撤销权时，华清公司有权基于表见代理要求丰业公司履行买卖合同

C. 丰业公司基于表见代理要求华清公司履行买卖合同时，华清公司不得以无权代理为由进行抗辩

D. 华清公司在丰业公司行使撤销权之前认可业务员赵某签订的购买 200 台液晶电视机的合同，华清公司有权要求丰业公司履行该买卖合同

14. 甲有一手表，委托乙保管，乙将手表卖给不知情的丙，丙又赠与女友丁，丁戴上 3 天后在街头被戊抢走，戊后又遗失于街头，被庚拾得。根据规定，对该手表享有所有权的是(　)。

A. 甲　　B. 丙

C. 丁　　D. 庚

15. 下列关于质权的说法中，不正确的是(　)。

A. 可以就建筑物设定质押

B. 可以就票据设定质押

C. 质权合同是诺成合同，质物的转移不是合同的生效要件

D. 以知识产权中的人身权设定质押无效

16. A与B订立买卖合同，合同到期，A按约定交付了货物，但B以资金紧张为由迟迟不支付货款。之后，A了解到，B借给C的一笔款项已到期，但B一直不向C催讨欠款，于是，A向人民法院请求以A的名义向C催讨欠款。A请求人民法院以自己的名义向C催讨欠款的权利在法律上称为( )。

A. 不安抗辩权　　B. 代位权

C. 撤销权　　D. 顺序履行抗辩权

17. 甲企业与乙企业签订买卖机床的合同，价格总额为100万元，由丙企业为甲企业的付款提供保证，在合同履行过程中，由于该型号机床的市场价格发生较大变动，乙企业与甲企业协议将该合同的价格总额变更为120万元，甲企业同意，但是该变更未经丙企业同意。根据《担保法解释》的相关规定，下列说法正确的是( )。

A. 丙企业不再承担任何担保责任

B. 丙企业应对100万元的债务承担保证责任

C. 丙企业应对120万元的债务承担保证责任

D. 丙企业应对110万元的债务承担保证责任

18. 甲公司与乙空调厂签订一份空调的买卖合同，约定货到后7天内甲公司付款。后乙空调厂在交货前有确切的证据证明甲公司经营状况严重恶化，面临破产的窘境。根据规定，乙空调厂可以采取的措施是( )。

A. 主张同时履行抗辩权

B. 主张顺序履行抗辩权

C. 主张不安抗辩权

D. 主张解除合同

19. 郭某将其收藏的一件瓷器卖给汤某，价金10万元。郭某将价金债权转让给乔某并通知了汤某。履行期届至前，该瓷器因地震意外灭失，则汤某( )。

A. 可以解除合同，但不得拒绝乔某的给付请求

B. 可以解除合同，并且拒绝乔某的给付请求

C. 不得解除合同，并且不得拒绝乔某的给付请求

D. 可对郭某主张解除合同，但不得拒绝乔某的给付请求

20. 王某将一套自有房屋出租给赵某，租期3年。1年以后，王某由于急需用钱，欲将该房屋出售，赵某表示不买。王某遂将该房屋卖给梁某，并办理了过户登记手续。梁某遂要求赵某退租。对此，下列表述中正确的是( )。

A. 赵某有权租赁该房屋直到租赁期限届满

B. 因租赁期限未满，梁某尚未取得该房屋的所有权

C. 赵某有权继续租赁该房屋，但必须与梁某重新签订租赁合同

D. 王某与梁某的买卖合同无效，但梁某可取得该房屋的所有权

21. 某大学在学校内进行道路整修，施工中没有设置道路整修警示标志，致过路学生受伤。对此，由( )承担责任。

A. 该学校

B. 受害人自己

C. 该学校和受害人

D. 该学校的上级主管部门

22. 甲男与乙女通过网聊恋爱，后乙提出分手遭甲威胁，最终乙遭甲胁迫与其结婚。婚后乙得知，甲婚前就患有医学上不应当结婚的疾病且久治不愈，乙向法院起诉要求甲赔偿精神损失。下列关于该婚姻的效力的说法，正确的是( )。

A. 法院应判决撤销该婚姻

B. 法院应判决宣告该婚姻无效

C. 对该案的审理不适用调解

D. 当事人可以对法院的处理结果依法提

起上诉

23. 甲、乙、丙共同投资设立了一家普通合伙企业，经营一年后，甲欲把其在普通合伙企业中的份额转让给普通合伙企业以外的第三人，合伙协议没有相关的约定，则下列选项说法正确的是(　)。

A. 甲的转让无须经过其他合伙人的一致同意

B. 如乙不同意甲将其份额转让，则乙可以在同等条件下优先购买该份额

C. 如甲经乙、丙同意，将其份额转让给了第三人，则甲对合伙企业的债务就免除了责任

D. 第三人购得该份额后，其对合伙企业以前的债务不必负责

24. 根据《公司法》，关于公司提供担保的说法，正确的是(　)。

A. 公司可以对外提供担保，但不可以为本公司股东或者实际控制人提供担保

B. 董事会、股东会均有权决定公司对外提供担保事宜

C. 公司章程不可以对公司提供担保的数额作出限制性规定

D. 公司股东会或者股东大会可以决定为本公司股东提供担保，但是具体事项表决时需由公司半数以上股东同意才能通过

25. 根据《公司法》，关于国有独资公司的说法，错误的是(　)。

A. 不设股东会，由国有资产监督管理机构行使股东会职权

B. 公司章程由国有资产监督管理机构制定，或者由董事会制定报国有资产监督管理机构批准

C. 董事会成员由国有资产监督管理机构委派；但是，董事会成员中的职工代表由公司职工代表大会选举产生

D. 董事长由董事会选举产生

26. 天地公司欠宜兴公司货款90万元，欠诺亚公司货款40万元。2018年9月，天地公司与华彩公司达成意向，拟由华彩公司兼并天地公司。宜兴公司原欠华彩公司租金60万元。下列表述错误的是(　)。

A. 华彩公司兼并天地公司后，华彩公司的法人主体资格继续存在

B. 天地公司与华彩公司合并后，华彩公司可以向宜兴公司主张债务抵销

C. 天地公司与华彩公司合并时，应当分别由两公司的董事会作出合并决议

D. 天地公司与华彩公司合并时，诺亚公司可以要求天地公司或华彩公司提供履行债务的担保

27. 法院裁定受理破产申请后，下列有关各方的做法中，符合法律要求的是(　)。

A. 债务人的债务人向债务人清偿债务

B. 债务人指定破产管理人

C. 对管理人决定继续履行的合同，对方当事人要求债务人提供担保

D. 对破产申请受理前成立而双方均未履行完毕的合同，管理人决定解除

28. 债务人甲企业破产，乙企业依法对甲企业的机器设备享有抵押权，乙企业未放弃优先受偿权利。根据企业破产法律制度的规定，在债权人会议上，乙企业可以行使表决权的事项不包括(　)。

A. 决定继续或者停止债务人的营业

B. 通过债务人财产的管理方案

C. 通过和解协议

D. 重整计划的分组表决

29. 根据《企业破产法》规定，下列涉及债务人财产的行为中，无效的是(　)。

A. 债务人明显缺乏清偿能力，仍对个别债权人清偿

B. 债务人放弃债权

C. 债务人为逃避债务而隐匿、转移财产

D. 债务人对没有担保的债务提供担保

30. 根据《企业破产法》，下列情形中，债权人可以行使抵销权的是(　)。

A. 甲享有债务人120万元的债权，同时

又是债务人股东，在债务人破产时，甲尚有100万元的分期出资额未缴纳

B. 乙享有债务人120万元的债权，但在听说债务人申请破产后，购买了债务人100万元的货物并拒绝支付货款而形成债务

C. 丙应付债务人100万元的货款，在债务人破产申请被受理后，从另一债权人手中以六折的价格买入了100万元的债权

D. 丁应付债务人100万元的货款，在债务人的破产申请被受理后，继续向债务人提供了100万元的货物，未能及时收到货款而形成债权

31. 在重整期间，下列表述不符合《企业破产法》规定的是（　）。

A. 除人民法院同意外，对债务人的特定财产享有的担保权暂停行使

B. 债务人的出资人不得请求投资收益分配

C. 债务人的董事、监事、高级管理人员不得要求发放其报酬

D. 除人民法院同意外，债务人的董事、监事、高级管理人员不得向第三人转让其持有的债务人的股权

32. 根据《企业破产法》的规定，下列关于破产财产的分配说法错误的是（　）。

A. 破产费用和共益债务要随时清偿

B. 破产财产在优先清偿破产费用和共益债务后，要先清偿普通破产债权

C. 自破产程序终结之日起2年内，债权人请求人民法院按照破产财产分配方案进行追加分配的但财产数量不足以支付分配费用的，由人民法院将该财产上交国库

D. 自破产程序终结之日起2年内，债权人发现破产债务人依法有可撤销行为，债权人可以请求人民法院按照破产财产分配方案进行追加分配

33. 根据《民事诉讼法》规定，提起民事诉讼的原告应当符合的条件是（　）。

A. 与本案有直接利害关系

B. 与本案有民事法律关系

C. 与被告有民事法律关系

D. 与被告有权利义务关系

34. 对于依法不追究刑事责任原则，下列表述错误的是（　）。

A. 对立案侦查的刑事案件，若侦查机关侦查终结后发现不应当追究刑事责任，则应撤销案件

B. 在审查起诉阶段发现犯罪已过追诉时效的，应当作出不起诉的决定

C. 庭审期间被告人死亡，根据已查明的案件事实和认定的证据，能够确认其无罪的，应当判决宣告被告人无罪

D. 在审判阶段，出现不追究刑事责任的六种法定情形的，法院应判决宣告被告人无罪

35. 甲因犯非法获取国家秘密罪被判2年有期徒刑，缓期3年，考验期满后第2年又犯间谍罪，应被判处有期徒刑5年。下列关于甲的行为说法正确的是（　）。

A. 构成累犯，可以适用假释

B. 构成累犯，不可以适用缓刑

C. 不构成累犯，不可以适用假释

D. 不构成累犯，不可以适用缓刑

36. 根据《刑法》规定，下列有关减刑、假释适用对象的说法中，正确的是（　）。

A. 减刑只适用于被判处有期徒刑和无期徒刑的犯罪分子

B. 减刑不适用于累犯

C. 假释只适用于被判处管制、拘役和有期徒刑的犯罪分子

D. 假释不适用于累犯

37. 根据《刑法》规定，下列有关逃税罪的表述中错误的是（　）。

A. 犯罪主体必须是纳税人

B. 犯罪主体可以是单位，也可以是个人

C. 纳税人采取欺骗、隐瞒手段不进行纳税申报，逃避缴纳税款数额较大并且占应纳税额10%以上的

D. 扣缴义务人采取欺骗、隐瞒手段进行虚假纳税申报，不缴或者少缴已扣、已收税款，数额较大的

38. 章某涉嫌故意伤害致人死亡，因犯罪后企图逃跑被公安机关先行拘留。关于本案程序，下列说法正确的是(　)。

A. 拘留章某时，必须出示拘留证

B. 拘留章某后，应在 12 小时内将其送看守所羁押

C. 拘留后对章某的所有讯问都必须在看守所内进行

D. 因怀疑章某携带管制刀具，拘留时公安机关无须搜查证即可搜查其身体

39. 根据《电子商务法》规定，电子商务经营安全保障的具体内容不包括的是(　)。

A. 安全商品和安全服务提供义务

B. 危险防范义务

C. 危险排除义务

D. 危险预警义务

40. 下列对留置时间的表述，正确的是(　)。

A. 不得超过 2 个月

B. 不得超过 2 个月，在特殊情况下，可以延长一次，延长时间不得超过 1 个月

C. 不得超过三个月

D. 不得超过三个月，在特殊情况下，可以延长一次，延长时间不得超过 3 个月

二、多项选择题(共 20 题，每题 2 分。每题的备选项中，有 2 个或 2 个以上符合题意，至少有 1 个错项。错选，本题不得分；少选，所选的每个选项得 0.5 分。)

41. 按照我国法律规定，下列具有行政立法权的有(　)。

A. 安徽省人民政府

B. 天津市人民政府

C. 四川省人民代表大会

D. 深圳市人民代表大会及其常务委员会

E. 国家税务总局

42. 根据相关规定，税务行政许可不包括(　)。

A. 税收代征企业资格的确定

B. 对纳税人变更纳税定额的核准

C. 对纳税人延期申报的核准

D. 税控装置的安装使用

E. 普通发票领购资格的审核

43. 市场监督管理部门欲对王某非法制造刀具给予行政处罚，在调查过程中发现王某的住处有一把带血的刀，经审查认为王某涉嫌致人重伤。针对此事项，下列选项中说法正确的有(　)。

A. 该市场监督管理部门可以根据非法制造刀具这一行为给予王某罚款 2 000 元

B. 该市场监督管理部门应当将案件移送公安机关进行调查

C. 该市场监督管理部门应当立即指定 2 名或者 2 名以上行政执法人员组成专案组

D. 该市场监督管理部门可以直接判处王某 5 年有期徒刑，交由公安机关执行

E. 该市场监督管理部门应当妥善保管这把带血的刀具

44. 杨某对甲市乙县人民政府所作出的由亿达开发公司补偿其拆迁款 5 万元的决定不服，向甲市人民政府申请复议，甲市人民政府维持了乙县人民政府的决定。杨某仍不服，向法院提起行政诉讼。下列说法正确的有(　)。

A. 乙县人民政府的决定为行政裁决

B. 本案的被告是乙县人民政府

C. 亿达开发公司为本案的第三人

D. 本案应由甲市人民政府所在地的中级人民法院管辖

E. 若政府对补偿款的确定确有错误，法院可以作出变更判决

45. 根据《行政诉讼法》及相关法律的规定，关于人民法院审理一审行政案件的做法错误的有(　)。

A. 必须由一名审判人员组成独任庭审理

B. 在立案之日起 10 日内将起诉状副本和应诉通知书发送被告

C. 对比较复杂的案件在开庭前组织当事

人向对方出示或者交换证据

D. 原告经合法传唤，无正当理由拒不到庭的，人民法院可以缺席判决

E. 在立案之日起6个月内作出判决

46. 下列有关民事权利的说法中，正确的有(　)。

A. 荣誉权属于人身权、支配权、绝对权、对世权、专属权

B. 物权属于财产权、支配权、绝对权、对世权、非专属权

C. 债权属于财产权、请求权、相对权、对人权、非专属权

D. 原始取得是权利的相对发生，继受取得是权利的绝对发生

E. 权利的继受取得方式包括移转型和创设型继受取得

47. 根据民法理论和有关规定，关于诉讼时效的说法正确的有(　)。

A. 法院可以主动适用诉讼时效规定进行裁判

B. 当事人可以声明放弃诉讼时效对债权人的约束力

C. 诉讼时效期间可以中止、中断甚至延长，且当事人可以约定诉讼时效期间

D. 诉讼时效适用于请求权，超过诉讼时效期间导致债务人享有永久抗辩权

E. 当事人对基于登记的动产物权的权利人请求返还财产提出诉讼时效抗辩，法院不予支持

48. 《民法典》规定了地役权制度。下列有关地役权的表述中正确的有(　)。

A. 地役权是自物权

B. 设定地役权应当签订书面合同

C. 地役权自地役权合同生效时设立

D. 地役权属于用益物权

E. 地役权是供役地所有人或者使用人享有的权利

49. 《合同法》规定了债权人行使撤销权的规则。下列关于撤销权的表述正确的有(　)。

A. 撤销权的行使，以受让人知情为要件

B. 行使撤销权的债权人，可以就行使撤销权后返还的财产优先受偿

C. 自债务人的行为发生之日起5年内没有行使撤销权的，该撤销权消灭

D. 行使撤销权而支付的律师代理费由债权人自行承担或者由第三人负担

E. 债务人以明显不合理高价收购他人财产，人民法院可以根据债权人的申请予以撤销

50. 根据《合同法》，下列关于要约和承诺的说法错误的有(　)。

A. 要约到达受要约人时生效

B. 承诺到达要约人时生效，承诺生效时合同成立

C. 撤销承诺的通知应当先于承诺通知到达要约人

D. 招股说明书属于要约

E. 投标属于承诺

51. 甲、乙约定：卖方甲负责将所卖货物运送至买方乙指定的仓库。甲如约交货，乙验收收货，但甲未将产品合格证和原产地证明文件交给乙。乙已经支付80%的货款。交货当晚，因山洪暴发，乙仓库内的货物全部毁损。下列表述正确的有(　)。

A. 乙应当支付剩余20%的货款

B. 甲未交付产品合格证与原产地证明，构成违约，但货物损失由乙承担

C. 乙有权要求解除合同，并要求甲返还已支付的80%货款

D. 甲有权要求乙支付剩余的20%货款，但应更换已经毁损的货物

E. 货物毁损、灭失造成的损失，由甲、乙分担

52. 根据《公司法》司法解释(三)的规定，股东在公司设立时未履行或者未全面履行出资义务的，(　)对未履行的出资义务负有履行责任。

A. 公司

B. 公司的发起人

C. 未履行出资义务的股东

D. 其他所有股东

E. 公司的董事、高级管理人员

53. 某股份有限公司章程确定的董事会成员为9人，但截止到2018年9月30日时，该公司董事会成员因种种变故，实际为5人。下列说法正确的有( )。

A. 该公司应当在2个月内召开临时股东大会

B. 召开临时股东大会，应当于会议召开15日以前将会议审议的事项通知各股东

C. 由于该公司董事会成员没有少于《公司法》所规定的人数，因此该公司可以不召开临时股东大会

D. 临时股东大会应当由董事会召集，董事长主持

E. 为了提高会议效率，由大股东参加会议，小股东不参加

54. 刘某是甲有限责任公司(下称"甲公司")的董事长兼总经理。任职期间，多次利用职务之便，指使公司会计将资金借贷给一家主要由刘某的儿子投资设立的乙公司。对此，持有公司股权0.5%的股东王某认为甲公司应该起诉乙公司还款，但公司不可能起诉，王某便自行直接向法院对乙公司提起股东代表诉讼。下列选项正确的有( )。

A. 王某持有公司股权不足1%，不具有提起股东代表诉讼的资格

B. 王某具有提起股东代表诉讼的资格

C. 王某不能直接提起诉讼，必须先向监事会提出请求

D. 王某应以甲公司的名义起诉，但无须甲公司盖章或刘某签字

E. 王某应以自己的名义起诉，但诉讼请求应是将借款返还给甲公司

55. 下列有关破产管理人的说法，正确的有( )。

A. 破产管理人由债权人会议选举产生，对债权人会议负责并报告工作

B. 破产管理人有权设定财产担保，且不需要经过人民法院许可

C. 管理人应当及时拟订破产财产分配方案和破产财产变价方案，提交债权人会议讨论

D. 破产管理人有权提议召开债权人会议，列席并回答有关询问

E. 破产管理人履行职责获得的报酬列入破产财产分配方案，从债务人财产中优先支付

56. 人民法院于2018年6月受理了甲企业的破产案件。根据企业破产法律制度的规定，以下各选项中，属于共益债务的有( )。

A. 同年7月，破产管理人在执行职务的过程中，致人损害产生的债务

B. 同年8月，因分割甲企业与乙企业的共有财产，导致乙企业损害产生的债务

C. 同年10月，破产管理人应获得的报酬

D. 同年11月，甲企业为继续营业而应支付其员工的劳动报酬

E. 同年12月，分配企业财产产生的费用

57. 下列关于电子商务合同订立与履行的说法中，正确的有( )。

A. 快递物流服务提供者在提供快递物流服务的同时，可以接受电子商务经营者的委托提供代收货款服务

B. 快递物流服务提供者在提交付品时，无须提示收货人当面查验

C. 合同标的为交付商品并采用快递物流方式交付的，收货人签收时间为交付时间

D. 合同标的为采用在线传输方式交付的，标的进入对方当事人指定的特定系统的时间为交付时间

E. 合同标的为提供服务的，实际提供服务的时间为交付时间

58. 根据社会保险法律制度的规定，下列医疗费中，不纳入基本医疗保险基金支付

范围的有(　)。

A. 应当从工伤保险基金中支付的

B. 应当由第三人负担的

C. 应当由公共卫生负担的

D. 在境外就医的

E. 在定点医院的诊疗费

59. 根据《刑法》的规定，下列有关犯罪主体的表述中，正确的有(　)。

A. 徇私舞弊不移交刑事案件罪的犯罪主体是行政执法人员

B. 徇私舞弊不征、少征税款罪和徇私舞弊发售发票、抵扣税款、出口退税罪的犯罪主体是税务机关工作人员

C. 违法提供出口退税凭证罪的犯罪主体是海关、外汇管理等国家机关工作人员

D. 逃税罪和逃避缴纳税款罪的犯罪主体是纳税人或者扣缴义务人

E. 骗取出口退税罪和抗税罪的犯罪主体可以是自然人，也可以是单位

60. 下列人员中，监察机关可以对其进行监察的有(　)。

A. 某国有独资企业的董事长甲

B. 某国有医院副院长乙

C. 某村委会主任丙

D. 法官丁

E. 私立学校校长戊

三、综合分析题(共 20 题，每题 2 分。由单项选择题和多项选择题组成。错选，本题不得分；少选，所选的每个选项得 0.5 分。)

(一)

2019 年 3 月 1 日，居住在甲市崇文区的康某与郭某酒后打架，致使郭某多处软组织挫伤，甲市崇文区公安局依据《治安管理处罚法》的规定，以康某殴打他人为由，于同年 3 月 3 日给予康某行政拘留 5 天、罚款 200 元的行政处罚。郭某认为处罚太轻，遂于同年 4 月 7 日向崇文区政府申请行政复议，崇文区政府于 4 月 10 日作出复议决定，该复议决定认定的事实与崇文区公安局认定的事实相同，但改变了原处罚罚款的决定，改为给予康某罚款 500 元。康某对复议决定不服，准备起诉。根据以上材料回答下列问题：

61. 下列对崇文区公安局作出的行政拘留和罚款的行政行为表述正确的是(　)。

A. 行政拘留属于人身自由罚

B. 行政拘留属于行为罚

C. 罚款属于财产罚

D. 罚款属于刑法中的附加刑

E. 行政拘留与罚款都属于侵益性行政行为

62. 对崇文区公安局作出行政处罚应当适用的程序的表述，正确的是(　)。

A. 拘留是严重侵害公民权益的行为，应当适用听证程序

B. 罚款 200 元属于较小数额的罚款，可以适用简易程序

C. 拘留和罚款均应适用一般程序

D. 调查时行政执法人员不得少于 2 人

E. 处罚决定书应当当场送交当事人

63. 如康某提起行政诉讼，下列说法正确的是(　)。

A. 被告是崇文区公安局

B. 被告是崇文区政府

C. 崇文区公安局和崇文区政府作为共同被告

D. 应向崇文区基层人民法院起诉

E. 应向甲市中级人民法院起诉

64. 下列关于该案处理的表述，正确的是(　)。

A. 人民法院在接到起诉状时对符合本法规定的起诉条件的，应当登记立案

B. 如受诉法院既不受理，也不作出不予受理的裁定，原告可以向上一级法院起诉

C. 法院立案后发现不符合起诉条件的，作出不予立案的判决

D. 法院应当以行政复议机关作出的复议决定违法为由，撤销该复议决定

E. 法院如果认为复议决定违法，可以对

复议决定直接作出变更判决

（二）

甲和乙订立一份买卖货车的合同，约定甲在8月底将一部已行驶2万千米的货车交付给乙，价款50 000元；乙交付给甲定金10 000元，交车后15日内余款付清。合同还约定，甲晚交车一天，扣除车款100元，乙晚交款一天，应多交车款100元；一方有其他违约情形，应向对方支付违约金8 000元。合同订立后，该货车因外出运货耽误，未能在8月底以前返回。9月1日，货车在途经山路时，因遇暴雨，被一块落下的石头砸中，车头受损，甲对货车进行了修理，并于9月10日交付给乙。10天后，乙在运货中发现货车发动机有毛病，经检查，该发动机经过大修理，遂请求退还货车，并要求甲双倍返还定金，支付8 000元违约金。甲意识到如此处理对自己不利，即提出货车未办理过户手续，合同无效，双方只需返还财产。

65. 根据本案情况，货车买卖合同在效力上应当属于(　)合同。

A. 有效　　B. 无效

C. 可撤销　　D. 可变更

E. 效力未定

66. 若买卖合同双方就标的物毁损灭失的风险负担问题没有特别约定，则下列表述正确的有(　)。

A. 一般情况下，标的物的风险自标的物交付时起转移给买受人

B. 一般情况下，标的物的风险自合同签订时起转移给买受人

C. 出卖由承运人运输的在途标的物的，自承运人交付于买受人时风险移转

D. 标的物需运输的，出卖人交付于第一承运人后，风险由该承运人负担；承运人交付于买受人后，风险移转于买受人

E. 买受人未按照约定收取标的物的，标的物的风险自违反约定之日起转移给买受人

67. 下列关于本案责任承担的说法正确的有(　)。

A. 货车被石头砸中导致的损失由乙承担

B. 乙可以要求退车

C. 乙可以要求甲在双倍返还定金的同时支付8 000元违约金

D. 乙可以在请求甲支付8 000元违约金的同时支付每天100元的迟延履行违约金

E. 乙可以要求甲修理货车，但是不能要求退车

68. 关于损害赔偿和支付违约金的关系，下列表述正确的有(　)。

A. 损害赔偿和违约金都是违约责任的主要形式

B. 损害赔偿主要是一种补偿性的责任形式

C. 损害赔偿以实际损失为前提，而违约金数额与实际损失之间并无必要联系，即使在没有损害的情况下，也应支付违约金

D. 约定的违约金过分低于造成的损失的，当事人才可以请求人民法院或者仲裁机构予以增加

E. 约定的违约金高于实际损失20%，当事人可以请求人民法院或仲裁机构予以适当减少

（三）

2019年2月3日，甲继承了一套坐落于市中心的房屋。2019年4月8日，甲因急需用钱，在尚未办理继承房屋产权登记的情况下，即与乙签订买卖合同，将该房屋卖给乙，并交给乙居住。2019年6月9日，甲将继承的房屋登记于自己名下，6月15日，甲将该房屋卖给丙并办理了所有权移转登记。2019年7月20日，丙受丁胁迫将房屋低价卖给丁并完成了房屋所有权移转登记。2019年8月22日，丁又将该房屋加价转手卖给戊，并完成了房屋所有权移转登记(戊不知丁

胁迫丙)。戊请求乙腾退房屋遭拒，由此引发纠纷。

69. 2019年2月3日，甲对房屋的权利状态属于(　)。

A. 已经原始取得房屋所有权

B. 所取得的房屋所有权不能对抗善意第三人

C. 已经继受取得房屋所有权

D. 所取得的房屋所有权可以对抗善意第三人

E. 尚未取得房屋所有权

70. 2019年4月8日，乙对房屋的占有事实及权利状态属于(　)。

A. 善意占有　　B. 他主占有

C. 有权占有　　D. 直接占有

E. 尚未取得房屋所有权

71. 2019年6月9日及以后，房屋所有权的变动情况有(　)。

A. 2019年6月15日，甲的房屋所有权绝对消灭

B. 2019年6月15日，丙继受取得房屋所有权

C. 2019年6月9日，甲取得所继承房屋的所有权

D. 2019年7月20日，丁继受取得房屋所有权

E. 2019年8月22日，戊有权请求乙返还房屋的占有

72. 丙受丁胁迫将房屋低价出售给丁，丙可以行使撤销权。根据《民法典》规定，丙行使撤销权应遵循的规则有(　)。

A. 自丁的胁迫行为终止之日起1年内行使撤销权

B. 自丁的胁迫行为开始之日起3个月内行使撤销权

C. 自丁的胁迫行为开始之日起1年内行使撤销权

D. 自丁的胁迫行为终止之日起3个月内行使撤销权

E. 自2019年7月20日起5年内不行使，撤销权消灭

（四）

花麻公司成立于2013年4月，因经营管理不善、市场竞争激烈等原因，到2018年时欠债高达2亿元，濒临破产。在当地政府有关部门帮助下，公司本想重组自救，但未成功。2018年4月，多家银行向该公司所在地法院申请破产重整。4月29日，法院裁定准许该公司重整，并确定汇丰会计师事务所为重整管理人。6月28日，法院召开第一次债权人会议，重整取得了债权人的理解和支持。11月8日，法院召集全体债权人召开第二次债权人会议，重整计划高票表决通过。12月19日，法院依法裁定批准重整计划，终止重整程序，并予以公告。

73. 若花麻公司不能清偿到期债务，并且资产不足以清偿全部债务或者明显缺乏清偿能力，则花麻公司的债权人可以向人民法院提出(　)申请。

A. 法人终止　　B. 和解

C. 重整　　D. 破产清算

E. 解散

74. 根据《企业破产法》的规定，下列有关花麻公司重整的表述中，正确的有(　)。

A. 除法律另有规定外，在重整期间，对花麻公司的特定财产享有的担保权暂停行使

B. 在重整期间，经人民法院同意，花麻公司的出资人可以请求投资收益分配

C. 花麻公司或者汇丰会计师事务所应当自人民法院裁定债务人重整之日起3个月内，同时向人民法院和债权人会议提交重整计划草案

D. 债权人会议对重整计划草案的表决，按债权类别分小组进行，各表决组经出席会议的债权人过半数通过，即为该组通过重整计划草案

E. 重整期间，经花麻公司申请，人民法院批准，花麻公司可以在汇丰会计师事

务所的监督下自行管理财产和营业事务

75. 汇丰会计师事务所作为管理人，其职权包括(　)。

A. 拟订和执行破产财产的变价和分配方案

B. 代表债务人参加诉讼

C. 在第一次债权人会议召开之前，决定继续或者停止债务人的营业

D. 执行企业的重整计划

E. 行使撤销权和追回权

76. 根据《企业破产法》的规定，关于债权人会议决议和债权人权利，下列表述中正确的有(　)。

A. 债权人必须亲自参加债权人会议，不得委托代理人出席债权人会议

B. 债权人会议的决议，由出席会议的有表决权的债权人过半数通过，并且其所代表的债权额占无财产担保债权总额的1/2以上

C. 第一次债权人会议由人民法院召集，自债权申报期限届满之日起30日内召开

D. 召开债权人会议，管理人应当提前15日将会议时间、地点、内容、目的等事项通知已知的债权人

E. 债务人的职工和工会代表有权参加债权人会议，但只能对有关事项发表意见

（五）

张某为甲市税务局负责管理运输行业税收的工作人员。2017年3月，张某应朋友宋某之托，为唐某的祥云运输公司违规办理了自营运输手续，致使祥云运输公司在2017年至2019年两年间少缴税款230万元。事后，张某收到祥云运输公司支付的答谢费10万元。侦查机关接到举报后，传唤了张某。张某对举报内容供认不讳。

77. 张某的行为涉嫌的罪名有(　)。

A. 受贿罪

B. 渎职罪

C. 违法提供免税凭证罪

D. 徇私舞弊不征、少征税款罪

E. 滥用职权罪

78. 侦查机关办理此案时，正确的做法有(　)。

A. 对张某决定采取刑事拘留措施

B. 同时传唤宋某、唐某，对二人一并询问

C. 在张某被采取刑事强制措施时，告知张某若对采取的强制措施不服有权提起行政诉讼

D. 将张某的有关银行存折扣押

E. 将祥云运输公司财务账册封存

79. 张某委托其表弟高某作为自己的辩护人。在审查起诉期间，高某享有的诉讼权利有(　)。

A. 申请变更强制措施

B. 经人民检察院许可，会见在押的张某

C. 自行向张某调查并核实有关证据

D. 自行向唐某收集与本案有关的材料

E. 自行查阅、摘抄、复制本案的案卷材料

80. 根据《刑法》的规定，构成逃税罪应当具备的要件有(　)。

A. 主观方面必须出于故意

B. 主体必须是公司企业，不能是个人

C. 采取欺骗、隐瞒手段进行虚假纳税申报，逃避缴纳税款10万元以上

D. 因逃避缴纳税款受到税务机关行政处罚又逃税

E. 逃避缴纳税款数额特别巨大

机考通关模拟试题参考答案及解析

JINGDIAN TIJIE

模拟试卷(一)
参考答案及详细解析

一、单项选择题

1. B 【解析】本题考核行政合理性原则、行政程序法的基本原则及基本制度。选项A体现了教示制度。选项C体现了信赖保护原则。选项D体现了回避制度。

2. A 【解析】本题考核行政许可费用及审查程序、行政诉讼原告。刘某是被许可地块的相邻权人，是该许可的利害关系人。因此，规划局审查和决定发放许可证时应当听取其意见。所以选项B错误。被诉的行政行为涉及刘某的相邻权，刘某为该许可的利害关系人，其具有原告资格。所以选项C错误。虽然该建筑工程尚未开工建设，目前还未影响刘某的利益，但是该行政许可实施后将会给刘某的利益造成影响。因此，刘某属于该行政许可的利益相关人，有权提起行政诉讼。所以选项D错误。

3. C 【解析】本题考核行政处罚的设定。地方性法规有权设定吊销个体户执照的处罚。所以选项A错误。地方规章除了有规定权以外，还有设定权。所以选项B错误。地方规章的罚款数额由省级人大常委会决定。所以选项D错误。

4. A 【解析】本题考核税务行政处罚裁量权行使规则。税务机关在实施行政处罚时，应当以法律、法规、规章为依据。所以选项B错误。税务行政处罚裁量基准，应当包括违法行为、处罚依据、裁量阶次、适用条件和具体标准等内容。所以选项C错误。根据《税务行政处罚裁量权行使规则》的规定，违反税收法律、行政法规应当给予行政处罚的行为在5年内未被发现的，不再给予行政处罚。所以选项D错误。

5. C 【解析】本题考核代履行。代履行属于行政强制执行的方式，行政强制执行只能由法律设定。所以选项A错误。行政机关不得对居民生活采取停止供水、供电、供热、供燃气等方式迫使当事人履行相关行政决定。所以选项B错误。代履行的费用按照成本合理确定，由当事人承担。但是，法律另有规定的除外。所以选项D错误。

6. B 【解析】本题考核税务行政复议申请人。依法提出税务行政复议申请的主体是纳税义务人、扣缴义务人、纳税担保人和其他当事人。需要强调的是，虽非具体行政行为的相对人，但其权利直接被该具体行政行为所剥夺、限制或者被赋予义务的第三人，在行政管理相对人没有申请行政复议时，可以单独申请行政复议。

7. A 【解析】本题考核行政复议管辖。对海关、金融、外汇管理等实行垂直领导的行政机关和国家安全机关的具体行政行为不服的，向上一级主管部门申请行政复议。

8. A 【解析】本题考核行政诉讼受案范围。行政调查未对行政相对人的权利产生实质影响，所以不属于行政诉讼受案范围。

9. D 【解析】本题考核行政诉讼的被告、第三人。本案中，甲县生态环境局与水利局为共同被告，法院应当通知原告追加被告，而非变更被告。所以选项A错误。在行政诉讼中，被告不能提起反诉。所以选项B错误。本案中，田某是甲县水利局的工作人员，他的行为是职务行为，他的行为后果或权利归属于甲县水利局，他不能作为独立的主体参加到行政诉讼活动中。所以选项 C 错误。

10. B 【解析】本题考核行政诉讼的判决种类。本案中，被诉行政行为虽违法，但已不具有可撤销内容（镇政府已经将大棚拆除了），因此，法院可作出确认违法判决。

11. C 【解析】本题考核民事权利的种类。直接支配权利客体的权利，是支配权。所以选项 A 错误。绝对权是指无须通过义务人的行为，能对抗不特定人的权利。所以选项 B 错误。物权、债权和继承权都是财产权。所以选项 D 错误。

12. D 【解析】本题考核无效民事法律行为。选项 A、B 属于可撤销民事法律行为。选项 C，丙的行为属于事实行为，不属于法律行为，所以不属于无效民事法律行为。选项 D，甲、乙之间买卖假发票的行为违反了法律的强制性规定，属于无效民事法律行为。

13. B 【解析】本题考核诉讼时效中止。在诉讼时效期间的最后 6 个月内，因不可抗力或者其他障碍不能行使请求权的，诉讼时效中止。

14. A 【解析】本题考核所有权的取得。青花瓷是甲的祖父埋藏的，甲是其祖父的唯一继承人。因此，挖出的青花瓷应归甲所有。甲因继承而取得青花瓷的所有权，故为继受取得。

15. B 【解析】本题考核抵押权的设定。学校的教学设施不得作为抵押财产。所以选项 A 错误。正在建造的建筑物设定抵押，应当办理抵押登记，抵押权自登记之日起设立。所以选项 B 正确。以交通运输工具抵押的，抵押权自抵押合同生效时设立。所以选项 C、D 错误。

16. A 【解析】本题考核债的发生原因。债的发生原因是指引起债发生的民事法律事实。包括合同、缔约上的过失、单方允诺、侵权行为、无因管理、不当得利、其他。

17. C 【解析】本题考核保证期间。保证合同约定保证人承担保证责任，直至主债务本息还清时为止等类似内容的，视为约定不明，保证期间为主债务履行期届满之日起 2 年。

18. A 【解析】本题考核合同的解除。

19. A 【解析】本题考核违约金。本案中，甲、乙双方约定的违约金为 18 万元，甲违约给乙造成的损失是 15 万元，违约金数额只超过损失数额的 20%，不认定为“过分高于造成的损失”（当事人约定的违约金超过造成损失的 30% 的），应按约定执行违约金条款。违约金的性质是补偿性的，只要违约金能够弥补守约方的损失，支付违约金之后就无须赔偿损失。

20. D 【解析】本题考核借款合同。自然人之间的借款合同为实践合同，自贷款人提供借款时生效。本题借款合同于 8 月 3 日生效。所以选项 A 错误。自然人之间的借款合同，当事人之间既可以不约定利息，也可以约定利息。所以选项 B 错误。自然人之间的借款合同对支付利息没有约定的，视为不支付借期内利息；但自然人之间的借款合同有约定偿还期限而借款人不按期偿还的，出借人可以要求借款人偿付逾期利息。所以选项 C 错误，选项 D 正确。

21. C 【解析】本题考核依法执行职务的免责。本题中陆某虽然是公安机关的刑警，但回家途中并不算执行公务，因此，不能适用执行职务免责。

22. B 【解析】本题考核个人独资企业的规定。

23. A 【解析】本题考核临时股东会的召开、提起解散公司诉讼的情形、异议股东股权回购请求权。有限公司股东间产生争议时，可以通过召开临时股东会、转让股权退出公司或请求解散公司等途径解决。董事会或者执行董事不能履行或者不履行召集股东会会议职责的，由监事会或者不设监事会的公司的监事召集和主持；监事会或者监事不召集和主持的，代表1/10以上表决权的股东可以自行召集和主持。

24. B 【解析】本题考核一人有限责任公司。《公司法》删除了关于“注册资本最低限额、可否分期缴付出资”的规定，即一人有限责任公司与其他有限责任公司在注册资本最低限额及股东出资可否分期缴付的规定上不再有区别。

25. C 【解析】本题考核有限责任公司股权转让。有限责任公司的股东之间可以相互转让其全部或者部分股权。股东向股东以外的人转让股权，应当经其他股东过半数同意。公司章程对股权转让另有规定的，从其规定。

26. C 【解析】本题考核破产案件的申请。《企业破产法》赋予债务人重整、和解或者破产清算的申请权；赋予债权人重整或者破产清算的申请权。

27. D 【解析】本题考核破产债权申报。对方当事人可以因合同解除所产生的损害赔偿请求权申报普通债权，不属于共益债务。

28. A 【解析】本题考核破产和解的相关规定。破产和解申请只能由债务人提出，债权人以及其他利害关系人不能申请同债务人和解。所以选项B错误。和解协议草案经债权人会议表决未获得通过，或者已经债权人会议通过的和解协议未获得人民法院认可的，人民法院应当裁定终止和解程序，并宣告债务人破产。所以选项C错误。债权人会议通过和解协议的决议，由出席会议的有表决权的债权人过半数同意，并且其所代表的债权额应占无财产担保债权总额的2/3以上。所以选项D错误。

29. C 【解析】本题考核电子合同的订立。

30. B 【解析】本题考核我国社会保险的缴费主体。职工个人不缴纳生育保险费，而是由参保单位按照其工资总额的一定比例缴纳。

31. D 【解析】本题考核简易程序、小额诉讼案件审理程序。小额诉讼案件的举证期限一般不超过7日。所以选项A错误。适用小额诉讼案件审理程序的案件，当事人到庭后表示不需要举证期限和答辩期间的，人民法院可立即开庭审理。所以选项B错误。在民事诉讼中，无论是适用普通程序审理的案件，还是适用简易程序审理的案件，第一审一律开庭审理，不存在书面审理的情况。所以选项C错误。

32. B 【解析】本题考核刑事责任年龄。赵某以“特别残忍的手段”杀害其老伴，有可能适用死刑，不符合缓刑条件，不应予以缓刑。所以选项A、D错误。赵某故意犯罪，因其已满75周岁，可以从轻或减轻处罚，而非应当从轻或减轻处罚。所以选项C错误。

33. D 【解析】本题考核犯罪未完成形态。甲持刀要杀害乙，其主观的心理状态是故意杀人。在实施犯罪的过程中，由于乙的哀求放弃犯罪，在犯罪过程中自动放弃犯罪，属于故意杀人罪的中止。

34. B 【解析】本题考核刑罚。管制的期限为3个月以上2年以下。所以选项A错误。应当附加适用剥夺政治权利的情形包括：(1)危害国家安全的犯罪分子；(2)被判处死刑、无期徒刑的犯罪分子。对于故意杀人、强奸、放火、爆炸、投毒、抢劫等严重破坏社会秩序的犯罪分子，可以附加剥夺政治权利。所以选项C错误。判处死刑缓期执行的，在死刑缓期执行期间，如果确有重大立功表现，2年期满以后，减为25年有期徒刑。所以选项D错误。

35. B 【解析】本题考核缓刑、减刑、假释。对被判处死刑缓期执行的累犯以及因故意杀人、强奸、抢劫、绑架、放火、爆炸、投放危险物质或者有组织的暴力性犯罪被判处死刑缓期执行的犯罪分子，法院根据犯罪情节等情况可以同时决定对其限制减刑。

36. C 【解析】本题考核徇私舞弊不征、少征税款罪与受贿罪的并罚。

37. A 【解析】本题考核其他公民作为辩护人的权利。

38. B 【解析】本题考核刑事强制措施。对犯罪嫌疑人、被告人的拘传次数，法律没有明确规定，但不得以连续拘传的方式变相拘禁犯罪嫌疑人。所以选项 A 错误。如果执行机关批准，可以离开所居住的市、县或者执行监视居住的处所。所以选项 C 错误。检察院审查批准逮捕，可以讯问犯罪嫌疑人；有下列情形之一的，应当讯问犯罪嫌疑人：(1)对是否符合逮捕条件有疑问的；(2)犯罪嫌疑人要求向检察人员当面陈述的；(3)侦查活动可能有重大违法行为的。检察院审查批准逮捕，可以询问证人等诉讼参与人，听取辩护律师的意见；辩护律师提出要求的，应当听取辩护律师的意见。所以选项 D 错误。

39. C 【解析】本题考核监察制度。对涉嫌贪污贿赂、失职渎职等职务犯罪的被调查人，监察机关可以进行讯问，要求其如实供述涉嫌犯罪的情况。

40. A 【解析】本题考核监察程序。

二、多项选择题

41. ACE 【解析】本题考核行政许可的撤回、撤销、注销及吊销。被许可人以欺骗手段取得许可的，应当予以撤销。所以选项 B 错误。若当事人申请延续许可，相关部门在规定期限内未予答复的，视为准予延续。所以选项 D 错误。

42. ABCD 【解析】本题考核税务行政处罚听证程序的适用范围。税务行政处罚听证程序适用于较大数额的罚款案件(对公民作出 2 000 元以上罚款，或对法人、其他组织作出 10 000 元以上罚款)和吊销税务行政许可证件案件。

43. BCD 【解析】本题考核行政强制措施实施的一般规定。对于违法行为情节显著轻微或没有明显社会危害的情况，行政机关可以不采取行政强制措施。所以选项 A 错误。情况紧急，需要当场实施行政强制措施的，行政执法人员应当在 24 小时内向行政机关负责人报告，并补办批准手续。所以选项 E 错误。

44. BD 【解析】本题考核行政诉讼的撤诉。原告或者上诉人申请撤诉，人民法院裁定不予准许的，原告或者上诉人经合法传唤无正当理由拒不到庭，或者未经法庭许可而中途退庭的，人民法院可以缺席判决。所以选项 A 错误。第三人经合法传唤无正当理由拒不到庭，或者未经法庭许可中途退庭的，不影响案件的审理。所以选项 C 错误。在行政诉讼过程中，被告改变原行政行为，原告不撤诉的，法院应对原行政行为继续审理。所以选项 E 错误。

45. ABCD 【解析】本题考核诉讼时效。在诉讼时效的最后 6 个月内，因不可抗力或者其他障碍不能行使请求权的，诉讼时效中止。从中止时效的原因消除之日起满 6 个月，诉讼时效期间届满。

46. AB 【解析】本题考核动产抵押、动产质押。动产抵押权自抵押合同生效时设立，动产质权自出质人交付质押财产时设立。所以选项 C、D 错误。抵押不转移标的物的占有，动产质押需要转移标的物的占有。所以选项 E 错误。

47. ADE 【解析】本题考核合同效力、善意取得、所有权转移。无权处分人与第三人签订的买卖合同有效。所以选项 B 错误。虽然乙欠缺处分权，但丙属于善意第三人，且相机已经交付，丙可以依据善意取得制度取得相机的所有权。所以选项 C 错误。

48. AB 【解析】本题考核代位权。在代位权诉讼中，债权人行使代位权的必要费用，由债务人负担。所以选项 C 错误。在代位权诉讼中，甲应以自己的名义起诉丙，而非以乙的名义起诉丙。所以选项 D 错误。在代位权诉讼中，甲是原告，丙是被告，乙是第三人。所以选项 E 错误。

49. BE 【解析】本题考核保证责任的承担。因为雨润公司与飞达公司没有约定保证期间，所以保证期间为 6 个月。雨润公司应在 6 个月内要求飞达公司承担连带责任。所以选项 A 错误。因为飞达公司是连带保证人，所以飞达公司承担的责任不是补充性的，保证人与债务人承担连带责任，保证人在保证期间内，可以要求债权人支付货款，也可以要求保证人承担保证责任。所以选项 C 错误。飞达公司作为连带保证人没有先诉抗辩权。所以选项 D 错误。

50. ABC 【解析】本题考核侵权责任归责原则中无过错责任问题。选项 D 适用过错责任，选项 E 适用过错推定责任。

51. ACE 【解析】本题考核特殊的普通合伙企业的规定。一个合伙人或者数个合伙人在执业活动中因故意或者重大过失造成合伙企业债务的，应当承担无限责任或者无限连带责任，其他合伙人以其在合伙企业中的财产份额为限承担责任。因此，并非任何情况下，合伙人对合伙企业债务都承担无限连带责任。所以选项 B 错误。非专业服务机构不能采取特殊的普通合伙企业形式。所以选项 D 错误。

52. AB 【解析】本题考核股东大会特别决议。选项 A、B，股东大会作出修改公司章程、增加或者减少注册资本的决议，以及公司合并、分立、解散或者变更公司形式的决议，必须经出席会议的股东所持表决权的 2/3 以上通过。选项 D，公司对内为公司股东或者实际控制人提供担保的，必须经股东会或者股东大会决议。接受公司担保的股东或者实际控制人支配的股东，不得参加对该担保事项的表决。该项表决由出席会议的其他股东所持表决权的过半数通过。

53. ABC 【解析】本题考核破产申请的受理。和解协议执行程序中，债务人自行管理自己的财产和营业事务。所以选项 D 错误。债务人的债务人(对债务人负担债务的人)或者财产持有人应当向管理人清偿债务或者交付财产。所以选项 E 错误。

54. ABE 【解析】本题考核重整程序。出席会议的同一表决组的债权人过半数同意重整计划草案，并且其所代表的债权额占该组债权总额的 2/3 以上的，即为该组通过重整计划草案。所以选项 C 错误。各表决组均通过重整计划草案时，重整计划即为通过。所以选项 D 错误。

55. ACE 【解析】本题考核破产财产的分配。破产财产分配方案经人民法院裁定认可后，由管理人执行。所以选项 B 错误。债权人未受领的破产财产分配额，管理人应当提存。所以选项 D 错误。

56. ABDE 【解析】本题考核电子商务经营者的范围。电子商务经营者，是指通过互联网等信息网络从事销售商品或者提供服务的经营活动的自然人、法人和非法人组织，包括电子商务平台经营者、平台内经营者以及通过自建网站、其他网络服务销售商品或者提供服务的电子商务经营者。

57. CD 【解析】本题考核追诉时效。在没有连续与继续状态的犯罪，追诉期限从犯罪之日起计算；犯罪行为有连续或者继续状态的，从犯罪行为终了之日起计算，所以选项 A、B 错误。在人民检察院、公安机关、国家安全机关立案侦查或者在人民法院受理案件以后，逃避侦查或者审判的，不受追诉期限的限制。被害人在追诉期限内提出控告，人民法院、人民检察院、公安机关应当立案而不予立案的，不受追诉期限的限制，所以选项C正确，选项E错误。在追诉期限以内又犯罪的，前罪追诉的期限从犯后罪之日起计算。这是属于追诉时效的中断，所以选项D正确。

58. ADE 【解析】本题考核自首和立功的相关规定。选项B、C成立立功。选项A、E成立一般自首，选项D成立特别自首。

59. AB 【解析】本题考核发票类犯罪。非法购买增值税专用发票后又虚开的，定虚开增值税专用发票罪；非法购买增值税专用发票后又出售的，定非法出售增值税专用发票罪；购买伪造的增值税专用发票后又出售的，定出售伪造的增值税专用发票罪。

60. ABCD 【解析】本题考核从宽处罚的情形。涉嫌职务犯罪的被调查人主动认罪认罚，有下列情形之一的，监察机关经领导人员集体研究，并报上一级监察机关批准，可以在移送人民检察院时提出从宽处罚的建议：(1)自动投案，真诚悔罪悔过的；(2)积极配合调查工作，如实供述监察机关还未掌握的违法犯罪行为的；(3)积极退赃，减少损失的；(4)具有重大立功表现或者案件涉及国家重大利益等情形的。

三、综合分析题

（一）

61. AD 【解析】本题考核行政许可的撤销。被许可人以欺骗、贿赂等不正当手段取得行政许可的，应当予以撤销，被许可人基于行政许可取得的利益不受保护。

62. ABE 【解析】本题考核行政诉讼的起诉与审理前的准备。公民、法人或者其他组织直接向人民法院提起诉讼的，应当在知道作出行政行为之日起6个月内提出。法律另有规定的除外。人民法院应当在收到答辩状之日起5日内，将答辩状副本发送原告。所以选项C错误。人民法院审理行政案件，由审判员组成合议庭，或者由审判员、陪审员组成合议庭。合议庭的成员，应当是3人以上的单数。所以选项D错误。

63. E 【解析】本题考核起诉的程序条件。法规未规定行政复议为提起行政诉讼必经程序，公民、法人或者其他组织既提起行政诉讼又申请行政复议的，由先立案的机关管辖；同时立案的，由公民、法人或者其他组织选择。公民、法人或者其他组织已经申请行政复议，在法定复议期间内又向人民法院提起诉讼的，人民法院裁定不予立案。

64. BD 【解析】本题考核行政诉讼中的举证责任。在行政诉讼中由被告对被诉行政行为承担举证责任，原告提供的证据不能证明被诉行政行为违法的，并不免除被告的举证责任。

（二）

65. BCE 【解析】本题考核抵押权的设立。抵押人和抵押权人应当以书面形式订立抵押合同，甲、乙，甲、丙之间均订立了书面抵押合同，抵押合同有效。所以选项A错误，选项E正确。不动产抵押权登记设立。所以选项B正确。动产抵押权自抵押合同生效时设立，未经登记不能对抗善意第三人。所以选项C正确，选项D错误。

66. BCD 【解析】本题考核抵押权的实现。丁不享有担保物权，没有优先受偿权；所以选项A错误。丙信用社已经取得抵押权。人民法院对被执行人所有的其他人享有抵押权、质押权或留置权的财产，可以采取查封、扣押措施。财产拍卖、变卖后所得价款，应当在抵押权人、质押权人或留置权人优先受偿后，其余额部分用于清偿申请执行人的债权。所以选项 B、D 正确。乙银行仅对房产有抵押权，对机器设备并没有抵押权。所以选项 E 错误。

67. ABC 【解析】本题考核抵押权的设立、权利的取得。动产抵押权自抵押合同生效时设立，未经登记不能对抗善意第三人。所以选项 A、B、C 正确。权利的继受取得，是指自前手权利人处承受而来的权利取得，戊公司善意取得国产机器设备所有权，属于原始取得。所以选项 D 错误。抵押期间，抵押人可以转让抵押财产。当事人另有约定的，按照其约定。抵押财产转让的，抵押权不受影响。甲出售给戊，是有权处分。所以选项 E 错误。

68. ABE 【解析】本题考核占有的保护效力。留置权产生的条件之一是须债权人依法占有债务人的动产。丁是强制占有甲的奥迪车，并不是依法占有。丁无法取得留置权。所以选项 C 错误。甲和丁没有设定质权的合意，没有书面订立质权合同，丁无法取得质权。所以选项 D 错误。

（三）

69. C 【解析】本题考核婚姻的效力。婚姻无效的情形有：(1)重婚；(2)有禁止结婚的亲属关系；(3)未到法定婚龄的。刘强和张月办理结婚登记时，二人未达到法定婚龄，但 1983 年，刘强和张月均已达法定婚龄，无效情形已不存在，所以选项 B 错误，选项 C 正确；刘强即使申请婚姻无效，也只能向人民法院申请，故选项 D 不正确。因胁迫结婚的，受胁迫一方可以向人民法院请求撤销婚姻，请求撤销婚姻的，应当自胁迫行为终止之日起 1 年内提出。该案并非胁迫，故选项 AE 错误。

70. CDE 【解析】本题考核收养的条件。下列未成年人可以被收养：(1)丧失父母的孤儿；(2)查找不到生父母的未成年人；(3)生父母有特殊困难无力抚养的子女。下列个人、组织可以作送养人：(1)孤儿的监护人；(2)儿童福利机构；(3)有特殊困难无力抚养子女的生父母。收养人应当同时具备下列条件：(1)无子女或只有一名子女；(2)有抚养教育被收养人的能力；(3)未患有在医学上认为不应当收养子女的疾病；(4)无不利于被收养人健康成长的违法犯罪记录；(5)年满三十周岁。收养三代以内同辈旁系血亲的子女，可以不受本法第 4 条第(3)项、第 5 条第(3)项、第 9 条和被收养人不满 14 周岁的限制。华侨收养三代以内同辈旁系血亲的子女，还可以不受收养人无子女的限制。因刘雷与刘强属于三代以内旁系血亲，所以，不受“生父母有特殊困难无力抚养”限制，故选项 AB 不正确。

71. ABDE 【解析】本题考核法定继承。遗产按照下列顺序继承：第一顺序：配偶、子女(婚生子女、养子女、形成扶养关系的继子女)、父母。被继承人的子女先于被继承人死亡的，由被继承人的子女的直系晚辈血亲代位继承。代位继承人一般只能继承他的父亲或者母亲有权继承的遗产份额。丧偶儿媳、女婿的继承权丧偶儿媳对公、婆，丧偶女婿对岳父、岳母，尽了主要赡养义务的，作为第一顺序继承人。该案件中，李欣是刘强的配偶，李玲与刘强形成了抚养关系，当然作为第一顺序继承人。养子刘雷先于刘强死亡，其子刘顺代刘雷之位继承。儿媳崔莹一直未再婚，对刘强进到了主要赡养义务，也作为第一顺序继承人。

72. ABD 【解析】本题考核遗嘱。代书遗嘱应当有两个以上见证人在场见证，由其中一人代书，并由代书人、其他见证人和遗嘱人签名，注明年、月、日。下列人员不能作为遗嘱见证人：(1)无民事行为能力人、限制民事行为能力人以及其他不具有见证能力的人；(2)继承人、受遗赠人；(3)与继承人、受遗赠人有利害关系的人。遗嘱由李欣一人代书，不足两人，且李欣与李玲有利害关系，故选项C不正确。遗嘱应当为缺乏劳动能力又没有生活来源的继承人保留必要的遗产份额。刘强死亡时，李玲刚刚11周岁，李欣由于身体原因，收入欠佳，因此刘强将所有遗产留给孙子刘顺，没有给李玲留下相应份额，故选项E错误。

(四)

73. D 【解析】本题考核公司为股东提供担保的规定。公司为公司股东或者实际控制人提供担保的，必须经股东会或者股东大会决议。受公司担保的股东或者受实际控制人支配的股东，不得参加前述规定事项的表决。该项表决由出席会议的其他股东所持表决权的过半数通过。

74. ACD 【解析】本题考核股东会的职权。股东会有权选举和更换非由职工代表担任的董事、监事。监事会中的职工代表由公司职工通过职工代表大会、职工大会或者其他形式民主选举产生。所以，更换监事蒋某的决议合法，更换监事康某的决议不合法。

75. DE 【解析】本题考核公司分立。公司减资、合并的，债权人自接到通知书之日起30日内，未接到通知书的自公告之日起45日内，可以要求公司清偿债务或者提供相应的担保。公司分立没有该要求，选项D不符合规定。公司分立无须经过清算程序，选项E不符合规定。

76. BDE 【解析】本题考核公司清算。公司应当在解散事由出现之日起15日内成立清算组，开始自行清算。所以选项A错误。有下列情形之一，债权人申请人民法院指定清算组进行清算的，人民法院应予受理：(1)公司解散逾期不成立清算组进行清算的；(2)虽然成立清算组但故意拖延清算的；(3)违法清算可能严重损害债权人或者股东利益的。对于第(2)种情形，而债权人未提起清算申请，公司股东申请人民法院指定清算组对公司进行清算的，人民法院应予受理。所以选项C错误。

(五)

77. AD 【解析】本题考核涉及增值税专用发票的犯罪。浩华公司有非法购买增值税专用发票、虚开增值税专用发票的行为，构成非法购买增值税专用发票罪和虚开增值税专用发票罪。不涉及出售的情形，所以不构成非法出售增值税专用发票罪。

78. E 【解析】本题考核涉税职务犯罪。浩华公司涉嫌犯罪，属于应当移交司法机关追究责任的情形，税务人员成某仅处以罚款即结案，情节严重，构成徇私舞弊不移交刑事案件罪。

79. BE 【解析】本题考核徇私舞弊不移交刑事案件罪。选项A缺少“情节严重”的条件。选项C“涉及3人次以上”即构成情节严重。选项D“对依法可能判处3年以上有期徒刑的犯罪案件不移交”即构成情节严重。

80. BD 【解析】本题考核刑事诉讼中的侦查措施。讯问都是针对犯罪嫌疑人的。所以选项A、E错误。拘留是刑事强制措施，但是不属于侦查措施。所以选项C错误。搜查和通缉都是侦查措施。

模拟试卷(二)
参考答案及详细解析

一、单项选择题

1. B 【解析】本题考核中央行政机关。国家铁路局是国务院部委管理的国家局。中国气象局是国务院直属事业单位。国务院学位委员会是国务院议事协调机构。
2. A 【解析】本题考核行政许可的实施主体。行政机关在其法定职权范围内，依照法律、法规、规章的规定，可以委托“其他行政机关”(只能是行政机关，不包括企事业单位、社会团体或者公民)实施行政许可。
3. D 【解析】本题考核行政处罚的种类。选项A是行政强制执行，选项B、C是刑罚附加刑的种类。
4. C 【解析】本题考核行政强制执行实施的一般规定。在催告期间，对有证据证明有转移或者隐匿财物迹象的，行政机关可以(而非应当)作出立即强制执行决定。
5. D 【解析】本题考核行政复议第三人。第三人参加行政复议的途径有两种：(1)经行政复议机构通知参加；(2)主动申请参加。
6. C 【解析】本题考核行政诉讼原告。本案中市政府的做法侵犯了非国有企业的经营自主权。李某是行政相关人，工艺品厂也是行政相对人。李某可以自己的名义起诉，也可以以工艺品厂的名义起诉。
7. C 【解析】本题考核行政诉讼的受案范围。选项A属于抽象行政行为，选项B属于行政调解，选项D属于内部行政行为，均不属于行政诉讼受案范围。
8. D 【解析】本题考核行政诉讼的被告。复议机关决定维持原行政行为，包括复议机关驳回复议申请或者复议请求的情形，但以复议申请不符合受理条件为由驳回的除外。所以本案中甲市政府和乙县政府为共同被告。
9. B 【解析】本题考核行政诉讼中的举证责任。原告提供的证明被诉行政行为违法的证据不成立的，不免除被告对被诉行政行为合法性的举证责任。即行政行为是否合法还需被告去举证认定。所以选项A错误。原告在一审程序中没有提供，在二审程序中依法提供的新的证据，法院应当进行质证，再作出相应的审查认定。所以选项C错误。在诉讼过程中，被告及其诉讼代理人不得自行向原告和证人收集证据。所以选项D错误。
10. C 【解析】本题考核行政诉讼的简易程序。本案所涉款额为1 000元，属“案件涉及款额2 000元以下”的情况，属于法定可适用简易程序的情况，法院可以自主决定是否适用简易程序，无须征得胡某的同意。所以选项A错误。简易程序只适用于一审，二审不能适用简易程序。所以选项B错误。适用简易程序审理的行政案件，应当在立案之日起45日内审结。所以选项D错误。
11. C 【解析】本题考核民事法律事实。选项A、B、D都属于行为，其中，侵权行为和无因管理属于事实行为，订立合同是民事法律行为。
12. A 【解析】本题考核受欺诈的民事法律行为。选项B中消费者没有因欺诈作出意思表示；选项C、D中消费者的行为与欺诈行为之间没有因果关系。
13. B 【解析】本题考核无权代理、表见代理。选项A、B，相对人如果主张狭义无权代理，则相对人可以行使善意相对人的撤销权，从而使得整个代理行为归于无效，被代理人不得基于表见代理而对相对人主张代理效果。选项C，相对人如果主张表见代理，被代理人不得以无权代理为由进行抗辩，主张代理行为无效。选项D，撤销权的行使必须是本人行使追

第四部分 机考通关 模拟试题演练

认权之前。如果被代理人已经行使了追认权，则代理行为确定有效，此时善意相对人无权行使撤销权。

14. C 【解析】本题考核物权的善意取得及追及效力。本题中，丙基于善意取得制度取得该手表的所有权，原权利人甲丧失了对该手表的所有权；丁基于赠与取得该手表的所有权；拾得遗失物不适用善意取得制度，所有权人丁有权要求拾得人庚返还手表。

15. A 【解析】本题考核质权。质权分为动产质权与权利质权，不动产的收益权(属于应收账款)可以质押，但不动产本身不能质押。

16. B 【解析】本题考核债权人代位权。代位权是指因债务人怠于行使其到期债权，对债权人造成损害的，债权人可以向人民法院请求以自己的名义代为行使债务人的债权。

17. B 【解析】本题考核主合同变更后保证人的责任承担。本题主合同的变更加重了甲企业的债务，丙企业作为保证人对加重的 20 万元不承担保证责任，但仍应对原先的 100 万元承担保证责任。

18. C 【解析】本题考核不安抗辩权。

19. B 【解析】本题考核合同解除的条件。本题中，履行期限尚未到来，所以汤某有权拒绝乔某的给付请求。

20. A 【解析】本题考核租赁合同及其效力问题。租赁物在承租人按照租赁合同占有期限内发生所有权变动的，不影响租赁合同的效力。

21. A 【解析】本题考核物件损害责任。在公共场所或者道路上挖掘、修缮安装地下设施等造成他人损害，施工人不能证明已经设置明显标志和采取安全措施的，应当承担侵权责任。

22. C 【解析】本题考核婚姻的效力。因胁迫结婚的，受胁迫的一方可以向人民法院请求撤销婚姻。本题中，乙女并没有向法院申请撤销婚姻，法院不能主动判决撤销婚姻，选项 A 错误。有下列情形之一的，婚姻无效：(1)重婚；(2)有禁止结婚的亲属关系；(3)未到法定婚龄。本题不属于婚姻无效情形，选项 B 错误。根据《最高人民法院关于适用〈婚姻法〉若干问题的解释(一)》第 9 条的规定可知，婚姻无效案件不适用调解，并且实行一审终审。据此，选项 C 正确，选项 D 错误。

23. B 【解析】本题考核普通合伙企业的财产的转让以及入伙与退伙的规定。合伙企业存续期间，合伙人向合伙人以外的人转让其在合伙企业中的全部或者部分财产份额时，除合伙协议另有约定外，须经其他合伙人一致同意。所以选项 A 错误。退伙人对其退伙前已发生的合伙企业债务，与其他合伙人承担连带责任。所以选项 C 错误。入伙的新普通合伙人对入伙前合伙企业的债务承担连带责任。所以选项 D 错误。

24. B 【解析】本题考核公司的行为能力。公司向其他企业投资或者为他人提供担保，依照公司章程的规定，由董事会或者股东会、股东大会决议；公司章程对投资或者担保的总额及单项投资或者担保的数额有限额规定的，不得超过规定的限额。所以选项 B 正确，选项 C 错误。公司为公司股东或者实际控制人提供担保的，必须经股东会或者股东大会决议。受公司担保的股东或者受实际控制人支配的股东，不得参加对该担保事项的表决。该项表决由出席会议的其他股东所持表决权的过半数通过。所以选项 A、D 错误。

25. D 【解析】本题考核国有独资公司。董事长由国有资产监督管理机构从董事会成员中指定。

26. C 【解析】本题考核公司的合并。本题中，原来天地公司的债务由华彩公司继承，宜兴公司可以向华彩公司主张原来对天地公司的债权 90 万元，宜兴公司原欠华彩公司租金 60 万元，华彩公司可以向宜兴公司主张债务抵销。公司的合并、分立决议是股东(大)会的职权，董事会无权作出。所以选项 C 表述错误。

27. D 【解析】本题考核破产申请受理的后续工作及法律后果。人民法院受理破产申请后，债务人的债务人或者财产持有人应当向管理人清偿债务或者交付财产。所以选项 A 错误。人民法院受理破产申请后，应同时指定管理人，管理人负责接管债务人的财产。所以选项 B 错误。人民法院受理破产申请后，管理人对破产申请受理前成立而债务人和对方当事人均未履行完毕的合同有权决定解除或者继续履行，并通知对方当事人。管理人决定继续履行合同的，对方当事人应当履行；但是对方当事人有权要求管理人提供担保。所以选项 C 错误。

28. C 【解析】本题考核有财产担保债权人在债权人会议上的表决权。有特定财产作为担保的债权人，在债权人会议上不享有对和解协议草案和破产财产分配方案的表决权。

29. C 【解析】本题考核涉及债务人财产的无效行为。人民法院受理破产申请后，债务人对个别债权人的债务清偿无效。所以选项 A 表述不严谨。选项 B、D 属于管理人有权请求法院依法撤销的情形。

30. D 【解析】本题考核抵销权。股东的破产债权，不得与其欠付的注册资本金相抵销。所以选项 A 错误。债权人已知债务人有不能清偿到期债务或者破产申请的事实，对债务人负担债务的，不得抵销；但是，债权人因为法律规定或者有破产申请一年前所发生的原因而负担债务的除外。所以选项 B 错误。债务人的债务人在破产申请受理后取得他人对债务人的债权的，不得抵销。所以选项 C 错误。

31. C 【解析】本题考核重整期间有关事项的处理。《企业破产法》没有选项 C 这个规定。

32. B 【解析】本题考核破产财产清偿顺序。破产财产在优先清偿破产费用和共益债务后，首先清偿的是：破产人所欠职工的工资和医疗、伤残补助、抚恤费用，所欠的应当划入职工个人账户的基本养老保险、基本医疗保险费用，以及法律、行政法规规定应当支付给职工的补偿金。

33. A 【解析】本题考核民事诉讼的起诉条件。提起民事诉讼必须符合下列条件：(1)原告是与本案有直接利害关系的公民、法人和其他组织；(2)有明确的被告；(3)有具体的诉讼请求和事实、理由；(4)属于人民法院受理民事诉讼的范围和受诉人民法院管辖。

34. D 【解析】本题考核依法不追究刑事责任原则。

35. D 【解析】本题考核累犯、缓刑、假释的规定。因为甲前罪被判处了缓刑，缓刑考验期满原刑罚不再执行。因此，甲不构成累犯。缓刑适用于被判处拘役或者 3 年以下有期徒刑的犯罪分子，符合条件的，可以宣告缓刑。因此，对甲不能适用缓刑。假释适用于被判处有期徒刑或者无期徒刑的犯罪分子，且甲不存在不适用假释的情形。因此，对甲可以适用假释。

36. D 【解析】本题考核减刑、假释的适用对象及限制。减刑只适用于被判处管制、拘役、有期徒刑或者无期徒刑的犯罪分子。所以选项 A 错误。减刑可以适用于累犯。所以选项 B 错误。假释适用于被判处有期徒刑或者无期徒刑的犯罪分子。所以选项 C 错误。

37. A 【解析】本题考核逃税罪。逃税罪的犯罪主体是纳税人和扣缴义务人。

38. D 【解析】本题考核拘留、侦查行为。

先行拘留的，可以补办手续。所以选项 A 错误。拘留后，应当立即将被拘留人送看守所羁押，至迟不得超过 24 小时。所以选项 B 错误。犯罪嫌疑人被送交看守所羁押以后，侦查人员对其进行讯问，应当在看守所内进行。由此可知，章某被送交看守所之前对其讯问的，不必在看守所内进行。所以选项 C 错误。

39. D 【解析】电子商务经营安全保障的具体内容包括：安全商品和安全服务提供义务；危险防范义务；危险排除义务；止损协助义务。

40. D 【解析】本题考核留置的时间。根据《监察法》规定，监察机关采取留置措施，应当由监察机关领导人员集体研究决定。设区的市级以下监察机关采取留置措施，应当报上一级监察机关批准。省级监察机关采取留置措施，应当报国家监察委员会备案。留置时间不得超过三个月。在特殊情况下，可以延长一次，延长时间不得超过三个月。省级以下监察机关采取留置措施的，延长留置时间应当报上一级监察机关批准。监察机关发现采取留置措施不当的，应当及时解除。

二、多项选择题

41. ABE 【解析】本题考核行政立法主体。选项 C、D 是立法主体，不是行政立法的主体。

42. ADE 【解析】本题考核税务行政许可项目。税务行政许可包括：企业印制发票审批、对纳税人延期缴纳税款的核准、对纳税人延期申报的核准、对纳税人变更纳税定额的核准、增值税专用发票最高开票限额审批、对采取实际利润额预缴以外的其他企业所得税预缴方式的核定、非居民企业选择由其主要机构场所汇总缴纳企业所得税的审批。

43. ABCE 【解析】本题考核行政执法机关移送涉嫌犯罪案件程序。行政机关对于触犯刑法的案件无管辖权，其不能作出刑事处罚决定。所以选项 D 错误。

44. ACE 【解析】本题考核行政裁决、行政诉讼第三人、被告、管辖及判决。因甲市政府作出的是维持决定，所以被告是乙县人民政府和甲市人民政府。所以选项 B 错误。乙县政府与甲市政府所在地的中级人民法院对本案均有管辖权。所以选项 D 错误。

45. ABD 【解析】本题考核行政诉讼一审程序。根据《行政诉讼法》，行政诉讼案件可以适用简易程序审理，也可以适用普通程序审理，所以选项 A 错误。人民法院应当在立案之日起 5 日内，将起诉状副本发送被告。所以选项 B 错误。原告经合法传唤，无正当理由拒不到庭或者未经法庭许可中途退庭的，视为申请撤诉。所以选项 D 错误。

46. ABCE 【解析】本题考核民事权利。原始取得是权利的绝对发生，继受取得是权利的相对发生。所以选项 D 错误。

47. DE 【解析】本题考核诉讼时效。当事人未提出诉讼时效抗辩，人民法院不应对诉讼时效问题进行释明及主动适用诉讼时效的规定进行裁判。所以选项 A 错误。当事人违反法律规定，约定延长或者缩短诉讼时效期间、预先放弃诉讼时效利益的，人民法院不予认可。所以选项 B 错误。诉讼时效由法律规定，当事人不得自行约定。所以选项 C 错误。

48. BCD 【解析】本题考核地役权。地役权，是用益物权、他物权，是需役地所有人或使用人享有的权利。所以选项 A、E 错误。

49. CE 【解析】本题考核撤销权。在债务人放弃其债权或者无偿转让财产的情况下，行使撤销权不以受让人知情为要件。所以选项 A 错误。行使撤销权的债权人有义务将收取的利益加入债务人的一般财产作为全体一般债权人的共同担保，而无优先受偿权。所以选项 B 错误。债权人行使撤销权所支付的律师代理费、差旅费等必要费用，由债务人负担；第三人有过错的，应当适当分担。所以选项 D 错误。

50. CDE 【解析】本题考核要约、承诺。承诺可以撤回，但不能撤销。所以选项 C 说法错误。招股说明书属于要约邀请。所以选项 D 说法错误。投标属于要约。所以选项 E 说法错误。

51. AB 【解析】本题考核买卖合同中的风险转移、违约责任。甲未交付合格证和原产地证明，没有达到“不能实现合同目的”的程度，不构成根本违约，乙无权要求解除合同。所以选项 C 错误。货物已经实际交付给乙，且乙已经验收收货。因此，货物毁损、灭失的风险由乙承担，甲有权要求乙支付剩余的 20% 的货款，且无须更换已经毁损的货物。所以选项 D、E 错误。

52. BC 【解析】本题考核不按照规定缴纳出资的责任。《公司法》司法解释(三)规定，股东在公司设立时未履行或者未全面履行出资义务，原告请求公司的发起人与被告股东承担连带责任的，人民法院应予支持；公司的发起人承担责任后，可以向被告股东追偿。

53. ABD 【解析】本题考核股份有限公司临时股东大会。该公司董事会人数虽然符合 5~19 人的要求，但是董事人数已不足该公司章程所定人数的 2/3，应当召开临时股东大会。所以选项 C 错误。所有股东均有权出席临时股东大会并参与表决。所以选项 E 错误。

54. BCE 【解析】本题考核股东直接诉讼。在有限责任公司的股东代表诉讼中，并没有要求股东的持股比例。所以选项 A 错误。股东代位诉讼的，股东也是以自己的名义起诉，以侵害公司利益的人为被告，所得利益归于甲公司。所以选项 D 错误。

55. CDE 【解析】本题考核管理人。破产管理人由人民法院指定，向人民法院报告工作。所以选项 A 错误。在第一次债权人会议召开之前，管理人决定设定财产担保的，应当经人民法院许可。所以选项 B 错误。

56. ABD 【解析】本题考核共益债务。选项 C、E 属于破产费用。

57. AC 【解析】本题考核电子合同法律制度。快递物流服务提供者在提交付品时，应当提示收货人当面查验。所以，B 选项错误。合同标的为采用在线传输方式交付的，标的进入对方当事人指定的特定系统并且能够检索识别的时间为交付时间，所以，D 选项错误。合同标的为提供服务的，一般生成的电子凭证或者实物凭证中载明的时间为交付时间，凭证没有载明时间或载明时间与实际提供服务时间不一致的，实际提供服务的时间为交付时间。所以，E 选项错误。

58. ABCD 【解析】本题考核基本医疗保险基金不支付的医疗费用。下列医疗费用不纳入基本医疗保险基金支付范围：(1)应当从工伤保险基金中支付的；(2)应当由第三人负担的；(3)应当由公共卫生负担的；(4)在境外就医的。

59. ABC 【解析】本题考核涉税犯罪的犯罪主体。逃避缴纳税款罪的犯罪主体是欠缴应纳税款的纳税人，扣缴义务人不构成本罪主体。所以选项 D 错误。抗税罪的犯罪主体只能是自然人，不能是单位。所以选项 E 错误。

60. ABCD 【解析】本题考核监察的范围。根据《监察法》规定，监察机关对下列公职人员和有关人员进行监察：(1)中国共产党机关、人民代表大会及其常务委员会机关、人民政府、监察委员会、人民法院、人民检察院、中国人民政治协商会议各级委员会机关、民主党派机关和工商业联合会机关的公务员，以及参照

《中华人民共和国公务员法》管理的人员；故选项 D 正确。(2)法律、法规授权或者受国家机关依法委托管理公共事务的组织中从事公务的人员；(3)国有企业管理人员；故选项 A 正确。(4)公办的教育、科研、文化、医疗卫生、体育等单位中从事管理的人员；故选项 B 正确。(5)基层群众性自治组织中从事管理的人员；故选项 C 正确。(6)其他依法履行公职的人员。

三、综合分析题

（一）

61. ACE 【解析】本题考核行政处罚的理论分类。同时包括刑罚的分类。行政拘留是人身自由罚、罚款是财产罚，均是侵益性行为。所以选项 ACE 正确。

62. CD 【解析】本题考核行政处罚的程序。听证程序只适用于责令停产停业、吊销许可证和执照和较大数额的罚款，所以选项 A 不正确；简易程序适用数额较小的罚款(指对公民处 50 元以下，对法人或其他组织处 1 000 元以下罚款)或警告，所以选项 B 不正确；所以，只能使用一般程序，选项 CD 正确；关于处罚决定的送达，法律规定宣告后当场送交当事人。当事人不在现场的，应在 7 日内依照《民事诉讼法》的有关规定，将行政处罚决定书送达当事人。本题并未交待当事人是否在现场，所以选项 E 不正确。

63. BE 【解析】本题考核行政诉讼中的被告和管辖法院。《行政诉讼法》第 26 条规定：公民、法人或者其他组织直接向人民法院提起诉讼的，作出行政行为的行政机关是被告。经复议的案件，复议机关决定维持原行政行为的，作出原行政行为的行政机关和复议机关是共同被告；复议机关改变原行政行为的，复议机关是被告。本题中的复议机关改变了复议决定，所以，复议机关崇文区政府作为被告。选项 B 正确。《行政诉讼法》第 15 条规定：中级人民法院管辖下列第一审行政案件：(1)对国务院部门或者县级以上地方人民政府所作的行政行为提起诉讼的案件；(2)海关处理的案件；(3)本辖区内重大、复杂的案件；(4)其他法律规定由中级人民法院管辖的案件。本案中的被告是崇文区政府，所以应由中级人民法院管辖。所以选项 E 正确。

64. AB 【解析】本题考核行政诉讼的起诉、受理、判决以及行政复议中的“禁止不利变更原则”。《行政诉讼法》第 51 条规定，人民法院在接到起诉状时对符合本法规定的起诉条件的，应当登记立案。对当场不能判定是否符合本法规定的起诉条件的，应当接收起诉状，出具注明收到日期的书面凭证，并在 7 日内决定是否立案。不符合起诉条件的，作出不予立案的裁定。所以选项 A 正确，选项 C 错误；第 52 条规定，人民法院既不立案，又不作出不予立案裁定的，当事人可以向上一级人民法院起诉。所以选项 B 正确；尽管行政复议中复议机关应遵循“禁止不利变更原则”，但该案中郭某认为对康某的处罚太轻为由申请复议，复议机关并非加重了对申请人的处罚，不违反“禁止不利变更原则”，所以选项 D 不正确，人民法院如果认为行政处罚显失公正或对于款额的确定确有错误的，可以作出变更判决，该案并未显示处罚显失公正，因此选项 E 不正确。

（二）

65. A 【解析】本题考核合同效力。依法成立的合同，自成立时生效，但是法律另有规定或者当事人另有约定的除外。依照法律、行政法规的规定，合同应当办理批准等手续的，依照其规定。车辆作为动产的买卖，双方订立合同即生效。根据规定，其所有权发生变动，也不以办理登记手续为要件，交付即可。故本案的买卖合同有效。

66. AE 【解析】本题考核标的物的风险承担。出卖人出卖交由承运人运输的在途标的物，除当事人另有约定外，自合同成立时起，在途风险由买受人承担。对于需要运输的标的物，没有约定交付地点或约定不明确的，自出卖人将标的物交付给第一承运人起，风险由买受人承担。

67. BD 【解析】本题考核合同责任。标的物毁损、灭失的风险，在标的物交付之前由出卖人承担，交付之后由买受人承担，但法律另有规定或者当事人另有约定的除外。本案在货车受损时，甲尚未向乙交付货车，因而货车所受的损失应由甲承担。所以选项 A 错误。当事人既约定违约金，又约定定金的，一方违约时，对方可以选择适用违约金或者定金条款。所以选项 C 错误。

68. ABC 【解析】本题考核损失赔偿金、违约金的关系。约定的违约金低于造成的损失的，当事人可以请求人民法院或者仲裁机构予以增加；约定的违约金过分高于造成的损失的，当事人可以请求人民法院或者仲裁机构予以适当减少。约定的违约金高于实际损失 30%的，一般认为是“过分高于”。

（三）

69. BC 【解析】本题考核所有权的取得。继承属于继受取得。所以选项 A 错误，选项 C 正确。甲因继承而取得房屋，无须办理登记即可取得所有权，但未经登记不能对抗善意第三人。所以选项 B 正确，选项 D、E 错误。

70. CDE 【解析】本题考核占有的分类。乙是基于与甲的买卖合同而占有，是有权占有，不是无权占有中的善意占有。所以选项 A 错误，选项 C 正确。乙是以所有的意思占有，是自主占有，不是他主占有。所以选项 B 错误。房屋已经交付，乙直接占有该房屋，是直接占有。所以选项 D 正确。因为未办理登记，乙没有取得房屋的所有权。所以选项 E 正确。

71. BDE 【解析】本题考核不动产所有权的取得和消灭。所有权转让，属于物权的相对消灭，不是绝对消灭；所以选项 A 错误。6 月 15 日，甲将房屋过户登记给丙，丙基于合同行为属于所有权，这是继受取得，所以选项 B 正确。因继承取得物权的，自继承开始时发生效力；因此甲在 2019 年 2 月 3 日就取得所有权，而不是 6 月 9 日才取得所有权；所以选项 C 错误。7 月 20 日，丁通过过户登记而取得所有权，所以选项 D 正确。戊享有所有权，可以要求乙返还房屋，所以选项 E 正确。

72. AE 【解析】本题考核可撤销的法律行为撤销权的行使时间。当事人受胁迫，自胁迫行为终止之日起 1 年内没有行使撤销权，撤销权消灭。所以选项 A 正确。当事人自民事法律行为发生之日起 5 年内没有行使撤销权的，撤销权消灭。所以选项 E 正确。

（四）

73. CD 【解析】本题考核破产申请。债务人不能清偿到期债务，债权人可以向人民法院提出对债务人进行重整或者破产清算的申请。

74. BE 【解析】本题考核重整程序。重整计划由债务人负责执行。所以选项 A 错误。出席会议的同一表决组的债权人过半数同意重整计划草案，并且其所代表的债权额占该组债权总额的 2/3 以上的，即为该组通过重整计划草案。所以选项 D 错误。债务人或者管理人应当自人民法院裁定债务人重整之日起 6 个月内，同时向人民法院和债权人会议提交重整计划草案。所以选项 C 错误。

75. ABCE 【解析】本题考核管理人的职权。重整计划由债务人负责执行。

76. DE 【解析】本题考核债权人会议决议和

债权人权利。债权人可以委托代理人出席债权人会议，行使表决权。所以选项 A 错误。债权人会议的决议，由出席会议的有表决权的债权人过半数通过，并且其所代表的债权额占无财产担保债权总额的 1/2 以上。但是，《企业破产法》另有规定的除外。债权人会议通过和解协议的决议，由出席会议的有表决权的债权人过半数同意，并且其所代表的债权额占无财产担保债权总额的 2/3 以上。所以选项 ABC 错误。第一次债权人会议由人民法院负责召集，自债权申报期限届满之日起 15 日内召开。所以选项 C 错误。

（五）

77. AD 【**解析**】本题考核徇私舞弊不征、少征税款罪。本案中少缴税款 230 万元，远超过致使国家税收损失累计达 10 万元以上的认定标准，构成徇私舞弊不征、少征税款罪。如果税务人员利用职务上的便利，索取、收受纳税人财物，不征或者少征应征税款，致使国家税收遭受重大损失的，应当以徇私舞弊不征、少征税款罪和受贿罪数罪并罚。

78. ADE 【**解析**】本题考核拘留及侦查措施。询问应当个别进行。所以选项 B 错误。公安、国家安全等机关依照《刑事诉讼法》的明确授权实施的行为，不属于行政诉讼受案范围。所以选项 C 错误。

79. AB 【**解析**】本题考核辩护人的权利。辩护人自案件移送审查起诉之日起，可以向犯罪嫌疑人、被告人核实有关证据；辩护律师经证人或者其他有关单位和个人同意，可以向他们收集与本案有关的材料。所以选项 C、D 错误。选项 E 须经人民法院、人民检察院许可，所以选项 E 错误。

80. A 【**解析**】本题考核逃税罪。逃税罪的主体既可以是自然人，也可以是单位。所以选项 B 错误。选项 C 抬高了起刑数额，选项 D 缺少条件。纳税人逃避缴纳税款数额较大就构成逃税罪。所以选项 E 错误。

致亲爱的读者

“梦想成真”系列辅导丛书自出版以来，以严谨细致的专业内容和清晰简洁的编撰风格受到了广大读者的一致好评，但因水平和时间有限，书中难免会存在一些疏漏和错误。读者如有发现本书不足，可扫描“扫我来纠错”二维码上传纠错信息，审核后每处错误奖励10元购课代金券。（多人反馈同一错误，只奖励首位反馈者。请关注“中华会计网校”微信公众号接收奖励通知。）

在此，诚恳地希望各位学员不吝批评指正，帮助我们不断提高完善。

邮箱：mxcc@cdeledu.com

微博：@ 正保文化

扫我来纠错

中华会计网校
微信公众号